Hubert Schleichert/Heiner Roetz
Klassische chinesische Philosophie

Hubert Schleichert /
Heiner Roetz

Klassische chinesische Philosophie

Eine Einführung

4., grundlegend überarbeitete
und erweiterte Auflage

KlostermannRoteReihe

Bibliographische Information der Deutschen Nationalbibliothek

Die Deutsche Nationalbibliothek verzeichnet diese Publikation in der
Deutschen Nationalbibliographie; detaillierte bibliographische Daten sind
im Internet über *http://dnb.dnb.de* abrufbar.

4., grundlegend überarbeitete und erweiterte Auflage 2021
© Vittorio Klostermann GmbH · Frankfurt am Main · 1980
Alle Rechte vorbehalten, insbesondere die des Nachdrucks und der
Übersetzung. Ohne Genehmigung des Verlages ist es nicht gestattet,
dieses Werk oder Teile in einem photomechanischen oder sonstigen
Reproduktionsverfahren zu verarbeiten, zu vervielfältigen und zu
verbreiten.
Gedruckt auf EOS Werkdruck der Firma Salzer.
Alterungsbeständig ∞ ISO 9706 und PEFC-zertifiziert
Druck und Bindung: Hubert & Co., Göttingen
Printed in Germany
ISSN 1865-7095
ISBN 978-3-465-04526-7

Vorwort

In mehreren antiken chinesischen Texten findet sich die folgende Geschichte:[1]

Als Konfuzius am Berg Tai vorbeikam, sah er eine Frau bitterlich an einem Grab klagen. Der Meister verbeugte sich auf dem Wagen, und wie er sie so hörte, ließ er seinen Schüler Zilu sie fragen: „Ihr klagt ja, als hättet Ihr schwersten Kummer."

„So ist es", sagte die Frau. „Neulich ist mein Schwiegervater von einem Tiger getötet worden, und dann auch mein Mann. Und nun hat er auch noch meinen Sohn geholt."

Da fragte der Meister: „Warum zieht Ihr denn nicht von hier fort?"

Die Frau gab zur Antwort: „Hier gibt es keine grausame Regierung."

Da sagte der Meister: „Meine Schüler, merkt es Euch: Eine grausame Regierung ist schlimmer als ein Tiger."

Viele Staaten sind seither entstanden und vergangen, vieles hat sich verändert, aber nach wie vor ziehen Ströme von Menschen auf der Flucht vor tyrannischen und verantwortungslosen Regierungen durch die Welt. Immer noch steht die Menschheit vor der ungelösten Frage, wie ein menschenwürdiges Zusammenleben gestaltet und gesichert werden könnte – und gerade diese Frage steht im Mittelpunkt der alten chinesischen Philosophie.

Das vorliegende Buch bietet einen Überblick über diese Philosophie, die sich etwa zeitgleich mit der der Griechen entwickelt hat. Die alten chinesischen Philosophen sollen auch ausgiebig selbst zu Wort kommen.[2] Ihr Denken ist im Allgemeinen weder besonders geheimnisvoll noch besonders schwer zu verstehen, so dass es auch dem Nicht-Spezialisten zugänglich ist.

Es sei an dieser Stelle noch einmal an die Etappen der Entstehung dieses Buches erinnert:

---

[1] *Liji* Kap. 2 (Couvreur I. S. 243), ähnlich bei Wang Chong, *Lunheng* Kap. 48, ferner in den konfuzianischen *Schulgesprächen* (*Kongzi jiayu*) 9.23; hier in der Version des *Liji*.

[2] In Zitaten stehen Ergänzungen in runden Klammern (...), Auslassungen werden durch eckige Klammern [...] gekennzeichnet. Um das Nachschlagen zu erleichtern, wurden bei einigen Zitaten auch Seitenzahlen einer verbreiteten Übersetzung angegeben. Die öfter eingesetzten chinesischen Schriftzeichen sollen dem Lesekundigen eine genauere Identifikation von Personen und Begriffen ermöglichen, sind im Übrigen für das Verständnis des Textes aber ohne Belang.

Die erste, 1980 erschienene Auflage basierte auf einer Vorlesung, die Hubert Schleichert an der Universität Konstanz gehalten hatte. Um nicht von Übersetzungen abzuhängen, hatte er sich an der nahe gelegenen Universität Zürich Kenntnisse der klassischen chinesischen Schriftsprache angeeignet. Zur Durchsicht der 1990 erschienen zweiten Auflage kontaktierte er Heiner Roetz, der mit einem Schwerpunkt in der klassischen chinesischen Philosophie als Assistent am Sinologischen Seminar der Universität Frankfurt arbeitete. Die dritte Auflage erschien dann 2009 mit Heiner Roetz als Ko-Autor. Ihr war eine monatelange intensive Zusammenarbeit vorangegangen. Es entstand eine Synthese, in der beide Autoren sich bei unterschiedlichen philosophischen Hintergründen wiedergefunden haben.

Für die vierte Auflage wurde der Text vollständig überarbeitet, aktualisiert und erweitert. Hubert Schleichert konnte sich aus gesundheitlichen Gründen hieran nicht mehr beteiligen; nichts geschah aber gegen seine Überzeugungen. Zusammen mit der Fertigstellung des neuen Manuskripts kam die Nachricht von seinem Tod, die Anlass gab, der neuen Auflage noch ein Nachwort beizufügen. So dient dieses Buch nun auch der Erinnerung an einen von nur wenigen deutschsprachigen Philosophen, die sich um das Ernstnehmen der chinesischen Philosophie und ihre Rezeption im Westen verdient gemacht haben. Auch in der neuen Fassung bleibt das Buch noch immer vor allem sein Werk.

Bochum, im Herbst 2020 H.R.

Inhalt

I. Rahmen und Hintergrund 9
§1 Einführendes zur klassischen chinesischen Philosophie...... 9

II. Klassischer Konfuzianismus: Die „Vier Bücher" 17
§2 Allgemeines zum klassischen Konfuzianismus 17
§3 Konfuzius 24
§4 Daxue und Zhongyong 53
§5 Mengzi 60

III. Zwei Alternativen zum Konfuzianismus 89
§6 Mo Di 89
§7 Yang Zhu 110

IV. Daoismus 117
§8 Laozi 118
§9 Zhuangzi 145

V. Die Legalisten 185
§10 Allgemeines zum Legalismus 185
§11 Legalistische Ideen im Guanzi 189
§12 Shang Yang 202
§13 Han Fei 215

VI. Der Höhepunkt: Xunzi 249
§14 Xunzi 249

VII. Dialektiker und Logiker 289
§15 Von Deng Xi zu Hui Shi und den „Disputierern" 289
§16 Gongsun Long 303
§17 Die späteren Mohisten 313

VIII. Das Ende der Zeit der Hundert Philosophien 337
§18 Erst Bücher dann Menschen: Der Terrorismus der Qin .. 337

IX. Anhang 343
§19 Sima Tans Unterscheidung der „Sechs Schulen" 343
§20 Die chinesische Sprache und die chinesische Philosophie.
  Zum linguistischen Relativismus und zu den
  Schwierigkeiten, die antiken Texte zu verstehen 348
§21 Personen oder Institutionen? 362

§22 Die weitere Entwicklung der Philosophie in China.
Ein Ausblick 379

Lebensdaten 383
Zeittafel 385
Literaturverzeichnis 387
Register 418

Nachwort. Zum Tod Hubert Schleicherts 434

I. Rahmen und Hintergrund

§1 Einführendes zur klassischen chinesischen Philosophie

Dieses Buch handelt vom chinesischen philosophischen Denken von den Anfängen in der Mitte des letzten Jahrtausends bis zum Ende des 3. Jahrhunderts v.d.Z.. Die Philosophie entsteht in China als Antwort auf eine der tiefsten Krisen seiner Zivilisation, als im Niedergang der Dynastie Zhou 周 die alte Ordnung zusammenbricht und neuen politischen und sozialen Strukturen Platz macht. Der Eintritt in die Eisenzeit, die beginnende Geldwirtschaft, der Übergang von patriarchalischen zu vertraglichen Beziehungen, die Verschriftlichung des Rechts, der Niedergang des Adels, der Aufstieg einer Schicht von Gebildeten und schließlich ein politischer Polyzentrismus befördern eine allgemeine Mobilität. Immer mehr versinkt China allerdings in Hegemonialkonflikten zwischen den Staaten, die aus den ehemaligen Lehen der Zhou hervorgegangen sind. In einer Kette desaströser Kriege zwischen dem 5. und dem 3. Jahrhundert, in der sog. „Zeit der Streitenden Reiche" (*Zhanguo* 戰國-Zeit), dezimieren sie einander, bis 221 v. der Staat Qin 秦 als einziger übrigbleibt und China wieder vereint.

Trotz der neuen Möglichkeiten und Entwicklungen spricht die Literatur der Zeit von Niedergang und Chaos. Von einer großen Flut ist die Rede, die alles überschwemmt, von einem Riss, der durch die Welt geht und ihre Einheit zerstört hat, und vom Verlust aller Werte und Maßstäbe. Zur großen Frage der aufgewühlten Epoche wird, warum die Welt ihre alte Ordnung verloren hat und wie sie wieder zur Ruhe gebracht werden kann. Jenseits der versagenden Tradition beginnt die Suche nach neuen Orientierungen. Am *Problematischwerden* der Welt entzündet sich philosophisches Denken. Zu seinen Trägern zählen aufgeklärte Politiker, die die Zeichen der Zeit erkannt haben, vor allen aber eine dünne, immer einflussreicher werdende Schicht von Intellektuellen, die als Privatlehrer und Wandergelehrte umherziehen und denen es gelingt, sich aus der geistigen Welt des Zhou-Feudalismus zu befreien. Formen einer offenen Gesellschaft reichen aber zunehmend bis hinein in die unteren Schichten. Die ganze Welt, so heißt es immer wieder, „diskutiert".

Das philosophisches Denken hat ein Hauptthema, das sich aufgrund der krisenhaften Zeitumstände aufdrängt: die Frage nach einem bewusst geführten, guten, richtigen, gelingenden Leben des Menschen, sei es in Familie, Gesellschaft und Staat, sei es im Rückzug von diesen Institutionen mit ihren Normen und Nötigungen für die eigene Person. Es geht also vornehmlich um Fragen der „praktischen" Philosophie: um die (moralischen) Eigenschaften, die ein guter Herrscher, ein Minister, ein Untertan haben sollte, um die besten Methoden der Regierung, um die richtige Struktur der Gesellschaft, um Krieg und Frieden, die richtige Haltung gegenüber der Kulturtradition und dem Neuen, die Pflichten der Kinder gegenüber den Eltern, und um die generelle Frage nach einem Maßstab für richtiges moralisches Urteilen und Handeln. Und es entwickeln sich Lebensentwürfe und Wertvorstellungen auch jenseits gesellschaftlicher oder intellektueller Zwänge. All diese Problemstellungen erwachsen aus den konkreten Erfahrungen der Epoche.

Da in der alles unsicher machenden Krise der Zeit die Fragen nach dem richtigen Leben kaum noch im direkten Zugriff beantwortbar sind, kommt es zu weitergehenden Reflexionen in Richtung Anthropologie, Geschichtsphilosophie, Erkenntnistheorie, Sprachphilosophie und Logik. Dabei ist manche Spekulation Fragment geblieben und bereits von den Zeitgenossen nicht recht verstanden worden. Entsprechend bruchstückhaft und unsicher ist in diesen Fällen unser Wissen.

In der klassischen Epoche sind verschiedene miteinander konkurrierende philosophische Ideensysteme entstanden. Die Zeit selbst spricht von „hundert", womit einfach ein großZahl gemeint ist, und später hat man sechs unter ihnen besonders herausgehoben (s. §19). Einige der wichtigen und bestdokumentierten sollen in diesem Buch vorgestellt werden. Sie alle stehen in einem gebrochenen Verhältnis zum überlieferten Ethos, das sie entweder neu zu begründen oder durch Alternativen zu ersetzen suchen.[1] Der Konfuzianismus ist unter ihnen insgesamt am stärksten an der Tradition orientiert. Schon bei seinem Begründer Konfuzius ist aber die Tradition nicht mehr der alleinige Bezugspunkt des Denkens, und in der anthropologischen Grundlegung der Moral durch Menzius tritt ihre Bedeutung noch weiter zurück.

---

[1] Zur Traditionskritik als allgemeinem Thema der chinesischen Philosophie s. Roetz (2005).

Andere Strömungen stehen dem Konservativismus noch kritischer gegenüber. Die Mohisten bemessen den Wert oder Unwert aller Maßnahmen vorwiegend an deren Nutzen für das Volk, und die nüchterne, sich realpolitisch gebende Lehre der Legalisten untersucht die Gesellschaft unter dem Aspekt der Macht über die Menschen durch Ausnützung allgemeiner psychologischer Gesetzmäßigkeiten. Schließlich gibt es die Rückzugsideologie des Daoismus mit ihren teilweise metaphysischen Ideen. Wir werden diese Lehren ausführlich darstellen.

Es ist zum Verständnis der chinesischen Philosophie wichtig, sich den hier skizzierten Problemhintergrund, dem sie ihre Entstehung verdankt, genau zu vergegenwärtigen: Sie steht grundsätzlich in einer kritischen, reflektierten Distanz zu ihrer Welt und nicht, wie ihr immer wieder zugeschrieben wird, im Modus einer unbefangenen Harmonie.

Die Geschichte

Der Beginn der chinesischen Philosophie fällt bereits in eine alte Kultur und ein altes Staatswesen. Eine absolute Chronologie – die älteste der Welt – gibt es zwar erst ab 841 v.d.Z. Viel weiter zurückreichen aber die Überlieferung und archäologische Belege. Von den zu Konfuzius' Zeiten bekannten „Drei Dynastien" Xia 夏, Shang 商 und Zhou 周 ist die Existenz der ersten durch Funde nicht eindeutig nachgewiesen, doch scheint an ihr kaum zu zweifeln zu sein. Umstritten war für lange Zeit auch die Historizität der Dynastie Shang. Aber durch zahlreiche Funde seit den 1920er Jahren sind die Belege überwältigend. Seit dem 16. Jh. v.d.Z., dem Beginn der Dynastie Shang, beherrschen die Chinesen eine hochentwickelte Gusstechnologie zur Herstellung von Bronze, wovon noch zahlreiche, künstlerisch sehr beeindruckende Stücke erhalten sind. Während der Shang-Zeit entwickelte sich auch die chinesische Zeichenschrift. Es gab bereits größere, befestigte Städte. Ausgrabungen zeigen auch, dass den Mächtigen jener Epoche Menschen als Beigaben ins Grab mitgegeben wurden. Dieser grausame Brauch hielt sich bis weit in die Dynastie Zhou, und noch bei Konfuzius ist nach dem Zeugnis von Menzius (1A4) das Schaudern darüber lebendig.

Auf die Dynastie Shang folgte nach einer gelungenen Rebellion die Dynastie Zhou (um 1045–256 v.), aus der bereits eine Fülle von Textzeugnissen überliefert ist. Der Überlieferung zufolge war unter den Zhou-Herrschern das Reich zunächst geeint und wohlgeordnet;

schon zu Konfuzius' Zeit (6.–5. Jh. v.) allerdings hatte es sich faktisch in eine Reihe von Einzelstaaten aufgelöst, und die Herrschaft der Zhou war nur mehr eine nominelle. Nach dem Titel einer Chronik des Staates Lu 魯, der Heimat des Konfuzius, wird die Zeit von 722–481 v.d.Z. als *Frühlings- und Herbstperiode* (*Chunqiu* 春秋) bezeichnet. Auf sie folgte die bereits erwähnte *Zeit der Streitenden Reiche*, die aufgrund ihrer existentiellen Herausforderungen zur Blütezeit der klassischen Philosophie wurde. In Anbetracht der Originalität und positionellen Vielfalt des damaligen Denkens handelt es sich um Chinas philosophisch reichste Epoche. Vor allem von dieser Zeit und ihrem Auftakt handelt das vorliegende Buch.

Yao und Shun, etc.

Zur Zeit der klassischen Philosophie enthielt die überlieferte (oder auch erfundene; schriftliche Belege gibt es erst seit dem 13. Jahrhundert) Geschichte Chinas bereits einen reichen Schatz an herausragenden oder auch bizarren Gestalten, die in der Philosophie häufig als Anknüpfungspunkte für das Theoretisieren und Moralisieren benutzt wurden. Man konnte so der allen Gebildeten bekannten Überlieferung leuchtende Beispiele für einen edlen Charakter entnehmen, aber auch abschreckende Exempel für Grausamkeit und Niedertracht. Wir erwähnen hier die wichtigsten.

Yao 堯 (trad. Datierung etwa 2300 v.), der erste von Konfuzius genannte Urkaiser, wird als Inbegriff herrscherlicher Tugend und Weisheit geschildert. Auf Yao folgte nicht sein Sohn, sondern sein Helfer Shun 舜, der, obwohl aus bescheidensten Verhältnissen stammte, aufgrund seiner Leistungen und seiner Tugend überzeugte. Das Ideal der Herrschaft des Besten statt des Erstgeborenen blieb in der späteren dynastischen Zeit immer ein Stachel.

Shun, der ebenfalls ein äußerst tüchtiger Herrscher wurde, ist zugleich die Verkörperung des pflichtgetreuen Sohnes. Um seine Gestalt ranken sich exzentrische Anekdoten. Shuns Vater und seine Stiefmutter waren nämlich beide bösartig, ebenso sein jüngerer Bruder. Shun musste heimlich heiraten (er hatte zwei Töchter Yaos zu Frauen bekommen), damit sein Vater ihm nicht die Heirat verbieten konnte. Dieser versuchte wiederholt, Shun auf seltsame Art zu ermorden, doch entkam Shun stets. Er blieb dem Vater gegenüber trotz allem respektvoll, bis er ihn endlich besänftigen konnte (*Menzius* 5A2, 4A28).

§1 Einführendes zur klassischen chinesischen Philosophie

Yu 禹 (trad. 2100 v., oft *Da Yu*, der „Große Yu" genannt), Shuns Nachfolger, war ebenfalls kein leiblicher Nachkomme seines Vorgängers. Er überzeugte vielmehr durch seinen erfolgreichen Einsatz bei der Bekämpfung einer Flutkatastrophe. Bei dieser Arbeit hatte er sich derart abgemüht, dass er sich die Haare von den Beinen abwetzte. Auf Yu folgte dann aber sein Sohn in der Herrschaft, die von hier an erblich wurde. Mit Yu beginnt die Dynastie Xia (ca. 2000–1600 v.). So ungesichert diese Geschichten sind, sie dienten bereits in klassischer Zeit als Modell, um die Rechtfertigung vererbter Herrschaft zu diskutieren, und dies in einer Gesellschaft, die faktisch nie eine andere Herrschaftsform als die Monarchie kannte. Berichte über Herrscher, die ihr Reich dem würdigsten Nachfolger übergeben wollen, sind in der alten Literatur öfter zu finden; es werden wohl in allen Fällen Geschichten sein.

Am Ende der Dynastie Xia steht der tyrannische Herrscher Jie 桀, um 1600 gestürzt von dem vorbildlichen Tang 湯, dem Gründer der Shang. Auch diese Dynastie endete mit einem Tyrannen, Zhòu[2] 紂, von dem wahre Schauermärchen berichtet werden. So heißt es, dass er einen Wald aus Fleisch und einen See aus Wein anlegen ließ (was allerdings auch Jie zugeschrieben wird), um riesige Orgien zu feiern, und dass er Menschen zu Tode rösten und einem Prinzen Bi Gan, der ihn mehrfach kritisierte, das Herz aus dem Leibe reißen ließ, denn er wollte wissen, ob das Herz eines Weisen wirklich sieben Öffnungen habe. Jie und Zhòu stehen später für den üblen Herrscher schlechthin. Yao, Shun, Yu und Tang hingegen stehen zusammen mit den Gründern der Zhou-Dynastie, König Wen 文王, König Wu 武王 und dessen Bruder, dem von Konfuzius verehrten Herzog von Zhou 周公 (Zhou Gong), für das Ideal moralischer Herrschaft. Dass mit Tang und den Zhou-Königen Rebellen moralisch geadelt wurden, verleiht den späteren politischen Ethiken eine besondere Brisanz.

Zur Religion

Das China der Zeit der „Drei Dynastien" (Xia, Shang, Zhou) kannte eine große Zahl von Geistern und Göttern, die in irdische Angelegenheiten eingriffen. Einige Geschichten dieser Art sind uns z.B. noch im Buch *Mozi* erhalten (s. u. S. 107f). Sie entstammen

[2] Nicht zu verwechseln mit dem Namen der Dynastie Zhou 周.

einer nicht-systematisierten Volksreligion. Neben den Berichten über Geister erscheinen auch öfter *Tian* 天 und *Shangdi* 上帝, die beide über den anderen Mächten stehen und ursprünglich in den Herrscherkult gehören. *Tian* bedeutet „Himmel", wird aber später zunehmend säkularisiert auch in der Bedeutung Natur oder Schicksal benutzt;[3] in früheren Übersetzungen finden wir an dieser Stelle häufig den Begriff *Gott*, der nicht immer passt.

Eher schon könnte der seltener vorkommende Ausdruck *Shangdi* als Entsprechung des europäischen Begriffes *Gott* betrachtet werden, durch den er auch manchmal übersetzt wird. *Shangdi* ist ursprünglich der „oberste vergöttlichte Ahn" der Shang, mit dem die Zhou ihren „Himmel" identifizierten. *Shangdi* ist also ursprünglich eher eine Rangbezeichnung innerhalb einer Hierarchie vergöttlichter Ahnen und kein Eigenname. Der Titel *di* 帝 wurde ab dem 4. Jahrhundert v.d.Z. von den lebenden Monarchen zur Bezeichnung ihrer eigenen Würde übernommen.

Bereits der erste greifbare Philosoph – man kann ihn auch einen philosophierenden Pädagogen nennen –, Konfuzius, vertritt in überirdischen Dingen einen deutlichen Skeptizismus. Wenngleich einige sich auf den Himmel berufen (Mo Di und Menzius) oder den Geisterglauben als nützlich verteidigen (Mo Di), sind alle klassischen Philosophen im Grunde irreligiös. Dass diese Seite ihres Denkens wenig auffiel und auch von ihnen selbst nicht eigens betont wurde, liegt am kulturellen Hintergrund: Es gab zwar traditionelle Rituale, aber weder eine ausführliche Darstellung einer Götterwelt (wie bei Homer), noch klar formulierte religiöse Dogmen. Auch eine starke Priesterkaste mit politischem Einfluss existierte nicht, so dass es nicht zu einem Konflikt zwischen Staat und Kirche kommen konnte. Es gab auch nicht das für das Christentum so typische Problem der religiösen Intoleranz (wohl aber einer doktrinären), so dass auch weitgehend der Anlass zu diesbezüglicher aufklärerischer Polemik fehlte. Die Philosophen vertraten die Haltung der Gebildeten jener Zeit, die sich kaum noch um Geister oder Götter kümmerten. An einer atheistischen Volksaufklärung waren sie jedoch nicht interessiert; vielmehr sollte der Gebildete aus kulturellen Gründen weiterhin an den Opferzeremonien achtungsvoll teilnehmen. Diese Haltung ergab sich aus dem Respekt vor dem Geist der Tradition und der sozialen Funktion des Rituals; nur für das

---

[3] Vgl. zu diesem Prozess Roetz (2015).

§1 Einführendes zur klassischen chinesischen Philosophie 15

ungebildete Volk war noch der Glaube an Geister im Spiel. Die Rituale wurden beibehalten und sollten ehrfürchtig vollzogen werden; sie dienten der Gemeinschaft, aber es wurde nicht verlangt, dass dabei an etwas geglaubt wurde.

Sprachliche Probleme

Prinzipiell beinhaltet die Übersetzung des chinesischen philosophischen Vokabulars keine außergewöhnlichen, mit anderen Sprachen nicht vergleichbaren Probleme. Dies mag erstaunen; aber es ist eine Binsenwahrheit, dass lexikalische Übersetzungsprobleme in der Philosophie (wie auch sonst) hauptsächlich auf Unklarheiten des Quellentextes und nicht auf Eigenarten der Sprachen als solchen beruhen. Unklare Gedanken finden ihren Niederschlag in unpräzisen Termini. Die damit verbundenen Probleme sind in allen Sprachen, Übersetzungen und Philosophien dieselben. Alles, was klar gesagt ist, lässt sich auch klar übersetzen. Von einer größeren Tiefe oder Weisheit einer Sprache im Vergleich zu einer anderen kann keine Rede sein. Die im Westen beliebten Behauptungen über eine mangelnde (manchmal auch: besondere) Eignung des (alten) Chinesischen für das Philosophieren, über eine spezifische Präformierung der Weltsicht oder der Logik durch diese Sprache etc. sind unseres Erachtens allesamt unhaltbare Vorurteile und durch die Fakten nicht zu rechtfertigen.[4] Wir kommen darauf in §20 nochmals zurück. Die klassischen chinesischen philosophischen Texte enthalten übrigens nicht selten Stücke in gebundener, teilweise auch gereimter Sprache.

Die Quellen

Die Gedanken der großen Philosophen der klassischen Epoche sind in je einem einzigen Buch überliefert, das mit Ausnahme der *Analecta* (*Lunyu*) des Konfuzius ihren Namen als Titel erhalten hat.

In der uns überlieferten Gestalt sind die meisten Texte redigierte Kompilationen aus der Han-Zeit. Mitunter handelt es sich auch nicht um die Schriften eines einzigen Meisters, sondern einer ganzen Schule, und es ist kaum möglich, zu unterscheiden, was ursprüngliches Gedankengut ist und was später hinzugefügt wurde. Ein Buch enthält eben das, was sein Herausgeber als wesentlich

---

[4] Vgl. Lang (1981), Roetz (1993 und 2006), Suter (2015).

oder gesichert für die betreffende Richtung ansah. Irgendwelche Einflüsse fremdländischer Denkströmungen sind bei den antiken chinesischen Philosophen nicht gesichert nachweisbar.

Globale Einordnung

Die chinesische Philosophie bildete sich in jener Epoche heraus, in der auch Buddha, die jüdischen Propheten, Zarathustra und die griechischen Philosophen wirkten[5] und die Karl Jaspers aufgrund ihrer welthistorischen Bedeutung die „Achsenzeit" der Menschheitsgeschichte genannt hat.[6]

Das Denken dieser Epoche ist in China in vielerlei Hinsicht grundlegend gewesen und bis heute aktuell geblieben.[7] Es hat aber nicht nur die spätere chinesische Geschichte nachhaltig beeinflusst. Auch wenn wir dies weitgehend aus unserem Bewusstsein verdrängt haben, hat es seit dem 17. Jahrhundert auch im Westen seine Spuren hinterlassen.[8] Konfuzius war einer der Helden der europäischen Aufklärung, mit großer Wirkung auf zahlreiche Philosophen, die den Monopolanspruch des Christentums in Frage stellten und in China den Beleg für die Möglichkeit einer Moralität ohne geoffenbarte Religion fanden. So formulierte Christian Wolff (1979-1754) in Zusammenhang mit seiner Rezeption des Konfuzianismus[9] ein Autonomieprinzip, das zu Kant führt. Erst mit Hegel, der in China nur reflexionslose „Substanz" und keine „Subjektivität" zu erkennen vermochte, kippte das Bild ins Negative.[10] Es wird deutlich werden, dass wir uns seinem Urteil nicht anschließen. So ist der Blick in die klassische chinesische Philosophie, auch wenn es aus Vergessenheit seltsam anmuten mag, zugleich ein Blick in unsere eigene Geschichte.

---

[5] Zu einigen Vergleichen zwischen China und Griechenland s. Roetz (2000), Rappe (2010) und Schulz (2012, Konfuzius und Sokrates).
[6] Jaspers (1949), vgl. Roetz (1992, 2014, 2016c).
[7] Vgl. hierzu u. S. 381f.
[8] Vgl. zu diesem Thema Roetz (2013a und 2013c). – Dem möglichen Einfluss des Daoismus auf Heidegger geht Fabian Heubel (2020) nach.
[9] Übersetzungen lagen seit dem späten 17. Jahrhundert vor; vgl. u. S. 23. Seit dem 18. Jahrhundert lag auch eine Übersetzung des *Laozi* durch F. Noël vor (Collani u.a. 2008). Zu Geschichte der Rezeption des Daoismus im Westen finden sich einige Beiträge in Thesing und Awe 1999.
[10] Vgl. hierzu Roetz (2018c), S. 18–20, und (2020), S. 61–62.

II. Klassischer Konfuzianismus: Die Vier Bücher

§2 Allgemeines zum klassischen Konfuzianismus

Die *Vier Bücher* (*si shu* 四書) sind eine Zusammenstellung als zentral betrachteter und kanonisierter Werke des klassischen Konfuzianismus. Es sind dies die *Analecta* bzw. *Gesammelten Worte* (*Lunyu*) 論語 des Konfuzius, das Buch *Menzius* (*Mengzi*) 孟子 sowie zwei kleinere, ebenfalls aus klassischer Zeit stammende Schriften, das *Daxue* 大學 und das *Zhongyong* 中庸. Die Zusammenstellung erfolgte im 12. Jahrhundert durch Zhu Xi 朱熹 (1130–1200).

Das Bild des klassischen Konfuzianismus wäre ohne einen weiteren Denker, Xunzi 荀子, unvollständig und einseitig. Von den Philosophen der klassischen Epoche hat er das höchste systematische Niveau (zusammen mit den Mohisten). Allerdings nahm er aufgrund einer unterstellten Nähe zu den Legalisten in der historischen Wertschätzung innerhalb des Konfuzianismus keine prominente Rolle ein, und sein Werk zählte später auch nicht zu den offiziellen Klassikern. Wir werden ihn in einem eigenen Abschnitt behandeln.

Was ist der Konfuzianismus?[1] Er ist eine Gesellschafts- und Morallehre, die aus einer Auseinandersetzung mit den bestehenden politischen, gesellschaftlichen und moralischen Verhältnissen und vor allem Missständen entstand. Die Konfuzianer setzten der chaotischen politischen und gesellschaftlichen Realität ihrer Zeit in kritischer Weise ihre eigenen Idealvorstellungen entgegen. Diese Idealvorstellungen meinten sie in früherer Zeit verwirklicht zu finden, woraus sich ein starker Zug zum Konservatismus ergab, doch ist dies nur die eine Seite dieser Philosophie. Die andere Seite war eine eigenständige und neue intensive Beschäftigung mit moralischen Fragen, die auch Konsequenzen für das praktische Verhalten der Konfuzianer hatte.

Eine wichtige Grundannahme war, dass das moralische Verhalten des Volkes sich am moralischen bzw. unmoralischen Verhalten des Herrschers orientiert, und dass üble Herrscher oder jedenfalls Herrscherhäuser früher oder später ihre Macht verlieren. Beides

---

[1] Vgl. zu diesem Thema auch Roetz (2003).

wurde durch Hinweis auf legendäre gute oder böse Herrscher der Vergangenheit illustriert. Darin liegt neben dem Konservatismus durchaus auch ein umstürzlerisches Potenzial. Da man aus früheren Zeiten auch die äußeren Formen des moralischen und gesellschaftlichen Lebens übernahm oder wiederzubeleben versuchte, bietet der Konfuzianismus allerdings teilweise das Bild einer erstarrten Riten- und Formenlehre. Er sollte hierauf nicht reduziert werden.

Zum Konfuzianismus gehört auch die Ansicht, ein großer Teil des Wissenswerten sei bereits erkannt und des Denkenswerten bereits gedacht. Deshalb gilt das Studium der alten Bücher als weise. Wenngleich im Ganzen weniger betont, tritt dem Lernen aber das eigene Nachdenken zur Seite. Als dritte wichtige Quelle werden spontane, präreflexive Gefühle diskutiert, in denen sich angeborene Eigenschaften des Menschen zeigen sollten.

Anmerkung zu den „Klassikern"

Schon Konfuzius bezieht sich häufig auf älteres Schrifttum, von dem er mit großer Ehrfurcht spricht. Er soll ferner selbst Texte bearbeitet und ediert haben. Diese in der Han-Zeit zu „Klassikern", wörtlich „Kettenfäden" (*jing* 經) erhobenen Bücher sind zugleich äußerst wichtige Quellen für die Epoche der vorklassischen Kultur. Dass Konfuzius ihr Bearbeiter war, wie die Tradition gerne behauptet, ist jedoch eher unwahrscheinlich. Es handelt sich um die folgenden Werke (die Liste wurde später u. a. um das *Lunyu* und das Buch *Menzius* erweitert):

Das *Shujing* 書經 (*Buch der Urkunden, Buch der Dokumente*), eine Sammlung von Reden des Hochadels, wie sie bei diversen historischen Anlässen gehalten wurden, u. dgl. mehr. Einige Teile des Buches könnten bis in das späte zweite Jahrtausend zurückgehen.

Das *Shijing* 詩經 (*Buch der Lieder, Buch der Oden*), eine Sammlung von Volksliedern und Adelsdichtung aus der ersten Hälfte der Zhou-Zeit.

Das *Chunqiu* 春秋 (*Frühling- und Herbst*), eine knappe Chronik des Staates Lu 魯, des Heimatstaates von Konfuzius, von 722 bis 481 v.d.Z., die moralisierend interpretiert wurde; ein Kommentar des Zuo Qiuming (Zuoqiu Ming?) 左丘明 dazu (das *Zuozhuan* 左傳) gibt für dieselbe Periode eine umfassende Geschichte Chinas.[2]

---

[2] Beide Werke sind von James Legge übersetzt worden.

§2 Allgemeines zum klassischen Konfuzianismus

Das *Yili* 儀禮 (*Zeremonialriten*), eine Beschreibung von Riten, die auf Stammesinstitutionen der Zhou zurückgehen.

Das *Yijing* 易經 (*Buch der Wandlungen*), ursprünglich ein Orakelbuch; der Tradition zufolge geht es in seiner überlieferten Form auf den Zhou-König Wen zurück.³ Die späteren Ergänzungen und Kommentare (die *Zehn Flügel*) stammen aus der Zeit nach Konfuzius. Wegen seiner differenzierten, bilderreichen Darstellung, die niemals nur auf das Erteilen einfacher Ratschläge hinausläuft sondern eher eine Bewertung der Situation des Ratsuchenden gibt, wurde es später nicht mehr als gewöhnliches Wahrsagebuch angesehen. Es wurde zum Bildungs- und Zitatenbuch, dem man die jeweils passenden Sprüche und Belehrungen entnehmen konnte.

Im Laufe der Jahrhunderte wurde mit dem *Yijing* eine Lehre von zwei polaren Urprinzipien bzw. Urkräften, Yin und Yang 陰陽, zusammengebracht, und in nachklassischer Zeit verschmolz dieses spekulative System zeitweilig mit dem Konfuzianismus.

Die Yin-Yang-Spekulation⁴ lehrt, alles Geschehen im Kosmos und im Staat sei bewirkt durch das beständige Wechselspiel zweier Kräfte bzw. Arten des energetischen Stoffs *Qi* 氣: des Yang, das die Eigenschaften männlich, fest, hart, hell, trocken und heiß, und des Yin, das die Eigenschaften weiblich, weich, dunkel, feucht und kalt besitzt. Unter Einbeziehung einer weiteren Spekulation über die Zuordnung aller Dinge zu den fünf Elementen Wasser, Holz, Feuer, Erde und Metall⁵ wurde diese Lehre schließlich zu einem komplizierten duopentaistischen System erweitert. Sein Hauptmerkmal ist die direkte wechselseitige Entsprechung von allem, was sich in der Natur und der Menschenwelt ereignet, was zur Überzeugung führt, alle Handlungen, insbesondere die politischen, müssten in genauer Übereinstimmung mit den jeweiligen kosmischen Konstellationen geschehen, ansonsten bräche Unheil über die Welt herein. Eine Vorstellung von der Raffiniertheit des ganzen Systems gibt die von Lü Buwei 呂不韋 um 240 v.d.Z. veranlasste Kompilation *Lüshi chunqiu* 呂氏春秋 (der *Almanach des Herrn Lü*),⁶ in der das vollstän-

---

³ Übersetzungen: Wilhelm, Schilling, Simon, Hertzer (Mawangdui-Fund).
⁴ Vgl. Graham (1986a).
⁵ Es kann sich ursprünglich um eine stoffliche Spekulation gehandelt haben, wichtiger wurde aber das zyklisch-dynamische Moment in der Abfolge der Elemente (eine Abfolge des Hervorbringens und eine des Überwindens).
⁶ Übersetzungen: Wilhelm (*Frühling und Herbst des Lü Bu We*), Knoblock /Riegel.

dige Kosmo-Ritual für alle Monate des Jahres festgelegt ist. Es findet sich auch im Kapitel *Monatsbefehle* (*Yueling*) des *Liji*, ist allerdings für die in diesem Buch behandelten Philosophien nicht typisch.[7] Es ist eine verbreitete Fehlannahme, dass alle chinesische Philosophie kosmologisch fundiert sei;[8] tatsächlich ist stark zwischen Kosmo- und Anthropozentrik zu differenzieren. Die Yin-Yang-Terminologie dient gelegentlich einfach zur Bezeichnung der Prinzipien des Naturgeschehens, ohne dass damit weitergehende ethische oder politische Argumentationen verbunden wären.

Grundbegriffe des Konfuzianismus

Wie in jeder philosophischen Tradition, so findet sich auch in der chinesischen eine Anzahl von Begriffen, die von allen Autoren benutzt werden und Kristallisationspunkte für den Ausdruck des jeweiligen Standpunktes bilden. Es sind dies allgemeine und abstrakte Begriffe, deren Bedeutungsspielraum recht groß (aber keineswegs beliebig) ist. Für den europäischen Leser ist es anfangs nicht leicht, diese Begriffe innerhalb eines übersetzten Textes oder quer durch verschiedene Übersetzungen zu identifizieren. Denn erstens überträgt jeder Übersetzer diese Begriffe etwas anders, und zweitens wird oft auch innerhalb eines Textes die Übersetzung der Grundbegriffe variiert, ohne dass der Leser dies bemerken kann.

Nun ist die Übersetzung philosophischer Grundbegriffe immer ein Problem, für das es keine endgültige und allgemeine Lösung gibt. Dies gilt zumal im Falle Chinas, weil historisch kaum Begriffe in westliche Sprachen eingewandert sind und uns damit schon bekannt wären. Man kann aber versuchen, das Problem zu entschärfen. Die Bedeutung eines Wortes lässt sich am ehesten aus seinem Gebrauch in den einschlägigen Texten bzw. Kontexten erschließen. Will man in Übersetzungen den Gebrauch wichtiger chinesischer Ausdrücke einigermaßen einsichtig machen, sollte man, soweit dies möglich ist, jeden dieser Ausdrücke durch ein und denselben deutschen Terminus wiedergeben. Allerdings lässt sich dies aufgrund

---

[7] Für den Historiker Sima Tan (2. Jh. v.u.Z.) ist das systemkosmologische Denken wohlgemerkt eine von sechs *verschiedenen* Schulrichtungen; vgl. u. §19. Die Schriften des Hauptvertreters, Zou Yan 鄒衍 (3. Jh. v.), sind verlorengegangen.
[8] Eine Annahme, der auch Jürgen Habermas in seiner Philosophiegeschichte folgt (Habermas 2019).

der großen Polysemie vieler Begriffe (die das moderne Chinesisch durch Binominalisierung eingrenzt) nicht immer durchhalten. Überdies gehört es zu den Charakteristika der unruhigen Zeit, dass die Bedeutungen der Begriffe sich verändern – was auch selbst zum Thema wird.

Die wichtigsten chinesischen Begriffe, die im vorliegenden Buch in Zitaten mit den genannten Einschränkungen möglichst gleich übersetzt werden, sind folgende:

Ren 仁 (andere Transkription: *jen*) = Humanität, Menschlichkeit. *Ren* hat viel von der allgemeinen Bedeutung des Wortes „Humanität", bezeichnet aber gelegentlich auch spezieller das ideale Verhalten des Höhergestellten, so des Herrschers, gegenüber den ihm Untergebenen, ohne dass es damit zu einer exklusiv von oben nach unten gerichteten Tugend würde. Andere Übersetzungsvorschläge sind: Wohlwollen, Güte, Großmut, Altruismus, Liebe oder Nächstenliebe.

Li 禮 = Sitte, Sittlichkeit oder Riten. Ursprünglich bedeutet *li* wohl ein kultisches Ritual, bevor es für die Gesamtheit der Stammesinstitutionen der Zhou stand. Es bezeichnet dann alle Arten sozial etablierten und sanktionierten Handelns, wie Begräbnisriten, Opferriten, höfische Umgangsformen etc., kurz: die guten Sitten, die Sittlichkeit. Für *li* sind auch die Übersetzungen Tradition, Konvention, Höflichkeit, Anstand, Etikette, Zeremoniell, Dekorum gewöhlt worden; Wilhelm übersetzt es an einigen Stellen treffend mit „Form". Gelegentlich wird zur besseren Orientierung des Lesers der Ausdruck *li-Sitten* benutzt.

Systematisch betrachtet sind *li* und *ren* zueinander in Spannung stehende Begriffe. Sittlichkeit als den überlieferten Sitten gemäßes Verhalten ist das Befolgen vorgegebener Muster, so im Sinne von Menzius' Unterscheidung der fünf Rollenverhältnisse (*wu lun* 五倫) Vater/Sohn (Kind), Fürst/Untertan, Mann/Frau, Alt/Jung und Freundschaft (*Menzius* 3A4), die zum Missverständnis geführt hat, der Konfuzianismus vertrete eine bloße Rollenethik.[9] Menschlichkeit dagegen wird nicht durch Kodizes oder Traditionen definiert, sondern muss von „von einem selbst ausgehen", wie Konfuzius sagt (*Lunyu* 12.1, s. u. S. 37). *Li* adressiert den Menschen als konkreten Rollenträger, *ren* aber adressiert ihn als Menschen schlechthin. Man könnte geradezu von einem Gegensatz zwischen Hete-

---

[9] Vgl. hierzu Roetz (2016 und 2018).

ronomie und Autonomie sprechen. Allerdings spitzt der Konfuzianismus das Problem selten in dieser Weise zu, und häufig scheinen *li* und *ren* komplementär.[10] Beide sind nicht aufeinander reduzierbar; im Zweifelsfall gebührt aber *ren* der Vorrang.[11] Gleichwohl spricht z.B. Xunzi, der pessimistisch von der menschlichen Natur denkt, fast nur von Sittlichkeit und kaum von Humanität.

Yi 義 = Gerechtigkeit im Sinne des Angemessenen bzw. Gerechtigkeitssinn. Manchmal bedeutet es speziell das Verhalten im Sinne der sozialen Rangunterschiede, also Standesgerechtigkeit. *Yi* lässt sich in diesem Fall von *li* nicht streng abgrenzen und kann in Kombination (*liyi*) mit ihm Auftreten. Andere Bedeutungen bzw. Übersetzungen sind: Pflicht, Pflichtgefühl, Schicklichkeit, Rechtlichkeit, Rechtschaffenheit und Billigkeit.

Xiao 孝 = Kindespflicht, Pietät. *Xiao* umfasst alle Pflichten der Kinder gegenüber den lebenden oder verstorbenen Eltern. Zu den wichtigsten Sohnespflichten gehörte es, für das Wohlergehen der alten Eltern zu sorgen, ihnen ein würdiges Begräbnis zu geben und ihrer im Ahnenopfer zu gedenken. Zu *Xiao* gehört ferner, den Eltern zu folgen, aber sie gegebenenfalls unter Wahrung der Form auch zu kritisieren.

Zhong 忠 = Loyalität. *Zhong* bezeichnet die dem Untertanen, vor allem dem Beamten gegenüber seinem Herrscher geziemende Grundhaltung. Sie schließt Kritik mit ein. *Zhong* kann aber auch das „wohlwollende" Verhalten zu anderen überhaupt bezeichnen, auch das des Herrschers zum Volk. Andere Bedeutungen sind Treue, Ehrlichkeit und Wohlwollen.

Zhi 知 = Wissen, Klugheit. Wissen ist eine wichtige Komponente des moralischen Handelns und Urteilens. Laut Menzius ist das moralische Wissen dem Menschen angeboren. Xunzi hat dem widersprochen.

Der Begriff *Dao* 道 (w.: Weg), der allgemein für den „rechten Weg" steht, wird nicht übersetzt, sondern direkt übernommen.

Kenntnisnahme im Westen

Der Konfuzianismus ist im Westen sehr spät bekannt geworden, und zwar zunächst in der Gestalt, die er in den *Vier Büchern* gefun-

---

[10] *Lunyu* 12.1 erklärt *ren* durch *li*; *Lunyu* 3.3 macht *li* von *ren* abhängig. Vgl. o. S. 37 und Roetz (1992), S. 200.
[11] Vgl. hierzu Roetz (1992), S. 201, und (2018).

den hatte. „Konfuzianismus" ist im Übrigen ein westliches Wort ohne direktes chinesisches Äquivalent. Die chinesische Bezeichnung ist *Rujia* 儒家, in etwa „Schule der Literaten" oder „Schule der Scholaren".

Dies *Vier Bücher* lagen in Europa im 17. und frühen 18. Jahrhundert zuerst in lateinischen Übersetzungen durch Missionare des Jesuitenordens vor,[12] wobei das Lateinische sich als recht brauchbar erwies. In diese Periode fällt auch ein starkes Interesse der westlichen Welt, besonders der europäischen Aufklärer, an der chinesischen Kultur, das danach stark abflachte. In der Tradition der Aufklärung steht noch die spätere Beschäftigung von Albert Schweitzer und Karl Jaspers mit dem Konfuzianismus.[13]

Die große Periode der Übersetzungen war dann das späte 19. und frühe 20. Jahrhundert, als die monumentalen Werke von James Legge[14] (ins Englische), Séraphin Couvreur[15] (ins Französische), und Richard Wilhelm[16] (ins Deutsche) entstanden. Seither sind zahlreiche neue Übersetzungen erschienen, vor allem des *Lunyu*, aber auch der anderen Texte der *Vier Bücher*.

---

[12] A Costa und Intorcetta (1662), Noël (1711). In Couplet (1987) fehlt das Buch *Menzius*.
[13] Jaspers (1959), Schweitzer (2002). Vgl. hierzu Roetz (2013a).
[14] Legge (1861 ff.)
[15] Couvreur (1895 ff.).
[16] Wilhelm (1910 ff.).

§3 Konfuzius

Konfuzius 孔子 (551–479 v.) ist der erste chinesische Denker, dessen Lehre der Nachwelt mehr als nur fragmentarisch erhalten ist. Konfuzius war kein Übermensch, kein Heiliger und kein Prophet, weder in seiner Selbstinterpretation noch in den Augen seiner unmittelbaren Schüler. Niemals berief er sich auf göttliche Inspiration oder eine besondere Erleuchtung. Und er wollte kein Innovator sein; nichts lag ihm ferner als ein kühner Neubeginn. Am Anfang der chinesischen Philosophie steht die seltsame Tatsache, dass bereits der erste bedeutende Denker den größten Wert darauf legte, nicht der Erste zu sein. Alles, was er zu sagen hatte, schöpfte er nach seiner eigenen Auffassung aus der Tradition.

Der Meister sagte: „Ich überliefere, aber ich schaffe nichts Neues. Ich vertraue dem Alten und liebe es." (*Lunyu* 7.1)[1]

Der tiefere Grund für diesen Konservatismus ist die Überzeugung, dass kein Mensch und keine Gesellschaft bei einem Nullpunkt neu beginnen könne oder neu beginnen müsse. Wir sind alle Glieder in einer langen Folge von Generationen, die vor uns waren und nach uns kommen werden. Wir können die angesammelte Erfahrung der früheren Generationen nutzen, und wir sollten diesen Schatz pflegen. Daraus ergibt sich eine sehr positive Grundhaltung gegenüber der eigenen Geschichte und Kultur. Ohne Wissen um diese Tradition, sagt der letzte Spruch der *Analecta*, findet der Mensch keinen sicheren Standpunkt:

Der Meister sagte: „[...] Wer die (tradierte) Sittlichkeit (*li*) nicht kennt, hat nichts, worin er steht." (20.3)

Aber es ist kein unkritischer Konservatismus, keine Pflege des Alten bloß um seiner selbst willen. Für eine kritische Bewertung des Alten braucht man Maßstäbe, man braucht eine Ethik, eine Lehre darüber, was gut und was schlecht sei – die Tradition hatte schließlich in eine Krise geführt, die das Königsreich der Zhou zerrissen hatte. Die Ausbildung einer solchen relativ zeitlosen, überhistorischen praktischen Philosophie beginnt in China ebenfalls mit Kon-

---

[1] Übersetzungen des *Lunyu* u.a.: Legge, Wilhelm, Moritz, Lau, Brooks und Brooks, Slingerland; unsere Zählung folgt der von Legge und Wilhelm. Einige andere Übersetzungen benützen eine davon etwas abweichende Zählung; Brooks und Brooks zählen nach einer etwas freien chronologischen Rekonstruktion.

fuzius. Erst dadurch wird eine differenzierte, nachdenkliche Übernahme der Tradition möglich, und sowohl die Treue wie auch der bedachte Abstand zu ihr sind wesentliche Elemente des Konfuzianismus. Lernen und Nachdenken werden miteinander verknüpft (s. u. S. 30).

Hieraus entstand eine reflektierte Verbundenheit mit der Tradition, die sich immer wieder auf Neues einzustellen wusste und Elemente einer aufklärerischen, rationalistischen Moral enthält. Dass sich das Konservative und das Aufklärerische eher ergänzen als widersprechen, lässt sich anhand von Konfuzius' politischen Vorstellungen verdeutlichen.

Konfuzius strebte die Restauration eines machtvollen Königshauses und überhaupt die Festigung der Herrschaftsstrukturen an, um der Welt ihren Frieden zurückzugeben, verband damit aber schwerwiegende Pflichten der Herrschenden gegenüber dem Volk. Kern der frühkonfuzianischen politischen Lehre ist ein patriarchalisch-konservativer Humanismus mit einem hohen Verantwortungsbewusstsein. Im Verlauf der Entwicklung des Konfuzianismus werden die Pflichten des Herrschers immer deutlicher und schärfer formuliert, bis hin zu sehr harschen Sätzen. Die erste Herrscherpflicht war die Sicherung der materiellen Existenzbasis des Volkes, was angesichts immer drohender Naturkatastrophen und Missernten und kriegerischer Wirren keineswegs leicht war. Aber es ging nicht nur um die materielle Sicherung des Volkes. Mit den Pflichten des Herrschers für das Volk verband Konfuzius hohe Ansprüche an seine persönliche, „private" Moral. Nicht zuletzt durch ihr persönliches Beispiel sollten die Oberen auch im Volk Anstand und gute Sitten herbeiführen. Gegenüber Fürsten, die ihr Volk schlecht behandelten, trat Konfuzius als strenger, zugleich aber die Formen wahrender Kritiker auf.

Die Moral, in deren Namen Konfuzius die Politik wie was individuelle Verhalten verbessern wollte, respektiert die traditionellen Verhaltensmuster (*li*), ist aber an sich nicht zeitgebunden. Sie orientiert sich am Ideal der Menschlichkeit (*ren*), u.a. verstanden als Goldene Regel, und gilt, trotz der sozialen Unterschiede, die vom Konfuzianismus nie ernsthaft in Frage gestellt wurden, für alle Menschen. Es handelt sich um eine ziemlich rigorose Pflichtenmoral, die besonders für die Mächtigen, ohne dadurch zu einer Standesmoral zu werden, als in hohem Maße verbindlich gilt.

Die Quellen

Von Leben und Taten Konfuzius' berichtet eine ausführliche Überlieferung,[2] deren Glaubwürdigkeit im Einzelnen umstritten ist, so dass wir auf eine detaillierte Wiedergabe verzichten. Konfuzius (Kong Fuzi, Kong Qiu, Zhongni)[3] wurde 551 v.d.Z. als Sohn einer verarmten Adelsfamilie im Staate Lu 魯 (in der heutigen Provinz Shandong) geboren. Er war zeitweise als kleiner Beamter tätig, wirkte aber vor allem als Lehrer, der viele Jahrelang, vermutlich von 497 bis 484, mit seinen Schülern in den damaligen Staaten umherzog und gegen (möglicherweise symbolisches) Entgelt unterrichtete, wie es heißt, in den „Sechs Künsten" rituell korrektes Verhalten (li), Musik, Bogenschießen, Wagenlenken, Schreiben und Rechnen. Vor allem aber war er bemüht, den Schülern die richtige Moral mit auf den Weg zu geben. Er zählt damit zu den Begründern privater *Bildung*, mit der *die Erziehung im Ansatz von der sozialen Schicht* und *namentlich vom Adel abgelöst* wurde. Konfuzius strebte danach, seine politischen Vorstellungen auch zu verwirklichen und erhoffte sich eine entsprechend einflussreiche öffentliche Stellung. Kurzzeitig hatte er angeblich eine hohe Position in Lu inne (um 500) wobei er höchst erfolgreich gewesen sein soll. Schon nach kurzer Zeit soll er aufgrund von Widerständen sein Amt jedoch wieder niedergelegt und sein langes Wanderleben begonnen haben, in dem sich die Ruhelosigkeit der Zeit spiegelt. Insgesamt politisch gescheitert, aber als Lehrer einflussreich, starb Konfuzius 479 v.d.Z. im Kreis seiner Schüler. Er war somit nach traditioneller Datierung Zeitgenosse Buddhas und lebte vor Sokrates.

Konfuzius hat seine Lehre nicht niedergeschrieben. Aus späterer Zeit stammt eine unsystematische Sammlung von Aussprüchen, Anekdoten und Gesprächen, das *Lunyu* 論語 („Analecta", „Gesammelte Worte"), die weitaus wichtigste Quelle zu seiner Lehre. Das *Lunyu* enthält die Lehre des Meisters, wie sie von seiner Schule weitergegeben wurde; die genaue Entstehung ist unklar[4] und ein heterogener Ursprung nicht ausgeschlossen. Der Stil der *Analecta* ist

---

[2] Eine ausführliche Konfuzius-Biographie, die aber von Hagiographie nicht frei ist, findet sich bei dem Historiker Sima Qian (ca. 145–90 v.) (*Shiji* Kap. 47, Deutsch in Schwarz 1985). S. auch Roetz (2006).
[3] Kong Fuzi 孔夫子 (alte Transkription: Kung Fu Tse, von hier die westliche Transkription „Konfuzius") bedeutet „Lehrer Kong". Qiu 丘 ist der Kindesname und Zhongni 仲尼 der Erwachsenenname des Philosophen.
[4] Vgl. hierzu u. S. 49 Anm. 36.

äußerst knapp. Deshalb erschließt sich der volle Gehalt vieler Sprüche nur schwer. Vorausgesetzt ist in jedem Fall eine jedes Wort abwägende Lektüre, wobei ein guter Kommentar hilfreich sein kann. Im Text kommen viele namentlich angeführte historische oder legendäre Gestalten als Gesprächspartner oder Bezugspersonen vor. Sie haben ganz bestimmte Darstellungsfunktionen und sind nicht beliebig austauschbar. In *Lunyu* 2.5–8 findet man z.z.b. gleich vier verschiedene Erklärungen über das Wesen der Kindespflichten – individuell angepasste Antworten an vier verschiedene Fragesteller.

An anderer Stelle belehrt Konfuzius einen gewissen Ji Kang darüber, dass ein Herrscher das Volk kraft seiner persönlichen Integrität ganz ohne Zwang leiten könne (12.18, 12.19). Das klingt zunächst schwärmerisch, wird aber als moralischer Appell verständlicher, wenn man weiß, dass der besagte Ji Kang widerrechtlich die Macht in seinem Clan an sich gerissen hatte und im Verdacht stand, dabei seinen eigenen Bruder, den rechtmäßigen Erben, ermordet zu haben. Wer so handelt, hat wenig Grund, sich über die Amoralität des Volkes zu beklagen und nach Gegenmitteln zu fragen. Konfuzius erteilt hier keine allgemeine Antwort, sondern (wie jeder gute Pädagoge) eine, die dem Vorleben des Fragenden angemessen war. Er bleibt aber dabei nicht stehen. Schließlich fühlt er den Impuls in sich, die untergehende Welt zu retten und nicht nur einzelne zu erziehen. Es ist dies, was den Morallehrer schließlich zu einem Ethiker macht und den Lehrer zu philosophieren beginnen lässt.[5]

Historische Anspielungen dienen in den *Analecta* auch zur Darstellung bestimmter Situationen oder Verhaltensweisen, die Konfuzius sogleich bewerten oder kommentieren kann, ohne sich mit langen Einleitungen aufhalten zu müssen. Das gilt z.B. für die Geschichte des Tai Bo.[6] Der heutige Leser kann solche Anspielungen ohne Kommentar nicht verstehen. Das Edieren und Kommentieren wichtiger Bücher hat aber in China eine Tradition, die bis in die Han-Zeit zurückreicht. Die älteren Kommentare geben dabei Erklärungen historischer und philologischer Art, während spätere daneben auch noch Textinterpretationen im eigentlichen Sinne enthalten. Diese Interpretationen sind allerdings teilweise weit hergeholt, so dass sie oft nur als Zeugnisse für die Art gelten dürfen, in

---

[5] Schulz (2012), S. 248, spricht treffend vom „philosophierenden Lernen" bei Konfuzius im Unterschied zum „lernenden Philosophieren" bei Sokrates.
[6] *Lunyu* 8.1, s. u. S. 46.

der der klassische Text in späterer Zeit aufgefasst wurde. Das gilt z.T. auch von dem berühmten Kommentar des Zhu Xi.[7]

Eine zweite, weniger wichtige Textsammlung sind die „Schulgespräche" (*Kongzi Jiayu* 孔子家語).[8] Sie enthalten Material, das vielleicht aus dem 3. Jahrhundert v.d.Z. stammt, aber erst spät ediert wurde. Die *Schulgespräche* enthalten einige wichtige Stellen,[9] verlieren sich aber sonst gerne in erbauliche Anekdoten und Details des Rituals. Auch enthalten sie viele Parallelstellen zu anderen Werken, besonders dem *Liji*.

Menzius behauptet, Konfuzius habe die *Frühlings- und Herbstannalen* (*Chunqiu* 春秋) verfasst, und zwar in moralisierender Absicht, als Bollwerk gegen die Flut der Amoralität und Gewalttätigkeit. Wir lesen bei Menzius:

Die Welt war verrottet, und der rechte Weg wurde vergessen; üble Lehren und Gewalttätigkeit herrschten; ja es kam vor, dass Minister ihren Fürsten oder Söhne ihren Vater ermordeten. Konfuzius war darüber in Sorge und verfasste das *Chunqiu*. Es ist das Werk eines königlichen Mannes und versetzte rebellische Untergebene und mordlustige Söhne in Schrecken. (3B9)

Zwar fügt sich die Idee, eine Chronik unter dem Aspekt der Moralität zu verfassen, gut in das Bild, das von Konfuzius tradiert wurde. Aber die *Frühling- und Herbstannalen* sind in Wirklichkeit ein ziemlich trockener Text, aus der man nur mit größter hermeneutischer Raffinesse moralische Lehren gezogen hat; ob Konfuzius dieses Werk tatsächlich verfasst oder ediert hat, ist sehr umstritten. Als Quelle für seine Denken wird es hier nicht berücksichtigt.

Lernen und Denken

Der Meister sprach: „Lernen und beständig üben, bringt das nicht auch Freude? Wenn ein Kommilitone von weit herkommt, ist das nicht auch ein Vergnügen? Wenn einer, den die andern verkennen, sich nicht darüber ärgert, ist das nicht auch ein Edler?" (1.1)

Die gleich am Anfang des *Lunyu* – wie auch des Buches *Xunzi* (§14) – stehende Würdigung des Lernens hat auf das spätere China, wo im Unterschied zu Europa die Bildung die Chance zur höchsten Karriere bot, einen gar nicht zu überschätzenden Einfluss ausgeübt.

---

[7] Zhu Xi, *Lunyu jizhu* 論語集註; wir werden gelegentlich daraus zitieren.
[8] Alte Transkription: Gia Yü. Übersetzungen: Wilhelm, Kramers.
[9] Hier sind die Kapitel 7–9 und 27 zu erwähnen.

§3 Konfuzius

Allerdings kommt dieser Prozess in der Antike erst mühsam in Gang; die intellektuelle Schicht muss sich ihre Anerkennung gegen das Herkunftsdenken erst erkämpfen. So spricht hier ein Lehrer, der trotz seiner Ambitionen vom politischen Leben ausgeschlossen war. Der Verweis auf die Gemeinschaft der Schule lässt erkennen, wie die gebildeten Intellektuellen sich bereits als eine besondere Gruppe sehen, die weiß, dass die umgebende Welt sie nicht versteht und gerade daraus ihre Kraft zieht – und auch dies steht, durchaus provokant, interessanterweise gleich am Anfang der *Analecta*.[10] So arbeite der „Edle" (s. u. S. 25) fortwährend an der Stärkung einer eigenen Urteilsfähigkeit, während gegenüber fremden Meinungen und zumal denen der „Vielen" Vorsicht angebracht ist:

> Wenn alle etwas für schlecht finden, dann muss man unbedingt genau prüfen. Wenn alle etwas für gut finden, dann muss man unbedingt genau prüfen. (*Lunyu* 15.27)

Das Lernen umfasst u. a. die genannten praktischen „Künste", hat als letztes Ziel aber die Moralität, das richtige Verhalten. Dennoch ist es auch ein intellektueller Prozess. Durch die sorgsame Lektüre klassischer Texte soll der Gebildete die Regeln der Anständigkeit nicht bloß erwerben und verinnerlichen, sondern auch ihre Bedeutung einsehen lernen. Jede moralisch relevante Handlung kann dann in voller Bewusstheit vollzogen werden. Da das abstrakte Verstehen der Moral aber nicht genügt, muss sie beständig gegenwärtig gehalten und praktiziert werden – unablässig, wie der Flügelschlag eines Vogels, so erläutert ein Kommentar.[11]

Dieses Ziel allen Lernens muss man im Auge behalten, um einen anderen Ausspruch des Meisters richtig zu verstehen:

> Der Meister sprach: „Ich habe einmal den ganzen Tag nicht gegessen und die ganze Nacht nicht geschlafen, um nachzudenken – ohne Erfolg! Es kommt dem Lernen nicht gleich!" (15.30)

Man sollte dies nicht bloß als persönlichen Erlebnisbericht lesen, sondern als generelle These. Xunzi hat sie später wiederholt:

> Ich habe einst den ganzen Tag nachgedacht, und doch reichte es nicht an das heran, was man in kurzer Zeit lernt; Ich habe mich einst auf die Zehenspitzen gestellt, um Ausschau zu halten, und doch war mein Blickfeld nicht so weit, wie wenn ich auf eine Anhöhe gestiegen wäre. […] Wer Wa-

---

[10] Vgl. hierzu Roetz (2016), S. 27 f., und (2018), S. 285–288.
[11] Unter Bezug auf die Etymologie des Schriftzeichens für „üben".

gen und Pferd benutzt, der kommt auch ohne flinke Beine tausend Meilen weit. (*Xunzi* 1.3)

Hier wird der rationale Kern des konfuzianischen Konservatismus deutlich. Es ist im Allgemeinen gut, sich der altbewährten Mittel zu bedienen, man soll seine Kräfte nicht überschätzen. Es gibt wirksamere Methoden, um einen Überblick zu gewinnen, als sich nur auf die Zehenspitzen zu stellen, d.h. der eigenen Klugheit zu vertrauen. Speziell im Bereich der menschlichen Beziehungen ist es ratsam, sich nicht auf persönliche Einfälle zu verlassen, sondern dem lange Erprobten den Vorzug zu geben.

Diese schon in sich rationalistische Position beinhaltet aber kein Denkverbot und keine völlig negative Einstellung zur Gegenwart, denn schließlich war das Alte in eine Krise geraten. So heißt es:

Der Meister sprach: „Lernen ohne zu denken ist nutzlos; denken ohne zu lernen ist gefährlich." (2.15)

Zwar kann man diesen Spruch als asymmetrisch lesen; erst der zweite Teil scheint dann die Verhältnisse ins rechte konfuzianische Lot zu rücken: Gedankenloses Lernen ist sicherlich unnütz, aber ein ungebundenes, das Erbe der Väter verachtendes Denken ist mehr als, es ist gefährlich – dies ist zumindest die Deutung, die wohl die meisten Konfuzianer der Stelle gaben. Doch ist das Denken auch als eigene Größe anerkannt, und Konfuzius fordert zur aktiven Auseinandersetzung mit der Gegenwart auf:

Der Meister sprach: „Das Alte pflegen[12] und das Neue kennen – wer das kann, der mag Lehrer sein." (2.11)

Damit ist auch ein Problem aufgewiesen, denn die Empfehlung, Altes zu pflegen und Neues zu kennen, gibt nur einen sehr generellen Rahmen, der erst noch mit konkretem Inhalt gefüllt werden muss, soll die Formel nicht zur Leerformel werden.

Der gemäßigte Konservatismus der Konfuzianer schöpft einen Teil seiner Rechtfertigung aus der Meinung, die allgemeinen Probleme der Menschheit, vor allem die des Zusammenlebens in Familie und Staat, blieben dieselben. Darum die Ansicht Konfuzius', man könne den Lauf der Geschichte in den wesentlichen Stücken leicht überblicken:

---

[12] Wörtlich „das Alte warmhalten", d.h. es mit immer neuem Leben erfüllen, auffrischen.

§3 Konfuzius

Zizhang fragte, ob man über zehn (zurückliegende) Generationen Bescheid wissen könne. Der Meister sprach: „Die Dynastie Yin richtete sich nach den Riten (*li*) der Dynastie Xia; was sie hinzugefügt oder weggelassen hat, kann man wissen. Die Dynastie Zhou richtete sich nach den Riten der Dynastie Yin (Shang); was sie hinzugefügt oder weggelassen hat, kann man wissen. Sollte jemand die Dynastie Zhou fortsetzen, und wäre es für hundert Generationen – man kann wissen (welchen Verlauf die Sache nehmen wird)." (2.23)

Im Kommentar von Zhu Xi heißt es dazu, übernommen worden seien die Schranken zwischen Fürst und Untertan, Vater und Sohn, Gatte und Gattin sowie die Tugenden der Menschlichkeit, Gerechtigkeit, Sittlichkeit, Weisheit und Vertrauenswürdigkeit. Da die genannten drei Dynastien nach der damaligen Auffassung den größten Teil der bis dahin abgelaufenen historischen Zeit umspannten, finden wir hier ein Stück universaler Geschichtstheorie. Die Herrscher jener Dynastien, so klingt diese Stelle, konnten gar nicht anders, als sich mit der Herstellung einer dauerhaften Ordnung für das Zusammenleben zu befassen, wobei sie stets auf dem schon Vorhandenen aufbauten, und auch für die Zukunft wird es nicht anders sein. Die späteren Konfuzianer betonen indes stark die schöpferischen Leistungen der frühen Kulturheroen. Mit deren Feier huldigt man aber zugleich der Innovation – was den Traditionalismus, wie die Mohisten erkennen, selbstwidersprüchlich macht.[13]

Das Streben nach Wiederherstellung der Ordnung findet bei Konfuzius einen auf den ersten Blick etwas exzentrischen Ausdruck in seinem Wunsch, die „Bezeichnungen wieder richtig zu stellen". Er erklärte einem Fürsten, der ihn um einen Ratschlag für das Regieren gebeten hatte:

„(Es sei) der Fürst Fürst, der Untertan Untertan, der Vater Vater, der Sohn Sohn." (12.11)

Die Bedeutung dieses Satzes ist: Früher, als die Bezeichnungen noch „stimmten", war das Verhalten der Fürsten so, wie es sich für einen Fürsten geziemte, die Minister handelten in Einklang mit den Pflichten eines Ministers etc.. Inzwischen hat sich aber das Verhalten der Menschen derart verschlechtert, dass die alten Bezeichnungen „Fürst" etc. gar nicht mehr angemessen erscheinen. Konfuzius will aber nicht die Bezeichnungen an eine veränderte korrumpierte Wirklichkeit anpassen, sondern das Verhalten der Menschen auf seine ursprünglichen, besseren Formen zurückführen. Das Ziel der

---

[13] S. u. S. 100. Vgl. hierzu Roetz (2005), S. 138.

Richtigstellung der Bezeichnungen ist ein moralisches[14] wie das der Restaurationsbestrebungen Konfuzius' überhaupt.

Die Belehrung, welche Konfuzius hier dem Fürsten erteilt (und die letzterer ausdrücklich akzeptierte), hat zugleich eine sehr persönliche Note, durch die sie um einiges schärfer wird. Jener Fürst – er wird namentlich genannt und ist historisch belegbar – hatte seine Pflichten derart vernachlässigt, dass er die Herrschaft an seinen Minister verlor. Er war infolge der Intrigen seiner vielen Konkubinen nicht in der Lage, seinen rechtmäßigen Erben zu bestellen. An seinem Hof waren also die Beziehungen zwischen Fürst, Minister, Vater und Sohn aus den Fugen geraten.

Ein konservativer Grundzug des Konfuzianismus ist somit nicht zu verkennen. Gleichwohl richtet sich seine Zeitorientierung nicht nur auf das lernend anzueignende Alte, auch wenn er ihm die Treue hält. Wir werden auf diesen Punkt zurückkommen.

Ethik

Der Meister sprach: „Vielleicht gibt es Menschen, die ohne Wissen (richtig) handeln. Ich gehöre nicht dazu. Vieles hören, das Gute daraus auswählen und ihm folgen, vieles sehen und behalten – das ist die zweite Stufe des Wissens." (7.27)

Damit wird eine Diskussion über die Grundlagen der Ethik eingeleitet, die ungezählte Fortsetzer finden sollte. Mag es auch das moralische Genie geben, Konfuzius sieht sich nicht als solches, sondern als gewöhnlichen Menschen, der sich seinen sittlichen Standpunkt Schritt für Schritt erarbeiten muss (vgl. 7.19). Dies hat u.a. im verstehenden, nicht schematischen Übernehmen der Tradition und in ständiger Selbstkontrolle und Gewissensprüfung (vgl. 1.4)[15] zu geschehen.

In den Aussprüchen Konfuzius' findet sich mehrmals ein starkes Misstrauen gegen große Worte über Moral und Anstand, denen keine Taten entsprechen. Auf die Frage, was den Edlen auszeichne, antwortet Konfuzius:

„Er handelt zuerst; seine Worte folgen erst danach." (2.13, ähnlich 4.24)

---

[14] Das zeigt sich deutlich auch im Kapitel 16.8 *Richtigstellung der Bezeichnungen* des *Lüshi Chunqiu* (Wilhelm, *Frühling und Herbst*, S. 258 ff), Eine ausführliche, wenngleich etwas langatmige Darstellung gibt O. Franke (1906).
[15] Vgl. hierzu Roetz (1992), S. 272–277.

§3 Konfuzius

Er lehrt, Menschen nicht nach ihren Worten, sondern nach ihren Taten zu beurteilen (15.22) und distanziert sich von Leuten, die sittlichen Ermahnungen zustimmen, ohne sich daran zu halten:

„Wenn einer (Ermahnungen) wohlwollend aufnimmt, ohne sie anzuwenden; wenn einer ihnen zustimmt, ohne sich zu ändern – mit so jemandem weiß ich nichts anzufangen." (9.23)

Einmal äußert Konfuzius:

„Nehmt das Aufschütten eines Berges als Beispiel: fehlt ihm auch nur ein einziger Korb voll Erde, und man hält inne, so halte ich es für Stillstand. Und nehmt ein flaches Stück Land als Beispiel: auch wenn erst ein einziger Korb voll Erde aufgeschüttet ist, aber die Arbeit geht weiter, so halte ich es für einen Fortschritt." (9.18)

Hier liegt die Betonung auf der unablässigen Arbeit, dem beständigen sittlichen Handeln. Es kommt nicht auf die Erfolge an, aber auch nicht auf die bloße Gesinnung – entscheidend ist das Tun. Sittlichkeit entsteht aus der Summe auch kleiner sittlicher Handlungen. „Stillstand oder Fortschritt liegen beide bei mir und nicht bei den anderen" führt Zhu Xi diesen Gedanken fort. Der Konfuzianer weiß, dass er sein Leben durch seine eigenen Bemühungen gestalten muss, wie auch immer die Verhältnisse sein mögen.

Als Idealfigur des moralischen Menschen schildert Konfuzius den „Edlen" (*junzi* 君子). *Junzi* war ursprünglich ein Adelstitel und bedeutete wörtlich „Fürstensohn". Der Konfuzianismus beginnt aber ursprünglich sozial gebundene Begriffe moralisch zu sublimieren. Konfuzius benutzt den Ausdruck *junzi*, um das Bild eines unbestechlichen, unerschütterlichen, eher wortkargen und gänzlich unsentimentalen Mannes zu entwerfen (wir befinden uns in einer patriarchalischen Ordnung, in der Frauen eine untergeordnete Rolle spielen), der seinen Platz im Staat einnimmt, sofern ihm ein solcher zugewiesen wird und die Mitarbeit nicht moralisch verwerflich ist (vgl. 14.1):

Der Meister sprach: „Reichtum und Ehre, das wünschen sich die Menschen; erlangt man sie aber nicht auf dem rechten Wege, so bestehe man nicht darauf. Armut und Elend, das verabscheuen die Menschen; wenn sie sich aber nicht auf dem rechten Wege vermeiden lassen, so fliehe man nicht vor ihnen. Ein Edler, der von der Menschlichkeit abweicht, wie würde der noch diesen Namen verdienen? Der Edle verachtet die Menschlichkeit auch nicht für die Dauer einer Mahlzeit. Selbst in Eile oder in kritischen Situationen muss er sich daran halten." (4.5)

Der Edle strebt nach Vervollkommnung seines Charakters und seiner Bildung, vor allem, soweit sie moralisch relevant ist. Zu den „niederen Künsten" geht er auf Distanz, ohne sie indes zu verachten:

Sogar kleine Wege haben sicher etwas Achtenswertes. Verfolgt man sie indessen zu weit, so ist zu fürchten, dass man im Schlamm (stecken bleibt). Deshalb beschreitet der Edle sie nicht. (19.4, vgl. 13.4)

Hier zeigt sich sicherlich auch ein Stück elitärer Ideologie, die die Daoisten in Frage stellen sollten. Die „kleinen Wege" oder „minderen Künste" werden in Zhu Xis Kommentar gedeutet als „z.B. Ackerbau, Gärtnerei, Medizin, Orakeldeutung; die Fertigkeiten des Volkes, die auf Auge und Ohr, Mund und Nase beruhen." Es sind also keineswegs „kleine Liebhaberkünste",[16] sondern praktische Fähigkeiten, von denen immerhin die Existenz der ganzen Gesellschaft mit abhängt. Nur ein Indiz mehr für einen gewissen Hochmut gegenüber dem Volk ist es übrigens, wenn Ackerbau und Orakelkunst in einem Atem genannt werden. Man kann nicht leugnen, dass der Konfuzianismus primär eine Weltanschauung für die gebildete Oberschicht war, wenn er sich auch immer wieder hiervon zu lösen vermochte. Vom Standpunkt der führenden Schicht ist es durchaus verständlich, auf Kenntnisse in Ackerbau, Gärtnerei etc. zu verzichten. Denn, so meint Konfuzius, es kommt primär darauf an, dass die Oberen für Sittlichkeit und Vertrauen im Staat sorgen – der Rest erledigt sich dann auch ohne ihr Zutun (13.4). Kenntnisse im Ackerbau etc. helfen den Oberen bei der Bewältigung ihrer moralischen und politischen Aufgaben nicht.

Neben den „kleinen Wegen" sind es vor allem die „kleinen Menschen" (*xiao ren* 小人), die Menge der charakterlich (nicht aber qua Herkunft) „Gemeinen", gegen die sich der Edle sorgfältig abgrenzt:

Der Edle versteht sich auf die Gerechtigkeit, der (charakterlich) Gemeine auf seinen Vorteil. (4.16)
Der Edle ist um Harmonie bemüht, aber er passt sich nicht an; der Gemeine passt sich an, bemüht sich aber nicht um Harmonie. (13.23, vgl. 2.14)
Der Edle stellt an sich selbst Forderungen, der Gemeine stellt Forderungen an andere. (15.20)

Es sind Ideale, die ihre Herkunft aus einer herrschenden Schicht nicht verleugnen können. Sie richten sich nun aber auch gegen die Feudalherrscher selbst, denn mit der Verweigerung der Anpassung

---

[16] So die Übersetzung Wilhelms.

(12.23) insistiert der „Edle" auf seiner Unabhängigkeit und moralischen Autonomie.[17] Auch ein Fürst kann ein „Gemeiner" sein. Geistesaristokratisch klingt auch der Wunsch des Edlen, auch die Nachwelt möge noch von seinem Ruhm sprechen – etwas, das der einfache Mann aus dem Volk kaum je erreichen kann (obwohl rein theoretisch auch einfache Leute Edle werden können):

Dem Edlen ist (der Gedanke) zuwider, nach seinem Tode würde sein Name nicht mehr genannt. (15.19)

Aber der gute Ruf, der seinen Träger überdauert, wird nicht um seiner selbst willen, d.h. aus bloßer Ehrsucht erstrebt. Er soll vielmehr von den guten Taten eines edlen Menschen künden, und dies durchaus nicht in der Erwartung, dass sie auch tatsächlich den verdienten Beifall finden.

Es gibt eine Stelle in den *Analecta*, die für den Europäer recht vertraut klingt:

Zigong fragte, ob es etwas gebe, was nur aus einem einzigen Wort bestehe und an das man sich das ganze Leben hindurch halten könne. Der Meister sagte: „Das ist wohl *shù*: Was man selbst nicht wünscht, anderen Menschen nicht zufügen." (15.23, vgl. 5.11, 6.28 und 12.2)

Der Schüler fragt also nach einer moralischen Maxime, die sich universal, in allen Situationen des Lebens anwenden lässt, und erhält als Antwort nicht anderes als die Goldene Regel. Das Wort *shù* 恕 ist durch „Güte", „Nachsicht", „Gegenseitigkeit", „Fairness" u.a. wiedergegeben worden, hat aber die Grundbedeutung „Gleichsetzung" – für den anderen soll das Gleiche gelten wie für einen selbst. Zhu Xi erwähnt in seinem Kommentar die Fähigkeit, den eigenen Standpunkt einmal zu verlassen und die Position anderer Menschen einzunehmen. Er sagt: „Sich in die Lage anderer Wesen zu versetzen, dem sind keine Grenzen gesetzt. Deshalb kann man sich das ganze Leben daran halten. [...] Auch die Selbstlosigkeit eines Weisen kann nicht mehr, als dies bis zum Ende durchzuführen."

Bemerkenswerterweise wird die Goldene Regel in den *Analecta* gleich mehrfach formuliert und auch mit der zentralen Tugend der „Menschlichkeit" identifiziert (12.2, u. S. 37). Da sie grundsätzlich ohne Bezug auf das Alte nur auf die eigenen Bedürfnisse und Abneigungen rekurriert und damit in einem *hier und jetzt* vollziehbaren Gedankenexperiment besteht, ohne erst am Ende eines langen, das

---

[17] Vgl. zu dieser Implikation der „Harmonie" Roetz (2016d).

überlieferte Wissen rezipierenden Lernprozesses zu stehen, zeigt ihr hoher Stellenwert, wie der Konfuzianismus bei aller Verbundenheit mit der Tradition zu dieser auch auf Distanz geht.[18]

Trotz der Goldenen Regel ist der „Edle" kein schwärmerischer Menschenfreund, und schon gar nicht versucht er, seine Feinde zu „lieben":

> Jemand sagte: „Böses durch Tugend zu vergelten[19] – wie wäre das?" Der Meister aber sprach: „Warum durch Tugend vergelten? Man vergilt Böses durch Korrektheit und Tugend durch Tugend." (14.36)

Das hier etwas sperrige Wort „Tugend" (*de* 德) lässt sich auch als „Güte" interpretieren. Güte gegenüber jenen, die einem Übles antun, wäre aber nicht nur deshalb problematisch, weil sie als Schwäche missdeutet werden und zu weiteren Übeltaten herausfordern könnte. Vielmehr könnte sie leicht zur Ungerechtigkeit gegenüber solchen Menschen werden, die einem freundlich gesinnt sind, die man aber nicht besser behandelt als jene böswilligen Zeitgenossen.

Die konfuzianische Ethik ist ursprünglich auch geprägt von deutlicher Abneigung gegen maßlos übersteigerte Ansichten. Von der Menschlichkeit, diesem hohen Ideal, heißt es gelegentlich, – es gibt freilich auch Stellen, die dem widersprechen – sie sei eigentlich ganz leicht zu erreichen: sobald man nach ihr verlange, sei sie schon da (7.29). Und dem Schüler Zilu, der den Begriff *vollkommener Mensch* (*cheng ren* 成人) durch einen Katalog von Eigenschaften zu definieren versucht, der ganz im Sinne von Konfuzius zu sein scheint (Wissen, Selbstlosigkeit, Mut, Kultur, Musik), erteilt der Meister eine Abfuhr:

> Was soll das alles heutzutage für einen vollkommenen Menschen? Angesichts einer Aussicht auf Profit rechtschaffen bleiben, in der Gefahr sein Leben opfern, alte Abmachungen auch im Alltag nicht vergessen – auch wer das vermag, darf als vollkommener Mensch gelten! (14.13)

Menschlichkeit bzw. Humanität (*ren* 仁) ist beim „Meister" selbst und Menzius der wichtigste Begriff der konfuzianischen Morallehre. Eine strenge Definition für sie darf man freilich nicht erwarten, doch gibt es zahlreiche Umschreibungen. Einmal wird Menschlich-

---

[18] Vgl. hierzu und zu den Problem der Goldenen Regel Roetz (1992), S. 219 ff., und Roetz (2013).
[19] Derselbe Satz findet sich auch in *Laozi* Kap. 63, allerdings als eindringliche Empfehlung.

keit gleichgesetzt mit „die anderen lieben" (*ai ren* 愛人) bzw. „schonungsvoll behandeln" (12.22). Eine andere Textstelle lautet:

Yan Yuan fragte nach der Menschlichkeit. Der Meister sprach: „Sich selbst überwinden und zur Sittlichkeit zurückkehren, das ist Menschlichkeit. Würde man eines Tages sich selbst überwinden und zur Sittlichkeit zurückkehren, müsste da nicht die ganze Welt sich der Menschlichkeit zuwenden? Hängt denn die Menschlichkeit etwa von den anderen ab, und muss sie nicht von einem selbst ausgehen?"
Yan Yuan bat um Einzelheiten. Der Meister sprach: „Unsittliches nicht ansehen, nicht anhören, nicht aussprechen und nicht tun." (12.1)

Hier ist die Menschlichkeit auf den ersten Blick mit einem Verhalten gemäß den rituellen Regeln der Sittlichkeit (*li*) gleichgesetzt; wobei die hierzu nötige „Selbstüberwindung" allerdings bereits die eingetretene Distanz offenbart. Tatsächlich ist das Verhältnis von *ren* und *li* komplementär, fragt doch *Lunyu* 3.3:

„Was soll die Sittlichkeit, wenn man als Mensch nicht menschlich ist?"

Im Zweifelsfall gebührt der Menschlichkeit aber der Vorrang – wenn es um sie geht, „hat man dem Lehrer nicht den Vortritt zu lassen", wie die *li* es eigentlich vorschreiben (15.36). „Rückkehr zur Sittlichkeit" ist deshalb nicht restaurativ, sondern am besten verantwortungsethisch zu verstehen: Der „Menschliche" macht es sich zur Pflicht, die bedrohte und zugleich unverzichtbare Tradition, um ihr Ungenügen wohl wissend, unter seine Obhut nehmen.[20]

Eine der schönsten Stellen zur „Menschlichkeit" berichtet:

(Der Schüler) Zhonggong fragte nach der Menschlichkeit. Konfuzius sagte: „Wenn du das Haus verlässt, verhalte dich wie beim Empfang eines hohen Gastes. Behandle die Menschen, wie wenn sie beim großen Opferritual assistierten. Was du selbst nicht wünschst, tue auch anderen Menschen nicht an." (12.2)

Schließlich sei ein anderer kurzer Ausspruch Konfuzius' angeführt:

Der Meister sprach: „Der Edle ist kein Werkzeug." (2.12)

Man kann nicht umhin, bei diesen Worten an Kants grandiosen Satz zu denken, der Mensch existiere als Zweck an sich selbst, nicht bloß als Mittel zum beliebigen Gebrauch für andere.[21] Eine Deu-

---

[20] Vgl. hierzu Roetz (2018), S. 204, und Lee Ming-hueis Analyse der konfuzianischen Trauerzeit in Lee (2013), S. 21–41.
[21] Grundl. z. Metaphysik d. Sitten, 2. Abschn.

tung der Stelle in diesem Sinne ist keineswegs ausgeschlossen; Zhu Xis Kommentar allerdings sieht in dem Terminus *Werkzeug*[22] nicht eine Anspielung auf die Würde des Menschen, welche verloren geht, wenn er nur noch als Mittel fremder Zwecke dient, sondern einen Hinweis anderer Art. Unter den minderen Menschen, so heißt es, gebe es Leute mit den verschiedensten Begabungen; jeder von ihnen habe seine Stärken und Schwächen, gerade wie jedes Werkzeug seiner speziellen Verwendung angepasst sei. Nur wessen Tugend vollkommen sei, der sei für jede Verwendung geeignet. Darum eben sei der Edle kein (nur eingeschränkt einsetzbares) Werkzeug.

Der Herrscher und das Volk

Ein wesentlicher Zug des konfuzianischen Denkens ist die Sehnsucht nach fester Ordnung im Leben des Einzelnen wie im Staat und der Abscheu vor Unruhe, Aufruhr und Chaos. Wenn ein Land nach moralischen Grundsätzen regiert wurde, so drückte man das gerne durch die Wendung aus, die Welt habe den „rechten Weg", das *Dao* 道. Das *Kongzi jiayu* beginnt mit einer Schilderung der großen Ordnung, die Konfuzius während seiner politischen Laufbahn hergestellt haben soll. In Wirklichkeit handelt ein derartiger Bericht kaum von dem historischen Konfuzius, der eher gescheitert ist, sondern von dem konfuzianischen Ideal schlechthin.

Herstellung und Bewahrung einer solchen Ordnung war Aufgabe des Herrschers. Über dessen Pflichten und Tugenden äußert sich Konfuzius mehrfach und mit großer Entschiedenheit. Er entwirft dabei ein Bild des idealen Herrschers, das zunächst überraschend wirkt, etwa wenn es von den legendären Urkaisern heißt:

Der Meister sprach: „War das nicht wirklich großartig: Shun und Yu regierten das Erdreich und hielten sich doch davon fern!" (8.18)

Der Meister sprach: „Wer ohne zu handeln (*wuwei*) regierte, das war wohl Shun! Denn was tat er eigentlich? Aufrecht saß er auf dem Thron und wandte er sein Antlitz gen Süden,[23] das war alles." (15.4)

Dass der Kaiser Shun nichts weiter tun musste, als sich seiner Stellung, d.h. seiner Pflicht bewusst zu sein, bedeutet: Ein Herrscher

---

[22] *Qi* 器 = Gerät, Instrument, Fähigkeit, Tauglichkeit; vielleicht auch: spezielle Fähigkeit. Lau (1982), S. 37, übersetzt die Stelle mit „Der Edle ist kein Spezialist", was nicht schlecht zum o.a. Kommentar passt.
[23] Die rituell korrekte Haltung des Herrschers auf dem Thron.

§3 Konfuzius

muss durch seinen Charakter, durch sein persönliches Wesen auf seine Untertanen wirken, nicht durch Vorschriften und Befehle. Der große, vorbildliche Herrscher wirkt ohne etwas dazu zu tun (*wuwei* 無為, „Nicht-Tun", Handlungsenthaltung) und bleibt doch das Zentrum des Staates:

> Der Meister sprach: „Wer durch Tugend regiert, gleicht dem Polarstern, der an seinem Ort verweilt, während alle anderen Sterne ihm die Reverenz erweisen." (2.1)

Dies ist eine besonders provokante Formulierung der Ansicht, dass das bloße Beispiel eines wahrhaft integren Herrschers genüge, auch das Volk zur Anständigkeit zu bringen. Ein solchermaßen zur Moralität gelangtes Volk bedürfe dann keiner detaillierten Vorschriften und Strafandrohungen mehr, während umgekehrt gilt:

> Der Meister sprach: „Wenn man das Volk durch Administration führt und durch Strafen in Zucht hält, so weicht es aus und verliert das Schamgefühl. Wenn man es durch Tugend führt und durch Sittlichkeit in Zucht hält, so bewahrt es das Schamgefühl und bleibt anständig." (2.3)

Dieser Ausspruch handelt zwar vom Volk, richtet sich aber an die Herrschenden. Er bedeutet weniger, die Politiker sollten dem Volk durch irgendwelche Maßnahmen der Erziehung oder Ideologie Moral und Anstand beibringen, sondern weit mehr, die Politiker sollten durch ihre eigene Anständigkeit ein leuchtendes Beispiel geben – man tue seine Pflicht, bevor man zu rechtlichen Regelungen greift. Und wenn Repräsentanten eines Staates immer wieder in dunkle Affären verstrickt sind, wenn das Volk gute Gründe hat, an der persönlichen Integrität der Herrschenden zu zweifeln – warum sollte es dann noch Loyalität für diesen Staat empfinden? In dieselbe Richtung weist ein Bericht über ein Gespräch Konfuzius' mit einem der Mächtigen seiner Zeit:

> Ji Kangzi fragte Konfuzius, wie man regieren solle und sagte: „Sollte man nicht um der Ordnung willen die Bösewichte töten lassen?"
> Konfuzius entgegnete: „Ihr übt die Regierung aus – was müsst Ihr töten? Wenn Eure Absichten gut sind, wird auch das Volk gut sein. Die Tugend des Fürsten gleicht dem Wind, jene der kleinen Leute dem Gras: Das Gras wird sich dem Wind beugen, der über es hinwegstreicht." (12.19)

Konfuzius' Antwort kommt vordergründig auch dem Stolz des Fragestellers entgegen. Wer über andere herrscht, fühlt sich nur zu gerne als der Wind, dem sich alles zu beugen hat. In Wirklichkeit formuliert Konfuzius in seiner Replik eine harte, zugleich aber dezente Zurechtweisung. Denn die Familie Ji hatte widerrechtlich die Macht usurpiert, Ji Kangzi selbst hatte die Rechte seines Bruders an sich gerissen und stand sogar im Verdacht, diesen ermordet zu haben. Wenn das Volk schlecht war, so folgte es damit also nur seinem Herrscher, so wie das Gras im Wind sich beugt. Demselben Mann sagte Konfuzius einmal:

„Regieren heißt das Rechte tun; wenn Ihr der Lehrmeister im Tun des Rechten seid, wer würde es wagen, nicht recht zu sein?" (12.17)

Der nicht bloß erbauliche Inhalt des Satzes erschließt sich erst voll, wenn man berücksichtigt, an wen er gerichtet war.

Dass die Herrschenden zuallererst selbst ein Beispiel der Wohlanständigkeit geben sollten, leuchtet ein. Doch die weitere These, ein solches Vorleben der Anständigkeit genüge schon, um Ordnung im Staat zu schaffen, ist leider anfechtbar. Es ist wohl illusionär, wenn Konfuzius lehrt:

„Wer selbst recht ist, muss nicht befehlen, und doch geht alles. Wer selbst nicht recht ist, dem gehorcht man nicht, auch wenn er befiehlt." (13.6)

Mit dieser Einstellung lässt sich möglicherweise eine Familie oder eine kleine, unkomplizierte Gruppe lenken, im Staat verspricht sie indes wenig Erfolg. Das ist bereits in der Antike eingewendet worden.

Neben dem Einwand der Legalisten (§10), er schätze die Menschen letztlich falsch (nämlich zu optimistisch) ein, ist gegen Konfuzius schon von Seiten der mit seiner Schule konkurrierenden Mohisten (§6) auch der Vorwurf der Inhaltslosigkeit erhoben worden. Seine Sprüche seien, so würden wir dies heute umschreiben, nur schönklingende Leerformeln. Konfuzius erklärte einmal als Ziel des Regierens, dass „die Nahen sich daran erfreuen und die Fernen herbeikommen". (13.16) Dies kommentierten die Mohisten wie folgt:

Der Präfekt Zigao von She fragte Konfuzius: „Wie ist jemand, der gut regiert?" Konfuzius entgegnete: „Wer gut regiert, zu dem werden die Fernen hingehen, und alte (Verbündete) werden ihre Beziehungen erneuern."
Als Meister Mo hiervon erfuhr, sagte er: „Der Präfekt von She erhielt keine Antwort auf seine Frage. Konfuzius wusste auch gar nicht, was er ihm hätte antworten sollen. Wusste der Präfekt vielleicht nicht selbst, dass die Leute zu jemandem hinströmen, der gut regiert, und dass alte (Verbündete) ihre Beziehungen mit ihm erneuern werden? Er wollte doch wissen, was man tun müsse (um gut zu regieren). Konfuzius sagte dem Präfekten nichts, was dieser nicht schon wusste, sondern nur etwas, was ihm ohnehin bekannt war." (*Mozi* 46)

Ganz von der Hand zu weisen sind solche Vorwürfe sicherlich nicht.

Wenn Konfuzius zu den Herrschenden über das Volk spricht, ist er indessen ziemlich deutlich. Er hat vom Volk keine romantische Idee, sondern sieht es als der Führung durch Verständige bedürftig an. Einer seiner Aussprüche besagt:

„Man kann das Volk dazu bringen, etwas zu befolgen, aber nicht dazu, es zu verstehen." (8.9)

Daraus ergibt sich die Aufgabe des Herrschers als eines Führers und Erziehers.[24] Aber es ist eine Rolle mit hohen Anforderungen:

Der Meister sprach: „Regiere ein Land von tausend Streitwagen,[25] indem du deine Aufgaben ernst nimmst und vertrauenswürdig bleibst, sparsam in den Ausgaben bist, die Bürger schonend behandelst und das Volk nur nach Maßgabe der Jahreszeit zu Frondiensten einsetzt."[26] (1.5)

Wenn Konfuzius auch kein radikaler Pazifist war, so bewertete er kriegerische Unternehmungen doch grundsätzlich negativ. Der Herrscher sollte sich besser um das Vertrauen seines Volkes als um das Militär sorgen:

Zigong fragte über das Regieren.
Der Meister sprach: „Genügend Nahrung, genügend Militär, ein vertrauensvolles Volk!"
Zigong sagte: „Wenn man nicht umhinkönnte, davon etwas aufzugeben, welches von diesen Dreien wäre das Erste?"
Der Meister sprach: „Das Militär!"
Zigong sagte: „Wenn man nicht umhinkönnte, davon etwas aufzugeben, welches von den (verbliebenen) Zweien wäre das Erste?"
Der Meister sprach: „Die Nahrung! Von alters her müssen alle sterben; ist aber das Volk ohne Vertrauen, so bleibt nichts bestehen." (12.7)

Im Dienste des Staates

Neben den Aufgaben des Herrschers für das Volk behandelt Konfuzius auch die Rolle der Staatsdiener. Das hohe Beamtentum, die Fürstenratgeber und Minister, bildeten jene Schicht, der Konfuzius sich wohl auch selbst am liebsten zugerechnet hätte. Zwar

---

[24] Vgl. die abweichende Deutung dieser Stelle in Schwermann (2015).
[25] Ein für damalige Verhältnisse mittelgroßer Staat; es könnte Lu gemeint sein.
[26] D.h. keine Fronarbeit während der Saat- und Erntearbeiten etc.

liebäugelt er durchaus mit dem Ausstieg aus der unverständigen Welt,[27] doch fasst ihn letztlich der verantwortungsethische Impuls, in die Welt der bedrohten Sittlichkeit zurückzukehren (*Lunyu* 12.1, o. S. 37) und sich in ihren Dienst zu stellen, statt gesinnungsethisch nur die persönliche „Reinheit" zu bewahren.[28] In Auseinandersetzung mit apolitischen, privatistischen Tendenzen und der Geringschätzung aller staatlichen Bindungen, sagt der Schüler Zilu in den *Analecta*:

Es ist nicht pflichtbewusst, (im Staat) kein Amt anzunehmen!

Es geht nicht an, die Grenzen zwischen Alt und Jung aufzugeben; und wie könnte man die Pflichten des Staatsdieners gegenüber dem Fürsten abschaffen? Das hieße doch nur, persönlich sauber bleiben zu wollen und die Ordnung im Großen ins Chaos stürzen zu lassen!

Wenn ein Edler in Dienst tritt, dann um seine Pflicht zu erfüllen. Und dass dem rechten Weg (*dao*) kein Erfolg winkt, das weiß er längst. (18.7)

Die frühen Konfuzianer sind keine Demokraten. Unter den historisch gegebenen Bedingungen des alten China mit seinen großen Flächenstaaten konnte die Idee einer Herrschaft durch das Volk gar nicht aufkommen. Es ist für Konfuzius nicht jedermanns Pflicht, sich um den Staat zu kümmern, sondern dies ist die Sache der dazu ins Amt Berufenen. Der Konfuzianer hält sich aber stets bereit, einem solchen Ruf zu folgen (wobei er gelegentlich etwas fordernd wirken mag). Wie man dabei den rechten Weg zwischen Loyalität zu Herrscher und Staat einerseits und der moralischen Verpflichtung, beide an den Prinzipien der Sittlichkeit und Humanität zu messen, andererseits findet, das ist eines der großen Themen des Konfuzianismus. Durch seinen moralischen Rigorismus und seine grundsätzlich positive Einstellung zum (Kultur)Staat war der Konfuzianismus zur Ideologie einer staatstragenden Elite geradezu prädestiniert. Der letzte Satz van *Lunyu* 18.7 bringt den ganzen Ernst der politischen Pflichtenlehre lapidar zum Ausdruck: „Dass dem Dao kein Erfolg winkt, weiß man schon." Dem politisch-moralisch handelnden Menschen muss die hohe Wahrscheinlichkeit seines Scheiterns bewusst sein, sie darf ihn aber nicht zur Resignation verleiten.

---

[27] Vgl. Roetz (1992), S. 136 f.
[28] Ein typischer Vertreter einer solchen Absage an den „Schmutz" der Welt ist der in Ungnade gefallene Politiker und Dichter Qu Yuan (340–278, Tod durch Selbstmord); vgl. Roetz (1992), S. 304, und zu Qu Yuan allgemein Keindorf (1999).

Die Bereitschaft zur Mitwirkung am politischen Geschehen steht immer unter einem prinzipiellen moralischen Vorbehalt. Der „Edle" hat sorgsam zu überlegen, ob sich gegen seine Mitarbeit in einer Regierung keine moralischen Bedenken erheben. Denn in den Dienst einer verkommenen Regierung sollte sich niemand stellen.

Xian fragte, was schändlich sei. Der Meister sprach: „Wenn Ordnung (Dao) im Land herrscht, sein Gehalt haben, und wenn keine Ordnung im Land herrscht, (genau so) sein Gehalt haben – das ist schändlich!" (14.1)

Der hier erwähnte Yuan Xian 原憲 wird übrigens (in *Lunyu* 6.3) von Konfuzius gerügt, weil er im Staatsdienst eine seiner Meinung nach zu hohe Besoldung zurückweisen wollte. Konfuzius verlangt durchaus, dass das Einkommen eines Staatsdieners der Wichtigkeit und Ehre des Amtes angemessen sei. Aber in einem schlecht geführten Staat (der also „das Dao nicht hat") sollte man überhaupt nicht dienen. So sagt Konfuzius einmal:

„Ein Land, das gefährliche (Politik) betreibt, nicht betreten; in einem Land, das sich in Aufruhr befindet, nicht bleiben. Wenn Ordnung im Staat herrscht, in Erscheinung treten; wenn nicht, sich verbergen. Herrscht Ordnung im Staat, so ist eine niedere Stelle eine Schande; herrscht keine Ordnung, so ist eine hohe Stelle eine Schande." (8.13)

Wer einem Fürsten dient, der ist zur Loyalität verpflichtet; eben aus der Loyalität aber folgt auch die Pflicht zur moralischen Unbeirrbarkeit. So wie Liebe ohne wirkliche Anteilnahme undenkbar ist, so gibt es keine Loyalität, die mit notwendig gewordenen Warnungen zurückhält (14.8). Der Staatsdiener ist zur Aufrichtigkeit verpflichtet, gerade weil er seinen Fürsten schätzt. Man dient dem Fürsten, wenn man keine Ausflüchte sucht und ihm notfalls auch widerspricht (14.23). Doch leitet Konfuzius (Menzius und Xunzi werden an diesem Punkt radikaler sein) daraus kein Widerstandsrecht ab. Das Unrecht des Fürsten darf nicht durch anderes Unrecht bekämpft werden, der Edle lehnt es aber ab, mitschuldig zu werden. Er tut dies, indem er, wenn es sein muss, alle persönlichen Nachteile, selbst das Exil oder den Tod, auf sich nimmt (5.22, 8.1).

Der Agnostiker

Das *Lunyu* enthält einige Stellen, an denen berichtet wird, über welche Themen der Meister häufig sprach und über welche selten oder nie. Neben 7.17 und 7.24 ist eine von besonderem Interesse:

Der Meister sprach nicht über Seltsamkeiten, Kräfte, Chaos, Götter. (7.20)

Nun kommt aber jeder der hier angeführten Begriffe im Text der *Analecta* vor. Wir müssen diesen Satz also eher dahingehend lesen,[29] dass hier Themenkreise genannt werden, zu denen der Meister keine genauere Stellungnahme abgeben wollte, sei es, weil ihm eine solche schwierig oder überflüssig erschien, sei es, weil sie ihm zuwider war (wie beim Begriff Chaos, dem Antipoden zu Konfuzius' Ideal politischer Ordnung). Was nun Geister oder Götter anbelangt, so fallen sie vielleicht unter beide Kategorien. Konfuzius hielt es nicht für lohnend, sich mit ihnen auseinandersetzen. Die Existenz solcher Wesen gehörte zum Volksaberglauben, wurde aber zu seinen Zeiten unter den Gebildeten schon bezweifelt. Konfuzius hielt eine direkte Stellungnahme dazu offenbar für unangebracht, er wollte damit nicht belästigt werden. Insoweit die Respektierung dieser Wesen Bestandteil der Tradition war, übernahm Konfuzius die entsprechenden Sitten. Doch lehrte er, Weisheit sei, Geister und Götter „zu ehren, sich aber von ihnen fernzuhalten" (6.20). Man soll opfern „als ob" sie beim Opfer dabei wären – wichtig ist allerdings, dass man selbst „dabei" ist (3.12).

Zu den Geistern (vorausgesetzt es gibt sie) würden insbesondere auch die Geister der Verstorbenen gehören. Die Verehrung der Verstorbenen gehörte zu den unantastbaren Prinzipien Konfuzius'. Doch lehnte er Spekulationen über ihre tatsächliche Weiterexistenz dezidiert ab. Die *Schulgespräche* (*Kongzi jiayu*) berichten, dass Konfuzius auf die Frage, ob Verstorbene noch etwas wahrnähmen, dem Fragesteller entgegnete:

„Sagte ich ja, ich fürchte, dann würden pietätvolle Söhne und pflichtbewusste Enkel über dem Dienst an den Verstorbenen die Lebenden vernachlässigen. Sagte ich nein, ich fürchte, dann würden pietätlose Söhne Ihre Eltern unbestattet liegen lassen. Ob die Verstorbenen etwas wahrnehmen oder nicht, das ist heute keine dringliche Frage. Später wirst Du es von selber wissen." (*Kongzi jiayu* 8.17)

Konfuzius vermied jede Kritik an religiösen Überzeugungen, was auch immer seine letzten Motive dafür gewesen sein mögen. Fragen des irdischen Lebens waren ihm jedenfalls wichtiger:

Ji Lu fragte, wie man Geistern und Göttern dienen solle. Der Meister sprach: „Wer den Menschen noch nicht dienen kann, was soll der den Geis-

---

[29] Zu den unterschiedlichen Deutungsmöglichkeiten dieser Stelle s. Roetz (2018a).

tern dienen können?" Jener fragte nach dem Tode. Der Meister sprach: „Wer das Leben nicht versteht, wie soll der den Tod verstehen?" (11.11)

Man kann Konfuzius' Replik sicherlich dahin deuten, dass hier einfach Prioritäten gesetzt werden: Zuerst müssen die Fragen *dieses* Lebens bedacht und gelöst werden. Von Seiten der Mohisten, die sich die Pflege eines Geisterglaubens sehr angelegen sein ließen, weil sie meinte, anders würden die meisten Menschen unmoralisch, ist übrigens bereits in der Antike der Vorwurf erhoben worden, dass die Konfuzianer die Existenz von Geistern bestreiten und damit Unheil anrichten. (*Mozi* 48, s. u. S. 104)

So spricht manches dafür, in Konfuzius einen Agnostiker zu sehen, der weder über Entstehung oder Bestimmung der Welt spekulierte, noch über den Ursprung des Menschen oder ein Weiterleben nach dem Tode, noch auch über Götter und Dämonen. Ein rabiater Aufklärer war er freilich auch nicht. Darauf weist z.B. der gelegentliche (aber reichlich unbestimmte) Gebrauch der Wörter „Himmel" oder „Schicksal" hin.[30] So sagt Konfuzius an einer Stelle:

„Der Edle empfindet vor dreierlei Respekt: vor dem Schicksal (*tian ming*), vor großen Menschen und vor weisen Menschen." (16.8)

Was es mit diesem Schicksal (sofern mit *tian ming* 天命 – wörtlich: Befehl des Himmels – Schicksal gemeint ist) auf sich hat, darüber erfährt man von Konfuzius nichts. Das ist auch nicht verwunderlich, denn trotz einer widersprechenden Stelle[31] und der Kritik der Mohisten enthält die konfuzianische Ethik implizit wie auch explizit[32] die Lehre, dass Glück und Unglück nicht vom Schicksal herrühren, sondern durch die Taten der Menschen bestimmt werden. Konfuzius spricht weiter respektvoll vom Himmel, greift aber nicht auf ihn zurück, wenn er seine Ethik formuliert. Das Dao, die höchste Norm, ist eine menschliche und keine übermenschliche Größe:

Der Meister sagte: „Der Mensch vermag das Dao zur Größe zu bringen, nicht das Dao den Menschen." (*Lunyu* 15.28)

---

[30] *Lunyu* 6.26, 11.8, 12.5.
[31] *Lunyu* 12.5, wo Sima Niu, der keinen Bruder hat, von Zixia (beide sind Schüler von Konfuzius) getröstet wird.
[32] Vgl. *Kongzi jiayu* 7.6: „Bestehen und Untergang, Glück und Unglück kommen alle nur durch eigene Schuld." (Wilhelm, *Schulgespräche*, S. 29) Zur mohistischen Kritik s. u. S. 105 f.

Der Missionar James Legge kommentierte in seiner Übersetzung:

The first clause of the chapter may be granted, but the second is not in accordance with truth.

Zur Methode des Philosophierens

Die alte chinesische Philosophie verwendet eine Vielzahl unterschiedlicher Darstellungs- und Argumentationsformen. Es soll hier aber nur auf eine dem Europäer ungewohnte und dadurch besonders interessante Form hingewiesen werden; zugleich aber muss betont werden, dass dies nicht etwa „die eine", typische Form der Darstellung schlechthin ist – denn diese gibt es nicht.

Die *Analecta* enthalten an mehreren Stellen kleine unkommentierte Anekdoten oder kurze Anspielungen auf historische Persönlichkeiten, mit denen der Leser zunächst nichts anfangen kann. Manche solcher Erwähnungen lassen sich tatsächlich nicht mehr weiter erklären, aber in gewissen Fällen sind Personen und Ereignisse aus der Überlieferung bekannt. Berücksichtigt man diesen Kontext, so erweist sich mitunter ein lapidarer Satz der *Analecta* als erstaunlich inhaltsreich. Das Anführen von konkreten Geschehnissen oder Persönlichkeiten und der bewusste Verzicht auf abstrakt-allgemeine Thesen oder Imperative und allzu explizite Belehrungen ist eine immer wieder einmal genutzte Verfahrensweise der antiken chinesischen Philosophen.

Man nehme zum Beispiel die folgende kurze Stelle:

Der Meister sprach: „Von Tai Bo kann man sagen, er habe die höchste Tugend erreicht. Mehrfach lehnte er (die Regierung über) das Reich ab. Das Volk war freilich nicht imstande, ihn dafür zu loben". (8.1)

Dazu muss man folgendes wissen. Tai Bo 泰伯 war der älteste Sohn des Dan Fu 亶父, eines der Ahnherren der Zhou. Dan Fu wünschte sich als Nachfolger in der Herrschaft den jüngsten seiner Söhne, Ji Li 季歷. Wegen dieser ungewöhnlichen Absicht seines Vaters verließ Tai Bo das Land und siedelte sich im Süden bei den „Barbaren" an. Der Grund für Dan Fus Handlungsweise war, dass dem Ji Li unter besonders glücklichen Vorzeichen ein Sohn geboren worden war. Dieser Sohn, also Dan Fus Enkel, wurde später tatsächlich als König Wen 文王 ein glänzender Herrscher, der den Sieg der Zhou über die Shang einleitete. Tai Bo war zartfühlend genug, die

Absichten seines Vaters zu verstehen[33] und zog sich zurück, um nicht im Wege zu stehen.

Was Konfuzius mit dieser Episode darstellen will, ist die Art, in der Tai Bo einen Normenkonflikt bewältigt: er nimmt ohne zu klagen alle Nachteile auf sich. Tai Bo hätte um sein Erbrecht kämpfen können, denn das Verhalten seines Vaters widersprach der geltenden Sitte. Andererseits verbat es die Sohnespflicht, sich dem Vater zu widersetzen. Wäre Tai Bo im Lande geblieben und hätte die geänderte Erbfolge akzeptiert, so hätte das nicht genügt. Denn die bloße Tatsache seiner Anwesenheit wäre eine dauernde Zurechtweisung für Dan Fu gewesen. Tai Bo verließ also das Land; seine Gründe dafür durfte er nicht aussprechen, denn auch das wäre einer Rüge für seinen Vater gleichgekommen. Daher konnte das Volk ihn nicht loben; es kannte ja seine Motive nicht.

Die Maxime der konfuzianischen Moral, die man hier erkennt, verlangt (gerade von der herrschenden Oberschicht), lieber persönlich Nachteile auf sich zu nehmen, als ein Recht mit Hilfe eines Unrechts (hier: sich dem Vater zu widersetzen) zu erzwingen. Alles dies bleibt aber unausgesprochen. Konfuzius umreißt nur mit knappen Worten eine Situation und gibt seine Bewertung – er überlässt es dem Leser bzw. Schüler, darüber im Einzelnen nachzudenken.

Des Weiteren berichten die *Analecta*:

Ein Stall brannte. Der Meister kehrte von Hof zurück. Er sagte: „Sind Menschen verletzt?" Er fragte nicht nach den Pferden. (10.12)

Hier vertritt der dürre Bericht alle möglichen ethischen Abhandlungen über den Wert von Dingen, Tieren und Menschen.

Der Gebrauch solcher anschaulicher Anekdoten und Bilder ist für den westlichen Leser ungewohnt und reizvoll. Er sollte aber nicht dahingehend interpretiert werden, die alte chinesische Philosophie sei zu allgemeinen und damit abstrakten Überlegungen, Begriffsbildungen und Argumentationsketten nicht fähig gewesen – es blieb nicht bei knappen, protokollartigen Sätzen wie denen des *Lunyu*. Wie schief eine solche Ansicht wäre, wird im Fortgang unserer Darstellung hinreichend deutlich werden. Je mehr die Krise das alten China voranschreitet, desto größer wird das Verlangen nach der ausführlichen Darlegung von Standpunkten und nach argumentativen Begründungen.

---

[33] Wang Chong (*Lunheng* Kap. 42) bringt noch eine weitere Ausschmückung der Geschichte.

Die familiären Beziehungen: Kindespflichten, Stellung der Frau.

Zum Grundgesetz der alten chinesischen Gesellschaft gehörte die Unterwerfung der jüngeren Generation unter die ältere und die der Frau unter den Mann. Die Erfüllung der Kindespflichten (*xiao* 孝, Pietät) gegenüber dem Vater war eine unumstößliche Regel. In typischer Weise wird aber bei Konfuzius aus einer ursprünglich bloß wirtschaftlich und sozial bedingten Institution (Fürsorge für die Alten) eine Frage der Gesinnung:

Ziyou fragte, was Kindespflicht sei. Der Meister sprach: „Heutzutage nennt man es Kindespflicht, den Eltern Nahrung bereitzustellen. Aber das tut man sogar für Hunde und Pferde. Wenn es ohne Achtung geschieht, worin liegt dann noch ein Unterschied?" (2.7)

Auch bringen die *Analecta* den kindlichen Gehorsam ausdrücklich in Zusammenhang mit der Friedenspflicht des treuen Staatsbürgers:

Wer als Mensch seine Pflicht als Sohn und jüngerer Bruder erfüllt, liebt es kaum, sich den Oberen zu widersetzen. Und jemanden, der sich den Oberen nicht widersetzen mag, aber doch den Aufruhr liebte, hat es noch nicht gegeben. (1.2)

Aus der frühen konfuzianischen Schule ist eine kleine Schrift hervorgegangen, die sich ausschließlich den Kindespflichten widmet und die man als Versuch einer systematischen Entwicklung des Grundgedankens ansehen könnte, Ehrfurcht gegenüber den Eltern sei das Fundament aller Tugend überhaupt. Es ist das *Buch der Kindespflichten* (*Xiaojing* 孝經), das möglicherweise aus dem 4. Jahrhundert v.d.Z. stammt.[34] Hier wird das richtige Verhalten eines Sohnes wie folgt beschrieben:

Ein pietätvoller Sohn dient seinen Eltern so: Daheim ist er äußerst ehrerbietig; er ernährt sie mit größter Freude; ihre Krankheiten bereiten ihm größte Sorge; bei ihrem Tod empfindet er tiefste Trauer; den Verstorbenen opfert er mit höchstem Ernst. (*Xiaojing* 10)

Ein öfter anklingendes Thema ist das Verhalten gegenüber einem nicht in allen Stücken der Sittlichkeit genügenden Vater. Konfuzius verlangt zwar weitestgehenden, aber nicht blinden Gehorsam den Eltern gegenüber. Vielmehr sollte ein liebender Sohn ihnen, wenn sie Verfehlungen begehen, durchaus moralische Vorhaltungen machen und sie auf den rechten Weg zurückzuführen versuchen – aber in geziemender Form. So heißt es schon in den *Analecta*:

---

[34] Übersetzungen: Legge, Makra, Yu.

§3 Konfuzius

Der Meister sprach: „Wer seinen Eltern dient, mag ihnen behutsam[35] Vorhaltungen machen; sieht er, dass sie darauf nicht eingehen wollen, so soll er respektvoll bleiben, sich nicht widersetzen und sich über solche Mühsal nicht grämen." (*Lunyu* 4.18)

Auch das *Xiaojing* erklärt, Gehorsam allein genüge nicht, vielmehr sei Unbeugsamkeit und „Streitbarkeit" (*zheng*) in moralischen Fraugen geradezu Pflicht eines guten Sohnes, der dadurch letztlich auch den Vater vor Schaden bewahren könne:[36]

Zengzi[37] sagte: „Darf ich fragen, ob ein Sohn, der allen Befehlen seines Vaters folgt, pietätvoll genannt werden kann?"
Der Meister antwortete: „Was sind das für Worte! Was sind das für Worte! Wenn vor Zeiten der Himmelssohn (auch nur) sieben couragierte Ratgeber besaß, so verlor er das Reich nicht, selbst wenn er Fehler hatte. Und wenn ein Prinz fünf streitbare Ratgeber besaß, so verlor er das Land nicht, selbst wenn er Fehler hatte. Ein Minister, der drei streitbare Ratgeber besaß, verlor sein Amt nicht, selbst wenn er Fehler hatte. Ein Beamter, der einen streitbaren Freund besaß, konnte seinen guten Ruf nicht verlieren. Ein Vater aber, der einen streitbaren Sohn besitzt, der wird von der Gerechtigkeit nicht abweichen. So kann angesichts einer Ungerechtigkeit der Sohn nicht umhin, mit dem Vater zu streiten und der Untergebene nicht umhin, mit dem Fürsten zu streiten. Angesichts einer Ungerechtigkeit muss gestritten werden. Wie könnte deshalb ein Sohn, der (allen) Befehlen des Vaters folgt, als pietätvoll gelten!" (*Xiaojing* 15)

Trotz aller guten Versuche des Sohnes wird sich der Vater vielleichtdoch nicht bessern. Dies mag zu Konflikten mit der Autorität des Staates führen. In *Lunyu* 13.18 findet man ein Beispiel, wie ein gleichwohl der Kindespflicht treuer Sohn dann verfahren sollte:

Der Präfekt von She sagte zu Konfuzius: „In meiner Gemeinde gibt es einen aufrechten Mann namens Gong (Zhi Gong 直躬). Als sein Vater ein Schaf stahl, sagte er als Sohn gegen ihn aus."

---

[35] Zhu Xi erläutert (unter Rückgriff auf eine Stelle im *Liji*): „Mit verhaltenem Atem, friedfertiger Miene und sanfter Stimme […], und wenn einen die Eltern bis aufs Blut quälen, soll man umso respektvoller und pflichtbewusster werden." Vgl. zu Deutungsmöglichkeiten der Stelle Roetz (1992), S. 96 f.
[36] Vgl. hierzu auch u. S. 272.
[37] 曾子, „Meister Zeng", der Konfuzius-Schüler Zeng Shen 曾參. Zeng Shen tritt ebenso wie sein Kommilitone You Ruo 有若 im *Lunyu* als „Meister" (*zi* 子) auf. Daraus ist früh gefolgert worden, dass das *Lunyu* eine Kompilation der Schüler dieser beiden ist, also in der zweiten Schülergeneration entstand. Diese Ansicht gilt heute als kaum haltbar. Vgl. zu dieser Diskussion Roetz (2006a), Kap. III.

Konfuzius sagte: „In meiner Gemeinde gibt es eine andere Art, aufrecht zu sein. Hier deckt der Vater den Sohn, und der Sohn deckt den Vater. Und darin liegt schon das Aufrechte." (*Lunyu* 13.18)

Hier liegt eine Entscheidung zwischen den Ansprüchen des Staates und jenen der Familie vor, für die Konfuzius der Zersetzung der Staatsräson bezichtigt wurde. Es ist aber nicht impliziert, dass der Vater auch moralisch freigesprochen würde. In der Folgezeit wurde der Fall des „aufrechten Gong" als Musterbeispiel für die Diskussion ethischer Probleme noch mehrfach aufgegriffen. Wir werden ihm später wieder begegnen.[38]

Zu den Kindespflichten gehörte im Übrigen auch die Pietät im engeren Sinne, nämlich die Sorge für ein den Sitten entsprechendes Begräbnis der Eltern und das Einhalten einer langen, bis ins dritte Jahr währenden strengen Trauerzeit nach deren Tod. Der Geist des Konfuzianismus verlangte, diese Sitten nicht bloß einzuhalten, sondern sie auch mit der rechten Gesinnung zu erfüllen. Allerdings lag die Gefahr der Verkümmerung der Sittenlehre zu einer bloßen Zeremonien- und Formenlehre nahe genug.

Indes gehört die Warnung vor gedankenlos übertriebener Pietät zum festen Bestand der chinesischen Literatur. Sie wird gerne durch Geschichten über ein besonders groteskes Verhalten von extrem pflichtgetreuen Söhnen illustriert. Das *Kongzi jiayu* (Kap.15) erzählt, wie der bereits erwähnte Konfuzius-Schüler Zeng Shen von seinem Vater wegen eines winzigen Fehlers bewusstlos geschlagen wurde, dann mit heiterer Miene wieder aufstand, sich auf das höflichste bei seinem Vater entschuldigte und anschließend noch ostentativ die Laute spielte, um den Vater zu beruhigen: Die Prügel hatten keinen bleibenden Schaden hinterlassen. Konfuzius missbilligt diesen Vorfall deutlich, denn Zeng Shen hätte sich wohl ohne weiteres totschlagen lassen, wodurch sein Vater zum Mörder geworden wäre. Es wäre richtiger, sagt Konfuzius, leichte Schläge des Vaters zwar zu erdulden, schweren Prügeln aber auszuweichen, ohne jedoch die Ehrfurcht vor dem Vater zu verlieren. Gerade in solcher Weise habe sich schon der Kaiser Shun zu seinem bösartigen Vater verhalten.[39]

In späterer Zeit wurden die Kindespflichten Gegenstand rührseliger illustrierter Populärschriften mit geradezu perversen Ideen.

---

[38] S. u. S. 221.
[39] Vg. hierzu Roetz (1992), S. 99.

Lu Xun 魯迅 (1881–1936), einer der Pioniere der modernen chinesischen Literatur, berichtet in der Erzählung „Das Bilderbuch der 24 Beispiele für Kindespflicht"[40] mit beißendem Sarkasmus, welchen Schrecken ihm als Kind gewisse Geschichten von besonders pflichtgetreuen Söhnen einjagten. Eine dieser Geschichten berichtet z.B. von einem Mann, der seinen eigenen kleinen Sohn töten und begraben wollte, weil zu viele Esser im Haus waren und der Großvater so nicht genügend Essen bekam. Das Buch, in dem Lu Xun diese Geschichte las, war für die Erziehung der Kinder gedacht!

Ein Beispiel für die ideologische Überhöhung der unfreien Stellung der Frau im alten China findet sich in den folgenden Ausführungen, die übrigens Teil eines grandiosen Gesamtbildes des menschlichen Lebenszyklus sind. Man beachte, dass der Text mit der bezeichnenden Berufung auf das „Dao des Himmels" beginnt, d.h. auf ein kosmisches Prinzip. Das überaus starke Interesse an der Erhaltung der bestehenden Machtverhältnisse zeigt sich dabei in entwaffnender Unmittelbarkeit:

Der Mann besorgt den Weg (*dao*) des Himmels und führt alle die zehntausend Dinge. Er weiß, was zu tun und zu lassen, zu sagen und zu verschweigen, zu unternehmen und zu meiden ist.
Wer diese natürliche Ordnung überdenkt und die Verschiedenheit (zwischen den Geschlechtern) einsieht, ist weise. Darum fügt sich (die Frau) in das Gebot ihres Gatten.
Die Frau folgt den Anweisungen des Mannes und führt seine Grundsätze aus. Darum ist sie nicht selbständig, sondern hat auf dreierlei Weise zu folgen: Als Kind folgt sie den Eltern und den älteren Brüdern, als Gattin folgt sie dem Gatten, als Witwe folgt sie dem Sohn und darf nicht daran denken, nochmals zu heiraten. Aus den Frauengemächern dürfen keine Belehrungen oder Anordnungen ergehen. Die Geschäfte der Frau beschränken sich auf die Zubereitung von Speisen und Getränken. Sie treibt sich nicht unter Missachtung der guten Sitten außer Haus herum und überschreitet die Landesgrenzen nicht einmal, um an einem Begräbnis teilzunehmen. Sie führt kein Geschäft eigenmächtig aus und beendet es nicht allein. Sie lässt sich beraten, ehe sie etwas ausführt und prüft sich, bevor sie spricht. Am hellen Tage verlässt sie das Haus nicht; wenn sie in der Nacht zu gehen hat, benutzt sie eine Laterne. So fügt sie sich in die Rolle der Gattin.
Konfuzius lehrt: Es gibt fünf Gründe, weswegen eine Frau nicht geheiratet wird: wenn sie aus einer rebellischen oder einer unordentlichen Familie stammt, oder aus einer Familie von Kriminellen, wenn es in ihrer Familie erbliche Krankheiten gibt, wenn sie von einer üblen Krankheit befallen ist,

---

[40] In: Lu Hsün (1978). Zu den „24 Beispielen der Pietät" s. Plank und Hung-Chen (1997).

oder wenn sie die älteste Tochter eines verwitweten Vaters[41] ist. Ferner gibt es sieben Gründe, eine Frau zu verstoßen, und drei Gründe, es nicht zu tun. Die sieben Scheidungsgründe sind: Wenn die Frau den Eltern (des Gatten) nicht gehorcht, keine Kinder gebiert, einen liederlichen Lebenswandel führt, eifersüchtig ist,[42] an einer bösen Krankheit leidet, geschwätzig und diebisch ist. Die drei Umstände, unter denen eine Frau nicht verstoßen werden darf, sind: Wenn sie nach ihrer Verheiratung keine Familie mehr hat, zu der sie zurückkehren könnte, wenn sie bereits an der dreijährigen Trauerzeit für die verstorbenen Eltern ihres Mannes teilgenommen hat und wenn ihr Gatte aus Armut zu Wohlstand gelangt ist.

Dies alles wurde von den Weisen den natürlichen Grenzen (zwischen Mann und Frau) entsprechend eingeführt; es zeigt die Wichtigkeit der Grundlagen der Ehe. (*Kongzi jiayu* 26, ganz ähnlich *Dadai Liji* 80)

Moderne Konfuzianer haben den historischen Konfuzianismus für seinen Patriarchalismus heftig kritisiert. Besonders problematisch ist, wenn die dienende Stellung der Frau, wie es in dieser Passage geschieht, kosmologisch verbrämt und damit ein für allemal festgeschrieben wird.[43] Es ist sogar die Ansicht vertreten worden, dass die Frau im Konfuzianismus nicht einmal unter den Begriff „Mensch" fällt, was allerdings unhaltbar ist.[44] Tatsächlich ist der unverkennbare Patriarchalismus der Konfuzianer nicht durch ihre philosophischen Grundannahmen gedeckt oder gar durch sie erzwungen. Er ist vielmehr mittels ihrer eigenen ethischen Denkfiguren wie der Goldenen Regel oder der Idee der Menschlichkeit, und der tatsächlich egalitären Anthropologie (s. u. S. 74) kritisierbar. Eine tang-zeitliche Konfuzianerin, eine Geborene Zheng 鄭氏, fügte den oben (S. 49) zitierten Sätzen aus dem *Xiaojing* hinzu:

Wenn ein Mann eine streitbare Frau hat, dann versinkt er nicht in Unmoral. […]. Wenn der Mann unmoralisch handelt, dann soll die Frau ihn kritisieren. Wie könnten sie als fähig gelten, wenn sie einfach dem Befehl des Mannes folgte! (*Nü xiaojing* 15)

---

[41] Der Text ist an dieser Stelle nicht ganz klar; es gibt mehrere Varianten.
[42] Gegenüber den anderen Frauen ihres Mannes, mit denen sie unter demselben Dach lebt.
[43] Vgl. hierzu Roetz (1992), S. 369f.
[44] Vgl. zu einer Diskussion und Kritik dieser These Roetz (2009).

§4 Daxue (Große Lehre) und Zhongyong (Rechte Mitte)

Das *Liji*[1] 禮記 (*Aufzeichnung der Riten* oder *Buch der Sittlichkeit*) ist eine Kompilation verschiedenster Schriften aus der konfuzianischen Schule und entstand in der Han-Zeit; einzelne Teile des *Liji* sind aber erheblich älter. Im 12. Jahrhundert, mithin mehr als ein Jahrtausend nach der Zusammenstellung des Buches, hat der große konfuzianische Gelehrte Zhu Xi daraus zwei für lange Zeit nicht sonderlich beachtete Abschnitte entnommen und gesondert publiziert. Es sind dies die *Große Lehre* (*Daxue* 大學) und die Abhandlung über *Die rechte Mitte* (oder *Anwendung der Mitte, Zhongyong* 中庸). – Diese beiden Texte bilden seither zusammen mit den *Analecta* und dem Buch *Menzius* die sogenannten *Vier Bücher*, das Kompendium des orthodoxen Konfuzianismus, welches von 1313 bis 1905 auch Grundlage der Staatsprüfungen in China war. Zhu Xi verfasste auch Kommentare zu den *Vier Büchern*; in seiner Interpretation lernten im 17. Jahrhundert Jesuitenmissionare in China die konfuzianischen Texte kennen und übersetzten sie ins Lateinische.

Verfasserschaft und Entstehungszeit des *Daxue* und des *Zhongyong* sind ungewiss. Traditionell werden die Eingangspassage des *Daxue* Konfuzius und die Erläuterungen seinem Schüler Zeng Shen zugeschrieben, während das *Zhongyong* als Werk seines Enkels Zisi 子思 gilt.

Das Daxue

Das *Daxue* – auch übersetzbar mit *Lehre für Erwachsene* – ist eine ziemlich kurze Schrift,[2] die in einen knappen Haupttext und in kommentierende Passagen zerfällt. Sieht man von zwei Ausdrücken (*zhizhi* 致知 und *gewu* 格物) ab, deren Interpretation in der chinesischen Tradition stark umstritten ist, so stellt der Haupttext die systematische Grundlage der konfuzianischen Staats- und Morallehre sehr einprägsam dar, nämlich die These von der Unteilbarkeit der Moral und vom Zusammenhang aller sittlichen Beziehungen zwischen den Menschen, sei es im Staat, in der Familie oder im Geis-

---

[1] Ältere Transkriptionen: Li Gi oder Li Ki. Übersetzungen: Legge, Wilhelm, Moritz (Daxue).
[2] Den Übersetzungen liegt teils der ursprünglich überlieferte Text zugrunde, teils eine von Zhu Xi neu geordnete Fassung, die etwas systematischer sein will.

tesleben des Einzelnen. Trotzdem wäre dieser knappe, formelhafte Text ohne eine ihm zugetane ausführliche Interpretation vielleicht wirkungslos geblieben. Erst eine sorgfältige Lektüre des *Daxue* macht aus den spröden Sätzen eine lebendige Anweisung für das moralische Verhalten insbesondere, aber nicht nur, der gehobenen Schichten. Der Haupttext formuliert in knapper Form das fundamentale Prinzip der konfuzianischen Moral vom Zusammenhang aller Bereiche des Lebens. Stufe um Stufe wird die politische Moralität der Regierung auf Moralität im vertrauten Bereich der Familie zurückgeführt, und weiter auf die persönliche Charakterbildung des Einzelnen. In einer Art Spiegelung wird die Darstellung danach wieder stufenweise bis zur Ausgangsfrage zurückgeführt. Ausgangs- und Endpunkt der gesamten Überlegung ist aber nicht die politische Frage nach der besten Regierung, sondern die Herstellung einer friedfertigen, zivilen Gesellschaft, wie man aus dem ersten Satz des folgenden Zitats sieht. Am Ende des Haupttexts, und nochmals im Kap. X des Kommentars, wird diese Unterscheidung zwischen der Welt schlechthin (*tianxia* 天下) und dem politischen Gebilde Staat (*guo* 國) nochmals aufgegriffen.

Hier nun der Haupttext:

[…] Als die Alten klare Tugend auf der Welt (*tianxia*) erstrahlen lassen wollten, wandten sie sich zuerst der (vorbildlichen) Regierung ihres Staates (*guo*) zu. In dem Wunsch, (vorbildlich) zu regieren, wandten sie sich zuerst der Ordnung im eigenen Haus zu. In dem Wunsch nach Ordnung im eigenen Haus wandten sie sich zuerst der Sebstkultivierung zu. In dem Wunsch, selbst vollkommen zu werden, wandten sie sich zuerst der genauen Ausrichtung ihres Geistes zu. In dem Wunsch, den Geist genau auszurichten, wandten sie sich zuerst der Ernsthaftigkeit der Gedanken zu. In dem Wunsch nach Ernsthaftigkeit der Gedanken strebten sie zuerst nach Erlangung von Erkenntnis (*zhizhi*). Erlangung von Erkenntnis besteht darin, die (realen?) Dinge zu erforschen (*gewu*).

Das Erforschen der Dinge führt zur Erlangung von Erkenntnis. Erlangung von Erkenntnis bringt Ernsthaftigkeit der Gedanken. Ernsthaftigkeit der Gedanken bringt genaue Ausrichtung des Geistes. Genaue Ausrichtung des Geistes bringt Selbstkultivierung. Selbstkultivierung bringt Ordnung im eigenen Haus. Ordnung im eigenen Haus führt zur (vorbildlichen) Regierung. Eine solche (vorbildliche) Regierung des Staates bringt der Welt Frieden.

Vom Himmelssohn bis zu den einfachen Leuten gilt dasselbe: für alle bildet die Selbstkultivierung die Grundlage.

Im Kommentar, der Schritt für Schritt der Gedankenentwicklung des Haupttextes folgt, sind Ausführungen über die moralisch-intellektuelle Arbeit des Einzelnen an sich selbst von einigem Interesse.

§4 Daxue und Zhongyong

Vom Edlen wird gefordert, sittlich an sich zu arbeiten und sich zu kontrollieren, auch wenn er allein und somit unbeobachtet ist. Sein moralisches Empfinden soll so spontan sein wie die Gefühle von Ekel oder Gefallen:

Wenn von Ernsthaftigkeit der Gedanken die Rede ist, so bedeutet dies, sich nicht selbst zu betrügen, und zwar so, wie man einen üblen Geruch verabscheut oder eine schöne Frau liebt. Dies nennt man in sich selbst Genüge finden. Deshalb gibt ein Edler auf sich unbedingt acht, auch wenn er allein ist. (VI. 1)

Der Kommentar spricht am Ende von der richtigen Regierungsweise. Wenn es heißt,

Einen Staat (gut) zu regieren, beginnt mit der Ordnung in der (eigenen) Familie. (IX. 5)

so muss damit eigentlich in erster Linie die Familie des Herrschers gemeint sein. Es heißt auch, an der Art, wie der Herrscher mit seinen Vorfahren und den Älteren in seiner Familie umgeht, wie er sich zu Hilfebedürftigen verhält, werde sich das Volk ein Beispiel nehmen. Eine interessante Variante der Goldenen Regel lautet dabei:[3]

Deshalb verfügt ein Edler über die Methode von Parallelmaß und Messschnur: Was einem bei den Vorgesetzten zuwider ist, soll man den Untergebenen nicht zumuten. Was einem bei den Untergebenen zuwider ist, damit soll man den Vorgesetzten nicht dienen. Was einem bei den Vorangehenden zuwider ist, damit soll man den Nachkommenden nicht vorangehen [...] (X. 1–2)

Die Goldene Regel ist hier bemerkenswerterweise explizit als „Methode" eingeführt, was die Bedeutung formaler Überlegungen in der konfuzianischen Ethik zeigt. Es hat allerdings den Anschein, als sei hier die „reine" Form der Goldenen Regel in den *Analecta*, wo wir sie abstrakt als horizontales Verhältnis von *ego* und *alter* formuliert finden (o. S. 35), in einer problematischen Weise zugunsten der konkreten Hierarchien der Lebenswelt aufgelöst ist. Allerdings lässt sich die Stelle auch anders lesen: Die Gleichsetzung des Ich und des Anderen ist nicht gestrichen, sondern so konkretisiert, dass die vorhandene Lebenswelt zugleich geschützt und Gegenseitigkeitsregeln unterworfen wird. Dies ist in Einklang mit der doppelbödigen Grundstruktur der konfuzianischen Ethik, die den Menschen zu-

---

[3] Vgl. hierzu Roetz (1992), S. 226, und (2013), S. 233.

gleich als Träger je spezifischer, auch hierarchisch geordneter Rollen und als Menschen schlechthin adressiert.

Das Zhongyong

Das *Zhongyong* ist ein schwieriger, sprunghafter Text; schon die chinesischen Interpreten hatten damit, genau wie auch die besten westlichen Übersetzer,[4] ihre Probleme. Die Bewertung des *Zhongyong* ist kontrovers. R. Wilhelm, einer der großen Übersetzer, sieht in dem Text „eines der wertvollsten Erzeugnisse der chinesischen philosophischen Literatur als Zusammenfassung der philosophischen Grundlagen des Konfuzianismus."[5] Auch im heutigen „spirituellen Neu-Konfuzianismus" spielt das *Zhongyong* eine zentrale Rolle.[6] J. Legge indes, dem die monumentale Übersetzungsserie *The Chinese Classics* zu verdanken ist, spricht in einer Fußn. zu Zhongyong 24 von der „Lächerlichkeit" der „ganzen großspurigen Lehre über die vollständige Wahrhaftigkeit" („magniloquent teaching about entire sincerity"); er wittert hier die gleiche unchristliche Hybris wie in seinem Kommentar zu *Lunyu* 15.28 (s. o. S. 44).

Das Werk ist gekennzeichnet durch die wiederholte Übertragung von Begriffen aus der menschlichen Sphäre in den Kosmos. Zu welchem Zweck das geschieht, ist eher unklar.[7] Die Übertragung wird speziell mit den Begriffen der ausgewogenen Mitte (*zhongyong*) oder Harmonie, und mit einem Begriff *cheng* 誠 vorgenommen, der zunächst etwa „Ernsthaftigkeit" oder „Wahrhaftigkeit" bedeutet. Beides sind Bezeichnungen für bestimmte menschliche Erlebnislagen oder Grundhaltungen, die auch mit einer bestimmten moralischen Bewertung verbunden werden. In dieser gut verständlichen Bedeutung kommt der Ausdruck *cheng* auch im *Daxue* (II.6) vor. Welche Bedeutung er im kosmischen Gebrauch haben könnte, bleibt dubios.

---

[4] In Legges Übersetzung gibt es gelegentlich verärgerte Kommentare, in denen sich der christliche Missionar über vermeintliche Anmaßungen der Konfuzianer aufregt.
[5] Wilhelm, Li Gi, Vorbemerkung zum 1. Kapitel (= *Zhongyong*).
[6] Tu Weiming (1989).
[7] Die Technik der „Projektion" irdischer Begriffe bzw. Verhältnisse in den Kosmos, und deren nachfolgende Rückanwendung („Reflexion") zur Legitimierung irdischer Verhältnisse („der Himmel will es so") wird beschrieben von E. Topitsch (1958). Vgl. Roetz (1992), S. 366 f.

§4 Daxue und Zhongyong

Der Übergang von der Welt des Menschen zum Kosmos zeigt sich gleich zu Beginn des Textes, wo eine ausgeglichene Gefühlslage, die sich ja nur auf Menschen beziehen kann, ohne weiteres in den Kosmos projiziert wird:

> Wenn Hoffnung und Zorn, Trauer und Freude sich nicht regen, heißt das Mitte (*zhong* 中). Wenn sie sich regen, aber im richtigen Verhältnis stehen, heißt das Harmonie (*he* 和). (Diese) Mitte ist der große Ursprung der Welt, und (diese) Harmonie ist der zielführende Weg (*dao*) der Welt. Wenn Mitte und Harmonie vollkommen sind, kommen Himmel und Erde an ihren Platz, und alle Dinge gedeihen. (1.4)[8]

Für den gewöhnlichen, irdischen Bereich ist das Einhalten von Mittelmaß und Harmonie, eine ausgewogene Geisteshaltung, die nicht von Emotionen überwältigt wird, gut verständlich. Es sind, so sagt das *Zhongyong*, Geisteszustände, die nur ein Edler erreichen und länger bewahren kann (2). Sie gelten als höchste Tugend, und sind selten (*Zhongyong* 3.5; vgl. *Lunyu* 6.27). Gewöhnliche Menschen können sie nicht lange bewahren (7), aber Idealgestalten wie der Kaiser Shun (8) oder Konfuzius' Jünger Yan Hui vermochten das (8), aber es ist fast unmöglich (9). Beim Edlen zeigt auch noch seine Charakterstärke diese Ausgewogenheit (10). Er kommt nicht aus dem Gleichgewicht, auch wenn er (entgegen seinem Ideal) nicht am öffentlichen Leben teilnehmen kann. So war Konfuzius (11). Der Edle hält sich wie im *Lunyu* an die Goldene Regel

> Was du nicht willst, dass es dir getan wird, tue keinem anderen Menschen an. (*Zhongyong* 13.3)

Und er tut in jeder (politischen, sozialen, persönlichen) Situation das jeweils angemessene und nimmt sein Schicksal gefasst entgegen (14).

All dies klingt etwas exaltiert, aber verständlich. Doch allmählich wird der Leser auf eine größere Perspektive vorbereitet:

> Der Weg des Edlen ist (vor aller Augen) ausgebreitet und doch geheimnisvoll. Die Torheit eines gewöhnlichen Mannes oder Weibes kann ihn erkennen; aber er reicht in Weiten, die auch der Weise nicht erkennt [...]. Der Weg (*dao*) des Edlen beginnt bei (gewöhnlichen Dingen wie) Ehegatte und Gattin, aber in seiner vollen Erstreckung reicht er bis zu Himmel und Erde." (12)

---

[8] Die Zählung der Abschnitte des *Zhongyong* folgt der Übersetzung von Legge.

Das entspricht nicht mehr dem Geist der *Analecta*, in denen Konfuzius (übrigens wie Buddha) ausdrücklich erklärt, keine verborgenen Geheimnisse zu haben, keine esoterische, nicht voll begreifbare Lehre. Während Konfuzius nicht über (Ahnen)Geister sprechen wollte,[9] ist das *Zhongyong* weniger zurückhaltend und beruft sich dabei (zu Recht oder Unrecht) sogar auf ihn:

> Der Meister sprach: „Wie herrlich sind doch die Geisteskräfte der Götter und Ahnen! Man schaut nach ihnen und sieht sie nicht; man horcht nach ihnen und hört sie nicht. Und doch gestalten sie die Dinge, und keines kann ihrer entbehren. Sie bewirken, dass die Menschen auf Erden fasten und sich reinigen und Feiergewänder anlegen, um ihnen Opfer darzubringen. Wie Rauschen großer Wasser (ist ihr Wesen), als wären sie zu Häupten, als wären sie zur Rechten und Linken. Im Buch der Lieder steht:
>> Der Götter Nahen
>> lässt sich nicht ermessen.
>> Wie dürfte man sie missachten!
>
> So weit geht die Offenbarung des Geheimnisvollen, die Unverhüllbarkeit des Wahren." (16)[10]

Der Text kehrt dann wieder in irdisch-politische Bereiche zurück. Er gibt ausführliche, geradezu idyllische Beschreibungen des glücklichen Lebens und Regierens der alten, moralischen Idealkaiser (17–19) und erörtert, wie eine gute Regierung zustande kommt: der Herrscher brauche dazu fähige Mitarbeiter, die er (nur) aufgrund seines eigenen guten Charakters gewinnen könne. Die Grundlage dafür sei *cheng* 誠, die „Ernsthaftigkeit", „Integrität"[11] oder „Wahrhaftigkeit", des Herrschers:

> Es gibt einen Weg, wahrhaft (*cheng*) zu sich selbst zu sein: wer nicht versteht, was gut ist, kann zu sich selbst nicht *cheng* sein. *Cheng* ist der Weg (*dao*) des Himmels, *cheng* zu suchen der Weg des Menschen. Wer *cheng* ist, trifft dass Rechte ohne Anstrengung und begreift ohne nachzudenken. Er harmoniert mit Leichtigkeit mit dem Weg. Ein solcher Mensch ist ein Weiser. (20.17–18)

Wer (wie ein Weiser) die höchste Stufe von *cheng* besitzt, kann zunächst seine eigene Natur und dann auch die der anderen Menschen und Dinge voll entwickeln und teilhaben an den Wandlungen von

---

[9] Vgl. o. S. 43 (*Lunyu* 7.20).
[10] Übersetzung: Wilhelm, Li Gi.
[11] Vgl. die Interpretation in Döring (2015). Döring sieht die Pointe des *Zhongyong* jenseits der kosmologisierenden Diktion in der „Verpflichtung jedes Einzelnen auf vernunftgeleitete Selbstkultivierung" (S. 47).

§4 Daxue und Zhongyong

Himmel und Erde (22).[12] Zum vollendeten *cheng* gehört auch das Vorherwissen von Katastrophen und Glücksfällen u. dgl. Wer höchstes *cheng* hat, ist den Geistern gleich (24).

Cheng ist Anfang und Ende aller Dinge, ohne *cheng* gibt es kein Ding. Deshalb sieht der Edle das Streben nach *cheng* für das wertvollste an. (25.2)

Vollendetes *cheng* ist ohne Ende und reicht weit (26). Der Text steigert sich in eine Apotheose des Weisen – Konfuzius. Er besitzt übermenschliche moralische (und politische) Qualifikationen und ist dem Himmel ebenbürtig (31.4). Der vollkommen integre Edle bringt, womit das *Zhongyong* das Ziel des *Daxue* aufnimmt, der Welt wieder ihren Frieden:

Nur wer das höchste *cheng* der Welt besitzt, kann die menschlichen Verhältnisse ordnen, die großen Grundlagen der Welt errichten und die treibende Kräfte der Welt verstehen. (32.1)

Er braucht sich nicht einmal zu zeigen, nicht zu agieren, aber die Welt kommt (durch ihn) in Frieden (33).

---

[12] Man beachte die Reihenfolge: Zuerst kommt die eigene Natur, dann die der anderen. Dies zeigt, in welchem Grad auf das „Selbst" bezogen die antike konfuzianische Ethik ist.

§5 Menzius

Zwischen dem Tod Konfuzius' und der Lebenszeit seines ersten bedeutenden Nachfolgers, Menzius (Mengzi 孟子, Meng Ke 孟軻, ca. 370 – ca. 290 v.), liegen rund eineinhalb Jahrhunderte. In dieser Zeit war der Konfuzianismus nur eine Strömung unter vielen. Menzius[1] entstammte einer vornehmen, aber nicht reichen Familie und soll von einem Lehrer aus der Schule des Konfuzius-Enkels Zisi 子思 unterrichtet worden sein. Er hielt sich zeitweilig an verschiedenen Fürstenhöfen auf, wo er versuchte, für die konfuzianischen Ideale Gehör zu finden, zog sich später aber enttäuscht zurück und verfasste, so heißt es, zusammen mit seinen Schülern das überlieferte Buch *Menzius*.

Das Buch *Menzius* ist relativ gut erhalten und gilt als Musterbeispiel für den klassischen Literaturstil. Er besteht aus Lehrsprüchen und aus Gesprächen mit verschiedenen Herrschern, Zeitgenossen und Schülern.[2] Der erste überlieferte Kommentar zum *Menzius* wurde um 160 n. von Zhao Qi 趙岐 verfasst; der berühmteste Kommentator überhaupt war wieder Zhu Xi. „Biegsam, aber nicht beugsam", so nannte Zhao Qi Menzius – eine äußerst treffende Charakterisierung der Lebenshaltung des immer zur Integration bereiten, aber moralische Grundsätze nicht preisgebenden frühkonfuzianischen „Edlen".

Anders als der Konfuzius der *Analecta*, der in der Regel einfach Lehrsätze aufstellt oder Ermunterungen ausspricht, bemüht Menzius sich oft um Beweise oder wenigstens Argumente für seine Lehre. Gleichzeitig formt er aus dem konfuzianischen Spruchgut eine lebensnähere und praktikable Lehre. So z.B. wenn er lehrte:

Man übernimmt ein Amt nicht, weil man arm ist, aber zu Zeiten tut man es doch, weil man arm ist. Man nimmt sich eine Frau nicht, um versorgt zu sein, aber zu Zeiten tut man es doch, um versorgt zu sein.
Übernimmt man ein Amt, weil man arm ist, so soll es kein hohes sein, sondern ein niederes, und kein hochdotiertes, sondern ein bescheidenes, etwa das eines Torwartes oder Wächters. […] Es ist jedoch ein Vergehen, ein niederes Amt innezuhaben und dabei über hohe Probleme zu reden. Und es ist schändlich, seinen Platz an einem Hof einzunehmen, wo das Dao nicht verwirklicht wird. (5B5)

---

[1] Ältere Transkription auch Mong Dsi u.ä; Gesamtübersetzungen: Legge, Wilhelm, Lau, Dobson, van Norden. Teilübersetzung Jäger.
[2] Aufgrund dieser Berichte lassen sich die Unterredungen in die Zeit um 320 v. datieren. Menzius war ungefähr Zeitgenosse von Aristoteles.

§ 5 Menzius

Sehr bezeichnend ist etwa, wie Menzius eine theoretische Sittenlehre, die sich in allzu kategorischen Imperativen gefiel, auf ein vernünftiges Maß zurückführte:

Jemand fragte den Schüler Wuluzi: „Was ist wichtiger, Sittlichkeit oder Nahrung?"
– „Sittlichkeit!"
– „Und was ist wichtiger, Sittlichkeit oder Sexualität?"
– „Sittlichkeit!"
– „Wenn jemand nun verhungern müsste, der sich der Sittlichkeit gemäß ernährt, während er sich ernähren könnte, wenn er keine Rücksicht auf die Sittlichkeit nimmt, was dann? Wenn jemand, der seine Braut (der Sitte entsprechend) persönlich heimführen wollte, nicht zu einer Frau käme, während er zu einer Frau käme, wenn er sie nicht persönlich heimführt, soll er sie dann persönlich heimführen?"
Wuluzi konnte nichts erwidern und ging am nächsten Tag nach Zou, um die Sache Menzius zu berichten.
Menzius sagte: „Welche Schwierigkeit bereitet dir denn die Antwort? Wenn man die Spitzen zweier Dinge vergleicht, die nicht auf derselben Basis stehen, dann kann ein zollgroßes Holzstück höher sein als ein Dachfirst. Gold ist schwerer als Federn; darf man deshalb aber sagen, eine goldene Spange sei schwerer als ein Wagen voll Federn?
Wenn die Ernährung ein schweres Problem ist, und man vergleicht sie mit einer leichtgewichtigen Regel der Sittlichkeit, dann wiegt selbstverständlich die Ernährung schwerer. Oder wenn die Sexualität ein dringliches Problem ist, und man vergleicht sie mit unwichtigen Regeln der Sittlichkeit, dann wiegt selbstverständlich die Sexualität schwerer.
Gehe hin und entgegne: Wenn jemand nur dadurch etwas zu essen bekäme, dass er es seinem Bruder entreißt und ihm dabei noch den Arm ausrenkt, soll er dann seinem Bruder tatsächlich den Arm ausrenken? Oder wenn der einzige Weg, zu einer Frau zu kommen, wäre, dass einer über seines Nachbarn Mauer steigt und dessen jungfräuliche Tochter wegschleppt, soll er das dann wirklich tun?" (6B1)

Dass man die konkreten Fragen des Lebens nach ihren besonderen Umständen bewerten und dass in derselben Situation nicht jeder Mensch gleich handeln muss (4B31), bedeutet nicht ein Abgehen von der konfuzianischen Moral und strikten moralischen Grundsätzen. Dabei ist für Menzius jedoch nicht so sehr die Sittlichkeit (*li* 禮) der Ausgangspunkt aller Überlegungen (wie das bei Xunzi der Fall ist), sondern die Menschlichkeit (*ren* 仁).

Leben und Wirken Menzius' fallen in die Epoche der Streitenden Reiche, eine Periode vielfältiger Kämpfe um die Hegemonie in China. Kriege und deren Folgen lasteten schwer auf dem Volk. Menzius, der wesentlich ein moralisierender Sozialphilosoph war, vertrat den Herrschenden gegenüber mit allem Nachdruck seine

Interessen. Deutlicher und direkter als Konfuzius hielt er den Machthabern seiner Zeit ihre Taten vor Augen und versuchte, sie durch persönliche sittliche Belehrung zu einer „menschlichen Regierung" (*ren zheng* 仁政) zu bewegen. Daraus ergibt sich die doppelte Thematik seines Philosophierens: Moral im Staat wie im Leben des Individuums.

Gegen das Profitdenken

Das Buch *Menzius* beginnt mit einer überraschend schroffen Zurückweisung einer Frage, die gewöhnlich von gebetenen und selbsternannten politischen Ratgebern mit großer Beflissenheit beantwortet wird, nämlich welchen Nutzen ihre Ratschläge denn brächten:

Menzius hatte eine Audienz bei König Hui von Liang[3]. Der König sprach: „Verehrter alter Herr, tausend Meilen waren Euch nicht zu weit, um hierher zu kommen; dann werdet wohl auch Ihr etwas haben, wovon mein Land profitiert?"
Menzius entgegnete: „Ach mein König, warum müsst Ihr vom Profit reden? Es gibt doch auch Menschlichkeit und Gerechtigkeit – und das genügt schon. Wenn aber ein König nach dem Profit für sein Land fragt, so fragen die hohen Beamten nach dem Profit für ihre Clans, und die niederen Beamten und das Volk nach ihrem persönlichen Profit. Hoch und Niedrig werden um den Profit streiten, und schon gerät der Staat in Gefahr. [...] Wenn man die Gerechtigkeit hintan und den Nutzen voranstellt, dann wird man nicht zufrieden sein, ehe man nicht alles an sich gerissen hat." (1A1)

Noch deutlicher ist der kurze Satz

Wollt ihr den Unterschied zwischen dem Kaiser Shun und dem Räuber Zhi[4] wissen? Es ist nichts anderes als der Abstand zwischen ‚gut' und ‚nützlich'. (7A25)

Nun ist eine Moral, in der der Nutzen oder der Profit von Handlungen rundheraus verteufelt werden, weltfremd. Die Möglichkeit, dass aus menschlicher Tätigkeit ein gewisser Überschuss entspringt, liegt im Wesen ebendieser Tätigkeit. Und wenn der Philosoph Mo Di (gegen den sich Menzius hier eigentlich wendet) politische Maßnahmen danach beurteilt, ob sie dem Volk Nutzen bringen, so lässt sich dagegen schwerlich etwas einwenden. Menzius dürfte sich also

---

[3] 梁惠王, Regierungszeit 370–319 v.
[4] Der Räuber Zhi 跖 („Scharrfuß") ist eine sagenhafte Gestalt, die auch im *Zhuangzi* (Kap. 29) vorkommt.

eher gegen das Vorherrschen des Gewinnstandpunktes gewendet haben, wobei Mo Di allerdings tatsächlich dazu neigt, Moral schlechthin als etwas Gewinnbringendes zu verstehen. Eine andere Geschichte berichtet, wie Menzius mit einem Pazifisten unzufrieden ist, der das Argument vorbrachte, Kriege würden niemandem Nutzen bringen, sie lohnten sich nicht. Menzius lehnt den Gebrauch (aber nicht die Richtigkeit) eines solchen Arguments ab, und empfiehlt, besser mit der Inhumanität des Krieges zu argumentieren. Das Profitdenken würde die Menschen nur verderben – also:

Was muss man denn ständig von Profit reden? (1A1, 6B4)

Es ist vielleicht mehr als bloßer Zufall, dass Menzius in beiden Geschichten (1A1, 6B4) nicht direkt das Erzielen von Profit attackiert, sondern das Reden darüber. Auf jeden Fall war Nutzen im konfuzianischen Denken nicht als Basis der Moral brauchbar.

Die Pflichten des Herrschers

Wenn Herrscher auch eine hohe Position einnehmen und dementsprechend zu ehren sind, so haben sie ihre Daseinsberechtigung doch nur aufgrund ihrer Verantwortung für das Volk. Oberste Herrscherpflicht ist die Sorge für das materielle und moralische Wohl des Volkes. Und es ist nur recht und billig, dass ein Herrscher seine Macht früher oder später verliert, wenn er dieser Pflicht nicht nachkommt.

Menzius sprach: „Das Volk ist das wichtigste. Erd- und Korngötter (= der Staat) kommen als zweites. Fürsten wiegen am leichtesten. Denn (nur) wer das Volk für sich gewinnt, wird Himmelssohn. Wer den Himmelssohn für sich gewinnt, wird Lehnsfürst. Wer einen Lehnsfürsten für sich gewinnt, wird ein Würdenträger.

Wenn ein Lehnsfürst die Altäre der Erd- und Korngötter (den Staat) gefährdet, wird er durch einen anderen ersetzt. Sind die Opfertiere makellos und die Opfergaben rein und werden zur rechten Zeit dargebracht, und dennoch tritt Dürre oder Überschwemmung ein, dann werden die Erd- und Korngötter durch andere ersetzt." (7B14)

Man spürt deutlich, dass hier noch ein Satz über das Ersetzen des Himmelssohns folgen müsste. „Das Volk ist das wichtigste" bedeutet: das Volk ist die Basis des Staates, der Staat ist für das Volk da, und die Regierenden haben dem Volk zu dienen. Aber es bedeutet nicht, dass das Volk die Basis der Rechtsordnung und Moral bildet. Das Volk hat nicht darüber zu entscheiden, was gut oder schlecht, sittlich oder unsittlich sei (der Herrscher freilich auch nicht!). Die Pflichten und auch die Verantwortung bürdet Menzius vor allem den Regierenden auf. Denn das Volk ist kurzsichtig, unwissend und schwach, und bedarf der Führung durch Vorbilder (wobei Menzius allerdings mit seiner Lehre von der moralischen Natur eines jeden Menschen auch die Basis für ein anderes Verständnis von Politik gelegt hat, s. u. S. 370). Konsequent schreibt Menzius alle Schuld an Missständen immer den Regierenden persönlich zu:

Menzius sagte zum König Xuan von Qi: „Angenommen, ein Minister von Euch verreist und vertraut seine Familie der Obhut eines Freundes an. Bei seiner Rückkehr merkt er aber, dass sie Hunger und Kälte gelitten haben. Was wird er tun?" Der König sagte: „Er wird sich von einem solchen Freund trennen." – „Wenn ein Truppenmeister die Truppen nicht in Ordnung halten kann, was soll man tun?" Der König sagte: „Ihn entlassen." – „Und wenn im Land nicht (ordentlich) regiert wird, was soll man tun?" Daraufhin blickte der König zur Seite und redete von anderem. (1B6)

Manchmal wurden solche Vorwürfe tatsächlich akzeptiert. Es wird sogar berichtet, ein Herrscher habe Menzius gegenüber auch noch die Verfehlungen seiner Amtsleute auf sich genommen (2B4) – ein damals wie heute höchst seltener Vorfall.

Menzius nimmt nicht nur für sich selbst das moralische Recht zur kritischen Bewertung herrscherlicher Taten und Untaten in Anspruch, sondern hält es für eine selbstverständliche Pflicht der hohen Beamten, ihren Herrscher notfalls deutlich zurechtzuweisen. Gleichzeitig stellt er klar, dass es nicht jedermann ohne Unterschied zustehe, ohne Umschweife Kritik zu äußern oder gar konkrete Maßnahmen gegen eine üble Regierung zu ergreifen. In dem, was er dem König Xuan von Qi 齊宣王[5] sehr freimütig eröffnet, könnte man beinahe eine allgemeine Lösung der Frage sehen, wie die Beseitigung schlechter Herrscher bei gleichzeitiger Respektierung der Tradition geschehen könne. Aber in der Hauptsache handelt es sich nicht um ein Stück abstrakter politischer Theorie, sondern um einen konkreten moralischen Appell:

Der König Xuan von Qi fragte nach den Aufgaben von Ministern.
Menzius fragte zurück: „Welche Minister meint der König?" Der König wollte wissen, ob es denn verschiedene Arten von Ministern gebe, und Menzius sagte: „Ja; es gibt solche aus der Königsfamilie und solche aus anderen Familien."

---

[5] Reg. 332–314 v.; er zog eine große Zahl von Gelehrten an seinen Hof und war Mäzen der berühmten Akademie Jixia („Am Tor des Korngotts").

§ 5 Menzius

Der König sagte: „Dann bitte ich um Auskunft über Minister, die aus der Königsfamilie stammen."

Menzius sagte: „Wenn der König schwere Verfehlungen begeht, machen sie ihm Vorhaltungen, und wenn er auch nach wiederholten Vorhaltungen nicht hört, ersetzen sie ihn."

Der König wurde schlagartig bleich.

– „Es darf den König nicht befremden! Der König hat mich gefragt, und ich wage nicht, unwahr zu antworten."

Nachdem der König sich wieder gefasst hatte, fragte er nach den Ministern aus anderen Familien.

Menzius sagte: „Wenn der König schwere Verfehlungen begeht, machen sie ihm Vorhaltungen, und wenn er auch nach wiederholten Vorhaltungen nicht hört, nehmen sie ihren Abschied." (5B9)

Menzius scheut auch vor dem direkten, persönlichen Vorwurf nicht zurück. Unerbittlich geißelt er einmal den König Hui von Liang wegen des Elends, in dem sein Volk lebt. Dabei greift Menzius nicht das Wohlleben und den Luxus des Herrschers an sich an – er war kein Puritaner –, sondern die Diskrepanz zwischen dem höfischen Leben und der Not des Volkes, für die der Herrscher die volle Verantwortung trug.

Der König Hui von Liang sagte: „Ich bin bereit, Eure Unterweisung zu vernehmen!"

Menzius entgegnete: „Ob man einen Menschen mit dem Knüppel erschlägt oder mit dem Schwert, macht das einen Unterschied?" – „Nein!"

– „Mit dem Schwert oder mit der Regierungsweise?" – „Nein!" –

„In Eurer Küche ist fettes Fleisch und in den Ställen stehen wohlgenährte Pferde. Aber dem Volk sieht der Hunger aus den Augen, und in den Dörfern herrscht der Hungertod. Das heißt, den Tieren Menschen zum Fraß hinzuwerfen![6] Es ist für uns Menschen schon scheußlich genug, dass Tiere einander fressen; wenn aber einer, der das Volk wie ein Vater und eine Mutter führen und regieren sollte, es soweit kommen lässt, dass die Tiere Menschen fressen, wo ist er dann dem Volk Vater und Mutter?" (1A4)

So überrascht es auch nicht, dass Menzius sogar zu Fragen des Steuer- und Abgabewesens konkret Stellung nimmt. Er empfiehlt eine gemäßigte, am Ertrag der Ernte bemessene Steuer in Höhe des Zehnten (3A3, vgl. 3B8, 7B27), lehnt aber gleichzeitig eine Erniedrigung des Steuersatzes auf ein Zwanzigstel als für ein Kulturvolk zu niedrig ab. (6B10)

Was das Kriegführen anbetrifft, so stellt Menzius kurz und bündig fest, dass es fast keine gerechten Kriege gebe, und dass es

---

[6] Der König fütterte seine Pferde auf Kosten des Volkes, so dass letztlich die Pferde das Volk auffraßen.

normalerweise keinem Staat zustünde, einen anderen anzugreifen, um ihn zu bessern oder gar zu züchtigen:

In den Frühling- und Herbstannalen[7] gibt es keine rechtmäßigen Kriege; allenfalls war der eine besser als der andere. Bei einer ‚Strafexpedition' unterwirft eine höhere Autorität eine geringere,[8] verfeindete Staaten dagegen können nicht gegeneinander Strafzüge ausführen. (7B2)

Dem üblichen Kriegführen wird somit jede moralische Rechtfertigung abgesprochen, es wird auch nicht als Krönung der Mannestugenden verherrlicht. Doch schließt Menzius nicht aus, dass manchmal eine Kriegshandlung moralisch zu billigen sein könnte – aber eben nur in den seltensten Fällen. Militärische Unternehmungen mit dem Ziel der Bereicherung und Vergrößerung des eigenen Gebietes sind auf jeden Fall abzulehnen:

„Wenn ein Fürst keine menschliche Regierung führte, so verstieß Konfuzius jeden, der ihm half, sich zu bereichern – um wieviel mehr erst jene, die (für den Fürsten) Krieg führen wollen! Sie kämpfen um Land, und füllen die Felder mit Toten! Sie kämpfen um Städte, und füllen die Städte mit Toten! Das heißt, das Land dazu zu bringen, Menschenfleisch zu verschlingen und ist ein Verbrechen, das auch durch den Tod nicht gesühnt werden kann. Deshalb verdienen tüchtige Kriegsführer die höchsten Strafen, als nächstes kommen die Bündnispolitiker, und als nächstes jene, die Ödland erschließen und kultivieren lassen wollen." (4A14)[9]

Menzius warnt auch vor den Gefahren, die einem Staat drohen, der einen anderen gegen den Willen der Bevölkerung usurpiert. Nur wenn das Volk den Sieger über seine früheren Herren wirklich freudig begrüße und das Leben im Übrigen ruhig seinen Gang weitergehe, dürfe ein Herrscher ein Gebiet seinem Reich einverleiben. Wer dagegen ein Land besetze, um es brutal zu unterdrücken, erzeuge große Schwierigkeiten und Gefahren für sein eigenes Land (1B10–11). Es sind schlichte Wahrheiten, die Menzius den machtgierigen Herrschern aller Zeiten zu sagen hat, und er trägt sie nicht einmal mit hohem moralischen Pathos vor, sondern beinahe wie ein wertfrei diagnostizierender Historiker.

Niemals aber redet Menzius dem bedingungslosen Defätismus das Wort. Er schließt nicht aus, dass ein Volk lieber kämpfend sterben wolle, als unterdrückt und geknechtet zu leben – aber nur wenn

---

[7] Die Chronik des Staates Lu für die Jahre 722 bis 481 v. (s. o. S. 18).
[8] Nämlich der König einen Lehensfürsten oder dgl.
[9] Der letzte Teil des Ausspruches dürfte sich gegen den Versuch richten, den Fürsten durch Intensivierung des Ackerbaues zu bereichern.

ein solcher Verteidigungskampf tatsächlich freiwillig ist, ist er zu billigen:

Herzog Wen von Teng fragte: „Teng ist ein kleines Land, das zwischen den (mächtigen) Staaten Qi und Chu liegt. Soll ich mich Qi anschließen, oder lieber Chu?"
Menzius entgegnete: „Das sind Pläne, die meine Fähigkeiten übersteigen. Wenn es aber nicht anders sein soll, dann gibt es (nur) den einen Rat: Die Gräben tiefer machen, und die Stadtwälle höher, und sich mit dem Volk bis zum Tode verteidigen. Wenn Euch das Volk dabei nicht verlässt, so ist das möglich." (1B13, vgl. 1B15)

Gegen den Rückzug aus der Gesellschaft

Seit es Zivilisation und Staaten gibt, so scheint es, gibt es auch die Sehnsucht nach Einfachheit und Natürlichkeit, und nach der Abkehr von den Komplikationen des gesellschaftlichen Lebens. Stadtflucht, Verachtung der etablierten Sozialordnung und Rückkehr zu einem schlichteren Leben sind nicht erst Wunschvorstellungen der Industriegesellschaft. Sie existierten bereits zu Menzius' Zeiten. Vom konfuzianischen Standpunkt aus sind dies keine positiven Phänomene, sondern konsequent gar nicht durchführbare Schwärmereien von Idyllen im Grünen. Dies ist im Grunde schon Menzius' Einwand gegen die Agrarphilosophen, plebejisierende Intellektuelle, die sich auf Shen Nong 神農 berufen, einen legendären Kulturheros der Frühzeit, der den Ackerbau eingeführt haben soll. Die Anhänger dieser Schule lehnen die Teilung von Kopf- und Handarbeit strikt ab und fordern u. a., dass sogar der Herrscher selbst durch persönliche Feldarbeit für seinen Lebensunterhalt zu sorgen habe.

Menzius weist diese Vorstellungen zurück. Er fragt einen Anhänger der Ackerbau-Schule, wie sein Lehrmeister lebe, und erfährt, dass jener nur selbstgezogenes Getreide esse und ungewebte Filzkleidung trage. Seine seidene Kappe habe er allerdings gegen Getreide eingetauscht. Das Weben der Seide koste den Lehrer nämlich zu viel Zeit, die ihm bei der Feldarbeit abgehen würde. Auch für sein Kochgeschirr habe er Getreide gegeben. Menzius wirft nun ein, dieser Lehrer könnte doch auch seine Töpfe und was er sonst noch durch Tausch erworben habe, selber herstellen. Die Antwort lautet, es sei nicht möglich, zugleich Landwirt und Meister in hunderterlei Handwerkskünsten zu sein. Diese Antwort greift Menzius auf und gibt zu bedenken:

„Dann wäre also das Regieren das Einzige, das man neben dem Ackerbau betreiben kann?
Es gibt Aufgaben für den großen Mann und Aufgaben für den kleinen Mann. Alles, was der Einzelne braucht, ist durch die verschiedenen Handwerke ohnehin schon hergestellt; wenn jeder alles selber herstellen wollte, würde alle Welt auf die Straße getrieben. Darum heißt es: Manche arbeiten geistige und manche körperliche. Die geistig Arbeitenden regieren, die körperlich Arbeitenden werden von ihnen regiert. Die Regierten ernähren; die Regierenden werden ernährt. Dies ist ein durchgängiges Prinzip auf der Welt." (3A4)

In demselben Gespräch erwähnt der Jünger der Ackerbau-Schule auch die Forderung seines Lehrers Xu Xing 許行 nach Einführung eines undifferenzierten Preissystems, wodurch die Überbewertung von Luxusgütern und auch das Betrügen im Handelsverkehr aufhören sollte. Er erhält von Menzius eine Antwort, die zweierlei vereinigt, zum einen den realistischen Hinweis auf das ökonomische Interesse jedes Menschen – niemand wird Waren von erlesener Qualität herstellen, wenn er für mindere Waren denselben Preis erzielen kann –, zum anderen die These von der Ungleichheit der Dinge. Der Ackerbau-Schüler meint:

„Nach dem von Meister Xu gewiesenen Weg sollte es auf den Märkten nicht zweierlei Preise geben, und dadurch auch keine Gaunereien im Land. Nicht einmal ein kleines Kind würde dann auf dem Markt betrogen werden. Leinen und Seide sollten bei gleicher Länge gleichviel kosten, Hanf und Rohseide bei gleichem Gewicht den gleichen Preis haben, ebenso die verschiedenen Getreidesorten. Schuhe sollten bei gleicher Größe dasselbe kosten."
Menzius entgegnete: „Die Dinge sind nicht alle gleich. Manche wiegen leicht, andere sind doppelt so wertvoll oder zehn-, hundert-, tausend- oder zehntausendmal wertvoller. Alles gleichmachen heißt die Welt in ein Chaos stürzen. Wenn grobe Schuhe denselben Preis haben wie feine, wer würde noch (feine) herstellen? Folgte man diesem Meister Xu, so würde man einander nur betrügen. Damit ließe sich kein Staat regieren." (3A4)

Ähnlich negativ urteilt Menzius auch über die Moraltheorie der Mohisten, von der noch die Rede sein wird. Diese Morallehre proponiert eine allgemeine, undifferenzierte Menschenliebe bzw. Sorge für andere (*jian ai* 兼愛), die sich auf fremde Menschen genauso erstrecken soll wie auf die nächsten Anverwandten. Ferner lehnt die mohistische Schule jeden Luxus, speziell auch bei der Beerdigung der verstorbenen Eltern ab. Menzius schätzt, wie nun nicht mehr anders zu erwarten ist, solche Art von Weltveränderung gar nicht, weil sie von falschen Voraussetzungen ausgeht (z.B. 3A5). Kein

Mensch kann in Wirklichkeit für alle Lebewesen ohne Unterschied dasselbe empfinden:

Menzius sprach: „Gegenüber Tieren verhält sich der Edle schonungsvoll (sorgend, *ai*), aber nicht human (= wie zu Menschen). Zum Volk ist er human, aber er ist mit ihm nicht innig vertraut. Innig vertraut ist er zu den nächststehenden Menschen, human zum Volk und schonungsvoll gegenüber Tieren." (7A45)

Der Ausspruch – er lässt sich sowohl als bloße Tatsachenfeststellung wie auch als sittlicher Imperativ lesen – dürfte sich zunächst gegen die mohistische Utopie wenden. In weiterer Folge aber enthält diese trockene Feststellung den Appell an die Verfasser von Sitten- und Gesellschaftslehren aller Art, menschliche Gefühle realistisch und nicht gemäß den Vorurteilen einer bestimmten Theorie zu behandeln.

Über Moral und die natürliche menschliche Veranlagung

Menzius hat die vorgegebene konfuzianische Sittenlehre durch seine Ausführungen teilweise erst richtig mit Leben erfüllt, wie sich bereits bei seiner Staatsphilosophie zeigte. Seine Lehre bietet keine grundsätzliche Neuschöpfung von Wertvorstellungen oder Lebensidealen, aber eine Pointierung im Gefühl verankerter Tugenden und den Versuch einer neuen Begründung der Moral.

Größten Wert legt auch Menzius auf die Erfüllung der Kindespflichten gegenüber den Eltern. Er stellt dies z.B. unter Heranziehung des legendären Kaisers Shun dar. Man muss dazu wissen, dass Shuns Vater nach der Überlieferung ein höchst perverser Mann war, der sogar seinem Sohn Shun nach dem Leben trachtete; auch Shuns Stiefmutter und sein Halbbruder werden als verkommene Subjekte geschildert. Die Tradition will von mehreren seltsamen Mordanschlägen dieser Verwandten auf Shun wissen. Vor dem Hintergrund dieser Überlieferung sagt Menzius nun:

Dass sich einem alle Welt freudig unterwirft, das konnte nur ein Shun als so gering wie ein Bündel Stroh betrachten. Dieser Shun dachte: Wer mit seinen Eltern nicht zurechtkommt, kann nicht als Mensch gelten, und wer sich ihnen nicht fügt, kann nicht als Sohn gelten. Er diente also seinem Vater auf jede Weise, bis der endlich zur Ruhe kam; als das geschah, veränderte sich die Welt, und es stand wieder fest, was Vater zu sein und was Sohn zu sein bedeutet. Das heißt die große Kindespflicht. (4A28)

Eine zweite Betrachtung Menzius', die sich auf dieselbe verkommene Familie von Shun bezieht, ist besonders interessant:

Ein Schüler fragte: „Wenn zur Zeit, als Shun Kaiser und Gao Yao Richter waren, Shuns Vater einen Mord begangen hätte, was wäre dann geschehen?"
– „Man hätte ihn einfach festgenommen."
– „Hätte Shun das nicht verhindert?"
– „Wie hätte Shun das verhindern können? (Gao Yao) hatte doch ein Mandat dafür erhalten."
– „Was hätte Shun denn dann getan?"
– „In seinen Augen wäre die Weltherrschaft genauso leicht wegzuwerfen gewesen wie ein alter Schuh! Er hätte seinen Vater auf den Rücken genommen und wäre ans Meer geflohen, wo er vergnügt bis ans Ende seiner Tage gelebt und das Reich vergessen hätte." (7A35)

Erfüllung der Kindespflichten ist also ein letzter Wert, dem gegebenenfalls auch die politische Macht zu opfern ist. Da Shun ein Idealkaiser war, bliebe natürlich die Frage zu erörtern, ob seine eventuelle Abdankung dem Volk nicht viel Schaden gebracht hätte. Aber Menzius geht darauf nicht ein. Wichtiger ist ihm, dass in einer solchen Konfliktsituation trotzdem nicht etwa das Gesetz gebeugt werden darf, sondern dass der moralisch Handelnde persönliche Opfer bringen muss.

Da die Beziehung zwischen Vater und Sohn für Menzius die fundamentalste menschliche Beziehung überhaupt war, ergibt sich folgerichtig auch, dass er in der Frage der Trauerriten, speziell der bis ins dritte Jahr dauernden Trauerperiode, mit der der Sohn seinem Vater die letzten Ehren erwies, keine Kompromisse kannte (3A2).

Menzius war in erster Linie an der praktischen Anwendung der Moral interessiert, aber er gibt auch eine Grundlegung der Moral. Dazu beruft er sich auf die „natürliche Veranlagung"[10] (*xing*) des Menschen. Er selbst gibt für diesen Ausdruck noch keine klare Begriffsbestimmung, aber bei Xunzi, der ihn scharf kritisierte, findet sich eine Definition:

Das, was nicht erlernt und nicht beeinflusst werden kann, sondern von Natur aus so ist, nennt man „Veranlagung". (*Xunzi* Kap. 23)

Bezüglich dieser Veranlagung heißt es nun bei Menzius:

Weil es im Wesen[11] des Menschen liegt, dass er das Gute tun kann, deswegen sagen wir, er sei gut. Und wenn einer Böses tut, so liegt die Schuld

---

[10] *Xing* 性 = Anlage, natürliche Tendenz. Der Terminus kommt in den *Analecta* noch kaum vor (nur in 5.12 und 17.2). Vgl. auch Graham (1967).
[11] *Qing* 情 = tatsächlicher Sachverhalt, Eigentümlichkeit, Wesen, auch Gefühl. Es könnte auch heißen: „Aufgrund der (aus der Veranlagung sich

nicht bei seinen Fähigkeiten. Alle Menschen empfinden Mitgefühl, Scham, Widerwillen, Achtung und Respekt, und alle Menschen unterscheiden zwischen richtig und falsch. Mitgefühl – das heißt: Menschlichkeit; Scham und Widerwillen – das heißt: Gerechtigkeit; Achtung und Respekt – das heißt: Sittlichkeit; richtig von falsch zu unterscheiden – das heißt: Erkenntnis. Menschlichkeit, Gerechtigkeit, Sittlichkeit und Erkenntnis werden uns nicht von außen eingegossen, sie sind schon ursprünglich vorhanden, man denkt nur nicht daran. Deshalb sage ich: wer nach ihnen strebt, erlangt sie, wer sie wegwirft, verliert sie. Dass sich die Menschen aber diesbezüglich so stark unterscheiden, liegt daran, dass sie ihre Fähigkeiten nicht voll auszuschöpfen vermögen. (6A6)

Damit beruhen für Menzius alle fundamentalen Tugenden auf natürlichen, jedem Menschen angeborenen Veranlagungen und nur sekundär auf Sozialisation, Erziehung und, wie Menzius' Gegner wittern, der Tradition.[12] Jeder Mensch verfügt schon kraft seines Menschseins, vor aller Überlegung und allem Lernen, über ein „gutes Wissen" (*liang zhi* 良知) und ein „gutes Vermögen" (*liang neng* 良能) (7A14). Dies macht eine besondere „Würde" (*gui* 貴) der menschlichen Natur aus, die als „gute Würde" (*liang gui* 良貴) über allen politischen Würden steht und von keinem Herrscher verliehen oder genommen werden kann (6A17).[13] Menzius verteidigt seine These energisch gegen den Philosophen Gaozi 告子, der die Ansicht vertritt, dass die Moral etwas Hergestelltes ist.[14]

Seine provokante Anthropologie verleiht Menzius bei seinem unerschrockenem Auftreten gegenüber den Mächtigen in besonderem Maße Rückgrat, ist er doch überzeugt, im Namen der Natur zu sprechen. Dies macht auch seine These von der Wirksamkeit eines guten moralischen Vorbildes verständlich.

Der Grundgedanke, alle Menschen, besäßen ursprünglich dieselbe Veranlagung zu moralisch guter Tat, wird nach mehreren Seiten hin näher ausgearbeitet. Zunächst findet eine Art theoretische Rechtfertigung, die Menzius für die Behauptung der ursprünglichen Gleichheit der moralischen Anlagen aller Menschen versucht:

Alles, was von derselben Gattung ist, ist einander ähnlich; warum sollte das ausgerechnet beim Menschen zweifelhaft sein? – Die Weisen waren von

ergebenden) Gefühle des Menschen kann man das Gute tun, und deswegen sagen wir …"
[12] S. u. S. 254. Vgl. hierzu Roetz (1992), S. 355f.
[13] Vgl. hier Roetz (2017), S. 115.
[14] Vgl. zum Streitgespräch zwischen beiden (das aus der Sicht Menzius' dargestellt ist) Roetz (1992), S. 323–334.

derselben Gattung wie wir! [...] Unsere Gaumen lieben dieselben Speisen, unsere Ohren dieselben Klänge, unsere Augen finden dieselben Formen schön – nur unsere Gesinnungen (w.: Herzen) sollten nicht übereinstimmen? (6A7, s.a. 2A2)

Einen weiteren Hinweis auf die ursprüngliche Veranlagung des Menschen sieht Menzius in der Erfahrungstatsache, dass für den noch nicht korrumpierten Menschen das Leben nicht um jeden Preis das höchste aller Güter darstellt. Auch noch der ärmste Bettler kann soviel Selbstachtung besitzen, dass er gegebenenfalls den Tod einem schmachvollen Leben vorzieht. Andererseits, wie häufig verliert sich diese Selbstachtung im Laufe eines „erfolgreichen" Lebens auch, und wie erbärmlich wirkt das dann auf den Betrachter:

Gäbe es nichts, was dem Menschen wichtiger ist als sein Leben, würde ihm dann nicht jedes Mittel dazu recht sein? Gäbe es nichts, was der Mensch stärker verabscheut als den Tod, müsste er dann nicht jede Möglichkeit ausnützen, Gefahren zu vermeiden? Da es aber Fälle gibt, in denen Mittel zur Bewahrung des Lebens nicht benutzt werden, und Fälle, in denen man eine Gefahr vermeiden könnte, und es doch nicht tut – so gibt es also noch (Wünschenswerteres als das Leben und noch Verhassteres als den Tod. So empfinden nicht bloß die hervorragenden Persönlichkeiten, sondern alle Menschen; nur vermögen die ersteren auch, dieses Empfinden festzuhalten.

Nehmen wir den Fall, dass ein wenig Reis und etwas Suppe ausreichen würden, ein Leben zu sichern, das sonst verloren wäre. Wenn sie aber unter Beleidigungen gegeben werden, dann nimmt sie auch ein Landstreicher nicht an, und wenn sie zugleich mit einem Fußtritt gegeben werden, so lässt sich auch ein Bettler nicht herab, sie anzunehmen.

Ein Millionenbetrag andererseits wird mitunter ohne Rücksicht auf Sittlichkeit und Gerechtigkeit akzeptiert. Inwiefern würde ich wohl dadurch reicher? Nun, ich könnte mir ein schönes Haus, eine Frau und Konkubinen leisten, und meine notleidenden Bekannten könnten Gaben von mir empfangen. Vorhin, als es um das Leben ging, da nahm man eine Gabe nicht an; jetzt aber, wegen eines schönen Hauses, der Frau und der Konkubinen, oder damit die armen Bekannten etwas abbekommen können, akzeptiert man (das Geld). Kann man denn nicht auch in diesem Fall ablehnen? So etwas nennt man: die ursprüngliche Gesinnung verlieren. (6A10)

Ist es nicht zutiefst menschlich, wie eine Darstellung der angeborenen Selbstachtung des Menschen geradezu mit Notwendigkeit in eine zynische Beschreibung der Menschen – man ist geneigt zu sagen: derselben Menschen – übergeht?

Trotzdem bleibt Menzius' Menschenbild optimistisch und lässt dem an sich selbst arbeitenden Menschen jede Chance zum moralischen Erfolg. Die dazu nötigen Anstrengungen sind, so legen die Gleichnisse nahe, zwar nicht übermäßig groß, aber unerlässlich, wenn der Mensch seine Veranlagungen nicht verlieren (genau genommen: verkümmern lassen) soll. Bilder wie das folgende sind der Form nach nur Beschreibungen; ihre Funktion ist aber stets eine praktische: sie wollen zur Tat, zur Beständigkeit der Bemühung aufrufen, und nicht so sehr zu theoretischen Abhandlungen:

Menzius sprach: „Die Bäume auf dem Kuhberg waren einstmals schön anzusehen. Aber er liegt in der Nähe einer großen Stadt, und so legte man die Axt an und fällte die Bäume. Wie könnte er danach noch so schön sein? Und doch erholte sich das Land bei Tag und Nacht allmählich, Regen und Tau brachten Feuchtigkeit, und es konnte gar nicht ausbleiben, dass neues Leben zu sprießen begann. Aber dann kamen Rinder und Schafe, die alles kahlfraßen. Wer diesen Berg so kahl sieht, meint, hier hätte niemals Nutzholz gestanden. Aber ist das die ursprüngliche Natur (*xing*) dieses Berges?

Beim Menschen liegt es aber ebenso. Wie könnte denn sein Herz ohne Menschlichkeit und Gerechtigkeit sein? Wenn er sein gutes Herz verloren gehen lässt, so ist es gerade wie wenn die Axt an die Bäume gelegt wird, um Morgen für Morgen noch mehr zu fällen – kann es da noch schön bleiben? Aber die Nahrung von Tag und Nacht und die Kraft (*qi*) der frühen Morgenstunden bringen seine Zuneigungen und Abneigungen denen eines (normalen) Menschen wieder etwas näher. Bei seinem Tagwerk aber werden (diese Regungen) wieder behindert, und wenn das das immer wiederholt, genügen die Lebenskräfte (*qi*) der Nacht nicht mehr, sie zu bewahren, so dass er zuletzt vom Tier nicht mehr sehr verschieden ist. Wer dann sieht, wie er sich wie ein Tier verhält, meint, er hätte niemals eine anderes Talent besessen.[15] Aber ist das Wesen (*qing*) des Menschen wirklich so?

Nichts, das richtig gepflegt wird, gedeiht nicht. Nichts, das vernachlässigt wird, verkümmert nicht." (6A8)

Trotz seines grundsätzlichen Glaubens an die Unverlierbarkeit der moralischen Möglichkeiten des Menschen ist sich Menzius auch eines sozialen Problems bewusst: Moralisches Handeln muss für die Mächtigen, die nichts daran hindert, jederzeit möglich sein, und Menzius setzt sie mit diesem Argument immer wieder unter Druck. Niemand kann sich darauf herausreden, zur Moral nicht fähig zu sein. Für das verelendete Volk aber muss Moral in Praxis auch zumutbar bleiben. Bleibt es „ohne festen Lebensunterhalt", dann zwingt es dies in die Kriminalität. Dies ist aber kein Beleg gegen die Existenz der moralischen Natur, sondern nur für eine verbreche-

---

[15] Die beiden Sätze „Wer diesen Berg so kahl sieht, meint, hier hätte niemals Nutzholz (*cai* 材) gestanden" und „Wer dann sieht, wie er sich wie ein Tier verhält, meint, er hätte niemals ein anderes Talent (*cai* 才) besessen", beziehen sich aufgrund der Verwandtheit der Worte für „Nutzholz" und „Talent" (auch „Fähigkeit", „Anlage") in ihrer Parallelität noch deutlicher aufeinander, als die Übersetzung es zeigen kann.

rische Politik, die gegen die Natur, sei es durch Untätigkeit, sei aus Willkür, das Volk unter das Existenzminimum drückt. In diesem Fall trifft die gesamte Schuld allein die Mächtigen. Menzius nennt sie „Fallensteller", wenn sie dann darangehen, das in die Kriminalität gezwungene Volk für seine Vergehen zu bestrafen. (1A7)

Der wichtigste Zeuge für die Güte der menschlichen Veranlagungen ist für Menzius das natürliche spontane Mitgefühl, das ohne jede Reflexion sofort auftritt, wenn jemand ein anderes Wesen leiden oder in Gefahr sieht. In einer durch die Jahrtausende immer wieder zitierten Geschichte schildert Menzius den Schrecken, den jeder Mensch empfindet, der ein Kind erblickt, das im nächsten Augenblick in einen Brunnenschacht zu fallen droht. Es gibt keinen Menschen, der sich einem solchen Gefühl entziehen könnte. Menzius beschließt die Schilderung mit dem Hinweis, dass in solchen spontanen Regungen bereits die Basis aller Moralität liege.

Der Grund, warum ich sage, dass alle Menschen über ein Gefühl (w.: Herz) verfügen, das sie das Leiden anderer nicht ertragen lässt, ist der folgende: Angenommen, jemand sieht plötzlich, wie ein kleines Kind dabei ist, in einen Brunnen zu stürzen. Jeder wird da ein Gefühl des Schreckens und des Mitleids haben, und dies nicht etwa, weil er gerne mit den Eltern des Kindes Beziehungen anknüpfen möchte, sich in der Gemeinde und unter den Freunden Lob erwerben möchte oder weil ihm der Schrei des Kindes (oder: der schlechte Ruf) zuwider wäre.

So gesehen, ist einer, der kein Gefühl des Mitleids hat, kein Mensch. Wer das Gefühl der Scham und des Abscheus nicht hat, ist kein Mensch. Wer den Sinn für Höflichkeit und Bescheidenheit nicht hat, ist kein Mensch. Und wer das Gefühl für richtig und falsch nicht hat, ist kein Mensch. Das Gefühl des Mitleids ist der Ausgangspunkt der Menschlichkeit. Das Gefühl von Scham und Abscheu ist der Ausgangspunkt der Gerechtigkeit. Der Sinn für Höflichkeit und Bescheidenheit ist der Ausgangspunkt der Sittlichkeit. Das Gefühl für richtig und falsch ist der Ausgangspunkt des Wissens.

Der Mensch besitzt diese vier Ausgangspunkte in der gleichen Weise, wie er seine vier Gliedmaßen hat. Wer diese vier Ausgangspunkte besitzt und von sich selbst sagt, er sei nicht fähig [zur Tugend], der hat sich selbst geschädigt. Und wer sagt, sein Fürst sei unfähig zur Tugend, der schädigt seinen Fürsten. Im Allgemeinen gilt, dass jeder, der diese vier Ausgangspunkte in sich hat, sie auch alle zu erweitern und zur Fülle zu bringen weiß, wie ein gerade angezündetes Feuer oder eine gerade angebohrte Quelle. Wenn man sie zur Fülle zu bringen vermag, dann reicht dies, die ganze Welt in seine Obhut zu nehmen, Wenn man es aber nicht versteht, sie zur Fülle zu bringen, dann wird es nicht einmal reichen, um seinen Eltern zu dienen. (2A6)

§ 5 Menzius

Ausführlich handelt ein Bericht über eine Unterredung Menzius' mit dem König Xuan von Qi von demselben Thema:

„Wie tugendhaft sollte einer sein, der König werden dürfte?" fragte der König Xuan von Qi.

Menzius sagte: „Wer für das Volk sorgt, wird König. Nichts könnte ihn daran hindern."

– „Kann denn ein Mensch wie ich für das Volk sorgen?"

– „Ja!"

– „Woher wisst Ihr, dass ich es kann?"

– „Ich habe folgendes gehört: Der König saß einmal oben im Saal, als unten jemand mit einem Rind vorbeiging. Der König sah es und fragte, wohin das Rind geführt werde. Man antwortete, dass mit seinem Blut eine Glocke geweiht werden solle. Der König sagte: ‚Lasst es gut sein, ich kann sein ängstliches Zittern nicht ertragen! Es ist, wie wenn ein Unschuldiger zum Richtplatz geführt wird.' Man fragte nun, ob die Glockenweihe unterbleiben solle, doch der König sagte: ‚Wie könnte sie unterbleiben; nehmt stattdessen ein Schaf.' Ich weiß nicht, ob es so gewesen ist."

Der König sagte: „Es ist so gewesen."

– „Diese Gesinnung genügt, um König zu sein! Die Leute meinen zwar, der König habe es nur aus Sparsamkeit getan; aber ich weiß, dass Ihr es nicht ertragen konntet."

Der König sprach: „Es stimmt. So sind die Leute eben. Aber selbst wenn Qi ein kleines Land wäre, warum sollte ich an einem Rind sparen wollen? Ich konnte sein angstvolles Zittern nicht ertragen, als es wie ein Unschuldiger zum Richtplatz geführt wurde. Darum ließ ich statt seiner ein Schaf nehmen."

– „Ihr dürft Euch nicht wundern, wenn die Leute meinen, dass Ihr etwas sparen wolltet. Ihr nahmt ein kleines Tier statt eines großen, wie sollen sie das anders verstehen? Wenn Ihr Mitleid empfandet, weil es wie ein Unschuldiger zum Richtplatz geführt wurde, was ist da für ein Unterschied zwischen einem Rind und einem Schaf?"

Lachend sagte der König: „Was habe ich mir nur dabei gedacht? Ich wollte wirklich nicht eine Ausgabe sparen, aber trotzdem ließ ich stattdessen ein Schaf nehmen. Es ist verständlich, dass die Leute mich für geizig halten."

– „Es schadet nichts! Denn es war ein Ausdruck der Menschlichkeit. Das Rind habt Ihr gesehen, das Schaf nicht. So geht es dem Edlen mit den Tieren: wenn er sie lebend gesehen hat, erträgt er es nicht, sie sterben zu sehen; wenn er ihre Stimmen gehört hat, kann er ihr Fleisch nicht essen. Deshalb meidet der Edle Schlachtraum und Küche."

Der König sagte: „Wenn es im Buch der Lieder heißt, ‚In anderer Menschen Herz vermag ich zu lesen', so kann man das auch von Euch sagen. Es war zwar meine eigene Tat, aber als ich darüber nachsann, begriff ich ihren Sinn nicht. Was Ihr nun gesagt habt, das trifft meine Gedanken. Warum aber meint Ihr, dass diese Gedanken der Gesinnung eines Königs entsprechen?"

– „Wenn jemand zu Euch sagen würde: ‚Meine Kraft genügt, um hundert Pfund emporzuheben, nicht aber um eine Feder aufzuheben; meine

Sehschärfe reicht, um das feinste Härchen zu untersuchen, nicht aber, um einen Wagen voll Brennholz zu sehen' – würdet Ihr das hinnehmen?"
– „Nein!"
– „Wie kann es dann sein, dass sich die Güte sogar bis zu den Tieren erstreckt, dem Volk aber keine Bemühung gilt? Wer eine Feder nicht aufheben kann, der benutzt seine Kraft nicht; wer einen Wagen voll Brennholz nicht sieht, gebraucht seine Sehkraft nicht; wer nicht für das Volk sorgt, wendet seine Güte nicht an. Wenn der König kein richtiger König ist, dann nur, weil er (das dazu Erforderliche) nicht tut, nicht, weil er es nicht tun könnte." (1A7)

Geschichtsphilosophie – Das moralisch-politische Axiom

In der Geschichtsbetrachtung der Konfuzianer findet sich häufig ein einfaches moralisch-politisches Axiom. Es besagt (in einer Fassung des „Buchs der Dokumente" *Shujing*):

Wenn die Tugend (eines Herrschers) vollkommen ist, werden seine Handlungen niemals erfolglos sein; ist sie mittelmäßig oder noch schlechter, so werden seine Handlungen nie glücklich enden. (*Shujing* IV, 6.5, Legge 216)

Ein solches Axiom lässt sich schwerlich aus der historischen Realität gewinnen, es sei denn, man legt es der Geschichtsschreibung bereits als Vorurteil zugrunde. Tatsächlich durchzieht diese moralisierende Sichtweise das ganze *Shujing*.

Wann die einzelnen Teile des *Shujing* entstanden sind, ist eine schwierige Frage. Es war (zumindest in Teilen) schon zu Konfuzius' Zeit bekannt, und die Philosophen der Zhou-Zeit zitieren gelegentlich (zustimmend) daraus, aber dabei verändert sich die Sichtweise stark. Andere Teile sind wohl erst viel später geschrieben und sozusagen zurückdatiert worden. Als Tatsachenbericht über die Ereignisse früherer Zeiten (zurückgehend bis zu Yao und Shun) ist es höchst dubios, aber es ist ein beredtes Zeugnis für die Geschichtsauffassung seiner Verfasser.

Beginnen wir also mit einem Blick auf das *Shujing*. Das Werk enthält neben vielem anderen mehrere (zumindest zum Teil fingierte) Ansprachen, die Heerführer vor wichtigen Schlachten an ihre Truppen und Verbündeten hielten. Jedes Mal betont der jeweilige Anführer die moralische Verkommenheit des Gegners, dem der Himmel deshalb seine Gunst (das „Mandat des Himmels" *tian ming* 天命) entzogen habe. Als Beweise für die Schlechtigkeit des Gegners werden sowohl eine ungerechte Behandlung des Volkes als auch Verstöße gegen die Riten bzw. rituellen Pflichten des Herrschers angeführt. Ob die Moralität tatsächlich so einseitig auf die Kriegsparteien verteilt war, wie es die Propagandareden des Angreifers darstellen, lässt sich längst nicht mehr entscheiden – es waren vermutlich ganz gewöhnliche Machtkämpfe, die zum Kampf zwischen einem guten König und dem Reich des Bösen stilisiert wurden. Der angreifende König bezeichnete sich selbst als Ausführender eines Befehls Gottes bzw. des „Himmels". Er ermahnte seine Truppen und Verbündeten zu vollem Einsatz für die gute Sache und bedrohte zugleich alle, die sich seinem Befehl entziehen wollen. Hier ein Beispiel (es handelt sich um eine zhou-zeitliche Rückprojektion):

Vor der großen Schlacht bei Gan rief der König[16] seine Heerführer zusammen und hielt ihnen eine eindringliche Ansprache: „Der Prinz von Hu verstößt hemmungslos gegen die fünf Wandlungsphasen und verwirft frech die drei Normen für Himmel, Erde und Mensch. Deshalb wird ihn der Himmel vernichten und ihm das Mandat entziehen. Und ich werde voller Respekt diese vom Himmel bestimmte Strafe vollziehen. Wenn ihr, auf dem linken oder rechten Flügel oder mit den Streitwagen, eure Aufgaben nicht erfüllt, ist das Befehlsverweigerung. Wer meine Befehle erfüllt, wird vor meinen Ahnen belohnt werden. Wer sie verweigert, wird am Erdaltar hingerichtet, mitsamt seinen Kindern." (*Shujing* III, 2.1–5, Legge 152–155)

Es ist eine Propagandarede reinsten Stils, die Rechtfertigung einer Militäroperation mit dem Ziel der Eroberung der Herrschaft, mit Hilfe „himmlischer" und moralischer Argumente. Der gute Herrscher bestraft im Auftrag einer höheren Macht den bösen. Wie bei allen Propagandareden handelt es sich um einen Monolog – die gegnerische Seite kommt nicht zu Wort.

Dieselbe selbstbewusste Berufung auf Gott oder den Befehl des Himmels durchzieht übrigens auch die Reden, die Sieger nach der Niederlage des gegnerischen Staates an die dort verbliebenen, arbeitslos gewordenen, Mitglieder der ehemaligen Administration richten. Der Sieger umwirbt sie zur Mitarbeit im neuen System und droht ihnen zugleich massiv, falls sie sich verweigern sollten.[17]

Himmel und Mandat des Himmels (tian ming).[18]

Eine zentrale Rolle bei dieser Rechtfertigungsstrategie spielen die Begriffe *shangdi* 上帝, (oberster vergotteter Ahn), *tian* 天 und *ming*

---

[16] Möglicherweise Yu, der Begründer der Dynastie Xia, oder sein Sohn.
[17] Sehr deutlich z.B. *Shujing* V, 14.1–25, (Legge 451–463, Karlgren S. 55), wo die Rede des siegreichen Herzogs von Zhou an die Beamtenschaft des gerade vernichteten Staates der Shang wiedergegeben wird.
[18] Für das Folgende vgl. die Darstellung in Roetz (1984), §9–§13.

命. Die beiden letzten kommen auch bei Konfuzius und Menzius mehrfach vor. *Tian* ist ursprünglich der Hochgott des Hauses Zhou und bedeutet „Himmel" mit in etwa der gleichen Bedeutungsbreite wie im Deutschen; das Wort kann eine manchmal mit personalen Zügen ausgestattete höhere Instanz bezeichnen, die auch in den menschlichen Bereich eingreift, eine neutrale Schicksalsmacht, und schließlich den natürlichen blauen Himmel oder, vor allem später, die Natur. Alle diese Varianten finden sich in den alten chinesischen Texten. Als erstes trat *Tian* an die Stelle von *shangdi*, mit dem die Shang ihre oberste Gottheit bezeichneten.

Der Terminus *ming* bedeutet ursprünglich „Befehl", besonders in der Kombination *tian ming*. Im Kontext politischer Ausführungen hat sich dafür die Übersetzung „Mandat des Himmels" eingebürgert, womit ein Regierungsauftrag des Himmels an einen Herrscher bzw. ein Herrscherhaus gemeint ist. Schließlich bezeichnet *ming* auch das individuelle Schicksal eines Menschen, wovon später die Rede sein wird. Im politischen Kontext fungiert der Himmel als überirdische Garantie für den Sieg der Guten; er erteilt ihnen das Mandat zur Regierung und entzieht es den Bösen, greift aber nicht wie ein blindes Verhängnis in die Menschenwelt ein. Es kommt immer auf die Handlungen der Menschen (namentlich der Herrscher) an; an ihnen orientiert sich der Himmel.

Als politische Rechtfertigungsideologie von bestehender Herrschaft ist diese Konstruktion gut geeignet: wer die Macht hat, hat sie mit Zustimmung und im Auftrag des Himmels, wer sie verliert, verliert dessen Mandat zu Recht. Allerdings gab es auch starke Zweifel an dieser Ideologie. Es gab (und gibt) zu viele Erfahrungen, die den Himmel als ungerecht, willkürlich, brutal erscheinen ließen. Sie fanden ihren Ausdruck aber kaum im *Shujing*, sondern etwa in der Liedersammlung *Shijing*, in der auch vom individuellen, privaten Glück und eben auch Unglück die Rede ist. In der späteren Philosophie Xunzis ist der Glaube an den Himmel ganz verblasst; *tian* ist hier nur noch bloßer Naturprozess (s. u. S. 281ff).

Vom Mandat des Himmels zur Zustimmung des Volkes

Wer, wie Menzius, die Herrscher zum Wohl ihres Volkes bessern will, muss davon überzeugt sein, dass dies ihre Chancen im politischen Geschäft zumindest nicht verschlechtert. Das moralisch-politische Axiom kommt einer solchen Überzeugung durchaus entgegen. Im Sinne des alten Himmelsglaubens hätte Menzius also den

Herrschern für den Fall einer Regierung zugunsten des Volkes ein Mandat des Himmels in Aussicht stellen können. Er tut das aber nicht; er argumentiert stattdessen für das Axiom: Gut ist ein Herrscher, wenn er für das Volk sorgt, denn das Volk wird daraufhin mit ihm zufrieden sein. Schlecht ist ein Herrscher, der gegen die Interessen des Volkes regiert. Die Stabilität einer Herrschaft hängt aber entscheidend, ja nahezu ausschließlich von der Zustimmung des Volkes ab, und genau in diese Richtung pointiert Menzius das Denkschema vom Himmel, der das Mandat zum Herrschen verleiht. Es wird geschickt in die neue Sichtweise mit einbezogen, liest sich aber nur noch wie eine religiöse Hilfskonstruktion, um das Volk zum *cui bono* aller Politik zu machen. Menzius ist kein provozierender Aufklärer, aber eben doch ein Aufklärer.

In einer längeren Passage diskutiert Menzius, wie denn seinerzeit König Yao die Herrschaft an Shun übergeben habe. Yao selbst, sagt Menzius, hätte das rechtens gar nicht tun können, es sei vielmehr der Himmel gewesen, der Shun auf Empfehlung Yaos die Herrschaft verlieh. Dies sei aber so geschehen:

Yao stellte Shun dem Himmel vor, und der Himmel akzeptierte ihn. Er setzte Shun dem Volk aus, und das Volk akzeptierte ihn. [...] Der Himmel redet nicht, er gibt sich durch seine Wirkungen zu erkennen. (5A5)

Nach einer Schilderung der erfolgreichen Tätigkeit von Shun und der Zufriedenheit des Volkes schließt Menzius die Erörterung mit einem Zitat aus dem *Shujing* ab:

Der Himmel sieht mit den Augen und hört mit den Ohren unseres Volkes. (5A5)

Dies ist die chinesische Variante des alt-römischen Prinzips *vox populi vox dei*. Aufstieg und Fall von Herrschern werden letztlich nur noch mit dem Gewinnen oder Verlieren der Zustimmung des Volkes erklärt.

Das Axiom vom Erfolg des guten Herrschers wird von Menzius durch Hinweis auf Erfahrungstatsachen untermauert: niemand bleibt freiwillig unter der Herrschaft eines tyrannischen Regimes, während eine Regierung, die ersichtlich dem Volkswohl dient, auch ohne Gewalt stabil ist:

Menzius sprach: Es gibt einen Weg, um die Herrschaft zu gewinnen: indem man das Volk gewinnt. Es gibt einen Weg, um das Volk zu gewinnen: indem man sein Herz gewinnt. Und es gibt auch dazu einen Weg: Was es wünscht, reichlich beibringen, was es ablehnt, nicht ausführen. Das ist alles.

Das Volk wendet sich der Menschlichkeit zu, so wie das Wasser nach unten fließt. Wäre unter den Fürsten heute einer, der die Menschlichkeit hochhielte, die Feudalherren würden ihm (das Volk) geradezu in die Arme treiben. Auch wenn er es gar nicht wünschte, er müsste König werden. (4A9)

So erscheint die Lehre vom Erfolg des sittlichen Herrschers bei Menzius durchaus rational, und man versteht nun auch den Satz besser, in dem er das konfuzianische Geschichtsbild zusammenfasst:

Menzius sprach: Die drei Dynastien[19] haben die Herrschaft durch Menschlichkeit erlangt und durch Unmenschlichkeit verloren. (4A3)

Menzius' Lehrsatz erhielt nebenbei noch seine besondere Schärfe dadurch, dass er seine Gegenwart – das machtlose Haus Zhou regierte nominell noch immer – ausdrücklich einschloss. Auf der Grundlage dieser seiner Theorie über Erfolg oder Misserfolg von Regierungen versuchte Menzius, die Herrscher seiner Zeit von ebenso unmenschlichen wie unsinnigen Kriegen und unmäßiger Ausbeutung und Unterdrückung des Volkes abzubringen. Wenn er als erstes das Herz der Herrscher zu bessern suchte, so glaubte er sicher nicht, dass dem sittlich gebesserten Herrscher der politische Erfolg ausnahmslos garantiert sei und sich sogleich einstelle. Aber wäre andererseits nicht ohne die Annahme einer zumindest starken Tendenz zum Erfolg des Sittlichen Menzius' Geschichtsphilosophie ein verzweifeltes, weltfremdes Unternehmen?

Menzius diagnostiziert klar den universellen Tatbestand, dass jede Unterdrückung Gegenkräfte produziert. Damit wird auch der Umsturz in gewisser Weise legitimiert, obwohl Aufruhr und Chaos für den Konservatismus die abscheulichsten aller Ereignisse sind. Der Erfolg eines Umsturzversuches zeigt nach Menzius indessen, dass die gestürzte Herrschaft auch reif für den Sturz war und nichts anderes verdiente. Herrscher besitzen für ihn keine absolut unantastbare Majestät; doch wendet er einige Formulierungskünste an, um das auszudrücken. Den Anlass dazu bot eine Frage bezüglich der Tötung des letzten Shang-Königs, des (jedenfalls in der späteren Geschichtsschreibung) berüchtigten Tyrannen Zhòu 紂, über dessen Herrschaft die Überlieferung wahre Schauergeschichten enthielt (s. o. S.13). Dieser Zhòu wurde schließlich von den Begründern des Zhou-Dynastie gestürzt, wobei er ums Leben kam. Rein

---

[19] Die drei Dynastien Xia, Shang und Zhou.

historisch verlief der Vorgang nach dem üblichen Schema: Jemand besiegt und beseitigt einen Herrscher, um sich sodann selbst an dessen Stelle zu setzen. Aber Menzius ist mit einer solchen Geschichtsschreibung nicht zufrieden:

König Xuan von Qi[20] fragte: War es so, dass Tang den Jie verbannte und König Wen einen Straffeldzug gegen Zhòu unternahm?"
Menzius antwortete: „So besagt es die Überlieferung."
„Darf also ein Minister einen Mord an seinem Fürsten verüben?"
Menzius sagte: „Wer der Menschlichkeit Gewalt antut, den nennt man einen Gewalttäter; und wer der Gerechtigkeit Gewalt antut, den nennt man grausam. Wer grausam ist und gewalttätig, den nennt man einen (von der Gesellschaft isolierten) einsamen Kerl. Ich habe gehört, ein einsamer Kerl namens Zhòu sei hingerichtet worden. Von einem Mord an einem Fürsten habe ich nichts gehört." (1B8)

Ganz ähnlich argumentiert Xunzi (s. u. S. 267). Wer sich gegenüber dem Volk verselbständigt, verliert seine Legitimation und die Macht. Einem humanen Herrscher aber wird – über die Zustimmung seines Volkes – politischer Erfolg in Aussicht gestellt. Die Herrschaft zugunsten des Volkes wird dabei konkret-praktisch gesehen:

Menzius sagte: Man kann die Menschen nicht durch bloße Freundlichkeiten gewinnen, sondern nur wenn man damit auch für ihr Wohlergehen sorgt. Ohne die Welt zu überzeugen aber wird man nie an die Regierung kommen. (4B16)

Es geht bei der Sorge für das Volk unter anderem auch um eine ausreichende Versorgung der Alten, also um soziale Sicherheit (1A3, 1A7, 4A13). Gelegentlich zählt Menzius noch auf: mäßige Steuern und Abgaben, zurückhaltende Strafmaßnahmen, Förderung von Landwirtschaft und Gewerbe (vgl. 1A5 und 1A7), und er schließt die Erörterung mit den Worten

Ein menschlicher (Herrscher) hat niemanden, der sich mit ihm messen kann. (1A5)

Diese These hat innenpolitisch sicher eine erhebliche Plausibilität. In der Auseinandersetzung mit anderen Fürsten und Staaten, im Machtkampf, der damals zwischen den einzelnen chinesischen Staaten tobte, leuchtet sie leider weniger ein. Aber Menzius vertrat sie auch hier. So heißt es einmal, dass für einen Herrscher die

---

[20] Regierungszeit: 332–314 v.; er zog eine große Zahl von Scholaren und Gelehrten an seinen Hof und war Mäzen der berühmten Akademie Jixia („Am Tor des Korngotts").

Zustimmung und Einigkeit des Volkes entscheidender sei als alle militärisch-strategischen Faktoren (1A5, 2B1). Wer wahrhaft königlich regiere, den würde alle Welt zum Herrscher erheben wollen, und er brauche sich nicht vor seinen äußerlich vielleicht mächtigeren Nachbarstaaten zu fürchten (3B5), behauptet Menzius; und er zitiert seinen großen Lehrmeister:

> Konfuzius lehrte: „Der Menschlichkeit kommt man durch die bloße Überzahl nicht bei." Wenn also ein Herrscher die Menschlichkeit hochschätzt, so gibt es niemanden auf der Welt, der sich mit ihm messen könnte. (4A7)

Es ist die totale Negation der zweitausend Jahre später niedergeschriebenen These von Machiavelli:

> Es ist unvermeidlich, dass ein Mann, der überall rein moralisch handeln will, unter so vielen anderen, die nicht so handeln, früher oder später zugrunde gehen muss. Es ist also notwendig, dass ein Fürst, der sich behaupten will, auch lernen muss, nicht gut zu handeln. (Der Fürst, Kap. 15)

Eine sehr ähnliche Kritik hat aber auch schon der Legalist Han Fei 韓非 vorgebracht, von dem noch zu reden sein wird.

Das moralisch-politische Axiom als Warnung

Herrscher sind immer gefährdet, ihre Macht und ihr Leben können sehr schnell zu Ende sein. Das war allen chinesischen Denkern bewusst. In zahllosen Ermahnungen werden schon im *Shujing* Herrscher gewarnt, sich um eine gute Regierung zu bemühen, denn das Mandat des Himmels sei nicht unveränderlich. Das *Shujing* hat auch die Funktion eines Fürstenspiegels. Dieser Aspekt findet sich massiv auch bei Menzius.

Ein Herrscher beklagt sich Menzius gegenüber, dass das Volk im Krieg den Tod vieler hoher Beamten völlig unbeeindruckt hingenommen habe, und dass niemand bereit gewesen sei, das eigene Leben für die Oberen einzusetzen. Daraufhin erinnert Menzius den Herrscher an dessen bisherige hartherzige, sorglos-grausame Regierung und fährt fort:

> Zengzi[21] hat einst gesagt: „Hütet euch! Hütet euch! Was von euch ausgeht, wird auf euch zurückfallen!" Das Volk zahlt jetzt heim, was es früher erleiden musste. Ihr, mein Fürst, solltet Euch darüber nicht beklagen. Wenn ein Fürst eine menschliche Regierung führt, fühlt das Volk sich mit seinen Oberen verbunden und ist bereit, für sie zu sterben." (1B12)

---

[21] Zeng Shen, der Schüler des Konfuzius, s. o. S. 49.

In einer anderen Unterredung sagt Menzius zu einem Herrscher:

> Wenn ein Fürst seine Untertanen wie seine eigenen Hände oder Füße betrachtet, dann werden sie ihn wie den eigenen Leib oder das eigene Herz betrachten. Wenn er sie wie Hunde oder Pferde betrachtet, betrachten sie ihn als einen Fremden. Wenn er sie wie Dreck oder Stroh betrachtet, werden sie ihn wie einen Strauchdieb oder Räuber betrachten. (4B3)

Das Schicksal des Einzelnen

Himmel und vom Himmel bestimmtes Schicksal treten bei Konfuzius und Menzius außerhalb des politischen Kontexts auch in einer universal menschlichen Fragestellung auf. Ähnlich wie die deutschen Ausdrücke *Schicksal, Fügung, Vorsehung* etc. bezeichnen *ming* und *tian ming* Gegebenheiten, auf die das Handeln eines Menschen keinen Einfluss hat, ohne dass damit unbedingt eine klare Theorie verbunden sein muss. Bei Menzius findet sich eine plastische Begriffsbestimmung:

> Was geschieht, ohne dass etwas getan wird, ist *tian*. Was man nicht bewirken kann, aber es ereignet sich doch, ist Fügung (*ming*). (5A6)

Ausdrücke wie *Himmel* und *Schicksal* weisen auf das Faktum hin, dass die menschliche Existenz umgeben ist von zahllosen Unwägbarkeiten, Unsicherheiten und unvorhersehbaren Dingen, wodurch alle menschlichen Planungen sehr begrenzt werden. Beim frühen Tod des Lieblingsschülers Yan Hui 顏回 klagt Konfuzius, diesem sei leider ein kurzes Leben und ein früher Tod bestimmt (*ming*) gewesen. (11.6; 6.2). Und Menzius sagt über seine Zeit:

> Der Himmel will es noch nicht, dass auf Erden Friede herrscht! (2B13)

Nun sind Krieg und Frieden Phänomene, die ausschließlich von menschlichem Handeln abhängen; wenn trotz des Wunsches vieler Menschen Krieg geführt wird, wird das jedoch empfunden wie der Eingriff einer übergeordneten Macht, gegen die man nichts vermag. Angesichts solcher Erfahrungen liegt zwar eine gewisse Resignation nahe. Die Schicksalsergebenheit, die sich bei Konfuzius gelegentlich findet, ist aber nicht mit Tatenlosigkeit verbunden, sondern eher Ausdruck eines gewissen Optimismus. Anlässlich einer gegen ihn gerichteten Verleumdung äußert er:

> Ob das Dao sich durchsetzt oder nicht, ist Bestimmung (*ming*). Sollte jener (Verleumder) sich damit messen wollen? (*Lunyu* 14.38)

Dabei ist er offenkundig überzeugt, das Dao auf seiner Seite zu haben (ähnlich *Lunyu* 7.22 u. 9.5). Fatalismus ist dies aber nicht, wie ein solcher auch über alle Kulturen hinweg kaum irgendwo in reiner Form nachweisbar ist. Denn Konfuzius würde dann behaupten, dass das menschliche Handeln ohne Wirkung auf das Geschehen sei. Dies ist absolut nicht die konfuzianische Position.[22]

Die grundsätzliche Haltung war wohl gleichermaßen bestimmt durch das Wissen um die Beschränktheit menschlichen Handelns, die geringen Aussichten auf Erfolg, und zugleich die Entschlossenheit, das Menschenmögliche auf jeden Fall zu versuchen. Ob der Konflikt zwischen Schicksal und tätigem Leben theoretisch sauber auflösbar ist, spielt dabei letztlich keine Rolle. Es ist auch nicht überraschend, dass sich bei denselben Denkern auch weniger deterministische Äußerungen finden:

Der Herzog Ai fragte Konfuzius: „Glück und Unglück, Bestand und Untergang eines Reiches oder einer Familie sind doch vom Himmel bestimmt und liegen nicht bei den Menschen?"
Konfuzius erwiderte: „Glück und Unglück, Bestand und Untergang, das alles liegt bei uns selber. Weder Naturkatastrophen noch Wunderzeichen können dem etwas hinzufügen!"
Der Herzog meinte: „Meister, das sind schöne Worte, aber wie steht es wohl in Wirklichkeit?" (*Kongzi jiayu* 7.6)

Konfuzius erinnert daraufhin an zwei aus der Dynastie Shang überlieferte Geschichten. Die eine berichtet von einem Herrscher, der durch ein glückverheißendes Omen zu völliger Sorglosigkeit verleitet wurde und dadurch sein Reich ruinierte; die andere erzählt, wie ein nachlässiger Herrscher, der von einem bösen Vorzeichen beunruhigt worden war, sich wieder ganz seinen Pflichten widmete und dadurch sein Reich zu neuer Blüte brachte. Beide, sagt Konfuzius, stellten sich der ihnen vom Himmel gesetzten Zeit entgegen, aber der eine verwandelte das ihm nach Auskunft des Omens bestimmte Glück in Unglück, der andere machte aus dem auf ihn zukommenden Unglück Glück.

Es ist bemerkenswert, wie Konfuzius in seiner Entgegnung das Wort „Himmel" wieder aufnimmt, das der Herzog in das Gespräch eingebracht hatte. Konfuzius spricht ohne weiteres ebenfalls vom Himmel, der dem Bestehen eines Reiches eine bestimmte Zeit setzt

---

[22] Es gibt allerding die eine oder andere Stelle, bei der einige Interpretation erforderlich ist, um sie mit dem grundsätzlichen Aktivismus von Menzius und Konfuzius zu vereinbaren (z.B. 1B16).

(oder vielleicht: setzen mag). Ohne sich aber mit der Frage aufzuhalten, was unter solcher Vorbestimmung genau zu verstehen sei, weist Konfuzius vielmehr dem tätigen Menschen die Rolle des freien Gestalters seines Lebens und seiner Welt zu. Die dem Herzog Ai 哀公 erteilte Belehrung schließt:

> Darum sollen Naturkatastrophen oder Wunderzeichen dem Herrscher eine Warnung sein, und Traumgesichte oder Vorzeichen sollen die Untertanen mahnen. Aber Katastrophen und Wunderzeichen können eine gute Regierung nicht besiegen, und Traumgesichte sind nicht stärker als ein gutes Verhalten. Dies zu erkennen heißt, die höchste Stufe des Regierens zu erreichen. (ebd.)

Die anschaulichste Stelle steht bei Menzius:

> Menzius sprach: „Alles ist Schicksal (*ming*). Füge dich dem, was für dich recht ist! Aber wer das Schicksal begriffen hat, stellt sich nicht unter eine baufällige Mauer. Wenn ein Mensch, der seinen Weg vollendet hat, stirbt, so ist das ein rechtes Schicksal; in Fesseln zu sterben, ist kein rechtes Schicksal." (7A2)

Sich nicht unter eine einsturzgefährdete Mauer zu stellen, bedeutet, durch verantwortliches Handeln den Gefahren zu begegnen, so gut es möglich ist. Eine Umkehrung dieser Maxime ist es, wenn Menzius aus dem Buch der Dokumente zitiert:

> Unheil vom Himmel lässt sich abwenden. Selbst bewirktem Unheil entkommt man nicht. (2A4)

Gegen das anschauliche Beispiel von Menzius hat später Wang Chong 王充 eingewendet, wem es bestimmt sei, derart zu Tode zu kommen, dem werde es auch bestimmt sein, zur passenden Zeit unter eine solche Mauer zu geraten.[23] Aber Menzius spricht vom Entgegennehmen eines Schicksals. Es geht ihm nicht um ein Fatum, dem man nicht entrinnen kann, sondern um die Fixierung der eigenen Position im Leben, die man so oder auch anders vornehmen kann. Wer sich eine Lebensaufgabe gegeben hat (sein „Schicksal erkannt" hat), wird danach nicht mehr mutwillig sein Leben aufs Spiel setzen.

Aber man muss der Tatsache ins Auge sehen, dass auch das entschlossene und ernsthaft bemühte Handeln sein Ziel oft verfehlt, der Gerechte viel leiden muss, und umgekehrt der Erfolg nicht

---

[23] Wang Chong (27–91 n.), *Lunheng* Kap. 30 *Ci Meng* (Forke, *Lun Heng* I, S. 432).

selten unverdient ist. Einen Fürsten, der in aussichtsloser politischer Lage um Rat fragte, ermutigte Menzius mit den Worten zur Tat:

Der Edle kann eine Grundlage hinterlassen, auf der sich weiterbauen lässt. Aber ob das Werk vollendet wird, steht beim Himmel. (1B14)

„Das Schicksal erkennen" (*zhi ming* 知命)

Einige Stellen in den klassischen Texten werden verständlicher, wenn man die Wendung „das Schicksal erkennen"[24] genauer betrachtet. Sie findet sich z.B. im *Zuo Zhuan* 左傳 im folgenden Bericht:

Der Herzog Wen von Zhu 邾文公, so heißt es, konsultierte wegen eines Planes zur Verlegung der Hauptstadt das Orakel und erhielt die Auskunft, eine Verlegung wäre *vorteilhaft für das Volk, aber nachteilig für den Fürsten*. Ein Höfling habe dem Herzog daraufhin von dem Unternehmen abgeraten und ihm empfohlen, lieber das eigene Leben (*ming!*) zu verlängern. Herzog Wen lehnte das ab und entgegnete:

Ob ich früher oder später sterbe, das alles hat seine Zeit. Wenn es für das Volk vorteilhaft ist, will ich es ausführen lassen – es gibt nichts Besseres.

Das Unternehmen sei also durchgeführt worden, der Herzog aber bald darauf gestorben. Der Abschnitt schließt lapidar:

Der Edle bezeichnet das als: das Schicksal erkennen (*zhi ming*).[25]

Obwohl *ming* nicht bloß „Schicksal" im Allgemeinen bedeuten kann, sondern auch die Länge eines konkreten Lebens, ist es ganz unwahrscheinlich, dass in dem eben zitierten abschließenden Satz ein prophetisches Vorwissen um den Zeitpunkt des eigenen Lebensendes gemeint ist. Der Herzog Wen hatte einfach begriffen, was seine Aufgabe war: für das Volk zu sorgen. Dies war sein Schicksal, dem er sich nicht entzog.

Mit dieser Interpretation des Begriffs „Schicksal" lässt sich möglicherweise auch dem Satz des Konfuzius, „Wer das Schicksal nicht begreift, kann kein Edler sein," (*Lunyu* 20.3) ein guter Sinn geben. Vom Edlen ein prophetisches Wissen um die (insbesondere: die eigene) Zukunft zu erwarten, wäre unsinnig – so kann der Satz nicht

---

[24] Vgl. T'ang Chün-I (1961/1962).
[25] *Zuozhuan*, Herzog Wen, 13. Jahr (Legge S. 263/4).

gemeint gewesen sein. Wohl aber soll der „Edle" erkennen, was von ihm in seinem Leben zu erwarten ist.

In diesem Sinne dürfte auch der Ausspruch Konfuzius' zu lesen sein, er habe im Alter von fünfzig Jahren das Schicksal (das „Mandat des Himmels") erkannt (*zhi tianming* 知天命, *Lunyu* 2.4). Der Satz dürfte nicht bedeuten, der Meister habe vorhergesehen, wie alt er werden würde oder was ihm noch alles zustoßen werde; und auch nicht, Konfuzius habe nun endlich den Begriff „Schicksal" richtig definieren können, d.h. ein theoretisches Problem gelöst. Er hatte vielmehr Klarheit über sich selbst gewonnen, er wusste jetzt, was die ihm angemessene Aufgabe und zugleich seine Leistungsgrenzen waren.

III. Zwei Alternativen zum Konfuzianismus

Man kann sich heute kaum noch ein richtiges Bild von Reichtum und Vielfalt des geistigen Lebens während der Zeit der Streitenden Reiche machen. Die alten Texte sprechen von „Hundert Schulen" oder Lehrsystemen, die miteinander disputierten und stritten. Es existierten also mit Sicherheit weit mehr philosophische Strömungen als nur jene wenigen, deren Schriften überliefert wurden. Zwei von diesen Schulen, die in der Antike an Einfluss dem Konfuzianismus nicht nachstanden, werden auch von Menzius erwähnt, der sich über die Zustände seines Zeitalters beklagt:

Privatgelehrte diskutieren hin und her, und die Lehren von Yang Zhu und Mo Di erfüllen die Welt. Wer heute nicht die Sprüche von Yang im Munde führt, der zitiert die von Mo. Yang Zhus Prinzip ist ein Egoismus, der keinen Fürsten kennt, während das Prinzip Mo Dis eine „allgemeine Liebe" ist, die keinen Vater kennt. Aber ohne Vater und Fürst wird der Mensch zum Tier! (*Menzius* 3B9)

§6 Mo Di

Der Philosoph Mo Di[1] 墨翟 lebte im Zeitraum zwischen 480 und 390 v.d.Z. Unter seinem Namen ist ein stattliches Werk, das *Mozi* 墨子 überliefert,[2] in dem sicherlich Teile von späteren Schülern stammen. Das Werk besteht aus 71 Kapiteln, von denen einige verlorengegangen sind. Die Kernkapitel des Buches existieren in je drei Fassungen, deren genaue Zuschreibung unklar ist. Im vorderen Teil (Kap. 1–39) werden politische, moralische, kulturelle und religiöse Fragen behandelt. (Kap. 1–3 passen in Stil und Thematik nicht recht zu den anderen Kapiteln.) Es folgen völlig andersartige Kapitel über logische, z. T. auch naturwissenschaftliche Fragen (Kap. 40–45), dann nochmals Gespräche über die Lehre des Mo Di (Kap. 46–50) und schließlich vor allem zur Verteidigung gedachte militärtechnische Abhandlungen (Kap. 51–71). Wir befassen uns in die-

---

[1] Das Vorbild von Bertolt Brechts Me-ti.
[2] Übersetzungen: Forke (1922), Mei (1973), Schmidt-Glintzer (1975), Knoblock und Riegel (2013). Zur Textgeschichte vgl. Defoort und Standaert (2013).

sem Abschnitt weder mit den logischen noch mit den militärischen Kapiteln. Die von späteren Mohisten stammenden logischen Kapitel werden später behandelt (§17).

Mo Di geht in seiner Philosophie aus von der konkreten, materiellen Situation der breiten Massen, die sicher häufig eine des Mangels und der Unsicherheit war:

Dreierlei bereitet dem Volk Sorge: dass die Hungernden nicht ernährt werden können und die Frierenden nicht gekleidet, und dass die (zufolge von Zwangsarbeit) Erschöpften keine Erholung finden. (Kap. 32)

Damit ist das eine, große Thema der politischen Philosophie festgelegt: der Nutzen, und vor allem Schaden staatlicher Maßnahmen für das Volk.

Einfaches Leben und Luxus

Mo Dis Bewertung der Gegenwart fällt ziemlich negativ aus. Er listet ausführlich die Missstände auf (Kap. 5). Während das Volk von existenziellen Sorgen bedrückt wird – voran stehen dabei immer die nicht seltenen Hungersnöte – findet sich an anderer Stelle im Staat großer Luxus. Luxus heißt, Dinge zu produzieren und zu konsumieren, deren Herstellung viel Arbeitskraft (vom Volk) verlangt, deren Nutzen aber nicht einzusehen ist. Dazu gehören luxuriöse Bauwerke, raffinierte Küchenkünste, prunkvolle Boote und Fuhrwerke (schon damals!), kostbare Kleidungsstücke und derlei mehr. Der Nutzen einfacher Häuser, einfacher Nahrung etc. ist für jedermann einzusehen, während der ganze Luxus gesellschaftlich nutzlos ist und auf der Ausplünderung des Volkes durch die Oberschicht beruht. Dort aber steigert man sich gegenseitig derart in den Ansprüchen, dass die elementaren Erfordernisse des Gemeinwesens vernachlässigt werden (Kap. 6). (Man bedenke dabei, dass Mo Dis Gesellschaft noch keine hohe Produktivität hatte und daher nicht besonders wohlhabend war!)

Im Altertum habe man all die jetzt modernen Verzierungen, Schnitzereien, Malereien und auch die verfeinerte Küche nicht geschätzt. Man hatte genug, um Jahre der Dürre oder der Überschwemmung zu überstehen; mehr brauchte man nicht. Man aß nicht einmal Fleisch, sondern nur pflanzliche Kost. Die weisen Herrscher ließen zwar Schiffe und Wagen herstellen, aber es waren einfache, zweckmäßige Fahrzeuge ohne überflüssiges Beiwerk, und jedermann konnte ihren Nutzen begreifen.

§ 6 Mo Di

In der Idealgesellschaft des Mo Di muss jede Tätigkeit durch Berufung auf das höchste Gut, d.h. den Nutzen des Volkes, gerechtfertigt und begründet werden. Bei Mo Di heißt „Nutzen des Volkes" die Sicherstellung eines einfachen Lebens ohne weitere Ambitionen. Kulturelle Güter aller Art tragen seiner Meinung nach nichts zum Nutzen des Volkes bei, kosten aber viel Arbeitskraft und viele Ressourcen.

Mit besonderer Ausführlichkeit wendet sich Mo Di gegen die Musik. Die Erklärung eines Konfuzianers, Musik werde einfach um ihrer selbst willen betrieben (Kap. 48), muss Mo Di verärgert haben. Als man ihm vorhielt, die weisen Herrscher der Vorzeit hätten ja wie eingeschirrte Pferde sein müssen, die niemals ausgeschirrt wurden, wenn es tatsächlich stimme, dass sie – wie er lehrte – keine Musik gehabt hätten, und dass lebendige Menschen überhaupt ein so freudloses Leben nicht ertragen könnten, antwortete Mo Di, die weisen Herrscher hätten zwar Musik gehabt, jedoch so wenig, dass man auch sagen könne, sie hätten überhaupt keine gehabt (Kap. 7).

Mo Di verteidigt seine puritanische Einstellung ausführlich mit dem Hinweis auf die Kosten und die Nutzlosigkeit der Musik. Dasselbe gelte auch von allen anderen Künsten. Eine starke Motivation für seinen Standpunkt liegt sicher darin, dass die schönen Künste vom Volk finanziert werden mussten, dem Volk aber kaum zugutekamen. Ob jedoch das Volk damals wirklich so verelendet war, dass die Pflege der Künste volkswirtschaftlich nicht vertretbar war, mag dahingestellt bleiben. Mit beredten Worten erklärt Mo Di, er sei durchaus nicht a priori ein Feind der Künste. Er räumt ein, dass Glocken, Trommeln, Saiteninstrumente und Flöten dem Menschen gefallen, schönverzierte Bauwerke das Auge erfreuen, und auch gut zubereitete Speisen den Gaumen verwöhnen können. Aber weder hätten sich die weisen Herrscher damit abgegeben, noch diene solches dem Nutzen des Volkes. Außerdem lenke Musik und Tanz insbesondere die Herrschenden von ihren politischen Aufgaben ab:

Daher sagt Mo Di: Musik zu haben ist falsch! (Kap. 32)

Weiter schildert er, wie teuer die Herstellung der Instrumente und der Unterhalt der Musikanten sei und wie dafür Steuergelder vergeudet würden. Natürlich müsse man Steuern erheben; aber wenn man damit z.B. Fahrzeuge bauen ließe, dann könne man die Frage, wozu man derlei benötige, leicht beantworten. Das Volk verstehe den Nutzen von Fahrzeugen, und darum zahle es seine Steuern dafür ohne Murren. Wären die Musikinstrumente in ähnlicher Wiese nutzbringend, dann wäre nichts gegen sie einzuwenden. Mo Di sah die Situation des Menschen ziemlich pessimistisch. Selbst die Tiere hätten ein leichteres Leben, sie brauchen nicht zu pflügen, zu säen und zu ernten, nicht zu spinnen und zu weben, im Unterschied zum Menschen.

Die Menschen sind von (den Tieren) verschieden. Setzen sie ihre Kräfte ein, dann können sie überleben; setzen sie aber ihre Kräfte nicht ein, dann überleben sie nicht. Wenn die heutigen Fürsten mir nicht glauben, so will ich einige wichtige Angelegenheiten dieser Welt aufzählen und sagen, welchen Schaden sie durch die Pflege der Musik erleiden. Könige, Fürsten und hohe Beamten müssen früh zu Hofe gehen und kehren erst spät heim, sie hören Rechtsfälle an und führen die Regierung – das ist ihre Aufgabe. Die Edlen und Gelehrten müssen Körper und Geist abmühen, um an der Verwaltung mitzuarbeiten und die Abgaben einzutreiben. Die Bauern müssen früh aus dem Haus und kehren erst bei Sonnenuntergang heim, und auch die Frauen müssen noch in der Nacht aufstehen und arbeiten bis zum späten Abend. Wenn nun Könige und Fürsten Musik lieben und hören, können sie bestimmt nicht früh zu Hofe gehen und spät heimkehren, Rechtsfälle anhören und die Regierung führen. Dadurch gerät der Staat in Unordnung, und das Land kommt in Gefahr. (Kap. 32, gekürzt)

Lì – Nutzen und Vorteil

Der Leser wird sich an die abschätzige Behandlung des Nützlichkeitsdenkens bei Menzius erinnern. Tatsächlich handelt es sich um dasselbe Wort *lì* 利[3] das bei Menzius eine völlig negative Bedeutung hat, bei Mo Di aber einen Grundwert des politischen Handelns bezeichnet und sogar als Grundlage aller Moral denkbar wird. Die spätere konfuzianische Tradition folgte weitgehend der Linie von Menzius, während die Ideen Mo Dis praktisch aus der Diskussion verschwanden.[4] Um den Unterschied anzudeuten, könnte man sagen, dass Mo Di mit *lì* Nutzen (für das Volk) meint, die konfuzianische Ethik dagegen Profit oder Vorteil. Die Konfuzianer entwickelten eine Ethik, deren Normen nicht auf Nützlichkeit oder Profitstreben beruhen. Eine solche philosophische Ethik leitet ihre Werte aus dem persönlichen Gewissen und, bei Menzius, der moralischen Natur des Menschen her. Sie passt auch zur Selbstinter-

---

[3] Nicht zu verwechseln mit *lǐ* 禮 = Sitte, Sittlichkeit, Tradition.
[4] Nicht ganz. Es gibt eine utilitaristische Nebenlinie des Konfuzianismus (s. Tilman 1982), die in der modernen Debatte um den „konfuzianischen Kapitalismus" wieder eine Rolle spielt.

pretation der konfuzianischen Gelehrten und Beamten als unbestechliche und nicht an Einkommen und Karriere orientierte Edle, die an der Moral festhalten, auch wenn sie wissen, dass „das Dao sich nicht durchsetzt" (*Lunyu* 18.7):

> Der Edle versteht sich auf die Gerechtigkeit, der (charakterlich) Gemeine auf seinen Vorteil (*li*). (*Lunyu* 4.16)

Andererseits verurteilt es der Konfuzianismus natürlich nicht, wenn das Volk sich um seinen Lebensunterhalt besorgt ist. Und

> gibt es auf der Welt Bauern, die nur ackern und säen und nicht an die Ernte denken? Gibt es Fischer, die täglich das Netz auswerfen und nicht an den Fischfang denken?[5]

Ursprung und Rechtfertigung des Staates

Die Ausarbeitung einer politischen Philosophie beginnt gerne mit der Frage nach dem Anfang des Staates; der Europäer kennt diese Art von Überlegungen mindestens seit Hobbes. Immer dient die Rekonstruktion eines anarchischen Urzustandes der Rechtfertigung einer bestimmten Gesellschafts- und Staatsform. Bei Mo Di lautet die entsprechende Rekonstruktion wie folgt:

> In alter Zeit, als die Menschen gerade entstanden waren und es noch keine Strafen und keine Administration gab, da war es wohl so, dass die Menschen alle verschiedener Meinung waren, wenn sie miteinander sprachen. [...] Je mehr die Zahl der Menschen wuchs, desto mehr auch die Zahl dessen, was sie ihre Meinung nannten. So hielten die Menschen ihre eigene Ansicht für richtig, um die der anderen für falsch zu erklären, und so wetteiferten sie, um einander ins Unrecht zu setzen. Deshalb entstand in den Familien Zwist und Hass zwischen Vater und Sohn und unter den Brüdern, und sie gingen auseinander, unfähig, in Eintracht zu leben. Alle Sippen der Welt fügten einander mit Wasser, Feuer und Gift Schaden zu. Wenn die Menschen überschüssige Kräfte hatten, dann vermochten sie doch nicht, sich für einander Mühe zu geben. Sie ließen überschüssige Güter eher verderben, statt dass sie sie untereinander verteilten. Sie hielten gute Methoden voreinander verborgen, statt einander in ihnen zu unterrichten. Auf der Welt herrschte ein Chaos wie bei den Tieren.
> Da wurde es klar, dass das Chaos daraus entstanden war, dass es keine Administration und keine Vorgesetzten gab. Deshalb wurde der Fähigste und Akzeptabelste ausgewählt und als Himmelssohn eingesetzt. Als der Himmelssohn eingesetzt war, da wählte er, da er seine Kraft allein nicht für ausreichend hielt, weitere fähige und akzeptable Menschen aus und setzte

---

[5] Ein Zitat der qing-zeitlichen Philosophen Yan Yuan 顏元 (1635–1704), zitiert nach Li Wenchao (2000), S. 391.

Sie als die drei Großminister ein. [...] Als alle Vorsteher eingesetzt waren, verkündete der Himmelssohn [...] seine Politik:

„All jene, die in jedem Fall ihren Vorgesetzten Mitteilung machen, wenn sie etwas Gutes oder etwas Schlechtes hören, die in jedem Fall für richtig und falsch halten, was die Vorgesetzten für richtig und falsch halten, die einen Vorgesetzten, wenn er einen Fehler begeht, maßvoll ermahnen und einen Untergebenen, wenn er eine Fähigkeit besitzt, unparteiisch empfehlen, die mit ihren Vorgesetzten konform gehen und nicht mit ihren Untergebenen Cliquen bilden – all jene sollen von den Vorgesetzten belohnt und von den Untergebenen gelobt werden.

All jene aber, die ihren Vorgesetzten nicht Mitteilung machen, wenn sie etwas Gutes oder etwas Schlechtes hören, [...] sollen von den Vorgesetzten bestraft und von den Bürgern getadelt werden." (Kap. 11)

Mo Di führt weiter aus, dass ein System von Auszeichnungen bzw. Bestrafungen der Niederen durch die Oberen nur funktioniere, wenn im Volke einheitliche Wertvorstellungen herrschen. Denn sonst könne es möglicherweise dazu kommen, dass das Volk Leute, die von den Oberen gelobt und belohnt würden, höchst negativ bewerte. Wenn Lohn und Strafe ihre Wirkung verfehlten, werde ein Staat unregierbar:

Wenn mit Belohnung und Lob das Gute nicht ausreichend befördert und durch Strafen das Schlechte nicht verhindert werden kann, ist das nicht wie der von mir schon geschilderte Urzustand? Wenn es aufs Gleiche hinausläuft, ob man eine Regierung hat oder nicht, dann ist dies kein Weg, das Volk zu regieren und die Massen zu vereinigen. (Kap. 12)

Wie und durch wen die Einsetzung des Herrschers geschieht, bleibt offen – vom Kontext her können es eigentlich nur die zerstrittenen und irgendwann zur Einsicht kommenden Menschen selbst sein.[6] Wesentlich ist in jedem Fall die weitere Bemerkung Mo Dis, dass die Etablierung von Herrschaft nicht erfolgt sei, damit die Herrschenden sich bereichern und ein Luxusleben führen könnten, sondern damit sie

dem Volk Nutzen bringen und Schaden abwenden, Arme und Alleinstehende am Wohlstand teilhaben lassen, Gefahren bannen und chaotische Zustände in Ordnung bringen. (Kap. 12)

Qualifikation statt Herkunft

Zur Führung eines Staates benötigt man tüchtige Beamte. Darum, so führt Mo Di aus, dürfe man Ämter nur nach Befähigung und

---

[6] Vgl. hierzu (und zur Parallele Hobbes) Roetz (1992), 381f.

Leistung, nicht aber aufgrund persönlicher Bekanntschaft oder Verwandtschaft vergeben (Kap. 8–10). Herkommen oder Besitz seien schließlich kein Nachweis der Befähigung für ein wichtiges Staatsamt. Höhnisch weist der Philosoph darauf hin, dass für gewöhnliche Berufe strenge Qualifikationen erwartet würden, während die höchsten Staatsämter ohne besondere Ausbildung oder Fähigkeit erlangt werden könnten:

> Wenn man heutzutage einen Edlen als Hunde- oder Schweineschlächter einsetzen will, so lehnt er ab, wenn er diese Tätigkeit nicht beherrscht. Bietet man ihm aber einen Ministerposten an, so nimmt er ihn an, auch wenn er ihm nicht gewachsen ist. Ist das nicht absurd? (Kap. 47)

Zu Beamten solle man nur hervorragende Männer ernennen, die sachkundig, tugendhaft und gute Redner sind. Irgendwelche sozialen Schranken dürfe es dabei nicht geben; auch ein Ziegelbrenner oder Fischer müsse Minister werden können. Dies ist der Sinn der gegen den Erbadel gerichteten mohistischen Parole „Die Tüchtigen fördern" (*shang xian* 尚賢, *Mozi* Kap. 8–10). Habe ein edler Herrscher aber einmal tüchtige Beamte gefunden, so könne er sein Volk ganz ohne Zwang regieren. Wer dagegen mit Unterdrückung und Gewalt herrsche, behalte die Regierung nicht lange.

Ähnlich wie die noch zu besprechenden Legalisten kennt Mo Di nur eine einzige Methode der Menschenführung und nur einen Weg, fähige und loyale Beamte zu gewinnen, nämlich ein System materieller Belohnungen und sozialer Anreize. Je wertvoller ein Beamter dem Herrscher sei, desto höher solle sein Einkommen sein und desto größer seine Befugnisse. Den hohen Beamten stehen bei Mo Di also hohe materielle Privilegien zu, die jedoch nicht zu einer Ausbeutung des Volkes führen dürften; vielmehr solle in Notjahren gerade den höchsten Beamten entsprechend viel von ihrem Einkommen abgezogen werden.

Mehrfach erklärt Mo Di, dass ein Herrscher weise Männer als Ratgeber brauche. Damit sind nicht zuletzt die Philosophen gemeint. Und natürlich wird für die Ratgeber ein entsprechendes Gehalt verlangt. Es entsprach jedoch mohistischer Tradition, dass der Weise niemals käuflich sein durfte – ein mohistischer Ratgeber verließ den Fürsten, wenn sein Rat nicht angenommen wurde. Dies galt allerdings auch für einen genuinen Konfuzianer.

Mitsorge – Allgemeine Liebe

Mo Di ist ein kompromissloser Universalist. Im Gegensatz zur politischen Praxis und zur verbreiteten Binnenmoral fordert er eine allgemeine gegenseitige Menschenliebe (*jian ai* 兼愛) bzw. „Mitsorge"[7] ohne Abstufungen und Grade. Alle Verwirrungen, alles Elend auf der Welt seien nur aus dem Fehlen dieser gegenseitigen Liebe entstanden:

> Ein weiser Mann, der sich mit Politik befasst, muss begreifen, wie Unordnung entsteht. Sie entsteht, weil es an gegenseitiger Liebe fehlt. Wenn nämlich Untertanen bzw. Kinder ihren Fürsten bzw. Vater nicht respektieren, nennt man das Unordnung. Die Kinder lieben dann nur sich selbst, nicht aber ihren Vater, den sie sogar schädigen, um sich selbst zu bereichern. Die Untertanen lieben dann ebenfalls nur sich selbst, nicht aber ihren Fürsten, den sie sogar schädigen, um sich zu bereichern.
> Angenommen, es herrschte auf Erden allgemeine gegenseitige Liebe, so dass man andere Menschen genauso lieben würde wie sich selbst. Gäbe es dann noch pflichtvergessene Kinder? Wenn man fremder Leute Haus wie das eigene betrachtet, wird es dann noch Diebe geben?
> Angenommen, es herrschte auf Erden allgemeine gegenseitige Liebe, dann würde kein Land ein anderes angreifen und keine Familie eine andere schädigen wollen. (Kap. 14)

Mo Di schildert aber auch den wirklichen Zustand der Welt: Starke bedrängen Schwache, Reiche verhöhnen Arme, Vornehme verspotten Geringere, Schlaue betrügen Einfältige. Der Grund für alle diese Missstände sei das Fehlen der allgemeinen gegenseitigen Liebe. Diese müsse eingeführt werden, dann werde alles in Ordnung kommen.

Ist das überhaupt möglich? Mo Dis Argumentation, dass es möglich sei, ist verblüffend. Man könne den Menschen zum Beispiel befehlen, zu fasten, zu kämpfen oder sogar das Leben zu riskieren. Obwohl die Ausführung solcher oft ziemlich sinnlosen Anordnungen mit erheblichen Unannehmlichkeiten verbunden sei,

---

[7] Die verbreitete Übersetzung von *jian ai* mit „allgemeine Liebe" oder „universale Liebe" ist oft in Frage gestellt worden. Weil Mo Dis Idee aber unter diesem Namen im Westen populär wurde, behalten wir sie hier bei. Namentlich im mohistischen Kontext ist *ai* allerding gut mit „Sorge" oder „Schonung" wiedergebbar. *Jian* entspricht in etwa der deutschen Vorsilbe „mit-": man soll immer zugleich für die anderen mitsorgen, was für die Übersetzung von *jian ai* das Kunstwort „Mitsorge" nahelegt. Schwermann (2018), S. 75, übersetzt mit „allseitige schonende Sorge", Graham (1989), S. 41, mit „Concern for Everyone".

widersetzten sich die Menschen nicht. Warum also sollten sie nicht auch allgemeine gegenseitige Liebe praktizieren, wenn ihnen dies befohlen würde? Mo Di schildert, wie sich die Menschen zu den seltsamsten Handlungen treiben lassen, wenn sie meinen, damit z.B. ihren Vorgesetzten zu gefallen. So etwa passen sie sich in der Kleidung den Vorstellungen der Oberen an. Auf Befehl stürzen sie sich in Schlachten, Flammen und Tod. Wenn man derartige Dinge befehlen könne, dann könne man auch die Liebe befehlen.

Diese Schlussfolgerung ist eigentlich ganz einleuchtend: Hungern, schlecht gekleidet gehen oder für den Fürsten sterben, das alles ist unangenehm; doch es genügt ein Befehl, und schon wird es ausgeführt. Die allgemeine gegenseitige Liebe und Unterstützung ist jedoch noch etwas ganz anderes. Wer anderen nützt, so versichert Mo Di, dem sind auch die anderen behilflich; wer andere liebt, wird selbst wiedergeliebt – was, so fragt er, ist daran so schwer? Die allgemeine gegenseitige Liebe wäre im Interesse jedes Einzelnen. Sollte man sie folglich nicht einfach ohne Widerstand befehlen können? (Kap. 15)

Nicht nur deshalb sei die Liebe befehlbar (man muss hierbei bedenken, dass *ai* auch „schonend behandeln" bedeutet), weil alles Mögliche und sogar für den einzelnen Nachteiliges befehlbar sei. Wer Liebe praktiziere, dem werde auch von allen Menschen Vertrauen entgegengebracht, so dass es eigentlich gar keines Befehles bedürfe. Praktizierte Tugend bringe ihrerseits auch wieder Tugend und Wohlwollen hervor. Was man gibt, so versichert Mo Di, kommt auch zurück, so dass die Liebe wie von selbst zum „wechselseitigen Tausch von Nutzen" (Kap. 16) führt. Dabei ist zwischen den Beteiligten kein Unterschied zu machen. Wer aber z.B. meine, ein pietätvoller Sohn liebe seinen eigenen Vater doch nun einmal mehr als den Vater seines Nachbarn – dies wendet später Menzius gegen die Mohisten ein –,[8] der irre. Der Sohn wolle doch auch, dass die Nachbarn seinen Vater ehrten, liebten und ihm nützten – also müsse der Sohn auch des Nachbarn Vater lieben und ehren.

Mit der universellen Liebe wird mit Nachdruck ein neues Modell von Moralität eingeführt, das eine explizite und kompromisslose

---

[8] *Menzius* 3A5. Menzius begründet hiermit allerdings keine familistische Moral (vgl. die schöne Deutung dieser Stelle durch Albert Schweitzer, s. Roetz 2013a, S. 93). „Menschlichkeit" z.B. ist für ihn nicht nur auf die eigene Familie bezogen, sondern auf alle „auszuweiten". Auch die „menschliche Politik" soll allen zugutekommen. Vgl. z. B. *Menzius* 2A6.

Alternative zu allen partikularistischen Moralen bildet, die zwischen verschiedenen Menschengruppen (Familien, Clans, Nationalitäten, Rassen, etc.) qualitative Unterschiede mit anderen Rechten und Pflichten machen. Solche Moralen, die trotz der Hochschätzung der Familie aber auch der Konfuzianismus ablehnt, sind bis heute weit verbreitet und werden überall praktiziert. In seiner scheinbar naiven Darstellung entwickelt Mo Di gegen sie eine der großen Ideen der Moral, die universelle Gleichbehandlung aller Menschen, unabhängig von ihrer Herkunft.

Gegen den Krieg

Mo Di lehnt Kriege strikt ab und legt seine Gründe dafür ausführlich dar. Angriffskriege verdammt er bedingungslos, nur Verteidigungskriege billigt er, wenn alle anderen politischen Maßnahmen (z. B. Bestechungsversuche) erfolglos sind. So betätigten sich die späteren Mohisten auch als Fachleute für Verteidigungsbauten, und mehrere Kapitel des Buches *Mozi* sind militärtechnischen Fragen solcher Art gewidmet. Vielleicht stand dahinter der Gedanke, man könne auf diese Weise Kriege verhindern.

Mit Ausnahme der Legalisten verurteilten alle Denker der klassischen Epoche den Eroberungskrieg. Aber niemand war darin so deutlich und ausführlich wie Mo Di. Er ging dabei von dem Grundsatz aus, Unrecht werde nicht dadurch zu Recht, dass es in großem Maßstab begangen werde; den Krieg positiv zu bewerten, sei also eine Perversion.

Angenommen, es geht heutzutage jemand in einen fremden Obstgarten und stiehlt dort Pfirsiche und Pflaumen; jeder, der davon erfährt, wird es verurteilen, und wenn die Obrigkeit diesen Menschen zu fassen bekommt, wird er bestraft. Warum wohl? Weil er andere schädigt, um selbst zu profitieren! Hunde, Schweine, Hühner oder Ferkel stehlen ist noch viel schlimmer, als Obst aus fremden Gärten zu holen. Warum? Weil damit anderen noch größerer Schaden zugefügt wird. Deshalb ist es auch viel inhumaner und verbrecherischer!

Wenn schließlich jemand einen unschuldigen Menschen tötet [...], so ist das noch viel verwerflicher. [...] Warum? Weil er anderen Menschen noch weit mehr schadet. Darum sind seine Inhumanität und sein Verbrechen auch viel größer, und die Strafe wird entsprechend schwerer ausfallen. Alle Fürsten auf Erden wissen das sehr wohl, verurteilen solche Taten und nennen sie ein unsittliches Verhalten. Erreicht dieses Vorgehen aber seinen Höhepunkt, indem ganze Staaten angegriffen werden, so finden sie daran nichts mehr zu verdammen. [...]

§6 Mo Di

Angenommen, ein Mann sieht einen kleinen schwarzen Fleck und nennt ihn schwarz; sieht er aber einen großen schwarzen Fleck, nennt er ihn weiß. Dieser Mann kennt offensichtlich nicht den Unterschied zwischen schwarz und weiß. Kostet jemand ein wenig Bitteres und nennt es bitter, viel Bitteres aber nennt er süß, so kennt er den Unterschied zwischen süß und bitter nicht. Wenn jemand ein geringes Unrecht als ein Unrecht erkennt, großes Unrecht aber, nämlich den Angriff auf ein Land, nicht als Unrecht erkennt, sondern womöglich noch von Gerechtigkeit redet, kann man dann von ihm noch sagen, dass er den Unterschied zwischen Gerechtigkeit und Ungerechtigkeit kenne? Daran sieht man, wie wenig die Fürsten Gerechtigkeit und Ungerechtigkeit noch auseinanderhalten können. (Kap. 17)

Auch vom Standpunkt des Nutzens sei ein Krieg stets abzulehnen; allenfalls könne vielleicht die Eroberung einer Stadt gewinnbringend sein, allerdings nur, wenn dabei kein Risiko eingegangen und keine Menschen getötet werden müssten. Aber derlei gebe es in der Wirklichkeit eben nicht. Der wirtschaftliche Schaden, den ein Krieg anrichte, sei immer gewaltig. Was gewinne man denn? Man rotte die Bevölkerung aus (die man doch gerade für sich als Untertanen gewinnen möchte) und erobere ein Stück nutzloses Land, wovon man ohnehin genug besitze (Kap. 18). Monate- und jahrelang werde gekämpft, der Staat gerate aus der Ordnung, die Bauern könnten die Felder nicht bestellen, die Bevölkerung werde dezimiert, Waffen und Geräte aller Art gingen verloren. Zehntausende von Menschen kämen ums Leben, aber den Fürsten bereite das Kriegführen Freude. Sei dies nicht absurd? (Kap. 19) Darum vergleicht Mo Di das Kriegführen einmal mit einem kindischen Spiel. Wenn ein großer Staat einen kleinen angreift, so sei dies, wie wenn Knaben „Pferd" spielten: sie meinten, auf starken, schnellen Pferden zu sitzen, in Wirklichkeit aber liefen sie sich nur ihre eigenen Beine müde. (Kap. 46)

Gegen Konfuzianismus und Traditionalismus

Mo Di war, wie gesagt, ein Gegner jeder Form von Luxus. Deshalb verurteilte er auch aufwendige, von den Konfuzianern gutgeheißene[9] Begräbnis- und Trauerrituale als unwirtschaftlich und geradezu inhuman. Solche Bräuche müssten notwendig zur Verarmung des Volkes führen (ein angesichts der vorgeschriebenen Riten durchaus ernstzunehmender Vorwurf). In diesem Zusammenhang

---

[9] Vgl. aber *Lunyu* 3.4, wo sparsamen Ritualen und echter Trauer der Vorzug gegenüber äußerem Pomp gegeben wird.

kritisiert Mo Di die Konfuzianer als unproduktive Schmarotzer, die sich bei Beerdigungsfeiern satt essen.

Die Kritik wendet sich dann allgemeiner gegen den Traditionalismus. Es ist eine zeitlos gültige Kritik des bloß konservativen Denkens, wenn Mo Di fragt, woher denn eigentlich die Alten, auf die man sich stets berufe, ihre Sitten genommen hätten:

> Die Konfuzianer sagen, ein Edler müsse sich nach althergebrachter Art kleiden und auch so sprechen, dann erst gelange er zur Humanität. Ich antworte: die sogenannte althergebrachte Kleidung und Ausdrucksweise war auch einmal neu. Wenn die Menschen des Altertums diese (neue) Kleidung und Ausdrucksweise benutzten, waren sie dann keine Edlen? Und müssen wir dann die Kleidung und Ausdrucksweise Unedler übernehmen, um zur Humanität zu gelangen?
> Ferner sagen (die Konfuzianer): Der Edle folgt nur nach, er erfindet nichts Neues.[10] [...] Aber irgendwer muss doch alles das einmal erfunden haben, was die Konfuzianer jetzt tradieren. Sind sie also Nachfolger von minderen Menschen? (Kap. 39)

Ferner sei es zweifelhaft, ob das von den Konfuzianern befürwortete Ritual tatsächlich von den frühen Königen eingeführt worden sei. Alles in allem sei es wahrscheinlicher, dass das Sittlichkeitsideal der Konfuzianer einfach in den mehr oder weniger zufällig überlieferten Gebräuchen bestehe. Diese aber könnten keine unhinterfragte Geltung beanspruchen. Den Befürwortern der Begräbnisriten als des tradierten „Wegs der genialen Könige" hält Mo Di entgegen:

> Dies bedeutet, das Eingeübte (*xi* 習) als angemessen und den Brauch (*su* 俗) als Norm zu betrachten.
> In alter Zeit gab es östlich von Yue ein Land namens Kaishu. Man zerstückelte dort die Erstgeborenen, aß sie auf und nannte dies vorteilhaft für den nächsten Sohn. Wenn der Großvater starb, dann nahm man die Großmutter auf den Rücken und setzte sie aus, da man mit der Frau eines Totengeistes nicht zusammenleben könne. Die Oberen sahen darin die rechte Ordnung und die Unteren einen Brauch. So betrieb man dies weiter, ohne davon abzulassen. Aber ist dies etwa der Weg von Menschlichkeit und Gerechtigkeit?
> Dies bedeutet es, wenn man das Eingeübte als angemessen und den Brauch als Norm betrachtet. (Kap. 25)

Herkommen und Gewohnheit können also allein kein gültiges Argument liefern. Die Konvention ist vielmehr an übergeordneten moralischen Maßstäbe zu prüfen.

---

[10] Bezogen auf *Lunyu* 7.1, s. o. S. 24.

Der Wille des Himmels

Mo Di ist der einzige große klassische chinesische Denker, der sich für seine Lehre so direkt und konkret auf den Himmel (*tian*) beruft, dass man geneigt sein könnte, sie als „religiös" zu bezeichnen. Er geht damit weiter als Menzius, der sich ja auch im Bunde mit dem Himmel sieht, und unterscheidet sich von den Daoisten, bei denen der Himmel nur noch als reine Natur verstanden wird.

In einer seiner Schriften behandelt Mo Di den „Willen des Himmels" (*Tian zhi* 天志, Kap. 26–28). Sein Himmel liebt die Menschen und ist freundlich zu ihnen, solange sie seinen Wünschen folgen. Die Bösen, die ihm zuwiderhandeln, werden dagegen von ihm bestraft. Alles Nützliche, das dem Menschen zuteilwird, die ganze Fülle der Natur mit ihren Schätzen, ist ein großzügiges Geschenk des Himmels (Kap. 27); alles Unangenehme, Negative hat sich der Mensch dagegen selber zuzuschreiben. Der Himmel steht auch über dem „Himmelssohn", d.h. über dem Herrscher.

Der Himmel weckt die Angst in den Übeltätern, die sich vor seiner Strafe fürchten; vor allem aber liefert er dem Philosophen die absolute Begründung seiner gesellschaftlichen und politischen Ideale. Jeder Grundsatz der irdischen Politik, den Mo Di aufstellt, ist für ihn nur die Entsprechung eines himmlischen Grundsatzes. Aus dem Willen des Himmels bezieht er auch die Legitimation, Fürsten und Monarchen zu kritisieren.

Mo Di ist vielleicht der Erste, der explizit die Frage nach einer Begründung für die Moral stellt, und auch der Erste, der überhaupt von der Notwendigkeit klarer *Normen und Standards* (*Fayi* 法儀, Kap. 4) spricht. Jeder Handwerker hat Messwerkzeuge, um die richtigen Maße seiner Werkstücke sicherzustellen, Zirkel, Winkelmaß, Richtschnur. Wo aber findet man die Maßstäbe für die Moral?

Wer immer etwas auf der Welt unternimmt, kann dies nicht ohne Normen und Standards. [...] Was soll als Norm für das Regieren gelten?

Wie wäre es, wenn jeder sich seine Eltern zur Norm machte? Auf der Welt gibt es viele Eltern, aber nur wenige von ihnen sind menschlich. Wenn nun jeder sich seine Eltern zur Norm macht, dann macht man die Unmenschlichkeit zur Norm. Diese aber kann nicht als Norm gelten.

Wie wäre es, wenn jeder sich seine Lehrer zur Norm machte? Auf der Welt gibt es viele Lehrer, aber nur wenige von ihnen sind menschlich. Wenn nun jeder sich seinen Lehrer zur Norm macht, dann macht man die Unmenschlichkeit zur Norm. Diese aber kann nicht als Norm gelten.

Wie wäre es, wenn jeder sich seinen Fürsten zur Norm machte? Auf der Welt gibt es viele Fürsten, aber nur wenige von ihnen sind menschlich.

Wenn nun jeder sich seinen Fürsten zur Norm macht, dann macht man die Unmenschlichkeit zur Norm. Diese aber kann nicht als Norm gelten. Also können weder Eltern noch Lehrer noch Fürsten als Norm dienen. Was aber dann? Ich sage: Am besten ist, den Himmel zur Norm zu machen.

Wo alle irdischen Autoritäten versagen, bleibt nur noch letzte Autorität des Himmels. Der Himmel aber

> wünscht, dass die Menschen einander lieben und helfen (nützen) und einander nicht hassen oder schädigen. Woher wissen wir das? Weil er alle liebt und allen hilft (nützlich ist). (Kap. 4)

Der Himmel ist der Garant dafür, dass jede böse Tat gesühnt wird. Man kann ihm nicht entrinnen und sich nicht vor ihm verbergen:

> Das Sprichwort sagt: „Wenn du im Sonnenlicht ein Verbrechen begehst, wohin willst du dann fliehen?" Es gibt dann keine Zuflucht mehr. Der Himmel sieht alles. Für ihn gibt es keinen Wald, kein Tal, keinen einsamen und dunklen Ort (an dem man sich verbergen könnte). (Kap. 26)

Der Himmel schickt bei schlechter Regierung Strafen durch Katastrophen aller Art (Kap. 12). Belohnungen und Strafen finden dabei ausschließlich im Leben statt; von einem Gericht nach dem Tod ist bei Mo Di nie die Rede, genauso wenig wie bei den anderen Philosophen. Als Strafe nach dem Tod bleibt nur ein schlechter Ruf. Zwar gelten die Drohungen in erster Linie den Herrschenden, doch gibt es gelegentlich auch eine Warnung an das Volk:

> Die häufigen, verheerenden Stürme und Unwetter sind die Strafe des Himmels über ein Volk, das sich nicht dem Willen des Himmels fügt. (Kap. 11)

Das ganze Weltbild ist unreflektiert optimistisch; Zweifel, ob der Himmel wirklich immer gerecht sei, kommen bei Mo Di nicht vor. Das widerspricht natürlich jeglicher Erfahrung, und tatsächlich war auch in China der Himmel ein Thema der Klage, z.B. im *Shijing*, dem *Buch der Lieder*.[11] Mo Di schildert dagegen nur, wie herrlich die Zustände waren, als die alten Idealkaiser (zur Zufriedenheit des Himmels) regierten – alles war in bester Ordnung, das Wetter, die Ernten, die Haustiere, es gab keine Krankheiten usf. (Kap. 27). Mo Di sichert sich allerdings ab: Natürlich könne auch ein guter Mensch einmal krank werden, denn nicht jede Krankheit entstehe als Strafe für schlechte Taten (Kap. 48).

Mo Di teilt nicht mit, wie man den Willen des Himmels im Einzelnen erkennen könne. Es überrascht jedoch nicht, dass der Him-

---

[11] Vgl. Roetz (1984), S. 129–132.

mel gerade das wünscht, was der Philosoph für richtig hält. Wir haben hier das klassische Schema, nach dem eigene Wertvorstellungen in den Himmel projiziert werden, aus dem man sie dann ehrfürchtig wieder herunterholt.[12] Was will der Himmel? Er will, genau wie der Philosoph, materiellen Wohlstand für das Volk, und eine gut regierte, hierarchisch organisierte Gesellschaft.

Der Himmel wünscht Gerechtigkeit und hasst Unrecht. Wenn ich daher das Volk zu gerechtem Verhalten anleite, so tue ich, was der Himmel wünscht. Tue ich, was der Himmel wünscht, dann tut der Himmel auch, was ich wünsche. Was aber wünsche bzw. hasse ich? Ich wünsche Reichtum und Glück, ich hasse Unglück und Leid. Tue ich nicht das, was der Himmel wünscht, so tut der Himmel etwas, was ich nicht wünsche. Und damit führe ich das Volk in Unglück und Leid.

Woher weiß man aber, dass der Himmel Gerechtigkeit liebt und Unrecht hasst? Ich sage: Wenn auf Erden Gerechtigkeit herrscht, so blüht das Leben, herrscht aber Unrecht, so wütet der Tod. Gerechtigkeit bringt Ordnung, Unrecht bringt Chaos. Der Himmel aber wünscht das Leben und hasst den Tod, er wünscht Wohlstand und hasst Armut, er wünscht Ordnung und hasst das Chaos. Daher weiß ich, dass der Himmel Gerechtigkeit liebt und Unrecht hasst.

Und ich sage: Gerechtigkeit ist richtig. Man lasse nicht die Unteren (bestimmen), was für die Oberen richtig ist. Die Oberen müssen (bestimmen), was für die Unteren richtig ist. (Kap. 26)

So sehr Mo Di die Interessen des Volkes verficht, so stark hält er gleichzeitig an einer streng geschichteten, autoritär regierten Monarchie fest. Er schildert die politische Rangordnung (Himmelssohn, Fürsten, Minister, Beamte, Volk) sehr detailliert, ebenso wie die in ihr „richtigen" Befehls- und Gehorsamsbeziehungen. Dabei ist der Himmelssohn zwar die irdische Spitze der sozialen Pyramide, untersteht aber seinerseits dem Himmel. Er ist, wie für die Konfuzianer, nur ein Funktionär. Was für den Monarchen richtig bzw. falsch ist, entscheidet der Himmel (Kap. 26). Der Wille des Himmels ist auch der Maßstab, mit dem der Philosoph die Taten der Menschen (vor allem der Politiker) misst:

Wenn Mozi den Himmel (zur Bewertung) der Fürsten dieser Erde benutzt, so ist das nicht anders, als wenn der Radmacher den Zirkel oder der Tischler das Winkelmaß benutzt. Der Radmacher nimmt seinen Zirkel als Maß für alles, was auf Erden rund oder unrund ist. Er nennt alles, was innerhalb des Maßes liegt, rund, und was außerhalb liegt, unrund. Das ist der Grund, weshalb man Rundes und Nichtrundes herstellen und erkennen kann: weil man nämlich Klarheit über die Gesetze des Kreises besitzt. [...]

---

[12] Dieses Verfahren hat E. Topitsch (1958) ausführlich beschrieben.

Deshalb benutzt Mozi den Willen des Himmels als Maßstab. Nach oben gerichtet wendet er ihn auf Könige und Vornehme dieser Erde an und auf das, was sie für recht und richtig halten. Nach unten gerichtet dient er ihm, das Volk im ganzen Land zu messen: seine Lehren, seine Kultur und worüber es spricht. Was dem Willen des Himmels entspricht, nennt Mozi ein gutes Verhalten, was den Absichten des Himmels widerspricht, nennt er ein schlechtes Verhalten. (Kap. 27)

Mo Dis Heranziehung des Himmels wie auch schon des Herrschers zur Stützung der Moral dürfte mit der Schwäche seiner Versicherung in Zusammenhang sehen, dass gutes Verhalten eigentlich direkt mit gutem Gegenverhalten belohnt werde und einem deshalb doch nütze.[13] Ein zusätzliche Nachhilfe liefern die Geister.

Geister

Mo Di behauptet die Existenz von Geistern (der Verstorbenen). Das erhaltene Kapitel über die Geister bringt als Beweis für ihre Existenz eine Reihe von Geistergeschichten, aber auch die angeblichen Wahrnehmungen der Mehrheit. Wie üblich handelt es sich um überlieferte Erzählungen, Mo Di spielt nicht selbst den Augenzeugen. Er beteuert aber bei den Beispielen immer wieder, dass es seinerzeit niemanden gegeben habe, der die Geister nicht gesehen habe, und dass dies (wohl gerade deshalb) in den Annalen festgehalten worden sei (Kap. 31). Man kann darüber streiten, wie fest er selbst tatsächlich an die Existenz von Geistern glaubte, sie dienten ihm ja im Wesentlichen zur Festigung der Moral. Denn auch die Geister bestraften die Lebenden für böse Taten. Man sieht, die Behauptung, ohne Religion gehe die ganze Moral verloren, ist ziemlich alt.

Die ganze Gewalttätigkeit des Zeitalters führt Mo Di darauf zurück, dass „Geisterleugner [...] mit ihrer Lehre von morgens bis abends herumlaufen und die Menge in Zweifel stürzen, ob es Geister überhaupt gibt." (31) Es sind also die kritischen Intellektuellen, voran die Konfuzianer, die „die Welt ins Durcheinander bringen". Zugleich attackiert Mo Di die konfuzianische Verteidigung der Opferrituale als paradox:

Gongmengzi (ein Konfuzianer) sagt: „Es gibt keine Geister und Götter." Und ferner sagt er: „Ein Edler muss unbedingt lernen, wie man op-

---

[13] Die Legalisten haben dies zu Recht bezweifelt; s. u. S. 208f. Vgl. zur hier vorliegenden Aporie auch Roetz (1992), S. 386.

fert." Der Meister Mo sagt: „Zu behaupten, es gebe keine Geister und Götter, aber lernen zu wollen, wie man opfert, das ist genauso, als wollte man Empfangszeremonien erlernen, ohne dass es Gäste gibt, und Netze knüpfen, ohne dass es Fische gibt." (Kap. 48)

Mo Di wirft dem konfuzianischen Verständnis des Opfers also einen impliziten Atheismus vor (vgl. o .S. 44). Xunzi wiederum hat ihm hierfür bescheinigt, „nichts von Kultur (*wen* 文) zu verstehen" (*Xunzi* Kap. 21) Mo Di selbst allerdings betont zwar seine Überzeugung von der Existenz aller möglichen Geister, gibt aber hinter vorgehaltener Hand auch eine recht pragmatische Deutung der Opferhandlungen:

Man vollziehe die Opfer ehrfürchtig. Sofern es Geister gibt, dient man mit den Speisen und Getränken (des Opfers) den Verstorbenen. Wäre das nicht ein großer Gewinn? Und wenn es Geister und Götter auch tatsächlich nicht gäbe, wären dann nicht Wein und Hirse vergeudet? – Nun, solche Vergeudung bedeutet nicht, dass man (das Opfer) einfach in eine Grube geschüttet hat. Denn wie bei einem wirklichen Mahl kommen alle Verwandten und Nachbarn zusammen, und wenn es Geister und Götter auch nicht gäbe, so treffen sich doch die Menschen in froher Eintracht und Freundschaft. (Kap. 31)

Damit klingt eines der zeitlosen Argumente zur Verteidigung einer dubios gewordenen Religion an: Selbst wenn sie falsch wäre, sollte man sie pflegen (oder zumindest das unwissende Volk sie pflegen lassen), denn sie stiftet Gemeinschaft.

Gegen den Fatalismus

Das Buch *Mozi* enthält drei Kapitel (35–37) *Gegen den Fatalismus* (*Fei ming* 非命). Aus den dort angeführten und energisch bekämpften Thesen ersieht man, dass es gegen die klassische fatalistische Position geht:

Die Fatalisten sagen: Ist mein Schicksal Wohlstand, dann erlange ich Wohlstand; ist mein Schicksal Armut, dann Armut. […] Ist mein Schicksal langes Leben, dann wird mir langes Leben zuteil, ist mein Schicksal früher Tod, dann früher Tod. Wenn man auch gegen das Schicksal ankämpft, was erreicht man schon? (Kap. 35)

Tatsächlich ist dies die klassische fatalistische These: Der Mensch mag tun, was er will, er entgeht seinem Schicksal nicht, das menschliche Handeln hat keine Einfluss auf das Geschehen. Es handelt sich allerdings um eine zwar oft bekämpfte, aber kaum jemals mit voller Konsequenz vertretene Position. Mo Di wirft sie den Konfuzianern vor, was aber nicht ganz fair ist, auch wenn sich bei ihnen gelegentlich resignative bzw. fatalistische Äußerungen finden (z.B. *Lunyu* 12.5, o. S. 45). Vielleicht hielt Mo Di die Polemik für nötig, um seine eigene Lehre vom Willen des Himmels gegen den Vorwurf des Fatalismus abzusichern.

Der Fatalismus wird für jede Weltanschauung zum Problem, die an eine alles vorherbestimmende Instanz glaubt, etwa an eine allmächtige und allwissende Gottheit wie den Himmel. Mo Dis Himmel könnte eine solche Macht sein, ist es aber nicht. Denn er benutzt den Himmel nur als Garanten für die ausgleichende Gerechtigkeit und die Sicherung der politischen Moralität der im Übrigen frei handelnden Menschen. Weitergehende Gedanken macht er sich über den Himmel nicht. So kann Mo Di den Fatalismus leicht erledigen, indem er ihn aus rein politischen Gründen verwirft: Er verführe zu politischer Inaktivität und Resignation, und damit komme der Staat in Gefahr. Auch die moralische Aufforderung, an sich selbst zu arbeiten, ist für Mo Di unvereinbar mit dem Glauben an ein Schicksal (Kap. 48).

Zur Unterstützung seiner Ansicht bringt Mo Di Belegstellen, aus denen hervorgeht, dass auch die alten Herrscher niemals an ein den Menschen gängelndes Schicksal glaubten, sondern der eigenen Tatkraft vertrauten. Schließlich fragt er noch in geradezu aufreizender Naivität, wer denn schon jemals das Schicksal erblickt habe:

Mein Wissen über Existenz oder Nichtexistenz des Schicksals beruht auf den Sinneseindrücken der Augen und Ohren vieler Menschen. Das Wissen von der Existenz oder Nichtexistenz (beruht auf folgendem): Was gehört oder gesehen wurde, heißt „existent"; was aber weder gehört noch gesehen wurde, heißt „nicht-existent". Warum soll man also nicht die Sinneseindrücke der Menge befragen? Von alters her bis auf den heutigen Tag, ja seit der Entstehung der Menschheit – hat jemals ein Mensch das Schicksal körperhaft gesehen oder den Laut des Schicksals gehört? Natürlich nicht! (Kap. 36)

Was hier (von den Fatalisten) verlangt wird, ist nicht weniger als ein empirischer Beweis der Existenz des Schicksals, also aufgrund von Sinnesdaten.

Methodisches Denken

Mo Dis „Beweisführung" für die Nichtexistenz des Schicksals und für die Existenz der Geister über die Wahrnehmungen der Mehrheit, denen die meisten anderen Philosophien nur mit Misstrauen oder Verachtung gegenüberstehen,[14] klingt krude. Bemerkenswert ist aber, dass er überhaupt über Beweisführung nachdenkt.

Zu den auffallendsten Aspekten von Mo Dis Schriften gehört seine Methodik. Seine Darstellungsweise ist um Schritt für Schritt nachvollziehbare, überzeugende Argumentationen bemüht – in heutiger Terminologie: um logisch korrekte Beweise. Er unterbricht seine Darstellung immer wieder durch Fragen, die er sofort beantwortet. Durch die Abfolge von Fragen und Antworten entstehen dabei Beweisketten. Durch das konsequente Festhalten an dieser methodisch klaren Darstellungsform wirkt der Text leider oft quälend langatmig. Nehmen wir nur ein Beispiel:

Was wünscht der Himmel, was verabscheut er?
Der Himmel wünscht Gerechtigkeit und verabscheut Ungerechtigkeit.
Woher weiß man, dass das so ist?
Weil das Gerechte richtig ist.
Woher weiß man, dass das Gerechte richtig ist?
Wenn auf der Welt Gerechtigkeit herrscht, gibt es Ordnung; herrscht Ungerechtigkeit, so gibt es Chaos. Deswegen weiß ich, dass Gerechtigkeit richtig ist. (Kap. 28)

Die Beweiskette endet öfter mit einem Hinweis auf die alten Musterkaiser, womit sie bis zu (damals als wahr angesehenen) empirischen Prämissen zurückgeführt wird. Etwa in der Erklärung

Woher weiß man, dass Tugendhafte das Gute belohnen und das Schlechte bestrafen? Das weiß man von den weisen Königen der drei Dynastien! (Kap. 28)

Mo Di macht als erster der uns bekannten chinesischen Philosophen auch explizit auf methodische Prinzipien aufmerksam und auf die Notwendigkeit von Standards überhaupt, wobei er das Handwerk als Beispiel nennt. (*Mozi* Kap. 4, s. o. S. 101) Ein sehr klares Stück steht in der ersten Version der Schrift „Gegen den Fatalismus":

Wenn man beim Argumentieren keine Standards (*yi* 儀) (für wahr bzw. falsch) hat, ist das, wie wenn man auf einer rotierenden Töpferscheibe die Himmelsrichtungen bestimmen wollte. Auf solche Weise ist der Unterschied zwischen wahr und falsch und zwischen nützlich und schädlich nicht erkennbar. Also müssen die folgenden drei Kriterien (*san biao* 三表) angewendet werden.
Welches sind sie? Mo Di sagte: Etwas muss in etwas eine Grundlage (*ben* 本) haben, eine Quelle (*yuan* 原) und eine Anwendung (*yong* 用). Worin

---

[14] Vgl. z. B. *Lunyu* 15.27, o. S. 29.

muss es eine Grundlage haben? Oben in den Taten der Weisen und Könige des Altertums. Worin muss es eine Quelle haben? Unten in den zu überprüfenden Wahrnehmungen durch Ohren und Augen der Leute. Worin muss es eine Anwendung haben? Man muss es auf die Politik anwenden können, und es muss feststellbar sein, dass es mit dem Nutzen des Staates, der Clans und der ganzen Bevölkerung übereinstimmt. (Kap. 35)

Wir haben gesehen, dass Mo Dis Anwendung seiner Kriterien (speziell um die Existenz von Geistern und die Nichtexistenz eines Fatums zu beweisen) nicht besonders überzeugend ist. Ähnliches gilt für manche seiner langen Beweisketten. Das ändert nichts daran, dass hier im 5./4. vorchristlichen Jahrhundert ein Denker bereits klar über Kriterien von Wahrheit und Erkenntnis reflektiert. Dabei beschreibt er übrigens (wohl erstmals) auch eine verbreitete und höchst problematische Denkform, nämlich die Umkehr (Pervertierung) von Bewertungen, die mit einem Übergang vom Kleinen zum Großen einhergeht. Diese Pervertierung der Bewertung tritt beim Übergang von einem einzelnen Verbrechen zum Krieg auf: einen einzelnen Menschen zu töten gilt als böser Mord, Menschen in großen Massen zu töten, gilt als ruhmreicher Krieg (Kap. 17, o. S. 98f).

Ein anderes Beispiel meint Mo Di in Bezug auf den Himmel auszumachen: Wer eine Übeltat begangen hat, fürchtet sich immer davor, von seinen Mitmenschen entdeckt zu werden; vor einer Entdeckung durch den Himmel, der doch alles sieht und straft, fürchten sich die Bösewichte viel weniger (Kap. 28). Dieselbe logische Struktur hat der Hinweis, wie leicht es doch sei, die allgemeine Menschenliebe zu befehlen: Man kann den Menschen die verrücktesten Dinge befehlen, von denen sie gar keinen Vorteil hätten, die allgemeine Liebe dagegen sei leicht und bringe nur Vorteile – warum also sollte man sie nicht befehlen können (o. S. 96f)!

Mo Dis Interesse an logischem Verhalten führt ihn schließlich sogar zur beeindruckenden Formulierung des Primats des besten Arguments:

Die Konfuzianer sagen: „Der Edle wird im Sieg nicht den fliehenden Gegner verfolgen. Er wird nicht auf ihn schießen, wenn er in einer Falle sitzt, und ihm helfen, den Streitwagen herauszuziehen (?)[15]."
Die Antwort hierauf ist wie folgt:
Wären sie alle humane Menschen, dann würden sie erst gar nicht miteinander kämpfen. Menschen, die die Menschlichkeit besitzen, teilen einander die Grundsätze mit, warum sie etwas akzeptieren oder verwerfen und warum sie etwas für richtig oder für falsch halten. Wer keine Gründe

---

[15] Der Satz ist an dieser Stelle unklar.

vorbringen kann, folgt dem, der Gründe vorbringen kann. Wer nichts weiß, folgt dem, der Wissen hat. Wer keine Argumente hat, wird sich gewiss unterwerfen. Und wer etwas Gutes erkennt, wird seine Position ändern. Warum sollten sie da einander (überhaupt Feind sein). (*Mozi* 39)[16]

Ob die Mohisten sich selbst an diese Devise gehalten haben, ist sehr fraglich. Zumindest konzipiert Mo Di, wie wir sahen (o. S. 93f), gegen die Verschiedenheit der Meinungen, die den chaotischen Urzustand ausmachen sollen, auch ein autoritäres Kommandosystem. Gleichwohl ist es den Mohisten in einem erleuchteten Moment gelungen, etwas zu formulieren, was über ihre Zeit zugleich reflektiert und weit über sie hinausragt: den Grundgedanken einer modernen Streitkultur.

Nachwirkung der Lehre Mo Dis

Das ursprünglich nach dem Zeugnis Menzius' stark verbreitete mohistische Gedankengut trat nach der Zeit der Streitenden Reiche in den Hintergrund, ohne indes völlig in Vergessenheit zu geraten. Die mohistische Tradition riss ab, doch wurde das *Mozi* glücklicherweise innerhalb des daoistischen Kanons überliefert – vielleicht deshalb, weil das *Zhuangzi* (§9) Mo Di unter die „Guten der Welt" rechnet (*Zhuangzi* Kap. 33). Erst seit dem 18. Jahrhundert kam Mo Di allmählich wieder zu Ehren.

Die Konfuzianer hatten zu Mo Di ein schwieriges Verhältnis. Wenngleich weite Teile seiner Lehre sich mit ihrer zugleich humanitären und sozialkonservativen Grundtendenz recht gut in die Geisteswelt des Konfuzianismus einfügen ließen und er mit denselben ethischen Grundkategorien wie dieser arbeitete, stieß seine Lehre dort auf Ablehnung. Dies u.a. deshalb, weil er versuchte, Moral auf Nützlichkeitserwägungen zu gründen, weil er der eigenen Familie jeden besonderen Rang absprechen wollte und überhaupt weil er als der erste große Kritiker der konfuzianischen Lehre auftrat. Dabei soll dem han-zeitlichen *Huainanzi*[17] zufolge Mo Di ursprünglich selbst Konfuzianer gewesen sein. Vielleicht erklärt gerade die Nähe das heftige Bemühen um Abgrenzung.

---

[16] Vgl. hierzu u. S. 337.
[17] Eine Kompilation vor allem daoistischen Inhalts aus der Mitte des 2. Jh. v.d.Z..

§7 Yang Zhu

Das Buch *Liezi* 列子 ist eine Kompilation hauptsächlich daoistischer Textstücke, die u.a. mehrere Parallelstellen zum *Zhuangzi* 莊子 (§9) enthält.[1] Es finden sich auch allerhand Zauber- und Wundergeschichten darin. Die Entstehungszeit der einzelnen Texte und der Kompilation im Ganzen ist umstritten.

Als siebtes Kapitel enthält das *Liezi* die Lehren eines gewissen Yang Zhu 楊朱, die prima facie völlig aus dem Rahmen der chinesischen Philosophie herausfallen.[2] Dieser Denker aus dem vierten vorchristlichen Jahrhundert spielte später die Rolle des vielgeschmähten Außenseiters; denn er vertrat einen höchst irdischen Hedonismus und lehrte die Menschen, ihre Wünsche unbefangen zu befriedigen. Das Leben sei ohnehin kurz und biete wenig Anlass zu wirklicher Freude, darum solle man sich die seltenen Augenblicke des Glücks nicht von Staat, Moral oder Ehrgeiz vergällen lassen. Nach dem Zeugnis von Menzius (s. o. S. 89) war Yang Zhu in seiner Zeit ein äußerst populärer Philosoph. Er gehört in das Umfeld des Daoismus.

Menzius nennt Yang einen Egoisten; aber es ist ein Egoismus gegenüber den Ansprüchen des gesellschaftlichen und politischen Lebens, keineswegs gegenüber den Mitmenschen. Lebten alle Menschen nach seinen Empfehlungen, dann würden sich darüber vielleicht die Politiker ärgern, aber die Welt würde keinesfalls zusammenbrechen – so jedenfalls meint Yang Zhu.

Yang Zhus scheinbar ganz oberflächliche Empfehlung, das Leben zu genießen, ist aber auch von der Trauer des Wissenden geprägt. Der Mensch hat nur wenig Gelegenheit, glücklich und froh zu sein – umso mehr sollte er die seltenen Möglichkeiten dazu voll ausschöpfen. Eine solche Lebensauffassung ist zunächst nicht ohne weiteres politisch gefährlich – auch viele Politiker lieben die Freuden des Daseins. Aber Yang Zhu war staatsbejahenden Denkern wie Menzius mit Recht suspekt, weil er Verhaltensweisen lächerlich macht, auf denen das ganze politische Geschäft aufbaut: das Streben nach Macht, Einfluss, Ruhm, Ehre und Besitz, und damit auch

---

[1] Übersetzungen: Wilhelm, Graham.
[2] Graham (1960) vermutet, dass der im *Liezi* enthaltene Yang Zhu-Text nichts mit dem historischen Yang Zhu zu tun hat. Die Frage ist umstritten. Es gibt allerdings triftige Argumente für die Echtheit des Textes; vgl. Roetz (1992), S. 386 f. und 393.

alle Entbehrungen, die die Menschen zur Erlangung dieser Ziele so bereitwillig auf sich nehmen. Yang Zhu verkörpert das Aufbegehren der Natur gegen die Institutionen.

Yang verhöhnt die hektische, sich selbst vergessende politische Aktivität, die von den Konfuzianern bereits den legendären Herrschern zugeschrieben wurde. Der Große Yu soll sich bei der Regulierung der Wasserläufe so schrecklich abgemüht haben, dass er sich im Laufe der Zeit die Haare an den Beinen abwetzte. Dem setzt Yang Zhu den Satz entgegen, er würde nicht ein einziges Haar opfern, selbst wenn damit der ganzen Welt geholfen würde.

Die ersten Sätze des Yang Zhu-Kapitels handeln vom Nachruhm. „Sich einen Namen verdienen" war ein großes Lebensziel der meisten Konfuzianer. Mühen und Verzicht im Leben schienen ihnen erträglich, sofern sie sich damit unsterblichen Ruhm sichern konnten. Für Yang Zhu ist das pure Heuchelei, die zu einem erbärmlichen Leben führt. Der Text fährt fort:

Yang Zhu sagte: Hundert Jahre sind selbst für ein langes Leben die äußerste Grenze; von tausend Menschen erreicht sie kaum einer. Doch nehmen wir an, es gibt jemanden, der so alt wird. Kindheit und hohes Alter nehmen ihm davon schon die Hälfte weg, Nachtruhe und Schlaf bei Tage nehmen vom Rest wiederum die Hälfte, Krankheit, Kummer, Todesfälle und Sorgen nochmals die Hälfte. In dem knappen Dutzend Jahren, das noch verbleibt, wie lange ist er wirklich zufrieden und sorgenfrei? Nicht einmal für die Dauer einer Stunde!

Wozu lebt der Mensch überhaupt, was macht ihm denn Freude? Schönheit, Reichtum, Musik und Sex! Aber wie selten hat der Mensch genug schöne (Kleider) und gutes (Essen), wie selten kann er sich an Musik und Sex ergötzen? Außerdem wird er durch Strafdrohungen und Aussicht auf Belohnungen hin und hergerissen und durch Rücksichtnahme auf den guten Ruf oder die Gesetze um die Ruhe gebracht. Sinnlos vergeudet er seine Zeit, indem er flüchtigen, leeren Ehren oder gar dem überflüssigen Ruhm nach dem Tode nachjagt. Sogar wenn er allein ist, richtet er sich nach dem, was er (bei den anderen Leuten) gehört und gesehen hat. Und dann fragt er sich auch noch, was für Körper und Geist wohl richtig und was schädlich sei. So versäumt er die vollen Freuden seiner Jahre und kann nicht einen Augenblick ohne Hemmungen leben. Worin unterscheidet sich ein solches Leben von dem eines im Kerker Gefesselten?

Die Menschen des hohen Altertums wussten, dass Leben und Sterben nur kurze Episoden sind. Deshalb folgten sie ihrem Herzen und widersetzten sich nicht den spontanen natürlichen Neigungen. Sie lehnten körperliche Freuden nicht ab und kümmerten sich nicht um den guten Ruf. Sie ließen sich von ihrer Natur treiben, ohne die Neigungen anderer Wesen zu beinträchtigen. Wie man nach ihrem Tode von ihnen sprechen werde, war ihnen gleichgültig, weshalb sie auch durch Strafandrohungen nicht zu beeindrucken waren. Ruhm und Ehre, ob man sie höher oder weniger hoch einschätzte, und ob ihr Leben lang oder kurz sein werde, dem maßen sie keinerlei Bedeutung zu. (YZ 2)

Der gute Ruf, der den Tod des Menschen überdauert, sich freilich mitunter erst einige Zeit nach dem Tod endgültig ausbildet, war für den normalen Konfuzianer eine Art Maßstab seiner Handlungen. Zugleich rechnete der Konfuzianer aber nicht mit einem Weiterexistieren nach dem Tode oder einer ausgleichenden Gerechtigkeit und auch er wusste um die Fragwürdigkeit des Urteils anderer.[3] Wozu also, fragt Yang Zhu, diese ängstliche Rücksichtnahme auf den Nachruhm, die einem bloß die Gegenwart vergällt? Spätere Generationen mögen vielleicht noch eine Zeitlang von Yao und Shun reden; Yao und Shun selbst aber sind tot und vermodert. Als sie lebten, hatten sie nur Mühen und Plagen zu ertragen. Der Ruhm, den sie jetzt genießen, nützte ihnen damals so wenig wie jetzt.

Yang Zhu sagte: Im Leben gibt es zwischen den Menschen Unterschiede, im Tode sind alle gleich. Im Leben gibt es Tüchtige und Einfältige, Vornehme und Geringe; darin sind sie unterschiedlich. Im Tod gibt es Verwesung, Moder und Fäulnis; das ist ihnen allen gemeinsam. […] Alles, was lebt, stirbt auch: Tüchtige, Törichte, Vornehme, Geringe, Zehnjährige, Hundertjährige, Humane und Weise, Übeltäter und Bösewichte, alle sterben! Was im Leben ein Yao oder ein Shun war, sind im Tod vermoderte Knochen; was im Leben ein (Scheusal wie) Jie oder Zhòu war, sind im Tod auch nur vermoderte Knochen. Diese vermoderten Knochen sind alle gleich, niemand kann sie noch unterscheiden.

Freuen wir uns also des augenblicklichen Lebens! Was geht es uns an, was nach dem Tode sein wird! (YZ 3)

Damit wird auch die Art der Totenbestattung völlig bedeutungslos. Es ist, sagt Yang Zhu, gleichgültig, ob man den Toten verbrennt, ins Wasser wirft, einfach liegen lässt oder in herrlichen Gewändern in einem prächtigen Steinsarkophag beisetzt. Diese Gleichgültigkeit gegenüber den Toten verbindet Yang Zhu aber mit Sympathie für die Lebenden. So kann man schwerlich von Egoismus sprechen, wenn es heißt

Es gibt einen alten Spruch: „Im Leben Mitleid füreinander, im Tod Verzicht."
Dieser Spruch ist vollkommen. Mitleid füreinander besteht nicht bloß aus Gefühlen; man kann jenen, die sich abarbeiten müssen, beistehen, Hungrigen Essen geben, Frierende wärmen und jenen, die sich in Schwierigkeiten befinden, helfen. Verzicht bedeutet nicht, dass man nicht um

---

[3] Zur gebrochenen Haltung auch des Konfuzianismus zur Ehre s. Roetz (2020a).

einander trauerte, sondern dass man (den Toten) keine Perlen und Edelsteine in den Mund legt, sie nicht in gestickte Gewänder kleidet, keine Tieropfer darbringt und keine Opfergefäße aufstellt. (YZ 6)

Leben und leben lassen! ist die eigentliche Lehre Yang Zhus, keineswegs gedankenloser Egoismus. Er zeigt, wie man sich gemeinsam mit seinen Mitmenschen am Leben freuen kann. Voll Anteilnahme erzählt Yang Zhu die Geschichte eines Mannes, der durch eine Erbschaft sehr reich geworden war. Nach der konfuzianischen Morallehre wäre es nun seine Pflicht gegenüber den Vorfahren gewesen, den ererbten Reichtum zu pflegen und zu mehren und sich einen Namen zu machen. In Yang Zhus Erzählung verzichtet der Mann aber sofort auf alle Geschäfte und politischen Aktivitäten und lebt nur noch seinen Neigungen. Er lässt herrliche Bauten für sich errichten, liebt schöne Mädchen und prächtige Kleider, ergötzt sich an Musik und exotischen Genüssen und ist ständig von einer großen Gästeschar umgeben. Speisen, die von den Gästen nicht mehr aufgegessen werden können, verschenkt er an Nachbarn und Fremde. Als der Mann sich dem sechzigsten Lebensjahr nähert und seine Kräfte nachlassen, verschenkt er den Rest seines Vermögens. Zuletzt reicht das Geld nicht einmal mehr für sein Begräbnis. Nun aber besinnen sich alle, die früher mit ihm gefeiert hatten: sie veranstalten eine große Sammlung und geben den Nachkommen des Wohltäters ihr Erbe zurück. Wirklich, dieser Mann habe mehr begriffen als seine Vorfahren, kommentiert der Text. Aber die Masse der Menschen könne ihn nicht begreifen.

Ein damals geläufiges Thema war die „Pflege des Lebens" (*yang sheng* 養生). Es handelt sich dabei um allerhand Techniken, die eine Verlängerung des Lebens bewirken sollten. Dazu bemerkt Yang Zhu, das Wichtigste sei, keinen seiner Wünsche zu unterdrücken. Man tyrannisiere sich nur selber, wenn man sich nicht traue, das zu sehen, hören, riechen, tun oder denken, wozu man gerade Lust habe.

Diesen Tyrannen davonjagen und den Tod gelassen erwarten, sei es in einem Tag, in einem Monat, in einem oder in zehn Jahren, das nenne ich „Pflege des Lebens".
Wer sich dagegen solchen Tyrannen ausliefert, statt ihnen zu entkommen, wird vielleicht auf trübselige Weise ein langes Leben erreichen. Aber selbst wenn es hundert, tausend oder zehntausend Jahre dauern würde, ich könnte es nicht „Pflege des Lebens" nennen! (YZ 7)

Yang Zhu stellt den Gegensatz zwischen der konfuzianischen Morallehre des staatstragenden, politisch engagierten Vornehmen und seinem eigenen Ideal des persönlichen Glückes ohne jede Beschönigung als das dar, was er ist: ein Konflikt zwischen unvereinbaren Lebensentscheidungen. Die folgende lebendige Geschichte der beiden hedonistischen Brüder Mu 穆 und Chao 朝 des berühmten Kanzlers Zichan 子產, die ihre Wahl gegen alle konventionelle Moral getroffen hatten, spricht das deutlich aus.

Zichan war Kanzler im Staate Zheng. Drei Jahre regierte er bereits; die Guten fügten sich in seine Reformen, und die Bösen fürchteten seine Strafen. Der Staat Zheng war wohlgeordnet, und alle benachbarten Fürsten fürchteten ihn.

Aber er hatte einen älteren Bruder Gongsun Chao und einen jüngeren Bruder Gongsun Mu; Chao liebte den Wein, Mu die Frauen.

In Chaos Haus lagerten an die tausend Krüge Wein, und Berge von Hefe lagen herum. Schon hundert Schritte vor seinem Tor stieg einem der Geruch vergorenen Trebers in die Nase. Er trank unmäßig und wollte nichts mehr von der Welt wissen. Frieden oder Kriegsgefahr, Reue über begangene Fehler, die Zustände in seinem eigenen Haus und seine Anverwandten – alles das interessierte ihn nicht mehr. Er hatte die Freude am Leben ebenso verloren wie die Trauer über den Tod. Wenn Feuer, Wasser oder das Schwert des Krieges ihn bedroht hätten, er hätte nichts davon bemerkt.

In den hinteren Räumen von Mus Hause gab es mehrere Dutzend Zimmer voller junger, aufreizend gekleideter Mädchen. Dort lebte er seinen Ausschweifungen. Er trieb es derart mit den Mädchen, dass seine Verwandten mit ihm brachen und seine Vertrauten sich abgestoßen fühlten. Er floh in seine hinteren Gemächer, um dort Tage und Nächte zu verbringen. In drei Monaten verließ er sie kaum einmal, und schon der Gedanke daran war ihm zuwider. (YZ 8)

Der erfolgreiche Bruder Zichan litt unter diesen Verhältnissen sehr, und fühlte sich verpflichtet, für Ordnung innerhalb seiner Familie zu sorgen. Schließlich begab er sich zu seinen Brüdern, um ihnen moralische Vorhaltungen zu machen. Anschließend versprach er beiden einträgliche Staatsstellungen, wenn sie nur ihre Lebensweise ändern wollten. Dies ist die Rede Zichans an seine Brüder und deren Antwort:

„Nur wegen seiner Vernunft ist der Mensch mehr wert als das Tier. Die Vernunft führt ihn zu Sittlichkeit und Gerechtigkeit, und dadurch erwirbt er sich schließlich einen guten Ruf und macht Karriere. Wer sich bloß von seinen Begierden treiben lässt und der Wollust frönt, ruiniert Gesundheit und Leben.

Wenn ihr das einseht und euer Verhalten bereut, dann bekommt ihr noch am gleichen Tag einträgliche Posten!"

Chao und Mu antworteten: „Das wissen wir ohnehin, und wir haben schon längst die Wahl getroffen. Glaubst du, dass wir erst deine Belehrung brauchten, um das zu verstehen?

Das Leben ist ein seltenes Glück, aber der Tod kommt schnell. Dieses seltene Leben dazu zu verwenden, auf den Tod zu warten, der ja doch kommt – was für ein Gedanke! Oder sich der Sittlichkeit und Gerechtigkeit zu unterwerfen und damit herumzuprahlen; oder seinen Gefühlen und Neigungen Gewalt anzutun, um Ruhm zu erwerben – wenn wir das täten, wären wir da nicht schon wie tot?

Wir wollen dieses eine Leben voll ausschöpfen und unsere Jahre bis zum letzten genießen. Unsere einzige Sorge ist, dass der Magen so voll wird, dass wir nichts mehr trinken können; oder dass unsere Potenz nachlässt und wir unsere sexuellen Begierden nicht befriedigen können. Für Sorgen um einen guten Ruf oder um die Gesundheit haben wir keine Zeit!" (YZ 8)

Yang Zhu betrachtet auch die Vergangenheit mit anderen Augen als die Konfuzianer. Die Geschichte ist für ihn nicht eine vor unserem moralischen Urteil offenliegende Abfolge von Geschehnissen, sondern viel unklarer, weitläufiger und weiter zurückreichend. Damit wird der Nachruhm des Menschen auch unter historischem Gesichtspunkt etwas sehr Zufälliges. Und was zunächst als unsterblicher Ruhm erscheinen mag, ist in Wirklichkeit sehr kurzlebig. Die Taten der Vorzeit, erläutert Yang Zhu, sind längst alle ausgelöscht, niemand kann sich noch an sie erinnern. Die Berichte über die ersten Kaiser sind unklar und schwankend. Von hunderttausend Taten ist kaum eine noch bekannt, selbst von dem, was vor unseren Augen geschieht, wissen wir kaum etwas. Wie weit zurück das Altertum liegt, kann man gar nicht wissen, aber seit der Zeit des Urheros Fu Xi 伏羲 sind Jahrtausende vergangen, in denen eine ungeheure Menge guter wie böser Taten geschehen ist, von denen so gut wie nichts mehr bekannt ist. Was soll also das Streben nach dauerndem Ruhm?

Von Natur aus strebt der Mensch nach Freude und Glück; aber häufig wird dieses Streben zur Qual. Er muss deshalb lernen, nicht zu viel zu verlangen und nichts, was außerhalb seiner Reichweite liegt. Es geht um die Freiheit von Last, nicht um ein Übermaß an Annehmlichkeiten. Maßlosigkeit unterwirft den Menschen nur fremdem Zwang:

Yang Zhu sprach: Warum die Menschen im Leben nie zur Ruhe kommen, hat vier Gründe: Sie wünschen sich langes Leben, Ruhm, eine glänzende Stellung und Reichtum. Wegen dieser vier Gründe fürchten sie Gespenster, andere Menschen, die Autorität und die Strafen. Das heißt, die Menschen ängstigen sich dauernd vor irgendetwas. Man kann sie töten, man kann sie am Leben lassen – ihr Schicksal wird immer von außen bestimmt.

Wer sich dem Schicksal nicht widersetzt, wird der ein langes Leben wünschen? Wen Vornehmheit nicht beeindruckt, wird der Ruhm wünschen? Wünscht, wer keinen Einfluss anstrebt, eine glänzende Position? Und wird der nach Reichtum gieren, der keinen Besitz erstrebt? Dies heißt, mit allen Menschen auskommen und sich den Dingen dieser Welt nicht entgegenstellen. So wird das Schicksal von innen bestimmt.

Deshalb lautet ein Wort: Ohne Ehe und Amt wären die Menschen der halben Begierden ledig. Ohne die Sucht nach Genuss (w.: Kleidern und Speisen) gäbe es keine Fürsten und Untertanen mehr (YZ 16)

Auf die schon erwähnten Bemühungen, das Leben zu verlängern, spielt der folgende Dialog an. Yang Zhu erweist sich darin als ein Mann, der keineswegs sonderlich am Leben hängt, sondern der mit der ihm zugemessenen Spanne Zeit zufrieden ist, sofern sie nur wirklich gelebt wird. Ein allzu langes Leben ist kaum erstrebenswert – ein Mensch, der die verschiedenen Seiten des Lebens einmal kennengelernt und begriffen hat, dass sie sich immer von neuem wiederholen, wird schließlich ohnehin des ganzen Treibens müde.

Meng Sun Yang fragte Meister Yang: „Wenn ein Mensch das Leben liebt und seinen Körper pflegt, um dadurch unsterblich zu werden, geht das?"
– „Es gibt keine Unsterblichkeit!"
– „Wenn er aber versucht, sein Leben wenigstens zu verlängern, geht das?"
– „Es gibt keine Verlängerung des Lebens! Nur wenn man dem Leben keinen Wert beimisst, kann man es bewahren; nur wenn man um seinen Körper nicht geizt, kann man ihn pflegen. Außerdem, wozu will man das Leben verlängern? Zuneigung oder Hass, Sicherheit oder Gefahr, Freude oder Kummer und die Wechselfälle der Politik, das war doch früher genau dasselbe wie heute. Wer es einmal gesehen, gehört und erlebt hat, hat es nach hundert Jahren bis zum Überdruss satt. Eine Verlängerung des Lebens würde ihm nur Kummer bereiten."

Meng Sun Yang sprach: „Wenn die Sache so steht, dass der frühe Tod einem langen Leben vorzuziehen ist, dann sollte man sich wohl ins Schwert stürzen oder ins Feuer oder ins Wasser. Denn so kommt man an das Ziel seiner Wünsche."

Yang Zhu sprach: „Nein. Vielmehr soll man das Leben gleichmütig auf sich nehmen, sich seine Wünsche erfüllen und den Tod herankommen lassen. Kommt der Tod, so lasse man ihn gleichgültig über sich ergehen und beobachte das Geschehen und Verlöschen. Nicht aufgeregt sein und nicht widerstrebend! Wozu will man die Zeitspanne ausdehnen oder verkürzen?" (YZ 10)

IV. Daoismus

In den konfuzianischen Texten werden gelegentlich Menschen erwähnt, die sich aus dem sozialen und politischen Leben zurückgezogen haben. Dieses Verhalten widerspricht den konfuzianischen Idealen zutiefst. Eine kleine Erzählung handelt z.B. davon, wie Konfuzius' Schüler Zilu 子路, mit seinem Meister in der Wildnis unterwegs, zwei Einsiedler, die gerade einen Acker bearbeiten, nach einer Furt durch eine Flut fragt – ein Sinnbild für den Zustand der Welt –, von ihnen aber verhöhnt wird. Der eine spielt auf Konfuzius' beständige Misserfolge bei seinem ehrgeizigen Unternehmen an, die Welt wieder in Ordnung zu bringen. Er erinnert daran, dass Konfuzius sich von den Höfen verschiedener Fürsten erfolglos zurückziehen musste und sagt:

„Die Welt ist wie von einer großen Überschwemmung erfasst. Wer soll das ändern? Und du folgst jemandem, der sich (nur) von diesen und jenen Leuten zurückzieht. Wäre es nicht besser, jemandem zu folgen, der sich überhaupt von der Welt zurückzieht?"
Dann fuhr er fort, seinen Acker zu bestellen, ohne noch einmal aufzublicken.
Zilu berichtete die Sache Konfuzius.
Der Meister seufzte und sagte: „Man kann doch nicht unter Tieren leben! Wohin sollte ich denn gehören, wenn nicht zu diesen Menschen! Wenn die Welt in Ordnung wäre (wörtlich: wenn die Welt das Dao hätte), müsste ich nicht daran mitwirken, sie zu ändern!" (*Lunyu* 18.6)

Die hier von Konfuzius drastisch kritisierte Haltung – der Vorwurf, man könne doch nicht zurück auf die Bäume wollen, hat, wie man sieht, eine lange Tradition – ist typisch für den Daoismus. In ihm findet sowohl die Verachtung der etablierten staatlichen Praxis als auch die Wertschätzung des bescheidenen, nur auf sich selbst bezogenen Lebens ihren philosophischen Ausdruck. Die beiden großen Dokumente dieser Richtung sind das *Laozi* 老子 bzw. *Daodejing* 道德經 und das *Zhuangzi* 莊子. Der philosophische Daoismus, wie er sich in diesen beiden Werken findet, ist die Überhöhung einer weitverbreiteten Weltauffassung, die vermutlich schon vor der Entstehung dieser klassischen Werke existierte.

Der Daoismus war stets eine Gegenbewegung, ein Protest gegen die bestehenden Verhältnisse. Er blieb durch die Jahrhunderte die Inspiration von Minoritäten, Umstürzlern, Geheimgesellschaften und gesellschaftsmüden Individuen. Von den Trägern der Staatsräson wurde er gelegentlich gefördert, meist aber verachtet.

Ein berühmter Spruch des *Daodejing* beginnt:

Rückwendung (*fan* 反) ist die Bewegung des Dao. (DDJ 40)

Dieser Satz ist zweifellos höchst allgemein gemeint; er bedeutet, dass die ganze Natur von einem Prinzip des Ausgleichs der Gegensätze, des dialektischen Umschlags in Gegenbewegung und der Rückkehr aller Dinge zu ihrem Ursprung beherrscht werde (was immer das auch heißen mag). Aber es gibt keinen Satz über das „Dao", der nicht auch menschlich gelesen werden kann und soll. Das oben verwendete Wort *fan* hat die Bedeutung umkehren, zurückkehren, sich widersetzen, sich empören; entgegengesetzt; Gegenteil; anti-. Auch mit „Umwertung" der gängigen Werte kann *fan* zusammengebracht werden. Nachdem die Verwirklichung der Alternative im gesellschaftlichen Leben aber kaum möglich ist, wurde die Rückwendung häufig individualistisch verstanden, als Abwendung von der sozialen Welt und öfter auch als Hinwendung zu Mystik und Meditation, und allgemein zu einem einfachen, unverbildeten Leben. „Zurück zur Kindheit" (DDJ 28) steht wie eine Parole über dem daoistischen Denken.

§8 Laozi

Der Text des Daodejing

Das *Daodejing* (DDJ) oder *Laozi* ist ein schmaler Band, der gereimte Sinnsprüche enthält.[1] Als Verfasser gilt der Tradition nach eine legendenumwobene Gestalt namens Lao Dan 老聃. Man hat in ihm einen älteren Zeitgenossen von Konfuzius sehen wollen. Historisch ist aber völlig ungewiss, ob es eine Person dieses Namens überhaupt gab, und es kann als sicher gelten, dass der Text von mehr als nur einem Verfasser stammt, ganz zu schweigen von der Rolle späterer Editoren. Schon in der Antike ist die Zuschreibung umstritten.

Eine historische Einordnung des *Daodejing* ist schwierig, weil das Werk nirgendwo ausdrücklich auf andere Personen oder Schulen Bezug nimmt: im gesamten Text kommt kein einziger Eigenname

---

[1] Zahlreiche Übersetzungen; z.B. Wilhelm, Debon, Möller.

vor, weder konkrete Ereignisse noch Orte werden erwähnt. Dadurch wirkt die Darstellung zeitlos und allgemein. Tatsächlich aber steht das Buch keineswegs außerhalb aller Tradition und Kontroverse. Es erwähnt wiederholt die konfuzianischen Lieblingsbegriffe (Humanität, Sittlichkeit, etc.) und unterzieht die mit diesen Begriffen operierende Morallehre einer scharfen Kritik. Diese Tatsache könnte darauf hindeuten, dass das *Daodejing* erst nach Konfuzius entstanden ist und in seinen Ursprüngen frühestens auf das 5. Jahrhundert v.d.Z. zurückgeht

Der Titel *Daodejing* bedeutet *Buch des Weges und der Tugend*. *Dao* bedeutet wörtlich „Weg", vor allem im übertragenen Sinne, z.B. als richtiger Weg des Handelns. *Dao* wurde auch übersetzt mit „Gott", „Logos", „Sinn" (R. Wilhelm) u.a.m.. Es bezeichnet sowohl den richtigen Weg des Lebens, d.h. die richtige persönliche Lebensführung, als auch, in einer für den Daoismus typischen Gleichsetzung, den Weg der Natur. Im vorliegenden Buch bleibt das Wort als eines von sehr wenigen chinesischen Worten, das in das westliche Vokabular übernommen wurde, unübersetzt, zumal es für den Daoismus selbst erklärtermaßen nur ein Behelf ist, ein notgedrungen gegebener „Beiname" (DDJ 25), um etwas eigentlich nicht Sagbares auszudrücken. Den Gebrauch von *Dao* im Konfuzianismus haben wir bereits kennengelernt. *De* bedeutet „Tugend", bei den Daoisten im Sinne einer aus dem Dao folgenden urtümlichen Wirkkraft (vgl. das deutsche „Tüchtigkeit"), gerade nicht bestimmter Einzeltugenden.

Das *Daodejing* als Ganzes zeigt keine fortlaufende, systematische Gedankenentwicklung. Seine 81 Kapitel enthalten teils abstrakte Ausführungen über die Welt, die Natur und das Dao, teils Anwendungen der Dao-Lehre auf das Verhalten des Menschen, insbesondere des Herrschers. Wenn das *Daodejing* trotz der Sprunghaftigkeit der Darstellung doch recht einheitlich wirkt, so beruht das sicher auf einer vereinheitlichenden Editionsarbeit. Wie ein eventueller Urtext ausgesehen haben könnte, wissen wir nicht; mitunter scheint auch ein alter Kommentar in den eigentlichen Text hineingeraten zu sein (so in DDJ 31).

Insgesamt ergibt sich ungefähr folgende Hypothese über das *Daodejing*: Es enthält Sprüche, die z.T. vielleicht bis ins 5. Jahrhundert v.d.Z. zurückgehen, und wurde etwa im 4.–3. Jahrhundert zusammengestellt. Auf jeden Fall ist es im Laufe der Zeit durch eine ganze Anzahl von Händen gegangen, und es sind mehrere Textfassungen entstanden.

Es gibt zahlreiche Kommentare zum *Daodejing*. Der älteste stammt bereits von Han Fei (u. §13), behandelt aber nicht den gesamten Text. Berühmt sind insbesondere die Kommentare eines gewissen Heshang Gong 河上公, des „Herrn am He" (dem „Gelben Fluss"), aus der Han-Zeit, der den Text medizinisch liest, und des jung gestorbenen Genies Wang Bi 王弼 (226–249).[2] Das *Daodejing* ist sehr oft übersetzt, nachgedichtet oder nachempfunden worden;[3] die vielen dunklen Stellen des Textes und die Knappheit der Formulierungen legen dabei die Versuchung nahe, die eigene Weltanschauung in den antiken Text hineinzulesen. Insbesondere haben die Übersetzungen darunter gelitten, dass das Werk als religiöser Traktat verstanden wurde, was eine Fehldeutung sein dürfte. Eher schon könnte man es „metaphysisch" nennen, doch passt auch diese der europäischen Tradition entnommene Kategorie nicht besonders gut.

Vom *Daodejing* liegen mehrere Textfunde vor. Zwei 1983 in einem Grab in Mawangdui 馬王堆 in der Provinz Hunan gefundene Manuskripte stammen von Ende des 3. und Anfang des 2. Jahrhunderts v.d.Z.[4] Sie beginnen mit dem Kapitel 38 der überlieferten Versionen; es gibt auch einige inhaltliche Abweichungen. 1993 wurde in Guodian 郭店 (Provinz Hubei) in einem Grab ein weiterer Fund von Teilen (etwa einem Drittel) des *Daodejing* gemacht.[5] Das Grab dürfte um 300 v.d.Z. angelegt worden sein.

Mensch und Natur im Daoismus

Ein hervorstechendes Merkmal des DDJ ist, dass es Parallelen zwischen dem Leben und Handeln des Menschen und der Natur zieht. Das Naturgeschehen (wohlgemerkt in passender Auswahl!) dient als Maßstab für gutes, geglücktes menschliches Handeln. Diesem Grundgedanken entspricht eine formale Struktur vieler Sprüche des *Daodejing*. Viele (keineswegs alle) Sprüche bestehen aus zwei (manche auch aus mehreren) Teilen, die durch stereotype Wendungen wie „deshalb" oder „demgemäß" oder miteinander verknüpft werden; diese Wendungen wollen wir *Junktoren*, Verknüpfer nennen. Dieser formale Aufbau der Kapitel ist zwar nicht konsequent

---

[2] S. Erkes (1950), Rump (1979) und Wagner (2003).
[3] S. Walf (2010).
[4] Übersetzungen: Möller, Mair, Henricks.
[5] Übersetzung: Henricks, Cook.

durchgehalten, aber doch auffallend – was den Eindruck eines einheitlichen Textes erweckt. Das *Daodejing* wirkt wie das Werk eines Herausgebers, der bereits vorhandenes Spruchgut so zu arrangieren und vielleicht auch zu ergänzen versuchte, dass inhaltlich zusammengehörige Sprüche beieinanderstehen. Diese Komposition gelang aber nicht in allen Fällen gleich gut. Betrachtet man den Inhalt der durch einen Junktor verbundenen Teile eines Kapitels, so stößt man auf sehr unterschiedliche Verhältnisse. Manchmal stehen die zwei Teile tatsächlich in einem klar ersichtlichen Zusammenhang. So z.B. in DDJ 3, wo zuerst dargelegt wird, wie man das Volk ruhighalten kann, indem man ihm nicht den Mund wässrig macht, und dann die Konsequenzen für die Regierungsmaßnahmen eines Weisen gezogen werden:[6]

Die Tüchtigen nicht auf hohe Posten bringen[7]
bewirkt, dass das Volk nicht um diese streitet.
Schwer erhältliche Güter nicht zu schätzen
bewirkt, dass das Volk nicht stiehlt.
Dinge, die Begierden wecken könnten, nicht vorzeigen
bewirkt, dass das Volk nicht unruhig wird.

Demgemäß regiert der Weise:
leert ihre Herzen und füllt ihren Bauch
schwächt ihren Willen und stärkt ihre Knochen.
Er sorgt stets dafür, dass das Volk unwissend und anspruchslos ist
und dass die Wissenden nicht zu handeln wagen.[8]
Er tut das Nicht-Tun
und nichts bleibt unregiert. (DDJ 3)

In „geglückten" Kapiteln verbindet ein Junktor also Sprüche gleicher Thematik und Tendenz (z.B. in DDJ 61, das aus drei wirklich zusammengehörenden Sprüchen besteht), oder der erste Spruch

---

[6] Im Folgenden wird im Allgemeinen der mit Wang Bis Kommentar überlieferte Text zugrunde gelegt.
[7] „Die Tüchtigen auf hohe Posten bringen" (*shang xian* 尚賢) war ein politisches Schlagwort, das eine Spitze gegen den Erbadel enthielt. Mo Di verfasste eine Abhandlung, die es als Überschrift trägt (s. o. S. 95).
[8] In manchen Versionen das *Daodejing* findet sich eine zusätzliche Verneinung, so dass sich ergibt, „nicht wagen *nicht* zu handeln". Derartige Verkehrungen des Sinns ins Gegenteil sind eine große Herausforderung an die Interpretation. Allerdings erlaubt die chinesische Syntax in diesem Fall einen Ausweg, denn der doppelt verneinte Satz lässt sich, mit Chang (1982), S. 347, übersetzen: „Er schüchtert die Intelligenz ein, dass sie nichts wagt *und* nichts unternimmt." Vgl. auch Anm. 12, u. S. 124.

enthält die allgemeine Begründung für den zweiten, so dass ein Junktor wie „deshalb" tatsächlich gerechtfertigt ist. Als besonders anschauliches Bild eines natürlichen Geschehens benutzt der Text gerne das Fließen und Strömen des Wassers als Modell des guten, erfolgversprechenden menschlichen Handelns:

Dass Ströme und Meere aller Bachläufe Könige sein können,
kommt, weil sie es vermögen, unter ihnen zu liegen;
deshalb sind sie aller Bachläufe Könige.
Deshalb:
Wer als Weiser über dem Volk stehen will,
muss sich in seinen Worten unter es stellen;
wer an der Spitze des Volkes stehen will,
muss sich persönlich hintansetzen.
Deshalb der Weise:
Steht oberhalb, aber lastet nicht auf dem Volk;
steht an der Spitze, aber schadet dem Volk nicht. [...] (DDJ 66)

Es ist anzunehmen, dass solche geglückte Zusammenfügungen das Ideal des Herausgebers zeigen. Eine größere Anzahl von Kapiteln besteht allerdings aus zwei oder mehr Sprüchen, die zwar durch Junktoren zusammengekittet werden, inhaltlich aber überhaupt nicht oder nur bei Aufbietung von viel Phantasie zusammenhängen. So stehen etwa in DDJ 27 drei Sprüche, von denen jeder für sich relativ verständlich ist, die aber, so scheint es, inhaltlich wenig miteinander zu tun haben.

Dass Konglomerate wie das eben erwähnte DDJ 27 von demselben Autor stammen wie in sich geschlossene und klare Kapitel wie DDJ 18 oder 80, ist unwahrscheinlich. Es ist denkbar (aber unbeweisbar), dass ein Herausgeber neueres (vielleicht auch von ihm selbst verfasstes), intellektualistisches Material zur besseren Darstellung in altes Spruchgut eingebettet hat. Eine Unterscheidung von (mindestens) zwei Textschichten liegt z.B. nahe, wenn man den ersten Spruch des *Daodejing* genauer betrachtet:

Dao, das sagbar ist, ist kein dauerndes Dao.
Namen, die (dafür) nennbar sind, sind keine dauernden Namen.
Namenlos ist der Beginn der Welt,
namentragend die Mutter aller Dinge.
Darum:
Dauernd nichts begehrend
erblickt man davon das Geheimnis;
dauernd begehrend aber
erblickt man davon nur den Saum.
Diese beiden sind
gleicher Herkunft

aber verschiedenen Namens.
Gleichermaßen heißen sie dunkel,
das nochmals Dunkle des Dunklen,
aller Subtilitäten Tor. (DDJ 1)

Dieser Spruch beginnt mit einer raffinierten Konstruktion, die mit einer Doppeldeutigkeit des Wortes *Dao* spielt,[9] während die zweite Hälfte des Spruches weit eher ein Adeptenspruch voller Geheimniskrämerei ist.[10] Hier steht der Junktor *darum* ohne wirkliche Berechtigung. Das Ganze wirkt, als hätte jemand einem alten Zauberspruch einen geschliffenen intellektuellen Vorspann gegeben.

Bedenkt man die bisherigen Ausführungen, so mag man sich fragen, ob das *Daodejing* denn überhaupt noch verständliche Aussagen enthält, ob es irgendwelche klaren Positionen erkennen lässt. Nun ist gewiss, dass das Werk bei Liebhabern sogenannter östlicher Weisheit oder sonstiger Esoterik gerade wegen seiner Unklarheiten geschätzt wird. Aber neben dunklen Sprüchen gibt es im *Daodejing* auch klare und prägnante Aussagen. Es enthält, auch bei kritischer Lektüre, welche unklare Stellen offen als unklar bezeichnet, gut verständliche Passagen und lässt vor dem Leser ein plastisches Bild der (alternativen) daoistischen Lebens- und Weltsicht entstehen. Grob gezählt sind 3/5 des *Daodejing* Fragen des menschlichen Lebens, nicht zuletzt der Politik gewidmet und als solche naturgemäß gut zu verstehen.[11]

Von einer systematischen Darstellung könnte man vielleicht erwarten, dass sie mit der Lehre vom Dao beginnt, d.h. mit den abstraktesten und am schwersten zu entschlüsselnden Teilen des Werkes. Die Anwendungen der abstrakten Gedanken auf das irdische Geschehen kämen erst danach und wären sozusagen banal. Hier gehen wir indes genau umgekehrt vor und beginnen mit jenen

---

[9] Dao kann neben „Weg" auch „sprechen", „sagen" bedeuten. Im ersten Satz kommt damit dreimal das Wort bzw. Schriftzeichen *dao* vor (*Dao ke dao fei chang dao* 道可道非常道); analog steht im zweiten Satz dreimal das Wort *ming* 名 („Name" bzw. „benennen"). Der Spruch enthält also eine ziemlich subtile sprachliche Konstruktion.
[10] Der genaue Bezug der Worte „diese beiden" ist unklar. Es gibt zahlreiche unterschiedliche Deutungen dieser Passage.
[11] Da die Kapitel thematisch selten einheitlich sind, kann eine solche Schätzung nur sehr grob sein. Nach ihr ergibt sich etwa folgende Aufgliederung des Textes: 3/5 behandeln Fragen des menschlichen Lebens, 1/5 sind Adeptensprüche, 1/10 handelt im engeren Sinne vom Dao, 1/10 ist unverständlich.

Ausführungen, die den Menschen und die Regierung zum Gegenstand haben. Sie sind erheblich besser zu verstehen und mindestens ebenso wichtig wie die abstrakte Dao-Lehre. Denn das *Daodejing* ist vor allem ein Weisheitsbuch, dessen Lehren angewendet sein wollen. Dies wird im Übrigen durch die erwähnte Anordnung der Mawangdui-Texte bestätigt, denn diese beginnen nicht mit dem „metaphysischen" Kapitel 1 der überlieferten Fassungen, sondern mit dem „praktischen" Kapitel 38.

Der weise Herrscher und das Volk

In Kapitel 80 des *Daodejing* wird ein sehr anschauliches Bild der Idealgesellschaft des Daoismus gezeichnet. Den Rahmen bildet ein kleines, überschaubares Land, keine Großmacht, kein blühender Staat. Das Land ist dünn besiedelt, die Menschen leben darin materiell gesichert und behaglich. Das Hauptmerkmal dieser Gesellschaft ist ihr In-sich-Ruhen: niemand ist neuerungssüchtig, niemand hat Sehnsucht nach fernen Ländern, niemand ist reiselustig. Man verfügt über gewisse technologische Kenntnisse, verzichtet aber auf deren praktische Anwendung. Man ist militärisch nicht unvorbereitet, aber es gibt keinen Militarismus. Und man hat gewisse Kulturgüter, lässt diese aber brachliegen. Vergleicht man dieses Traumland mit der Wirklichkeit, so sieht man, wie sehr das Gegenläufige, die Reaktion, das als Rückkehr verstandene Alternative (*fan* 反) ein Charakteristikum des Daoismus ist:

Ein kleiner Staat mit wenig Volk! (Oder: Kleine Staaten mit wenig Volk!)
Sorgt dafür, dass Geräte für tausend Mann
nicht mehr benutzt werden!
Seht zu, dass das Volk den Tod ernstnimmt
und nicht[12] wegzieht!
Selbst wenn es Fahrzeuge und Schiffe gibt,
gibt es keinen Anlass, sie zu besteigen.
Selbst wenn es Waffen gibt,
gibt es keinen Anlass, sie zu ergreifen.
Lasst das Volk wieder Knotenschnüre[13] benutzen,
seine Mahlzeiten genießen,
schöne Kleider tragen,
Freude an den Gebräuchen haben

---

[12] In den Mawangdui-Texten fehlt die Negation. Vielleicht ist hier an das Auseinanderziehen der Menschen zurück zu kleineren Wohneinheiten gedacht.
[13] Anstelle der differenzierten Schrift.

und in Frieden wohnen!
Nachbarstaaten mögen so nahe beieinander liegen,
dass man gegenseitig die Hähne und Hunde hört,
aber die Menschen werden alt und sterben,
ohne miteinander zu verkehren. (DDJ 80)

Es fällt auf, dass in diesem Kapitel die Sätze auch sprachlich eindeutig als Aufforderungen gekennzeichnet sind, was die ganze Vorstellung als Wunschbild, als alternative Utopie ausweist – was in DDJ 80 Programm ist, findet sich in Kapitel 10 des *Zhuangzi* als Beschreibung des Urzustandes. Unter den Bedingungen des damaligen China hätte der daoistische Traum vom ruhigen, friedfertigen und zufriedenen Leben vielleicht verwirklicht werden können; nach heutigen Maßstäben gab es z.B. noch genug Land, wohin man sich zurückziehen bzw. auswandern konnte (obwohl kritischen Denkern das Problem des geometrischen Bevölkerungswachstums durchaus bekannt war). In Wirklichkeit wurde aber auch in der Antike ein Rückzug aus der bestehenden Gesellschaft als bemerkenswerte Ausnahme empfunden.

Wenn die Realität einem Ideal nicht entspricht, so stellen sich zwei Fragen: was sind die Gründe dafür, und wie könnte die Realität so verändert werden, dass sie dem Ideal nahekommt? Als Ursachen der Missstände in der realen Gesellschaft führt das *Daodejing* einerseits miserable Regierungspraktiken an, andererseits die zu großen Ansprüche, Begierden und Erwartungen der Menschen, ihre Unrast und Unzufriedenheit. Eine Beseitigung der Missstände ist aber in jedem Fall nur durch gesellschaftliche Maßnahmen, d.h. durch richtiges Regieren möglich, wie sich noch zeigen wird. Das ist die Paradoxie! Der Daoismus hat sie als Dialektik von Nicht-Tun (*wuwei* 無為) und Tun (*wei* 為) zu fassen versucht.

Dass das Volk sich seines Lebens freuen soll, wie DDJ 80 postuliert, steht in krassem Gegensatz zu Not und Leid der Menschen in den durch Kriege und Missregierung erschöpften Staaten:

Hungert das Volk,
so deshalb, weil seine Herren zu viele Steuern auffressen
– nur deshalb hungert es.
Ist das Volk schwer zu regieren,
so deshalb, weil seine Herren so geschäftig sind
– nur deshalb ist es schwer zu regieren. (DDJ 75)

Mit der Kritik verbindet sich die Prognose, dass schlechte Herrscher früher oder später immer stürzen werden. Diese Prognose wirkt noch beeindruckender, wenn sie in eine Aussage über den

Lauf aller Dinge eingebettet wird und damit einen kosmischen Unterbau erhält. Der erhoffte Sturz eines ungeliebten Herrschers erscheint viel gewisser, wenn er als Sonderfall einer universellen Gesetzmäßigkeit dargestellt wird:

> Wenn der Himmel nichts hat, wodurch er klar ist, dann, fürchte ich, wird er bersten.
> Wenn die Erde nichts hat, wodurch sie in Ruhe bleibt, dann, fürchte ich, kommt sie ins Rutschen.
> Wenn Geister nichts haben, was ihnen Zauberkräfte verleiht, dann, fürchte ich, werden sie verschwinden.
> Wenn Täler nichts haben, was sie ausfüllt, dann, fürchte ich, werden sie austrocknen.
> Wenn Dinge nichts haben, was sie erzeugt, dann, fürchte ich, werden sie vergehen.
> Wenn Fürsten und Könige nichts haben, aufgrund dessen sie ihre hohe Stellung einnehmen, dann, fürchte ich, werden sie stürzen. (DDJ 39)

Man hat in einem solchen Spruch einen Hinweis auf den sogenannten „Universismus" sehen wollen.[14] Damit ist eine Weltsicht gemeint, in der Mensch und Natur eine organische Einheit bilden, spezieller auch eine Lehre über alle möglichen Entsprechungen oder Harmonien zwischen Naturabläufen und menschlichen Handlungen. In einem solchen Weltbild garantiert die genaue Beachtung kosmischer Zeitpunkte und Gesetze Erfolg, während ihre Missachtung nicht nur das menschliche Handeln zum Scheitern verdammt, sondern auch die Naturprozesse negativ beeinflusst. „Universistisches" Denken wurde zeitweilig als allgemeinstes und wichtigstes Wesensmerkmal des „chinesischen Denkens" überhaupt angesehen, das man damit als „mythisch" verstehen wollte, doch ist das ein unhaltbares Klischee.[15] Auch für die daoistische Philosophie ist die Einheit der Welt, die die Universismus-Theorie annimmt, tatsächlich im Prozess der menschlichen Zivilisation zerbrochen.

Eine ständig wiederholte These des Daoismus ist, dass die Herrschenden immer zu geschäftig sind, dass sie ständig agieren zu müssen glauben, dauernd irgendwo eingreifen und Neuerungen einführen wollen. Wenn man das vor Augen hat, versteht man die Aufforderung, beim Regieren genauso behutsam vorzugehen wie bei

---

[14] Der Begriff stammt von dem niederländischen Sinologen und Ethnologen De Groot (1912). Seine These wurde u.a. von Max Weber in seiner einflussreichen Schrift *Konfuzianismus und Taoismus* (1920) übernommen.
[15] Vgl. zur Kritik der Universismus-These Roetz (1984).

§8 Laozi

der Zubereitung einer empfindlichen Speise. Der Spruch nimmt dann noch eine unerwartete Wendung:

Regiere große Länder so,
wie man kleine Fische brät.
Wenn ein Land dem Dao gemäß gelenkt wird,
werden seine Verstorbenen keine Geister.
Seine Verstorbenen werden nicht nur keine Geister,
seine Geister verletzen niemanden.
Nicht nur seine Geister verletzen niemanden,
auch der weise Mensch verletzt niemanden. (DDJ 60)

Han Fei vergleicht in seinem Kommentar das zu häufige Umwenden der Fische in der Pfanne mit einer zu häufigen Änderung von Gesetzen und schreibt: Ein Herrscher, der sich auf Regierungskunst versteht, schätzt Leerheit und Stille und nimmt Gesetzesänderungen schwer.

Die Fortsetzung des Spruches ist bemerkenswert, weil im *Daodejing* ansonsten keine Dämonen und Gespenster vorkommen. Die Textstelle ist sprachlich nicht ganz klar, doch dürfte Han Fei den Sinn richtig erfassen, wenn er kommentiert: Menschen eines geordneten Zeitalters und Geister oder Gespenster belästigen einander nicht. Jedenfalls bilden übernatürliche Wesen kein Thema der Betrachtung für Laozi; wichtig war nur, dass solche Wesen für den Menschen nicht relevant sind. Man braucht ihre Existenz nicht zu bestreiten, es reicht, wenn sie nicht in Erscheinung treten. Das beste Mittel, um dem Auftreten von Gespenstern bzw. der Entstehung von Gespensterfurcht vorzubeugen, ist eine gutgeführte Regierung.

Nachdem man die Warnungen vor übermäßiger politischer Betriebsamkeit kennengelernt hat, begreift man das daoistische Ideal eines Herrschers, der durch Nicht-Tun für sein Volk wirkt. Wer gesehen hat, wohin die Regierungskünste der Politiker führen können, wird oft daran zweifeln, ob die etablierte Art des Regierens prinzipiell in Ordnung sei. Wird nicht wirklich sehr oft zu viel regiert und nicht zu wenig? Mit *Nicht-Tun* ist also das Vermeiden eines Übermaßes an (politischer) Aktivität und zumal nötigender, manipulativer Interventionen gemeint. Das Nicht-Tun soll nicht der Bequemlichkeit der Herrschenden dienen, sondern allein dem Wohl des Volkes.

Daher sagt der weise Mensch:
Ich bleibe beim Nicht-Tun,
und das Volk entfaltet sich von selbst.
Ich liebe die Stille,

und das Volk ist von selbst in Ordnung.
Ich bleibe ohne Geschäftigkeit,
und das Volk wird von selbst wohlhabend.
Ich bleibe begierdelos,
und das Volk wird von selbst schlicht. (DDJ 57)

Der Begriff Nicht-Tun (*wuwei* 無為), der in den daoistischen Texten eine prominente Rolle spielt, kommt auch im *Lunyu* vor (15.4, o. S. 38), und zwar als Ideal einer Regierung durch bloßes Vorbild, wie Konfuzius sie dem Urherrscher Shun zuschreibt. Wenn man ihn moderat interpretiert, handelt es sich um einen verständlichen Begriff, der allerdings erst durch konkrete Anwendung in Politik und Staat mit Leben gefüllt werden müsste, was sicherlich möglich ist. Je komplexer ein Staatswesen wird, desto mehr Gesetze und Vorschriften werden nötig, um Ordnung und Wohlstand zu erhalten. Aber mit jedem Gesetz treten neue, unvorhergesehene Probleme auf, die Auswirkungen von Regierungsmaßnahmen sind immer schwerer einzuschätzen, und die Gesetze verlangen in immer schnellerer Folge nach Ergänzungen und Änderungen. Vor dieser Entwicklung warnt der Begriff Nicht-Tun.

Die mehrfach benutzte Phrase

Nicht-Tun, dann bleibt nichts ungetan (z.B. DDJ 48)

wird freilich gelegentlich wie eine magische Zauberformel benutzt. Es ist naheliegend, dass ein Autor, der Lebensweisheit in knappen Lehrsprüchen formuliert, auch Ausdrucksformen benutzt, die nicht immer wörtlich verstanden werden dürfen. Wenn wir lesen

Nicht-Tun, dann bleibt nichts ungetan!
Um das Reich einzunehmen
darf man nicht geschäftig sein;
wer geschäftig ist,
ist unzulänglich, das Reich einzunehmen (DDJ 48)

so ist das als dichterisch komprimierter Ausdruck aufzufassen. Es ist eine Warnung vor unnötigem Aktionismus, eine Empfehlung, sich mit Eingriffen in das (hier: politische) Geschehen zurückzuhalten. Läse man dieselbe Stelle aber streng wörtlich, so wäre sie weniger überzeugend – wer überhaupt nichts tut, wird oft genug auch überhaupt nichts erreichen. *Wuwei* zielt eher auf eine wohlbedachte dosierte Handlungsenthaltung in Erwartung eines dialektischen Effekts – eine Denkfigur, die für das *Daodejing* typisch ist.

Obwohl das *Daodejing* dem politischen Geschehen äußerst skeptisch gegenübersteht, finden wir keine Einwände gegen das Bestreben, eine Vereinigung der damaligen chinesischen Staaten zu erreichen, denn damit würden die ständigen Kriege ein Ende finden. Es liegt nahe, dass der Weg zur Einigung im Verschmelzen kleiner Staaten mit größeren besteht.[16] Damit ein solcher Prozess dauerhafte Ergebnisse zeitigt, muss er aber gewaltlos ablaufen. Der mächtigere Staat darf nicht einfach nach Hegemonie streben, sondern muss ausschließlich an das Wohl der Völker beider Staaten denken. Wenn ein Staat so vorgeht, dann wird er wie ein großer Strom alle Völker vereinen:

Ein großes Land (sei wie):
eine Flussniederung, ein Sammelbecken der Welt, das Weibliche der Welt.
Weibliches überwindet das Männliche durch Stille.
In Stille erniedrigt es sich.
Darum:
Das große Land stelle sich unter das kleine Land, dann wird es das
kleine Land einnehmen. (DDJ 61)

Das Bild vom großen Strom, dem alle Wasserläufe ohne Zwang und ohne Dazutun der Menschen mit Naturnotwendigkeit zuströmen, gehört zu den immer wiederkehrenden Wunschvorstellungen jener unfriedlichen Zeit. Wie alle Ideale von gewaltfreier Politik steht es in völligem Gegensatz zur politischen Realität. Auch die Einigung Chinas, mit der im Jahr 221 v.d.Z. die Periode der Streitenden Reiche beendet wurde, erfolgte gewaltsam.

Der sogenannte Fortschritt der Gesellschaft oder der Menschheit ist in daoistischer Beurteilung eine Fehlentwicklung. Die Ursachen für sie liegen aber nicht nur bei den Herrschenden; offenbar liegen ihr auch Anlagen zugrunde, die tief im Menschen verankert sind: das Streben nach Macht, Auszeichnung, Abwechslung, Neuerung, Reichtum über den Bedarf hinaus etc., auch die Neugierde und vor allem das Streben nach Wissen. Es sind Wurzeln der Zivilisation, aber auch Ursachen für die resultierende Unmenschlichkeit der Gesellschaft und die letztendliche Zerstörung der Erde durch den ungehinderten Tatendrang des Menschen.

Daraus ergibt sich für die alternativen Vorstellungen eine Schwierigkeit. Eigentlich sollte alles seinen natürlichen, ungezwun-

---

[16] Aus DDJ 80 spricht aber eher eine zentrifugale Strategie: viele kleine Einheiten schaffen.

genen Gang gehen und der Staat möglichst unsichtbar bleiben. Andererseits tendieren die Menschen vielleicht von Natur aus zu einem Verhalten, das die ganze Fehlentwicklung der Gesellschaft gerade auslöst und das von der Politik bloß übernommen wird. Der Daoismus rechnet nun nicht mit einer Umformbarkeit des Menschen, wohl aber mit seiner Regierbarkeit und Konditionierbarkeit. An dieser Stelle wird die alternative Ideologie zwangsläufig elitär, denn sie muss zwischen den wenigen Wissenden einerseits, dem unwissenden Volk andererseits unterscheiden. Im Idealfall gehört der Herrscher zu denen, die die richtige Einsicht haben, und diesen Idealfall beschreibt das *Daodejing*.

Der weise Herrscher wird das Volk mit sanfter, unauffälliger Hand zum richtigen Verhalten lenken und es weder nach seinen Wünschen fragen noch über die Ziele der Regierung aufklären. Wir lasen bereits, dass er das Volk möglichst „unwissend und anspruchslos" hält und dessen Willen schwächt, und dass er dafür sorgt, dass die „Wissenden" seine Kreise nicht stören (DDJ 3, o. S. 117). Ebenso deutlich ist die Feststellung

Wer im Altertum dem Dao gemäß zu handeln verstand,
wollte das Volk nicht aufklären,
sondern dumm halten.
Wenn das Volk schwer zu regieren ist,
dann weil es zu viel weiß. (DDJ 65)

Welche Aussichten räumt das *Daodejing* der Verwirklichung der alternativen Ideale ein? Wenn man das seltsam unbestimmte und gleichsam freischwebende Kapitel DDJ 70 irdisch-politisch liest, erhält man die zurückhaltende Antwort:

Meine Worte sind sehr leicht zu verstehen
und sehr leicht anzuwenden.
Niemand auf Erden vermag sie aber zu verstehen,
niemand sie anzuwenden. (DDJ 70)

Krieg und Militär

In der Verurteilung von Krieg und Gewalt ist das *Daodejing* mit Konfuzianern und Mohisten einig. Mit wenigen, eindrucksvollen Worten schildert es die Schrecken des Krieges, nachdem es zuvor die Friedfertigkeit mit dem Dao in Beziehung setzt:

Wer dem Dao entsprechend einem Herrscher zur Seite steht,
wird die Welt nicht mit Waffengewalt zwingen.
Wie schnell sich die Dinge verändern:

Wo Heere lagerten,
wächst Dornengestrüpp,
nach den großen Schlachten
müssen Hungersjahre folgen. (DDJ 30)

Die Fortsetzung des Kapitels ist vage gehalten und lautet in etwa:

Hat der Gute Erfolg,
so lässt er es dabei bewenden
und wagt nichts gewaltsam zu erzwingen.

Dieser Satz wird traditionellerweise interpretiert als „ein guter Feldherr hat Erfolg, aber lässt es dabei bewenden." Damit lässt sich diese Stelle überraschenderweise auch militärtaktisch deuten, und dasselbe gilt noch von einigen anderen Sätzen im *Daodejing*. So sagt DDJ 69:

Es gibt einen Merkspruch über das Kriegführen:
Ich wage nicht vorauszugehen,
sondern bleibe zurück;
ich wage nicht einen Zoll vorzurücken,
sondern ziehe mich einen Fuß zurück.
Das nennt man:
Ein Vorgehen, ohne vorzugehen,
und keine Brachialgewalt. [...]
Daher:
Wenn Feinde gegeneinander die Waffen erheben,
siegt der traurige. (DDJ 69)

Unbestreitbar benutzt das *Daodejing* mehrfach militärische Bilder, was bei den Verhältnissen der Zeit der Streitenden Reiche nicht verwunderlich ist. Aber dass der Autor oder Herausgeber in das Werk tatsächlich ein paar raffinierte Regeln für erfolgreiches Kriegführen aufnehmen wollte, erscheint wenig plausibel, wenn man den Gesamtcharakter des *Daodejing* in Rechnung stellt. Eher wird man die gerade zitierten Sätze als Aufforderung zur äußersten Mäßigung in militärischen Konflikten lesen dürfen; das Schlimmste soll verhindert.[17] Immerhin wurde der Text in China (auch) unter die *Bingshu* 兵書, die militärischen Schriften gerechnet. Aber in Wirklichkeit ist der daoistischen Lebenshaltung jeglicher Militarismus ganz wesensfremd. Das zeigt etwa der (etwas freier übersetzte) Spruch,

---

[17] Unbestreitbar sind aber daoistische Begriffe und Formeln auch zur Formulierung militärischer Doktrinen benützt worden. Ein Beispiel ist das Kapitel 17 *Bing fa* 兵法, *Methoden der Kriegsführung*, des *Guanzi* 管子.

Wenn die Welt das Dao hat,
dann ziehen die Pferde Mistwagen;
wenn die Welt das Dao nicht hat,
werden Schlachtrösser sogar auf dem Opferanger (in sakralen Bezirken)
gezüchtet. (DDJ 46)

Schließlich durchbricht das *Daodejing* ein Tabu, das sich durch die Jahrtausende bis auf unsere Zeit erhalten hat und mit dem Politiker und Militärs die wahre Natur des Krieges immer verschleierten. Der Sieger nämlich veranstaltet nach der Schlacht ein Siegesfest und lässt sich für den Sieg rühmen. Dass es eine Feier ist, die ohne das Opfern, d.h. Hinschlachten, zahlloser Menschen nicht möglich wäre, wird verdrängt. Die Toten und die Krüppel des Krieges nehmen an der Siegesparade nicht teil. Das *Daodejing* sagt dagegen:

Waffen sind Geräte des Unheils
und nicht Geräte eines Edlen –
er ergreift sie nur widerwillig,
der Frieden ist für ihn das Höchste.
Siegt er, so wird er dessen nicht froh.
Denn wer dessen froh wird,
erfreut sich am Töten von Menschen.
Wer sich aber am Töten von Menschen erfreut,
der darf nicht an die Macht kommen. (DDJ 31)

Moral

Der Daoismus versucht, das Fehlverhalten der Menschen ursächlich zu erklären. Man hat zu viele überflüssige Bedürfnisse geweckt und zu viel Kartleresucht. Wir zitierten bereits DDJ 3, das als Mittel gegen diese Fehlentwicklung empfiehlt, dem Volk erst gar nichts Begehrenswertes vor Augen zu führen. Vorschriften und Verbote helfen wenig, denn mit ihnen nimmt die Anzahl der Vergehen nur zu (DDJ 57). Ethiken wiederum wie die der Konfuzianer zeigen nur, dass die Verhältnisse nicht mehr in Ordnung sind. Das konfuzianische System von Tugendbegriffen und rituellen Regeln, die der Mensch erst mühsam erlernen muss, wird als Degenerationserscheinung entlarvt. Tugend, Humanität, Gerechtigkeit und Sittlichkeit, diese Eckpfeiler der etablierten Moral, wertet das *Daodejing* insgesamt als Anzeichen für den Verlust des Dao:

Erst als das Dao verlorenging, kam die Tugend.
Erst als die Tugend, verlorenging, kam die Humanität.
Erst als die Humanität verlorenging, kam die Gerechtigkeit.
Erst als die Gerechtigkeit verlorenging, kam die Sittlichkeit. (DDJ 38)

Ähnlich wird das komplizierte System der Verwandtschaftsbeziehungen und der damit verbundenen Pflichten (als Kind, jüngerer Bruder etc.) eingeschätzt, nämlich als Symptom für den Verfall der ursprünglichen Moral. Wieder fehlt dabei der politische Aspekt nicht:

(Erst) wenn das große Dao verfällt,
gibt es Humanität und Gerechtigkeit.
(Erst) wenn Wissen und Klugheit aufkommen,
gibt es große Täuschungen.
(Erst) wenn die Verwandten zerstritten sind,
gibt es Kindespflichten und elterliche Güte.
(Erst) wenn chaotische Zustände im Land herrschen,
gibt es loyale Untergebene. (DDJ 18)

In einem gutregierten Staat ist es selbstverständlich, dass die Bürger, vor allem aber die Beamten, ihren Pflichten nachkommen; das Selbstverständliche wird nicht bemerkt. Wenn auffällt, dass ein Beamter seine Aufgaben pflichtgetreu erfüllt, beweist das die allgemeine Zerrüttung des Staates. In diesem Sinne ist der Ausspruch zu verstehen, man solle Wissen, Humanität usf. dahinfahren lassen (DDJ 19/20): Solange diese Tugenden ins Auge fallen, sind sie offenbar selten. Erst wenn man sie nicht bemerkt, ist die Gesellschaft richtig geordnet.

Als Alternative zur etablierten Tugendlehre preist der Daoismus eine ursprüngliche, unreflektierte, selbstverständliche Tugendhaftigkeit, die als natürliche Urtugend ohne Moralpredigt auskommt. Der wirklich Tugendhafte weiß nichts von Tugend, weil er darüber nicht nachzudenken braucht. Dies ist der Sinn des Satzes „Hohe Tugend ist keine Tugend" (s. u.). Wer Tugend besitzt, benötigt keine Moralvorschriften; wer über sie erst nachdenken muss, der besitzt sie offenbar nicht mehr. Besonders lächerlich aber sind Tugendhüter, die verstört und aufgeregt reagieren, wenn nicht jedermann auf sie aufmerksam wird. Dann krempeln sie die Ärmel hoch, um die erwünschte Gefolgschaft zu erzwingen:

Hohe Tugend ist keine Tugend –
so gibt es Tugend.
Niedere Tugend will die Tugend nicht verlieren –
so hat sie keine Tugend. […]
Hohe Sittlichkeit (ist) tätig,
und wenn niemand darauf reagiert,
macht sie die Arme frei und erzwingt es. (DDJ 38)

Der weise Mensch

Wer die Lebensregeln des Daoismus praktiziert, wird als *weiser Mensch* (*shengren* 聖人) bezeichnet. Man hat diesen Terminus auch mit *der Heilige* oder *der Berufene* übersetzt, was aber falsche Assoziationen weckt, denn im *Daodejing* kommen keine Götter vor, vor denen sich jemand als heilig qualifizieren könnte oder die jemanden zu irgendetwas berufen. Aber ohne Zweifel ist der „Weise" im Daoismus eine Idealfigur, es sei denn, es sind damit die Kulturheroen gemeint, die für die Erfindung der zerstörerischen Zivilisation verantwortlich gemacht werden (s. u. S. 156). Der Weise und das Dao haben wesentliche Eigenschaften gemeinsam: das unauffällige, sich nicht vordrängende Wirken, die Friedfertigkeit, das mühelose Erreichen der Ziele durch Nicht-Tun. Der weise Mensch tritt häufig als idealer Herrscher auf, der dem Dao gemäß regiert; manchmal bleibt seine politische Funktion aber auch unbestimmt.

Man stößt hier auf ein Paradoxon: der Daoismus war eine Alternativ-Philosophie, ein Protest gegen die etablierte Gesellschaft, eine Abkehr von der Politik. Das *Daodejing* aber spricht nicht vom Einsiedler, sondern von der richtigen Regierung. Indes steht der weise Herrscher dem Einsiedler nicht so ferne. Er regiert behutsam und ist nicht machtgierig, er hält sich im Hintergrund und zieht sich zurück, sobald seine Aufgaben es ihm erlauben. Gerade dadurch nützt er dem Volk.

Wegen der poetischen Unbestimmtheit des Textes lassen sich die Regeln, denen der weise Mensch folgt, häufig auch ganz unpolitisch als Lebensregeln für den Einzelnen lesen. Dies macht einen bedeutenden Teil der Faszination aus, die das *Daodejing* nicht nur in China, sondern auch im Westen, und hier in solchem Maße, dass dabei die politisch Dimension häufig übersehen wurde, ausgestrahlt hat.

Der weise Mensch ist weder ein Gelehrter noch ein blendender Redner. Sein Wirken für die anderen ist bescheiden und geschieht ohne eigennützige Hintergedanken.

Glaubwürdige Worte sind nicht schön,
schöne Worte nicht glaubwürdig.
Der Gute diskutiert nicht,
wer diskutiert, ist nicht gut.
Der Wissende ist nicht gelehrt,
der Gelehrte nicht wissend. […]
Das Dao des Himmels: nützen und nicht schaden.
Das Dao des weisen Menschen: handeln, ohne zu streiten. (DDJ 81)

Man kann auch dem Nicht-Tun, das als Kardinaltugend des weisen Herrschers dargestellt wurde, einen unpolitischen Sinn abgewinnen und es allgemein als weise Selbstbeschränkung deuten. Das Gegenteil des Nicht-Tuns ist die aus Selbstüberschätzung und mangelnder Einsicht geborene hektische Aktivität, wie sie bekanntlich nicht bloß Politiker zu befallen pflegt. Sie wird mit beredten Worten verurteilt:

Wer auf Zehenspitzen steht, steht nicht fest.
Wer die größten Schritte macht, kommt nicht weit.
Wer nur auf sich sieht, sieht nicht klar.
Wer von sich eingenommen ist, besitzt keine Ausstrahlung. [...]
Darum:
Wer das Dao hat, tut derlei nicht. (DDJ 24)

Ruhelose Geschäftigkeit, Selbstgefälligkeit und Hochmut sind geradezu das Gegenteil des Dao, was sich gleichermaßen auf das politische und das individuelle Leben bezieht. Vom weisen Menschen heißt es dagegen:

Deshalb besorgt der weise Mensch
seine Geschäfte durch Nicht-Tun
und lehrt ohne Worte. (DDJ 2)

Die Mühelosigkeit, mit der der Weise wirkt, erklärt sich aus seiner Voraussicht. Wieder gilt dies nicht nur für den politischen Bereich. Doch wird insbesondere dem Herrscher empfohlen, bereits dann seine Maßnahmen zu treffen, wenn noch keine Schwierigkeiten aufgetreten sind. Auch die gewaltigsten Entwicklungen beginnen unauffällig; wer frühzeitig erkennt, wohin die Dinge steuern, kann sie noch ohne große Anstrengung beeinflussen:

Handle, bevor sich die Dinge entwickelt haben!
Regiere, noch ehe Unruhe aufkommt!
Auch der mächtigste Baum
entsteht aus einem kleinen Pflänzchen;
auch eine neunstöckige Terrasse
wird aus Schichten von Erde aufgebaut.
Eine Reise von tausend Meilen
beginnt unter deinen Füßen. [...] (DDJ 64)

Der Weg der Natur. Lob des Schwachen

Wenn für den Fall eines militärischen Konfliktes der Sieg des Traurigen prophezeit wird (DDJ 69), so steht dahinter eine universale Überzeugung des Daoismus: Nicht der Sieg des Starken, Großen,

Aktiven bestimme den Gang der Welt, sondern stets seien letzten Endes das Schwache, Weiche, Weibliche, Kindliche als besondere Repräsentationen des *Dao* überlegen:

Wenn der Mensch geboren wird ist er weich und schwach;
wenn er gestorben ist aber fest und stark.
Wenn Gräser und Bäume wachsen, sind sie weich und zerbrechlich;
wenn sie sterben aber dürr und hart.
Also:
Das Feste und Starke ist des Todes Begleiter,
das Weiche und Schwache ist des Lebens Begleiter.
Darum:
Starke Heere siegen nicht,
starke Bäume werden gefällt,
Starkes und Großes bleibt unten,
Weiches und Schwaches behält die Oberhand. (DDJ 76)

Die Parallele, die das *Daodejing* hier zwischen biologischen und politischen Ereignissen zieht, klingt wie eine typisch „universistische" (zur Problematik dieses Begriffs s. o. S. 126) Denkfigur. Man sollte allerdings im Auge behalten, dass die Gesetzmäßigkeiten der Natur, um die es dabei geht, passend aus der Fülle des Naturgeschehens ausgewählt werden. Es gäbe auch Beispiele für den Sieg des Starken über den Schwachen, doch würden sie nicht zu einer Ideologie passen, die sich im Gegensatz zum etablierten, starken Herrscher oder Staat sieht.

Vielleicht hat schon der Herausgeber des *Daodejing* empfunden, dass die These vom Sieg des Schwachen über das Starke durch die Erfahrung nicht sonderlich gestützt wird; es mag sein, dass er deshalb das Kapitel 78, in dem diese These besonders deutlich ausgesprochen wird, durch eine kluge, aber auch schützende Formel abschloss:

Dass Schwaches Starkes besiegt und Weiches Hartes,
weiß jeder, aber niemand vermag danach zu handeln. [...]
Wahre Worte klingen mitunter absurd. (DDJ 78)

Sowohl isoliert als auch in der Kombination *Himmel und Erde* (*tian di* 天地) kommt mehrfach das Wort *Himmel* (*tian* 天) vor. Es sollte nicht zu allzu religiösen Assoziationen verleiten – gerade der Daoismus hat die Säkularisierung dieses Begriffs, in der frühen Zhou-Zeit der Name einer Gottheit, vorangetrieben. In vielen Fällen kann man *tian* einfach mit *Natur* gleichsetzen (wie auch später bei Xunzi),[18] manchmal eher mit *Geschick*. Auch der Himmel hat sein Dao, worin er dem weisen Menschen auffallend gleicht:

Des Himmels Dao:
Nicht streiten, aber gut im Siegen;
nicht reden, aber gut im Antworten;
nicht rufen, aber (alles) kommt von selber;
sanft, aber gut beim Planen.
Des Himmels Netz ist weit,
weit und locker – aber nichts geht darin verloren. (DDJ 73)

Der Himmel tritt nicht als personifiziertes Wesen auf, das sich etwa um den Menschen sorgen würde. Vielmehr zeigt das Weltbild des *Daodejing* eine Tendenz zur Entpersonalisierung der Natur:

Himmel und Erde sind nicht human;
für sie sind alle Wesen wie Strohhunde.
Der weise Mensch ist nicht human,
für ihn ist das Volk wie ein Strohhund. (DDJ 5)

Strohhunde wurden für bestimmte kultische Handlungen angefertigt und nach Gebrauch weggeworfen.

Die Bewahrung des Lebens

Ein Leser, der unvorbereitet oder mit hochgestimmten metaphysischen Erwartungen erstmals einen Spruch wie den folgenden liest, wird wohl oder übel ratlos sein:

Es heißt:
Wer das Leben richtig zusammenhält,
wird auf Erden nicht auf Nashorn und Tiger stoßen,
und in der Schlacht braucht er keinen Schild oder Panzer.
Das Nashorn findet nichts, wo sein Horn hineinstoßen könnte,
der Tiger nichts, wo seine Klauen ansetzen könnten,
die Waffen nichts, wo sie durchdringen könnten.
Was ist der Grund davon?
Weil er keine tödlichen Stellen hat. (DDJ 50)

Hier wird dem in die Geheimnisse Eingeweihten, dem Adepten, der „das Leben richtig zusammenhält", ohne Umschweife körperliche Unverletzlichkeit versprochen (ähnlich, aber weniger deutlich auch in DDJ 16, 33, 52, 55). Im *Daodejing* finden sich etliche solcher Adeptensprüche; man kann also nicht annehmen, es handle sich um zufällig oder irrtümlich in den Text Hineingeratenes.

[18] Vgl. hierzu u. §14.

Es ist sicher, dass auch im alten China viele Menschen von Unsterblichkeit (auf Erden) träumten, oder wenigstens von einem langen, ungefährdeten Leben – Träume, die in Kriegszeiten vielleicht noch dringlicher wurden. Nachdem weder der Staat noch die Wissenschaft viel zur Erfüllung dieser Urwünsche beitragen, suchten und suchen Menschen immer wieder Hilfe bei jenen Schulen und Lehrmeistern, die derartiges verheißen. Einst wie jetzt soll das Ziel dabei durch eine Kombination von äußeren (körperlichen) Maßnahmen und inneren (geistigen) Einstellungen erreicht werden. Obwohl das *Daodejing* mit diesbezüglichen Angaben spärlich ist oder sie in Geheimsprüche kleidet, weiß man über die „Pflege des Lebens" Bescheid, da man die Praktiken der späteren daoistischen Religion kennt. Als körperliche Maßnahme erwähnt unser Text ausdrücklich bestimmte Atemtechniken (DDJ 10), auch kommen mehrfach sexuelle Anspielungen vor (DDJ 6, 10, 28, 55), und man weiß, dass der Daoismus später bestimmte eher exzentrische Sexualpraktiken empfahl. Auch spielten allerhand Diätvorschriften eine wichtige Rolle.

Als geheimnisvolle ideologische Ergänzung und Überhöhung der körperlichen Praktiken aber diente eben die Dao-Lehre, ergänzt durch Astrologie, Wahrsagerei, aber auch Meditation. Der Ausdruck *Dao* wurde zu einem magischen Terminus, das *Daodejing* zu einem Kulttext, wozu es wegen mancher geheimnisvoller Sprüche nicht ungeeignet ist. So findet man bereits im alten China jene auch heute so beliebte Kombination von Gesundheitstechniken und Geheimlehren, von Müsli und Mystik als Weg (Dao) des alternativen Lebens.

Das Dao

In den Sinnsprüchen des *Daodejing* findet sich keinerlei Begriffserklärung für das zentrale Wort *Dao*. Um seine Bedeutung zu rekonstruieren, ist man daher gezwungen, seinen Gebrauch (und damit seine Funktion) im *Daodejing* zu analysieren. An die so hergestellte Rekonstruktion mag man dann „Deutungen" anschließen und auf Analogien und Parallelen bei anderen Denkern oder Kulturen hinweisen, von den Hopi-Indianern über Spinoza bis zum Urknall der Kosmologie. Bei der schmalen Ausgangsbasis, die der antike Text darstellt, wird es sich freilich grundsätzlich um Extrapolationen und nicht um Textauslegungen handeln. Es erscheint mehr als zweifelhaft, ob man die Sprüche des *Daodejing* mit logischer Strenge konfrontieren darf; schließlich ist es nicht zuletzt ein editorisches Dichtkunstwerk, der Dichter aber erliegt gerne dem Zauber der Sprache, und nimmt es mit der Verständlichkeit seiner Sprüche nicht allzu genau.

Man kann im *Daodejing* etwa folgende Verwendungen von *Dao* feststellen:

a) Dao als Inbegriff und Rechtfertigung des richtigen Lebens

Das Wort *Dao* wird auch in konfuzianischen Schriften verwendet. Dass „die Welt das Dao hat" bedeutet hier das Bestehen idealer politischer Zustände. Allgemeiner kann *Dao* das Prinzip des richtigen Handelns bedeuten. Dieser Gebrauch findet sich auch im Daoismus, der damit aber seine eigenen Vorstellungen vom richtigen politischen oder individuellen Leben verbunden hat – Vorstellungen, die von den konfuzianischen stark abweichen.

Die daoistischen Ideale von Staat, Gesellschaft und Einzelleben sind uns bereits bekannt; wir fassen sie hier nochmals zusammen: Die Regierung darf das Volk nicht ausbeuten und keine Kriege mutwillig vom Zaun brechen, sie hat für das materielle Wohlergehen des Volkes zu sorgen, zugleich aber die Verführungen des Luxus und überhaupt jeden Sinneskitzel von ihm fernzuhalten. Eine intellektuelle Volksaufklärung soll nicht stattfinden, trotzdem wird in einem richtig regierten Volk keine Geisterfurcht aufkommen. Das Ideal des Daoisten ist spontanes Handeln aus einer ursprünglichen Tugend heraus, nicht unter Anleitung von mühsam erlernten Tugendregeln. Ein weiser Mensch agiert so wenig wie möglich, er lässt den Dingen ihren natürlichen Lauf und hält sich bescheiden im Hintergrund.

Der Begriff des Dao markiert zugleich auch den Übergang von der bloßen Darstellung eines Ideals zu dessen metaphysischer Rechtfertigung. Friedfertigkeit z.B. ist nicht einfach ein schönes, anzustrebendes Verhalten, sondern Friedfertigkeit entspricht dem Dao, und deshalb ist sie wünschenswert:

Wer dem Dao entsprechend an der Regierung teilnimmt,
wird nichts mit Waffengewalt erzwingen. (DDJ 30)

Das menschliche Handeln erhält dadurch eine kosmische Rechtfertigung und Weihe. Deutlich ist das an den Aussagen über die Handlungen des Weisen bzw. des weisen Herrschers zu erkennen. Der Text begnügt sich nicht mit der Feststellung, dass ein weiser Herrscher z.B. das Volk nicht aufklärt, sondern erklärt genauer, der Herrscher tue das nicht, weil es nicht dem Dao gemäß sei (DDJ 65). Umgekehrt endet DDJ 53 nach einer Aufzählung von Missständen, die durch eine ausbeuterische Regierung entstehen, mit den Worten

Dies ist wider das Dao. (DDJ 53)

Die kosmische Rechtfertigung irdisch-menschlicher Ideale ist dem westlichen Denken nicht fremd. Statt dem Dao benutzt die westliche Tradition hauptsächlich die Natur oder die Weltvernunft. Auch im Westen wollte man sich nicht damit begnügen, Ideale wie z.B. die Menschenrechte als bloße Postulate hinzustellen; man versuchte immer wieder, ihnen eine objektive Rechtfertigung etwa durch das sogenannte Naturrecht zu geben.

b) Dao als Geheimnis der Unsterblichkeit

Es wurde schon ausgeführt, dass sich im *Daodejing* auch Hinweise auf eine Geheimlehre für Eingeweihte (Adepten) finden, deren Ziel Erlangung der Unsterblichkeit oder wenigstens Langlebigkeit war. Diese Vorstellungen wurden besonders in späteren, nachklassischen Deutungen des *Daodejing* wichtig.

c) Dao und der Anfang der Welt

Mit dieser Funktion des Dao kommen wir zu den schwierigen, nur durch wenige Textstücke zu belegenden Funktionen von *Dao*. Im dunklen Spruch 4 heißt es:

Ich weiß nicht, wessen Sohn (das Dao) ist.
Es scheint früher als Di zu sein. (DDJ 4)

Mit Di 帝 ist vermutlich der Hochgott der Shang gemeint (s. o. S. 14), möglicherweise aber auch einfach die Welt der Götter. Das Dao geht also den bekannten religiösen Mächten voran. Mit dem Begriff wird alles überboten, was bislang als oberste Autorität galt. Auch mit dem Entstehen von Himmel und Erde und damit der Welt im Ganzen wird das Dao in Verbindung gebracht:

Es gibt ein Etwas, das im Chaos vollendet ist
und vor Himmel und Erde entstand.
Still, leer, ganz auf sich gestellt und unveränderlich
zieht es unerschöpflich seine Kreise.
Man kann es als Mutter von Himmel und Erde ansehen. (DDJ 25)

Und in einem nicht eindeutig interpretierbaren Satz, in den man so ziemlich jede beliebige Lehrmeinung hineinlesen kann und auch hineingelesen hat, ist das Dao der Erzeuger von allem:

Dao erzeugt eins
eins erzeugt zwei
zwei erzeugt drei
drei erzeugt alle Dinge. (DDJ 42)

Über die Bedeutung der Ausdrücke eins, zwei, drei ist viel spekuliert worden. Der Spruch könnte einfach besagen, dass vom Dao ausgehend ein Ding nach dem anderen entstanden ist.[19] Es gibt aber auch anspruchsvollere Deutungen; mit „zwei" könnte z.B. Yin und Yang gemeint sein – klären lässt sich das nicht. In jedem Fall steht aber das Dao am Anfang einer Erzeugungskette. In dem recht dunklen DDJ 34 heißt es vom Dao, es erzeuge, kleide und nähre alle Dinge, und DDJ 21 spricht etwas rätselhaft von Dingen, Bildern und Keimen, die im Dao sind. Nimmt man alles zusammen, so finden sich in der Dao-Spekulation Ansätze zu einer nicht klar dargestellten Kosmogonie.

d) Dao als metaphysischer Begriff

In seiner kosmogonischen Rolle ist Dao als metaphysischer Begriff verstanden. Im Spruch 25 heißt es weiter:

Ich kenne seinen Namen nicht;
ich gebe ihm Beinamen: Dao.
Gezwungen, es zu benennen, sagt man: Groß. [...]
Also: Das Dao ist groß
der Himmel ist groß
die Erde ist groß
auch der Mensch ist groß.
In der Welt gibt es viererlei Großes
aber der Mensch ist eines davon.
Der Mensch nimmt sich die Erde zum Gesetz,
die Erde nimmt sich den Himmel zum Gesetz,
der Himmel nimmt sich das Dao zum Gesetz,
das Dao nimmt sich selbst, so wie es ist, zum Gesetz.

Der (allerdings wieder unterschiedlich interpretierte) Schluss erinnert an den Begriff *causa sui* (Selbstursache, ursachelose Ursache) der europäischen Metaphysik; jedenfalls weist der Spruch darauf

---

[19] So liest es Waley, *The Way and Its Power*.

hin, dass der Daoist beim Begriff Dao sein Fragen beendet und keine weiteren Erklärungen verlangt.

Interessant ist auch der Hinweis auf die Namenlosigkeit oder Unbenennbarkeit des Dao. Neben der Aussage des 1. Kapitels, dass dem dauernden Dao kein Name gegeben werden könne, ist hierzu auch DDJ 32 zu erwähnen, in dem es heißt:

Dao ist ewig ohne Namen.[20]
Ein unbehauener Klotz, zwar gering,
aber von nichts auf der Welt zu beherrschen. [...]
Erst wenn man ihn behaut,
dann gibt es Namen.
Sobald es Namen gibt
muss man innezuhalten wissen (DDJ 32)

Der merkwürdige Satz, dass erst mit dem Beginn des Behauens oder Spaltens Namen aufkommen, dürfte den Schlüssel zum Verständnis der Namenlosigkeit des Dao liefern. Benennen heißt, die benannten Dinge abgrenzen, sie voneinander unterscheiden, trennen. Möglicherweise hat dies auch eine soziale Lesart: Benennen (nach verschiedenen Rängen, Klassen etc.) ist Ausdruck einer Ausdifferenzierung der Gesellschaft, die ursprünglich, so der daoistische Traum, homogen und ohne soziale Trennungen war. Der Urzustand ist der unbehauene Klotz, und dessen „Zerspaltung" (DDJ 28) entspricht dem die Einheit zersetzenden Prozess des Unterscheidens, Abgrenzens (Definierens!) und Benennens der Dinge wie der sozialen Klassen.

Anders formuliert: Verständige Erkenntnis hängt davon ab, dass man einzelne Objekte isolieren, abgrenzen, durch spezielle Eigenschaften kennzeichnen und damit auch benennen kann. In diesem Sinne kann man Erkennbarkeit und Benennbarkeit gleichsetzen. Erkenntnis über die Welt als Ganzes dagegen ist nicht möglich – wogegen sollte man sie abgrenzen? Darum ist es in gewisser Weise auch unsinnig, ihr einen Namen zu geben. Wir nennen sie *Welt* oder *Universum* und sagen damit im Grunde genauso wenig wie die alten Chinesen mit dem Wort Dao. Dao als das, woraus alle Dinge entstanden sind, wäre also der Inbegriff des Kosmos und hätte als solcher nichts, wogegen es abgegrenzt werden könnte; folglich ist Dao nicht sinnvoll benennbar. Als Gegenbegriff zu allem, „was es gibt",

---

[20] Oder: „Dao ist dauerhaft und hat keinen Namen". Auch in DDJ 37 und 42 findet sich die Wendung vom namenlosen Dao.

(*you* 有) käme nur noch „das, was es nicht gibt", (*wu* 無) in Frage. So, wie man über die Welt als ganze nichts aussagen kann (es macht z.B. keinen Sinn, von ihr zu sagen, sie sei groß, weil sie mit nichts außerhalb verglichen werden kann), so lässt sich auch vom Dao nichts aussagen. Es mag sein, dass es ungefähr das war, was mit den Sprüchen über das Seiende (*you*) und seine Negation (*wu*) intendiert war:

Alle Dinge der Welt entstehen aus Sein,
Sein entsteht aus Nichts. (DDJ 40)

So gesehen wäre Dao eine Art Allmenge, d.h. eine Menge, zu der alles gehört, was es überhaupt gibt. Mit der Rückwendung zum Dao, der daoistischen Utopie, wäre die Rücknahme der Aufspaltung der Welt durch den Menschen und der Menschenwelt selbst verbunden.

e) Das Dao und die Naturgesetze

Es gibt eine interessante Analogie zwischen dem Begriff des Dao und dem modernen Begriff der Naturgesetze. Wenn wir heute davon sprechen, dass alles Geschehen durch die Naturgesetze bestimmt sei, so käme es uns lächerlich vor, zu fragen, wie die Naturgesetze bewirken, dass sie befolgt werden. Sie „tun" nichts und bestimmen doch das ganze Naturgeschehen ohne Ausnahme. Sie manifestieren sich in allem, alles läuft ihnen gemäß ab. Analog sagt das *Daodejing*:

Das Dao ist beständig ohne Tun
aber nichts bleibt ungetan. (DDJ 37)

Man kann von den Naturgesetzen nicht gut sagen, sie seien erst entstanden, als die Welt entstand; eher müsste man sagen, sie hätten schon vorher existiert. Des Weiteren sind die Naturgesetze weder gütig noch grausam – es wäre unsinnig, derartiges von ihnen auszusagen:

Himmel und Erde sind nicht human […].
Der weise Mensch ist nicht human. (DDJ 5)

Mitunter redet man so, als ob man die Naturgesetze personifizieren wolle, aber man sieht rasch ein, wie unangemessen das ist. Und schließlich gehören sie nicht zum Bereich der Dinge, d.h. nicht zum Seienden. Alle diese Merkmale trägt aber auch das Dao. Deshalb wäre die Vermutung zumindest nicht abwegig, dass mit *Dao* auch ein allgemeiner Begriff für die Gesetzmäßigkeiten alles natürlichen Geschehens gemeint war. Man kann die Naturgesetze auch nicht sinnvoll irgendwo lokalisieren, es macht wenig Sinn, zu fragen, wo die Naturgesetze sind. Sie sind sozusagen überall. Im *Zhuangzi* heißt es entsprechend vom Dao:

Es ist überall ... in den Ameisen ... in Grassamen ... in Trümmerhaufen ... in Scheiße und Pisse. (*Zhuangzi* Kap. 22)

f) Das Dao als Mutter

Das *Daodejing* verspricht die Einführung in das namenlose, unsagbare „nochmals Dunkle des Dunklen, aller Subtilitäten Tor" (DDJ 1, o. S. 123). Das Dao als den Urgrund auch in biologischen und sexuellen, namentlich femininen Bildern und Anspielungen zu beschreiben und dabei besonders mit der Mutterbindung zu spielen, ist das vielleicht tiefste Geheimnis der Anziehungskraft, die vom *Daodejing* ausgegangen ist. Das Dao ist die „Mutter der Welt" (DDJ 25, 52). Es ist das „wundersame Tal" und „Tor des dunklen Weibchens", das „Wurzel von Himmel und Erde genannt wird" (6). Der Mutter wiederum ist nichts näher als das Kleinkind in seiner naiven, ungezwungenen Natürlichkeit (DDJ 10, 20, 28, 55, 76, s. a. u. S. 176), und es verwundert nicht, dass der Daoismus es als authentische Verkörperung des Dao idealisiert. Wenn der Autor des *Daodejing* zur „Rückkehr zur Kindheit" aufruft (DDJ 28), empfiehlt, „schwach wie ein Kind zu sein" (DDJ 10), und dem Leser enthüllt,

Ich ankere im Unbestimmten, *wie ein Säugling*, der noch nicht lachen kann, [...] und schätze am höchsten, *bei der Mutter zu trinken* (DDJ 20),

so mag diese Reminiszenz an die freie, unbeschwerte Geborgenheit der frühesten Lebensjahre, wenn man sie denn erfahren durfte, noch im heutigen Leser eine Saite zum Schwingen bringen. Und wenn etwas Laozi, den „Meister Lao", dessen Namen man auch als „altes Kind" lesen kann, mit seiner Gemeinde, zumal seiner zivilisationsüberdrüssigen modernen, verbindet, dann wohl die Sehnsucht nach Symbiose.

§9 Zhuangzi

Das Buch *Zhuangzi* 莊子 ist neben dem *Laozi* das zweite große Dokument des philosophischen Daoismus.[1] Autor des Werkes oder doch wesentlicher Teile davon ist Zhuang Zhou 莊周, der ca. 350–280 v.d.Z. lebte, aus dem Staat Song 宋 stammte und wie viele Philosophen der Zeit ein Wanderdasein führte. Von seinem Leben weiß man nur das, was in Form von dichterisch frei gestalteten Anekdoten im Buch *Zhuangzi* enthalten ist; es gibt auch eine sehr knappe Biographie im han-zeitlichen Geschichtswerk *Shiji*. Wie üblich ist umstritten, ob das ganze Buch von einem Autor verfasst ist oder ob Teile von späteren Schülern bzw. Herausgebern stammen.[2] In jedem Fall ist das *Zhuangzi* eine Sammlung einer Fülle von Einzelstücken, die nicht systematisch geordnet sind. Man hat es sogar ein „Panoptikum der Philosophie jener Zeit" genannt.[3] Das Werk weist eine derartige Vielfalt von Ideen auf, dass es hoffnungslos erscheint, daraus eine einheitliche Position zu rekonstruieren. Allerdings ist die daoistische Grundeinstellung und damit ein roter Faden überall unübersehbar. Ein wichtiges, durchgängiges Thema bildet das Verhältnis Mensch-Natur vor dem Hintergrund einer Zivilisationserfahrung, die die desaströsen Folgen des Zugriffs des Menschen auf die ihn umgebende natürliche Welt erstmals deutlich gemacht hat[4] und die das *Zhuangzi* als frühes Zeugnis ökologischen Denkens in sensibler Weise reflektiert. Viele Passagen des Buches zeigen eine skeptische, auch relativistische Tendenz, die allerdings bei den daoistischen Überzeugungen halt macht.

Die Grundbegriffe des *Zhuangzi* werden in einer gelegentlich an Mystik erinnernden Art dargestellt. Mit abendländischer Mystik hat das *Zhuangzi* aber nur einige Grundzüge gemeinsam, nämlich die Weltverachtung und die Schwierigkeiten, sich auszudrücken. Die Meditationstechnik – für jede echte Mystik etwas Unentbehrliches – ist, wenn man so will, typisch „östlicher" Art und hat jedenfalls

---

[1] Übersetzungen: Wilhelm, Watson (englisch), Mair (englisch u. deutsch) Teilübersetzungen: Graham, Jäger.
[2] Häufig werden nur die sog. „inneren Kapitel" 1–7 als Werk von Zhuang Zhou selbst betrachtet, doch ist diese Auffassung fragwürdig, und wir folgen ihr hier nicht. T. Chang (1982) hält das gesamte *Zhuangzi* für die gesammelten Texte eines einzigen Autors.
[3] Chang (1982), S. 387.
[4] Vgl. hierzu Roetz (1984), S. 80–84, und Roetz (2013b).

nichts mit Religion im „westlichen" Sinne zu tun. Bei der Meditation und ihrer theoretischen Ausdeutung hört der feine Spott, der sonst so typisch für das *Zhuangzi* ist, regelmäßig auf. Das Buch spricht öfter davon, wie der Mensch sich aus den Verstrickungen dieser komplizierten und ambitionierten Welt loslösen könne, um zur Ruhe zu gelangen, was mit dem Ausdruck *Dao* in Zusammenhang gebracht oder auch als Erhaltung des „wahren Wesens" bezeichnet wird. Das Politische, das im *Daodejing* eine prominente Rolle spielen, tritt im *Zhuangzi* stark in den Hintergrund. Es werden zwar auch Fragen der Politik oder des Regierens gestreift, aber nicht um Ratschläge zu erteilen oder politische Ideale aufzustellen, sondern um sich gegen Staat und Politik abzugrenzen. Das *Zhuangzi* ist kein Buch zum Gebrauch eines Herrschers oder Politikers (auch wenn Kap. 7 den Titel *Antworten für Kaiser und Könige* trägt). Es wendet sich an den einzelnen Menschen als eher isoliertes Individuum.

Der Stil des Werkes ist schon in der Antike viel bewundert worden. Es besteht hauptsächlich aus ungemein lebendigen Szenen, Zwiegesprächen, Gleichnissen und Bildern. Auch abstrakte Themen werden häufig in Form von Zwiegesprächen abgehandelt, wobei historische Personen, mythologische oder frei erfundene Gestalten auftreten. Auch leblose Gegenstände und sogar abstrakte Begriffe können hier mit größter Selbstverständlichkeit sprechen. Es ist eine Fülle oft bizarrer Gestalten, mit denen der Autor ohne historische Skrupel umgeht. Neben berühmten Gestalten wie dem alten Kaiser Yao, Konfuzius oder Lao Dan[5] treten z.B. Metzger, Tischler, Räuber, Verkrüppelte und auch Tiere[6] auf. Manche Geschichten des *Zhuangzi* sind berühmt geworden; aber mitunter geht über der poetischen oder satirischen Wirkung die eigentliche Fragestellung verloren. Ein erheblicher Teil des Werkes ist gereimt, wobei ziemlich freie Versformen benutzt werden.

Kein anderes Werk der klassischen Epoche bietet dem Übersetzer vergleichbare Schwierigkeiten. Den poetischen Charakter und die häufige Ironie in einer anderen Sprache wiederzugeben ist nicht einfach, noch dazu, wenn man die lapidare Kürze des klassischen Chinesisch in Rechnung setzt. Doch sind dies nur die gewöhnlichen

---

[5] Die Gespräche zwischen Konfuzius und Lao Dan sind Fiktionen.
[6] Das *Zhuangzi* initiierte hiermit einen literarischen Topos: Tiere als Subjekte blieben ein faszinierendes Thema in den ostasiatischen Ethiken; vgl. Eggert (2015).

Probleme der Übersetzung poetischer Texte. Die eigentlichen Schwierigkeiten ergeben sich durch die abstrakten, theoretischen Formulierungen, von denen das *Zhuangzi* durchaus voll ist. Sowohl die Grammatik der alten Literatursprache als auch die spezielle Terminologie erschweren das Verständnis des Werkes, noch dazu da es, wie jeder zur Mystik tendierende Text, dazu neigt, gelegentlich in Geheimniskrämerei auszuweichen. Zweifellos ist an Verständnisschwierigkeiten nicht immer der Leser, sondern manchmal der Autor schuld. Der Text ist außerdem offenbar ziemlich schlecht erhalten. Man muss sich damit abfinden, gelegentlich auf unverständliche und daher auch nicht verlässlich übersetzbare Passagen zu stoßen.

Verweigerung gegenüber Staat und Politik

Das *Zhuangzi* enthält im Vergleich zum *Daodejing* eher wenig politische Philosophie. Ein Mensch, dem sein eigenes Leben wichtig ist, hat nach der Darstellung im *Zhuangzi* für Staat und Politik nur Hohn und Spott übrig. Der weise Mensch ist am sogenannten großen Weltgeschehen, das er ohnehin durchschaut, desinteressiert. Man kann aber nicht sagen, dass im *Zhuangzi* dem Anarchismus das Wort geredet wird. Die politische Abstinenz des Weisen kommt in mehreren biographischen Anekdoten zur Darstellung:

Man trug Meister Zhuang ein Amt an. Er antwortete:
„Hast du schon einmal ein Opferrind gesehen? Man zieht ihm bestickte Gewänder über und füttert es mit frischem Gras und Sojabohnen. Zuletzt führt man es zum Ahnentempel. Da möchte es wohl lieber ein kleines Kälbchen sein – aber ist das dann noch möglich?" (Kap. 32, S. 361)[7]

Als Meister Zhuang am Po-Fluss fischte, ließ ihm der König von Chu durch zwei Würdenträger ausrichten, er wolle ihn für sein Reich in Dienst nehmen. Meister Zhuang behielt die Angel in der Hand, und ohne sich umzuwenden fragte er: „Ich höre, dass es in eurem Land eine wunderbare Schildkröte gegeben hat, die vor dreitausend Jahren gestorben ist. Der König lässt sie sorgsam in Tücher einschlagen und im Tempel aufbewahren. Was wäre der Schildkröte wohl lieber: dass sie tot ist und ihre Gebeine derart geehrt werden, oder dass sie am Leben wäre und den Schwanz durch den Schlamm ziehen könnte?"

Die beiden Würdenträger sagten, lieber wären ihnen wohl, sie seien lebendig und könnten den Schwanz durch den Schlamm ziehen. Da sagte

---

[7] Seitenzahlen beziehen auf Watson (1968). Die Übersetzungen sind stark T. Chang (1982) verpflichtet.

Meister Zhuang: „Geht fort! Auch ich will lieber den Schwanz durch den Schlamm ziehen." (Kap. 17, S. 187)

Das Kap. 28, welches den Titel *Überlassung der Königswürde* trägt, enthält ein gutes Dutzend kurzer Episoden von Herrschern, die vergeblich versuchten, Regierung und Macht freiwillig an einen anderen Menschen abzutreten. Die Männer, denen solche scheinbar ehrenvollen Anträge gemacht werden, lehnen samt und sonders ab, entschuldigen sich mit Krankheit, fliehen in entlegenste Gebirgsgegenden oder begehen unverzüglich Selbstmord. Gerade solche Männer, denen an der Macht nichts gelegen ist, wären zwar nach daoistischer Sicht die einzigen, denen man eine Regierung anvertrauen dürfte; aber das *Zhuangzi* zieht nicht den Schluss, man müsse derartige Persönlichkeiten eben zur Teilnahme am öffentlichen Leben zu gewinnen versuchen, sondern betont, dass der Weise sein eigenes Leben weit höher schätze als alle Versuchungen der Macht.

Der Rückzug auf das eigene Leben hat mehrere Gründe. Einerseits ist das eigene Leben, die persönliche Lebens- und Erlebensweise, das Wichtigste, was der Mensch „besitzt", und das Einzige, über das er selbst zu verfügen hat. Überdies ist das Tun und Treiben der Staaten bzw. Herrscher für einen kritischen Betrachter abstoßend genug. Schon seit den Tagen der angeblichen Musterkaiser Yao und Shun nämlich diene der Staat dazu, dass die Stärkeren die Schwächeren und die Mehrheit die Minderheit vergewaltigten. Von damals an bis heute seien alle Herrscher kaum etwas anderes als Gangster. Derartige Beurteilungen legt das *Zhuangzi* auch noch einem berüchtigten Räuberhauptmann in den Mund, der dem ihn moralisch belehren wollenden Konfuzius eine grandiose Abfuhr erteilt (Kap. 29, S. 327 f.). Die Eroberungszüge der Herrscher wiederum sind für das *Zhuangzi* nichts weiter als Diebstähle im großen Maßstab (Kap. 10, S. 110).

Der Verlust der Ursprünglichkeit

Die von Staat und Gesellschaft getragene Moral stellt sich außerdem als Degeneration, als Verlust ursprünglicher Unschuld dar. Der nicht-entartete Urzustand wird im *Zhuangzi* in eine Zeit noch vor Yao und Shun zurückverlegt, in welcher der legendäre Göttliche Ackermann Shen Nong 神農 wirkte. Bereits unter der nächsten von der Legende erwähnten Gestalt, dem Gelben Kaiser (Huangdi 黃帝, eine der großen Kultfiguren des Volksdaoismus) setzte der

Verfall ein, und Yao und Shun waren schon völlig in den Verstrickungen der Macht- und Gewaltpolitik gefangen.[8]

Ähnlich wie im *Daodejing* wird auch im *Zhuangzi* die staatliche, kulturelle, zivilisatorische und auch intellektuelle Entwicklung der Menschheit nicht als Fortschritt, sondern als Zerstörung einer idealen ursprünglichen Einheit bewertet. Rückwärtsgerichtete Idyllen nehmen entsprechend einen prominenten Platz ein; Begriffe wie *eigentliches Wesen* (*zhen* 真, wörtlich: das Wahre) oder *ursprüngliche Natur* (*xing* 性, die spontane Tendenz des Menschen oder der Dinge) markieren einen scharfen Gegensatz zu künstlich andressierten Verhaltensweisen, Normen und Werten. Zwar fehlt es nicht an politischen Utopien vom einfachen Leben,[9] aber in der Hauptsache zieht das *Zhuangzi* individualistische Konsequenzen aus der Klage über die Entartung der Menschheit.[10] Die schwärmerischen Darstellungen früherer Epochen, als die Natur noch nicht durch Staat, Kultur, Moral und Reflexion eingeengt war, und die Menschen sich wie Hirsche in freier Wildbahn und Raupen im Frühling bewegten (s. u. S. 176), werden durch keine gesellschaftlich praktikablen Verbesserungsvorschläge ergänzt; Anklage und Verbitterung, auch Sarkasmus, überwiegen. Der Niedergang, so wird in verschiedenen Geschichten resümiert, ist nicht aufzuhalten. Lediglich der Einzelne, das isolierte Individuum, hat vielleicht noch eine Möglichkeit, seine Einstellung und sein Handeln zu verändern und damit den guten, kultur- und philosophielosen frühen Zustand mimetisch wieder zu erreichen. Die verhängnisvolle historische Fehlentwicklung der Menschheit im Ganzen scheint dagegen nicht beeinflussbar.

Die dem Einzelnen offenen Möglichkeiten sind freilich beschränkt. Er kann die Verrücktheiten einer dynamischen, profitorientierten Fortschrittsgesellschaft durchschauen, aber kaum ändern. Es bleibt ihm nur der Rückzug und die bewusste Neugestaltung seiner persönlichen Einstellung zu den Dingen. Da er die Dinge nicht verändern kann, muss er sich selbst verändern, indem er sich von den Tänzen um die diversen goldenen Kälber nicht beeindrucken lässt und an ihnen nicht teilnimmt. Als Belege für diese Einstellung geben wir zunächst zwei längere Texte wieder.

---

[8] Vgl. Roetz (1984), S. 257 und 261.
[9] Die Schilderung der Dorfidylle in *Daodejing* 80 (s. o.) findet sich fast identisch auch in Kap. 10 des *Zhuangzi*. Vgl. auch Roetz (2018c), S. 38–40.
[10] Bis auf das „terroristische" Kap. 10; vgl. u. S. 165.

Zhuangzi, Kap. 9: Pferdehufe

Pferde haben Hufe, mit denen sie durch Schnee und Eis laufen können; ihre Mähnen halten Wind und Kälte ab; sie fressen Gras, saufen Wasser und galoppieren mit weitausholenden Beinen über das Land. Das ist die wahre Natur der Pferde, und wenn sie großartige Terrassen oder weite Hallen hätten, könnten sie damit nichts anfangen.

Bis dann Bo Le[11] daherkam und erklärte: „Ich beherrsche die Pferdedressur." Er brandmarkte, schor und bändigte sie, spannte sie ins Joch und sperrte sie in Gatter und Ställe. Von zehn Pferden gingen zwei oder drei dabei zugrunde. Er ließ sie hungern und dürsten, rennen, tänzeln, in Formation gehen, vorne mit Zaum und Zügel geplagt, und hinten von der Peitsche geschreckt. Da war schon über die Hälfte der Pferde verendet.

Der Töpfer sagt: „Ich beherrsche die Gestaltung von Ton; was ich rund mache, stimmt mit dem Zirkel überein, was ich eckig mache, mit dem Winkelmaß." Der Zimmermann sagt: „Ich beherrsche die Bearbeitung von Holz; das von mir Gebogene stimmt mit der Kurvenlehre überein, das von mir gerade Gerichtete mit der Messschnur."

Wie aber sollte die wahre Natur von Ton und Holz es wünschen, mit Zirkel, Winkelmaß, Kurvenlehre und Messschnur übereinzustimmen?

Trotzdem preist Generation auf Generation, wie gut Bo Le als Pferdedresseur war und wie sehr Töpfer und Zimmerleute den Umgang mit ihren Werkstoffen beherrschen. Denselben Fehler machen auch die Regierenden.

In meinen Augen ist das keine gute Regierung! Die Menschen haben doch unveränderliche Anlagen: Weben, sich kleiden, pflügen, sich nähren – das heißt teilhaben an der Urtugend. Wenn sie (alle) eins sind und keine Gruppen bilden, so heißt dies die natürliche Freiheit.

Und wirklich:

Zur Zeit der wahren Tugend gingen die Menschen gemächlich ihrer Wege und schauten einfältig umher. Damals gab es keine Pfade oder Rampen in den Bergen und weder Boote noch Brücken auf den Gewässern. Alles wuchs reichlich und nahe bei den Wohnstätten. Tiere lebten in Scharen, Pflanzen und Bäume entfalteten sich zu vollem Wuchs. Daher konnten die Menschen wilde Tiere an Leinen führen und zu den Nestern der Vögel hinaufklettern und hineinschauen.

Zur Zeit der wahren Tugend hausten Menschen mit wilden Tieren zusammen und lebten mit allen Wesen in Gemeinschaft. Wie hätten sie da wissen sollen, was Edle und was kleine Leute sind? Alle waren unwissend, so verließ sie die Tugend nicht, alle waren begierdelos. Das heißt man Schlichtheit. Durch diese Schlichtheit bewahrte das Volk seine Natürlichkeit.

Doch als die Weisen Zwang zur „Menschlichkeit" und Aufgeblasenheit zur „Gerechtigkeit" (erhoben), begann die Welt zu zweifeln. Und als sie Liederliches zur „Musik" und groteske Normen zu „Riten" machten, begann die Spaltung der Welt.

Und wirklich: Wenn der ursprüngliche, unbehauene Klotz nicht zerspalten wird, wie könnte man daraus ein Opfergefäß herstellen; wenn der weiße

---

[11] Ein mehrfach in den alten Texten erwähnter berühmter Pferdedresseur.

Jadebrocken nicht zerteilt wird, wie könnte man daraus ein Zepter machen? Wenn Dao und Urtugend nicht ruiniert würden, bräuchte man dann Menschlichkeit und Gerechtigkeit? Wenn die natürlichen Anlagen nicht aufgegeben worden wären, bräuchte man dann Rituale und Musik? Wenn die fünf Farben nicht durcheinandergeraten wären, wer wollte dann bunte Ornamente anfertigen? Wenn die fünf Töne nicht durcheinandergeraten wären, wozu bräuchte man die sechs Stimmpfeifen?

So ist das Zerspalten unbehauener Klötze eine Übeltat der Zimmerleute, und das Ruinieren von Dao und Urtugend zugunsten von Menschlichkeit und Gerechtigkeit ein Fehler der Weisen.

Die Pferde indessen leben auf den Ebenen, fressen Gras, saufen Wasser, reiben ihre Hälse aneinander, wenn sie gutgelaunt sind. Wenn sie gereizt sind, drehen sie einander den Rücken zu und schlagen aus. Das ist alles, was Pferde wissen. Wenn man sie aber in die Deichsel spannt und unter das Joch zwingt, werden sie bockig, lernen den Zügeln auszuweichen und das Zaumzeug durchzubeißen. Auf diese Weise werden die Pferde raffiniert und lernen allerlei üble Tricks. Das ist die Schuld des Bo Les.

Zur Zeit des Hauses He Xu[12] lebten die Menschen, ohne zu wissen, was sie taten. Sie gingen, ohne zu wissen wohin, hatten den Mund voll Essen, waren fröhlich, klopften sich auf den Bauch und lebten dahin. Das war alles, was sie konnten. Bis dann die Weisen mit Sitten und Musik daherkamen, um die Welt zurechtzubiegen. Sie propagierten Menschlichkeit und Gerechtigkeit, um allen Herzen auf Erden Trost zu bringen. Die Menschen aber fingen damals an, gierig nach Kenntnissen Ausschau zu halten und um jeden Profit zu streiten. Jetzt lässt es sich nicht mehr aufhalten. Auch das ist das Verschulden der Weisen. (Kap. 9, S.104)[13]

Zhuangzi, Kap. 31: Der alte Fischer

Der folgende Text ist nicht so sehr gegen Zivilisation und Staat gerichtet, sondern gegen die intellektualistische Theoretisierung des menschlichen Lebens. Vertreter dieser Haltung par excellence ist Konfuzius. Das *Zhuangzi* verwirft die ganze Moraltheorie und verlacht die lebenslangen Bemühungen des Ethiklehrers Konfuzius. Anstelle erlernter, gesellschaftlich indoktrinierter Verhaltensweisen soll der Mensch vielmehr seinem wahren Wesen gemäß leben. Natürlich soll er anständig leben, und auch Freude, Zorn und Trauer empfinden, aber ohne sich um Rituale oder das sogenannte gute Benehmen zu kümmern und ohne darüber erst noch nachzusinnen.

Der Theoretiker Zhuang Zhou will dem Theoretiker Konfuzius das Theoretisieren austreiben, so könnte man kommentieren. Dabei fragt der erstere nicht, ob der Mensch das Theoretisieren wirk-

---

[12] Legendärer Herrscher des Altertums.
[13] Die Übersetzung folgt zum Teil Chang (1982), S. 324.

lich aufgeben könne, während der zweite nicht fragt, ob das Theoretisieren unentbehrlich oder wenigstens nützlich sei.

Der Text ist von hoher literarischer Qualität und ein besonders geglückter philosophischer Dialog, eingebettet in eine poetische Rahmenhandlung. Lediglich eine (im Folgenden weggelassene) pedantische Aufzählung von verschiedenen Formen menschlichen Fehlverhaltens, die nichts zum Fortgang der Handlung bzw. der Argumentation beiträgt, stört und sieht sehr nach späterem Kommentar aus.

Konfuzius durchwanderte den Dunkel-Vorhang-Wald und rastete auf der Aprikosen-Anhöhe. Während seine Jünger ihre Bücher studierten, klimperte er auf der Zither und sang dazu.

Er ist noch nicht bis zur Mitte des Liedes gekommen, als ein alter Fischer erscheint, aus seinem Boot steigt und näherkommt. Sein Bart und seine Augenbrauen sind schneeweiß, sein Haar fällt offen herab, seine Ärmel flattern. Er geht vom Ufer hinauf und bleibt oben stehen. Die Linke aufs Knie gestützt, die Rechte unter dem Kinn, hört er dem Lied bis zu Ende zu.

Dann winkt er die Jünger Zigong und Zilu zu sich, die vor ihn hintreten. Der Fremde zeigt auf Konfuzius und fragt: „Was tut dieser Mensch?"
„Er ist ein Edler aus Lu", antwortet Zilu.
Der Fremde erkundigt sich nach Familie und Herkunft. „Er gehört zur Familie Kong", erklärt ihm Zilu.
„Womit befasst sich dieser Mann aus der Familie Kong denn?" will der Fremde wissen.
Zilu hat noch keine Antwort gegeben, da erwidert Zigong schon: „Der Herr Kong ist von loyalem und vertrauenswürdigem Wesen. In seiner Person verkörpern sich Menschlichkeit und Gerechtigkeit. Er ist eine Zierde der Sitten und der Musik, und er wählt die Grundsätze des menschlichen Benehmens aus. Er ist einerseits loyal gegenüber den jeweiligen Herrschern, andererseits bringt er Ordnung ins Volk. Auf solche Weise bereichert er die Welt. Das ist es, womit sich der Herr Kong befasst."
Der andere fragt weiter: „Regiert er über irgendein Gebiet?"
„Nein", sagt Zigong.
„Ist er dann Berater bei einem König oder Feudalherrn?"
„Nein", sagt Zigong.
Der Fremde lacht auf, und indem er sich anschickt, wegzugehen, sagt er: „Menschlichkeit ist Menschlichkeit, schön und gut. Ich fürchte, er wird einem bösen Ende nicht entgehen. Er quält den Geist und erschöpft den Leib, und bringt damit sein wahres Wesen in Gefahr. Ach, wie weit hat der sich vom Dao getrennt!"
Zigong geht zu Konfuzius zurück und berichtet alles. Konfuzius wirft die Laute weg, springt auf und ruft: „Das könnte ein Weiser sein!" Damit läuft er ihm hinunter nach und erreicht ihn gerade noch am Seeufer, der bereits das Ruder ergriffen hat und das Boot abstoßen will. Ein Blick zurück zeigt ihm Konfuzius, er wendet sich diesem zu und bleibt stehen.
Konfuzius tritt zurück und verbeugt sich zweimal, bevor er hingeht.

§9 Zhuangzi

„Was wünschst du?" fragt der Fremde.

„Ihr habt," sagt Konfuzius, bevor Ihr weggegangen seid, „einige Andeutungen gemacht, die ich in meiner Beschränktheit und Unwissenheit nicht verstehe. Gestattet mir, gegen den Wind[14] vor Euch hinzutreten und zuzuhören, damit mir weitergeholfen wird."

„Hm, sagt der Fremde, du bist wirklich sehr lernwillig", worauf Konfuzius sich nochmals verbeugt und ehrerbietig dasteht. „Von Kind auf," sagt er, „habe ich studiert; jetzt bin ich 69 Jahre alt und habe die vollkommene Lehre noch immer nicht gefunden; wie dürfte ich wagen, nicht aufnahmebereit zu sein!"

Der Fremde erwidert ihm: „Gleich und Gleich gesellt sich gern, und man hört nur das, wofür man Ohren hat. Du musst mir also erlauben, das, was ich zu sagen habe, deinen Interessen anzupassen. Das, wofür du dich interessierst, sind die Affären der Menschen. Himmelssohn, Landesfürsten, Würdenträger und normale Bürger; wenn diese vier sich richtig verhalten, so herrscht schönste Ordnung. Weichen sie dagegen von ihren Rollen ab, so ist das Chaos riesig. Wenn die Beamten ihre Pflichten erfüllen und alle Leute sich um die eigenen Angelegenheiten kümmern, belästigt keiner den anderen.

Den Bürgern macht es Sorgen, ob die Felder verwildern oder im Dach ein Loch ist, ob Kleider und Essen nicht reichen, die Steuern zu hoch sind, Hauptfrau und Konkubinen streiten und die Ordnung zwischen den Generationen gestört ist.

Würdenträgern macht es Sorgen, ob sie ihrem Amt gewachsen und die Amtsgeschäfte ordentlich erledigt sind, ob irgendetwas ungeklärt ist oder Untergebene die Zeit vergeuden, ob sie sich Verdienste und Annehmlichkeiten erwerben und ihre Stellung festigen konnten.

Landesfürsten macht es Sorgen, ob die Minister loyal sind oder ob sich in Land oder Clan Unruhen und Aufstände vorbereiten, ob die Handwerker tüchtig und die Steueraufkommen reichlich sind, und ob sie bei den Audienzen am Hof die Gnade des Himmelssohnes finden.

Dem Himmelssohn und dem Kanzler macht es Sorgen, ob Yin und Yang nicht in Harmonie sind, Frost und Hitze nicht zur Unzeit eintreten und die Güter der Natur ruinieren, ob die Landesfürsten rebellieren, einander eigenmächtig angreifen und dabei das Volk zugrunde richten, ob Rituale und Musik nicht entarten, die öffentlichen Ressourcen erschöpft sind, und ob die Bürger ausschweifend oder rebellisch sind.

Aber du bist weder Himmelssohn noch Landesfürst und hast keine Pflichten als Minister. Du maßt dir einfach an, Rituale und Musik zu verschönern, Morallehren auszuwählen und das Volk zu normieren. Ist das nicht ein bisschen viel?" [...][15]

Da seufzt Konfuzius tief, verbeugt sich abermals und sagt: „Zweimal haben sie mich aus Lu fortgejagt, in Wei sind meine Fußspuren verwischt, in Song wollte man einen Baum kappen und auf mich fallen lassen. Zwi-

---

[14] Um eine Geruchsbelästigung des Höhergestellten zu vermeiden.
[15] Hier folgt eine etwas langatmige Aufzählung von acht und nochmals vier Fehlern, die der Mensch machen kann.

schen Chen und Cai hat man mich auch noch belagert.¹⁶ Ich bin mir keines Fehlers bewusst – warum bin ich in solche Schmach geraten?"

Der Fremde sagt mit gequälter Miene: „Du bist wirklich schwer von Begriff!

Es war einmal ein Mann, der fürchtete sich vor seinem Schatten, außerdem konnte er seine Fußstapfen nicht leiden. Also lief er vor ihnen davon. Je mehr er rannte, desto mehr Fußstapfen machte er. So schnell er auch lief, sein Schatten verließ ihn nicht. Also meinte er, noch zu langsam zu sein und rannte noch schneller, ohne sich eine Pause zu gönnen. Schließlich verließen ihn die Kräfte und er starb. Er begriff nicht, dass er im Schatten hätte bleiben müssen, um den eigenen Schatten loszuwerden, und dass er von seinen Fußstapfen erlöst gewesen wäre, wenn er einfach ruhig sitzen geblieben wäre. Er war wirklich sehr dumm.

Du zerbrichst dir den Kopf über Humanität und Gerechtigkeit, untersuchst Verschiedenheit und Gleichheit, denkst über Bewegung und Ruhe nach, über das richtige Verhältnis zwischen Geben und Empfangen, bringst Regeln in die Gefühle von Zuneigung und Abscheu und Harmonie in Freude und Zorn. Und doch vermagst Du kaum dem Unheil zu entrinnen.

Pflege dich selbst voll Sorgfalt,
bewahre peinlich dein wahres Wesen,
das übrige überlasse anderen Leuten,
und nichts wird dich noch belästigen.
Wenn du dich selbst nicht pflegst,
dich aber um andere Leute kümmerst,
ist das nicht Selbstentäußerung?"

Da sagt Konfuzius mit einem Seufzer: „Was, wenn ich mir die Frage erlauben darf, ist das Wahre?"

Der Fremde sagt: „Das Wahre, das ist höchste Reinheit und Wahrhaftigkeit.¹⁷ Ohne Reinheit und Wahrhaftigkeit kann man andere nicht bewegen.

Gezwungenes Wehklagen ist trotz aller Trübsal keine Trauer; gezwungener Zorn ängstigt trotz aller Strenge nicht; gezwungene Freundlichkeit bewirkt trotz des Lächelns keine Sympathie; wahre Trauer weckt auch ohne einen Laut das Mitgefühl; wahrer Zorn ängstigt, auch ohne dass er losbricht; wahre Freundlichkeit bewirkt auch ohne Lächeln Sympathie. Denn mit

---

¹⁶ Gefahren, die Konfuzius und seine Getreuen während ihrer langjährigen Wanderschaft durch das politisch zersplitterte China zu überstehen hatten; s. Roetz (2006a), S. 18–19.

¹⁷ *Zhen* 真, „wahres Wesen" wird erklärt als höchste Stufe von *jing* 精 (raffiniert, Essenz, Samen, Geist) und *cheng* 誠 (Strenge, Wahrhaftigkeit, Integrität). Die Übersetzung dieser Begriffe ist hier wegen ihrer geheimnisvollen Aura nur ungefähr möglich. Andere Übersetzungen sind: A man's proper Truth is pure sincerity in it's highest degree (Legge); By 'Truth' I mean purity and sincerity (Watson); The genuine is the most quintessential, the most sincere (Graham); Original purity is the perfection of truth unalloyed (Giles).

dem Wahren in sich vermag der Geist auch andere zu bewegen. Das ist es, weshalb man das wahre Wesen schätzt.

Im Umgang mit anderen Menschen wird es zur Erfüllung von Kindespflichten, wenn man den Eltern, und zu Loyalität und Treue, wenn man dem Fürsten dient; es wird zu Freude und Heiterkeit beim Zechen; und zu Gram und Schmerz in Trauerfällen.

Bei Loyalität und Treue ist das Wichtigste das tatsächliche Verdienst, beim Zechen der Frohsinn, bei Trauerfällen der Schmerz, beim Elterndienst, dass man es ihnen recht macht. Man kann ein schönes Verdienst auf mehrere Weise erwerben. Wenn man es den Eltern recht macht, kommt es nicht darauf an, wodurch. Wenn beim Zechen Frohsinn aufkommt, spielt die Auswahl der Trinkgefäße keine Rolle. Bei Trauerfällen fragt der Schmerz nicht nach Ritualen.

Rituale entstehen aus Gewohnheiten. Das wahre Wesen empfängt man vom Himmel; es ist natürlich und unveränderbar. [...]

Wie schade, Meister, dass du so jung den Scheinheiligkeiten der Menschen verfallen bist und so spät vom großen Dao gehört hast." [...]

Er stieg in sein Boot, stieß ab und bahnte sich einen Weg durch das Schilf.

Der Jünger Yan Hui kehrte die Kutsche um, und der Jünger Zilu reichte die Halteschlaufe. Konfuzius aber wandte sich nicht um und wartete, bis das Wasser von keiner Welle mehr gekräuselt wurde und kein Ruderschlag mehr zu hören war. Erst dann wagte er aufzusteigen.[18] (Kap. 31, S. 344 ff.)

Als zusammenfassende Bezeichnung für die Grundposition dieser beiden Kapitel und zugleich für eine durchgängige Tendenz des gesamten *Zhuangzi* dürfte das Wort „Fortschrittspessimismus" angemessen sein. Zhuang Zhou sieht die menschliche Gesellschaft in einer unaufhaltsamen Entwicklung zum Schlechteren begriffen, bis am Ende, so prophezeit er, „sich die Menschen noch gegenseitig auffressen werden"[19] (Kap. 23, S. 250). Erste Stationen auf diesem Weg sind die Eingriffe in die Natur (durch Zäune, Pferdedressur usf.) und in die frühen, unkomplizierten Lebensformen (durch Riten, Gesetze, Tugendlehren, soziale Rangunterschiede; aber auch durch Straßenbau, Herstellung von Fahrzeugen u. dgl.). In weiterer Folge ergeben sich daraus die Profitgier der Menschen sowie die tausenderlei Sonderinteressen und Sorgen der einzelnen sozialen Schichten vom kleinen Mann bis zum Herrscher. Schließlich meinen dann noch Philosophen wie Konfuzius, sich um alles und jedes kümmern zu müssen. Die Menschen versinken in den Dingen und

---

[18] Es folgt noch eine Belehrung, die Konfuzius seinen Jüngern erteilt, und zwar bereits in daoistischer Manier.
[19] *Ren xiang shi* 人相食, interessanterweise auch ein in *Menzius* 3B9 benutztes Bild.

finden ihr ganzes Leben nicht zu sich selbst. „Ach, ist das nicht traurig!" schließt Zhuang Zhou eine seiner Fortschrittsbetrachtungen (Kap. 24, S. 267).

Die Skepsis gegenüber dem Fortschritt schließt auch die Technik ein, und dies in einer historischen Phase ihrer Entwicklung, die uns heute geradezu paradiesisch unschuldig anmutet. Sogar ein Ziehbrunnen wird als gefährlicher Mechanismus bezeichnet, obwohl er dem Gärtner einen Teil der Mühe des Wasserschleppens abnimmt (Kap. 12, S. 134).[20]

Was ist die Ursache der ganzen Entwicklung, woher stammt die totale Unrast des modernen Menschen? – denn ein „Moderner" ist auch Zhuang Zhou mit seiner Fortschrittskritik ohne Zweifel. Vordergründig lautet die Antwort: es ist die Schuld der legendären Musterherrscher, Dresseure und Erfinder. Diese Antwort ist bei einem Denker wie Zhuang Zhou bestimmt nicht wörtlich zu nehmen. Sie deutet jedoch das ewige Dilemma an: die Erfinder und Proponenten des Fortschritts meinten es durchaus gut, sie fühlten (und fühlen) sich als Wohltäter der Menschheit. Sie konnten eben die Folgen ihrer Aktivitäten nicht überblicken. Objektiv gesehen waren die Taten jener Kulturschöpfer und Fortschrittsbringer gefährlicher als der Biss eines Skorpions, aber sie selbst hielten sich für weiß Gott wie klug. Man müsste, so schließt eine andere Fortschrittsbetrachtung des *Zhuangzi*, Scham über soviel Schamlosigkeit empfinden. (Kap. 14, S. 165)

Auch wenn die Intellektuellen der Zeit der Streitenden Reiche das stereotype Zitieren von Yao und Shun nicht wörtlich meinten, so legt es doch eine bestimmte Sicht der Menschheitsentwicklung nahe. Es sieht so aus, als ob die Menschheit von sich aus immer in einem kultur- und gedankenlosen Urzustand verharrt hätte, wären ihr nicht von einigen außergewöhnlichen Gestalten und gegen ihre wirkliche Natur die Segnungen der Kultur und des Fortschritts aufgezwungen oder aufgeschwatzt worden.

Doch müsste hier noch weitergefragt werden. Ist die von Zhuang Zhou bereits so deutlich empfundene Unrast der Menschheit nicht selbst in der Natur des Menschen angelegt und quasi „vorprogrammiert", so dass alle die Kulturbringer, Techniker und Politiker nur die schon immer im Menschen schlummernden Begierden wecken und nicht erst erzeugen? Ein Verhalten, das völlig

---

[20] S. Chang (1982), S. 190 f.

gegen die Natur des Menschen ginge, könnte wohl auch ein Yao oder Shun der Menschheit nicht andressieren.

Es wäre eine reizvolle Frage, inwieweit solche Probleme bereits in der Antike gesehen wurden; sicher ist aber, dass die Daoisten die Entwicklung bzw. Entartung der Menschheit für unaufhaltbar hielten. Tatsächlich identifizieren sie das menschliche Denkens als solches als den Unruheherd, von dem das Unheil schließlich seinen Ausgang nimmt.[21] Auch die Melancholie ist unübersehbar, mit der von den Menschen des höchsten Altertums und ihrem glücklich-bewusstlosen Leben gesprochen wird: Das alles ist auf jeden Fall für immer vorbei. Man kann sich dem nur noch individuell zu entziehen versuchen oder allenfalls in Aufforderungen zur Zerstörung der Kultur (s. u. S. 165) gefallen.

Freilich wirkt die Schilderung der glücklichen Urzeit bei weitem nicht in allen Stücken überzeugend. „Weben, sich kleiden; pflügen, sich nähren", wodurch die Urzeit etwa charakterisiert wird (Kap. 9), sind nämlich bereits hochentwickelte Kulturleistungen – wie weit zurück muss man wohl gehen, um das ursprüngliche Paradies zu finden? Der idealisierte Ur- bzw. Naturzustand der Daoisten ist, so scheint es, frei von Angst und Sorge, wilde Tiere sind nicht gefährlich, es gibt keine Hungersnöte, und die Menschen streben nicht nach Macht. Obwohl ohne Zweifel ein Teil dieser Vorstellungen vom Urzustand realistisch sein könnte (man bedenke nur die ursprünglich sehr geringe Bevölkerungsdichte), sind doch andere Teile zeifellos reinste Utopie. Lamm und Löwe lebten auch in der Urzeit nicht friedlich beieinander, und der Löwe fraß nicht bloß Lämmer, sondern auch Menschen, wenn er sie erwischte. Man sollte dies im Auge behalten, wenn man Fortschrittskritik betreibt; für die Mohisten etwa war der kulturlose Zustand denn auch erbärmlich und aufreibend (*Mozi* Kap. 6 und 11, o. S. 93). Ähnliches gilt für die Konfuzianer Mengzi und Xunzi. Doch spielen solche Überlegungen für Zhuang Zhou insofern keine Rolle, als er ohnehin jede Rückkehr der Gesellschaft zu früheren Entwicklungsphasen ausschließt.

Am Ende einer anderen Schilderung des Verfalls der Menschheit, der bereits mit der Bändigung des Feuers begonnen habe und bis zur Gegenwart nicht zu Ende gekommen sei, heißt es:

---

[21] Vgl. hierzu und zur Janusnatur des Fortschritts im *Zhuangzi* Roetz (1984), S. 260 ff.

Nach alledem sind die Menschen schließlich verworren und ratlos geworden; es gibt aber keine Rückkehr zur ursprünglichen Natürlichkeit mehr oder eine Wiederherstellung des Urzustandes. (Kap. 16, S. 173)

Mit den nächsten Sätzen dieses Textstückes wird auch klar, dass der Daoismus nur eine einzige „Lösung" des Fortschrittsproblems sieht, nämlich den Rückzug des Weisen, und zwar nicht so sehr in die einsiedlerische Einsamkeit, sondern in sich selbst, d.h. eine radikale Umstellung der Lebenshaltung und der Einstellung zur Gesellschaft:

Die Welt und das Dao haben einander verloren. Was kann denn ein Mensch des Dao in dieser Welt, die ohne Dao ist, ausrichten? […] Wenn sich ein Weiser auch nicht in Bergwälder zurückzieht, so bleibt doch seine Tugend verborgen und er muss sich nicht noch selbst verbergen. (Kap. 16, S. 173)

Wir wollen nun versuchen, die wichtigsten Aspekte dieser veränderten, weise gewordenen Weltsicht und Lebenshaltung des Daoisten darzustellen. Es handelt sich im Wesentlichen um eine kritische Bewertung bzw. Entwertung der gewohnten Maßstäbe, des Erkenntnisstrebens und der etablierten Kultur, sodann um eine meditative Veränderung des Erlebens und schließlich einen zugehörigen Überbau in Gestalt der Dao-Metaphysik.

Relativismus und Skepsis

Das *Zhuangzi* enthält mehrere Darstellungen zeitgenössischer Überlegungen aus dem Bereich der Naturphilosophie und Logik. Diese Darstellungen sind sehr plastisch und für die geistesgeschichtliche Forschung von großem Wert. Kaum aber bezieht das *Zhuangzi* zwischen konkurrierenden Ansichten Stellung und versucht, ein Problem aus diesem Bereich zu lösen. Der Zweck aller – offensichtlich auf der Höhe der Zeit stehenden – Problemdarstellungen ist immer derselbe: Grenzen der Erkenntnis bzw. die Unmöglichkeit von Erkenntnis nachzuweisen, herkömmliche Erkenntnisansprüche zu relativieren und sie ein wenig lächerlich zu machen. Indem gezeigt wird, wie der forschende menschliche Geist immer wieder zuschanden wird, soll die daoistische Wertschätzung des schlichten, ambitionslosen und geradezu törichten Lebens plausibel gemacht werden.

Zhuang Zhou steht staunend vor den Naturvorgängen, aber es ist ein Staunen, aus dem kein Antrieb zu Naturforschung entspringt, sondern zu daoistisch-passiver Einordnung in die Natur. In einem Lehrgedicht heißt es:

Wird der Himmel bewegt, wird die Erde festgehalten?
Machen Sonne und Mond einander den Platz strittig?
Wer hat sie aufgespannt, wer hat sie vertäut?
Wer ruht inaktiv und hält sie in Gang?
Gibt es vielleicht einen Mechanismus, der sie nicht auslässt?
Oder drehen sie sich und können von sich aus nicht innehalten? […]
Der Wind erhebt sich im Norden, dreht sich nach Westen,
dreht sich nach Osten, steigt empor oder bildet Wirbel.
Wer bläst und saugt da?
Wer ruht inaktiv und lässt ihn dahinfegen?
Ich wage die Frage: Was ist der Grund? (Kap. 14, S. 154)

Das Lehrgedicht lässt alle diese Fragen offen, es hat weder physikalische Ambitionen noch religiöse Hintergedanken.[22] Es will nur unbeantwortbare Fragen anhäufen bzw. zeigen, wie die vorgeschlagenen Antworten einander widersprechen. Die Grundtendenz ist skeptisch: das gewöhnliche Erkenntnisstreben ist zum Scheitern verurteilt – wozu sich also damit abgeben! (Es gehört zu den Paradoxien des Skeptizismus, dass er selbst wieder den Anspruch erheben muss, Erkenntnis zu formulieren.) Das *Zhuangzi* enthält auch eine nachdenkliche Überlegung, die man heute zur Theorie rationaler Argumentation rechnen würde; wieder ist dabei die Skepsis überdeutlich:

Angenommen, wir beide disputieren und du siegst, während ich verliere. Ist dann das, was du vertrittst, wahr, und das, was ich vertrete, falsch? Oder wenn ich gewinne und du verlierst, ist dann das, was ich verfechte wahr, und das, was du behauptest, falsch?
 Ist wirklich die eine (Behauptung) wahr und die andere falsch? Oder sind vielleicht beide wahr? Oder beide falsch?
 Wenn wir beide aber einander nicht zur Erkenntnis verhelfen können, dann werden auch alle anderen Leute im Dunkel tappen. Wen könnte ich als Schiedsrichter holen? Einer, der deiner Meinung ist, stimmt natürlich dir zu, kann also nicht Schiedsrichter sein. Dasselbe gilt für jemanden, der meiner Meinung ist, ebenso für einen, der weder deiner noch meiner Meinung ist, und ebenso für einen, der mit beiden von uns einer Meinung ist.
 Da das so ist, sind weder ich noch du noch sonst irgendjemand imstande, einander zur Erkenntnis zu verhelfen. Auf wen sollten wir aber noch warten? (Kap. 2, S. 48)[23]

---

[22] Der Kommentator Guo Xiang 郭象 (ca. 252–312) setzt hinter jeder der Fragen die Erläuterung, dass alles von selbst, d.h. auf natürliche Weise geschehe.
[23] Der Text geht noch weiter, aber das anschließende Stück, das zeigen

Neben solchen theoretischen Fragen unterwirft Zhuang Zhou vor allem die für das menschliche Leben praktisch relevanten Bewertungen und Urteile einer sie relativierenden Kritik. Auf diese Weise wird das Vertrauen in die etablierten und in der Morallehre ideologisch überhöhten Wertvorstellungen erschüttert. Hinter der Erkenntnisskepsis steht tatsächlich eine scharfe, sich ihrerseits keineswegs als relativ verstehende Kritik der Gesellschaft. Die Ablösung von der Welt fällt umso leichter, je fragwürdiger diese mit ihren Meinungen geworden ist.

Dies nachzuweisen bemüht sich u.a. das berühmte Kapitel *Herbstfluten*. Es enthält lange Gespräche zwischen zwei Gestalten, zu einen dem im Herbst angeschwollenen, mächtigen Gelben Fluss, der hier als Gottheit auftritt und für eine einseitige, selbstgewisse Betrachtungsweise steht, und zum anderen dem Nordmeer, das trotz aller Zuflüsse immer auf gleicher Höhe steht und Zurückhaltung und Abwägung repräsentiert. Als der stolze Fluss das Meer erreicht, ist er über dessen Weite erstaunt, der gegenüber er plötzlich klein wirkt. Das Nordmeer eröffnet die Belehrung des Flussgottes mit den Worten:

Mit einem Brunnenfrosch kann man nicht vom Meer reden, denn er sitzt in seinem Loch fest. Mit einem Sommerinsekt kann man nicht vom Eis reden, dazu lebt es zu kurz. Mit einem Winkelgelehrten (Fachidioten!) kann man nicht vom Dao reden, denn er ist in seinen Theorien verstrickt.
Nachdem du aber deine Ufer verlassen hast, lässt sich mit dir von den großen Prinzipien reden. (Kap. 17, S. 175)

Eines der Gespräche, die im Verlauf dieser Begegnung geführt werden, hat folgenden Wortlaut:

Der Flussgott fragte: „Wird es von außen bestimmt, oder liegt es in den Dingen selbst, dass die einen hoch- und die anderen minderwertig sind, die einen klein und die anderen groß?"
Das Nordmeer antwortete: „Vom Dao aus betrachtet sind einzelnen Wesen (w.: die Dinge) Dinge weder hoch- noch minderwertig. Von den einzelnen Wesen her gesehen aber ist es so: Sie halten sich selbst für hoch- und einander für minderwertig. Nach der vulgären Sichtweise sind Wert oder Unwert keineswegs etwas Subjektives (w.: an einem selbst liegend). Von der Differenz her gesehen ist es so, dass alle Wesen ausnahmslos groß sind, wenn man sie aufgrund dessen, was sie selbst für groß halten, groß nennt, und alle Wesen ausnahmslos klein sind, wenn man sie aufgrund dessen, was (andere) selbst für klein halten, klein nennt Hat man aber erkannt,

könnte, wie das so skeptisch eingeführte Problem daoistisch bewältigt wird, ist schwer verständlich.

dass Himmel und Erde ein Samenkorn sind und eine Haarspitze ein Berg, dann hat man die Rechnung der Differenz durchschaut." (Kap. 17, S. 179)

Ein weiterer Ansatzpunkt für Zweifel an den hergebrachten Meinungen ist auch aus der europäischen Tradition bekannt. Wenn man träumt, hält man das Geträumte für real. Beim Erwachen bemerkt man dann den Irrtum. Aber könnte der Irrtum nicht der umgekehrte sein ebenso gut auf Seiten der Wachenden liegen? Das uralte Motiv vom Träumen wird im *Zhuangzi* besonders reizvoll variiert:[24]

Einst träumte Zhuang Zhou, er sei ein Schmetterling, ein fröhlicher Schmetterling, der sich seines Lebens freute und von einem Zhuang Zhou nichts wusste. Plötzlich erwachte er, und er war leibhaftig der Zhou. Hatte aber nun Zhou geträumt, ein Schmetterling zu sein, oder hatte der Schmetterling geträumt, Zhou zu sein? Aber zwischen Zhou und dem Schmetterling muss doch ein Unterschied bestehen! Dies nennt man die Verwandlung der Dinge. (Kap. 2, S. 49)

In idealistischen Denksystemen, welche die Realität der Welt in Frage stellen, ist der Traum ein Standardargument gegen die Wirklichkeit der „Außenwelt". Zhuang Zhou lag aber ein durchkonstruierter Idealismus völlig fern. Hinter seinen Gleichnissen steht kein abstraktes System, er will nur die scheinbare Sicherheit und Gewissheit alltäglicher Erfahrungen erschüttern und damit den Zugang zur Dao-Lehre erleichtern.[25]

Merkwürdig ist eine Unterhaltung zwischen Meister Zhuang und dem „Sophisten" Hui Shi 惠施 (§15) über die Frage, ob Tiere Freude empfinden und wie der Mensch zu einem Urteil darüber gelangen könne. Der Relativismus äußert sich hier in dem mehrfachen Wechsel des Bezugspunktes: einmal wird vom Standpunkt des Philosophen, einmal aus der Sicht Hui Shis und einmal aus der (hypothetischen) Sicht der Fische argumentiert:

Meister Zhuang und Meister Hui standen auf einer Brücke über den Hao. Meister Zhuang sagte: „Wie die Elritzen aus dem Wasser springen! Wie sich die Fische freuen!"
Meister Hui sagte: „Du bist kein Fisch, woher weißt du, ob die Fische sich freuen?"

---

[24] Vgl. zum Traum im *Zhuangzi* und in der älteren Literatur Eggert (1993), Kap. A. I.
[25] Vgl. zu den verschiedenen Deutungen dieses Traums (der vermutlich nicht so berühmt wäre, wenn Zhuang Zhou sich z.B. in eine Ratte verwandelt hätte) Heubel (2016), S. 91–97.

Meister Zhuang entgegnete: „Du bist nicht ich. Woher weißt du, dass ich nicht weiß, dass die Fische sich freuen?"

Meister Hui sagte: „Ich bin nicht du, kann also nicht wissen, was du weißt. Aber du bist kein Fisch, kannst also nichts über die Freude der Fische wissen."

Meister Zhuang sagte: „Kommen wir bitte auf den Ausgangspunkt zurück; du fragst, woher ich weiß, wie sich die Fische freuen. Also hast du schon gewusst, dass ich es weiß, und nur deshalb gefragt. Ich weiß es, weil ich hier am Fluss stehe." (Kap. 17, S. 189)

Hier ist es der Dialektiker Hui Shi, der versucht, das zunächst mit intuitiver Sicherheit ohne langes Nachsinnen von Zhuang Zhou ausgesprochene Urteil zu erschüttern. Tatsächlich ist Hui Shis Einwand durchaus berechtigt, und man hat nicht den Eindruck, der Autor der Geschichte habe dies nicht gesehen. Dennoch weist Zhuang Zhou die Bemerkung abrupt zurück. Er ist nicht an beliebigen Spitzfindigkeiten interessiert, so will es scheinen. Deshalb ist es kein echter Widerspruch, wenn er einerseits scharfsinnige Argumente gegen scheinbar gesichertes Wissen vorbringt, andererseits aber eine ernstzunehmende Diskussion über die Berechtigung von Aussagen über die Freude der Fische abbricht und mit einer eher ausweichenden Bemerkung beendet.[26]

Lobpreis des Hässlichen und Unbrauchbaren

Hat man die Beschränktheit der alltäglichen Meinungen und die Lächerlichkeit des ehrgeizigen Strebens nach Erfolg erkannt, dann gelangt man auch zur Einsicht in den Wert des scheinbar Wertlosen. Kap. 5 enthält Erzählungen über verkrüppelte oder zur Strafe verstümmelte Menschen, die weise geworden waren und weit vernünftiger lebten als die Masse der Normalen. Ein Krüppel lehrt, ohne überhaupt zu reden, und selbst Konfuzius stellt ihn über sich; ein Mann, dem die Füße abgehackt wurden, beeindruckt einen Minister zutiefst; ein Mensch, dem man die Zehen abgehackt hat, beschämt Konfuzius; und ein hässlicher Buckliger wirkt durch sein friedfertiges Wesen derart auf seine Mitmenschen, dass die Mädchen lieber seine Nebenfrau sein möchten als die Hauptfrau eines anderen und man ihm schließlich die Lenkung des Staates übergibt.

---

[26] Es ist nicht ausgeschlossen, dass Zhuang Zhou mit der Sprache spielt und nicht die „Freude der Fische", sondern die „Freude an den Fischen" meint, ohne dass Hui Shi dies durchschaute. Vgl. zu dieser Deutung Hoffmann (2001).

Das Bild eines riesigen knorrigen Baumes dient mehrfach (Kap. 1, 4, 20) dazu, den Nutzen der Nutzlosigkeit zu verdeutlichen.[27] Ein solcher Baum wird nicht gefällt, denn seine Äste sind krumm und sein Stamm verwachsen; man kann ihn nicht zur Herstellung von Booten, Särgen oder anderen Gebrauchsgegenständen verwenden. Gerade wegen seiner Nutzlosigkeit bleibt er unbeschädigt (Kap. 4, S. 63). Und es heißt weiter:

Der Krüppel Shu: Sein Kinn verschwand im Nabel, seine Schultern waren höher als der Kopf, der Haarknoten zeigte zum Himmel, die Sinnesorgane saßen am Kopf alle ganz oben, seine Oberschenkel drückten gegen die Rippen. Als Schneider und Wäscher verdiente er aber genug zum Leben, und beim Sieben des Getreides verdiente er genug, um zehn Menschen zu ernähren. Wenn man Soldaten aushob, stand der Krüppel daneben und winkte. Wenn die Obrigkeit schwere Arbeitsdienste vom Volk verlangte, bekam der Krüppel wegen seiner Gebrechen keine Arbeit auferlegt. Wenn jedoch Getreide an Gebrechliche verteilt wurde, erhielt der Krüppel drei große Scheffel voll und noch zehn Bündel Brennholz. Mit seiner verkrüppelten Gestalt hatte er genug, seinen Leib zu ernähren und die ihm vom Himmel zugemessene Lebensspanne zu vollenden.

Wieviel mehr bedeutet es erst, wenn die Tugend verkrüppelt ist! (Kap. 4, S. 66)

Dass die Tugend verkrüppelt ist, bedeutet, dass das Verhalten des weise gewordenen Menschen nicht durch bewusste, rationale Überlegungen oder durch mühsam erlernte Rituale aus früherer Zeit bestimmt wird. Wenn die Tugend verkrüppelt, kehrt der Mensch zu einem schlichten Leben zurück, das keiner Tugendlehren mehr bedarf. Er besitzt dann natürliche Anständigkeit und braucht keine Morallehre. Das Auftreten der Moral als Moral, wie es für Daoisten die Konfuzianer verkörpern, ist schon ein Indiz des Verlustes.

Moral als Verlust der Ursprünglichkeit [28]

Zhuang Zhou verachtet die ängstliche, kleinliche Art, moralische Fragen zu behandeln und jedes Detail durch Rituale zu fixieren. Seiner Meinung nach werden dabei viel zu viele Worte über Dinge

---

[27] Für Heubel (2020), S. 92–122, eines der Motive des *Zhuangzi*, das Heidegger aufgegriffen hat.
[28] In Kap. 8, das zur Gänze diesem Thema gewidmet ist, findet sich wiederholt die Wendung *renyi* 仁義, „Menschlichkeit und Gerechtigkeit", die wir im Folgenden durch das Wort „Moral" wiedergeben. Auch bei Menzius und Mo Di, die dieses Kompositum häufig benutzen, ist eine Wiedergabe mit „Moral" möglich.

verloren, die sich früher von selbst erledigten. Durch Gesetze würden Übertretungen geradezu herangezüchtet (vgl. o. S. 128). Im Grunde gehe die Verwirrung, die Abkehr vom richtigen Weg bereits auf die alten Herrscher zurück, die man wegen ihrer Tugendhaftigkeit und Tüchtigkeit so verehre. Tatsächlich hätten sie aber nur Unruhe, Konfusion und Streit hinterlassen, woraus schließlich das ganze unbeliebte System von Tugenden und Sittenvorschriften entstanden sei, das so unnötig sei wie Schwimmhäute zwischen den Zehen oder ein Kropf. (Kap. 8, S. 98)

Für den Daoisten ist Moral etwas Unnatürliches, das in Wirklichkeit immer neue Sorgen und Verwirrungen entstehen lässt. Seit die Moral aufkam, lassen sich die Menschen durch äußere Dinge von ihrer eigentlichen Natur entfremden, sei es um zu einem guten Namen zu gelangen oder gar, um als Weiser der Welt zu dienen. So verschieden das im Einzelnen sein mag, es laufe doch immer auf Verletzung der Natürlichkeit hinaus, d.h. auf ein Opfer des Menschen selbst, genau wie die Verfolgung materiellen Profits.

Verglichen mit dem daoistischen Ideal der Einfachheit und Schlichtheit nehmen sich die Menschen der Gegenwart so unnatürlich aus, dass es kaum noch möglich sei, zwischen Räubern und Menschen, die wegen ihrer Tugend berühmt sind, zu unterscheiden.

Man fällte einen hundertjährigen Baum, um aus ihm Opfergefäße mit gelben und blauen Ornamenten herzustellen. Die Holzabfälle warf man in eine Grube. Vergleichen wir nun die Opfergefäße mit den Abfällen in der Grube: was Schönheit bzw. Hässlichkeit anbelangt, so gibt es einen Unterschied; aber darin, dass sie ihre ursprüngliche Natur verloren haben, sind beide gleich. Der Räuber Zhi und die tugendhaften Männer Zeng[29] und Shi unterscheiden sich voneinander durch ihr Verhalten und ihre Prinzipien. Doch im Verlust ihrer ursprüngliche Natur sind sie sich gleich. (Kap. 12, S. 140)

Diese Moralkritik ist indessen von irgendwelchen konkreten Reformvorschlägen und politischen Anwendungen weit entfernt – Gesellschaftsreformen sind das letzte, was das *Zhuangzi* ernsthaft ins Auge fasste. Trotzdem gibt es – in der Theorie – Berührungspunkte zur praktischen politischen Realität. Da der Daoist die moralische, gesellschaftliche und staatliche Ordnung nur durch Zwänge, Nötigungen und verderbliche Anreize sichergestellt sieht, muss er sie zusammen mit der gesamten Kulturentwicklung ablehnen. An dieser Stelle werden die daoistischen Formulierungen gerne radikal

---

[29] Gemeint ist vermutlich Zeng Shen, der Schüler des Konfuzius.

und rabiat. Unbeschwert von Verbindlichkeit kann das *Zhuangzi* seinen Vorstellungen freien Lauf lassen und steigert sich schließlich in einen unverblümten Aufruf zur Zerstörung vom Menschen künstlich geschaffenen Welt:

> Macht Schluss mit der Intelligenz (*sheng*) und verwerft das Wissen! Erst dann werden die großen Räuber verschwinden. Verstimmt die sechs Stimmpfeifen, übergebt Panflöten und Zithern dem Feuer, verstopft die Ohren des Musikmeisters Kuang! Erst dann kann jeder auf der Welt fein hören. Vernichtet die Ornamente, weg mit den bunten Farben, verklebt die Augen des scharfsichtigen Lizhu! Erst dann kann jeder auf der Welt klar sehen. Zerstört die Kurvenlineale und Senklote, werft Zirkel und Winkelmaß weg, brecht die Finger des Handwerkers Chui! Erst dann wird jeder auf der Welt Geschicklichkeit haben.... Tilgt die Aufzeichnungen über die Taten (der Moralisten) Zeng und Shi, verriegelt dem Mund (der Philosophen) Yang und Mo, schafft Menschlichkeit und Gerechtigkeit ab! Erst dann ist die Urtugend aller Welt wieder im Dunkel gleich. (Kap. 10, S. 111)

„Das Dunkel" (*xuan* 玄), in dem alles wieder gleich werden soll, ist derselbe Begriff, mit dem, mystisch angehaucht, auch *Daodejing* 1 (o. S. 123) operierte. Mystik und Terror haben das gleiche Ziel: Die Überwindung der Überkomplexität der menschlichen Zivilisation.

Der Daoismus hat nicht selbst versucht, seine radikalen Parolen in die Tat umzusetzen. Es gibt allerdings auf den ersten Blick paradoxe Berührungspunkte mit der kulturzerstörerischen legalistischen Ideologie und Praxis (s. u. S. 230ff). Eine entgegengesetzte Paradoxie besteht darin, dass die daoistische Kulturkritik ihrerseits selbst kulturbildend wirkte, gab sie doch mit den Anstoß für faszinierende Entwicklungen in einer minimalistischen Kunst.

Handwerkskünste

Handwerkliche Fähigkeiten und Tätigkeiten dienen in der zhouzeitlichen Philosophie häufig als Argumentationsfiguren, und so auch im *Zhuangzi*, und zwar auf doppelte Weise. Einerseits sind sie ein Paradigma für Fertigkeiten, die nicht durch Worte und Theorien vermittelt werden können. Damit stellen sie für den Intellektuellen, der seine Intellektualität zum Problem macht, ein Wunschbild besonderer Art dar. Zweitens erfordert die meisterhafte Ausübung einer handwerklichen Tätigkeit hohe Konzentration, so dass sie als eine Variante meditativen Lebens angesehen werden kann.

Ein typisches Beispiel für den ersten Aspekt bildet die folgende Passage, die aus einer abstrakten These mit nachfolgender anschaulicher Erläuterung besteht:

Was die Welt am Dao hochschätzt, ist nur Bücherwissen. Bücher enthalten nichts als Worte, und der Wert der Worte beruht auf ihren Bedeutungen. Bedeutungen aber richten sich nach etwas, das seinerseits nicht (wiederum) durch Worte zu vermitteln ist. [...]
Der Fürst Huan las einst oben in seiner Halle ein Buch, während unten ein Wagner an einem Rad arbeitete. Der Wagner legte seine Werkzeuge beiseite und fragte nach oben: „Darf ich fragen, was das für Worte sind, die Euer Gnaden da lesen?"
Der Fürst sagte: „Worte eines weisen Mannes."
– „Lebt der Weise noch?"
– „Nein, er ist schon gestorben."
– „Dann lesen Euer Gnaden also den Plunder eines Mannes von dazumal."
Der Fürst sagte: „Wie kommt ein Wagner dazu, meine Lektüre zu kritisieren! Hast du etwas zu sagen, dann los! Ansonsten lasse ich dich töten!"
Der Wagner sagte: „Ich sehe das vom Standpunkt meiner Tätigkeit aus. Wenn ich beim Herstellen eines Rades ein sehr scharfes Werkzeug benutze, ist die Arbeit bequem, aber das Rad wird nicht stabil; nehme ich ein stumpferes, so ist die Arbeit mühsam, und ich dringe nicht recht ins Holz ein. Hier das richtige Maß zu finden, das muss man in den Fingerspitzen haben und im Herzen, in Worte lässt es sich nicht fassen. Es ist ein Kunststück, das ich nicht einmal meinem eigenen Sohn beibringen kann und das er nicht von mir lernen konnte. Deshalb muss ich mit meinen siebzig Jahren immer noch Räder herstellen.
Auch die Alten mussten das, was sie nicht weitergeben konnten, ins Grab mitnehmen. Was Euer Gnaden lesen, ist nur der von den Alten übriggebliebene Plunder." (Kap. 13, S. 152)

Die Schilderungen der höchsten Konzentration, mit der ein guter Handwerker arbeitet, sind ungemein anschaulich. Ein leicht märchenhafter Ton ist zwar nicht zu überhören, aber die Konzentrationszustände als solche sind genau beobachtet und dargestellt. Charakteristisch für sie sind die Ausschließlichkeit, mit der genau ein Gegenstand – und sonst nichts – beobachtet wird, und die damit verbundene Selbstvergessenheit. Der Handwerker wird sozusagen eins mit seinem Objekt.

Eine oft zitierte Episode berichtet vom Metzger Ding, der es beim Zerlegen der Tiere zu einer derartigen Konzentration und damit Meisterschaft gebracht hatte, dass er jahrelang sein Messer nicht auswechseln musste (Kap. 3, S. 50).[30] Weitere Geschichten betreffen die Arbeit eines Holzbildhauers, der nur an sein Werk denkt; das Steuern eines Bootes; das artistische Schwimmen in einem Wasserfall (alle Kap. 19).

---

[30] S. Chang (1982), S. 184f.

Ein Buckliger, der die Meisterschaft im Fangen von Zikaden erlangt hat, berichtet Konfuzius,[31] wie er sich auf seine Tätigkeit monatelang vorbereitet, indem er kleine Lehmkügelchen übereinander auf seine Leimrute balanciert. Er fasst dann zusammen:

„Die Welt ist groß und voll von tausenderlei Dingen, aber ich weiß nur etwas von Zikadenflügeln. Davon gibt es für mich kein Abweichen – ich würde um alle Dinge der Welt nicht meine Zikadenflügel eintauschen. Wie könnte ich da nicht (mein Ziel) erreichen."

Konfuzius wandte sich zu seinen Jüngern und sagte: „Den Willen ungeteilt einsetzen, bis der Geist erstarrt – damit ließe sich dieser Mann charakterisieren." (Kap. 19, S. 199)

Der Weise

Eine Rückkehr der Gesellschaft zu den sagenhaften Urzuständen ist nicht möglich; es bleibt nur die individuelle Abkehr von den Verstrickungen des modernen Lebens. Wer das kann, den nennt das *Zhuangzi* einen Weisen. Von diesen Idealgestalten, die die ursprüngliche Einheit von Natur und Mensch für ihre Person wieder zurückgewinnen konnten, spricht das Werk mit großem Respekt.

Um den Weisen zu charakterisieren, zählt das *Zhuangzi* einmal schulterklopfend auf (Kap. 15, S. 167), welche nicht-weisen Lebenshaltungen seinerzeit schon alle als Alternativen zur etablierten Lebensführung durchexerziert wurden: ein griesgrämiger Rückzug in die Einsamkeit des Einsiedlers; die aufgeregte Wandertätigkeit konfuzianischer oder sonstiger Moralprediger; die realpolitischen Bemühungen der Legalisten; das einfache Leben auf dem Lande; die makrobiotischen Praktiken der Gesundheitsapostel mit ihren diversen Leibesübungen. Das alles treffe aber den Kern nicht:

Erhaben sein ohne Verbohrtheit, auch ohne Menschlichkeit und Gerechtigkeit zivilisiert sein und ohne Verdienst und Namen geordnet, ohne Rückzug an Meere oder Flüsse Muße finden, ohne besondere Praktiken ein hohes Alter erreichen, alles vergessen und doch alles besitzen, leidenschaftslos und ohne Extreme leben, und doch alles Schöne im Gefolge haben – das ist der Weg (*dao*) von Himmel und Erde, das ist die Tugend des weisen Menschen.

Darum heißt es: Gleichmut, Stille, Leere und Nicht-Tun, das ist die Ausgeglichenheit von Himmel und Erde und das Wesen des Dao und der Urtugend.

---

[31] Konfuzius fragt ihn: „Hast du eine Methode (*dao*) bei deiner Tätigkeit?", und der Zikadenfänger antwortet: „Ja, ich habe eine solche Methode (*dao*)." Dieser Gebrauch von *dao* ist bezeichnend.

Darum heißt es: Wenn der weise Mensch dort rastet, dann bedeutet das Mühelosigkeit, und Mühelosigkeit bedeutet Gleichmut. Besitzt er Mühelosigkeit und Gleichmut, können Sorge und Leid nicht in ihn eindringen und üble Einflüsse ihm nichts anhaben. So wird seine Tugend vollkommen sein und sein Geist ohne Mangel.

Darum heißt es: Das Leben des weisen Menschen entspricht der Bahn des Himmels, und sein Tod ist wie die Umwandlung der Dinge. In Ruhe teilt er mit dem Yin die Tugend, in Bewegung mit dem Yang die Wellen. Er sucht nicht, einem Unglück zuvorzukommen oder das Glück zu erzwingen. Erst auf Anregung reagiert er, erst unter Druck wird er aktiv, nur wenn es nicht anders geht, erhebt er sich. Er legt Wissen und Zwecke (*gu*) ab und folgt der Regel des Himmels. Deshalb treffen ihn keine Naturkatastrophen, und die Dinge berühren ihn nicht. Er ist frei von der Kritik der anderen Menschen und vom Tadel der Geister. Sein Leben ist wie ein Dahintreiben, sein Tod wie ein Ausruhen. Er stellt keine Überlegungen an, er fasst keine Pläne. Er strahlt aus, setzt sich aber nicht Szene. Er ist verlässlich, aber auf nichts festgelegt. Sein Schlaf ist traumlos, sein Wachen ohne Kummer. Sein Geist ist klar, seine Seele wird nicht matt. Er ist leer und gleichmütig und so mit der natürlichen Urtugend vereint. (Kap. 15, S. 168)

Alle hier angesprochenen Werte, die der naturalistischen Lebensphilosophie des Daoismus heilig sind, lassen sich mit einem Wort zusammenfassen: Gelassenheit.

Die Haltung des Weisen wird auch mit der Unverletzlichkeit eines Betrunkenen in Zusammenhang gebracht. Fällt ein solcher in seinem Rausch von einem fahrenden Wagen, so nimmt er (jedenfalls nach einer weitverbreiteten Ansicht) keinen Schaden, und dies wird im *Zhuangzi* mit seinem eigenartig abgekapselten Erlebniszustand begründet. (Kap. 19, S. 198) Hier schimmert wohl auch die Zauberlehre von der Unverletzbarkeit der Dao-Adepten durch; es ist aber schwer zu sagen, inwieweit diese wörtlich gemeint ist und inwieweit allegorisch.

Das Bild des weisen Menschen wird ergänzt durch Schilderungen der *Menschen des Altertums*, die noch vor der Zerstörung der ursprünglichen Unschuld und Selbstvergessenheit durch die Kulturbringer lebten.

So waren die wahren Menschen des Altertums: Im Schlaf ohne Traum, im Wachen ohne Angst; ihre Speisen waren nicht süß; ihr Atem ging tief.

Die wahren Menschen holten den Atem gleichsam von den Fersen herauf. Die gewöhnlichen Menschen atmen nur mit der Kehle. Mühsam bewegt sich ihr Schlund, und die Worte kommen hervor, als erbrächen sie sich.

[…]

So waren die wahren Menschen des Altertums: Sie wussten nichts über das Leben zu sagen, sie wussten nichts von Abscheu vor dem Tode. Der

§9 Zhuangzi

Eintritt in die Welt bereitete ihnen keine Lust, der Austritt geschah ohne Aufhebens. Gelassen kamen sie, gelassen gingen sie, das war alles. Sie vergaßen weder ihren Anfang, noch strebten sie nach dem Ende. Sie erfreuten sich dessen, was sie erhalten hatten; dann aber vergaßen sie und kehrten wieder zurück.

Das heißt, nicht mit seinem Herzen (dem Denken) in den Weg (*dao*) eingreifen, nicht mit Menschlichem der Natur (dem Himmel) nachhelfen wollen. Solche Menschen nennt man „wahre Menschen". Ihr Herz war stark, ihr Antlitz ruhig, ihre Stirn fest. Ihre strenge Kühle glich dem Herbst, ihre Wärme dem Frühling. In Freude und Zorn waren sie wie die Jahreszeiten. Mit den Dingen gingen sie angemessen um, ohne sie aber bis ins letzte erkennen zu wollen.

[…]

Die wahren Menschen des Altertums waren rechtschaffen, aber sie schlossen keine Freundschaften. Hatten sie Mangel, so nahmen sie doch nichts an. Sie waren aufrecht, aber nicht starrsinnig. Sie verweilten im Leeren und glänzten nicht. (Kap. 6, S. 78 ff.)

Die Erwähnung einer gewissen Kühle ist nicht zufällig. Das Freisein von Gefühlen, insbesondere von Gefühlen der Zuneigung, ist für den Daoisten eine Voraussetzung für das Aufsteigen über die Regionen von Glück und Unglück, Erfolg und Enttäuschung. In einer Geschichte vom Tod des Lao Dan wird geschildert, wie dieser von Alt und Jung beweint wurde. Lao Dan indes wird deswegen kritisiert – offensichtlich hatte er die anderen emotional zu sehr an sich gebunden. (Kap. 3, S. 52)

Hinweise auf Atemmethoden wie in der obigen Passage finden wir im *Zhuangzi* mehrmals. Auch das *Daodejing* spricht gelegentlich davon (DDJ 10). Es handelt sich höchstwahrscheinlich um Anspielungen auf damals geübte Techniken, die eine Verlängerung des Lebens bewirken sollten oder bei Meditationsübungen benutzt wurden. Im Zhuangzi scheint die Einstellung dazu nicht ganz einheitlich. Einerseits gilt es als Zeichen richtiger Lebensführung, tief und ruhig zu atmen, andererseits werden Leute verspottet, die ihr Leben durch „Schnauben und Pusten" zu verlängern suchen.

Ein wesentliches Ziel der Dao-Lehre ist, die bewusste Reflexion auszuschalten. Der Mensch soll anständig handeln; aber nicht eine mühsame Erziehung oder rationale Überlegungen sollen ihn dahin bringen. Nach daoistischer Ansicht muss der Mensch die Menschlichkeit nicht erlernen; er kann menschlich handeln, ohne es überhaupt zu bemerken – es kommt (wie bei Menzius, den man als daoistischen Konfuzianer bezeichnen könnte) aus der Spontaneität seiner Natur.

Einmal heißt es, wenn man die passenden Schuhe habe, vergesse man die Füße;[32] wenn der Gürtel bequem sitze, vergesse man die Hüften; wenn das Herz zur Ruhe gekommen sei, vergesse man, was richtig sei und was falsch. (Kap. 19, S. 206) Um das Dao zu erlangen, muss der Mensch vergessen können. Er soll sich seines Wissens, seiner Erfahrungen entledigen; er soll erleben, ohne nachzudenken, ohne Stellung zu beziehen.

Die wohl bemerkenswerteste Darstellung des Weisheitsideals ist in einem Zwiegespräch zwischen Yao und einem Grenzwart enthalten. In der Belehrung, die der Grenzwart dem Kaiser Yao erteilt, ist bereits eine nächste Stufe von Weisheit angedeutet, eine Art von nochmaliger Rückwendung zur Welt.

Yao besuchte Hua (das Blütenland). Der Grenzwart rief aus: „Ha, ein Weiser! Glück und langes Leben dem Weisen!" Yao sagte: „Nein, danke."
– „Reichtum dem Weisen!" – „Nein, danke."
– „Viele Söhne dem Weisen!" – „Nein, danke."
Darauf sagte der Grenzwart: „Nachkommen, Reichtum und langes Leben, das wünschen sich alle Menschen, nur du nicht – warum wohl?"
Yao sagte: „Viele Söhne bedeuten viele Sorgen, Reichtum bringt Schererereien, langes Leben Enttäuschungen. Mit diesen dreien kann man seine Tugend nicht pflegen. Deshalb lehne ich sie ab."
Da sagte der Grenzwart: „Ich hielt dich anfangs für einen Weisen, aber du bist bloß ein Edler. Der Himmel wird wohl jedem Menschen, den er entstehen lässt, eine Aufgabe zuweisen. Hast du viele Söhne und gibst jedem einen Beruf, was wäre da noch zu sorgen? Wenn du den Reichtum mit anderen teilst, was für Schererereien gibt es noch?" [...]
Yao sagte: „Darf ich bitte noch fragen ..."
Aber der Grenzwart sagte: „Geh fort!" (Kap. 12, S. 130)

Überwindung des Todes

Der Volksdaoismus kannte allerlei Zauberkünste, mit denen Unsterblichkeit oder wenigstens eine Verlängerung des körperlichen Lebens erreicht werden sollte. Ähnlich wie das *Daodejing* enthält auch das *Zhuangzi* etliche Stellen, die auf entsprechendes geheimes Adeptenwissen hinweisen,[33] doch ist deren systematische Einordnung in seine Gedankenwelt problematisch. Andere Stellen weisen eher daraufhin, dass für Zhuang Zhou die Verlängerung des Lebens kein ernstzunehmendes Ziel war. Das Gesundheitsstreben der Bio-

---

[32] Jäger (2009) hat dies als Titel seiner *Zhuangzi*-Übersetzung gewählt.
[33] In einer mythologisierten Szene in Kap. 11, S. 118 ff., behauptet ein Adept, er sei bereits 1.200 Jahre alt.

§9 Zhuangzi

Apostel wird eher schon ironisch gesehen. Einmal wird die Geschichte eines Einsiedlers erzählt, der sich durch die richtige Einstellung, Verzicht auf irdischen Stress und durch bescheidene Ernährung (er trank nur Wasser) so gesund gehalten hatte, dass er mit siebzig Jahren noch rosig und frisch wie ein Kleinkind aussah. Danach weckte er den Appetit eines hungrigen Tigers, und der fraß ihn auf. (Kap. 19, S. 201)

Der Tod schreckt den Weisen nicht. Nicht als Individuum, aber doch als Teil der Natur bleibt der Mensch erhalten. Zwar kann vom Standpunkt des gewöhnlichen Menschen aus die Endlichkeit des Lebens voller Resignation betrachtet werden, und Zhuang Zhou verleiht ihr Worte von starker Empfindung:

Sobald der Mensch seine Gestalt erhalten hat, hört er nicht mehr auf, sich abzumühen. Mit maßloser Härte stürzt er sich auf die Dinge, erschöpft hastet er durch das Leben, nichts kann ihn zum Einhalten bringen. Ist das nicht traurig? Bis ans Ende seiner Tage nur kämpfen, aber keinen Erfolg sehen, bis zur völligen Erschöpfung streiten und nicht wissen, wohin man zurückkehrt – ist das nicht zu beklagen? Da sagt ein Mensch vielleicht: „Noch bin ich nicht tot!" – Was soll es aber? Sein Leib wird zerfallen, sein Geist ebenso. Wie kann man darüber nicht tiefe Trauer empfinden?

Das Leben des Menschen liegt im Dunklen – empfinde denn nur ich das, und den anderen Menschen ist alles klar? (Kap. 2, S. 38)

Aber darf man wirklich sicher sein, dass der Kampf ums Leben immer erstrebenswerter ist als die Hinnahme des Todes? Das *Zhuangzi* berichtet von einem Mädchen namens Li, das gefangen und verschleppt worden war. An ihrem neuen Aufenthaltsort weinte sie zuerst bitterlich, später wurde sie aber in den Palast gebracht und durfte mit dem Fürsten leben. Da verstand sie nicht mehr, warum sie vorher so geweint hatte und bereute ihre Tränen. Der Text fährt fort:

Woher weiß ich, dass die Toten ihr früheres Streben nach dem Leben nicht bereuen?

Wer im Traum Wein trinkt, mag am nächsten Morgen wohl Tränen weinen. Wer im Traum Leid trägt, mag am Morgen zu fröhlicher Jagd aufbrechen. Während einer träumt, weiß er nicht, dass er träumt. Mitten im Traum kann er vielleicht sogar einen Traum deuten. Erst wenn er wieder wach ist, weiß er, dass er geträumt hat. Es gibt aber auch das große Erwachen, und danach erkennt man, dass alles ein großer Traum war. (Kap. 2, S. 47)

An anderer Stelle findet sich ein Zwiegespräch Zhuang Zhous mit einem Totenschädel. Der Philosoph benimmt sich zunächst sehr respektlos, doch in der Nacht beginnt der Schädel vom Tod zu erzählen und preist ihn als ein Glück, das höher sei als das eines Königs. Der Philosoph will das nicht glauben und fragt, ob der Totenschädel nicht wieder lebendig sein möchte, sofern das möglich wäre. Der Schädel weist dieses Ansinnen jedoch zurück und erwidert, er wolle sein Glück nicht fortwerfen, nur um nochmals die Mühen des Lebens auf sich zu nehmen.[34] (Kap. 18, S. 195)

Im Grunde ist das aber für Zhuang Zhou nur Poesie, denn in Wirklichkeit glaubt er auch nicht an einen Glückszustand nach dem Tode. Der wirklich Weise, der das Dao erlangt hat, sieht den Tod weder mit Resignation noch mit der illusionären Hoffnung auf einen künftigen Glückszustandes an, sondern mit Gleichgültigkeit, gelegentlich auch mit leichtem Spott. Eine lange Erzählung in Kap. 6 handelt von vier Männern, die alle dem Sterben gelassen entgegenblicken und auf dieser Basis miteinander Freundschaft schließen. Gefasst und heiter ertragen sie Krankheit und Sterben, der Tod gilt ihnen als eine einfache Verwandlung.[35]

In der Lehre vom Dao gibt es für den Menschen keine besonders ausgezeichnete Stellung im Weltganzen. Nur als Teil des Kosmos ist er unverlierbar, unzerstörbar, nicht aber als ein Wesen, das sich seiner individuellen Geschichte noch erinnern kann. Der Daoismus bedeutet eine Ent-Menschlichung der Welt, eine Abwendung vom anthropomorphen, mythischen Weltbild. Der Mensch ist nicht mehr das Modell, nach dem das Universum zu deuten ist, sondern nur dessen Teil. Das Universum, die Natur, trägt keine menschlichen Züge; es ist ein emotionsloses, unpersönliches Geschehen, im dem auch der noch nicht oder nicht mehr von Künstlichkeit verbildete Mensch aufgehoben ist. Die beeindruckendste Stelle hierzu, wohl eines der schönsten Kurzprosastücke der antiken chinesischen Literatur, handelt von Zhuang Zhous Tod:

Als Zhuang Zhou im Sterben lag, beschlossen die Schüler, ihm ein prächtiges Begräbnis zu verschaffen. Der Meister Zhuang aber sagte:
„Ich nehme den Himmel und die Erde als meinen inneren und äußeren Sarg, die Sonne und den Mond als meine Jadescheiben, die Gestirne als Perlen, und zehntausend Dinge als Grabgeleit. Ist da für mein Begräbnis nicht alles vollkommen? Was sollte man dem noch hinzufügen!"
Da sagten die Jünger: „Wir fürchten, die Raben und Milane könnten den Meister fressen!"

---

[34] S. Chang (1982), S. 265.
[35] S. Chang (1982), S. 7–9.

Da sagte der Meister Zhuang: „Oben fressen mich die Raben und Milane und unten die Grillen und Ameisen. Wie einseitig wäre es doch, den einen etwas zu nehmen, um es den andern zu geben." (Kap. 32, S. 361)

Meditation

Meditation ist eine systematisch ausgeführte Konzentrationsübung; der Meditierende versucht, seine Aufmerksamkeit lange Zeit nur auf einen einzigen Gegenstand zu richten, was wegen der Flüchtigkeit der Aufmerksamkeit nicht leicht ist. Es wird über das Objekt nicht nachgedacht, sondern nur an es gedacht. Daher ist es einigermaßen gleichgültig, was zum Gegenstand der Meditation gemacht wird, etwa ein Stück einer farbigen Fläche, eine sinnlose Silbe, die Vorstellung des leeren, unbegrenzten Raumes etc. Ein weitverbreitetes und erprobtes Meditationsobjekt ist die eigene Atmung. Der Meditierende verfolgt mit gespannter Aufmerksamkeit seine Atemzüge, ohne sie aber zu beeinflussen: Atmungsmeditation ist normalerweise keine Atemübung, kann aber mit dieser kombiniert werden.

Wenn die Konzentration über längere Zeit gelingt (was viel Übung erfordert), treten mitunter neuartige Erlebnislagen ein; auch können sich optische oder kinästhetische Empfindungen (Lichtblitze, ein Gefühl der Schwerelosigkeit etc.) ergeben.[36] Im Buddhismus gibt es sorgfältige Beschreibungen des Meditierens;[37] die subjektiven Empfindungen werden darin als im eigenen Geist auf natürliche Weise entstandene Phänomene dargestellt. In weniger kritischen Schulen werden die meditativen Erlebnisse aber in phantastischer Weise gedeutet, z.B. als Einswerden mit einer Gottheit oder mit dem Dao, als Auffliegen zum Himmel usf., und in ein entsprechendes religiöses oder metaphysisches System eingeordnet.

Neben diesen außergewöhnlichen, ohnehin nicht jedermann zugänglichen Phänomenen ist unbestritten, dass Meditationsübungen einen deutlich beruhigenden Effekt haben. Die Dinge der Welt regen nicht mehr so auf, man lernt, sie konzentriert zu betrachten, ohne gleich Stellung zu ihnen zu beziehen. Das daoistische Idealbild des Weisen mit seiner ruhigen Gelassenheit und dem Verzicht auf ständige Reflexion über alles und jedes entspricht deutlich der

---

[36] Kap. 4, S. 58, in dem sich Sätze finden, die eine meditative Deutung nahelegen, enthält das zunächst kaum verständliche Bild eines leeren Raumes voller Helligkeit. Vielleicht wird hier ein meditativer Erlebniszustand angedeute.

[37] Vgl. Nyanaponika (1975).

durch meditatives Üben erreichbaren Lebenshaltung. Am Beginn von Kap. 2 findet sich ein erster Hinweis:

Zi Qi von der Südlichen Vorstadt saß in seinem Stuhl angelehnt. Er blickte zum Himmel auf und atmete geistesabwesend, als hätte er sein Selbst verloren. Yan Cheng Zi You, der achtungsvoll vor ihm stand, sagte: „Was ist das? Kann man wirklich den Leib wie einen dürren Baum erstarren lassen und den Geist wie tote Asche auslöschen?" (Kap. 2, S. 36)

Eine andere Stelle, in der auch der später allgemein übliche Fachausdruck *zuo* 坐, „Sitzen", für die Meditation benutzt wird, lautet:

Der Jünger Yan Hui berichtete: „Ich habe Fortschritte gemacht."
Konfuzius fragte: „Wie meinst du das?"
– „Ich habe Menschlichkeit und Gerechtigkeit vergessen."
– „Gut, aber es genügt nicht!"
Anderen Tags kam er wieder und sagte „Ich habe Sittlichkeit und Musik vergessen."
– „Gut, aber es genügt nicht!"
Anderen Tags schließlich kam er und sagte: „Ich vergaß im Sitzen."
Da horchte Konfuzius auf: „Was bedeutet im Sitzen vergessen?"
Yan Hui antwortete: „Man lässt den Leib von sich fallen und schaltet die Sinnesorgane aus. Man trennt sich von Körperlichkeit und Wissen und wird mit dem großen Zusammenhang eins. Das heißt, im Sitzen vergessen." (Kap. 6, S. 90)

Vergessen im Sitzen ist, wenn damit Meditation gemeint ist, keineswegs ein gemütliches Nichtstun, sondern strenge Geistesübung. Vor Beginn einer solchen Übung sollte man bereits Abstand zu den Fragen des Alltags gewonnen haben, und dies scheint in den ersten zwei Berichten des Konfuzius Jüngers Yan Hui angedeutet.

Die deutlichste Anweisung für das Meditieren ist in Kap. 22 enthalten. Hier antwortet eine allegorische Figur namens Piyi 被衣 („Der lässig Angezogene") auf die Frage nach dem Dao:[38]

Nimm die richtige Körperhaltung ein,
richte den Blick nur auf einen Punkt!
Dann erreichst du himmlischen Frieden.
Sammle dich und konzentriere dein Denken auf eines!

---

[38] Übersetzung orientiert an Chang S. 156. Ohne Rückgriff auf Techniken des Meditierens bleibt der Text unverständlich. Wilhelm übersetzt: „Beherrsche den Leib und sieh auf das Eine, so wird des Himmels Friede nahen. Sammle dein Wissen und plane das Eine, so werden die Götter bei dir wohnen." Das Wort *yi* 一 (eins) wird dabei mit „das Eine" übersetzt. Es kann aber schlichter als „eines" verstanden werden. Meditation heißt Konzentration auf genau *ein* Objekt und nicht auf ein ominöses „Eines".

§9 Zhuangzi

Dann wird der Geist bei dir einkehren,
die Tugend wird dich zieren
und das Dao (bei dir) verweilen.
Du blickst dann drein wie ein neugeborenes Kalb,
ohne nach dem Grund dafür zu suchen. (Kap. 22, S. 237)

Dieser Spruch, so berichtet das *Zhuangzi*, habe das sofortige Einschlafen des Zuhörers verursacht. Hier lässt sich das Einnehmen der richtigen Körperhaltung (wörtlich: Richtigstellen des Körpers) zwanglos als Einnehmen der Meditationshaltung deuten; das Hinblicken auf (immer denselben) einen Punkt ist eine Meditation, deren Objekt ein visueller Gegenstand ist;[39] das Sammeln nur auf eines (nämlich den visuellen Gegenstand) bezeichnet die Konzentration; der Blick wie ein „Kalb" schließlich beschreibt das Erscheinungsbild des auf sein Objekt konzentrierten, „geistesabwesenden" Meditierenden. Dazwischen stehen in unserem Text Formeln, die die Erlebnislage des Meditierenden zuerst beschreiben (himmlischer Frieden erfüllt ihn), dann poetisch oder mythologisch auslegen (etwas Geisterartiges kehrt bei ihm ein) und schließlich durch die Dao-Lehre deuten, nämlich als Zustand der Urtugend, d.h. als ursprüngliche, nicht-degenerierte Erlebnislage. Zusammengefasst: Das Dao verweilt bei dem Meditierenden.

Normalerweise nimmt der Geist die Dinge nicht bloß auf, sondern kommentiert sie auch mehr oder weniger aufgeregt, kommentiert eventuell auch noch diesen Kommentar usf. Auch diese reflektierende Art des Denkens, in der manche westlichen Philosophien das Wesen des Bewusstseins sehen, soll in der Meditation zur Ruhe kommen. Im *Zhuangzi* wird häufig davon gesprochen, dass die Menschen des Altertums nicht wussten, was sie taten (z.B. Kap. 9, S. 106). Ein Zustand der Nicht-Bewusstheit beim Handeln, d.h. der völligen Versunkenheit in dem, was man gerade tut, ist aber ein von vielen Meditationsschulen erstrebtes Ideal. Dies wirft ein neues Licht auf die daoistische Vorstellung vom ursprünglichen, guten Handeln ohne bewusste Moralvorstellungen. Was die Meditation zurückruft, ist die Ruhe des Urzustandes:

Im Zeitalter der höchsten Tugend wurden keine Klugen geehrt und keine Fähigen mit Aufgaben betraut.

---

[39] Diese Technik wird in buddhistischen Traktaten genau beschrieben und heißt dort „Kasina". Verglichen mit den buddhistischen Schriften sieht die Darstellung im *Zhuangzi* reichlich undifferenziert aus.

Die Obrigkeit war weit entfernt wie der Wipfel eines Baumes, und das Volk lebte wie Hirsche in freier Wildbahn.
Man war korrekt, ohne es zu wissen – so praktizierte man Gerechtigkeit.
Man liebte einander, ohne es zu wissen – so praktizierte man Menschlichkeit.
Man war ehrlich, ohne es zu wissen – so praktizierte man Loyalität.
Man handelte angemessen, ohne es zu wissen – so praktizierte man Vertrauen.
Man bewegte sich wie Raupen im Frühling und setzte sich füreinander ein, ohne dies als Gunst zu sehen.
So handelte man, ohne Spuren zu hinterlassen, und was man tat, wurde nicht überliefert. (Kap. 12, S. 138)

Man darf annehmen, dass das Tun ohne die Distanz des Wissens auch die Erlebnislage des Kindes wiedergibt, das in sein Spiel versunken ist, wobei das Kind im Daoismus wiederum für das unverfälscht Ursprüngliche steht (s. o. S. 144). So wird die Empfehlungen des *Zhuangzi* verständlich, man solle werden wie ein Kind, denn

Kinder laufen herum, ohne zu wissen, wohin, oder sie verweilen irgendwo, ohne zu wissen, was sie tun. (Kap. 23, S. 254)

So greifen die psychischen Zustände der frühen Phylo- und Ontogenese und der Meditation ineinander. Die Meditation erweist sich als eine der Antworten auf den Verlust der natürlichen Einheit.

Sowohl als Folge der Meditationsübungen als auch als empfohlene systematische Übung im Alltag wird oft eine Erlebnisart beschrieben, die man „reines Beobachten" nennen könnte. Der Mensch nimmt die Dinge dann sehr aufmerksam wahr, ohne dazu aber Stellung zu nehmen, sie zu bewerten oder an die Wahrnehmung persönliche Assoziationen anzuschließen. Diese Lebens- und Erlebensweise wird in Meditationstexten mit der Wiedergabe der Welt durch einen verzerrungsfreien, reinen Spiegel[40] verglichen. Im *Zhuangzi* heißt es:

Wer es erreicht[41] hat, gebrauchet seinen Geist wie einen Spiegel, begleitet kein (Ding) und heißt keines willkommen, reagiert (auf die Dinge), aber bewahrt nichts (in seinem Geist) auf. Daher kann er sie überwinden ohne Schaden zu nehmen. (Kap. 7, S. 97)

Eine zweite Stelle, die der „Stille" (*jing* 靜) des Herzens bzw. Geistes gewidmet ist, besagt:

---

[40] Die *Plattform-Sutra* Huinengs 慧能 (638–713), ein klassischer Zen-Text, ist ganz dem Thema „Der Geist als Spiegel" gewidmet. Vgl. Chan (1963).
[41] *Zhi ren* 至人, „der Mensch, der (beim Dao) angekommen ist".

Ist Wasser still, so wird es klar und zeigt jedes Brauen- und Barthaar. Seine ruhige Fläche dient den besten Handwerkern als Norm. Wenn stilles Wasser klar wird, um wieviel mehr der Geist! Das Herz des weisen Menschen ist still und spiegelt Himmel und Erde und alle Dinge. (Kap. 13, S. 142)

Für jede Meditation ist es nötig, sich von Sinnesreizen möglichst freizuhalten und die gewöhnliche Reizüberflutung auszuschalten. Reize aller Art werden im *Zhuangzi* einige Male recht negativ bewertet; auch die folgende seltsame Geschichte, die direkt auf das erste der gerade zitierten Spiegel-Gleichnisse folgt, könnte in dieselbe Richtung weisen, wenngleich sie verschieden zu interpretieren ist:

Der Herr des Südmeeres hieß Shu (der Jähe), der Herr des Nordmeeres hieß Hu (der Abrupte), der Herr der mittleren Gebiete hieß Hundun 渾沌 (das Chaos).
Von Zeit zu Zeit trafen sich Shu und Hu mit Hundun in dessen Gebiet, wo Hundun sie großzügig behandelte. Sie wollten Hundun seine Tugend vergelten und sagten zueinander: „Alle Menschen haben sieben Öffnungen, um zu sehen, zu hören, zu essen und zu atmen. Nur er besitzt sie nicht. Wir wollen sie ihm bohren."
Täglich bohrten sie ihm eine Öffnung. Am siebenten Tage war Hundun tot. (Kap. 7, S. 97)

In einer nicht mystischen Deutung dieser Allegorie ist Hundun die Natur, während die anthropomorphen Figuren „Jäh" und „Abrupt" den im *Zhuangzi* vielfach beklagten berechnenden Tatendrang des Menschen symbolisieren, der die Natur sich angleicht und mit seiner Kunst auf immer zerstört.[42]

Der Idealzustand des reflexionslosen Lebens wird auch mit einem Boot ohne Steuermann verglichen, wobei zuletzt noch einmal ein Stück Adepten-Zauberei hervorzulugen scheint:

Wenn ein Mann im Boot den He (den Gelben Fluss) überquert und es stößt ein leerer Kahn mit ihm zusammen, so wird er nicht zornig, auch wenn er normalerweise jähzornig ist.
Sitzt in dem Kahn aber ein Mensch, so wird unser Mann ihn anrufen und zum Ausweichen auffordern; hört jener nicht, so ruft unser Mann nochmals, und beim dritten Mal schickt er noch einen Fluch hinterher. Im vorigen Fall blieb er ruhig, jetzt aber ist er wütend. Vorhin war der Kahn aber leer, und jetzt nicht.
Wenn ein Mensch sich selbst leer machen kann und so durch die Welt treibt, wer könnte ihm noch etwas anhaben? (Kap. 20, S. 212)

---

[42] Vgl. Roetz (1984), S. 255. Vgl. auch ebd. Kap. 20 „Zerfall und Wiedergewinnung der Einheit von Natur und Mensch im Zhuangzi". Vgl. auch Roetz (2013b).

Das Dao

Was also ist das Dao 道? Was bedeutet dieses Wort? Obwohl das *Zhuangzi* wortreicher und wortgewaltiger ist als das *Daodejing*, spricht es über den Begriff Dao auch nicht deutlicher als letzteres. Es bleibt auch offen, ob es nicht überhaupt mehrere Varianten der Dao-Lehre gab. Gelegentlich fungiert Dao wie ein Weltschöpfer, oder eher Welterhalter, freilich kein personifizierter. Es heißt dann vom Dao, es habe vor Himmel und Erde existiert, sei sich selbst Ursprung und Wurzel, und

Es beseelte Geister und Götter und erzeugte Himmel und Erde. (Kap. 6, 81)

Man könnte daraus, wie im Falle des *Daodejing* (o.S. 145f), auf eine Kosmogonie schließen; die Textbasis dafür ist aber schmal. Außerdem weiß das *Zhuangzi*, dass die Rede von einem Anfang der Welt erkenntnistheoretisch problematisch ist – es enthält eine Stelle, die zu besagen scheint, dass es keinen Sinn macht, einen Anfangspunkt der Welt anzunehmen. Denn nimmt man einen solchen Punkt an, dann kann man ebenso gut einen zeitlich früher liegenden annehmen, oder einen noch früheren etc.[43] Wer solche subtilen Überlegungen anstellt, dem ist sicher nichts an einem naiven Weltentstehungsmythos gelegen; allenfalls akzeptiert er ihn als poetische Figur. Überhaupt scheint sich im *Zhuangzi* eine gewisse Skepsis gegen das Wort „nichts" oder „nicht-Seiendes" (*wu* 無) anzudeuten, obwohl der Daoismus damit nicht ungern operiert. Die folgende Geschichte ist vielleicht eine ironische Warnung vor dem Umgang mit „dem Nichts":

Lichtglanz fragte das Nicht-Sein: „Existierst du, oder existierst du nicht?", erhielt aber keine Antwort. Aufmerksam betrachtete er die Erscheinung des Anderen, die von tiefer Leere war. Den ganzen Tag blickte er hin, sah aber nichts. Er horchte, hörte aber nichts, er versuchte zu greifen, bekam aber nichts zu fassen.
    Da sagte Lichtglanz: „Großartig! Wer könnte derartige Vollkommenheit erreichen? Ich selber vermag das Nichtsein zwar als seiend, aber noch nicht als nichtseiend anzusehen." (Kap. 22, S. 244)

Der ausführlichste Ansatz zu einer Erklärung des Begriffes Dao findet sich in Kap. 25, doch endet auch dieser wieder in der Metaphysik des Unsagbaren. Zuerst aber wird versucht, den logischen

---

[43] Kap. 2, S. 43, vgl. Chang (1982), S. 54.

Status des Begriffes Dao herauszuarbeiten; dabei rückt Dao in die Nähe von umfassenden Allgemeinbegriffen wie *wanwu* 萬物, „die zehntausend Dinge" (= alle Dinge überhaupt). Die Ausführungen haben die Form einer Unterredung zwischen zwei allegorischen Gestalten mit den vielsagenden Namen „Wenigwisser" und „Großer Gerechter Vermittler".

Der Wenigwisser fragt nach dem Sinn des Ausdrucks „Siedlungsworte" („Wohnhügel/Weiler-Worte") (Kap. 25, S. 289 ff.).[44] Der Große Vermittler antwortet, eine Siedlung sei eine Zusammenfassung einer Anzahl von Menschen, die mit keinem der ihn konstituierenden Teile identisch sei. Der Text erläutert dies durch ein weiteres Beispiel: Man kann auf die einzelnen Knochen eines Pferdes zeigen, und doch ist das niemals das Pferd.

Nachdem der Zusammenhang zwischen einem Begriff der etwas Großes bezeichnet und den Teilen, die dieses Große konstituieren, ausführlich dargelegt wurde, stellt der Wenigwisser die daran anknüpfende Frage: *Genügt es nicht, es Dao zu nennen?* Die Frage ist so vage formuliert, dass ihr Sinn nicht mit Sicherheit zu klären ist. Jedenfalls aber bringt der Fragende den Begriff Dao in Zusammenhang oder Analogie zu Allgemein- oder Großbegriffen. Er will offenbar wissen, ob man das Verhältnis des Dao zu den Dingen so denken kann, wie das eines Dorfs zu den in ihm lebenden Bewohnern oder des Gelben Flusses zu den einzelnen Gewässern, die zu ihm zusammenfließen.

Mühsam und nicht ohne Gedankensprünge wird in der Antwort auf die zitierte Frage versucht, das Dao näher zu fassen:

Der Große Gerechte Vermittler sagte: „Es ist nicht so. Wenn wir die Dinge zählten, so kämen wir bei zehntausend noch lange nicht ans Ende. Mit dem Ausdruck ‚zehntausend Dinge' benennen wir einfach die Vielzahl.[45]
Himmel und Erde sind die größten unter den Formen, Yin und Yang die größten Kräfte (*qi*), das Dao aber ist ihnen gemeinsam. Geht man nach der Größe, so ist es zulässig ‚Dao' als (allgemeine) Bezeichnung zu nehmen.
Aber was ist damit schon erreicht? Wie wollte man denn (das Dao wirklich mit einer allgemeinen Bezeichnung) vergleichen? Gemäß dieser Differenzierung liegt ein meilenweiter Unterschied vor, wie wenn man Hunde mit Pferden vergleicht." (Kap. 25, S. 291)

---

[44] Vgl. hierzu Vierheller (2007).
[45] Guo Xiang kommentiert: Bereits für endlich viele Dinge reicht die Zahl 10.000 nicht; umso weniger für unzählbar viele. Würde es dann reichen, (sie alle zusammen) „Dao" zu nennen?

Mit den letzten Sätzen, die allerdings nicht genau zu entschlüsseln sind, wird die versuchte logische Charakterisierung von *Dao* wieder abgeschwächt bzw. zurückgenommen. Die Idee dabei scheint zu sein, dass das Wort als Bezeichnung für die Gesamtheit des Kosmos noch weniger zutreffend sei, als die chinesische Standardphrase von den „Zehntausend Dingen" es für die Totalität der unzählbar vielen Dinge ist. Das Dao ist mehr als ein Begriff für etwas Allgemeines und Großes.

Der Wenigwisser ist noch nicht zufrieden und versucht, das Problem von einer anderen Seite her anzupacken. Er bringt die Rede auf die Vielfalt des Naturgeschehens und fragt nach dem Anfang des Ganzen. Mit wenigen Worten umreißt der Große Vermittler daraufhin eine Erkenntnismethode, die man heute „naturwissenschaftlich" nennen würde: Es sei zweifellos möglich, alles Geschehen zu beschreiben und die darin enthaltenen Regelmäßigkeiten zu ermitteln. Damit erfasse man die Dinge vollständig, soweit man auf der Ebene sprachlicher Beschreibung bleibe. Man schöpft die Sprache voll aus, und die Erkenntnis reicht bis in die feinsten Spitzen der Dinge. (Kap. 25, S. 292)

Aber auch diese Darstellung bzw. Abschweifung wird sofort wieder berichtigt, indem der Große Vermittler fortfährt:

Ein Mensch, der das Dao geschaut hat, geht weder dem Vergehen (der Dinge) noch den Ursachen ihres Entstehens nach. Damit kommen alle Diskussionen zu einem Ende. (ebd.)

Damit hat der Versuch, den logischen Status des Begriffs *Dao* zu klären, ein Ende gefunden – solche müßigen Versuche unternimmt ein Mensch, „der das Dao geschaut hat", nicht. Es folgen nur noch negative Aussagen, die zuletzt in Schweigemetaphysik einmünden, auch wenn zuvor nochmals auf zeitgenössische Theorien über das Naturgeschehen Bezug genommen wird.

Der Wenigwisser sagte: „Ji Zhen zufolge gibt keinen Bewirker, Jiezi meint, dass es einen gibt. Welcher der beiden hat die richtige Auffassung, welcher vertritt einen einseitigen Standpunkt?" (ebd.)

Es ist anzunehmen, dass diese Frage auf zwei konkurrierende Lehrmeinungen über die Weltentstehung oder den Naturablauf anspielt, von denen die eine auf die Annahme von Mächten verzichtet, welche hinter dem beobachtbaren Geschehen wirken, während die andere von der Existenz solcher Mächte oder Kräfte ausgeht. Über

§ 9 Zhuangzi

diese Lehrmeinungen ist ansonsten nichts bekannt. Der Text fährt fort:

Der Große Gerechte Vermittler sagte: „Hähne krähen und Hunde bellen – das ist bekannt. Das Wissen des Menschen ist zwar groß, aber er vermag nicht (einmal) mit Worten zu sagen, woraus sich beide in Hähne und Hunde verwandelt haben, und er kann sich auch nicht ausdenken, was sie einmal sein werden. Er kann die Untersuchung verfeinern, bis es nicht mehr weitergeht, oder ausweiten, bis er nichts mehr zu fassen imstande ist: ‚Es gibt einen Bewirker', ‚Es gibt keinen Bewirker' – damit entrinnt man (dem Bereich) der Dinge nicht, und doch meint man zuletzt über sie hinaus zu sein. ‚Wenn irgendetwas wirkt, dann gibt es auch Wirklichkeit' – Die Annahme, es gebe einen Bewirker, (setzt schon) Wirkliches, und die Annahme, es gebe keinen, bewegt sich im Leeren. Wo es Namen und Wirklichkeit gibt, da ist das Dasein der Dinge. Wo es weder Namen noch Wirklichkeit gibt, da ist die Leere der Dinge (alles von Dingen entleert?). Darüber kann man reden und nachsinnen, gerät aber nur immer tiefer in Unklarheiten. [...]
Das Dao kann es weder geben noch nicht geben. ‚Dao' ist als Name nur ein Behelf.
Ob es einen Bewirker gibt oder nicht, solche Fragen bleiben in einer Ecke der Dinge stecken; wie könnte man damit zu den großen Problemen vordringen?
Wenn Worte ausreichen, hat man am Ende eines Tages das Dao vollständig in Worte gefasst. Wenn Worte nicht ausreichen, hat man am Ende des Tages wieder nur über die Dinge geredet. Das Dao ist die äußerste Grenze der Dinge. Reden und Schweigen genügen nicht, es zu erfassen.
Weder reden noch schweigen, damit findet die Diskussion ihre äußerste Grenze." (ebd.)

Immer wieder ergeht sich das *Zhuangzi* in Schilderungen der Unaussprechlichkeit und Unerkennbarkeit des Dao. Seinen Höhepunkt erreicht dieses Schwelgen in Kap. 22, vor allem in der folgenden Geschichte:

Große-Klarheit fragte den Ohne-Grenze: „Kennst du das Dao?" Ohne-Grenze sagte: „Ich kenne es nicht." Sie fragte nochmals, diesmal den Nicht-Tun. Dieser sagte: „Ich kenne das Dao."
– „Kannst du aufzählen, worin dein Wissen vom Dao besteht?" – „Ja!" – „Worin besteht es also?"
Nicht-Tun sagte: „Ich weiß, dass das Dao vornehm oder gering sein kann, komprimiert oder verstreut. Darin besteht mein Wissen vom Dao."
Daraufhin fragte Große-Klarheit den Ohne-Anfang: „Wenn der Ohne-Grenze es nicht weiß, der Nicht-Tun es aber weiß, wer von den beiden hat dann recht?" Ohne-Anfang sagte: „Nichtwissen ist tief, Wissen ist seicht. Nichtwissen dringt nach innen, Wissen bleibt außerhalb."
Da seufzte Große-Klarheit und sagte: „Nichtwissen wäre also Wissen, Wissen wäre Nichtwissen? Wer versteht das, dass Nichtwissen Wissen ist?"

Ohne-Anfang sagte: „Das Dao kann man nicht hören; was man hört, ist nicht (das Dao). Das Dao kann man nicht sehen; was man sieht, ist nicht (das Dao). Das Dao lässt sich nicht ausdrücken; was man ausdrücken kann, ist nicht (das Dao). [...] Das Dao ist nicht benennbar."

Ohne-Anfang (fuhr fort und) sagte: „Wenn nach dem Dao gefragt wird, und es antwortet einer, dann versteht er das Dao nicht. Auch wer nur nach dem Dao fragt, hat vom Dao keine Ahnung.

(Besser wäre:) Nicht nach dem Dao fragen, auf Fragen nicht antworten. Nach dem nicht Erfragbaren zu fragen, das stößt an die Grenze des Fragens. Auf Unbeantwortbares zu antworten, das dringt nicht bis zum Kern der Sache vor. Nur wer nicht bis zum Kern der Sache vordringt, wird Fragen behandeln, die an die Grenze stoßen." (Kap. 22, S. 243)

Zum Schluss muss daran erinnert werden, dass das Wort *Dao* häufig in Verbindung mit „haben", „erreichen" bzw. „verlieren" benutzt wird. Ein Mensch oder ein Reich hat das Dao oder hat es verloren. Dies verträgt sich nicht ohne weiteres mit dem Satz, das Dao sei überall, im Größten wie im Kleinsten, im Erhabenen wie im Ekligen, eine Aussage, aus der man die Verwandtschaft des Begriffes Dao mit dem des Naturgesetzes oder der Natur ersieht. Aber die Wendung vom Verlust des Dao legt es näher, es mit „Natürlichkeit" gleichzusetzen. Natürlichkeit, was immer dieser Begriff auch genauer bedeuten mag, kann verlorengehen und ist in der modernen Welt auch längst verlorengegangen. Der Verlust der Natürlichkeit ist für den Menschen sogar charakteristisch. Aber den Naturgesetzen ist selbstverständlich auch der degenerierte, seiner Natürlichkeit verlustige Mensch unterworfen. Nach Natürlichkeit kann man sich zurücksehnen oder zurückstreben; die Naturgesetze dagegen sind ohnehin allgegenwärtig. In der Natur läuft alles spontan („von selbst"), aber der Mensch ist aus der Natur herausgetreten, insofern er räsoniert, reflektiert, agiert, manipuliert und die Natur zerstört; so hat er seine Natürlichkeit verloren. Diese anthropologische Grundeinsicht, die wird im *Zhuangzi* sehr deutlich ausgesprochen. Den Daoismus kennzeichnet ein ausgesprochenes Sensorium für die Verletzlichkeit der dem Menschen ausgelieferten Natur.

Man kann also sagen, dass mit „Dao" sowohl Natur (ein wertfreies, universales Prinzip) als auch Natürlichkeit (ein positiv bewertetes, dem Menschen aber abhanden gekommenes Prinzip) gemeint ist. Solcherart sind zwei zwar nicht völlig fremde, aber doch sehr unterschiedliche Begriffe in ein- und dasselbe Wort Dao gepackt. Die Bedeutung „Natürlichkeit" geht z.B. abrupt über in die von „Natur", wenn es vom Dao heißt:

§9 Zhuangzi

Wer bei ihm geladen ist, dem erstarken die Glieder, sein Denken wird durchdringend, Auge und Ohr werden scharf. Sein Geist ermüdet nicht und er kommt mit allen Dingen zurecht. Ohne es wäre der Himmel nicht hoch und die Erde nicht weit, Sonne und Mond blieben stehen und kein Ding würde gedeihen. (Kap. 22, S. 239)

In Begriff Dao verschmelzen die Ebene der objektiven Deskription des natürlichen Wirkens mit der Ebene der normativen Präskription, die auch den Menschen wieder zur Natürlichkeit zurückbringen will – der typisch daoistische Weg zur Wiederversöhnung der gespaltenen Welt.

Fassen wir alle Bedeutungsnuancen von *Dao* zusammen, so ergibt sich, wenn man polemisch sein will, ein Begriffsmonstrum, das seinesgleichen sucht, das allerdings der Zuversicht der meisten vormodernen Philosophien, sich der Welt in einem Gedanken zu bemächtigen, durchaus entspricht. Man erinnere sich, was mit diesem Wort alles ausgedrückt wurde: Neben Natur und Natürlichkeit das richtige politische Leben, die Unversehrtheit der Adepten, die Totalität des Kosmos, die Methode des Zikadenfängers, das erstrebenswerte politische System, etwas, das überall ist, etwas, das man verlieren kann usf. Und vor allem etwas, das mit der konventionellen Sprache nicht benannt werden kann und das im verständigen Sinne nicht zu wissen höchstes Wissen ist. Alles in allem also überhaupt kein Begriff, eher schon eine Begriffsfamilie. Oder besser: eine Chiffre für das Wahre und Richtige. Wenn nicht ein Asylum Ignorantiae.

Zhuang Zhou hätte dieser letzten Charakterisierung vermutlich zugestimmt.

V. Die Legalisten

In der Staatslehre der Konfuzianer, vor allem bei Menzius, ist das Volk das Wichtigste. Der Herrscher, obgleich im Rang höherstehend als das Volk, kommt doch an wahrer Bedeutung erst nach diesem. Im Daoismus dagegen wird der Staat insgesamt geringgeschätzt, oft auch direkt verachtet. Für beide Strömungen, wie auch für die Mohisten, ist die politisch-militärische Stärke eines Staates kein Selbstwert. Am Krieg sehen sie alle hauptsächlich, wie sehr er zu Lasten des Volkes geht. Die Lösung der seit langem schwebenden machtpolitischen Probleme sollte gewaltfrei zustande kommen, so durch das moralische Vorbild eines Idealherrschers, dem alle Welt zuströmt wie Wasser dem Meer.

Der Gang der Geschichte entsprach solchen Idealen nicht. Als 221 v.d.Z. der Staat Qin die Einigung des Reiches erzwungen hatte, war dies nicht durch moralische Vorbildwirkung geschehen, sondern durch militärische Gewalt. So gesehen erwies sich die konfuzianische Vorstellung als illusionär, und dasselbe gilt vom Mohismus und Daoismus. Die Zeit der Streitenden Reiche sah aber auch eine „realistische" politische Denkrichtung, die das ganze Moralisieren vom Tisch fegen wollte. Diese Strömung war der Legalismus (auch: Legismus, *fa jia* 法家, „Schule der Gesetze" oder „Schule der Methode"), so genannt wegen seiner Betonung der Wichtigkeit des Rechts und der Herrschaftsmethodik.

§10 Allgemeines zum Legalismus

Das Ideal der Konfuzianer war eine überschaubare Gesellschaft, in der die Herrschaft durch persönliche Führung und persönliches Beispiel und weniger durch Verwaltung ausgeübt wird. Philosophisch fand das seinen Niederschlag in der konfuzianischen Lehre vom richtigen Verhalten der Höheren: sie sollen mit Würde, Ehrfurcht gebietend und beispielgebend auftreten, durch ihr persönliches Vorbild ihre Untergebenen beeindrucken. Die Organisation des Staates erscheint dabei relativ unwichtig, es bedarf auch nicht vieler Gesetze, und im Grunde reichen Moral und Sitten aus. Diese Vorstellung hatte von Anfang an einen illusionären Zug. Gleich ob sie früheren Zuständen einmal entsprochen hatte, auf die Epoche, in der Menzius lebte, passte sie nicht mehr. Regieren durch bloßes moralisches Vorbild war eine Utopie.¹ Wer als Herrscher bloß streng und ernst auf dem Thron saß und durch „Nicht-Tun" regierte (*Lunyu* 15.4), ging mit Sicherheit zugrunde – vermutlich war das schon immer so, aber die Vergangenheit konnte man leicht idealisieren.

Konfuzius hielt wenig von Gesetzen, d.h. vom positiven Recht; tatsächlich aber wurden bereits im 6. Jahrhundert Strafgesetze schriftlich fixiert.² Es wird berichtet, dass dies auf die Kritik der Vorläufer des Konfuzianismus gestoßen sei: es mache Verstöße für das Volk kalkulierbar und führe zum Verlust der Autorität des Staates.³ Möglicherweise war es aber nicht so sehr die Existenz von Gesetzen, gegen die sich die Kritik richtete, sondern der Anschein, dass sie ins Zentrum staatlicher Ordnung rückten, wo doch der moralisch empfindende Mensch nicht an das Recht, sondern an die Pflicht denken soll.

Zu den komplexer gewordenen Fragen der Organisation des Staates kamen außenpolitische: jeder Staat wollte sich auf Kosten seiner Nachbarn vergrößern oder gar die Zentralgewalt erringen. Darum suchten die Herrschenden nach geeigneten Maßnahmen, den eigenen Staat stabil und militärisch stark zu machen. Wer nicht untergehen wollte, musste seinen Staat für lange Zeit auf eine möglichst stabile Kriegswirtschaft einstellen.

In dieser Situation die wirkungsvollsten Verfahren aufzuzeigen, das machten sich die Legalisten zur Aufgabe. Die beiden bedeutendsten Vertreter dieses Denkens waren Shang Yang 商鞅 (gest. 338 v.) und Han Fei 韓非 (gest. 233 v.); wichtiges Material enthält ferner das Buch *Guanzi* 管子. Auch Shen Buhai 申不害 (gest. 337 v.) sowie Shen Dao 慎到 (gest. 275 v.) sind hier zu erwähnen, von deren Werken aber nur Fragmente überliefert sind.⁴

Es ist schwierig, die Legalisten und insbesondere Shang Yang angemessen zu bewerten. Auf jeden Fall sollte man die historische Situation berücksichtigen. Kein Herrscher konnte von der Friedfertigkeit seiner Nachbarstaaten ausgehen, keiner konnte nach Belieben Kriege verhindern. Die Alternative zu der von Shang Yang empfohlenen Politik militärischer Stärke konnte der völlige Verlust

---

¹ Zur komplexeren Vorstellung Xunzis s. u. S. 373f und Roetz (2016).
² Vgl. *Zuozhuan*, 6. und 29. Jahr des Herzogs Zhao, Legge S. 609 und 732.
³ Vgl. Roetz (1984), S. 190.
⁴ Übersetzung: Creel (1974) und Thompson (1979).

§10 Allgemeines zum Legalismus

der Macht sein. Es ist kein Zufall, dass in jener Epoche auch eine Reihe militärstrategischer Schriften entstand.[5]

Im Gegensatz zu den moralischen Idealen der Konfuzianer und Mohisten wollten die Legalisten den Staat nicht durch Moral, sondern durch klare, öffentlich bekanntzumachende Gesetze ordnen. Ihre Einhaltung sollte unabhängig von persönlichen Sympathien, Beziehungen oder ererbten Vorrechten durch ein strenges System von Kontrollen, Strafen und Vergünstigungen gesichert werden. Zur Erzielung von für den Staat erwünschten Leistungen sollte allein der berechnende Egoismus der Menschen eingesetzt werden. Dabei lautete das legalistische Grundaxiom, man müsse um jeden Preis Rechtssicherheit herstellen: Strafen seien streng nach dem Gesetz, ohne Gnade und ohne Ansehen der Person zu verhängen und vollstrecken, versprochene Belohnungen ebenso konsequent auch wirklich zu gewähren. Stets sollten aber die Strafen schwer und zahlreich, die Belohnungen selten sein.

In der Betonung der Gleichheit aller Untertanen vor dem Gesetz lag zugleich eine Kampfansage an den Adel mit seinen Privilegien. Es ist das erste Auftreten der Idee einer höchsten staatlichen Autorität, der alle Untertanen gleichermaßen ohne Ausnahme unterworfen sind.

An die Stelle der konfuzianischen Tugendbegriffe setzten die Legalisten drei andere Schlagworte für den politischen Erfolg: Gesetz (*fa* 法), Macht und Machtposition (*shi* 勢), und herrscherliche bzw. staatsmännische Kunst (*shu* 術). Die Hervorhebung der Machtposition (*shi*) wird Shen Dao zugeschrieben. Als Protagonist der Herrscherkunst (*shu*) gilt Shen Buhai, während Shang Yang das Schwergewicht auf das Gesetz (*fa*) legt. Han Fei, der große Systematisierer der legalistischen Philosophie, ist ein Vermittler zwischen diesen Positionen. Er vereint sie zusammen mit Anleihen bei anderen Philosophien – dem autoritären Staatsverständnis Mo Dis, Xunzis skeptischer Anthropologie und der Kulturfeindschaft der Daoisten – zu einem System von beeindruckender Folgerichtigkeit und kalter Konsequenz.

Unter Gesetz verstehen die Legalisten ausschließlich das vom Herrscher verbindlich erlassene, klar und für alle verstehbar formulierte und in allen Amtsstuben bekannt gemachte positive Recht. Dass ein Herrscher, für die Legalisten normalerweise nicht mehr als

---

[5] So das *Sunzi* 孫子 bzw. *Sunzi bingfa* 孫子兵法, s. Klöpsch (2009).

ein schäbiger Durchschnittsmensch, imstande ist, Gesetze wirksam zu erlassen, verdankt er nicht seiner Person geschweige denn einer beispielhaften Moralität, über die die Legalisten nur lachen können, sondern seiner Machtposition (*shi*). Ohne sei könnte auch der größte Weise politisch nichts ausrichten. Sie kann aber leicht verlorengehen. Mehr noch als es das Volk tun könnte, gefährden den Herrscher die Intrigen seiner Mitarbeiter und Verwandten. Dagegen hilft kein moralischer Apell, sondern nur die Anwendung eines vielfältigen Arsenals von Kunstgriffen (*shu*) für den Umgang mit Menschen, vor allem jenen innerhalb des Herrschaftsapparates. Han Fei beschreibt dieses Arsenal ausführlich.

Der Legalismus ist keine volkstümliche Staatsphilosophie, in gewissen Grenzen aber zweifellos eine wirkungsvolle. Auch beschreibt er das tatsächliche Verhalten der Menschen – Herrscher wie Beherrschte – vermutlich besser als andere, „edlere" Lehren und wird gerade deshalb so verachtet, ein Schicksal, das er beispielsweise mit Machiavelli und dessen *Fürsten* teilt.[6] Der Legalismus setzt das Volk nüchtern für Zwecke des Staates in Rechnung und fragt es nicht nach seinen Wünschen, die allenfalls strategisch zu berücksichtigen sind. Es ist aber für den Legalisten ein absolutes Gebot der Klugheit, das Volk nicht übermäßig auszubeuten. Die Propagierung drakonischer Strafen schließlich entsprang nicht einem perversem Sadismus, sondern einer rationalen Berechnung, die allerdings auf radikalen, allzu einfachen anthropologischen Annahmen beruht. Und nicht zuletzt gingen die Legalisten von dem Grundsatz aus, man könne nicht auf die Ankunft eines mit übermenschlichen Fähigkeiten begabten weisen Herrschers warten, wenn es um die Lösung politischer Fragen gehe. Vielmehr müsse die politische Methodik auf durchschnittliche Herrscher und durchschnittliche Untertanen zugeschnitten und anwendbar sein.

---

[6] Einen interkulturellen Vergleich gibt Scharfstein (1995).

§11 Legalistische Ideen im Guanzi

Das *Guanzi* 管子 („Meister Guan") ist ein umfangreiches Buch, das aus verschiedensten Textstücken aus der Zeit der Streitenden Reiche, mitunter vielleicht auch schon aus der Frühling- und Herbstperiode, zusammengestellt ist. Die endgültige Redaktion dürfte im 1. Jahrhundert v.d.Z. erfolgt sein. Das *Guanzi* behandelt neben politischen auch ökonomische,[1] monetäre, und fiskalische Fragen sowie Fragen der Agrikultur und Bewässerung. Daneben gibt es daoistische Teile und Naturspekulationen, ausführliche legalistische Abhandlungen, lange, detaillierte Texte mit Anleitungen zum Meditieren (viel ausführlicher und klarer als im *Zhuangzi*). Auch ein strenges Kapitel über das richtige Verhalten von Schülern zu ihrem Lehrer (Kap. 59) findet sich.

Die Grundtendenz des Buches ist teils daoistisch, teils legalistisch, ohne dass dazwischen immer streng unterschieden werden kann. Es ist damit auch in seiner Vielfalt ein unschätzbares Dokument jener Epoche der Unruhe.

Das Buch trägt den Namen eines berühmten, 645 v.d.Z. verstorbenen Politikers, Guan Zhong 管仲, der zwar nicht der Autor auch nur eines Teiles des Buches sein dürfte, dessen Name aber nicht schlecht zur Tendenz des Werkes passt. Guan Zhong stammte aus bescheidenen Verhältnissen und stieg durch Geschick und Tüchtigkeit zu höchsten Staatsämtern auf. Als Kanzler des Herzogs Huan von Qi 齊桓公, des ersten Hegemonen (s. u. S. 206), unternahm er bedeutende administrative und ökonomische Reformen. Seine Politik war alles in allem eher gemäßigt und nicht von Skandalen und Betrügereien überschattet. Viele spätere Autoren erwähnen ihn, fast immer zustimmend.[2] Nach Konfuzius ist er sogar der Retter der chinesischen Kultur, weil er die Barbaren zurückschlug. (*Lunyu* 14.17) Wir beschränken uns im Folgenden auf einige Kapitel, die legalistische Züge tragen, aber im Vergleich mit den noch zu besprechenden extremen Ideen Shang Yangs recht moderat sind.

---

[1] Kap. 35 empfiehlt (gegen alle zeitgenössische Moral) extravagante Luxusausgaben (der Reichen) als Mittel zur Erzielung ökonomischer Prosperität. – Zu ökonomischen Theorien im alten China und im *Guanzi* s. Schwermann (2018) sowie Sabattini und Schwermann (2021). Vgl. auch Zinn 1995/1996.

[2] Menzius allerdings verachtet ihn (2A1) und verurteilt Hegemonen wie Huan Gong als Gewaltherrscher.

Der Ursprung des Staates

Spekulationen über die Entstehung des Staatswesens kommen in der alten chinesischen Philosophie mehrfach vor. Die Darstellung des Urzustandes der Menschheit bei Mo Di wurde bereits erwähnt.[3] Im *Guanzi* wird die Etablierung von Gesellschaft und Staat wie folgt skizziert:

> In alter Zeit gab es die Unterscheidung von Fürst und Untertan oder Obrigkeit und Untergebenen noch nicht. Männer und Frauen lebten noch nicht paarweise zusammen. Sie wohnten unter den Tieren, bildeten Horden und unterwarfen einander durch ihre körperliche Kraft. Die Intelligenteren betrogen die Dümmeren und die Starken malträtierten die Schwachen. Alte und Kinder, Waisen und Alleinstehende konnten kaum ihr Auskommen finden.
>
> Das war der Grund, weswegen einsichtige Menschen alle ihre Kräfte einsetzten, um den Starken und den Grausamen Schranken zu setzen. Damit hörte die Vergewaltigung der Menschen auf. So nützten (diese einsichtigen Menschen) dem Volk und wandten Schaden von ihm ab. Sie führten Tugendnormen für das Volk ein, und das Volk nahm sie zu Lehrern. Als Folge davon wurden die tüchtigen Menschen (des Volkes) zum Ausgangspunkt moralischer Methoden und tugendhaften Verhaltens. Wie sie den Grundsätzen der Sittlichkeit folgten, das beeindruckte das Denken des Volkes derart, dass es (sich seinerseits) zum Dao zurückwandte.
>
> Als dann zwischen den Bezeichnungen (ihrer Rollen) und dem tatsächlichen Verhalten der Menschen Diskrepanzen auftraten und man wahr von falsch unterscheiden (musste),[4] wurden Belohnungen und Strafen eingeführt und (die Positionen von) Obrigkeit und Untertanen festgelegt. Nachdem das Volk eine Einheit bildete, wurde eine Hauptstadt gegründet. Das, wodurch ein Staat zum Staat wird, ist also, dass das Volk eine Einheit bildet. Das, wodurch der Fürst zum Fürsten wird, ist, dass er belohnt und bestraft. (Kap. 31; I. S. 412)[5]

Die Entstehung des Staates aus einem vorhergehenden anarchischen Urzustand wurde im alten China weniger durch einen Vertrag rekonstruiert, wie es in der neuzeitlichen europäischen Philosophie üblich ist, und auch nicht als Folge allgemeiner Vernünftigkeit der Menschen, sondern durch die Autorität einer Minderheit von einsichtigen – oder, im Falle des Daoismus, vermeintlich einsichtigen

---

[3] *Menzius* 3A4 enthält eine weitere Variante der Staatsgründungsfiktion, in der mehr die ursprüngliche Unwirtlichkeit der Natur betont wird. Die ausführlichste Darstellung steht im *Lüshi chunqiu*, Kap. 20. Sie endet mit dem Hinweis auf die Korruption und den Verfall von Regierungen (s. u. S. 362–365).
[4] Nach der Übersetzung, die Rickett für diese textlich schwierige Stelle gibt.
[5] Seitenangaben beziehen sich auf Rickett, *Guanzi*, Bd. I bzw. Bd. II.

— Menschen. Allerdings sind sowohl die Spuren des Vertragsdenkens zu finden wie auch die Vorstellung, dass die wenigen Einsichtigen die allgemeine menschliche Vernunft repräsentieren und ihre Leistungen deshalb zumindest von jedem nachvollziehbar sind.[6]

Es ist bemerkenswert, welche Ausführungen sich im *Guanzi* an die Fiktion der ersten Staatsgründung anschließen, denn auch hier weicht das legalistische Denken von den dem Europäer vertrauten Vorstellungen ab. Mit der ursprünglichen Etablierung eines Gemeinwesens ist nämlich, darüber herrscht keinerlei Illusion, die Macht eines konkreten Herrschers noch nicht gewährleistet. Das *Guanzi* schließt an die Schilderung der Errichtung des ersten Staatswesens sogleich Warnungen an die Machthaber an, wie leicht und schnell die Macht einer Regierung verlorengehen kann. Exzessive Strafen oder Belohnungen gefährden den Herrscher, der überhaupt höchst vorsichtig vorgehen muss, um das Volk nicht zu verlieren. Er darf keine dem Volk verhassten Regierungsmittel anwenden, muss vor Störenfrieden auf der Hut sein, talentierte Mitarbeiter für sich gewinnen und unfähige, faule sofort entlassen. Weiter wird der Herrscher vor der Möglichkeit des Verrates von Staatsgeheimnissen (speziell durch die Frauen des Palastes) gewarnt. Er darf seine Autorität niemals auf andere Personen übertragen, er darf nicht tolerieren, dass seine Anweisungen sabotiert werden. Auch Streitigkeiten in der Herrscherfamilie, besonders über die Erbfolge, Amtsanmaßungen der Minister, Cliquenbildung und nicht zuletzt materielle Nöte des Volkes können zu politischem Chaos oder gar zum Untergang des Herrschers führen. Wenn ein Fürst in seiner Regierung Fehler macht, dann, so heißt es, *kann man sich hinsetzen und darauf warten, dass der Staat zerfällt.* (Kap. 31; I. S. 415)

Der Herrscher und die Mechanik der Macht

Niemals stand im alten China die Staatsform der Monarchie trotz einiger republikanischer Ansätze[7] ernsthaft zur Debatte, wenn die tatsächlichen Machtverhältnisse auch oft anders aussahen. Die gesamte Philosophie Chinas von der Antike bis weit ins 19. Jahrhundert geht wie selbstverständlich davon aus, dass Herrschaft monar-

---

[6] Vgl. hierzu Roetz (1992), S. 116–127 (Xunzi) und S. 381–383 (Mo Di), sowie Roetz (2008) und Roetz (2016).
[7] Vgl. Roetz (2016), S. 146–150.

chisch ist. In Frage gestellt wurde allerdings das dynastische Prinzip, da es meritokratischen Vorstellungen widersprach.

Je mehr die Souveränität sich auf einige wenige Personen oder einen Alleinherrscher konzentriert, desto mehr hängen Wohl und Wehe des Staates und Volkes von den zufälligen individuellen Eigenschaften und Fähigkeiten dieser wenigen Personen ab. Auf eine gute Politik zu hoffen (was immer das heißen mag) ist unter solchen Voraussetzungen gleichbedeutend mit der Hoffnung auf einen Yao oder Shun. Diese oft benutzte Redefigur vom Warten auf Yao oder Shun zeigt deutlich, dass die Chinesen moralische Integrität und politische Fähigkeit ihrer Herrscher eher als Ausnahmefall ansahen. Die Idee der Legalisten ist dagegen die Aufstellung eines Kanons politischer Methoden, durch welche auch die Regierung eines mittelmäßigen Herrschers stabil und erfolgreich wird. An Stelle eines ziemlich zufälligen Agierens des Herrschers sollte ein systematisches, durch Einsicht in die Natur politischer Prozesse geleitetes Vorgehen treten. Nicht der Mensch ist zu optimieren, sondern die Methodik und das System.

Man kann die Einzelheiten der hier angestrebten Methodik einer „Herrschaft durch Gesetze" recht gut anhand des Kapitels *Fa fa* 法法 (Kap. 16) des *Guanzi* erläutern.[8] Es benutzt eine sorgfältig rhythmisierte Sprache, deren einzelne Sätze wie Strophen eines Liedes wirken, was in der Übersetzung leider weitgehend verlorengeht. Eingebettet in den Text sind knappgefasste politische Maximen, die jeweils durch „deshalb heißt es" eingeleitet werden. Das Kapitel beginnt mit Sätzen, in denen die Bedeutungsvielfalt des Wortes *fa* (法 Gesetz, Regel, Methode, Richtschnur; etwas zur Richtschnur nehmen, einem Modell folgen) genutzt wird:

Wenn (ein Herrscher) nicht die Gesetze zum Gesetz (seines Handelns) macht, wird er keinen dauerhaften Erfolg haben.
Wenn das Gesetz nicht Gesetz ist,[9] werden seine Anordnungen nicht ausgeführt werden.
Wenn Anordnungen nicht ausgeführt werden, dann entsprechen sie nicht dem Gesetz.
Entsprechen sie dem Gesetz, werden aber nicht ausgeführt, dann hat jener, der sie ausarbeitete, nicht überlegt.

---

[8] Das Kapitel (*fa fa* bedeutet etwa „Gesetzmäßigkeit zum Gesetz des Handelns machen"/ „Gesetzlichkeit zur Norm, machen") besteht aus drei Teilen, offenbar Varianten desselben Textes. Alle folgenden Zitate entstammen der ersten, ausführlichsten Variante.
[9] D.h. nicht einem Gesetz entspricht.

§ 11 Legalistische Ideen im Guanzi

Hat er überlegt und doch werden seine Anordnungen nicht ausgeführt, dann sind Belohnungen und Strafen zu gering.
Sind beide massiv und doch folgt man (den Anordnungen) nicht, dann sind Belohnungen und Strafen nicht glaubhaft.
Sind sie glaubhaft, und doch folgt man den Anordnungen nicht, dann deshalb, weil (der Herrscher) nicht durch sein persönliches Beispiel vorangeht.
Deshalb heißt es:
(Nur) wessen Verbote auch über ihn selbst Herr sind, dessen Anordnungen werden vom Volk befolgt. (Kap. 16; I. S. 251)

Dem Herrscher wird also die Herstellung und Erhaltung von Rechtssicherheit nahegelegt. Jede Art von Willkürakten verunsichert das Volk, das nicht mehr genau weiß, wie es sich verhalten soll. Dadurch werden Anordnungen der Regierung unausgeführt bleiben. Anordnungen von oben müssen darüber hinaus einen gewissen Sinn erkennen lassen, außerdem muss ihre Nichtbefolgung geahndet werden und ihre Einhaltung eventuell belohnt. Diese beiden Maßnahmen sind jedoch nur wirksam, wenn sie erstens gravierend sind und wenn der Untertan zweitens mit Sicherheit mit ihnen rechnen kann. Schließlich folgt, dass die Regierenden ein Gesetz wirkungslos machen, sobald sie sich ersichtlich selbst nicht daran halten. In einem mehr konfuzianisch gefärbten Kapitel heißt es entsprechend:

Wenn die Obrigkeit die Gesetze ignoriert und ihre partikulären Interessen verfolgt, dann werden auch die Untertanen ihre partikulären Interessen mit dem allgemeinen Besten identifizieren. (Kap. 30; I. S. 406)

Es folgen Regeln für den Umgang mit Untertanen, auf deren Mitarbeit die Herrschenden ja immer angewiesen sind:

Von Tüchtigen hören, ohne sie nach oben zu befördern, ist gefährlich.
Fähige sehen, ohne sie einzusetzen, ist gefährlich.
Vertrauten gegenüber seine Festigkeit nicht bewahren, ist gefährlich.
Plänen zustimmen und sich dann von ihnen distanzieren, ist gefährlich.
Menschen drohen, wenn man dazu gar nicht in der Lage ist, ist gefährlich.
Jemanden entlassen und ihn später wieder einstellen, ist gefährlich.
Wenn (Handeln) möglich wäre, doch nicht handeln, ist gefährlich. (Kap. 16; I. S. 251)

Zu beachten ist, dass diese Sätze stereotyp eine Warnung wiederholen. Ein Herrscher, der mit den Menschen, auf die es ankommt, falsch umgeht, ist gefährdet. Es steht ihm z.B. überhaupt nicht frei, Menschen, deren Fähigkeiten sich überdeutlich zeigen, von der Mitwirkung im Staat fern zu halten. Die psychologischen Gesetze der

Macht kann man eben nicht folgenlos missachten. Bezüglich der „Festigkeit" gegenüber Personen, die dem Herrscher nahestehen, heißt es einmal auch:

> Damit Verordnungen ausgeführt werden, müssen sie primär für diejenigen gelten, die dem Herrscher nahestehen; erst dann werden sie tatsächlich ausgeführt. Wenn Verbote die Noblen und die dem Herrscher Nahestehenden nicht binden und wenn Strafen auf die engeren Mitarbeiter des Herrschers keine Anwendung finden, d.h. wenn Gesetze und Verbote (den genannten Personen) keine schwerwiegenden Nachteile bringen, wohl aber die (dem Herrscher) Fernstehenden beeinträchtigen [...], dann braucht man nicht zu erwarten, dass Verordnungen tatsächlich ausgeführt werden. (Kap. 15; I. S. 245)

Charakteristisch für den Legalismus sind die Ansichten über das Strafrecht. Strafen dienen ausschließlich der Prävention; sie müssen drastisch sein, um dieses Ziel zu erreichen:

> Wenn die Obrigkeit kleine Vergehen durchgehen ließe, würden auch zahlreiche schwere Verbrechen begangen – (letztere) entstehen nämlich durch Anhäufung (der ersteren).
> Deshalb heißt es:
> Übt man Nachsicht, so verliert das Volk den Respekt.
> Übt man Milde, so nehmen die Vergehen täglich zu.
> Zeigt man dem Volk Milde und Nachsicht, dann wird man trotz voller Gefängnisse und vieler Hinrichtungen der Verbrechen niemals Herr.
> Deshalb heißt es:
> Nichts kommt der frühzeitigen Verhütung (von Verbrechen) gleich. (Kap. 16; I. S. 252)

Im Unterschied insbesondere zu Shang Yang rät das *Guanzi* aber, die staatlichen Maßnahmen nicht zu überdehnen. Jeder Herrscher wünscht sich natürlich, dass seine Ziele erreicht, seine Verbote befolgt und seine Anordnungen durchgeführt werden. Aber wenn er dabei nicht Maß hält, gefährdet er die eigene Position. Es heißt vom Herrscher:

> Wenn er zu viel (vom Volk) verlangt, erreicht er nur wenig; wenn er zu viel verbietet, unterbindet er nur wenig; wenn er zu viel anordnet, wird er nur wenig durchsetzen.
> Wenn er seine Ziele nicht erreicht, geht seine Autorität Schritt für Schritt verloren; wenn seine Verbote nichts bewirken, werden seine Strafandrohungen lächerlich; wenn seine Anordnungen sich nicht durchsetzen, dann ist das eine Verhöhnung der Obrigkeit durch die Untertanen.
> Wirklich konnte noch niemand, der zu viele Ansprüche stellte, sich auch viele erfüllen; niemand, der zu viel zu verbieten verstand, konnte auch vieles unterbinden; niemand, der zu viel anzuordnen verstand, konnte auch viel durchsetzen. (Kap. 16; I. S. 252)

§11 Legalistische Ideen im Guanzi

Wie man sieht, reicht die tatsächliche Macht des Souveräns keineswegs beliebig weit, sondern stößt rasch an ihre Grenzen. In dieselbe Richtung weist die Warnung:

Die Fruchtbarkeit der Erde hängt von den Jahreszeiten ab, die Kräfte des Volkes haben Grenzen. Nur die Ansprüche der Fürsten sind unerschöpflich. Wenn diese unersättlichen Fürstenansprüche durch die begrenzten Mittel (des Volkes) gestillt werden sollen, so dass beide in keinem Verhältnis zueinander stehen, dann bricht zwischen Obrigkeit und Untertanen Hass aus. Das ist es, weswegen Untertanen ihre Fürsten umbringen. (Kap. 3; I. S. 93)

Der Tenor dieser Ausführungen ist nicht moralisierend, sondern geradezu unbeteiligt und wertfrei. Es wird einfach ein Grundgesetz der Herrschaftsmechanik festgestellt. Die legalistischen Schriften haben eine deutliche Vorliebe für Auflistungen von Fehlern der Regierenden, die zum Verlust der Macht führen (z.B. Kap. 3).

Es wird auch vor dem nachträglichen Abändern von Anordnungen gewarnt. Dies bedeutet für den Legalismus nicht, dass bestehende Vorschriften und Gesetze sakrosankt sind, aber

Wenn die Obrigkeit keine festen Ziele hat, werden die Untertanen skeptisch. Wenn der Staat keine dauerhaften Standards hat, dann erschöpfen sich die Kräfte des Volkes. (Kap. 16; I. S. 253)

Gerade die Legalisten, denen keine Tradition allein schon deswegen heilig war, weil sie alt war, und die den Herrschern empfahlen, Gesetze unverzüglich zu ändern, wenn das nötig war, warnten gleichzeitig: das Volk liebt gesetzgeberische Hektik keineswegs. Die Regierenden müssen genau überlegen, was sie wollen – und was sie können. Sonst machen sie sich lächerlich, und ihre Autorität ist schnell dahin. Der Herrscher spielt im Legalismus zwar nicht die Rolle eines moralischen Vorbildes; er wird aber vom Volk sehr kritisch beobachtet und eingeschätzt. Deshalb muss er sich als weitblickend und seriös erweisen. Ein Herrscher darf sich keine Fehler leisten, denn er hat selten Gelegenheit, sie noch zu korrigieren. Dies gilt sowohl für Erklärungen, die er abgibt, als auch für seine Taten:

Reden, die man nicht wiederholen könnte,
sollte ein Fürst nicht führen.
Handlungen, die man kein zweites Mal ausführen könnte,
sollte ein Fürst nicht ausführen.
Jede Art von Reden, die man nicht wiederholen könnte,
oder Handlungen, die man kein zweites Mal ausführen könnte,
sind für Machthaber eines Staates strengstens verboten. (Kap. 2; I. S. 90)

Als nächstes folgen Empfehlungen für die Gleichschaltung aller Ansichten:

> Wenn ein Fürst, der klar sieht, an der Spitze des Staates steht, wagen die Leute keine privaten Ansichten aufzustellen und werden nicht überheblich. Das Land erlebt dann keine Krisensituationen, keine durcheinandergeratenen Bräuche, keine abweichenden Sitten, und die Gebildeten führen keine privaten Diskussionen. Anmaßender Hochmut, das Abändern von Anordnungen, falsches Benehmen, Pläne für irgendwelche Zusammenschlüsse (der Untertanen) und Diskussionen – alle, die derartiges unternehmen, werden samt und sonders bestraft. [...]
> Daher heißt es: Wenn private Diskussionen aufkommen, wird der Weg (*dao*) des Herrschers beeinträchtigt. (Kap. 16; I. S. 253)

Abweichende Meinungen gefährden die Herrschenden und sind daher zu verbieten, umso mehr, als die Herrschenden das Volk immer für zu blöde halten, als dass man es bei wichtigen Fragen hören dürfte. Im *Guanzi* heißt es:

> Das Volk sollte niemals an Überlegungen beteiligt werden (mit denen eine Unternehmung der Regierung) beginnt. Es soll sich am Resultat freuen! Aus diesem Grunde beteiligt der Humane, Wissende, der das Dao hat, die Leute nicht an Überlegungen über Dinge, die erst am Anfang stehen. (Kap. 16; I. S. 258)

Dies ist zweifellos ein Grundaxiom aller absolutistischen Herrscher von der Antike bis zur Gegenwart. Die Legalisten setzten das Verbot „privater Diskussionen" und des Vertretens „privater Ansichten" auch praktisch um: Der vom Legalismus beeinflusste „Erste Erhabene Kaiser von Qin" (in dessen Grab die berühmte Terrakotta Armee gefunden wurde) ließ alle Schriften der „Hundert Schulen" dem Feuer übergeben und verbot bei Todesstrafe die öffentliche Rede über die konfuzianischen Klassiker, um den Widerstand oppositioneller Kreise zu brechen.[10]

Zur Mechanik der Macht gehört schließlich auch die Einsicht in die Interessen und Triebfedern der Menschen, speziell jener, die man zur Stabilisierung der Herrschermacht benötigt:

> Ohne höheren Rang und gutes Gehalt wird kein Mensch etwas gegen Schwierigkeiten (des Staates), Verbrechen oder Gefahren unternehmen. Wer (schäbig) behandelt wird, von dem kann man auch nichts Besseres erwarten. Die früheren Könige führten deshalb (vornehme) Dienstwagen und (offizielle) Kopfbedeckungen ein, durch die hohe und niedere (Amtsstellung) erkennbar wurde. [...] Sie setzten Ränge und Besoldungsstufen

---

[10] S. hierzu u. S. 341.

fest, um sich des Dienstes (der Untertanen) zu versichern. [...] (Kap. 16; I. S. 254)

Wie sich ein Staat von selbst regiert

Eine häufige Vorstellung (oder besser: Propagandaidee) der Legalisten ist, dass ein nach legalistischen Prinzipien eingerichteter Staat aufgrund seiner perfekten Konstruktion keine weiteren Anstrengungen des Herrschers mehr erfordert und sich quasi von selbst regiert, oder besser: verwaltet. Allerdings gilt das nur für den Herrscher selbst – im Übrigen muss der Apparat natürlich voll funktionieren. Die Legalisten behaupten, die Methoden zur Errichtung eines solchen Staatswesens zu kennen. Das *Guanzi* schildert diese Utopie plastisch, wenn es erklärt:

Ein weiser Herrscher verlässt sich auf wirksame Gesetze statt auf kluge Ratschläge, auf Methoden statt auf Rederei, auf Unparteilichkeit statt auf Bevorzugung, auf die großen Prinzipien des Herrschens, nicht auf Kleinigkeiten. [...] Deswegen kann er es sich gut gehen lassen und zufrieden sein, schnelle Pferde reiten, auf die Jagd gehen, oder sich der Musik widmen. Im Palast herrscht eitel Freude, er hat keine Sorgen und Nöte, pflegt seinen Körper und seine Gesundheit. Er lässt seine Amtskleidung fallen, faltet die Hände, und das Reich ist regiert. (Kap. 45; II. S. 144)

„Die Amtsrobe fallen lassen, die Hände falten, und das Reich ist (bestens) regiert" war eine bekannte Wendung.[11] Wie wenig Realitätsbezug er hat, braucht nicht weiter ausgeführt zu werden. Wie seltsam, dass ausgerechnet die realistischen Legalisten sich ihn zu eigen machten. Sie erliegen der Faszination eines sich selbst nach dem Vorbild des „Nicht-tuns" (*wuwei*) der Natur steuernden Systems, in dem statt des Handels das reine Geschehen regiert.[12] Sie verbindet den staatsapologetischen Legalismus mit dem staatskritischen Daoismus.

Das Volk behüten, um es zu benutzen

Die Metapher vom guten Hirten ist in der politischen Philosophie naheliegend. Auch Plato[13] schildert seine idealen Politiker gelegentlich als Hirten. Es ein Vergleich, der den Politikern schmeichelt, denn er weist ihnen, den Klugen, Weitblickenden eine Rolle hoch

---

[11] Sie findet sich auch im *Shujing, Zhou shu*, V.3.10 (Legge S. 316).
[12] Vgl. hierzu Roetz (2016a), S. 88 f.
[13] Im Dialog über den Staatsmann (*Politikos*), 1. Teil.

über der Herde des dummen Volkes zu. Der Vergleich mit dem Hirten ist aber zutreffender, als man auf den ersten Blick bemerkt, und es ist fraglich, ob die Hintergründigkeit des Hirtengleichnisses jemals jenen bewusst wurde, die sich auf ihre Rolle als Hirten oder Oberhirten soviel zugutehielten. Der wirkliche Hirte lässt seine Tiere nicht aus reiner Tierliebe weiden, sondern um sie hinterher zu melken, zu scheren, zu schlachten und zu braten. Wenn die Herde dem Hirten nicht dienlich wäre, gäbe es keinen Hirten. Entsprechend heißt es einmal, dass der Herrscher „die Menschen nährt wie Haustiere und sie nutzt wie Pflanzen" (Kap. 6; I. S. 131).

In einem *Das Volk wie ein Hirte hüten* (*Mu min* 牧民) überschriebenen Kapitel des *Guanzi* werden einleitend die Sorgen des Volkes und die Aufgaben der Regierung für das Volk beschrieben, bis hin zur Verantwortung für Erhaltung und Pflege der Ahnentempel. Darauf folgt ein Abschnitt darüber, wie der Herrscher den Wünschen des Volkes Folge leisten soll:

Der Erfolg einer Regierung ist darin begründet,
dass sie den Wünschen des Volkes folgt.
Der Misserfolg darin,
dass sie sich den Wünschen des Volkes widersetzt.
Da das Volk Sorge und Plackerei verabscheut,
biete ich ihm ein müßiges, freudvolles Leben.
Da es Armut und niedrige Stellung verabscheut,
mache ich es reich und vornehm.
Da das Volk Gefahren und Risiken verabscheut,
gebe ich ihm Sicherheit und Frieden.
Da es Tod und Vernichtung verabscheut,
sorge ich für sein Leben und Gedeihen.
Wenn man dem Volk ein müßiges, freudvolles Leben bieten kann,
dann nimmt es auch Sorge und Plackerei hin.
Wenn man das Volk reich und vornehm machen kann,
dann nimmt es auch Armut und niedrige Stellung hin.
Wenn man dem Volk Sicherheit und Frieden geben kann,
dann nimmt es auch Gefahren und Risiken hin.
Wenn man für sein Leben und Gedeihen sorgen kann,
dann nimmt es auch Tod und Vernichtung hin.[14] (Kap. 1; I. S. 54)

Hier wird die uralte Paradoxie (um nicht zu sagen Perversität) der Staatsmacht ohne Umschweife beim Namen genannt. Die Menschen bilden Gemeinschaften im Interesse eines gesicherten Lebens; kaum aber hat ein Staat sich dieser Aufgabe angenommen und sie halbwegs gelöst, bringt er über seine Untertanen Nöte und Ge-

---

[14] Ähnlich auch *Guanzi* Kap. 64, S. 65.

fahren in einem Ausmaß, das bis dahin undenkbar gewesen wäre. Der Staat bzw. seine Machthaber beginnen ein Eigenleben mit dem Ziel der Erhaltung und Steigerung der Macht. Das *Guanzi* fährt fort:

Wenn man den vier (oben angeführten) Wünschen (des Volkes) folgt, dann gewinnt man sogar die Zuneigung jener, denen man (zunächst) ferne steht. Wenn man dagegen so vorgeht, wie es das Volk verabscheut, dann meutern auch jene, denen man nahesteht.
Deshalb ist das Wissen, dass Geben Nehmen ist, für die Regierung ein Juwel. (Kap. 1; I. S. 54)

Deutlicher kann man es kaum formulieren! Das Wohlergehen des Volkes ist für den Politiker wichtig, solange und sofern es für die Verwirklichung der politischen Ziele unentbehrlich ist – aber auch keinen Schritt weiter. Der Politiker versteht es, „das Volk zu benutzen" (*yong min* 用民), es für seine eigenen Ziele einzusetzen. *Yong min* ist eine häufige Wendung in den legalistischen Texten.

Das Volk gewinnen

Um das Volk benutzen zu können, muss man es erst für sich gewinnen, indem man seine Nöte, Wünsche und Abneigungen sorgfältig berücksichtigt. Es kann dies natürlich auch ohne Hintergedanken geschehen. Gerade das *Guanzi* mit seiner schwankenden Tendenz enthält auch Passagen, in denen höchst ausführlich von den Aufgaben einer Regierung für das Volk die Rede ist, während die Interessen der Machthaber deutlich in den Hintergrund treten.

In Kap. 10 (*Wu fu* 五輔) finden sich z.B. lange Listen von Aufgaben der Regierung: Förderung des Ackerbaues, des Bauwesens, der Transportwege, Sorge für Marktplätze, Wasserwege, Brücken, Kanäle und Dämme, Niedrighalten der Abgaben, Milderung der Strafen und gelegentliche Amnestien,[15] Fürsorge für Minderjährige, Alte, Witwen und Waisen, Kranke, Opfer von Katastrophen, Sorge für Nahrung und Kleidung der Menschen und manches andere. Der Katalog von Regierungspflichten erwähnt weiter die Festigung der guten Sitten zwischen Eltern und Kindern, und zwischen Fürsten und Untertanen, um schließlich noch politische Prinzipien aufzulisten, die z.B. das korrekte Verhalten des Fürsten und seiner

---

[15] Dies widerspricht der legalistischen Lehre, aber das *Guanzi* ist eben nicht in allen Teilen völlig legalistisch. Diese Charakterisierungen sind hier allerdings „idealtypisch" zu verstehen und mit Vorsicht zu gebrauchen, denn es gab noch keine entsprechenden Orthodoxien.

Beamten betreffen, die Abstufungen der sozialen Hierarchie und die Verhältnisse zwischen Arm und Reich.

Eingestreut in diese Ausführungen stehen einige Mal Ermahnungen an den Herrscher. Alle berühmten, erfolgreichen Herrscher der Geschichte hätten die Stabilität ihrer Herrschaft nur der Tatsache verdankt, dass sie das Volk für sich gewannen. Tyrannen aber seien immer deshalb gestürzt, weil sie die Sympathien des Volkes verloren hatten. Deshalb müsse der Politiker den Wünschen des Volkes entsprechen. Einmal heißt es auch sehr deutlich:

(Erst) wenn die Getreidespeicher gefüllt sind, kennen (die Menschen) Sittlichkeit und Anstand. (Erst) wenn Nahrung und Kleidung ausreichen, wissen sie, wie Ruhm und Schande (sich unterscheiden). (Kap. 1; I. S. 52)

Aber für das legalistische politische Denken endet die Überlegung nicht an diesem Punkt. Vielmehr handelt es sich bei allen angeführten Fürsorgemaßnahmen um Vorbereitungen, um sich das Volk gefügig zu machen. Entsprechend sagt das *Guanzi*:

Überlegen wir, wodurch die Obrigkeit das Volk liebt: Sie liebt es, indem sie es benutzt. [...]
Wenn einer das Volk wirklich zu benutzen (versteht), dann kann er ihm Tod, Gefahr, Mühsal, Leid, Hunger und Durst zumuten. Wer das Volk zu benutzen versteht, der kann alle diese Dinge auf die Spitze treiben, ohne dass das Volk etwas gegen ihn aushecken kann.
Wenn ein König regiert, der die Dinge klar sieht, werden im Staat gute Gesetze angewandt. Alle Leute werden ihre Vorlieben beiseitelassen und (auch) das ausführen, was ihnen unangenehm ist. Wenn es also einer versteht, das Volk zu benutzen, kümmert er sich bei der Zuteilung von Dienstwagen und Amtstrachten nicht um hohe bzw. niedere (Herkunft oder Stellung) und bei der Anwendung des Richtschwertes lässt er sich nicht durch hohe (Herkunft oder Position) beeindrucken. [...]
(Seine Untertanen werden) über blanke Schwerter laufen, Pfeile und Steinwürfe ertragen und ins Wasser oder Feuer gehen, um den Befehlen ihrer Vorgesetzten zu gehorchen. Befehle von oben führen sie vollständig aus, Verboten leisten sie vollständig Folge. Sie lassen sich führen und (für beliebiges) einsetzen. Das Volk wagt es nicht, seine Kräfte zu schonen: wenn man es dazu treibt, wird es mit Todesverachtung kämpfen. [...] (Kap. 16; I. S. 257-258)

Man sieht: die politischen Hirten möchten ihre Herde bei weitem nicht bloß auf satte, grüne Auen führen.

Der Wunschtraum vom Sozialstaat

In einem kurzen Kapitel (Kap. 54), das keinen legalistischen Kontext hat und schwer zu datieren ist, wird systematisch aufgezählt,

welche Maßnahmen von einer (guten) Regierung erwartet werden (die Nummerierung von 1 bis 9 steht im Original!):
1. Respektvolle Behandlung der alten Menschen. 2. Sorge für die jungen Menschen. 3. Unterstützung von Waisen. 4. Hilfe für die Behinderten. 5. Zusammenführung Alleinstehender. 6. Sich um die Kranken kümmern. 7. Fürsorge für Mittellose. 8. Hilfe für in Not geratene Menschen. 9. Darbringen der Ahnenopfer für ausgestorbene[16] Familien. (Kap. 4; II. S. 227f.)

Jeder dieser Punkte wird noch näher erläutert. Zu Nr. 4 heißt es z.B., man solle für Taube, Blinde, Gelähmte und Verkrüppelte sorgen, die sich ihren Lebensunterhalt nicht selbst verdienen können; sie sollten lebenslang untergebracht, bekleidet und ernährt werden. Zu Nr. 5 heißt es, dass Witwen und Witwer zu einander gebracht werden sollten, und dass sie 3 Jahre lang nicht für öffentliche Arbeiten herangezogen werden sollten. Die Erläuterung zu Nr. 6 verlangt, dass Kranke über 90 Jahren täglich zu besuchen sind, Kranke über 80 Jahren jeden zweiten Tag, und solche über 70 Jahren jeden dritten Tag. Es sind Postulate an die Regierung, nicht an private Solidarität oder Mildtätigkeit. In jedem einzelnen Fall wird ausdrücklich gesagt, dass die Aufgaben von entsprechenden Beamten durchzuführen sind, und zwar sowohl in der Hauptstadt als auch im ganzen Land.

Dieses umfassende System der „Neun Bereiche der Fürsorge" ist wohl kaum je wirklich praktiziert worden. Es ist aber bemerkenswert, dass im antiken China auch die Idee eines Sozialstaates durchaus bekannt war. Sie passt sicher gut zum Konfuzianismus, aber sie wäre auch mit einem moderat legalistischen Staat vereinbar, denn eine rigide Organisation des Staates widerspricht nicht der Übernahme sozialer Verantwortung durch den Staat. In dem gesamten Kapitel 54 des *Guanzi* kommen übrigens keine moralischen Termini (wie Humanität, Pietät etc.) vor. Sie sind für die Legalisten verzichtbar.

---

[16] Eigentlich: für den Staat gestorbene.

§12 Shang Yang

Shang 商鞅 Yang (gest. 338 v.d.Z.) stammte aus dem Adel des Staates Wei 衛.[1] Schon früh fiel er durch seine besonderen Fähigkeiten auf, so dass der Kanzler von Wei 魏,[2] bei dem Shang Yang Karriere gemacht hatte, auf dem Totenbett seinem König[3] riet, ihn entweder zu seinem Nachfolger zu machen oder ihn zu töten, damit er nicht abwandern könne. Der König tat weder das eine noch das andere, und Shang Yang emigrierte in den Nachbarstaat Qin 秦. Dort gewann er den Herrscher für seine Ideen und führte tiefgreifende Reformen durch. Er schuf einen straff zentralistisch geführten Staat, der durch ein umfassendes Überwachungs- und Denunziationssystem zusammengehalten wurde. Wer eine ihm bekannt gewordene Übeltat nicht anzeigte, wurde genauso streng bestraft wie der Übeltäter selbst. Die Basis des Systems waren zahlreiche Todesstrafen, bereits für leichte Vergehen, aber nicht willkürlich verhängt, sondern nach klaren Gesetzen. Zugleich kümmerte sich Shang Yang um eine Neuordnung der Steuern und des Grundbesitzes, um die Beendigung aller Privatfehden, um die Erhöhung der Nahrungsproduktion, die ihm viel wichtiger war als die Geldwirtschaft, und den Ausbau des Militärs. Er vereinheitlichte die Maße und Gewichte. Nach einigen Jahren seiner Reformen, so heißt es, habe man in Qin Dinge, die man auf der Straße verloren hatte, stets wiederbekommen, da niemand es wagte, sich fremdes Gut anzueignen. Shang Yang versuchte auch das tradierte System der Großfamilien aufzulösen, zum einen, weil junge Männer schneller selbständig werden und eigene steuerpflichtige Familien gründen sollten, zum andern, um die Macht des politischen Feudalismus zu brechen.

Shang Yangs Erfolge fanden nach anfänglichem Widerstand bald Anerkennung, doch war er wegen der grausamen Strafen verhasst. Seine wichtigste Maßnahme war die Einführung von klar verständlichen und publik gemachten Gesetzen, die für jedermann ohne Ausnahme galten und mit härtesten Sanktionen durchgesetzt wurden. Damit wurden zugleich alte Adelsprivilegien beseitigt.

---

[1] Die höchst dramatische Biographie Shang Yangs steht bei Sima Qian, *Shiji* 68, engl. Duyvendak (1928). Sein eigentlicher Name ist Gongsun Yang; Shang ist der Name eines Ortes, an dem er belehnt wurde.
[2] Nicht zu verwechseln mit dem Heimatstaat Shang Yangs.
[3] König Hui von Liang (der Hauptstadt des Staates Wei), von dem auch im ersten Kapitel des Buches *Menzius* die Rede ist.

Sogar der Kronprinz wurde bestraft, als er das Gesetz übertrat, Shang Yang fügte dann in einem Feldzug durch eine Kriegslist dem Staat Wei 魏 eine schwere Niederlage bei. Die Biographie berichtet schließlich sehr lebendig, wie er auf dem Höhepunkt seiner Macht vor dem Hass der Menschen gewarnt wurde, aber nicht darauf hörte. 338 v.d.Z. starb sein Gönner, Herzog Xiao von Qin, und der Nachfolger nahm Rache. Shang Yang musste fliehen, und als er sich in einem Gasthaus verstecken wollte, wurde er nicht eingelassen, weil dies nach seinen eigenen Gesetzen streng untersagt war – der Wirt wäre bestraft worden wie der Flüchtige selbst. Im Kampf gegen die Truppen von Qin wurde Shang Yang schließlich getötet. Sein Leib wurde mit Streitwagen in Stücke gerissen und seine Familie ausgelöscht. Niemand soll um ihn getrauert haben. Heute allerdings ist Shang Yang in der Volksrepublik China als Wegbereiter einer neuen Epoche und Verfechter des starken Staates ein Nationalheld.

Die wichtigste Quelle unserer Kenntnisse über Shang Yang ist das *Buch des Herrn von Shang* (*Shangjunshu* 商君書);[4] es stammt sicher nicht aus seiner Hand, sondern ist eine spätere Kompilation, was wohl auch für die endlosen Wiederholungen verantwortlich ist. Einige Kapitel könnten auf amtliche Berichte zurückgehen, die Shang Yang bei Hofe zu erstatten hatte. Das Buch ist alles andere als eine angenehme Lektüre. Duyvendak, der die erste Übersetzung in eine westliche Sprache besorgt hat, schreibt: „Nicht oft in der Geistesgeschichte sind solche Prinzipien in derart fürchterlicher Simplifizierung, Gewaltsamkeit und brutaler Einseitigkeit aufgestellt worden. Der Geist, der diese Ideen zuerst konzipierte, konnte sich nur in einem Geleise bewegen. [...] Es liegt etwas von der entsetzlichen Größe der Naturgewalten in diesen grausamen Sätzen, die in ihren endlosen Wiederholungen wie Schmiedehämmer alles zermalmen."[5]

Die Regierungsmethoden den Zeitläuften anpassen

Die konfuzianische Philosophie ließ die Geschichte unter einem moralischen Blickwinkel erscheinen. Immer war es gleich gewesen: Moralisch hochstehende Herrscher brauchten nicht viel zu tun, und doch herrschten Frieden und Wohlstand, während unmoralische

---

[4] Übersetzungen: Duyvendak, Levi, Pines, Vogelsang.
[5] Duyvendak (1928), S. 88.

Herrscher ihr Volk und sich selbst ins Verderben stürzten. Nach dieser Vorstellung ist es unnötig oder sogar gefährlich, völlig neue Regierungsmethoden zu entwickeln oder neuartige Gesetze zu erlassen. Alles, was zum Wohl des Staates nötig ist, ist in der politischen Moral bereits vorhanden. Zur Erlangung politischer Ordnung, so lehren die Konfuzianer unentwegt, muss die Politik moralischen Grundsätzen folgen, wie sie schon von den (idealisierten) Herrschern der Frühzeit praktiziert wurden.

Shang Yang lehnt diesen Standpunkt ab. Wie alle Legalisten ist er Antitraditionalist, nicht aus Prinzip und nicht um jeden Preis, sondern weil er meint, die Verhältnisse hätten sich inzwischen derart stark verändert, dass die alten Methoden unbrauchbar geworden seien. Er verweist auch darauf, dass frühere Epochen keineswegs alle denselben Methoden gefolgt seien.

Das *Shangjunshu* enthält eine ingeniöse Skizze von qualitativ verschiedenen Phasen der Menschheitsentwicklung, wie Shang Yang – oder das ihm zugeschriebene Buch – sie sich vorstellt. Sie soll eine Rechtfertigung für die Etablierung staatlicher Macht liefern. Anfangs, im „obersten Zeitalter" (*shangshi* 上世), so heißt es, hätten die Menschen nur ihre Mütter, nicht aber die Väter gekannt. Man liebte seine Verwandten und sein direktes Privatinteresse. Es herrschte ein familistisches Denken (*qinqin* 親親), das aber zusammen mit dem Bevölkerungswachstum in eine um sich greifende Konkurrenz der Clans führte. So entstand der Bedarf an einer unabhängigen Rechtsprechung (*song* 訟) bzw. Schlichtung, für die Gerechtigkeitsnormen aufgestellt werden mussten (*li zhongzheng* 立中止), und einer familienübergreifenden Moral, der Menschlichkeit (*ren* 仁). Diese Aufgabe übernahmen die „Tüchtigen" (*xianzhe* 賢者), starke Führungsfiguren, deren Wirken das „mittlere Zeitalter" (*zhongshi* 中世) prägte. Unter dem Einfluss einer weiteren Zunahme der Bevölkerung[6] gelang es aber noch nicht, ein dauerhaftes Ordnungssystem zu errichten. Dieses entstand erst im „unteren Zeitalter" (*xiashi* 下世) nach dem Auftreten von Weisen, die eine Verwaltung (*guan* 官) errichteten und die Funktion eines Herrschers (*jun* 君) schufen, also den administrativen Staat gründeten, der seither mit Gewaltmitteln die Ordnung durchsetzt. Und Shang Yang resümiert:

---

[6] Möglicherweise auch aufgrund von Konkurrenz unter den „Tüchtigen"; die Deutung des Textes ist unsicher.

§12 Shang Yang

Wenn sich die Aufgaben der Epoche ändern, dann muss auch der zu beschreitende Weg ein anderer werden. (Kap. 7, S. 225-227)[7]

Worauf der Legalist hinweist, ist die Komplexität der Probleme eines immer größeren werdenden Staatswesens. Während für die Konfuzianer auch in diesem Falle der moralische Appell an den Einzelnen immer wichtiger war als die Erarbeitung neuer politischer Leitlinien (bei aller Differenziertheit etwa der Staatslehre Xunzis), predigten die Daoisten die undurchführbare Rückkehr zu überschaubaren Kleinstaat-Idyllen oder überhaupt den individuellen Rückzug aus der Gesellschaft. Die Legalisten dagegen wollen sich ohne jede Illusion den Herausforderungen der Zeit stellen, eine nüchterne Analyse der Verhältnisse liefern, und daran anschließend entsprechende Methoden der Politik entwerfen.

So ermuntern sie den Herrscher, jene gesetzgeberischen Veränderungen, die nach legalistischer Meinung im Augenblick erforderlich waren, ohne Rücksicht auf die Tradition durchzuführen. Auf den Einwand der Herzogs von Qin, seine Reformen könnten zu kritischen „Diskussionen" führen, antwortet Shang Yang mit einer kompromisslosen Absage an alles Etablierte (Kap. 1, S. 167–173). Da der Text zu den großen Dokumenten reformerischen chinesischen Denkens gehört, sei er hier ausführlich zitiert:

Ich habe gehört, dass dem, der zögerlich handelt, kein Erfolg beschieden ist und der, der zögerlich an seine Aufgaben herangeht, kein Verdienst zustande bringt. Wenn Ihr ernsthaft zum Entschluss gekommen seid, die Gesetze zu ändern, dann könnt Ihr die Diskussionen der Welt getrost ignorieren. Überdies, wer in seinem Handeln die anderen übertreffen will, muss damit rechnen, von der Welt kritisiert zu werden, und wer Überlegungen von einzigartiger Klugheit anstellt, muss damit rechnen, vom Volk getadelt zu werden. Ein Wort lautet: Die Dummen sind blind selbst gegenüber den bereits geschaffenen Tatsachen, aber die Klugen erkennen schon das noch nicht Keimende. Mit dem Volk kann man nicht über das noch zu Beginnende nachdenken, sondern nur das schon zustande Gebrachte genießen. In den Gesetzen des Guo Yan (ein Reformer des 7. Jahrhunderts) heißt es: Wer von höchster Tüchtigkeit redet, geht nicht mit dem Brauch (*su*) konform, und wer ein großes Werk zustande bringen will, berät sich nicht mit der Masse. Gesetze sind etwas, womit man das Volk sorgsam [zum Einsatz bringt], und Sitten (*li*) sind etwas, womit die Erledigung von Aufgaben erleichtert wird. Deshalb nimmt sich ein weiser Herrscher, wenn er das Land damit stärken kann, nicht das Alte zum Gesetz, und wenn er dem Volk damit nützen kann, dann folgt er nicht den (bestehenden) Sitten.

---

[7] Seitenangaben beziehen sich auf Duyvendak (1928). Vgl. hierzu auch Schwermann (2011), S. 160–162.

Auf den Einwand eines Kontrahenten, die beste Regierung sei die, die alles beim Alten belasse, erwidert Shang Yang:

Das ist nur Gerede der vulgären Welt. Gewöhnliche Leute finden ihr Genüge an den alten Gewohnheiten, und die Gelehrten ertrinken in dem, was sie gehört haben. Diese beiden taugen dazu, in einem Amt zu hocken und über die Gesetze zu wachen. Aber über das, *was außerhalb des Gesetzes liegt*, kann man mit ihnen nicht reden. Die Drei Dynastien übten die Königsherrschaft über die Welt aus, ohne die gleichen Sitten zu besitzen, und die Fünf Hegemonen[8] führten das Hegemonat, ohne die gleichen Gesetze zu haben. Deshalb schaffen (*zuo*) die Wissenden Gesetze, nur die Dummen lassen sich von ihnen kontrollieren. Und die Weisen verändern die Sitten, nur die Unfähigen lassen sich von ihnen fesseln. Wer von den Sitten gefesselt ist, taugt nicht dazu, bei (wichtigen) Angelegenheiten mitzureden. Und wer unter der Kontrolle der Gesetze steht, taugt nicht dazu, über Reformen mitzusprechen.

Nach einer erneuten Intervention durch einen Konservativen, der „nichts Falsches" und „nichts Schlechtes" daran findet, sich am Alten zu orientieren und den Sitten zu folgen, kontert Shang Yang:

In den vorangehenden Zeitaltern haben nicht die gleichen Lehren gegolten – welches Alte sollten wir uns da zur Norm nehmen? Die Kaiser und Könige haben einander nicht kopiert – welchen Sitten sollten wir da folgen? […] Alle haben Gesetze gemäß der Zeit aufgestellt und Sitten gemäß den anstehenden Aufgaben eingerichtet. Sitten und Gesetze werden entsprechend den Zeitumständen festgelegt. Anordnungen und Befehle müssen dem [jeweils] Angemessenen entsprechen, und Waffen und Ausrüstungen müssen der Nützlichkeit dienlich sein.
So sage ich: Es gibt nicht nur einen einzigen Weg, die Welt in Ordnung zu bringen, und um das dem Staat Dienliche zu tun, muss man nicht unbedingt das Alte zur Norm machen. Als Tang (der Gründer der Shang Dynastie) und Wu (der Gründer der Zhou-Dynastie) als Könige herrschten, waren sie an die Macht gekommen, ohne dem Alten gefolgt zu sein, und als die Dynastien Shang und Xia untergingen, hatten sie keineswegs die Sitten geändert. So ist es also ganz und gar nicht zu kritisieren, wenn man sich gegen das Alte stellt, und es ist kein Anlass zur Bewunderung, wenn man den Sitten folgt.

Shang Yangs Argumentation zeigt, auf welchen Abstand das politische Denken der chinesischen Antike zu den hergebrachten Üblichkeiten, dem Kitt der aufzubrechenden alten Strukturen, gegangen ist. Man beachte insbesondere den oben kursiv gesetzten Satz: Shang Yang, der radikale Ideologe von *law and order*, beansprucht

---

[8] Fürsten der Chunqiu-Zeit, die anstelle des machtlos gewordenen Hauses Zhou ein Hegemonat über die sich selbständig machenden ehemaligen Vasallentümer übernahmen. Sie wurden auf Konferenzen gewählt.

für sich selbst einen Standunkt „außerhalb des Gesetzes" (*yu fa zhi wai* 於法之外).[9]

Der Primat von Militär und Ackerbau

Das letzte Ziel der Politik war für Shang Yang die Erlangung der Herrschaft über das ganze damalige China. Dieses Ziel war nur gewaltsam zu erreichen; also musste der Staat militärisch stark sein. Militärische Stärke aber setzt innenpolitische Stabilität voraus, vor allem eine hinreichende Erzeugung von Nahrungsmitteln. Der Herrscher muss dafür sorgen, dass das Volk nicht durch Beamte ausgebeutet und durch Intellektuelle verdorben wird, damit die Produktion von Nahrungsmitteln nicht beeinträchtigt wird. Unproduktive Esser sind wirtschaftlich schädlich und politisch suspekt. Mit besonderem Argwohn bedenkt Shang Yang die Kaufleute; er sieht an ihnen nur die negativen Seiten ihres Standes, ihr Interesse am Profit zu Lasten der Produzenten und Konsumenten. Während er den gesamten wirtschaftlichen Sekundärbereich wie den Handel und selbstverständlich auch die Kultur stark einschränken möchte, empfiehlt er zugleich, durch Erweiterung der Anbauflächen die Nahrungsmittelproduktion zu steigern.

Wird regiert ohne zu zögern, so können korrupte Beamte sich nicht am Volk bereichern und einander nicht in der Arbeit behindern. Dadurch bleibt Zeit für die Landwirtschaft übrig. [...]
Wenn man sich bei der Beförderung der Beamten nicht von außen beeinflussen lässt, dann wird das Volk das Studium nicht hochschätzen, die Landwirtschaft nicht verachten, und es wird dumm bleiben. Ein dummes Volk aber ist für Einflüsterungen von außen unempfänglich. [...]
Fette Beamtengehälter, hohe Steuern und viele unproduktive Esser sind der Ruin der Landwirtschaft. Entsprechend der Anzahl unproduktiver Esser müssen die Steuern veranlagt und die Frondienste schwerer werden. Dann werden unanständige und faule Leute von niemandem mehr gefüttert. Und wenn diese Leute nicht gefüttert werden, müssen sie Landwirtschaft treiben, und so kommt Ödland unter den Pflug.
Man lasse die Händler kein Getreide kaufen und die Bauern keines verkaufen. [...] Wenn die Händler kein Getreide kaufen dürfen, werden sie an reichen Erntejahren keine Freude mehr haben und in Hungerjahren keine fetten Profite einstreichen. Da sie keinen Profit mehr erzielen, werden sie

---

[9] Große Teile der Argumentation Shang Yangs werden auch dem König Wuling von Zhao (趙武靈王) und seinem Minister Fei Yi 肥義 zugeschrieben, die in ihrem Staat mit einem Edikt von 306 v. die Reiterei und zur Entrüstung der Traditionalisten auch die dazu passende neue Kleidung nach Art der Nomaden einführten.

mutlos und wollen (wieder) Landwirtschaft betreiben. Wenn träge Bauern angespornt werden und Kaufleute wieder Landwirtschaft betreiben wollen, dann wird sicher Ödland unter den Pflug kommen. [...]
Wenn die Kaufleute nach ihrer Anzahl Frondienst leisten müssen und ihr gesamtes Gefolge registriert wird, dann haben die Bauern Muße und die Händler Schwierigkeiten. Wenn die Bauern Zeit haben, liegen keine Felder brach. Wenn die Händler Schwierigkeiten haben, hört die Unsitte auf, überall Geschenke hinzuschicken oder einzustecken. Die Bauern werden nicht hungern, und das Benehmen der Leute wird schlicht sein. (Kap. 2, S. 175-183)

Der Tenor dieser Ausführungen ist eindeutig. Je weniger Menschen an der Erzeugung von Primärgütern arbeiten, desto weniger Primärgüter (vor allem Getreide) werden erzeugt. Vermutlich wollte Shang Yang den privaten Handel unterbinden und die Nahrungsvorräte direkt vom Staat verwalten lassen, doch wird dies nicht ganz klar. Insgesamt ist ihm jedenfalls der Handel als stets am eigenen Profit orientiert und überhaupt als mobiles Element suspekt. Speziell die schamlose Ausnützung von Ernteschwankungen durch die Händler ist für den Staat schädlich.

Shang Yang wettert auch gegen die faulen, korrupten Beamten. Wie aber aus anderen Stellen des Buches klar hervorgeht, wusste er sehr genau, dass ein großer Staat nicht ohne Beamtenapparat auskommt. Immer wieder wiederholt er sein ökonomisches Prinzip von der überragenden Wichtigkeit der Produktion und der vorsorglichen Bevorratung von Lebensmitteln:

Wer durch die Landwirtschaft seinen Staat reich machen will, muss die Lebensmittelpreise erhöhen, zahlreiche Steuern für Nicht-Bauern einführen und schwere Marktabgaben erheben. So können die Leute nicht umhin, Felder zu bestellen. Wer kein Feld bestellt, ist gezwungen, Lebensmittel einzutauschen. Wenn die Lebensmittel teuer sind, werfen die Felder Profit ab, und es gibt viele, die sie bearbeiten. Wenn die Lebensmittel teuer sind und der Handel mit ihnen nicht profitabel und mit hohen Abgaben belastet ist, so muss sich das Volk Handel und Handwerkskünste aufgeben und sich seinen Profit aus dem Boden holen. So wird es alle Kräfte einsetzen, um aus dem Boden Gewinn zu ziehen. (Kap. 22, S. 313)

Das Bebauen des Bodens ist bestimmt kein müheloser Weg zum Reichtum. Und wenn die Menschen auch noch sehen, wie Günstlinge des Herrschers, Beamte, Gelehrte, Künstler und Kaufleute mit weit weniger Anstrengung zu hohen Ehren und gutem Einkommen gelangen – müssen sie dann nicht die Landwirtschaft vernachlässigen, um einen offenbar erfolgreicheren Weg einzuschlagen? Also darf der Herrscher Rang und Einkommen ausschließlich für Leistungen bei der Lebensmittelproduktion oder im Krieg vergeben. Dann, so meint Shang Yang, hört auch das dumme Geschwätz über Oden, Riten, Humanität und Tradition endlich auf. Selbst Menschen, die ihren Vorgesetzten bis in den Tod treu sind, würden unbrauchbar, sobald sie bemerken, wie redegewandte Intellektuelle von den Fürsten geehrt werden, Händler sich bereichern und Künstler herrlich und in Freuden leben. Menschen, die derlei erfahren, werden sich bestimmt nicht mehr mit Landwirtschaft abgeben (Kap. 3).

Zur Stärkung des Staates empfiehlt Shang Yang auch die Förderung der Einwanderung. Die Macht eines Staates wächst im Allgemeinen mit seiner Bevölkerungszahl, vorausgesetzt natürlich, die Lebensmittelproduktion reicht aus. Shang Yang meinte, dass speziell der Staat Qin gar nicht sein ganzes fruchtbares Territorium bebauen könne, weil es an Menschen mangele. Also müsse man sie herbeischaffen. Da die Einwanderer damals nur aus den angrenzenden Nachbarstaaten hätten kommen können, meinte Shang Yang, die Stärkung von Qin mit einer Schwächung seiner Nachbarn verbinden zu können. Deshalb empfahl er dem Herrscher, bekanntzugeben, dass jeder Soldat eines Nachbarstaates, der einwandere, persönlich und mit drei Generationen seiner Nachkommen von Militärdienst und Abgaben befreit werde, und dass Menschen, die aus fernen Gebirgsgegenden von Qin zuwanderten, zehn Jahre keinen Militärdienst zu leisten brauchten. Der Herrscher solle es so einrichten, dass die neue Bevölkerung (die Einwanderer) sich dem Ackerbau widme, während die alteingesessene Bevölkerung Militärdienst zu leisten habe (Kap. 15).

Über das Strafrecht

Shang Yangs Rechtsauffassung ist einfach: man belohne selten bestrafe häufig und schwer, vor allem auch für leichte Vergehen. Man sorge sodann für die Einhaltung der Gesetze bzw. die lückenlose Aufdeckung aller Übertretungen. Ein Verbrecher darf sich keine Chance ausrechnen können, dass seine Tat unentdeckt bleibt. So wird das Volk ängstlich und gehorsam, und man muss die Strafen bald gar nicht mehr anwenden, weil sie sich durch ihre bloße Androhung selbst aufheben: aus Angst vor ihnen geschehen kaum noch Übeltaten. Das klinge, sagt Shang Yang, nur vordergründig grausam. Ein Herrscher, der sein Volk „liebe" (bzw. um es „geize"), dürfe indes gar nicht anders vorgehen.

Schwere Strafen, geringe Belohnungen – so lieben die Oberen das Volk, und dieses stirbt für sie. Großzügige Belohnungen, leichte Strafen – so lieben die Oberen das Volk nicht, und das Volk stirbt nicht für sie. Ein blühende Staat wendet Strafen an, und das Volk profitiert dabei, bleibt aber in der Furcht. Wendet man Belohnungen an, so profitiert das Volk, aber entwickelt Liebe (zu den Oberen). Wenn man leichte (Vergehen) schwer bestraft, dann werden weder leichte noch schwere auftreten. Ist ein Staat machtlos, so wird er trotz aller Klugheit untergehen. Aber sogar ein feiges Volk wird durch Strafen tapfer und ein tapferes durch Belohnungen todesmutig. (Kap. 4, S. 200)

Die Zuneigung, welche das Volk eventuell für seine Regierung empfinden kann, gilt hier als unerwünscht. Dem Legalisten ist sie zu flüchtig und zu unsicher, und sie führt zu falschen Erwartungen. Sicherer ist es, die Herrschaft auf der Basis allgemeiner Furcht zu errichten. Ein Zustand dauernder Furcht vor Strafen ist auch für das Volk das beste:

Benutzt man Strafen, um Strafen abzuschaffen, so ist das Land gut regiert. Benutzt man dagegen Strafen, um Strafen durchzusetzen, so gerät das Land in Unordnung.

Darum heißt es: Bestrafe leichte Vergehen schwer, so werden die Strafen verschwinden, alles lässt sich leicht erledigen und das Land wird stark. Werden schwere Vergehen schwer, leichte aber leicht bestraft, so entstehen immer neue Strafen und Probleme und das Land wird ruiniert.

Strafe bringt Stärke, Stärke bringt Macht, Macht bringt Furcht, Furcht bringt Gunst (des Volkes) – die Gunst (des Volkes) entsteht also aus der Stärke. (Kap. 4, S. 203)

Shang Yang sieht die Strafe auch als sicherstes Mittel zur Wehrertüchtigung an. Die Herrscher aller Zeiten und Länder verließen sich niemals auf den bloßen Patriotismus, wenn sie ihre Untertanen in den Krieg trieben; alle drohten drakonische Strafen für Feigheit vor dem Feinde an. Aber niemand wagte es je, dies explizit auszusprechen:

Wenn man leichte Vergehen schwer bestraft, werden sie kaum vorkommen, und die schweren können von nirgendwoher entstehen. Das nennt man, regieren durch Ordnung. Wenn man schwere Vergehen schwer bestraft, leichte aber leicht, so nehmen die leichten kein Ende und den schweren lässt sich nicht Einhalt gebieten. Das nennt man, regieren durch Chaos. Wenn also leichte Vergehen schwer bestraft werden, werden die Strafen verschwinden, alles lässt sich leicht erreichen, und das Land wird mächtig. Bestraft man Verbrechen je nach ihrer Schwere, so werden immer neue Strafen nötig, immer neue Schwierigkeiten entstehen, und das Land wird ruiniert.

Tapfere Leute soll man mit dem belohnen, was sie sich wünschen. Feige Leute soll man töten, und zwar auf eine ihnen besonders verhasste Art.

Dadurch werden die Feigen tapfer und die Tapferen gehen, wenn man sie belohnt, in den Tod. Wenn die Feigen tapfer und die Tapferen todesmutig werden, wird das Land keine Niederlagen erleiden und schließlich die Vorherrschaft erlangen. (Kap. 5, S. 209)

Shang Yangs Präventivtheorie erreicht ihren Höhepunkt in der Forderung, nicht erst vollbrachte Übeltaten zu bestrafen, sondern schon die nur beabsichtigten und noch nicht ausgeführten:

Ein echter Herrscher bestraft bereits die geplanten Übertretungen, so dass schwere Verbrechen gar nicht erst geschehen. Und wenn er das Denunzieren belohnt, bleiben auch kleine Übertretungen nicht unentdeckt. Wer durch seine Regierung erreicht, dass schwere Verbrechen nicht ausgeführt und leichte nicht unentdeckt bleiben, der bringt Ordnung in sein Land. Wenn ein Staat so verfährt, so wird er stark und gefestigt; wenn zwei Staaten so verfahren, braucht man nur noch selten Truppen; wenn alle Welt so verfährt, wird wieder höchste Tugend herrschen. So lehre ich, wie man durch Todesstrafen die Tugend restauriert, während Gerechtigkeit zur Gewalttätigkeit führt. (Kap. 7, S. 231)

Die „Gerechtigkeit" (*yi*), die Shang Yang hier ablehnt, orientiert sich an den Erwartungen des Volkes. Ihnen zu folgen würde das Volk nur „ungezügelt" machen. Für den Präventivstandpunkt reduziert sich die Frage nach der Gerechtigkeit von Strafen auf die nach ihrer strikten und gleichen Anwendung. Letztere bereitete Shang Yang kein Kopfzerbrechen. Die richtige Methode der Abschreckung, so lehrt er, sei die extensive Anwendung der Todesstrafe. Er fügt hinzu, dass jedermann ohne Ansehen der Person, des Ranges oder früherer Verdienste zu bestrafen sei, wenn er die Gesetze verletzt habe. Es scheint, dass Shang Yang auch noch die ganze Familie eines Täters in die Strafmaßnahmen einbeziehen will (Kap. 17). Er rechtfertigt dies damit, dass auch die früheren Herrscher nicht aus Grausamkeit Leute hinrichten oder verstümmeln ließen, sondern um den Verbrechen Einhalt zu gebieten. Im Übrigen würden gerade die rigorosen Strafen ohnehin dazu führen, dass keine Strafen mehr verhängt werden müssten (ebd.).

Es ist wesentlich für den legalistischen Standpunkt, dass nicht willkürlich gestraft wird, sondern streng nach veröffentlichten Gesetzen. Für das Volk sind die Funktion von Herrscher und Gesetz nahezu identisch: beide dienen der Gewährleistung der Ordnung. Shang Yang sagt, einen Herrscher zu haben, aber keine Gesetze, sei dasselbe wie gar keinen Herrscher zu haben (Kap. 6 und 7). Gesetze erfüllen ihren Zweck indessen nur, wenn sie auch durchgesetzt werden. Dazu gehört nach Shang Yangs Meinung, dass die Strafen den

Menschen sehr unangenehm sein müssen und dass ein Übeltäter mit sehr hoher Wahrscheinlichkeit entdeckt und bestraft wird. Mit der ihm eigenen Deutlichkeit schreibt Shang Yang:

> Wenn ein Land ins Chaos gerät, dann nicht weil seine Gesetze chaotisch oder weil Gesetze nutzlos wären. Jedes Land hat Gesetze, aber es gibt kein Gesetz, das bewirkt, dass die Gesetze durchgeführt werden. Jedes Land hat Gesetze gegen Übeltaten, Diebe und Räuber. Aber es gibt kein Gesetz, das bewirkt, dass Übeltäter, Diebe und Räuber auch ertappt werden. Wenn man sie hinrichtet und trotzdem die Verbrechen nicht aufhören, dann deshalb, weil nicht alle Verbrechen aufgedeckt werden. Wenn die Verbrechen aufgedeckt werden und trotzdem nicht aufhören, dann sind die Strafen zu leicht. (Kap. 18, S. 287)

Die Legalisten fordern erstmals die einfache Verständlichkeit der Gesetze. Shang Yang will durch sorgfältig ausgearbeitete Methoden dafür Vorsorge treffen, dass sie jedermann bekannt sind und dass über ihre Auslegung keine Unklarheiten bestehen. Zwar sieht er sogar speziell ausgebildete Beamte vor, welche Auskünfte über die Gesetze zu erteilen haben, doch soll ihrer Kenntnis kein Spezialwissen werden. Nach Maßgabe der Gesetze hat im Übrigen jedermann auch bestimmte Anrechte.

Nicht mit Idealmenschen rechnen

Die Frage bleibt offen, ob man denn nicht auch anders regieren könne, mit Anstand, Güte, Wohlwollen und Menschlichkeit. Shang Yang antwortet kurz und bitter:

> Der Menschliche kann zwar zu anderen menschlich sein, aber er kann sie nicht dazu bringen, sich auch ihrerseits menschlich zu verhalten. Der Gerechte kann zwar zu anderen schonungsvoll (*ai*, liebevoll) sein, aber er kann sie nicht dazu bringen, auch ihrerseits schonungsvoll zu sein. (Kap. 18, S. 293)

Humanität und Gerechtigkeit, so folgert Shang Yang, „reichen nicht aus, die Welt zu regieren". Das Argument findet sich auch im *Guanzi*, und hier explizit in Kritik der mohistischen Versicherung, dass die gute Tat sicher vergolten wird (woran aber die Mohisten selbst schon nicht recht glaubten, s. o. S. 104):

> „Möge der Herrscher nicht auf die Lehre der Allgemeinen Liebe (*jian ai*) hören! […] Dass ich vermag, andere nicht anzugreifen, mag angehen. Aber ich vermag nicht auch andere dazu zu bringen, mich nicht anzugreifen." (*Guanzi* Kap. 65)

Laut Shang Yang kommt es aber ohnehin nicht darauf an, dass ein Weiser Anständigkeit besitzt, sondern Methoden, um andere zu einer äußeren Konformität zu zwingen.

Ein weiser Herrscher schätzt nicht die (Tugend der) Gerechtigkeit, sondern das Recht. Sind die Gesetze klar und werden die Befehle bedingungslos durchgeführt, dann kommt alles in Ordnung. (Kap. 18, S. 294)

Darum wünscht sich Shang Yang keine tugendhaften (und damit beliebten) Beamten: Das Volk soll allein aus Angst vor dem Gesetz richtig handeln. Aus diesem Grund ist es besser, wenn die Verwaltung sich aus unangenehmen Personen zusammensetzt, aus Intriganten und Denunzianten, kurz, aus schlechten Menschen:

Wenn man Gute bei der Regierung einsetzt, dann wird das Volk seine Verwandten lieben. Wenn aber Schlechte eingesetzt werden, dann wird das Volk die Institutionen lieben.
Konsens suchen und einander decken, das ist kennzeichnend für die Guten. Andere zu diskriminieren und einander im Auge zu behalten, ist kennzeichnend für die Schlechten. Zeichnet man die Guten aus, dann werden alle Übertretungen von ihnen gedeckt. Bestallt man die Schlechten, dann kommen alle Verbrechen zur Bestrafung. [...]
Deshalb heißt es: Mit Guten zu regieren führt zur sicheren Rebellion bis hin zum Untergang. Aber mit Schlechten zu regieren führt mit Sicherheit zu Ordnung und Stärke. (Kap. 5, S. 207)

Man kann darüber streiten, ob Shang Yangs Menschenbild pessimistisch, zynisch oder bloß „realistisch" sei.[10] Zwar leugnete er nicht, dass es gelegentlich weise oder gar hochanständige Menschen geben könne. Besonders häufig seien sie allerdings nicht, und die richtige Weisheit bestehe eben darin, mit gewöhnlichen Menschen zurechtzukommen. Dazu müsse ein Herrscher nicht außergewöhnlich klug geschweige denn tugendhaft sein, sondern nur die richtigen Methoden beherrschen (Kap. 18). Er müsse es z.B. verstehen, wie man andere gegeneinander ausspielt, so dass sie sich wechselseitig kontrollieren (Kap. 24).

Ein Herrscher, der weiß, was das Volk begehrt bzw. verabscheut, kann es auch regieren. Diese Begierden und Abneigungen darf ein Herrscher nie außer Acht lassen. Denn die Begierden und Abneigungen sind die Basis für Belohnungen und Strafen. Der Mensch strebt von Natur aus nach Reichtum und Ehre und verabscheut Strafen. (Kap. 9, S. 241)

---

[10] Waley (1939) meinte die chinesische Bezeichnung *fajia* am treffendsten mit „realists" wiedergeben zu können. Auch Vogelsang (2017) beschreibt die Legalisten als „Realisten".

Dieses Streben der Menschen nach Reichtum endet erst, wenn sich der Sargdeckel über ihnen geschlossen hat. (Kap. 17, S. 283)

Einmal in zehn Millionen Fällen könne man auch ohne Gesetze zurechtkommen, aber es sei klüger, für alle zehn Millionen Fälle vorzusorgen, d.h. wirkungsvoll zu regieren (Kap. 26). Wo es klare Gesetze gebe und alles eindeutig geregelt sei, gerate niemand so leicht in Versuchung:

> Wenn ein Hase vorbeirennt, dann rennen vielleicht hundert Menschen hinterher. Natürlich kann man einen Hasen nicht in hundert Teile teilen; die Leute rennen auch nur, weil seine Rechtsposition nicht festliegt. Auf dem Markt gibt es genug Hasen zu kaufen, aber dort traut sich auch ein Dieb nicht, sie wegzunehmen. Wo aber die Rechtsposition undefiniert ist, rennt sogar ein Yao ein Shun, ein Yu und ein Tang hinterher.[11] Ist die Rechtsposition definiert, dann wagt auch ein armer Dieb nicht, etwas wegzunehmen.[12] (Kap. 26, S. 331-332)

---

[11] Die idealisierten Herrscher der Frühzeit.
[12] Der Text ist ergänzt nach *Lüshi chunqiu* 17.6 (Wilhelm, *Frühling und Herbst*, 283). Das Beispiel gehört zum allgemeinen Bilderschatz. Das *Yinwenzi*, Kap. *Da dao shang*, zitiert ähnlich Peng Meng 彭蒙 (s. u. S. 291).

§13 Han Fei

Han Fei 韓非 (ca. 280 v. – 233 v.) stammte aus dem Adel des Staates Han. Er war ein Schüler des Konfuzianers Xunzi, dessen pessimistisches Menschenbild er radikalisierte. Der Staat Han wurde von den Nachbarstaaten, besonders vom mächtigen Qin, bedroht. Han Fei, der durch einen Sprachfehler behindert gewesen sein soll, versuchte mit schriftlichen Eingaben dem König von Han Ratschläge zu erteilen, wie er den Staat stärken könne, hatte damit aber keinen Erfolg. Als die Situation immer kritischer wurde, wurde Han Fei als Gesandter nach Qin geschickt.[1] Dessen König war von seinen Schriften so begeistert, dass Han Feis früherer Kommilitone Li Si, der in Qin aufgestiegen war und später Kanzler wurde, Konkurrenz befürchtete, eine Intrige spann und Han Fei als Agenten denunzierte. Han Fei wurde zum Tode verurteilt, und ehe der König sich eines Besseren besann, schickte Li Si Han Fei Gift, und er beging Selbstmord. Einige Jahre später hatte Qin dann alle anderen Staaten usurpiert und beherrschte ganz China.

Es ist ein umfangreiches Werk erhalten, das den Titel *Hanfeizi* 韓非子 trägt und wohl zum größeren Teil von Han Fei persönlich verfasst ist.[2] Dieses Werk bildet den Höhepunkt der legalistischen Lehre. Sein Stil ist klar, oft amüsant, mitunter poetisch,[3] oft freilich auch beklemmend. In immer neuen Wendungen und unter Verwendung einer großen Anzahl von historischen oder frei erfundenen, gelegentlich auch mythischen Bildern schildert es, wie ein Herrscher regieren muss, wenn er nicht zugrunde gehen will.

Das *Hanfeizi* benutzt öfter daoistische Motive, um legalistische Ideen zu untermauern. Zwei Kapitel (20 u. 21) enthalten Erläuterungen und Illustrationen zu Laozi und sind der früheste überhaupt erhaltene *Daodejing*-Kommentar; Laozi wird dabei politisch gedeutet.

---

[1] Von den diplomatischen Aktivitäten Han Feis und seiner Gegenspieler in Qin gibt das Kap. 2 des *Hanfeizi* ein lebendiges Bild.
[2] Übersetzungen Liao, Mögling, Levi. Die Seitenangaben beziehen sich im Folgenden auf Liao, *Complete Works*.
[3] In Kap. 10 steht z.B. eine wunderschöne, märchenhafte Geschichte vom Zauber der Musik, dem ein Herrscher erliegt, auch wenn er dafür sein Reich verliert. Sie gehört, neben der Erzählung Menzius' über das Mitleid des Königs mit einem Opferrind, zu den schönsten Prosastücken der klassischen Epoche. Für die triviale Moral, dass ein Herrscher für Musik keine Zeit haben dürfe, ist sie eigentlich zu schade.

Es wird sich zeigen, dass eine solche Deutung nicht von vornherein abwegig ist.

Der Gesetzesstaat

Niemand, so Han Fei, hat etwas gegen einen wohlgeordneten und sicheren Staat einzuwenden; aber nur wenige begreifen die Methoden zur Herstellung von Ordnung und Sicherheit im Staat:

> Der Weise urteilt nach den Tatsachen und durchschaut das Wesen von Ordnung bzw. Chaos. Deshalb sorgt er, wenn er ein Land regiert, für völlig klare Gesetze und stellt schwere Strafen auf. Dadurch beugt er Unruhen und Wirren unter den Leuten vor, wendet die Schäden ab, erreicht, dass die Mächtigen nicht die Schwachen unterdrücken und die Mehrheit nicht die Minderheit tyrannisiert. Alte und Kranke können dann in Ruhe sterben, während Kinder und Waisen (in Sicherheit) heranwachsen; die Grenzen sind gesichert, Herrscher und Minister empfinden für einander Zuneigung; Vater und Sohn unterstützen sich gegenseitig; und niemand muss Tod oder Kriegsgefangenschaft befürchten. [...]
> Die Dummen aber begreifen das nicht und reden von Despotie. Natürlich wünschen sich auch die Dummen Ordnung, aber sie hassen das, wodurch sie hergestellt wird. Alle hassen sie (politische) Gefahren, erfreuen sich aber an dem, wodurch diese herbeigeführt werden. Woher weiß man das?
> Tatsächlich sind schwere Strafen beim Volk verhasst – aber mit ihnen wird Ordnung im Staat erreicht. Die Leute mögen stattdessen Mitgefühl und milde Strafen – aber damit gefährdet man den Staat. (Kap. 14, S. 24)

Man nehme, um irgendein Beispiel zu wählen, den Zustand der Gehsteige: Jedermann schätzt saubere Wege – nur erreicht man mit dieser Hochschätzung noch keine Sauberkeit. Han Fei aber berichtet, im Staat Yin seien seinerzeit jedem, der Asche auf öffentliche Wege schüttete, die Hände abgehackt worden. Das erscheint entsetzlich grausam, aber Han Fei fährt fort:

> Es ist doch sehr leicht, keine Asche auszuschütten, während das Händeabhacken verhasst ist. Wer sich an das Leichte hält, braucht sich um das Verhasste gar nicht zu kümmern. (Kap. 30, S. 94)

Han Fei erwähnt an anderer Stelle die Grausamkeit der früheren Strafen und berichtet, wie einmal das Herz eines Herrschers gerührt wurde. Ein Herzog fragte einst nach dem Marktpreis für Schuhe. Damals hatte jener Herzog gerade viele Strafen vollstrecken lassen. So erhielt er die seltsame Antwort, Schuhe für fußlose Menschen seien zurzeit teuer, gewöhnliche Schuhe aber billig. Der Grund dafür sei, dass im Augenblick so viele Leute durch Abhacken der Füße bestraft würden. Tief betroffen darüber milderte der Herzog daraufhin das Gesetz. (Kap. 37)

Han Fei Kritik an dieser rührenden Geschichte ist bezeichnend. Wer damals durch seine herzzerbrechende Darstellung dem Herzog mildere Strafen nahelegen wollte, der sei zurückzuweisen. Er hätte nichts von den Fundamenten politischer Ordnung begriffen, denn wenn die Strafen ihrem Zweck angemessen seien, könnten es gar nicht genug sein, und wenn sie unangemessen seien, könnten es gar nicht zu wenige sein. (Kap. 37)

Die Androhung von Strafen ist allerdings nur wirksam, wenn ein Übeltäter auch sicher ist, dass seine Tat entdeckt wird und er die Strafe dafür erleiden muss. Strafen, die den Täter selten erreichen, sind wirkungslos.

Im Fluss Li im Süden von Jing gab es Gold. Es wurde häufig gestohlen Golddiebstahl war verboten; wer dabei erwischt wurde, wurde für sein Vergehen auf dem Marktplatz gesteinigt. Man sperrte den Fluss ab. Aber die Leute hörten nicht auf, Gold zu stehlen. Keine Strafe ist so schwer, wie gesteinigt zu werden; die Leute hörten aber nicht zu stehlen auf, weil sie nicht unbedingt dabei ertappt wurden. (Kap. 30, S. 295)

Wenn man den Staat in Ordnung halten will, dann gibt es keine Alternativen zu dem System von Belohnungen und – vor allem – Strafen. Selbst ein Yao oder ein Shun hätte Schwierigkeiten, einen Tiger ohne Käfig zu bändigen oder Verbrechen ohne Gesetze zu unterdrücken. Der Käfig diene eben dazu, dass die Schwachen und Ängstlichen den Tiger bändigen können (Kap. 26). Gesetze werden nicht für einige wenige, moralisch hochstehende Menschen gemacht (solche Menschen gibt es vielleicht nicht einmal), sondern damit der Durchschnittsherrscher mit Räubern fertig wird und Durchschnittsbürger einander nicht betrügen. Auf diese gesetzlichen Methoden kann man vertrauen; mit Gerechtigkeit, Tugend oder Güte darf man nicht rechnen.

Nicht nur Strafen, sondern auch Belohnungen müssen klar fixiert und garantiert sein. Han Fei illustriert dieses Grundprinzip der Politik gerne an unpolitischen Beispielen:

Zengzis Frau ging zum Markt; ihr Kind kam mit und plärrte. Die Mutter sagte: „Gehe nach Hause. Sobald ich zurückkomme, werden wir dir ein Schwein schlachten!" Als die Frau vom Markt zurückkam, wollte Zengzi gerade ein Schwein fangen und schlachten. Die Frau hielt ihn auf und rief: „Das war doch nur ein Scherz für das Kind!"
Zengzi sagte: „Mit Kindern macht man keine Scherze. Sie verstehen so etwas nicht. Sie sind darauf angewiesen, von den Eltern zu lernen und

deren Unterweisung zu hören. Wenn du das Kind betrügst, heißt das, es das Betrügen zu lehren. Wenn die Mutter ein Kind betrügt, so wird es ihr nicht mehr vertrauen. Dies wäre keine Erziehungsmethode!" Also wurde das Schwein geschlachtet und zubereitet. (Kap. 32, S. 60)

Eine andere Geschichte berichtet (zustimmend) von einem Mann, der zufällig einen alten Bekannten traf und ihn zum Essen einlud. Der Bekannte versprach nachzukommen, und der Mann sagte, er werde mit dem Essen auf ihn warten. Der Bekannte kam aber nicht, und so aß der Mann den ganzen Abend nichts. Am nächsten Tag sandte er dann jemanden, um den Bekannten nochmals einzuladen, und erst als jener kam, aß der Mann mit ihm. (Kap. 32)

Mit derselben Moral, man müsse Versprechen immer einhalten, enden noch viele andere Geschichten. Niemals gibt Han Fei dabei eine moralische Verurteilung für das Brechen eines Versprechens; worauf er hinweisen will ist nur, dass ein solches Verhalten die Stabilität der Gesellschaft gefährde. Es geht dem Legalisten auch gar nicht um die allgemeine Maxime *Du sollst nicht lügen*, sondern um die Verlässlichkeit des Staates. Ein Staat bzw. eine Regierung, die ihre Versprechen nicht einhält, wird von den Bürgern verachtet und kann die Bürger nur noch bedingt für die staatlichen Pläne in Rechnung setzen.

Han Fei betont auch, dass Gesetze allgemein bekannt gemacht werden und leicht zu verstehen sein müssen. Was nur von Gelehrten begriffen werden kann, so sagt er mit einem Seitenblick auf andere Philosophen, das eigne sich nicht als Gesetz. Yang Zhu oder Mo Di seien sicherlich große Männer gewesen, aber politische Ordnung konnten sie nicht bewirken. Han Fei empfiehlt stattdessen, die Gesetze klar zu formulieren und zugleich alle Dispute darüber zu verbieten. (Kap. 47) Dabei darf ein Herrscher weder mit Humanität, aber auch nicht despotisch regieren, denn

Humane (Herrscher) sind gütig und nehmen Besitz leicht; Despoten dagegen schrecken vor nichts zurück und sind schnell mit Hinrichtungen zur Hand. Die einen bringen keine (schweren Strafen) übers Herz und sind freigiebig, während die anderen ihren Hass die Untergebenen nur zu deutlich sehen lassen und die Todesstrafen vervielfachen. Die einen werden die meisten Verbrecher laufen lassen und viele Leute ohne jedes Verdienst belohnen. Den anderen aber werden ihre Untergebenen grollen, und das Volk wird gegen sie rebellieren.

Wenn ein humaner Mann auf dem Thron sitzt, sind die Untertanen zügellos, übertreten Gesetze und Vorschriften ohne weiteres und erwarten von der Regierung unverdiente Geschenke. Regiert dagegen ein Despot, so

gibt es unsinnige Gesetze, es kommt zu Konflikten zwischen Herrscher und Ministern, und das Volk murrt und denkt an Aufstand.
Daher sagt man: Humanität und Despotie sind beide der Ruin des Staates. (Kap. 47, S. 254–255)

Diese Passage ist auch insofern interessant, als hier eine im Legalismus ansonsten wenig diskutierte, in der Realität aber sehr häufige Erscheinung erwähnt wird: die despotische Willkürherrschaft. Das bloße negative Urteil der Untertanen genügt dem Legalisten zwar nicht, um das Verdikt der Despotie zu fällen – die Leute hassen den Ordnenden und die notwendigen Mittel zur Herstellung von Ordnung ohnehin. Zweifellos ist aber andererseits willkürliches Erlassen von sinnlosen Gesetzen ein Zeichen von Despotie. Legalisten und Konfuzianer stimmen darin überein, dass ein Despot, der es zu arg treibt, schließlich zu Fall kommen wird.

Der Idealstaat der Legalisten ist bürokratisch präzise geordnet; für jede Aufgabe sind die Kompetenzen genau geregelt; man hat sich exakt so zu verhalten wie die Bezeichnung einer Tätigkeit es sagt.[4] Wenn das der Fall ist, braucht man auch keine übereifrigen Untertanen oder Beamten, die sich im Dienst des Herrschers hervortun; also schlägt Han Fei sogar vor, nicht befohlene Übererfüllung von Pflichten zu bestrafen:

Es war einmal, dass der Fürst Zhao von Han betrunken einschlief. Der fürstliche Kappenmeister sah, dass der Fürst in der Kälte lag und legte deshalb einen Mantel über ihn. Als der Fürst aufwachte, fragte er seine Diener, wer ihn mit dem Mantel zugedeckt habe und erfuhr, dass es der Kappenmeister gewesen war. Darauf bestrafte er beide, den Kleidermeister und den Kappenmeister, den einen wegen Pflichtverletzung, den anderen wegen Überschreitung seiner Kompetenzen. Nicht als wäre ihm die Kälte nicht unangenehm gewesen, aber er meinte, dass die Verfehlungen seiner Beamten weit gefährlicher waren als die Kälte. (Kap. 7, S. 49)

Der Legalismus will das Verhältnis von Regierenden und Regierten illusionslos sehen, als eine auf bloßen Machtinteressen des Herrschers und den elementaren Trieben der Beherrschten (Angst und Profitgier) beruhende Konstellation. Wie alle menschlichen Beziehungen, auch jene in der Familie, so sei auch die Beziehung zwischen Fürst und Untertan durch Berechnung geprägt (Kap. 11, u. S. 226f). Es ist daher konsequent, freilich auch ziemlich praxisfern, wenn die Legalisten vom Volk nicht nur keine besondere Zuneigung zu den Regierenden erwarten, sondern ihm diese geradezu

---
[4] Vgl. hierzu u. S. 345 Anm. 9.

auszutreiben versuchen. Die vermeintliche Liebe des Volkes, von der die Herrscher aller Zeiten träumen, schlägt leicht in Hass um, wenn sie nicht erwidert wird, während materielle Interessen und die Angst vor Strafen immer wirksam bleiben.[5]

Eine der zahllosen Geschichten des *Hanfeizi* berichtet von einem König von Qin, der erkrankt war. Das Volk betete für seine Gesundheit, und als er genesen war, opferte es zum Dank einen Ochsen. Als der König von dem Opfer hörte, fragte nach dem Grund der Festlichkeit und erfuhr alles. Ein Höfling, der dem König die Situation erläuterte, beglückwünschte ihn zur Zuneigung des Volkes. Der König aber ließ alle Dörfer, in denen solche Feiern stattgefunden hatten, bestrafen. Später erklärte er sein Verhalten so:

Dass dieses Volk mir nützt, ist nicht wegen meiner Liebe (zu ihm), sondern weil ich die Macht ausübe. Würde ich auf die Machtposition verzichten und mich mit dem Volk auf eine Stufe stellen, so würde es sich sofort von mir abwenden, wenn ich einmal keine Liebe zeige. Deshalb unterbinde ich den Weg der Liebe. (Kap. 35, S. 126)

Deshalb soll ein weiser Herrscher nach Han Feis Ansicht dem Volk auch niemals etwas schenken. Anlässlich einer Hungersnot in Qin habe jemand dem König vorgeschlagen, Gemüse, Früchte und Kastanien des königlichen Parks dem hungernden Volk zu überlassen. Das würde zur Rettung des Volkes ausreichen. Der König habe dies aber strikt abgelehnt und darauf verwiesen, dass nach den Gesetzen von Qin nur Verdienste belohnt würden. Würde er nun die Früchte seines Parks herausgeben, dann würden Verdienstvolle wie Verdienstlose in gleicher Weise profitieren, was nur zur Unordnung führe. Die Konsequenz:

Es ist besser, die Leute sterben, und es herrscht Ordnung, als dass sie leben, und es herrscht Chaos. (Kap. 35)

Dass zwischen verschiedenen Normen oder Pflichten Konflikte entstehen können, ist ein geläufiges Thema der chinesischen Philo-

---

[5] In Machiavellis *Der Fürst* trägt das 17. Kapitel die Überschrift: *Von Grausamkeit und Milde und ob es besser ist, mehr geliebt als gefürchtet zu werden oder umgekehrt.* Hier heißt es: „Die Menschen sind undankbar, unbeständig, heuchlerisch, furchtsam und eigennützig. Solange man ihnen Wohltaten erzeigt, ohne sie zu brauchen, bieten sie Vermögen, Leben, Kinder und alles zum Danke an. Brauchst du sie aber, dann empören sie sich. [...] Ohnehin wagen es die Menschen weniger, die zu verletzen, welche sie fürchten, als jene, welche sie lieben."

sophie. Der Leser wird sich an die Geschichte vom aufrechten Gong (Zhi Gong 直躬) erinnern, der gegen seinen diebischen Vater aussagte – ein Verhalten, das Konfuzius als befremdlich missbilligte.[6] Han Fei nimmt die Geschichte wieder auf und ergänzt sie um eine weitere, kommentiert sie aber anders. Die Methode selbst ist dabei sehr typisch: ein- und dieselbe anschauliche Geschichte wird über Jahrhunderte tradiert und dient verschiedenen Denkern als Anknüpfungspunkt für die Darstellung des jeweils eigenen Standpunktes:

> In Chu lebte ein Mann, den man den Aufrechten Gong nennt. Als sein Vater ein Schaf gestohlen hatte, zeigte er ihn bei der Behörde an. Der Kanzler aber sagte: „Hinrichten!". Er meinte, Gong hätte sich zwar dem Staat gegenüber aufrecht verhalten, aber zu seinem Vater höchst schurkisch. So wurde der Sohn für seine Meldung bestraft. Man sieht daraus, dass ein zum Fürsten ehrlicher Untertan ein dem Vater gegenüber rücksichtsloser Sohn sein kann.
> Ein Mann aus Lu, der seinem Herrscher in den Krieg folgte, lief in drei Schlachten dreimal davon. Konfuzius fragte ihn nach dem Grund und erhielt zur Antwort: „Ich habe einen alten Vater. Wenn ich sterbe, hat er niemanden, der für ihn sorgt." Konfuzius hielt ihn für pietätvoll und empfahl ihn für eine höhere Stellung. Daraus ist ersichtlich, dass ein pietätvoller Sohn ein illoyaler Untertan (sein kann).
> Daher kam es so: Nachdem der aufrechte Gong hingerichtet worden war, erfuhren die Behörden von Chu nichts mehr von Verbrechen. Nachdem Konfuzius die Belohnung des Deserteurs bewirkt hatte, neigte das Volk von Lu zu Kapitulation und Fahnenflucht.
> Regierung und Volk haben ganz verschiedene Interessen, deshalb ist es aussichtslos, wenn ein Herrscher zugleich die Moral des gemeinen Mannes und das Wohl des Staates fördern will. (Kap. 49, S. 285)

---

[6] *Lunyu* 13.18, o. S. 49; vgl. Roetz (1992), S. 153. Eine weitere, fast schon ironisierte Variante steht in *Lüshi chunqiu* 11.4: „In Chu lebte der aufrechte Herr Gong. Als sein Vater ein Schaf gestohlen hatte, zeigte Gong ihn an. Die Behörden nahmen den Vater fest und wollten ihn hinrichten. Aber der aufrechte Gong bat, die Strafe an Stelle des Vaters empfangen zu dürfen. Vor der Exekution sagte er zu den Beamten: „Den Vater, der ein Schaf stiehlt, anzuzeigen, ist das nicht äußerste Zuverlässigkeit? An seiner Stelle die Todesstrafe auf sich zu nehmen, ist das nicht äußerste Erfüllung der Kindespflicht? Wenn Zuverlässigkeit und Erfüllung der Kindespflicht mit der Todesstrafe belegt werden, gibt es dann im ganzen Land noch jemanden, der nicht hingerichtet werden müsste? Der König hörte davon und schenkte ihm das Leben. Konfuzius, der davon erfuhr, sagte: Diese Zuverlässigkeit des ehrenwerten Gong ist seltsam. Er benützt den Vater, um sich selbst einen Namen zu machen. Unzuverlässigkeit wäre besser als solche Zuverlässigkeit." (Vgl. Wilhelm, *Frühling u. Herbst*, S. 138).

Die legalistische, nur am Interesse des Staates orientierte Bewältigung des Dilemmas zwischen privater Moral und Treue zu Staat und Gesetz steht dem modernen europäischen Denken ferner als die konfuzianische. Unrecht bleibt Unrecht, wer immer es begangen hat; Gesetze sind ohne Ansehen der Person anzuwenden; und muss nicht, wer durch den Staat vor Unrecht geschützt werden will, den Staat bei der Aufdeckung von Unrecht unterstützen? Wenn in vielen Staaten heute trotzdem nicht verlangt wird, dass jemand die ihm am nächsten Stehenden anzeigt oder gegen sie aussagt, so ist das eine Konzession, die man sich aus praktischen[7] und aus ethischen Gründen leistet. Man darf sicher sein, dass sie widerrufen würde, wenn es zahlreiche staatsgefährdende Vergehen geben sollte, die nur durch Aussagen von nahen Verwandten des Täters aufgedeckt werden könnten. Auch chinesische Herrscher kannten bei „Staatsverbrechen" keine Rücksicht.

Die Rechtfertigung des Legalismus

Der Legalismus verstand sich als Antwort auf neue Fragen. Die Zeiten, so betont Han Fei immer wieder, haben sich geändert und verlangen neue politische Methoden. Ähnlich wie das *Shangjunshu* (o. S. 200) unterscheidet Han Fei mehrere historische Phasen, das hohe, mittlere und nahe Altertum und zuletzt die Gegenwart, für die jeweils etwas anderes galt, so dass man „nicht mehr zum Modell nehmen kann, was lange Zeit möglich (*ke* 可) war" (Kap. 49). Der Hauptgrund dafür ist das Bevölkerungswachstum, das nach dem Prinzip einer geometrischen Reihe erfolgt und das das Leben der Menschen zunehmend schwerer gemacht hat.[8] Damit in Zusammenhang steht die These, dass die Menschen früher nicht edler waren als heute – sie hatten es nur leichter. Hiermit wird zugleich die konfuzianische Hochschätzung der Tradition untergraben, denn es ist unsinnig, sich auf ohnehin stark idealisierte frühere politische Zustände zu berufen, wenn die günstigen materiellen Verhältnisse, die ihnen zugrunde lagen, nicht mehr existieren.

---

[7] Verwandte versuchen häufig, einander zu decken; ihre Aussagen sind daher nicht sehr verlässlich – also kann man darauf eventuell verzichten.
[8] Laut Zinn (1995/96), der Han Fei aus wirtschaftswissenschaftlicher Sicht würdigt, entdeckt Han Fei den Grundgedanken des „Bevölkerungsgesetzes" mehr als zwei Jahrtausende vor Thomas Robert Malthus (1766–1834). Aber auch Shang Yang kennt diesen Gedanken bereits (o. S. 204).

§13 Han Fei

Im Altertum mussten die Männer nicht pflügen und die en nicht weben. Wilde Pflanzen und Früchte genügten zur Nahrung, Tierfelle zur Bekleidung. Man konnte leben, ohne sich abzumühen. Es gab nur wenige Menschen und die zum Leben nötigen Dinge im Überfluss, so dass kein Grund für Streitigkeiten bestand. Deshalb brauchte man auch weder besondere Belohnungen noch empfindliche Strafen – die Leute hielten von selber Ordnung.

Heutzutage aber sind Familien mit fünf Söhnen keine Seltenheit, und diese fünf Söhne haben ihrerseits jeder wieder fünf Söhne, so dass ein Großvater 25 Enkelsöhne erleben kann. Das führt zum Anwachsen der Bevölkerung und zur Verknappung der lebensnotwendigen Güter. Man muss hart arbeiten und erzielt doch nur einen mageren Ertrag. Das ist der Grund für die Streitigkeiten der Leute; weder eine Verdoppelung der Belohnungen noch eine Vervielfachung der Strafen vermögen diese chaotische Entwicklung zu verhindern.

Seinerzeit, als Yao regierte, lebte er in einer Hütte aus grobem Holz mit primitivem Strohdach, aß wilde Hirse und Bohnensuppe, trug im Winter eine Hirschhaut und im Sommer Kleider aus Pflanzenfasern. Auch der letzte Türsteher hat keine miserableren Lebensbedingungen zu ertragen. Als dann Yu regierte, musste er persönlich mit Grabstock und Spaten arbeiten, um das Volk anzuleiten, bis er sich die Haare an den Beinen abgewetzt hatte. Ein Sträfling im Gefängnis lebt nicht erbärmlicher.

Man kann deshalb sagen, dass im Altertum das Abtreten der Herrschaft bloß das Aufgeben der Lebensbedingungen eines Türstehers bzw. eine Flucht vor dem Elend eines Gefängnisses war. Es brauchte also nicht viel, dass man die Herrschaft an einen anderen weitergab. [...]

Wenn man sich im Altertum aus materiellen Gütern wenig machte, so keineswegs aus Humanität, sondern weil genug Güter vorhanden waren. Wenn man heute soviel streitet, so keineswegs aus niederer Gesinnung, sondern wegen der Verknappung der Güter. Wenn man früher die Herrscherwürde leichthin an einen anderen abtrat, so nicht aus hoher Gesinnung, sondern weil mit der Herrscherwürde kaum viel Macht verbunden war. Wenn man heute um einem Posten streitet, so nicht aus niederer Gesinnung, sondern weil mit ihm großer Einfluss verbunden ist.

Der Weise stellt darum die quantitativen Verhältnisse in Rechnung und regiert unter Berücksichtigung von Überfluss bzw. Mangel an Gütern. Das Ausmaß der Strafen hat nichts mit seiner Güte oder Bösartigkeit zu tun, sondern bemisst sich an der jeweiligen Gewohnheit (den gegebenen Umständen). So ändern sich die Probleme mit den Zeiten, und die Vorkehrungen müssen den Problemen entsprechen. (Kap. 49, S. 276)

Dass die alten, von den Konfuzianern propagierten politischen Methoden nicht mehr brauchbar sind und dass überhaupt jede Methode den Verhältnissen, auf die sie angewandt werden soll, angemessen sein muss, wird durch humorvolle Bilder illustriert, deren berühmtestes unter dem Namen „einen Baumstumpf bewachen, um einen Hasen zu fangen" auch heute noch in China geläufig ist:

Ein Bauer in Song bestellte das Feld. Auf dem Feld stand ein Baumstumpf. Da prallte Hase gegen ihn, brach sich das Genick und starb. Der Bauer warf daraufhin seinen Grabstock weg und bewachte den Baumstumpf, denn er hoffte, nochmals einen Hasen zu erwischen. Aber er bekam keinen Hasen mehr und wurde von den Leuten von Song ausgelacht. Wer die Menschen von heute mit der Politik der früheren Könige regieren will, ist ein solcher Baumstumpfbewacher! (Kap. 49, S. 276)

Die Moral der Geschichte ist klar: Eine Methode, die (vielleicht sogar nur durch Zufall) einmal erfolgreich war, ist deswegen noch lange nicht für alle Probleme und Zeiten angemessen. Wer heute unbesehen mit den Methoden von vorgestern regieren will, gleicht dem dummen Bauern, der auf den Hasen wartet. Es ist das jeweils Mögliche (*ke*) und Nötige zu tun, das an der Zeit ist. Han Fei fordert die radikale Abkehr von der Tradition.

Neben dem *Hasen*beispiel lässt sich Han Fei auch noch ein gleichfalls sprichwörtlich gewordenes *Hosen*beispiel einfallen, um das Kleben am Alten lächerlich zu machen:

Ein Mann aus einem Kreis in Zheng namens Meister Bu ließ sich von seiner Frau eine Hose schneidern. Als die Frau fragte, wie denn die neue Hose aussehen solle, sagte er: „Wie die alte." Daraufhin zerriss sie die neue Hose, bis sie aussah wie die alte. (Kap. 32)

Ein anderes Argument neben dem Zeitenwandel zugunsten der neuen, legalistischen Politik sieht Han Fei in den Streitereien zwischen den verschiedenen philosophischen Schulen, die alle gleichzeitig behaupten, die wahren Nachfolger des Altertums, die einzig richtigen Schüler von Yao und Shun zu sein. Nachdem Yao und Shun seit über dreitausend Jahren tot seien, könne man sie aber nicht mehr fragen. Die Wertvorstellungen der verschiedenen Schulen bzw. Sekten widersprächen einander oft, zugleich aber versuchten die Politiker, die gesamte Tradition hochzuhalten. Das Resultat sei eine in sich inkonsistente Staatsführung. Nach traditionellen Vorstellungen sei es z.B. lobenswert, in Gefahren niemals zurückzuweichen; andererseits gelte auch Friedfertigkeit und das Ertragen von Ungerechtigkeit oder Gewalt als hohe Tugend. Es sei aber absurd, wenn ein Staat gleichzeitig Friedfertigkeit und militärische Tapferkeit hochhalten wolle. (Kap. 50)

Dass man nicht gleichzeitig Yao und Shun verehren dürfe, wie die Moral der folgenden Geschichte lautet, soll auf die innere Widersprüchlichkeit des Traditionalismus hinweisen, der alles preist, wenn es nur alt ist. Einstmals, so heißt es, hätten die Bauern der Li-Berge ihre Feldgrenzen dauernd verletzt. Da ging Shun zu ihnen und pflügte mit ihnen. Nach einem Jahr waren alle Feldgrenzen in Ordnung. Die Töpfer bei den Ost-Barbaren wiederum verstanden ihr Handwerk ziemlich schlecht. Also ging Shun hin und töpferte mit ihnen. Nach einem Jahr konnten sie erstklassige Ware erzeugen. Ein Kommentator schrieb voll Bewunderung, weder Pflügen noch Töpfern hätten zu den offiziellen Pflichten von Shun gehört, und doch habe er beides unternommen, um den Leuten zu helfen. Wie groß sei doch der moralische Einfluss eines Weisen! Nun fragte aber jemand, wo denn damals Yao gewesen sei? „Yao war damals der Himmelssohn", wurde geantwortet. Wenn das so sei, kommentiert nun Han Fei, warum gelte dann auch Yao als Vorbild? Der Himmelssohn, der alles wissen musste, saß auf seinem Thron, und man erwartete, er würde Bauern und Töpfern die Ordnung bringen. Aber warum hätte Shun dann seinen moralischen Einfluss ausüben müssen? Wenn Shun die Fehler der Menschen ausbessern musste, war wohl selbst Yao fehlerhaft. Kurz: Man kann nicht Yao und Shun, d.h. die gesamte Tradition ohne Unterschiede, gleichzeitig verehren. (Kap. 36)

Han Fei illustriert, wie absurd eine politische Ideologie ist, die gedankenlos sämtliche Methoden und Wertvorstellungen der Tradition übernimmt, mit einem berühmt gewordenen Bild:

Ein Mann aus Chu verkaufte Schilde und Lanzen. Er lobte seine Schilde mit den Worten: „Meine Schilde sind derart fest, dass nichts sie durchbohren kann." Außerdem lobte er seine Lanzen: „Meine Lanzen sind so scharf, dass es nichts gibt, das sie nicht durchbohren könnten."

Da sagte jemand zu ihm: „Und wenn man mit deinen Lanzen deine Schilde durchbohrt?" Der Mann war nicht bereit zu antworten.

Undurchdringliche Schilde und unaufhaltbare Lanzen kann es nicht zugleich geben.

Ebenso kann man nicht Yao und Shun zugleich lobpreisen. (36, S. 143)

Das Wortpaar *Lanze-Schild* (*maodun*) bezeichnet im Chinesischen seither schlechthin den logischen Widerspruch. Für den Leser von heute ist die Geschichte höchst aktuell: Sie zeigt überdeutlich die Widersinnigkeit aller „Fortschritte" der Rüstungsindustrie.

Eine weitere Rechtfertigung der staatlichen Herrschaft als Herrschaft durch ein Gewaltmonopol und durch Strafandrohung, nicht über rationale Argumentation mit mündigen Bürgern, lautet, dass das Volk eher aus kindischen Menschen besteht als aus vernünftigen. Kleinen Kindern muss man aus hygienischen Gründen den Kopf scheren; die Kinder aber begreifen das nicht, weshalb sie während des Scherens von der Mutter festgehalten werden müssen.

Ähnlich steht es mit Regierungsmaßnahmen: sie sind notwendig, um z.B. Nahrungsreserven für Hungersjahre anzulegen oder militärisch stark zu sein; aber das Volk denkt nicht so weit. (Kap. 50)

Man sollte einen Staat nicht auf Wunschvorstellungen von Idealmenschen aufbauen. Wären die Menschen ideal, dann bräuchten sie ohnehin keinen Staat. Auch von den Herrschenden erwartet man besser keine außergewöhnlichen Fähigkeiten. Die Basis jeder wirksamen Politik bilden jene Grundtriebe des Menschen, auf die immer Verlass ist: Angst vor Strafe, Gier nach Profit. Als Beispiel dient Han Fei unter anderem der junge Taugenichts, der durch alle Liebe seiner Eltern nicht beeinflussbar ist:

Da gibt es etwa einen jungen Mann von ungutem Charakter. Der ganze Ärger seiner Eltern lässt ihn kalt, dass ihn die Nachbarn ausschelten rührt ihn nicht, die Belehrungen der Erzieher prallen an ihm ab. Von drei Seiten gleichzeitig erfährt er die besten Ratschläge, ohne auch nur mit der Wimper zu zucken[9] und bessert sich nicht.

Erst wenn die Polizei mit dem Amtsschwert in der Hand das öffentliche Recht zur Anwendung bringt und nach dem Tunichtgut fahnden lässt, bekommt er es mit der Angst zu tun, ändert sein Verhalten und benimmt sich anständig. Der Grund, dass die elterliche Liebe nicht ausreicht, jeden Schlingel zu erziehen, sondern dass es der Strenge der von Amts wegen verhängten Strafen bedarf, ist, dass die Leute durch liebevolle Zuwendung überheblich werden, durch staatliche Autorität aber folgsam. (Kap. 49, S. 282)

In dieselbe Richtung geht der Satz, dass Mütter ihre Kinder zwar doppelt so stark lieben wie Väter, dass Väter aber ihre Kinder zehnmal wirksamer zur Ordnung rufen. (Kap. 46, S. 241)

Was nun die Profitgier anbelangt, so gilt sie zwar als unfein. Tatsächlich aber reicht sie bis in die privatesten Bereiche hinein und bestimmt auch noch die elementarsten Gefühle. Das folgende Beispiel, das deutlich an die heutige Praxis des selektiven Schwangerschaftsabbruches oder gar des Aussetzens von Mädchen (was noch heute nicht verschwunden ist!) erinnert, zeigt, wie sich die Gefühle ändern, wenn die materielle Situation (seinerzeit die Verpflichtung, eine Mitgift für die Tochter aufzubringen) sich ändert:

Nehmen wir die Einstellung der Eltern zu den Kindern! Bei der Geburt eines Sohnes gratulieren sie einander, eine Tochter wird dagegen (unter Umständen gleich) umgebracht. Beide kommen aus demselben Mutterleib, und doch ist ein Sohn viel mehr willkommen als eine Tochter. Die Eltern bedenken eben die zukünftigen Vorteile, die ein Sohn bringt, und rechnen

---

[9] Wörtlich: ohne ein Härchen auf seinem Schienbein zu bewegen.

sich einen Profit aus. So ist schon für den Umgang der Eltern mit ihren Kindern eine kalkulierende Gesinnung (*ji* 計) kennzeichnend. Um wieviel mehr gilt das (für die Politik), wo das Wohlwollen der Väter gegenüber den Kindern fehlt.

Unsere Gebildeten, die vom Herrscher verlangen, dass er das Profitstreben der Leute ignoriere und stattdessen von gegenseitiger Liebe ausgehe, stellen an ihn höhere Anforderungen als man an Vater und Mutter stellen kann. (Kap. 46, S. 239)

In der minimalistischen Anthropologie der Legalisten sind ausnahmslos alle menschlichen Beziehungen allein durch egoistisches Kalkül bestimmt.

Die Machtposition

In der (vor allem Shen Dao 慎到 zugeschriebenen) Lehre von der Machtposition (*shi* 勢) hat der Legalismus ein Modell des Staates entworfen, in dem individuelle Begabungen oder Schwächen keine Rolle mehr spielen. Während im konfuzianischen Denken jeder Charakterzug des Herrschers eine politische Wirkung auf den gesamten Staat zeitigt, versuchen die Legalisten, von allen individuellen Zügen des Herrschers als Person zu abstrahieren. Sie wollen darlegen, wie auch unter einem mittelmäßigen Herrscher über ein mittelmäßiges Volk höchste Stärke, Stabilität und Sicherheit des Staates garantiert werden können. Zwar versuchen sie nur eine Lösung im Rahmen der vorgegebenen Regierungsform, d.h. der Monarchie; das Problem selbst aber ist zeitlos und steht auch heute noch zur Diskussion.

Zunächst gibt Han Fei zu bedenken, wie wenig sogar dann zu erreichen ist, wenn ein Herrscher ausnahmsweise besonders scharfsichtig sein sollte. Wieder einmal wird eine Geschichte erzählt. Zichan, der Kanzler des Staates Zheng, hörte bei seiner Ausfahrt eine Frau weinen, ließ anhalten und gab den Befehl, sie zu verhaften. Bei einem Verhör stellte sich heraus, dass die Frau ihren Gatten ermordet hatte. Am nächsten Tag wagte der Kutscher, der die Szene miterlebt hatte und die Intelligenz seines Herrn bewunderte, um eine Erklärung zu bitten.

Zichan sagte: Ihre Stimme war ängstlich. In der Regel aber verhalten sich die Leute so: Wenn jemand, den sie lieben, krank ist, sind sie verstört; wenn jemand, den sie lieben, im Sterben liegt, sind sie verängstigt; nach dem Tode des Geliebten aber sind die Leute traurig. Diese Frau nun klagte um ihren toten Gatten, aber sie war nicht traurig, sondern verängstigt. So merkte ich, dass ein Verbrechen dahintersteckte.

Das *Hanfeizi* fährt nun fort:

> Man kann aber auch sagen: War Zichans Regierungsführung nicht aufwendig? Die Verbrecherin musste ihm erst unter die Augen kommen, damit ihre Tat erkannt werden konnte. Damit würde man in Zheng nur wenige Verbrechen aufdecken! […] Sich nur auf die eigene Klugheit zu verlassen, um Verbrechen aufzudecken, zeugt das nicht von Mangel an Regierungskunst? Es gibt doch so viele Aufgaben und nur wenige Kluge. Die Wenigen können das Viele nicht bewältigen. Klugheit reicht nicht aus, um alle Probleme zu durchschauen. Deshalb soll man handfeste Dinge mit handfesten Methoden in Ordnung halten, […] und andere benutzen, um andere zu durchschauen. […]
> Deshalb sagt ein Sprichwort in Song: „Es wäre hochstaplerisch, wollte der Bogenschütze Yi jeden Vogel, der vorüberfliegt, (selbst) erlegen. Wenn man aber die ganze Welt als Netz benutzt, dann geht kein einziger Vogel verloren."
> Wenn man zum Aufdecken der Verbrechen ein großes Netz hat, dann wird keines unentdeckt bleiben. Und auch Zichan war hochstaplerisch, als er sich nicht auf solche Prinzipien verließ, sondern meinte, sein kluger Kopf sei wie (Yis) Bogen und Pfeil. So heißt es denn auch bei Laozi:[10] „Wer sein Land durch Klugheit regiert, wird zum Räuber des Landes." (Kap. 38, S. 182)

Im Gegensatz zu Konfuzius hält Han Fei die moralischen Qualitäten eines Herrschers hinsichtlich des Regierungserfolges für bedeutungslos. Wenn der Herrscher tüchtige Minister gewählt habe und deren Reden vorsichtig aufnehme und durchschaue, dann sei es für den Staat nicht weiter schlimm, wenn er persönlich sich hauptsächlich mit Jagd, Fischfang und schönen Mädchen vergnüge, oder wenn er Luxus und Gelage liebe. Verstehe der Herrscher anderer seits nicht, wie man mit Ministern umzugehen hat, so nütze es ihm auch nichts, wenn er einfache Kleider trage, bescheidene Mahlzeiten einnehme und sich persönlich abmühe. (Kap. 44)

Wesentlich für die Wirksamkeit eines Herrschers ist also nicht seine Vorbildbildhaftigkeit oder sein Genie, sondern seine Autorität kraft seiner Machtposition (*shi*). Shen Dao hatte diesen Gedanken am Gleichnis vom fliegenden Drachen, der auf die Wolken als Medium angewiesen ist, erläutert. Han Fei zitiert dies eingangs seiner Schrift *Nan shi* 難勢, *Kritische Fragen an der Theorie der Machtposition*, einem der systematischsten Kapitel des *Hanfeizi*. Han Fei warnt vor einer Vereinseitigung dieser Idee. In Form von Einwänden und Gegeneinwänden wird das Ineinanderwirken von Machtstrukturen und individuellen Charaktereigenschaften der Machthaber disku-

---

[10] *Daodejing* Kap. 65.

tiert. Nachdem die Voraussetzung einer uneingeschränkten Staatsmacht im *Hanfeizi* niemals in Frage gestellt wird, muss die Frage nach den Wechselwirkungen zwischen Machtposition und Charakter der Machthaber in einer besonders scharfen Form gestellt werden: Was kann ein Machthaber alles anstellen? Was ist z.B. von einem mediokren Menschen zu erwarten, der durch irgendwelche Umstände an die Macht gekommen ist?

Weil er von zeitlosem Interesses sein dürfte, sei der an das Gleichnis vom fliegenden Drachen anschließende kritische Text hier ausführlich wiedergegeben:

Niemand bestreitet, dass der fliegende Drache für seinen Flug auf die Wolken angewiesen ist, ebenso die Himmelsschlange auf die Nebel. Aber trotzdem: Reicht es zum Regieren, dass jemand Amt und Machtposition innehat, gleichgültig ob er befähigt ist oder nicht? So etwas hat es noch nie gegeben! Der Grund dafür, dass Drache und Himmelsschlange auf Wolken und Nebel zu reiten vermögen, ist ihr besonderes Talent. Regenwürmern und Ameisen fehlt dieses Talent, so dass ihnen auch dichte Wolken und Nebel nichts nützen.

Als ein Jie oder ein Zhòu regierte (Tyrannen), war ihre Autorität für sie wie Wolken und Nebel. Dass die Welt trotzdem dem Chaos nicht entging, lag daran, dass ihre Talente zu gering waren. Ihre Befähigung war eben zu gering. Beide hatten eine Machtposition inne, die von jener eines Yao in nichts verschieden war, und endeten doch im Chaos. [...]

Die Machtposition als solche garantiert nicht, dass nur Befähigte sie erreichen, während Unwürdige sie verfehlen. Wenn ein Befähigter die Macht ausübt, wird gut regiert, wenn ein Unwürdiger sie ausübt, entsteht Chaos. So, wie die Menschen von Natur aus nun einmal sind, gibt es immer wenige Befähigte und massenhaft Unfähige. Deshalb bringt die Ausübung der Machtposition einem Land oft Chaos und nur selten eine gute Regierung.

So kann die Machtposition sowohl zum Nutzen als auch zum Schaden (des Staates) gebraucht werden. Deshalb lautet ein Spruch aus den Urkunden von Zhou: „Man darf dem Tiger keine Flügel geben, sonst fliegt er ins Dorf und frisst die Menschen auf." Einen Unwürdigen in eine Machtposition zu bringen heißt, dem Tiger Flügel geben. [...]

Ein Jie oder Zhòu konnte sich alles erlauben, denn ihre Autorität als Herrscher fungierte wie die Tigerflügel. Als Normalbürger hätte man sie schon nach der ersten ihrer Schandtaten hingerichtet. Die Machtposition weckt die Bestie im Menschen und verleitet ihn zu tyrannischem, grausamem Vorgehen. Dies ist ein großes Übel für die Welt.

Wenn man auch kein einfaches Urteil über den Nutzen oder Schaden abgeben kann, der aus der Machtposition erwächst, so ist es doch höchst oberflächlich, wenn man die These vertritt, dass die Machtposition genüge, um ein Land gut zu regieren. [...]

Eine Antwort auf das Gesagte lautet: [...] Gestalten wie Yao und Shun, bzw. Jie und Zhòu treten nur einmal in tausend Fällen auf, während gewöhnliche Leute haufenweise geboren werden. Die Regierenden aller Zeiten bilden eine ununterbrochene Folge von Mittelmäßigkeit. Der Grund dafür, dass ich über die Machtposition rede, liegt in dieser Mittelmäßigkeit. Durchschnittliche Herrscher erreichen einen Yao und Shun nicht, sinken aber auch nicht zu einem Jie oder Zhòu hinab. Halten sie sich an die Gesetze und befestigen die Machtposition, so werden sie gut regieren. Wenn sie die Gesetze missachten und die Machtposition aufgeben, werden sie Chaos verursachen. Wenn man in letzterem Falle warten wollte, bis ein Yao oder Shun wieder alles in Ordnung bringt, ständen die Chancen eins zu tausend. Umgekehrt aber, d.h. bei Respektierung der Gesetze[11] und der Machtposition, kann man lange warten, bis ein Jie oder Zhòu kommt und alles wieder ruiniert. Die Chancen dafür stehen tausend zu eins – das ist ein gewaltiger Unterschied! (Kap. 40, S. 200)

Die Einsamkeit des Herrschers. Laozi legalistisch gelesen.

Einen lebendigen Eindruck von den politischen Zuständen jener Zeit gibt das „Vorsicht im Inneren" überschriebene Kapitel 17. Han Fei zitiert eine alte Chronik:

Weniger als die Hälfte aller Herrscher starb durch Krankheit. (Kap. 17, S. 146)

Der Herrscher kann niemandem vertrauen. Selbst seine Gattin, die Konkubinen und der Kronprinz trachten ihm nach dem Leben. Immer, wenn andere von seinem Tod profitieren würden, ist er in Gefahr. Mit dieser Situation muss er sich abfinden, sie liegt in der Natur der Sache. Völlig emotionslos führt Han Fei aus, wie der Wagenbauer hoffe, dass es viele reiche Leute gebe, damit er seine Wagen verkaufen könne, und wie der Sargtischler hoffe, dass viele Leute stürben. Nicht, dass der eine die Menschen besonders liebte und der andere die Menschen besonders hasste, es gehe ihnen lediglich um den eigenen Profit. Und wenn der Arzt die eklige Wunde eines Patienten mit dem Mund aussauge, tue er das auch nicht aus Zuneigung, sondern wegen des Profits. Ganz ähnlich aber verhalte es sich, wenn Cliquen, der Thronerbe, Konkubinen oder sonst jemand dem Herrscher nach dem Leben trachteten. Sie hegten eigentlich gegen ihn keine persönlichen Hassgefühle, aber sie hätten von seinem Tod einen Vorteil.

Vor jenen, welche dich hassen, magst du dich vorsehen – das Unglück kommt durch die, welche du liebst, (Kap. 17, S. 147)

---

[11] Für das Verständnis der legalistischen Position muss beachtet werden, dass das „Respektieren der Gesetze" die legalistische Regierungsmethode bezeichnet, nicht das Einhalten tradierter bzw. moralischer Vorschriften.

diese wenig trostreiche Warnung ruft der Philosoph dem Herrscher zu und ergänzt sie durch ein Zitat:

Ein Sprichwort lautet: „Auch der Aussätzige bemitleidet den König." Höflich ist das nicht, aber die Alten hatten keine leeren Sprichwörter, und man muss es ernst nehmen. Es spricht von ermordeten und untergegangenen Herrschern. (Kap. 14, S. 131)

Es sind also, wie Han Fei nicht müde wird zu wiederholen, gerade die engsten Angehörigen und Mitarbeiter, speziell die Minister, die den Herrscher am stärksten gefährden. Auch stellen sie sich gerne zwischen ihn und das Volk und untergraben seine Autorität, so wie sich ein Kessel zwischen das Feuer und das Wasser schiebt und die löschende Wirkung des Wassers auf das Feuer zunichte macht. Die Geschichte liefert allzu viele Illustrationen für das Kapitel 17 des Buches *Hanfeizi*, in dem ein nüchterner Mann seine Beobachtungen ohne jede Spur von Lob, Hass oder Bedauern niederschreibt. Er glaubt nicht an Liebe, Selbstlosigkeit oder gar Vaterlandsliebe, wohl aber an Eigenliebe.

Obwohl sicherlich jeder Regierungschef etwas von der Einsamkeit des Herrschers zu spüren bekommt, wird diese nur in der Monarchie bzw. in Diktaturen in vollem Ausmaß deutlich. Die Legalisten mussten für den Mann an der Spitze einen speziellen Verhaltenskodex entwerfen, wenn sie von ihm nicht überdurchschnittliche Fähigkeiten verlangen wollten. Durch dreierlei sollte die Stabilität der Regierung gesichert werden, auch wenn der Herrscher nur ein Durchschnittsmensch ist: neben dem Machtmonopol des Herrschers (*shi* 勢) durch das unmissverständliche Recht (*fa* 法) und ein System raffinierter Methoden bei der Machtausübung (*shu* 術), von dem noch zu reden sein wird.

In einem weiteren Gedankenschritt bringt Han Fei das Verhalten seines Idealherrschers auf einen neuen Punkt, indem er den Sprüchen des *Laozi* bzw. *Daodejing* – er ist der erste Kommentator der Textes – eine legalistische Deutung gibt, in der sogar der Begriff des Nicht-Handelns (*wuwei*) seinen Platz findet. Der absolute Herrscher des legalistischen Staates wird mit dem weisen Herrscher des *Laozi* gleichgesetzt, der durch *wuwei* regiert. Der Herrscher soll sich nämlich nicht in die Ausführung der Gesetze einmischen und überhaupt das ganze Tagesgeschäft anderen überlassen. Dies ist Sache der Minister; diese müssen sich abmühen, der Herrscher aber erntet durch sein Nicht-Handeln die Früchte.

Im Umgang mit seinen Mitarbeitern, Beratern und Ministern soll der Herrscher niemals seine eigenen Ansichten zu erkennen geben, sondern still dasitzen und seine Untergebenen einzeln ihre Ansichten vortragen lassen. Er selber kann dabei geradezu einfältig und beschränkt wirken, denn auf diese Weise merkt er, was die anderen wirklich denken (Kap. 8). Würde er seine Wünsche zu erkennen geben, dann würde sich seine Umgebung verstellen und ihm nach dem Munde reden. So wird der Herrscher, obwohl selbst kein Weiser, zum Herren über die Weisen. Der Herrscher kann sich dann zurückziehen und geradezu mit einer mystischen Aura umgeben. Es ist gerade die Kunst, sich auf das absolut Unerlässliche zu beschränken und seine Kräfte nicht überflüssig zu verzetteln, die den erfolgreichen Herrscher auszeichnet. Von den vielen Illustrationen dieser Einsicht seien hier nur zwei angeführt, die unmittelbar aufeinander folgen:

Wer einen Baum schüttelt, indem er an einem Blatt nach dem anderen zieht, plagt sich und wird doch nicht fertig. Man umfasst vielmehr den Stamm mit beiden Händen, denn damit kann man alle Blätter auf einmal schütteln. [...] Deshalb regiert der weise Herrscher die hohen Beamten und nicht (direkt) das Volk.
Wenn der Feuerwehrhauptmann bei einem Brand persönlich mit einem Wassereimer zum Feuer rennt, nützt er gerade soviel wie ein einzelner Mann. Nimmt er aber die Peitsche, dirigiert die Mannschaft und treibt sie an, so kann er zehntausend Leute einsetzen. Deswegen kümmert sich ein weiser Mann nicht um die Einzelheiten des Volkes. Ein Herrscher, der klar sieht, gibt sich nicht mit Kleinigkeiten ab. (Kap. 35, S. 132)

Bei allem, was er tut, muss sich der Herrscher aber auf sichere Methoden verlassen; er muss Menschen durch Menschen regieren und darf nicht auf Heilige oder Idealfiguren hoffen. Er darf sich auch nicht auf seine persönliche Weisheit und sein persönliches Eingreifen verlassen, sondern er hat Maßnahmen anzuordnen, die im ganzen Reich wirksam sind und nicht bloß in seiner unmittelbaren Umgebung (Kap. 38).

Statt mit Weisheit regiert der legalistisch-daoistische Idealherrscher mit Strafen. Han Fei spricht es offen aus:[12]

---

[12] Kommentatoren haben verschiedentlich versucht, den Text an dieser Stelle abzuändern und die provokanten, scheinbar paradoxen Formulierungen zu entschärfen – was allerdings heißt, die legalistische Pointe genau misszuverstehen. Auch Shang Yang (*Shangjunshu* Kap. 4) vertritt eine solche Position.

Ordnung und Stärke entstehen durch das Gesetz, Unordnung und Schwäche durch dessen Beugung. Wenn ein Fürst sich darüber im Klaren ist, dann wird er Belohnungen und Strafen richtig anwenden, ohne dass er menschlich zu seinen Untertanen sein müsste. Wenn Rang und Einkommen den tatsächlichen Verdiensten entsprechen und Strafen den Verbrechen, dann werden Untertanen, die das begreifen, ihre Kräfte bis zur Aufgabe ihres Lebens einsetzen, ohne zum Fürsten loyal sein zu müssen. Wenn (solcherart) der Fürst sich darauf versteht, nicht menschlich, und die Untergebenen sich darauf verstehen, nicht loyal zu sein, dann kann man die Weltherrschaft erlangen. (Kap. 35, S. 117)

Han Fei entgegenkommend könnte man vermuten, dass hier mit Menschlichkeit und Loyalität verzichtbare leere Gesten gemeint sind, mit denen der Herrscher sich zum Volk und das Volks sich zum Herrscher bekennt – Rituale ohne Effizienz und Substanz. Doch besagt die Stelle noch mehr: Jede persönliche Regung jenseits des Egoismus, auch jedes moralische Gefühl, wäre Sand im rein mechanisch konzipierten legalistischen Räderwerk. Der hier in theoretischer Radikalisierung bewusst auf eine provokante Spitze getriebene Amoralismus ist ein systemischer.

Das Zurückweisen von Humanität und Loyalität entspricht einer daoistischen Formel, biegt aber deren Sinn ins legalistische Denksystem um. Auch das Absehen von Gefühlen der Liebe und des Hasses, das Han Fei dem Herrscher empfiehlt, hat seine Entsprechung im Daoismus. Während aber im Daoismus die Gefühlskälte des Weisen eher seiner persönlichen Ataraxie dient, gehört sie für den legalistischen Herrscher zur Kunst der Menschenführung, d.h. zur Technik des Umganges mit Ministern und hohen Beamten. Die Grenze ist allerdings auch im *Laozi* schon überschritten, liebäugelt der Text doch mit manipulativen Methoden der Menschenführung (s. o. S. 130). Es geht im Daoismus nicht immer nur um Seelenruhe.

Vom Dao zur Kunst des Regierens

Die schwere Kunst der Menschenführung erfordert vom Herrscher keine Genialität, aber doch spezifische Fähigkeiten. Han Fei versucht, sie auf eine Reihe von klar beschreibbaren Techniken zurückzuführen, womit sie aus der Sphäre legendärer Könige der Vorzeit in den Bereich gewöhnlicher Durchschnittspolitiker transferiert werden. Zugleich aber versucht Han Fei, die Künste bzw. Techniken des richtigen Regierens direkt aus der Dao-Lehre zu deduzieren. Sowohl in Kap. 5 (*Das Dao des Herrschers*) als auch in Kap. 8 (*Machtentfaltung*) findet sich ein nahtloser Übergang von Sätzen der Dao-

Lehre über eine Charakterisierung der Rolle des Herrschers bis zu konkreten Empfehlungen für die Ausübung der Herrschaft über die Minister.

Das Dao des klarsichtigen Herrschers besteht in folgendem: Er veranlasst die Wissenden, ihre Geisteskräfte voll auszuschöpfen, um am Ende doch persönlich zu entscheiden; deshalb wird er mit seinem Wissen nie am Ende sein. Die Tüchtigen bringt er dazu, dass sie alle ihre Fähigkeiten einsetzen; aber er ist es, der sie entsprechend anstellt, und so erschöpfen sich seine Kräfte nie.

Erfolge gehen auf Konto des Herrschers, an den Misserfolgen sind die von ihm eingesetzten Minister schuld; sein Ruf erleidet also nie einen Schaden. Dies ist der Grund, weshalb ein selbst nicht Tüchtiger zum Herren über die Tüchtigen werden kann und ein selbst nicht Wissender die Wissenden regieren. Wenn sich die Minister abplagen, während der Herrscher die Erfolge einstreicht, so nennt man das den Kanon des tüchtigen Herrschers.

Das Dao liegt im Nicht-Sichtbaren, seine Funktion liegt im Nicht-Erkennbaren. Still, leer und tatenlos; aus der Dunkelheit (anderer) Fehler feststellen; sehen, ohne gesehen zu werden; hören, ohne gehört zu werden; erkennen, ohne erkannt zu werden. (Kap. 5, S. 32)

Die Verquickung von Herrscher-Kunst mit der Dao-Lehre wird in den letzten Zeilen dieser Stelle besonders deutlich; denn hier ist nicht mehr eindeutig feststellbar, ob vom Herrscher oder vom Dao die Rede sein soll. Ähnlich stellt auch Kap. 8 eine enge Parallele zwischen dem Dao und der Rolle des Herrschers her, um sich dann den politischen Konkretisierungen zuzuwenden. Bezüglich des Umgangs des Herrschers mit seinen Ministern, d.h. mit den für ihn wichtigsten, nützlichsten und zugleich gefährlichsten Menschen, heißt es:

Das Dao steht nicht auf derselben Stufe wie die Dinge [...], und der Herrscher nicht wie die Untertanen. Das Dao ändert sich nicht, deshalb heißt es „das Eine". Aus diesem Grund schätzt der hellsichtige Herrscher die Einzigkeit des Dao.[13]

Immer noch in daoistischer Manier, doch bereits sehr konkret, heißt es etwas später:

Die richtige Methode, anderen zuzuhören ist wie folgt: ich gebe mir geradezu die Miene eines Betrunkenen, presse die Lippen aufeinander, um ja

---

[13] Der Text ist an dieser Stelle schwierig zu entschlüsseln. *Du* 獨 bedeutet *allein, Alleinigkeit*. Die Einzigartigkeit des Dao dürfte in Parallele zum Machtmonopol des Herrschers stehen. So wie es nur ein Dao gibt, soll es nur einen Herrscher geben.

nicht zu sprechen zu beginnen; völlig verwirrt bringe ich den Mund nicht auf. So erhalte ich meine Informationen. Richtiges und Falsches kommen zusammen, ohne dass der Herrscher etwas dazutun müsste. Nach dem Wesen des Dao verharrt er leer und still beim Nicht-Tun. (Kap. 8, S. 55)

Immer deutlicher werden die konkreten Ratschläge an den Herrscher, die in daoistische Schilderungen vom isolierten, durch Nicht-Handeln wirkenden Herrscher eingebettet sind: er soll Aufgaben delegieren und die Kompetenzen klar festlegen, so dass niemand zwei verschiedene Ämter zugleich innehat, er muss Cliquenbildungen im Keim ersticken, darf niemandem soviel Macht zubilligen, dass er gefährlich werden kann, und er darf niemals sein ganzes Vertrauen nur auf eine einzige Person konzentrieren. Die Position des Herrschers ist immer gefährdet.

Der Gelbe Kaiser pflegte zu sagen: „Obrigkeit und Untertanen fechten täglich hundert Kämpfe miteinander aus." Die Untertanen verheimlichen ihre Privatinteressen und versuchen, die Obrigkeit auszunützen. Die Obrigkeit aber gebraucht Normen und Standards, mit denen sie die Untertanen in Schranken hält. Festliegende Normen und Standards sind der größte Schatz eines Herrschers. Der Schatz eines Ministers aber besteht in der Cliquenbildung, und wenn Minister ihren Fürsten nicht umbringen, dann bloß, weil ihre Cliquen nicht voll funktionieren. Wo die Obrigkeit einen Zoll Boden verliert, gewinnen die Untertanen gleich einen Klafter. (Kap. 8, S. 90)

Das Kapitel über die Entfaltung der Macht endet mit einer Maxime, deren extreme Befolgung man in den Endphasen paranoid gewordener Diktatoren konstatieren kann. In gemäßigter Deutung ergibt sich jedoch ein Prinzip, das von vielen Verfassungen eingehalten wird, nämlich die Träger der Macht nach einer gewissen Zeit automatisch von ihren Ämtern wieder zu entfernen:

Wer herrschen will, muss von Zeit zu Zeit seine Bäume stutzen, damit sich die Zweige nicht zu sehr ausbreiten. Andernfalls blockieren sie den Zugang zu den öffentlichen Gebäuden. Wenn die Privathäuser geschäftig sind, während der Herrscherhof leer ist, dann ist der Herrscher umzingelt. Häufiges Stutzen verhindert, dass die Zweige zu Hindernissen werden und den Platz des Herrschers einengen. Häufiges Stutzen verhindert, dass die Zweige mächtiger werden als der Stamm und der Baum den Frühlingsstürmen nicht standhält. (Kap. 8, S. 61)

Interessant ist Han Feis Meinung, ein Herrscher dürfe weder das Belohnen noch das Bestrafen anderen überlassen, z.B. den Ministern. Belohnen und Strafen sind die ureigensten Mittel des Herrschers, durch die er den Staat zusammenhält und auf denen seine

Autorität ruht; deshalb darf er sie nie aus der Hand geben. Wie das in einem großen Staat mit zahlreicher Bevölkerung konkret geschehen soll, bleibt allerdings unklar. Jedenfalls meint der Legalist, dass das Volk nur denjenigen respektiert, der tatsächlich die Sanktionen der Gesetze bzw. Übertretungen kontrolliert (Kap. 7 und 35). Wenn es im *Daodejing* (Kap. 36) heißt,

> Der Fisch muss in der Tiefe bleiben,
> das wirksamste Gerät des Landes darf man den Menschen nicht zeigen,

so deutet Han Fei dies legalistisch: Lohn und Strafe sind die Mittel des Herrschers; wenn er sie den Ministern überlässt, so werden sie damit Missbrauch treiben und seine Position untergraben. Es geht aber auch darum, dass der Herrscher sein Handeln undurchschaubar macht. (Kap. 21)

Bei aller daoistischer Verbrämung merkt man, dass die Kunst des Regierens nicht aus völligem Nicht-Tun besteht, sondern in einem Fundus an möglichst geheim gehaltenen Methoden der Menschenführung und Kontrolle. Diese Kunst ist vorwiegend gegen die ranghöchsten Mitarbeiter des Herrschers gerichtet, die ebenso unentbehrlich wie gefährlich sind. Von ihnen heißt es sogar einmal, dass sie ähnlich wie Ratten schwer auszuräuchern seien. (Kap. 34) Dementsprechend enthält das *Hanfeizi* lange Listen von möglichen Schurkereien seitens der Minister (Kap. 9, *Acht Schurkenstreiche*; ähnlich Kap. 14, *Trügerische, gewalttätige, mörderische Minister*), oder von Fehlern, die ein Herrscher machen kann (Kap. 10, *Zehn Fehler*). Obwohl das legalistische Staatssystem der Ideologie nach nicht auf einen Yao oder Shun angewiesen ist, müsste ein Herrscher doch eine ziemlich außergewöhnliche Persönlichkeit sein, um alle von Han Fei empfohlenen Kunstgriffe und Tricks zu beherrschen. So oder so gehört zur Menschenführung- und Kontrolle eine gehörige Portion Menschenkenntnis; und diesbezüglich ist dem *Hanfeizi* sicher eine Menge an Einsichten in das wirkliche menschliche Verhalten zu entnehmen.

Menschenkenntnis

Han Fei lehrt also, die Menschen ohne Illusionen zu beurteilen. Ob man dies Pessimismus, Zynismus oder Realismus nennen sollte, mag wie bei Shang Yang dahingestellt bleiben. Natürlich sind die Taten der Menschen das Entscheidende, aber um einen Menschen richtig einzuschätzen, muss man auch die Motivation seiner Handlungen kennen. Anschaulich formuliert klingt das wie folgt:

Wenn ein Verrückter nach Osten davonrennt und ein Verfolger hinter ihm her, so laufen sie beide nach Osten, aber aus unterschiedlichen Gründen. Deshalb sagt man: „Auch wenn Leute dasselbe tun, muss man (jeden Fall einzeln) prüfen." (Kap. 22, S. 243)

Ganz wie sein Lehrer Xunzi glaubt Han Fei nicht an eine ursprüngliche Güte des Menschen; es ist realistischer, mit seiner Bosheit und Perfidie zu rechnen. Während Xunzi dies aber auf die spontanen Neigungen des Menschen beschränkte und als rationalistischer Moralist die Möglichkeit von Erziehung und auch Selbstkultivierung nicht in Zweifel zog, gibt sich Han Fei keinen Illusionen hin. Er versucht, die für den Politiker nötigen Kenntnisse über den Umgang mit wirklichen Menschen zu entwickeln, statt mit Idealvorstellungen zu operieren. Er tut dies in einer Fülle von Einzeldarstellungen, die teils die Form genereller psychologischer Thesen haben, zum größeren Teil aber als anschauliche Geschichten aus dem politischen oder privaten Bereich vorgetragen werden. Hier zunächst ein Beispiel einer allgemeinen psychologischen Einsicht (oder zumindest Behauptung):

Um sich eine Vertrauensposition zu ergaunern, schmeicheln sich intrigante Minister in aller Regel beim Fürsten ein. Sie geben sich begeistert von dem, was der Fürst schätzt und entrüstet von dem, was er verachtet. So, wie der Mensch ist, akzeptiert er andere Menschen dann und nur dann, wenn sie mit ihm gleicher Meinung sind. Indem die Minister dem Fürsten nach dem Munde reden, werden sie mit ihm das, was man „ein Herz und eine Seele" nennt. Nun wäre es aber etwas ganz Unerhörtes, wenn Leute, die ein Herz und eine Seele sind, einander Schwierigkeiten bereiteten. Darauf beruht die Methode (*dao*), nach der sich die Minister das Vertrauen erwerben. (Kap. 14, S. 116)

Dass dies nicht bloß eine zynische Beschreibung ist, sondern zugleich eine Warnung und Empfehlung an den Herrscher, immer misstrauisch zu bleiben, ist klar. Aber wenn die Grundabsicht aller Darstellungen menschlicher Eigenarten und Schwächen auch stets die politische Nutzanwendung bleibt, so tritt diese manchmal doch in den Hintergrund, so dass einfach psychologische Berichte bzw. Geschichten übrigbleiben, die von individuellem Verhalten oder Missgeschick erzählen. Das *Hanfeizi* ist voll von Darstellungen menschlicher Heimtücke. In vielen Fällen enden die Episoden mit einer Katastrophe für den weniger bösen Menschen, während das Gute selten siegt, und auch das nur, um die Wirksamkeit eines

Tricks aus dem Fundus der Herrscherkünste zu demonstrieren. Im Folgenden seien einige Kostproben gegeben.

Der König von Wei schenkte dem König von Jing ein schönes Mädchen, das ihm sehr gefiel. Als seine Frau Zheng Xiu merkte, wie verliebt und entzückt der König war, tat sie womöglich noch entzückter und verliebter als er. Sie gab dem Mädchen an Schmuck und Gewändern, was immer jenes wünschte. Der König sagte: „Du hast bemerkt, wie sehr ich die Neue liebe. Dass du von ihr fast noch mehr entzückt bist als ich, ist die Art, wie sich ein gutes Kind zu seinen Eltern und ein treuer Minister zu seinem Fürsten benehmen sollte!"

Sobald die Frau wusste, dass der König sie nicht für eifersüchtig hielt, sagte sie zu der Neuen: „Der König ist von dir entzückt, nur gefällt ihm deine Nase nicht. Verdecke deine Nase, wenn du bei ihm bist, dann wird dir der König lange seine Gunst schenken". Da nun die Neue jedes Mal, wenn sie beim König war, die Nase verdeckte, sagte der König zu seiner Frau: „Warum verdeckt sie immer die Nase vor mir?" – „Ich weiß nicht!" Aber der König drang in sie, und so sagte sie: „Kürzlich hörte ich, dass sie den Geruch des Königs nicht mag." Da wurde der König wütend und befahl, der Schönen die Nase abschneiden. (Kap. 31, S.13)

Zur Zeit des Marquis Zhaoxi ereignete sich folgendes: Der Chefkoch trug das Essen auf, aber in der Suppe schwammen Leberstücke, die noch ganz roh waren. Daraufhin ließ der Herzog den zweiten Koch kommen, erteilte ihm eine Rüge und sagte: „Warum hast du mir rohe Leber in die Suppe getan?" Der zweite Koch verneigte sich bis zum Boden, gestand sein todeswürdiges Verbrechen und gab zu: „Ich wollte insgeheim der Nachfolger des Chefkochs werden." (Kap. 31, S. 16)

Es gibt mehrere Variationen zu diesem Thema, deren Fazit immer dasselbe ist: Suche bei einer Übeltat nach dem der letzten Endes davon profitieren könnte und fixiere dich nicht auf die Person, auf die der erste Verdacht fällt. Wenn man vorschnell auf jede Verdächtigung reagiert, kann man in gefährliche Fallen tappen:

Herzog Huan von Zheng wollte das Gebiet von Kuai überfallen. Als erstes erkundigte er sich nach allen hervorragenden Männern, Ministern, Gebildeten und tapferen Offizieren von Kuai. Dann ließ er ihre Namen aufzeichnen und fügte zu jedem ein Stück Land oder einen Posten in Kuai hinzu, mit dem der Betreffende bestochen werden sollte. Schließlich errichtete er außerhalb der Stadt einen Altar, ließ dort das Dokument vergraben und die Opfergefäße mit Blut bestreichen, so als sei ein Pakt geschlossen worden. Der Fürst von Kuai (der von dem Dokument erfuhr) vermutete den Ausbruch innerer Wirren und ließ die gesamte Elite seines Landes umbringen. Der Herzog von Zheng aber überfiel das Gebiet von Kuai und nahm es im Handstreich. (Kap. 31, S. 24)

Und genüsslich trägt Han Fei vor, mit welcher strategischen Raffinesse noch der Misstrauischste getäuscht werden kann:

Herzog Wu von Zheng wollte Hu angreifen. Deshalb verheiratete er zunächst seine Tochter mit dem Fürsten von Hu, um diesen für sich einzunehmen. Sodann fragte er seine Untergebenen: „Mir steht der Sinn nach Krieg. Wen kann ich angreifen?"

Der Großwürdenträger Guan Qisi sagte: „Hu kann angriffen werden."

Da geriet der Herzog in Zorn und ließ den Großwürdenträger mit den Worten, „Hu ist ein Bruderstaat! Wie könnt Ihr sagen, dass wir es angreifen sollen!" hinrichten.

Als der Fürst von Hu davon hörte, glaubte er Zheng sich verwandtschaftlich verbunden und traf in der Folge keine Vorkehrungen gegen einen Krieg. Zheng eroberte Hu in einem Überraschungsangriff. (Kap. 38)

Es gehört zum besonderen Reiz des *Hanfeizi*, dass auch die Künste des Betrügens bzw. Entlarvens manchmal ironisiert werden. Überkluge Menschen, die sich für ganz besonders raffiniert halten, erreichen seltsame Resultate und werden doch nicht klüger:

Ein Mann aus Wei, der seine Tochter verheiratete, sagte ihr: „Lege unbedingt persönliche Ersparnisse an; viele Männer lassen sich wieder scheiden, und die Frauen können von Glück reden, wenn sie nachher noch eine Existenz gründen können!" Seine Tochter begann also für sich zu sparen, bis ihre Schwiegermutter sie für zu selbstsüchtig hielt und die Scheidung bewirkte. Bei der Rückkehr ins Elternhaus besaß die Tochter doppelt so viel wie ihre ursprüngliche Mitgift. Dem Vater kam nie ein Zweifel, ob er die Tochter nicht schlecht beraten habe, und er war stolz darauf, wie er sein Vermögen vergrößern konnte.

Heutzutage benehmen sich die Leute, wenn sie mit einem hohen öffentlichen Amt betraut werden, ganz genauso. (Kap. 22, S. 242)

Wir schließen die Reihe dieser Geschichten ab mit einer Erzählung, in der zuletzt nur noch die Lust des Erzählers an der Entlarvung menschlicher Dummheit und die intellektuelle Freude an logischen Paradoxien zum Ausdruck kommen:

Jemand ließ dem König von Jing das Elixier der Unsterblichkeit überreichen. Der Empfangsbeamte nahm es entgegen und ging damit hinein, als der Wachoffizier ihn fragte, ob man es essen könne. Auf die Antwort „Ja" packte er es und schluckte es hinunter. Voller Wut befahl der König seinen Leuten, den Offizier zu töten. Aber der Offizier überredete den König:

„Die Schuld trifft nicht mich, sondern den Empfangsbeamten, der gesagt hat, man könne das Elixier essen.[14] Außerdem steht die Sache so: ein Besucher hat Unsterblichkeitselixier offeriert, von dem ich gegessen habe; wenn ich jetzt getötet werde, handelte es sich eher um einen Todeselixier, was bedeutet, dass jener Besucher den König betrogen hat. Statt mich

---

[14] Hier wird offenbar mit der Doppelbedeutung des Wortes *ke* (可) gespielt, das „man kann", aber auch „man darf" (es essen) bedeuten kann.

Unschuldigen umzubringen und damit zuzugeben, dass jemand den König betrogen hat, wäre es doch besser, mich freizulassen."
Der König ließ ihn daraufhin nicht töten. (Kap. 22, S. 235)

Gegen Schönredner, Intellektuelle, Zauberer und Unbeeinflussbare

Mit beißender Ironie wendet sich Han Fei, selbst ein hochgebildeter Intellektueller, gegen die zahlreichen Gelehrten, die mit hochtrabenden Phrasen politisches Besserwissertum verbreiten und Unruhe stiften. Ein kluger Herrscher darf nicht auf die Eleganz der Darstellung achten, sondern nur auf den Inhalt der ihm unterbreiteten Vorschläge. Redegewaltigen Intellektuellen ist grundsätzlich zu misstrauen. In verschiedenen Gleichnissen wird das Problem, Inhalt und Form in die richtige Relation zu bringen, veranschaulicht. So etwa berichtet eine Geschichte von einem Mann, der Perlen verkaufen wollte. Er schnitzte ein Kästchen aus Edelholz, das er mit Jade und anderen kostbaren Steinen verzierte, mit Weihrauch wohlriechend machte und mit Eisvogelfedern auslegte. Dahinein legte er seine Perlen. Die Leute wollten nun alle das Kästchen kaufen und nicht die Perlen. Der Mann war eben in der Herstellung von Kästchen viel geschickter als im Verkauf von Perlen. (Kap. 32, S. 33) Im selben Kapitel steht auch die Geschichte von einem hölzernen Milan, die als Warnung davor zu verstehen ist, auf spektakuläre Effekte hereinzufallen und zurechtgemachtes Blendwerk zu überschätzen, das Alltäglich-Nützliche aber als banal zu verachten:

Mozi baute drei Jahre an einem hölzernen Milan. Er flog einen Tag, dann zerbrach der Milan. Seine Schüler sprachen: „Die Fähigkeiten des Meisters reichen so weit, dass einen hölzernen Milan zum Fliegen bringen kann!"
Mozi sagte: „Ich bin nicht mit dem Wagner zu vergleichen, der die Zugstangen der Wagen herstellt. Er nimmt ein Stück Holz, arbeitet kaum einen Morgen daran und es entsteht ein starkes, festes Joch, mit dem man schwere Lasten über große Strecken fahren kann und das viele Jahre lang hält!" (Kap. 32, S. 34)

Die damals bereits zahlreichen Scholaren, die wandernden und oft brotlosen Gelehrten, werden von dem Gelehrten Han Fei zutiefst verachtet. Sie brächten, so meinte er, dem Land keinerlei Nutzen, würden aber mit ihren dauernden Diskussionen die Staatsautorität gefährden (Kap. 49). Er schlägt vor, die gesamte schriftliche Überlieferung, auf der diese Gelehrten aufbauen, die alten Riten, etc. abzuschaffen und nur noch die gegenwärtig gültigen Gesetze zu lehren – was mit der berüchtigten Bücherverbrennung des Jahres 213 v.d.Z. tatsächlich so kam (s. u. §18). Schließlich sei ja auch bekannt, wie oft die diversen Gelehrtenschulen einander widersprächen, was einmal mehr ihre Unbrauchbarkeit beweise.

Heutzutage sagen Schamanen, wenn sie für einen Menschen beten: „Mögest du tausend Herbste und zehntausend Jahre erleben!" Die Litanei von den „tausend Herbsten und zehntausend Jahren" lärmt einem im Ohr, aber niemand hat deshalb nachweislich auch nur einen einzigen Tag länger gelebt. Deshalb verachtet man derartige Zaubersprüche.

Wenn heutzutage Intellektuelle den Herrscher beschwatzen, so sagen sie ihm nicht, womit man heute Politik macht, sondern sprechen von vergangenen Regierungsformen [...]. Sie sagen: „Wer auf unsere Worte hört, kann Hegemon werden." Wer so redet, ist ein Schamane; ein Herrscher, der Augenmaß besitzt, wird ihn nicht akzeptieren. Ein aufgeklärter Herrscher bevorzugt Fakten und ignoriert Nutzloses. Er befasst sich nicht mit Moral und hört nicht auf die Worte der Intellektuellen. (Kap. 50, S. 308)

Bei aller Verschiedenheit der Zeiten könnte doch der Verdacht aufkommen, dass auch in unserer Zeit die Welt voll ist von uralten, längst unglaubwürdig gewordenen politischen Zaubersprüchen, die an den dringenden Problemen von heute vorbeigehen. Nur sind es inzwischen hauptsächlich die Politiker selbst, die die Rolle der Zauberer und Schamanen übernommen haben.

Bei Han Fei freilich sind es die Intellektuellen, gegen die sich der Verdacht richtet. Sie werden als Parasiten, als nutzlose Fresser gezeichnet. Und in verschiedenen Gleichnissen wird der sophistischen Klugheit der Gelehrten das Ideal eines einfachen, den konkreten Dingen gewidmeten bürgerlichen, vor allem bäuerlichen Lebens entgegengehalten. So etwa in der schon erwähnten Geschichte vom hölzernen Milan oder in der folgenden, die von der Unüberprüfbarkeit utopischer Gesellschaftstheorien handelt. Sie berichtet von einem Gespräch zwischen einem Maler und seinem königlichen Auftraggeber:

Der König fragte: „Was ist denn am schwierigsten zu malen?" – „Hunde und Pferde sind am schwierigsten!" – „Und was am leichtesten?" – „Gespenster und Teufel! Denn Hunde und Pferde kennt jeder Mensch, man hat sie ja von morgens bis abends vor sich. So etwas kann man gar nicht genau genug wiedergeben. Daher die Schwierigkeiten. Gespenster und Teufel haben keine genaue Gestalt, man hat sie nicht ständig vor sich. Daher die Leichtigkeit." (Kap. 32, S. 40)

Eines der Postulate des Legalismus betrifft die Relation zwischen den Reden und Versprechungen der Minister und den Resultaten. Diese Relation ist der beste Maßstab, mit dem ein Herrscher seine

Mitarbeiter bewerten kann. Es ist übrigens derselbe Maßstab, mit dem ein Volk seine Regierungen misst und – soweit das in seiner Macht steht – im Amt hält oder davonjagt:

> Wer als Herrscher für Ordnung zu sorgen hat, muss darauf achten, inwieweit Namen und Fakten übereinstimmen bzw. Worte und Taten sich unterscheiden. Wenn Minister Vorschläge präsentieren, wird der Herrscher sie dementsprechend mit Aufgaben betrauen und dann nach den Resultaten sehen. Passen Erfolg, Taten und Worte zusammen, wird belohnt; wenn nicht, dann wird bestraft. (Kap. 7, S. 48)

Nebenbei bemerkt hielt Han Fei nichts von Orakeln und fand es töricht, wenn ein Herrscher sich auf astrologische Spekulationen einließ. Er wollte auch von Göttern und Dämonen nichts wissen und lehrte, dass jemand, der an Geister oder Gottheiten glaube, das Gesetz vernachlässige. (Kap. 19) Mit einer expliziten Leugnung der Existenz solcher Wesen hielt er sich gar nicht erst auf.

Sehr viel wichtiger als derartige abergläubische Kindereien nimmt Han Fei die Frage, ob die Grundwerte, auf denen der Staat beruht, nicht bereits unterminiert sind, wobei als Schuldige wieder die Intellektuellen verdächtigt werden. Die Grundwerte des Staates sind aber für den Legalisten nicht Vaterlandsliebe, Treue zum Herrscherhaus, Freiheitsliebe etc., sondern jene Wertvorstellungen, auf denen eine wirkungsvolle Politik mit Sicherheit aufbauen kann, nämlich erstens das Profitstreben der Menschen, zweitens ihr Respekt vor der Macht des Staates, und drittens ihre Ehrsucht. Das sind sozusagen unbedingte Reflexe, die die Menschen berechenbar machen und mit denen der Politiker rechnen kann. Leider aber wird dieses verlässliche Wertesystem von allerlei Intellektuellen untergraben und verächtlich gemacht. Doch sind sich die Regierenden oft auch selber nicht darüber im Klaren, dass zwischen ihren ideologischen Wertschätzungen und dem politisch Notwendigen ein Gegensatz bestehen könnte:

> Die Einführung von Titeln dient dazu, (bestimmte) Menschen zu ehren. Heute aber werden gerade jene hochgehalten, welche Titel geringschätzen und nichts auf wirkliche (Verdienste) geben. Die Etablierung von gesellschaftlichen Rangstufen ist das Fundament der Wertordnung. Heute aber gilt als besonders tüchtig, wer die Höhergestellten verachtet und keine Audienzen bei ihnen haben will. Autorität und (die Aussicht auf) Profit sind die Mittel, durch die Anordnungen durchführbar werden. Heute aber gelten jene als wichtig, die Profit verschmähen und die Autorität (des Staates) geringschätzen. Es muss durch Gesetze und Anordnungen regiert werden. Aber heute heißt loyal, wer ihnen nicht Folge leistet und sich bloß um sein Privatinteresse kümmert. (Kap. 45, S. 230)

So klagt Han Fei über die Umwertung der dem Politiker so wichtigen Werte und die Staatsverachtung der Bürger. Es liegt nach seiner Meinung eine Menge Schwarmgeisterei in der Ideologie vom Bürger, der auch ohne Staat und Gesetz, ohne Lohn und Strafe auskommt. Deshalb mussten Han Fei jene kleinen, aber möglicherweise durch ihr Beispiel gefährlichen Gruppen Sorgen bereiten, die man nicht mit den legalistischen Methoden beeinflussen kann. Wenn ein Herrscher bemerke, dass sein Einfluss nicht ausreiche, einen Mitarbeiter zu verändern, dann müsse er sic h von ihm trennen. Konkreter: ein Minister, der sich nichts aus Ehren und Belohnungen mache und Strafen und Ungnade nicht fürchte, müsse entlassen werden, denn er bilde eine Gefahr. (Kap. 14)

Für alle, die sich nicht in das „normale" Verhaltensschema einfügen wollen oder ihre Verachtung der Politik allzu deutlich zeigen, gibt es härtere Behandlungsvorschläge:

Tai Gong Wang erhielt im Osten von Qi ein Lehen. Es lebten dort an der See die Scholaren Kuangyu und Huashi, zwei Brüder. Sie lebten nach dem Prinzip: „Wir wollen weder Minister des Kaisers werden, noch Freunde der Feudalherren.[15] Wir werden das Feld bestellen und uns davon nähren, einen Brunnen graben und daraus trinken und keinen Menschen um Hilfe bitten. Wir brauchen keine Ehrentitel und kein Gehalt, wir wollen keinen Posten, sondern nur unserer Arbeit nachgehen!"

Als Tai Gong Wang am Ying-Hügel ankam, befahl er seinen Beamten als erstes, die beiden festzunehmen und zu töten. Der Herzog Dan von Zhou erfuhr davon und ließ eilig aus Lu anfragen: „Jene beiden waren doch wirklich wertvolle Menschen; kaum habt Ihr die Herrschaft über das Land erhalten, da lasst Ihr diese wertvollen Menschen töten. Warum?"

Tai Gong Wang berichtet in seiner Antwort zunächst, nach welchem Prinzip die beiden Scholaren leben wollten – sie wollten „weder dem Himmelssohn dienen noch sich mit einem Fürsten befreunden" –, und erklärt dann seine Maßnahmen:

„Wenn sie dem Himmelssohn nicht dienen, werden sie auch mir nicht dienen. Wenn sie die Freundschaft mit den Feudalherren ablehnen, werden sie auch meine Anweisungen ablehnen. Das Feld bestellen und sich davon nähren, einen Brunnen graben und daraus trinken, keinen Menschen um Hilfe bitten, das bedeutet, dass ich sie mit Belohnungen, Strafen, Androhungen oder Verboten nicht beeinflussen kann. Wer keinen Ehrentitel schätzt, ist für mich nutzlos, selbst wenn er gebildet ist. Wer kein Gehalt ersehnt, wird auch für mich nichts leisten, selbst wenn er ein tüchtiger Mensch ist. Ohne die Übernahme von Posten gibt es keine Ordnung, ohne

---

[15] Ein konfuzianisches Motiv; vgl. Roetz (1992), S. 140f und 145.

die Übernahme von Pflichten keine Loyalität. Und womit beeinflussten denn die ersten Könige ihre Minister und das Volk, wenn nicht durch soziale Rangstufen und Gehalt, oder durch Verurteilungen und Strafen? Wenn diese vier nicht mehr ausreichen, um zu befehlen – über wen kann ich denn dann noch gebieten?" (Kap. 34, S. 94)

Das gefährliche Leben der Ratgeber

Die Kapitel 11–13 des *Hanfeizi* sind der riskanten Situation der Ratgeber gewidmet. Wer dem Herrscher gute Ratschläge macht, so lehrt die Erfahrung, lebt gefährlich und endet oft gewaltsam. Nicht nur in der Politik, auch im Privatleben erntet man für wohlgemeinte Hinweise nur selten Dank. In einer berühmten Parabel zeigt sich Han Feis psychologischer Scharfblick:

Im Staate Song lebte ein reicher Mann, dessen Mauer nach einem heftigen Regenguss zu zerbröckeln begann. „Wenn die Mauer nicht ausgebessert wird", warnte sein Sohn ihn, „könnte leicht ein Dieb kommen." Sein Nachbar sagte dasselbe. Kaum war es dunkel geworden, da wurden bereits zahlreiche Dinge gestohlen. Die Familie des reichen Mannes bewunderte daraufhin die Klugheit des Sohnes; den Nachbarn aber verdächtigte sie. (Kap. 12, S. 110, ebenso Kap. 23)

Besonders tragisch ist die Erzählung von der Jade des Herrn He:

Ein Mann namens He aus Chu fand in den Chu-Bergen einen Brocken Jade, den er dem König Li überreichte. König Li rief den Juwelier, und dieser sagte, es sei ein ganz gewöhnlicher Stein. Der König hielt He für einen Betrüger und ließ ihm den linken Fuß abhacken.

Als König Li gestorben war und König Wu den Thron bestieg, nahm He wieder seinen Jadebrocken und überreichte ihn König Wu. König Wu ließ den Juwelier kommen, der erneut sagte, es sei ein ganz gewöhnlicher Stein. Der König dachte, He wolle ihn betrügen und ließ ihm den rechten Fuß abhacken.

Als König Wu gestorben war und Wen den Thron bestieg, nahm He seinen Jadebrocken zu sich, und am Fuße der Chu-Berge weinte er drei Tage und drei Nächte, bis seine Tränen erschöpft waren und er Blut weinte. Der König hörte davon und ließ ihn fragen: „Es gibt doch so viele Leute, denen die Füße abgehackt worden sind; warum weinst du denn so kläglich?"

„Ich klage nicht wegen meiner Füße", sagte He „sondern weil man einen kostbaren Edelstein für einen gewöhnlichen Stein und einen ehrlichen Mann für einen Betrüger hält. Das ist es, warum ich klage!"

Der König hieß den Juwelier den Brocken schleifen, und es wurde ein Juwel daraus. Dies nennt man „die Jade des Herrn He". (Kap. 13, S. 113)

Wer heute den Herrschenden zeigen wolle, wie man gute Politik macht, so kommentiert Han Fei diese traurige Geschichte, dem werde es mit seinen Ratschlägen ergehen wie jenem He mit seiner Jade. Wolle man ein solches Missgeschick vermeiden, dann dürfe man dem Herrscher keine unpolierten Stücke von Weisheit vorzeigen. Man erinnere sich im Übrigen auch an das Schicksal des Shang Yang Aufgrund seiner Ratschläge erreichte der Herzog von Qin eine starke und feste Position, und sein Staat wurde mächtig und reich. Aber als der Herzog Jahre später starb, wurde Shang Yang in Stücke gerissen.

Die Schwierigkeiten des Überzeugens

Das den Techniken des Überzeugens bzw. Überredens (*shui* 說) gewidmete Kapitel 12 des *Hanfeizi* ist besonders systematisch aufgebaut und konzentriert geschrieben. Es enthält Strategien der Überredungskunst, die allesamt auf Han Feis pessimistischem Menschenbild beruhen, und gibt eine ausführliche Anleitung zur richtigen psychologischen Behandlung des Herrschers durch den Ratgeber. Wer nicht so rede, wie es der Herrscher und seine Höflinge gerne hörten, habe wenig Chancen, mit seiner Ansicht durchzudringen und riskiere sein Leben. Dabei sei das Problem nicht, die richtigen Kenntnisse oder Maßnahmen anzubieten, sondern die Einstellung des Gegenübers zu kennen und sich darauf einzustellen.

Wenn jener, den man überzeugen wolle, z.B. viel auf seinen guten Ruf als tugendhafter Mann halte, dürfe man ihm nicht damit kommen, dass er großen Profit erzielen könne. Sei er jedoch am Profit interessiert und man erzähle ihm vom guten Ruf des Tugendhaften, dann werde er einen für wirklichkeitsfremd halten. Angenommen, derjenige, den man überzeugen möchte, strebe öffentlich nach gutem Ruf, heimlich aber nach Profit: erzähle man ihm nun von der Möglichkeit, einen guten Ruf zu erlangen, so werde er äußerlich zwar zustimmen, einen jedoch insgeheim verachten. Berichte man ihm jedoch von einem fetten Profit, dann werde er heimlich das tun, was man ihm empfiehlt, öffentlich aber Verachtung für den Ratgeber zur Schau tragen.

Es sei auch wichtig, dass die Vorschläge des Ratgebers nicht vorzeitig dritten Personen bekannt würden, weil diese dann mit den Ratschlägen selbst Ehre einzuheimsen versuchten und den Ratgeber gefährdeten. Wesentlich sei, dasjenige hochzuspielen, was der zu Überzeugende schätze, und das, was er hasse, herunterzuspielen. Habe er z.B. einen bestimmten persönlichen Wunsch, dann weise man ihm nach, dass es geradezu seine Pflicht als Staatsmann sei, diesen Wunsch zu realisieren. Habe er andererseits ein erhabenes Ziel, das zu erreichen er jedoch unfähig ist, so zeige man ihm die negativen Aspekte dieses Zieles. Möchte er seine Weisheit ausspielen, dann könne man ihm mehrere Vorschläge zur Auswahl unterbreiten, die alle von demjenigen, den man verwirklicht wissen wolle, verschieden seien, aber letztlich auf dasselbe hinausliefen.

Ferner lobe man Personen, die Ähnliches wie der Herrscher geleistet hätten. Wenn es aber Menschen gebe, welche dieselben Laster hätten wie er, so gehe man darüber hinweg und zeige, dass diese Laster im Grunde nicht verdammungswürdig seien. Dennoch bleibe das Erteilen von Ratschlägen immer gefährlich. Wie nahe an der Wahrheit Han Feis Überlegungen sind, zeigt sich darin, dass sich in ihnen auch eigenes späteres Schicksal spiegelt, wurde er doch denunziert, ein Agent zu sein.

Han Fei war der größte und zugleich letzte Theoretiker des Legalismus. Wie bedeutend er war, zeigt die Tatsache, dass sein Denken im 20. Jahrhundert nach dem Zusammenbruch des Kaiserreiches wiederholt als die „moderne" Alternative zum Konfuzianismus, dem man den Untergang des alten China zuschob, in Spiel gebracht wurde.[16] Was Han Fei und den Legalismus im Allgemeinen in der Tat mit modernem Denken verbindet, sind nicht nur der radikale Antitraditionalismus und die Überzeugung, dass alles veränderbar ist, sowie die nüchterne Analyse dessen, was jeweils an der Zeit ist. Es sind auch die Absage an jedes Geburtsprivileg, die Idee der Gleichheit aller vor dem Gesetz und die Erwartung rein äußerer, nicht innerer Gesetzeskonformität. Beklemmend modern sind auch die abstraktiven Fehlschlüsse, die für den Legalismus geradezu konstitutiv sind – das rein technische, moralfreie Verständnis von Politik, die Überzeugung, dass allein die instrumentell-strategische Rationalität und nicht auch Sitte und Moral der Schlüssel für das Verstehen und Regeln *aller* menschlichen Beziehungen sind, und schließlich die sie begleitende minimalistische Anthropologie, für die der Mensch ein durch Herkommen, Kultur und Erziehung allenfalls oberflächlich beeinflusstes, in Wirklichkeit ausschließlich seinen Vor- und Nachteil kalkulierendes Interessewesen ist. Die verwandten ökonomistischen Denkmodelle von heute wie die Spieltheorie und der Kontraktualismus werden hier an Konsequenz sogar noch überboten.

[16] Vgl. hierzu Roetz (2016a), S. 92f.

Was Han Fei und den Legalisten allerdings fehlt, ist eine Vorstellung moralischer und politischer Freiheit. Die einzige Freiheit, die sie kennen, ist die des legalistischen Theoretikers selbst, der es sich erlaubt, sich „außerhalb des Gesetzes" zu stellen und sich über alles bis dahin Anerkannte zu erheben. Wo immer sonst sie sich regt, ist Freiheit kompromisslos zu unterdrücken. Die archaische Gewalt des Denkens der Legalisten entlädt sich später sich im Terror der Dynastie Qin (s. §18). So bleibt die Ordnung, die ihnen vorschwebt, letztlich nur eine barbarische Alternative zur den Verhältnissen der Zeit der Streitenden Reiche, die sie zu überwinden suchen.

VI. Der Höhepunkt: Xunzi

§14 Xunzi

Das Wirken des Philosophen Xunzi¹ 荀子 (Xun Kuang, 荀況, ca. 310 – ca. 230 v.) fällt in die letzte Phase der Zeit der Streitenden Reiche. Wenige Jahre nach seinem Tode erfolgte die gewaltsame Reichseinigung durch den Staat Qin 秦. In Xunzis Werk kommt gelegentlich ein gewisses Beeindrucktsein von den Erfolgen des damals schon mächtigen Staates Qin zum Ausdruck, den er etwa um 260 v.d.Z. besucht hatte. Die politischen Erfolge, die Qin durch seine konsequente Machtpolitik erreicht hatte, widersprachen freilich der konfuzianischen Vorstellung von einer gewaltfreien, moralisch fundierten Einigung der miteinander streitenden Reiche.

Von Xunzis Leben ist recht wenig bekannt; es dürfte im Wesentlichen das eines Gelehrten, allerdings eines schon damals hoch anerkannten, gewesen sein. Xunzi soll dreimal zum Präsidenten der Akademie Jixia („Am Tor des Korngottes") gewählt worden sein. Die Gründer der Akademie, die Herrscher von Qi, verstanden sich als Mäzene, die eine von der Politik unabhängige Debatte fördern wollten – die bis zu tausend Gelehrten, die sich an der Akademie aufhielten, sollten „sich nicht um die Regierung kümmern, sondern Theorien diskutieren (*yilun* 議論)".²

Auch über Xunzi Schüler ist wenig überliefert. Doch gehörte Han Fei zu ihnen und ebenso Li Si 李斯, der später in Qin eine prominente politische Rolle als Kanzler und eigentlicher Architekt der Reichseinigung spielte – beides Legalisten.

Das überlieferte Buch *Xunzi* ist für antike Verhältnisse recht gut erhalten. Es besteht aus thematischen Kapiteln mit systematischer Gedankenentwicklung und ist mit Abstand das präziseste philosophische Werk der klassischen Epoche. Wenn wir es hier als „Höhepunkt" bezeichnen, dann nicht um etwa die dialektische Raffinesse und das souveräne freie Gedankenspiel des *Zhuangzi*, die logische Schärfe der späten Mohisten (§17) oder die konsequente Theoriebildung der Legalisten herabzusetzen, sondern weil sich an

---

[1] Aussprache von *x* etwa wie ch in „Küche", von *u* wie ü und von *zi* etwa wie ds. Ältere Wade-Giles-Transkription: Hsün-tzu. Gesamtübersetzungen: Köster, Knoblock, Hutton.

[2] *Shiji* Kap. 46.

ihm die Systematisierung und Differenzierung der Argumentation, die das philosophische Denken erreicht hatte, besonders deutlich ablesen lässt. Zwar geht es Xunzi als bekennendem Konfuzianer nach wie vor in erster Linie im praktischen Sinne um das *Dao*, den „rechten Weg" des Staates wie des einzelnen. Doch sieht er, dass es nach den verunsichernden Krisenerfahrungen der Epoche nicht mehr möglich ist, dieses Ziel auf direktem Wege, ohne den Umweg über die Reflexion, anzusteuern: Eine vernünftige Politik und Morallehre, so erkennt Xunzi, setzen eine rationale Sicht der Natur voraus, und so verfasst er gegen den Aberglauben seiner Zeit, wo „chaotische Herrscher untergehender Staaten sich von Schamanen und Opferpriestern irremachen ließen und an Omen glaubten",[3] seine naturphilosophische Abhandlung *Tian lun* 天論, Über den Himmel bzw. *Über die Natur*. Die Ethik muss sich weiterhin mit der Frage nach dem Menschen und seinen Möglichkeiten auseinandersetzen, und so entsteht die anthropologische Schrift *Xing e* 性惡, *Die menschliche Veranlagung (Natur) ist schlecht*. Sich das „Dao" anzueignen, ist ferner auch eine Frage der richtigen Erkenntnis, und so stellt Xunzi mit der Abhandlung *Jie bi* 解蔽, *Auflösung der Verdeckungen*, epistemologische Überlegungen an. Und schließlich gibt es keine stabile politische und soziale Ordnung ohne einen geregelten Sprachgebrauch. Wieder begnügt sich Xunzi nicht mit dem betreffenden Postulat, sondern entwickelt unter dem Titel *Zheng ming* 正名, *Richtigstellung der Namen*, eine Sprachtheorie allgemeiner Art. Dies sind nur Beispiele für die beeindruckende systematische Geschlossenheit seines umfangreichen Werke. Er gehört zusammen mit den späten Mohisten auch zu den wenigen, die für wichtige Grundbegriffe ihrer Lehren explizite Definitionen geben.[4]

Xunzi ist der letzte große Autor des klassischen Konfuzianismus, doch grenzt er sich nicht nur scharf gegen die Kulturfeindlichkeit der Daoisten ab, sondern auch gegen den sozusagen verkappten Daoisten Menzius, der wie die Daoisten die Natur idealisiert, wenngleich im Sinne der konfuzianischen Ethik. Auch mit dem Legalismus und den Ideen Mo Dis setzt Xunzi sich kritisch auseinander. Zugleich übernimmt er von ihnen aber Gedanken und integriert sie in das konfuzianische Lehrsystem.

---

[3] So heißt es in Xunzis Biographie in *Shiji* Kap. 74.
[4] Definitionen enthält auch der 1993 in Guodian gefundene Text *Yucong* 語叢 (*Wörtersammlung*, um 300 v.d.Z.); s. Cook (2103), Bd. 2.

§14 Xunzi

Xunzis Einfluss war zunächst bedeutend, doch wurde er bald durch den „idealistischeren" Menzius verdrängt. Zeitweilig (etwa 1200–1700) galt Menzius als einzige Quelle des wahren Konfuzianismus, während Xunzi fast wie ein Häretiker beurteilt wurde; nicht zuletzt wegen seiner legalistischen Schüler.

Xunzis Hauptthemen sind moralisch-politischer Natur: der Mensch als Herrscher und Untertan, als Glied seiner Familie, als moralisches Subjekt, als Träger der überlieferten Kultur und als aktiver Gestalter seines Lebens und als Bearbeiter der Natur. An rein theoretischer Forschung war er wenig interessiert, schon gar nicht an Spekulation. Selbst wenn er über die Funktion der Sprache schreibt, ist damit ein konkretes gesellschaftliches Interesse verbunden. Allerdings sieht Xunzi, dass politische Fragen nicht ohne weiterreichende Überlegungen beantwortet werden können. Die gilt generell für das praktische Interesse der chinesischen Philosophen: In der Krise der Zeit war die Frage des richtigen Handelns so problematisch geworden, dass sie sich nicht mehr ohne theoretische Reflexion beantworten ließ. Eben hierin gründet das Philosophische des antiken chinesischen Denkens.

Der Staat stellt für Xunzi die einzige Form dar, in der der Mensch ein gesichertes, geordnetes und kulturell entwickeltes Leben führen kann. Irgendeine mythologische Überhöhung erfährt die Idee des Staates dadurch aber keineswegs. Im Gegensatz zu Zhuangzi sieht Xunzi die Entwicklung der Menschheit nicht als Degeneration eines ursprünglichen Naturzustandes, sondern als dessen kulturelle und moralische Überwindung und Veredelung. Als Naturwesen, davon ist Xunzi überzeugt, wäre der Mensch zur endlosen Gewalt gezwungen und könnten doch nicht überleben. Er ist vielmehr auf seine Kunst (*wei* 偽) angewiesen.

Am bekanntesten ist eine These Xunzis geworden, die in seinem Werk zwar relativ wenig Raum einnimmt, aber systematisch von zentraler Bedeutung ist. Der Mensch, sagt Xunzi, ist von Natur aus, d.h. nach seinen spontanen Neigungen, böse veranlagt und kann sich nur unter Anstrengungen zivilisieren und kultivieren. Obwohl diese These gegen Menzius' Ansicht von der angeborenen Güte des Menschen gerichtet ist, vertreten beide, als Konfuzianer, im Grunde Varianten einer im Kern optimistischen Sicht des Menschen, wenngleich sie dessen moralische Möglichkeiten anders verorten – hier im Gefühl, dort in der Rationalität. Trotz seines Misstrauens in die „natürliche Tendenz" (22.1) des Menschen steht Xunzi Menzius näher als den Legalisten, die seine Anthropologie übernehmen, aber radikalisieren und verarmen.

Xunzi hat keinerlei religiösen oder metaphysischen Neigungen. Seine Irreligiosität ist so selbstverständlich, dass sie nur selten explizit wird, dann aber mit aller Deutlichkeit, nämlich in der Schrift *Über den Himmel* (s. u. S. 281ff) und in der provokanten säkularen Bewertung von Opferzeremonien und Ritualen. Dabei wollte er die traditionellen Riten durchaus bewahren, gab ihnen aber eine nichtreligiöse, rein kulturelle Deutung.

Der Mensch ist böse veranlagt; das Gute an ihm ist erarbeitet (wei)

Bevor man diese berühmte These[5] diskutiert, sollte man nach den Bedeutungen der darin benutzten Begriffe fragen. Tatsächlich geht Xunzi mit seinen Begriffen sehr sorgfältig um und gibt eine Reihe von expliziten Definitionen. Er schreibt:

Was von Geburt an so ist, wie es ist, heißt *xing* 性 (Veranlagung, Natur).
[...]
Lieben und Hassen, Frohsinn und Zorn, Traurigkeit und Freude, die auf dieser Veranlagung beruhen, heißen *qing* 情 (Gefühle).
Wenn Gefühle aufkommen und das Herz[6] (zwischen ihnen) auswählt, so heißt dies *lü* 慮 (überlegen).
Wenn das Herz etwas überlegt und man dies in die Tat umzusetzen fähig ist, so heißt dies *wei* 偽 (Kunst, erarbeiten).
Was nach Akkumulation von Überlegung und Übung zustande kommt, heißt (ebenfalls) *wei* 偽 (Kunst, erarbeitet) (Kap. 22.1)[7]

Xing 性 ist die natürliche Tendenz (*tia zhi jiu* 天之就). (Kap. 23.4)

Das hier mit „Veranlagung" übersetzte Wort *xing* 性, in üblicher Wiedergabe auch die „angeborene Natur", bezeichnet also die angeborenen und sich spontan äußernden Neigungen oder Verhaltensweisen im Unterschied zu erworbenen (so ist es das *xing* des Wassers, nach unten zu fließen). Insbesondere sind Triebe und Emotionen angeboren. „Erarbeiten" (*wei* 偽) bzw. „Kunst" bedeutet nicht jedes Tun schlechthin, wie es etwa auch beim Tier zu beobachten ist, sondern das typisch menschliche, überlegend vorbe-

---

[5] Es handelt sich um den ersten Satz von Kap. 23. Er wird nach immer neuen Argumenten insgesamt noch zehnmal wiederholt.
[6] „Herz" (*xin* 心) steht in den alten Texten für die Gesamtheit der psychischen Vorgänge, im engeren Sinne auch für das Denken.
[7] Die Einteilung des *Xunzi* in Unterkapitel folgt Köster (1967).

reitete Tun, das eventuell mit den angeborenen Gefühlen und Neigungen in Konflikt steht und daher eine gewisse Einübung durch Wiederholungen erfordern kann.

Es fehlt noch eine Erläuterung des Begriffes „böse" (*e* 惡), um Xunzis These richtig einordnen zu können. Eine explizite Definition dafür findet sich zwar nicht, aber die Begründungen, die Xunzi für seine These anführt, enthalten zugleich eine implizite Definition:

Der Mensch ist böse veranlagt; was an ihm gut ist, ist erarbeitet. Es gehört zur Veranlagung des Menschen, dass er schon egoistisch geboren wird. Ließe man dem freien Lauf, so käme es zu Streit und Raub; Höflichkeit und Bescheidenheit würden verschwinden. Der Mensch kennt von klein auf Neid und Hass. Ließe man dem freien Lauf, so entstünden Grausamkeit und Brutalität, während Loyalität und Verlässlichkeit verschwänden. Von Geburt an besitzt der Mensch alle Arten von Sinnesbegierden. Ließe man ihnen freien Lauf, so käme es zu Ausschweifung und Chaos, während Sittlichkeit, Gerechtigkeit, Kultur und Ordnung zugrunde gingen. Wenn man daher den Anlagen und Emotionen der Menschen folgte, wären Kampf und Raub unausbleiblich, Zwietracht und Unordnung kämen auf und die Menschen sänken in den Zustand offener Gewalttätigkeit. (Kap. 23.2)

Dass der Mensch von Natur aus böse ist, bedeutet demnach, dass er gewalttätig gegen seinesgleichen, unfreundlich, unfroh, egoistisch, mit einem Wort: asozial ist. Dies ist zugleich eine weitere Variante der Spekulation über einen vorgesellschaftlichen, vorstaatlichen Urzustand. Xunzi fragt allerdings nicht so sehr nach einem solchen Urzustand, sondern nach dem Verhalten des Menschen, wenn er keine erzieherische Formung erfahren hat, wenn ihm keine Beschränkung durch elterliche oder gesellschaftliche Autorität oder rationale Selbstkontrolle auferlegt wird. Sicherlich, auch das ist eine hypothetische Frage, da es den wirklich naturbelassenen Menschen nicht gibt.

Dass es auch Menschen mit angeborener Herzensgüte gibt, die keiner moralischen Erziehung bedürfen, ist unbestreitbar, aber leider eine Ausnahme. Mit Ausnahmeerscheinungen lässt sich aber eine menschliche Gemeinschaft nicht aufrechterhalten (ein auch im Legalismus betontes Prinzip):

Shun sagte: „Ich kann meinen Wünschen freien Lauf lassen und dabei Ordnung (im Land) halten." Die Regeln der Sittlichkeit sind so für die Tüchtigen bis hinunter zum gemeinen Volk gemacht worden, nicht für vollendete Weise. Aber sie sind auch das Mittel, um zu einem vollendeten Weisen zu werden. Ohne Lernen wird man das nicht erreichen. (Kap. 27.13)

Jeder Mensch hat von Natur aus Begierden, die er zu befriedigen sucht. Xunzi findet daran grundsätzlich auch nichts auszusetzen und propagiert keineswegs eine totale Umformung des Menschen. Er weist nur auf die großen Schwierigkeiten für das Zusammenleben hin, die sich aus den natürlichen Anlagen und Bedürfnissen ergeben. Das Problem ist, diese Anlagen zu zähmen und zu kultivieren, damit sie sich nicht letztlich gegen die Menschen richten. (Kap. 22.11–12)

Es ist zunächst zweifellos unnatürlich, die eigenen Wünsche zugunsten anderer zurückzustellen und auf gewisse Dinge zu verzichten. Aber das gesellschaftliche Zusammenleben erfordert gerade derartige „unnatürliche", d.h. sittliche Verhaltensweisen. Letztere müssen *erlernt* werden, jeder Mensch muss sie sich – unter gesellschaftlicher Anleitung – erst mehr oder weniger mühsam *erarbeiten:*

Die Menschen haben folgende Veranlagung: Wenn sie hungrig sind, wollen sie essen; wenn sie frieren, wollen sie sich wärmen; wenn sie abgearbeitet sind, verlangen sie nach Erholung. Das sind natürliche menschliche Regungen.
Wenn aber ein Mensch hungrig ist, und (trotzdem) nicht wagt, in Gegenwart von jemand Älterem als erster zu essen, dann gibt es jemanden, dem er den Vortritt lässt. Und wenn er erschöpft ist und doch nicht wagt, um eine Ruhepause zu bitten, dann deshalb, weil es noch jemanden gibt, für den er zu arbeiten hat. Der Sohn lässt dem Vater den Vortritt, der jüngere Bruder dem älteren. Der Sohn arbeitet für den Vater, der jüngere Bruder für den älteren. Solche Verhaltensweisen sind gegen die natürlichen Anlagen und widersprechen den natürlichen Gefühlen. Und doch gibt es Kindespflicht, Sittlichkeit, Gerechtigkeit, Kultur und Ordnung. Folgt man den natürlichen Anlagen und Regungen, so lässt man anderen nicht höflich Vortritt, denn dies widerspricht den natürlichen Trieben.
So gesehen ist klar, dass der Mensch böse veranlagt ist und was an ihm gut ist, erarbeitet werden muss (oder: künstlich ist). (Kap. 23.5)

Xunzi entwickelt seine These ausdrücklich in Opposition zur Ansicht von Menzius über die angeborene Güte des Menschen. Wozu, so wendet er gegen Menzius ein, bräuchte man noch Kulturtradition, Höflichkeit, Gesetze, Erziehung usf., wenn der Mensch ohnehin von Natur aus gut, d.h. soziabel veranlagt wäre? Welchen Zweck hätte das Lernen, das die Konfuzianer so nachdrücklich empfehlen und nur Mengzi herunterspielt? (Kap. 23.8) Es scheint aus den ersten Blick, als wolle Xunzi hier die politische und soziale Ordnung als Selbstzweck verstehen. Doch will er offenkundig sagen: Die Tatsache, dass sie existiert, ist ein untrüglicher Hinweis darauf, dass der Mensch von Natur aus nicht gut ist.[8] Xunzi wirft dem zu optimistischen Menzius vor, eine lebensfremde Theorie entwickelt zu haben, die sich in der Erfahrung nicht bestätigt. (Kap. 23.9)

Aus der Grundannahme, dass der naturbelassene, unerzogene Mensch in den allermeisten Fällen asozial sei, folgt sowohl die Existenzberechtigung des Staates als auch die Notwendigkeit der Erziehung zu einer humanen Kultur. Ohne eine solche Rechtfertigung könnte man gegen die Kulturverachtung eines Zhuang Zhou nicht viel vorbringen, denn in vieler Hinsicht sind Kultur und Staat sicherlich unnatürlich. Xunzi weist aber auf die wenig erstrebenswerten Folgen eines gesellschaftlichen Naturzustandes (oder Urzustandes) hin:

Weil in der Vorzeit weise Männer die Veranlagung des Menschen für böse erachteten, und dass sie nicht zum Richtigen, sondern zu abwegigen, unausgeglichenen Unternehmungen, Rebellion und Chaos neigt, keineswegs aber zu gesellschaftlicher Ordnung, etablierten sie die Machtposition der Fürsten um die Menschen zu beaufsichtigen und zu überwachen. Sie stellten Sittlichkeit und Gerechtigkeit klar, um damit die Verhältnisse zum Bessern zu wenden, führten Gesetze und Normen ein, um die Menschen zu regieren, und schufen schwere Strafen, um sie in Schranken zu halten. Dadurch bewirkten sie, dass man überall auf Erden bei der Ordnung seinen Ausgangspunkt nahm und mit dem Guten in Einklang kam. So sieht die Regierung weiser Könige und die Umgestaltung (der Verhältnisse) durch Sittlichkeit und Gerechtigkeit aus.

Würde man jetzt versuchen, die Machtposition der Fürsten abzuschaffen, ohne Sittlichkeit und Gerechtigkeit auszukommen, sowie auf Gesetze, Normen und das Einhaltgebieten durch Strafen zu verzichten – welchen Anblick würde der Umgang der Menschen miteinander wohl bieten? Offenbar den, dass Starke die Schwachen schädigen und ausplündern, und Mehrheiten Minderheiten tyrannisieren. Man müsste nicht lange warten, bis das Chaos auf Erden so groß geworden wäre, dass sich (die Menschen) gegenseitig ausrotten.

Wenn man es von dieser Seite betrachtet, wird klar, dass der Mensch böse veranlagt ist und dass das Gute an ihm erarbeitet werden muss. (Kap. 23.8)

Bemerkenswert an dieser Rechtfertigung von Herrschaftsstrukturen ist, dass sie sich nicht mit der Etablierung des staatlichen Gewaltmonopols begnügt. Vielmehr müssen gleichzeitig, und vom Staat gefördert, alle Menschen zur Sittlichkeit erzogen werden, was eine nie beendete Aufgabe ist. Darüber hinaus stellt Kultur gerade

---

[8] Vgl. Roetz (1992), S. 356.

in der Unnatürlichkeit, die ihr eignet, für Xunzi eine höchst wünschenswerte Lebensform dar – die einzige dem Menschen mit seiner besonderen Ausstattung angemessene, die ihn vom Tier unterscheidet. Im bloßen Naturzustand aber wäre er als Mängelwesen dem Tier hoffnungslos unterlegen.[9]

Von der Erziehung des Menschengeschlechts

Kommen wir auf die Bändigung des Naturwesens Mensch zurück, ohne die ein Zusammenleben in Frieden und Kultur nicht denkbar ist. Wer soll den Menschen erziehen und kultivieren? Die traditionelle Antwort lautet: die Weisen, die genialen Herrscher der Vorzeit wie Yao und Shun haben das getan! Mehr als ein Mythos oder eine Legende war das aber nicht. Xunzi benutzt die Redefigur von Yao und Shun zwar, aber nur um sie sogleich zu entmystifizieren. Die Kulturbringer, die Erzieher des Menschengeschlechts, können auch wieder nur Menschen sein. Yao und Shun waren keine übernatürlichen Wesen; sie hatten dieselben Anlagen wie alle Menschen, was im Übrigen auch schon Menzius sagt. Es ist der Mensch selbst, der seine Natur mit ihrer ursprünglichen Gewaltneigung zur Kultur umformt. Die Weisen sind nur besondere historische Verkörperungen der allgemein menschlichen Vernunft. Gleichwohl sollte man sich an ihnen orientieren, statt alles neu erfinden zu wollen.

Jemand mag einwenden: „Wenn der Mensch böse veranlagt ist, wie entstehen dann Sittlichkeit und Gerechtigkeit?"

Darauf ist zu antworten: Sie entstehen, weil sie von den Weisen erarbeitet (*wei*) werden, und nicht schon aus den angeborenen Anlagen.

Wenn ein Töpfer Ton modelliert und daraus ein Gefäß formt, so entsteht es aus der Kunst des Töpfers und nicht einfach aus den angeborenen menschlichen Anlagen.[10] [...]

Weise Menschen akkumulierten Nachsinnen und Überlegung und übten sich im Erarbeiten (in der Kunst) – daraus entstanden Sittlichkeit und Gerechtigkeit, Gesetze und Normen. Das alles ist also entstanden, weil es von

---

[9] Vgl. zu diesem Motiv der „Stiefmutter Natur" (*natura noverca*) Roetz (1992), S. 110 f. u. 359.
[10] Man müsste eigentlich erwarten, dass es heißt, das Gefäß sei nicht aus den natürlichen Anlage des Tones entstanden. Aber der Text lautet nicht so. Xunzi entzieht sich damit der Frage, ob der Mensch nicht angeborene Anlagen zum Guten (oder zum Lernen des Guten) haben müsse, wenn er tatsächlich ein moralisches, kulturelles Wesen werden kann. Diese Schwierigkeit ist schon früh erkannt worden. Vgl. Roetz (1984), S. 352 ff, und Roetz (1992), S. 348–354.

weisen Menschen erarbeitet wurde, und nicht aus angeborenen Anlagen des Menschen. (Kap. 23.6, vgl. auch 19.1, u. S. 278)

Es scheint ein Widerspruch vorzuliegen, wenn alle Kulturleistungen einerseits für unnatürlich gelten, andererseits aber nur vom Menschen mit seinen natürlichen Fähigkeiten zustande gebracht werden. Ein übernatürlicher Eingriff in die Geschichte der Menschheit steht für Xunzi niemals zur Diskussion. Es ist derselbe Widerspruch, der implizit in Zhuangzis Degenerationstheorie enthalten ist: Der von den Daoisten beklagte Verlust der Natürlichkeit des Menschen wird vom Menschen selbst herbeigeführt, muss also letztlich auf natürlichen Ursachen beruhen. Derselbe Widerspruch tritt auch zutage, wenn wir heute über die Entfremdung des Menschen von der Natur, seine unnatürliche Lebensweise oder die von ihm verursachte Naturzerstörung Klage führen. Da keine außer- oder überirdischen Wesen daran beteiligt waren, muss das Naturwesen Mensch ganz allein die Ursache seiner heutigen Unnatürlichkeit sein.

Was daraus folgt, ist zunächst aber nur, dass man mit den Wörtern „Natur" bzw. „Natürlichkeit" vorsichtig umgehen sollte. Xunzis hier mit „(natürliche) Anlage" und „Veranlagung" wiedergegebener Terminus *xing*, den er als „Angeborenes" (*sheng*), d.h. nicht erst Erlerntes definiert, bezeichnet das spontane Verhalten von Menschen, das sich durchsetzt, solange sie nicht oder nur ungenügend durch die harte Schule der gesellschaftlichen Bändigung und Kultivierung gegangen sind, also keine Sittlichkeit erworben haben. Es verbindet den Menschen mit den Tieren, macht also nicht etwa sein Wesen aus. Auch Menzius, der denselben Terminus *xing* verwendet, bezeichnet damit die Anlage zum spontanen Handeln, etwa in der berühmten Schilderung, wie ein Erwachsener beim Anblick eines in Lebensgefahr schwebenden Kind ohne zu überlegen den Impuls in sich verspürt, es zu retten; allerdings ist *xing* hier gerade die vorgesellschaftliche Quelle des sittlich Guten und für den Menschen im Unterschied zum Tier wesentlich. Im Erleben einer solchen Situation, so nimmt Menzius allem Anschein nach an, verlieren die erst im Laufe der Sozialisation erworbenen Verhaltensmuster ihre Wirksamkeit und die ursprünglichen, noch unmodifizierten Anlagen treten wieder zutage. Menzius thematisiert freilich nicht, dass es auch spontane Aggressivität und manche andere eher als „böse" anzusehende spontane Handlung geben kann.[11]

---

[11] Menzius scheint dies zwar zu sehen (vgl. die etwas kryptische Stelle

Dass auch die Fähigkeit, im Laufe des Lebens zu lernen und das Verhalten dadurch zu verändern, angeboren sein muss, ist für Xunzi selbstverständlich. Aber deshalb sind nicht auch schon die Ergebnisse der Ausübung dieser Fähigkeit angeboren:[12]

> Jemand mag einwenden: „Sittlichkeit, Gerechtigkeit und das Akkumulieren des Erarbeiteten (der Kunst) gehören zu den angeborenen Anlagen; das ist der Grund, dass sie hervorgebracht werden können."
> Darauf ist zu antworten: Das stimmt nicht! Entsteht denn ein Ziegel, der vom Töpfer geformt wird, aus der angeborenen Veranlagung des Töpfers? [...] Das Hervorbringen von Sittlichkeit und Gerechtigkeit durch weise Menschen gleicht der Tätigkeit des Töpfers. Wie sollten Sittlichkeit, Gerechtigkeit und das Akkumulieren des Erarbeiteten denn aus angeborenen Anlagen hervorgehen? Bezüglich der angeborenen Anlagen sind Yao und Shun mit Tyrannen oder Räubern gleich, auch Edle und Gemeine sind darin gleich. (Kap. 23.11)

Xunzi wendet seine Betrachtung dann in eine etwas andere Richtung. Alle Kulturgüter, alle Regeln der Moral sind von Menschen geschaffen, daher sind sie im Prinzip auch allen Menschen zugänglich. Alle sind erziehbar, alle können an sich arbeiten und sich selbst kultivieren:

> Was meint der Ausspruch „Auch der gewöhnlichste Mensch kann ein Yu[13] werden"?
> Er bedeutet folgendes: das, wodurch Yu wurde, was er wurde, war sein Praktizieren von Humanität, Gerechtigkeit, Gesetzen und Normen. Letztere lassen sich begreifen, haben Regeln, die man wissen und beherrschen kann und sind daher auch dem Durchschnittsmenschen zugänglich, so dass auch er ein Yu werden kann. (Kap. 23.13)

Xunzi führt die Unterschiede der kulturellen und moralischen Leistungen der Menschen nicht auf unterschiedliche Anlagen (Talente) zurück, sondern auf unterschiedliche Anstrengungen. Die großen Leitfiguren Yao und Shun und alle anderen Weisen hatten bloß größere Anstrengungen auf sich genommen, um ihre Persönlichkeit zu formen und – wenn man es so nennen will – zu denaturieren. Das ist ohne Zweifel eine anfechtbare Behauptung, die der Erfahrung weitgehend widerspricht. Aber sie ist für Pädagogen (und jeder

---

7B24), doch geht es ihm vor allem darum, hervorzuheben, dass das Gute der natürlichen Spontaneität entspringt.
[12] Sie hängen, wie Xunzi an anderer Stelle betont (Kap. 1.10; 2.12), auch davon ab, welche Lehrer ein Mensch trifft, d.h. von äußeren, nicht angeborenen Faktoren.
[13] Gemeint ist der *Große Yu*, der Gründer der Dynastie Xia.

Konfuzianer fühlte sich als Pädagoge) und lernwillige Schüler sicher anspornend. Der konsequente Denker freilich wird insistieren und fragen:

(Frage:) Wenn man durch „Akkumulation" zur Weisheit kommt, warum können das nicht alle Menschen?
(Antwort:) Sie hätten schon die Möglichkeit, können sie aber nicht realisieren. Auch ein gemeiner Mann hat die Möglichkeit, ein Edler zu werden, er ist dazu aber nicht willens. Und auch ein Edler hat die Möglichkeit, ein Gemeiner zu werden, aber er ist dazu nicht willens. Edle und Gemeine hätten stets die Möglichkeit, die Plätze zu tauschen. Wenn sie es nicht tun, heißt das, dass sie diese Möglichkeit zwar haben, aber nicht einfach dazu gebracht werden können (sie zu verwirklichen).
Es stimmt tatsächlich, auch ein Durchschnittsmensch hat die Möglichkeit, ein Yu zu werden. Aber er besitzt nicht unbedingt die Fähigkeit, (diese Möglichkeit) zu verwirklichen. Dass er diese Fähigkeit nicht besitzt, widerspricht der Möglichkeit nicht. Man hat ja auch die Möglichkeit, die ganze Welt zu bereisen und kann doch niemals überall hinreisen. […]
So gesehen ergibt sich aus der Möglichkeit (einer Handlung) nicht zwingend, dass einer sie auch ausführen kann. Dass einer etwas nicht tun kann, obwohl es möglich ist, es zu tun, ist kein Widerspruch. Können bzw. Nicht-Können einerseits, und Möglichkeit bzw. Unmöglichkeit andererseits sind weit voneinander verschieden; dass sie nicht verwechselt werden dürfen, ist klar! (Kap. 23.14)

Theoretisch befriedigend ist diese Darlegung nicht, denn der Fragesteller fragt nicht nach der bloßen (logischen) Möglichkeit, ein Yu zu werden fragt, sondern nach dem faktischen Können. Xunzi gibt aber keine Antwort auf die Frage nach den Gründen, weshalb der eine Mensch bestimmte Dinge faktisch kann, der andere aber nicht. Er unterscheidet die objektive Möglichkeit (*ke* 可) von der subjektiven Fähigkeit (*neng* 能). Für die letztere macht er den einzelnen verantwortlich: Er bemüht sich eben nicht.

Unbeschadet dessen misst Xunzi den Möglichkeiten des Menschen eine sehr hohe Bedeutung zu. Es lässt sich sogar eine Tendenz erkennen, gegen alle Betonung der Wichtigkeit der Erziehung, der Orientierung an der Tradition und der Rolle des Lehrers dem Menschen eine autonome, in seinem „Herzen" als Sitz seiner Rationalität – nicht des präreflexiven Fühlens wie bei Menzius – gründende Mündigkeit zuzusprechen:

Das Herz ist der Fürst des Körpers und Herr über den Geist. Es erteilt Befehle, empfängt aber von niemandem welche. Es verbietet und gebietet selbst, es verwirft und wählt selbst, es wird von selbst aktiv, es stellt von selbst seine Aktivität ein. Der Mund kann gezwungen werden, zu schweigen, und der Körper kann gezwungen werden, sich zu beugen oder zu strecken. Aber das Herz kann nicht gezwungen werden, seine Ansicht zu ändern. Wenn es etwas für richtig findet, dann nimmt es dies an, wenn es etwas für falsch findet, dann lehnt es dies ab. Deshalb heißt es: Das Herz ist für alles offen (frei) und in seiner Wahl nicht eingeschränkt. Es betrachtet alles selbst. Und mögen seine Gegenstände auch vielfältig und komplex sein, so ist es selbst im Innersten seines Wesens doch einheitlich. (Kap. 21.11)

Xunzi erwartet, dass das Herz seine Wahlmöglichkeiten nur zugunsten des von ihm als Konfuzianer für richtig gehaltenen *Dao* einsetzt. Gleichwohl scheint er der Inanspruchnahme freien Denkens in den gelehrten Debatte der Zeit der Streitenden Reiche Tribut zu zollen. Wie auch Menzius legt er die Grundlage für eine noch andere Ethik, als er sie selbst vertritt.

Der Sieg des guten Herrschers

Nur Moral führt zur Herrschaft, Unmoral zu deren Verlust. Wer die höchste Moralität erreicht hat, wird Souverän, nicht durch Gewalt oder Intrige, sondern geradezu mit Naturnotwendigkeit durch den Willen des Volkes. Diese zunächst wirklichkeitsfremd wirkende Geschichtsphilosophie findet bei Xunzi eine ausführliche Darstellung. Behandelt die Regierung das Volk anständig, dann verhält es sich loyal, wird im täglichen Leben auf Anstand halten und leicht zu regieren sein. Ist dagegen der Herrscher bzw. die herrschende Schicht profitorientiert, machtgierig und unsittlich, dann wird das Volk diesem Beispiel folgen. Der Staat gerät darüber in Unordnung, und im Extremfall kommt es zum Sturz des Herrschers. Da sich die Wunsche und Triebe der Menschen nicht verändern, bleibt diese Wechselwirkung zwischen Regierenden und Regierten immer gleich – die konfuzianische politische Theorie ist (nach ihrem eigenen Selbstverständnis) nicht zeitgebunden.

Es gibt drei Arten, Autorität auszuüben: die tugendhafte, die misstrauisch-gewaltsame und die hemmungslos-wahnsinnige. […] Die erste resultiert in Stabilität und Stärke, die zweite in Gefährdung und Schwäche, die dritte führt zum totalen Untergang. (Kap. 16.2)[14]

---

[14] Eine andere Einteilung unterscheidet die auf Gerechtigkeit beruhende Herrschaft eines idealen Königs (*wang* 王), die auf Vertrauen (*xin* 信) beruhende eines „Hegemonen" (*ba* 霸), und die auf Macht und Ränken beruhende eines Regenten, der dem Untergang geweiht ist (Kap. 11.3). Die mittlere Form kommt dem europäischen Gedanken einer Herrschaftsbegründung durch Vertrag nahe, vgl. Roetz (1992), S. 119, (2008) und (2016).

Seine Sprache wird geradezu hymnisch, etwa wenn er schildert, wie der Idealherrscher durch Menschlichkeit, Gerechtigkeit und Autorität die Welt so beindruckt, dass niemand ihm nicht nahe sein will, ihn nicht hochschätzt und ihm Feind sein will und das ganze Erdreich sich ihm ohne Kampf unterwirft (Kap. 9.15).

Ein guter Herrscher bringt dem Volk großen Nutzen. Dabei ist keineswegs nur an materiellen Wohlstand zu denken; wenn der Herrscher auch für diesen zu sorgen hat, widerspricht doch das Profitdenken der konfuzianischen Lebensauffassung (*Menzius* 1A1, o. S. 58 u. 59). Das Volk profitiert vor allem, wenn die Streitigkeiten aufhören, die Sittlichkeit gefördert wird und sich das Leben an den alten Idealen ausrichtet. Umgekehrt profitiert selbstverständlich auch der Herrscher vom Wohlergehen des Volkes, doch darf dabei das richtige Augenmaß niemals verlorengehen:

Der Nutzen, den man erzielt, wenn man zuvor (dem Volk) nicht selber genützt hat, ist geringer als jener, den man erzielt, wenn man zuvor selber Nutzen gebracht hat. [...] Aber noch größer ist der Nutzen, wenn man Nutzen bringt, aber keinen Nutzen daraus zieht. In letzterem Fall nämlich gewinnt man die Welt. [...] Wer aber nur Nutzen (aus dem Volk) ziehen will, ohne selbst nützlich zu sein, bringt sein Reich und seinen Clan in Gefahr. (Kap. 10.18)

Die Idealgesellschaft der Konfuzianer ist viel weniger utopisch als die der Mohisten oder Legalisten, von den Daoisten ganz zu schweigen. Was Xunzi als Wunschbild vorträgt, ist einfach ein blühender, reicher und stabiler Kulturstaat, in dem die Menschen gerne leben. Im Gegensatz zum Puritanismus der Mohisten soll dem Volk Wohlstand ermöglicht und eine Kultur zum Leben erweckt werden, die für alles Schöne und Angenehme, bis hin zu guten Speisen, einen Platz hat. Auch der Musik wird eine wichtige Rolle in diesem Kulturstaat zugewiesen. Zur Bereicherung des Lebens rechnet Xunzi ferner die Aufgliederung des Staatsdienstes in viele Ämter bzw. Stufen: die Möglichkeit eines Aufsteigens in dieser Hierarchie gibt dem Leben einen zusätzlichen Reiz.

Im Gegensatz zu den Legalisten soll das Volk nicht bloß durch Strafgesetze gewaltsam in Schach gehalten werden, obwohl auf maßvolle Strafen nicht verzichtet werden kann. So scheint sich die konfuzianische Idealgesellschaft geradezu zur Überflussgesellschaft zu entwickeln, wenn es von ihr heißt:

Waren und Güter sprudeln wie aus einer Quelle hervor und schwellen an wie Ströme oder das Meer. Sie türmen sich zu Hügeln oder gar zu Bergen auf, und wenn nicht gelegentlich einiges davon vernichtet würde, könnten die Lagerhäuser gar nicht alles fassen. Wer würde sich noch Sorgen machen, dass irgendetwas knapp werden könnte! (Kap. 10.14)

Dieses Bild einer Wohlstandsgesellschaft setzt Xunzi ausdrücklich dem spartanischen Ideal Mo Dis entgegen (10.12), der so gern von den Schwierigkeiten spricht, den Lebensunterhalt zu sichern. Der materielle Wohlstand wäre, so die Meinung Xunzis, ohne weiteres erreichbar, wenn nur die richtige Politik betrieben würde.

Der Untergang böser Herrscher

Der Leser von heute mag über Xunzis Wunschbild vom Sieg des Guten zunächst ziemlich ratlos sein. Wie fügt sich dies in die Weltsicht eines so kritischen Denkers wie Xunzi ein? Vielleicht gelingt es im Folgenden aber doch, seiner Lehre einen guten Sinn abzugewinnen.

Vor den machtpolitischen Realitäten konnte zu Xunzis Zeit niemand die Augen verschließen, nur deutete unser Philosoph sie eben nicht in Begriffen von Macht und Machtverlust. Im Altertum, so bemerkt er einmal (Kap. 10.20), gab es Tausende von Staaten; bis auf ein knappes Dutzend gingen sie alle zugrunde – warum? Weil, so antwortet Xunzi, die Herrscher das Volk ausplünderten. Worauf beruht politische Macht, fragt Xunzi, und antwortet: auf der Zustimmung des Volkes, darauf also, dass es seiner Regierung zu folgen bereit ist.

Ein klardenkender Edler erreicht, dass ihm die Menschen folgen. Wenn einem die Menschen folgen, dann erlangt man eine Machtposition, wenn nicht, geht dieselbe verloren. Ein Herrscher steht und fällt damit, dass die Menschen ihm folgen. (Kap. 11.11)

Dass die Menschen einem guten Herrscher weit eher folgen werden als einem schlechten, ist plausibel. So gesehen beruht die Überlegenheit des guten Herrschers nicht auf geheimnisvollen kosmischen oder charismatischen Kräften, sondern auf alltäglichen Faktoren. Das Verlangen des Volkes und der Edlen nach einem moralischen, integren Herrscher, der sich an den traditionellen Werten orientiert, vergleicht Xunzi mit dem natürlichen Streben der Fische nach tiefen Gewässern und der Vögel nach dichten Wäldern. Die ganze Welt sehne sich nach solchen Herrschern. Umgekehrt würden aus Staaten mit schlechten Regierungen die Gebildeten und das Volk auswandern wollen (Kap. 14.2)

Analog ergibt sich der Untergang böser Herrscher. Trotz einer günstigen Ausgangslage, der ererbten Machtposition, treiben sie dem Untergang entgegen, denn das Volk will nichts von ihnen wissen:

> Wieso verloren Jie und Zhòu die Herrschaft an Tang und Wu? Antwort: Aus dem einzigen Grund, weil Jie und Zhòu gerade das taten, was die Leute verabscheuen, Tang und Wu dagegen das, was die Leute schätzen.
> Was verabscheuen die Leute? Antwort: Betrug, Ausplünderung, Habgier. Was schätzen sie? Antwort: Sittlichkeit, Gerechtigkeit, Höflichkeit, Loyalität, Glaubhaftigkeit.
>
> Die Fürsten von heute möchten zwar alle gerne einem Tang oder Wu gleichen, sie unterscheiden sich in ihren Taten aber nicht von Jie und Zhòu. (Kap. 16.4)?[15]

Das typische Ende eines Tyrannen besteht darin, dass ihm bei einem Angriff von außen seine eigenen Truppen den Gehorsam verweigern. Damit ist seine Macht entschwunden. So erging es angeblich dem berüchtigten letzten Shang-König Zhòu 紂. (Kap. 15.26) Die politischen Zustände seiner eigenen Epoche beurteilt Xunzi äußerst pessimistisch, woraus sich ihm auch die Erklärung der politischen Instabilität ergibt:

> Das Volk weiß nur zu genau Bescheid (über seine Obrigkeit), wie sie durch ihre frivole, despotische und chaotische Einstellung den Staat an den Rand des Abgrunds bringt. Aus keinen anderen Ursachen bringen Minister ihre Fürsten um und Untertanen ihre Vorgesetzten, werden Städte verraten und die Normen verletzt und setzt niemand mehr seine vollen Kräfte zur Pflichterfüllung ein, als aus jenen Ursachen, die von den Herrschenden selbst geschaffen worden sind. (Kap. 10.10)

Man erinnere sich, dass Han Fei der Meinung war, jeder Herrscher sei in konstanter Gefahr, seine Macht einzubüßen, und zwar in erster Linie durch die Umtriebe der ihn umgebenden machthungrigen Cliquen. Dementsprechend entwickelt Han Fei ein Arsenal von machterhaltenden Maßnahmen für den Herrscher. Ein Herrschaftsverlust wegen Ausbeutung des Volkes, politischer Unanständigkeit oder Machtmissbrauch steht bei den Legalisten so gut wie nie zur Diskussion. Xunzi wiederum thematisiert ausschließlich den Sturz eines Herrschers, dem das Volk die Gefolgschaft verweigert,

---

[15] Tang stürzte den schlechten Herrscher Jie und begründete die Dynastie Shang; Wu stürzte den Tyrannen Zhòu (s. o. S. 13). Tang-Wu ist das mit Jie-Zhòu kontrastierende Paradigma von guten Herrschern, welche siegreich an die Stelle von bösen traten.

weil er es schlecht regiert. Die (im konfuzianischen Sinne) richtige, gute Regierung bezeichnet er in gewohnter Weise durch das Wort *Dao*.

Staaten sind das Nützlichste auf der Welt, und Souveränität ist die nützlichste Machtposition (überhaupt).
Wer (beides) auf die rechte Art (*dao*) erhält, gewinnt großen Frieden, großen Ruhm und Quellen alles Schönen. Wer sie aber nicht auf die rechte Art erhält, dem erwachsen große Gefahren und Nöte, so dass es für ihn viel schlimmer ist, als wenn er (beides) nicht hätte. Zuletzt möchte er lieber wieder ein kleiner Mann sein, nur geht das nicht mehr. [...]
Souveräne besitzen die vorteilhafteste Machtposition und finden doch nicht immer Frieden. Den Frieden nämlich gewinnt man nur auf die rechte Art (*dao*). (Kap. 11.1–2)

Leider liegen die Verhältnisse selten so einfach, wie es uns die konfuzianische Staatsphilosophie versichert. Es gibt auf Erden nach wie vor viel Gewaltherrschaft, und ob diese empirisch instabiler sei als die etwas besseren, freieren Staatsformen, mag dahingestellt bleiben. Aber wenn Xunzis politisch-moralische Theorie auch nicht die ganze Wahrheit enthält, so doch einen gewichtigen Teil davon. Macht beruht zumindest letzten Endes immer auf Zustimmung und fällt auch mit dieser. Gar nicht wirklichkeitsfremd wirkt Xunzis Analyse der Stabilität bzw. Instabilität einer typischen Fremdherrschaft, d.h. der Okkupation und Besetzung eines Volkes durch ein anderes. Da auch die moderne Welt eine ganze Reihe derartiger Annexionen und Unterdrückungen kennt, lassen sich die Ausführungen unseres Philosophen mühelos mit unseren eigenen Erfahrungen vergleichen:

Über Gewaltanwendung:
Angenommen, ich besiege eine fremde Stadt, die sich verteidigt hatte, mit Gewalt. Dann habe ich das fremde Volk schwer verletzt und es wird mich entsprechend hassen. Eines Tages will es mit mir abrechnen. So bringe ich Unheil über mein eigenes Volk, das mich nun ebenfalls zu hassen beginnt und auch seinerseits irgendwann eine Rechnung mit mir begleichen will.
Wenn es dahin kommt, dass das fremde Volk mich bekämpft, während mein eigenes sich nicht für mich schlagen will, dann hat sich meine Stärke in Schwäche verkehrt. So erobert man Territorien und verliert die Völker. Die Belastung wird immer größer, der Ertrag immer geringer. [...] So verkehrt sich politische Großmachtstellung in Bedeutungslosigkeit. [...]
Wer das Wesen der Gewalt begriffen hat, wird niemals Gewalt einsetzen. (Kap. 9.11-12)

§14 Xunzi

Innenpolitisch verficht Xunzi in seinen Analysen übrigens das vertraute konfuzianische Axiom, dass für den Zustand des Volkes, insbesondere für den schlechten Zustand, ausschließlich die Regierung verantwortlich sei:

Was ist es, das den Staat schädigt?
Antwort: Wenn sich niederträchtige Menschen über das Volk stellen, es regieren und von ihm Dinge verlangen, die ihnen nicht zustehen; Wenn einer einen großen Staat regiert und doch kleinlich auf Profit aus ist – das schädigt den Staat! (Kap. 11.18)

Noch knapper ist ein Satz, mit dem Xunzi das Kapitel *Vom Dao des Fürsten* eröffnet:

Es gibt chaotische Fürsten, aber keine chaotischen Länder. (Kap. 12.1)

Der Sturz eines Herrschers war unter den politischen Voraussetzungen Chinas immer gewaltsam, es kam zu Blutvergießen, und erst mit der Tötung des alten Herrschers war die Etablierung einer neuen Herrschaft möglich. Eine andere Form der Machtergreifung ist in einer Monarchie nicht denkbar. Vom Standpunkt des amtierenden Monarchen ist eine Rebellion immer ein Kapitalverbrechen. Für die antiken Konfuzianer, die von ihren Gegnern selbst der Subversion bezichtigt werden, setzt dies indes voraus, dass Herrschaft ihrerseits legitim ist. In bestimmten Fällen war für sie die Rebellion das richtige Mittel, einen schlechten Herrscher durch einen neuen zu ersetzen und folglich zu billigen. Aber liegt dann nicht zugleich ein Königsmord vor?

Es gab eine Epoche in Europa, in der man intensiv darüber nachdachte, wie man den Gehorsam, den der Untertan dem Herrscher schuldet, mit der Beseitigung eines tyrannischen Herrschers vereinbaren könnte.[16] Das Problem war insofern „ohne weiteres" zu lösen, als man leicht definieren konnte, wer als Tyrann zu gelten hatte, nämlich ein Herrscher, der nicht der Konfession des Verfassers der jeweiligen Streitschrift angehörte. Xunzi führt stattdessen einfach die konfuzianische Bewertung des betreffenden Herrschers durch das Volk als Kriterium dafür an, ob ein Königsmord vorliegt oder nicht:

Gewisse Leute behaupten: „Jie und Zhòu hatten die Regierung inne; Tang und Wu waren daher gewaltsame Usurpatoren."

---

[16] Es handelt sich um die sogenannten Monarchomachen am Ende des 16. Jahrhunderts; vgl. Stricker (1967).

Aber das stimmt nicht! [...] Es stimmt nämlich nicht, dass die Welt auf der Seite von Jie und Zhòu stand. (Kap. 18.2)

Zur Begründung führt Xunzi an, dass immer nur der als Herrscher angesehen worden sei, dessen Anordnungen tatsächlich befolgt wurden. Sobald das nicht mehr der Fall sei, dürfe man nicht mehr von Herrschaft sprechen, auch wenn sich der betreffende Machthaber noch einige Zeit halten könne. Das Volk, das einem schlechten Herrscher nicht mehr richtig folge, sehne sich zugleich nach einem besseren. Daraus ergibt sich die Rechtfertigung der Beseitigung eines Tyrannen, was keineswegs einem Königsmord gleichkäme. Xunzi schreibt, ganz ähnlich wie zuvor Menzius (*Menzius* 1B8, s. o. S. 81):

Wer einen völlig isoliert dastehenden Tyrannen töten kann, ohne dass das unschuldige Volk dabei Schaden nimmt, der tötet einen isolierten Kerl, von dem sich bereits alles abgewendet hat. Das heißt, der Welt einen Dienst erweisen, und wer das kann, (sollte) König genannt werden. [...]
Wer die Welt hinter sich hat, heißt König; wen alle Welt verlassen hat, heißt ein toter Mann. Jie und Zhòu waren keine Herrscher, Tang und Wu keine Königsmörder. [...]
(Nur) wer mit dem Land in Eintracht lebt, ist ein Fürst. Das Land war aber nie mit Jie und Zhòu in Eintracht. Deshalb hat man Tang und Wu niemals Mörder genannt, was ja auch eine Verleumdung wäre.
Ob einer also Himmelssohn ist, hängt ganz davon ab, was für ein Mensch er ist. (Kap. 18.2)

Xunzi erwähnt einmal das Sprichwort

Der Herrscher ist das Boot, die einfachen Leute sind das Wasser. Das Wasser kann das Boot tragen, aber auch kentern lassen. (Kap. 9.7)

Das Boot zum Kentern zu bringen, d.h. Aufstand und Rebellion, überließen die Konfuzianer allerdings meist Anderen. Aus dem Axiom vom Sieg des guten und dem Sturz des bösen Herrschers scheint aber auch zu folgen, dass erfolgreiche Rebellen stets das Gute, erfolglose stets das Böse repräsentieren. Es gab aber in China wie auch sonst überall auf der Welt bestimmt genug Fälle von guten Herrschern, die untergingen und von bösen Rebellen, die siegten. Mit dieser Seite der Realität befassten sich die Konfuzianer aber eher auf der persönlichen Ebene: Der Edle muss immer mit persönlicher Erfolglosigkeit rechnen. Vielleicht trugen die Konfuzianer mit ihrer moralischen Geschichtsauffassung trotzdem manchmal zum Sturz eines schlechten Herrschers bei und sorgten so ein wenig für eine Verbesserung der Lebensumstände des Volkes. Tatsächlich tragen sie in der Antike das Image von Rebellen.[17] Besonders effizient mögen sie dabei nicht gewesen sein; aber sicherlich hat es China nie geschadet, dass im Rahmen der herrschenden Ideologie Sätze wie der folgende ernsthaft ausgesprochen wurden:

Der Himmel hat das Volk nicht für die Fürsten geschaffen, sondern die Fürsten für das Volk installiert. (Kap. 27.72)

Dass der Himmel die Position des Fürsten geschaffen hat, ist hier nur noch eine archaisierende Redefigur. Denn für Xunzi ist der „Himmel" längst keine Gottheit mehr (s. u. S. 282f).

Zwischen Konfuzianismus und Legalismus

Wo Xunzi konkret wird, wenn er über die gesellschaftlichen und politischen Aufgaben spricht, erinnert vieles an den ansonsten gescholtenen Menzius. So befürwortet er den Aufbau eines öffentlichen Schulsystems (27.51) und, so liest man angesichts seiner skeptischen Anthropologie nicht ohne Staunen, eine Erziehung „durch Anleitung und ohne Zwang" (27.18). Ein guter Herrscher hat das Volk nicht für seine Zwecke zu instrumentalisieren, sondern hat sich um es zu kümmern; so hat die Ernährung sicherzustellen und dafür zu sorgen, dass Wälder und Fischereigewässer zur Verfügung stehen, ohne dass Raubbau betrieben wird (9.24 u. 26). Und bei den Leistungen, die er dem dem Volk abverlangt, hat er Zurückhaltung zu üben (9.19–20). All dies findet sich zum Teil wörtlich auch bei Menzius (1A3, 1A5). Xunzi fehlt allerdings dessen moralischer Überschwang, und er befürwortet eine stärkere Kontrollfunktion der Institutionen. Dies verleiht seinem Konfuzianismus eine legalistische Färbung, auch wenn er dem legalistischen reduktionistischen Menschenbild, das ausschließlich den Egoisten sieht, ohne die Möglichkeit einer Kompensation der natürlichen Schlechtigkeit durch Vernunft, ebenso fernsteht wie dem Optimismus Menzius'.

Xunzi ist Realist genug, um haltbare Ideen des Legalismus zu akzeptieren, doch ordnet er sie in sein grundsätzlich moralisches und insofern konfuzianisches System der Politik ein. Er schwankt deutlich zwischen einer maßvollen Synthese von legalistischen und konfuzianischen Ideen und einem hymnisch übersteigerten, der Realität Hohn sprechenden rhetorischen Konfuzianismus, in dem immer das Gute über das Böse triumphiert. Die zuletzt genannte Seite

---

[17] Vgl. Roetz (2006), S. 98, und (2019), S. 222.

seines Systems wurde bereits dargestellt; wenden wir uns also der ersteren zu, der Einverleibung legalistischer Ideen in den Konfuzianismus. Es handelt sich dabei um nicht weniger als den Versuch einer Vereinigung von Realpolitik und Moral.

Auf die Frage „Wie soll regiert werden?", die das Kap. 9 (*Wang zhi* 王制, *Das System eines Königs*) einleitet, gibt Xunzi Empfehlungen, die keineswegs mehr der auch von den Legalisten bekämpften Ideologie der alten Adelsgesellschaft mit ihren Erbrechten entsprachen. Man solle nämlich im Staat die Tüchtigen und Fähigen fördern und nicht nach Herkunft vorgehen. Selbst die Nachkommen des Herrschers oder der höchsten Würdenträger müssten wie gewöhnliche Leute aus dem Volk behandelt werden, sobald ihr Verhalten nicht den Sitten und Pflichten entspreche (9.1).[18] Und wenn ein Mann aus dem Volk Bildung erworben habe, sein Lebenswandel untadelig sei und er sich an die Sittlichkeit halte, möge man ihm ein beliebig hohes Amt zuweisen (9.2).

Oberste Richtschnur hat für Xunzi, anders als im Legalismus die überlieferten Sittlichkeit zu sein, gleichzeitig dürften aber nur wirkliche Könner gefördert werden. Der Herrscher solle die ihm vorgetragenen Ansichten anhören, ohne Partei zu ergreifen (Kap. 12.7). Das Volk erwarte von ihm die Festlegung von Maßen und Gewichten, die Bestrafung schlechter Beamter und die Vernichtung aufrührerischer Staaten. (Kap. 11.11). Unfähige Mitarbeiter soll man unverzüglich aus dem Staatsdienst entlassen und Schwerverbrecher ohne Umschweife hinrichten (9.1), während gewöhnliche Bürger möglichst ohne den Einsatz von Administration (*zheng*) „gewandelt" werden sollen (Kap. 9.1).[19] Beim Verhängen von Strafen sei es in jedem Fall wichtig, das Volk auch zu belehren, damit es verstehen könne, worin denn das Verbrechen bestanden habe. Und Strafen allein aber werde man niemals alle Übeltaten verhindern – genauso wenig wie durch Belohnungen. Xunzi ist diesbezüglich ohne Illusionen:

Wenn man ohne zu belehren straft, dann wird es zwar viele Strafen geben, aber keinen Sieg über das Unrecht. Wenn man ohne zu strafen nur belehrt, dann sind die Übeltäter nicht gewarnt. Wird bestraft, aber nicht belohnt, dann werden die fleißigen Leute nicht angespornt. Wenn den Strafen und Belohnungen kein System zugrunde liegt, werden die Untertanen argwöhnisch, gemein und zerstritten. (Kap. 10.17)

[18] Vgl. Roetz (2019), S. 230.
[19] Vgl. *Lunyu* 2.3, o. S. 39.

Kodifiziertes, positives Recht ist (wie für die Legalisten) unentbehrlich, es allein genügt nach Xunzis Ansicht aber nicht als Fundament der staatlichen Ordnung. Es muss vielmehr seinerseits in einer noch höheren, moralischen Ordnung fundiert sein:

> Das Gesetz ist der Ausgangspunkt der Ordnung. Der Edle ist die Quelle des Gesetzes. (Kap. 12.1)

In praktischer Hinsicht muss man vor allem das Ziel der Gesetze verstehen. Es ist weder möglich noch nötig, dass der Gesetzgeber alle Eventualitäten lückenlos erfasst bzw. vorhersieht. Sofern Klarheit über die moralischen Grundwerte besteht und Gesetze nicht bloß dekretiert, sondern auch ihr Sinn diskutiert und begriffen wird, wird es keine Rechtsunsicherheit geben:

> Ein Gesetz, über welches nicht diskutiert wurde, ist in Fällen, die von ihm nicht erfasst werden, unbrauchbar. Amtsinhaber, die ihre Amtspflicht nicht verstehen, sind verloren, wo ihre Amtspflicht nicht mehr hinreicht. Gesetze auch zu diskutieren und Amtspflicht mit Verständnis zu verbinden, keine geheimen Pläne zu schmieden, keinen Guten zu übergehen, keine Aufgabe zu verfehlen – wer kein Edler ist, vermag dies nicht! […]
> Die beste Methode (der Verwaltung) ist, wenn es ein Gesetz gibt, nach diesem vorzugehen, wenn aber nicht, analog zu verfahren. (Kap. 9.5)

Wo Edle zur Stelle seien, so Xunzi, würden auch lückenhafte Gesetze ausreichen, wo aber nicht, da würden auch bei noch so detaillierten Gesetzen Probleme auftauchen (12.1). Wenn man nur formaljuristisch zu denken gewohnt ist, kann es immer zu Rechtsunsicherheit kommen.

Gegen den Legalismus weist die Mythisierung des vom Menschen losgelösten, abstrakten Gesetzes zurück. Was wären Gesetze ohne Menschen, die sie anwenden! Obwohl Xunzi sich einen Staat ohne Gesetze nicht mehr vorstellen kann, hält er an dem konfuzianischen Grundsatz fest, dass letztlich alles darauf ankommt, was für Menschen am Ruder sind, edle oder gemeine:

> Denn es ist schon vorgekommen, dass es trotz guter Gesetze zum Chaos kam. Dass aber Edle (regierten), und es dabei zum Chaos kam, davon war vom Altertum bis auf den heutigen Tag noch nie etwas zu hören. Ein überliefertes Wort besagt: „Die Ordnung geht von den Edlen aus, das Chaos von den Gemeinen." Und so ist es auch. (Kap. 9.5)

Eine andere Maxime Xunzis lautet:

> Keiner kann allein Herrscher sein, er braucht Mitarbeiter und Berater als Stützen und Krücken. Man kann sie gar nicht früh genug bestellen. (Kap. 12.12)

Xunzi betont, dass die Auswahl der Mitarbeiter die allerwichtigste Aufgabe eines Herrschers sei (Kap. 11.8). Der Herrscher müsse auch die Kunst beherrschen, Aufgaben nicht selbst zu erledigen, sondern zu delegieren. (Kap. 11.9) Das Ziel der Herrschaftsorganisation solle sein, dass durch das Delegieren für den Herrscher soviel freie Zeit übrigbleibe, dass man meinen könnte, er habe nicht genug zu tun. (Kap. 11.15)

In den Kriterien, nach denen Mitarbeiter auszuwählen sind, wird Xunzis Vereinigung von Realpolitik und Moral noch einmal deutlich:

Fachleute ohne Menschlichkeit sind ebenso unbrauchbar wie humane Persönlichkeiten ohne Fachwissen. Wer aber Fachwissen mit Menschlichkeit verbindet, ist ein wahres Juwel für den Herrscher. (Kap. 12.8)

Auch die politische Hauptfrage seiner Epoche, die sich bereits abzeichnende Einigung der chinesischen Staaten, versucht Xunzi im Geist seines realistischen und zugleich moralisierenden Weltbildes zu sehen. Wenige Jahre bevor China durch die konsequente Machtpolitik des Staates Qin geeinigt wurde und Qin damit „die Welt" beherrschte, formulierte Xunzi noch einmal den Traum von einer Weltherrschaft, die einzig durch musterhafte Regierung und moralische Beispielwirkung erlangt wird. Doch ergänzt er seinen Wunschtraum sofort durch eine Aufzählung konkreter politischer Maximen. Es ergibt sich ein politisches Ideal, das konfuzianische, daoistische und legalistische Ideen vereint, das aber leider nicht verwirklicht wurde – es siegte die Gewalt der Qin:

Es ist durchaus keine leere Phrase, dass ein Land von nur hundert Li Fläche genügt, um die ganze Welt unter Kontrolle zu bringen; die Schwierigkeit dabei liegt bloß im (mangelnden) Verständnis der Herrschenden. Die ganze Welt unter seine Kontrolle zu bringen heißt nämlich nicht, dass man alle ihre Territorien einsammelt und davonträgt, so dass sie einem Gefolgschaft leisten (müssen). Vielmehr genügt es, durch den rechten Weg (*dao*) die Menschen (der ganzen Welt) zu vereinen. Denn wenn jemand die Menschen auf solche Art vereint hat, fallen ihm ohnehin auch ihre Territorien zu, und sie hätten keinen Anlass, irgendwo anders hinzuziehen. (Kap. 11.10)

Vom Dao des Beamten[20]

Da kein Mensch allein herrschen kann, auch wenn er nominell Alleinherrscher ist, spielen in den politischen Überlegungen Xunzis

---

[20] *Chen dao* 臣道, der Titel von Kap. 13.

§14 Xunzi

auch die Beamten, der Personenkreis also, der den eigentlichen Machtapparat bildet, eine wichtige Rolle. Er teilt die Beamten ihren (moralischen) Fähigkeiten entsprechend in mehrere Kategorien ein und spricht über verschiedene Eigenschaften, die ein Beamter haben kann bzw. haben sollte. Glück oder Unglück, Erfolg oder Ruin eines Herrschers hängen weitgehend davon ab, ob er imstande ist, geeignete Beamte auszuwählen. Als höchster Typ gelten *weise Beamten*; ihnen folgen die *verdienten Beamten*, es gibt aber auch *durchtriebene und rebellische Beamten*.

Wer nach innen für die Einigkeit des Volkes sorgt und nach außen Schwierigkeiten abwehrt, dem Volk nahesteht, das Vertrauen der Edlen genießt, loyal zum Herrscher ist, das ihm unterstellte Volk liebt und überhaupt unermüdlich ist – der ist ein verdienter Beamter.

Wer imstande ist, den Herrscher zu ehren und das ihm unterstellte Volk zu schonend zu behandeln, wessen Anordnungen auch belehren und verbessern, wem die Untergebenen wie ein Schatten folgen, wer auch den unerwarteten Veränderungen gewachsen ist und schnell wie das Echo darauf reagiert, wer (wenn Vorschriften fehlen) in Anlehnung an analoge Fälle handelt, stets unveränderlich seinen Dienst tut und Verfahrenes wieder in Ordnung bringt – der ist ein weiser Beamter. (Kap. 13.1)

Die erste Pflicht des Beamten ist selbstverständlich die Loyalität zu seinem Herrscher. Der Konfuzianismus lehrt aber keinen blinden Gehorsam. Es wird ein sorgfältiges Abwägen der Konsequenzen eines Befehls und auch das Anbringen von Kritik erwartet. So ergeben sich Bewertungskriterien für das Verhalten von Beamten:

Befehle ausführen und dem Fürsten damit nützen, heißt Fügsamkeit. Befehle ausführen, ohne dem Fürsten zu nützen, heißt Liebedienerei.

Aber sich Befehlen widersetzen, um so dem Fürsten zu nützen, das heißt Loyalität. Sich Befehlen widersetzen, ohne dem Herrscher damit zu nützen, ist freilich ein Gieren nach dem Thron.

Wem Ruhm oder Schande seines Fürsten und Wohl und Wehe des Landes nicht scheren, wer, heimlich Cliquen bildet, opportunistisch sich anpasst und nur um sein Einkommen besorgt ist, der ist ein Staatsfeind. (Kap. 13.2)

Ein wirklich guter Beamter „folgt dem Dao und nicht dem Fürsten" (Kap. 13.2, 29.2). Damit ist allerdings nicht gemeint, dass ein Beamter hemmungslos Kritik am Herrscher äußern und nach eigenem Belieben handeln dürfe. Er hat sich den (Charakter-)Eigenschaften des jeweiligen Herrschers entsprechend unterschiedlich zu verhalten, wobei er immer die Loyalität wahren muss:

Achtungsvoll und gehorsam sein, folgsam und flink, nicht eigensinnig eine Entscheidung oder Auswahl zu treffen wagen, und sich zum Ziel setzen, dem Willen des Herrschers folgen – darin besteht Rechtschaffenheit unter einem weisen Herrscher.

Loyal, treu und ohne Schmeichelei sein, ohne Liebedienerei Kritik üben, klar und entschlossen entscheiden, ein unparteiisches Herz bewahren, Recht Recht nennen und Unrecht Unrecht – darin besteht Rechtschaffenheit unter einem mittelmäßigen Herrscher.

Sich einfügen, ohne an der Korruption teilzunehmen, nachgeben, aber nicht knechtisch sein, tolerant bleiben, ohne Aufruhr anzuzetteln, den richtigen Weg (*dao*) kennen und ihm folgen, ohne dabei die Versöhnung mit jenen zu vergessen, die sich nicht anpassen wollen, auf Verbesserungen hinwirken und zeitgerecht beim Herrscher Gehör zu finden versuchen – darin besteht Rechtschaffenheit unter einem gewalttätigen Herrscher. Es ist dann, wie wenn man ein wildes Pferd zähmt, einen Säugling aufzieht oder einen Verhungernden füttert. (Kap. 13.5)

Diese differenzierte moralische Betrachtungsweise, zu der es in der europäischen Tradition kaum ein Gegenstück gibt, findet sich übrigens auch bei der Darstellung der Pietätspflichten (*xiao*). So heißt es in einem Kapitel über den „Weg des Kindes" (*Zi dao* 子道):[21]

In folgenden Fällen wird ein pietätvoller Sohn Befehle (seiner Eltern) nicht ausführen: 1. Wenn er seine Eltern durch Befolgen der Befehle gefährden würde und durch Nicht-Befolgen schützen, dann ist das Nicht-Befolgen loyal. 2. Wenn er seinen Eltern durch Befolgen der Befehle Schande einbringen würde und durch Nicht-Befolgen Ehre, dann ist das Nicht-Befolgen gerecht. 3. Wenn Befolgen der Befehle viehisch wäre und Nicht-Befolgen anständig, dann ist das Nicht-Befolgen respektvoll. (Kap. 29.2)

Befehle, die des Vaters nicht anders als die des Fürsten, sind somit auf die „Gründe" (*suoyi* 所以) für ihre Befolgung, also ihre Befolgbarkeit hin zu „überprüfen" (*cha* 察). Und es ergibt sich als allgemeine Maxime:

Folge dem Dao und nicht dem Fürsten! Folge der Gerechtigkeit und nicht dem Vater! (*Cong dao bu cong jun, cong yi bu cong fu* 從道不從君從義不從父) (Kap. 29.2)

Die anthropologische Basis diese stolzen Maxime ist das menschliche „Herz" (*xin* 心) als Organ des Denkens, dem Xunzi, wie wir sahen, eine autonome, unbegrenzte Urteilsfreiheit zuschreibt.

Es sind hohe Anforderungen, die Xunzi an die Beamten stellt – eigentlich höhere als an den Herrscher selbst. Die Beamten fungieren geradezu als Korrektiv zum Herrscher. Die Loyalität des Beam-

---

[21] Vgl. hierzu Roetz (1992), S. 104–107, und Roetz (2018), S. 306–313.

ten soll aber letzten Endes gar nicht dem Herrscher gelten, sondern dem Volk. Der gute Beamte soll auch unter einem schlechten Herrscher für den Staat sein Bestes geben. Um seiner Integrität willen soll er aber notfalls seinen Abschied nehmen und die damit verbundenen Nachteile ertragen:

> Wer (jemandem) als Beamter dient, mag ihn tadeln, aber nicht lächerlich machen; er mag sein Amt aufgeben und wegziehen, aber ohne Hass; er mag klagen, aber ohne Zorn. (Kap. 27.34)

Man könnte sagen, dass durch die Existenz einer solchen integren Beamtenschaft die Nachteile des monarchischen Regierungssystems neutralisiert werden. Denn von einem unkontrollierbaren Herrscher sind jederzeit beliebige Exzesse zu befürchten. Die treuen Beamten aber stabilisieren den Staat und sorgen für das Volk. Es wird immer wieder deutlich, dass Xunzi ein Meritokrat ist, der die Herrschaft einer gebildeten, unkorrumpierbaren Elite will und nicht die eines Monarchen, der nur durch den Zufall der Geburt auf den Thron kommt.[22] Insofern denkt er durchaus über das bestehende System hinaus.

Xunzis Beamtenethik verlangt vom Beamten die Zurückstellung seiner persönlichen Wünsche im Interesse des Volkes. Für die konfuzianische Philosophie war es eine Schande, Ämter nur als Sprossen auf der Leiter der persönlichen Karriere zu benutzen. Dabei ist grundsätzlich jedes Dienstverhältnis betroffen, wenngleich das Wort *chen* 臣, das wir hier mit „Beamter", wiedergegeben haben, sich damals in der Regel auf die obersten Politiker, Kanzler, Minister, Staatssekretäre und die hohe Bürokratie bezog.

Woher soll man Beamte mit derart idealen Eigenschaften aber nehmen? Die Antwort war für die Konfuzianer selbstverständlich: aus den Reihen der Konfuzianer! Tatsächlich bildeten sie später jene soziale Gruppe, aus der die kaiserliche Beamtenschaft sich rekrutierte. Die Konfuzianer sollten nach ihren eigenen Ansprüchen eine moralische Elite darstellen, die an den klassischen Texten geschult und auf die Werte der Tradition eingeschworen ist. Sicherlich liegt hierin auch eine Selbststilisierung von hungerleidenden Akademikern, die auf eine Anstellung im Staatsdienst hoffen. Es ist aber unbestreitbar, dass man es hier mit einer faszinierenden politischen Idee zu tun hat. Die konfuzianischen Scholaren, wie Xunzi sie schildert, sind Menschen, die ständig an sich arbeiten und die

---

[22] Vgl. Roetz (2019).

Prinzipien von Moral und Politik studieren, ohne dass damit ein unmittelbarer materieller Vorteil verbunden wäre. Nach dieser Auffassung lernt der Konfuzianer nicht wegen der Aussicht auf eine Karriere im Staatsdienst, sondern zur Bildung und Festigung seiner Persönlichkeit, und es ist ihm klar, dass seine Laufbahn wesentlich auch von äußeren Faktoren und Zufälligkeiten abhängt, mit denen er sich abzufinden hat. (Kap. 28.10)

Wenn es sich trifft, nimmt er einen Staatsposten an und bemüht sich, seine Aufgaben mustergültig zu erledigen. Zeigt sich aber, dass die Regierung schlecht ist und mit den sittlichen Idealen des Konfuzianismus in Widerspruch steht, so verhält sich der Konfuzianer als idealer Beamter, der lieber seine Demission einreicht, als sich an einem korrupten oder tyrannischen Regime mitschuldig zu machen. Für den Extremfall allerdings fasst Xunzi sogar die Möglichkeit ins Auge, dass besonders charakterstarke Beamte die Macht an sich ziehen:

Wer dazu fähig ist, sich dem Befehl des Fürsten zu widersetzen, seine Autorität zu usurpieren (!) und seinen Unternehmungen entgegenzuarbeiten, um den Staat aus einer Krise zu retten und Schmach vom Fürsten zu nehmen, und wessen politischer und militärischer Einsatz hinreicht, um größten Nutzen für den Staat zu bewirken, den nennt man einen Resistenten.[23] (Kap. 13.2)

Neben den traditionellen Sitten und der politischen Moralität verstehen sich die Konfuzianer – immer nach Xunzis Darstellung – auf Führung, Auswahl und Bewertung von Menschen (Kap. 8.10), d.h. gerade auf die wichtigste Aufgabe des Herrschers.

Insgesamt sollen sie eine unabhängige (freilich oft hungerleidende) moralisch-politische Reserve bilden, die jederzeit zur Übernahme von Verantwortung bereit und verfügbar ist, aber nicht an der Macht um ihrer selbst willen klebt. So tragen sie dazu bei, dass der Herrscher seine Pflichten gegenüber dem Volk tatsächlich erfüllt. Ihre oberster Wert ist nicht Folgsamkeit, sondern „souveränes Handeln" (*duxing* 獨行)[24] und unbestechliche Menschlichkeit im Dienste des Ganzen. All das mögen recht hohe und schwer zu verwirklichende Ideale sein, aber des Nachdenkens wert sind sie unbedingt.

---

[23] Köster (S. 171) übersetzt: „Einen Ritter ohne Furcht und Tadel".
[24] *Menzius* 3B2, und in ähnlicher Wortwahl („ohne Furcht und stolz und unabhängig zwischen Himmel und Erde stehen") *Xunzi* Kap. 23.16. Vgl. Roetz (1992), S. 281–283.

§14 Xunzi

Der König Zhao von Qin fragte: „Die konfuzianischen Literaten sind für den Staat doch ohne jeden Nutzen?"
Xunzi entgegnete: „Ein Konfuzianer setzt sich die frühen Herrscher als Norm, fördert Sittlichkeit und die Gerechtigkeit und achtet darauf, dass Minister und Prinzen ihre Obrigkeit respektieren. Wenn ein Herrscher ihn in Dienst nimmt, sollte er ihm eine Position direkt am Hof geben. Wenn er ihn nicht in Dienst nimmt, dann zieht sich der Konfuzianer zum gewöhnlichen Volk zurück und bleibt ein respektvoller, gehorsamer Untertan. [...] Wenn er eine Machtposition innehat, dann ist er ein wertvolles Material für Könige und Grafen. Als Untertan aber bleibt er ein Diener des Staates und ein Juwel für den Landesherrn." (Kap. 8.3-4)

Wenn er der Obrigkeit angehört [...], wird er nicht einen einzigen unrechtmäßigen Schritt unternehmen und nicht einen einzigen unschuldigen Menschen hinrichten lassen, selbst wenn er damit die Weltherrschaft gewinnen könnte. (Kap. 8.7)

Bei Menzius, der bezüglich der Tätigkeit im Staatsdienst ähnliche Idealvorstellungen vertritt wie Xunzi, findet man noch eine Ergänzung. Der Edle ist zwar zur politischen Tätigkeit bereit, doch kennt er eigentlich Wichtigeres als das politische Geschäft:

Menzius sagte: „Dreierlei bereitet dem Weisen Freude; als König über die Welt zu herrschen, zählt nicht dazu. Erstens freut er sich, wenn seine Eltern noch leben und seine Geschwister Frieden halten. Zweitens freut er sich, wenn er sich weder vor dem Himmel noch vor den anderen Menschen schämen muss. Drittens freut er sich, wenn er talentierte Menschen unterrichten und fördern kann.
Dreierlei bereitet dem Edlen Freude; als König über die Welt zu herrschen, zählt nicht dazu." (*Menzius* 7A20)

Es ist freilich immer problematisch, von einer größeren Gruppe von Menschen in so hohen Tönen zu sprechen, wie Xunzi es von den konfuzianischen Literaten tut. Nicht jeder Konfuzianer entsprach Xunzis Idealbild, so dass er sich veranlasst sah, die Konfuzianer je nach ihren Qualitäten bzw. Charaktereigenschaften in mehrere Klassen einzuteilen, beginnend mit „gewöhnlichen" und endend mit „großen" Konfuzianern. Nur die Letzteren werden der Rolle gerecht, die Xunzi den Konfuzianern als moralisches Rückgrat der Politik zugedacht hat. Es liegt darum nahe, die „großen" Konfuzianer mit herausragenden, um nicht zu sagen übermenschlichen Fähigkeiten auszustatten. Wir lesen von ihnen:

Einem großen Konfuzianer können Könige und Fürsten nicht den Rang ablaufen, auch wenn er zurückgezogen und so armselig lebt, dass er nicht einen Fußbreit Land besitzt. [...] Geht es ihm schlecht, dann werden ihn die gewöhnlichen Konfuzianer auslachen; aber wenn er an die Macht kommt, dann werden sogar die Herausragenden im Land sich von ihm beeinflussen lassen, Nörgler und Großsprecher ergreifen dann die Flucht, Besserwisser bekommen es mit der Angst zu tun, und die Volksmassen sind tief von ihm beeindruckt. (Kap. 8.24)

Der große Konfuzianer richtet sich nach den frühen Königen, ordnet die Moral und setzt einheitliche Normen. Er beurteilt das Komplizierte nach dem Muster des Einfachen, die Gegenwart nach dem Vorbild des ideal gedachten Altertums und die Vielfalt der Probleme gemäß den Erkenntnissen aus konkreten Einzelfällen. In Fragen der Menschlichkeit und Gerechtigkeit ist sein Urteil so sicher, wie wenn er zwischen Schwarz und Weiß zu unterscheiden hätte, und das auch noch wenn er sich unter wilden Tieren befinden würde. Auf unerwartete, seltsame oder neuartige Situationen reagiert er richtig, indem er bewährte Maßstäbe anlegt. (8.25)

Zweifellos garantiert die Beschäftigung mit den moralisch-politischen Ideen des Konfuzianismus nicht schon die Ausbildung von herausragenden Persönlichkeiten, und man wird bei den Literaten mit genauso viel Mittelmäßigkeit rechnen müssen wie bei den Herrschern. Dies weist daraufhin, dass Xunzis Idee einer Verbesserung der politischen Zustände durch das Wirken von moralisch gefestigten und geschulten konfuzianischen Literaten eigentlich noch weiter ausdifferenziert werden müsste, damit sie nicht als illusionär abgetan werden kann. Denn wenn der „große" Konfuzianer geradezu die Züge eines Yao oder Shun erhält, dann wird er auch ebenso selten sein wie diese Idealherrscher.

Gesellschaft, Kultur und Tradition

Humanität und Sittlichkeit, *ren* 仁 und *li* 禮, gehören beide zu den Grundbegriffen jedes Konfuzianers, aber möglicherweise in jeweils unterschiedlicher Akzentuierung. Bei Menzius steht die angeborene, spontane Humanität im Vordergrund, bei Xunzi die erlernte und rational eingeübte Sittlichkeit. Da in Xunzis Ausführungen sowohl allgemeine als auch sehr spezielle Verhaltensweisen behandelt werden, liegt es nahe, den Terminus *li* je nach Kontext durch *Sittlichkeit, Sitte, Tradition, Ritual* oder auch *Umgangsformen* und *Etikette* wiederzugeben.

Xunzi befasst sich sowohl mit der generellen Funktion der Sittenvorschriften als auch mit ihren Inhalten. Die Rolle der Sittlichkeit charakterisiert er durch die These,

Ohne Sittlichkeit kann der Mensch nicht leben, er kann ohne sie seine Aufgaben nicht erfüllen, und Staat und Familie geraten ohne sie in Unfrieden. (Kap. 2.2)

Auch nennt er die Sittlichkeit mehrfach ein Messgerät oder einen Standard zur Beurteilung des menschlichen Verhaltens oder vergleicht sie mit Wegzeichen, die das Passieren von Flüssen ermöglichen, indem sie auf Untiefen hinweisen (Kap. 19.8; 17.14).

Xunzi entwickelt seine Konzeption des Staates bzw. der Gesellschaft gleichzeitig mit der Idee der Kultur, deren höchstes Produkt eben die Tradition mit ihren Werten, Sitten und Ritualen ist. Er bedient sich des Terminus *fen* 分 (= teilen, unterscheiden) als Bindeglied: die Grundlage einer stabilen Gesellschaft ist nach seiner Ansicht eine Gliederung in unterschiedliche (aber nicht undurchlässige) soziale Schichten, und auch die Kultur beruhe auf dem geschulten und verfeinerten Unterscheiden zwischen verschiedenen Gefühlen und Werten (Kap. 10.7).

Die Einteilung der Gesellschaft gehört für Xunzi zu den zur Friedenssicherung unerlässlichen Maßnahmen und erfolgte daher bereits in frühester Zeit:

Es ist ein universeller menschlicher Wunsch, so vornehm wie ein Kaiser zu sein und so reich, dass einem die ganze Welt gehört. Die Verhältnisse lassen es aber nicht zu, diesem Wunsch zu folgen, denn es gibt dazu nicht genug Güter.

Die früheren Könige haben deshalb mit Hilfe des Systems der Sittlichkeit und Gerechtigkeit eine soziale Einteilung etabliert. Damit gab es Vornehme und Geringe, Alte und Junge, Wissende und Dumme, Fähige und Unfähige. Jeder erhielt seine Aufgabe und seine Position. Es gab auch die Unterschiede im Einkommen. Das ist die Methode (*dao*) zur Bildung einer einträchtigen Gesellschaft. (Kap. 4.13)

Umgekehrt schildert Xunzi auch, wie die Welt aussähe, wenn es keine Standes- und Herrschaftsunterschiede mehr gäbe:

Nivellierte man die Unterschiede, gäbe es trotzdem keinen Ausgleich; ebnete man die wenn man die Machtpositionen ein, käme keine Einigkeit zustande, und wären alle gleich, könnte man niemandem mehr befehlen.

Den Unterschied zwischen Obrigkeit und Untertanen gibt es, seit es Himmel und Erde gibt, und seit aufgeklärte Herrscher auf dem Thron sitzen, ist ein dementsprechendes politisches System etabliert. Zwei Vornehme können einander nämlich ebenso wenig befehlen wie zwei Geringe – das ist eine Naturtatsache. Wenn bei gleichen Begierden und Abneigungen alle die gleiche Machtposition besäßen, dann wären, da die Güter nicht ausreichen, Streit, Chaos und Not unausweichlich.

Die frühen Könige wollten kein solches Chaos, deshalb gliederten sie die Menschen mit Hilfe des Systems der Sittlichkeit und Gerechtigkeit in Arme und Reiche, Vornehme und Geringe. (Kap. 9.6, ähnlich auch 10.7)

Die gesellschaftliche Gliederung, sowohl durch Reichtum und Macht als auch innerhalb der Familie (durch die Unterscheidung der Rechte und Pflichten von Jung und Alt), erfolgt also um des Friedens willen. Die Güter sind knapp, nicht jeder Wunsch kann erfüllt werden. Hinzu kommt die Notwendigkeit, eine arbeitsteilige Gesellschaft zu organisieren, denn anders würde die Menschheit nur mühsam dahinvegetieren. Auch aus diesem Grund hält Xunzi die soziale Gliederung für absolut nötig (Kap. 10.3).

Die Stabilisierung der Gesellschaftsstruktur ist für Xunzi kein Ziel an sich, sondern ein Mittel zur Erlangung kultivierter und sogar ein wenig komfortabler Zustände. Es kann auch gar nicht anders sein, denn nur eine Regierung, die dem Volk Wohlstand verschafft, kann sich auf die Dauer halten, und deswegen sorgten weise Herrscher stets nach Kräften für materiellen und kulturellen Reichtum (Kap. 10.14). Zusammengefasst ist das Ergebnis also:

Der Mensch kann gar nicht ohne Gesellschaft leben, eine Gesellschaft ohne Unterschiede *(fen)* wird aber zerstritten, chaotisch, zwieträchtig und schwach, so dass sie von den äußeren Umständen überwältigt wird. (9.24)

Parallel zur Etablierung von Machtstrukturen und Gesellschaft wird in Xunzis politischer Philosophie die Ausbildung der gesamten Tradition, d.h. von Sittlichkeit, Sitten und Riten geschildert.

Wie ist die Sittlichkeit *(li)* entstanden?
Antwort: Von Geburt aus hat der Mensch Begierden. Verlangt ihm nach etwas und er bekommt es nicht, dann kann er nicht umhin, nach Abhilfe zu suchen. Kennt er dabei weder Maß noch Grenze, dann kommt es unweigerlich zu Streit. Streit führt zu Chaos, Chaos zu Elend.
Den frühen Königen war dieses Chaos verhasst. Deshalb richteten sie Sittlichkeit und Gerechtigkeit ein, um zwischen den Menschen eine Rollenteilung zu erreichen, ihrem Verlangen entgegenzukommen und ihre Nachfrage zu befriedigen. So sorgten sie dafür, dass weder die Wünsche eine Grenze an (der Knappheit der)] Güter fanden noch die Güter durch die Wünsche aufgebraucht wurden, sondern beide miteinander wachsen konnten. Dies ist der Ursprung der Sittlichkeit. (Kap. 19.1)

Die traditionellen gesellschaftlichen Regeln sollen also einen stabilen Rahmen für eine möglichst weitgehende Befriedigung der menschlichen Wünsche und Begierden abgeben. Ein bestimmtes Maß ist dabei unerlässlich, denn die Welt ist nicht reich genug, um jeden Wunsch zu erfüllen. Der durch die Tradition abgesteckte

Rahmen soll auch nicht gleichmacherisch sein: Vornehme erhalten mehr als Geringe – wobei allerdings in für alle einsehbarer Weise Verdienst, nicht Geburt über den Status entscheiden soll – Alte erhalten mehr als Junge usf. (Kap. 4.13–14) Aber *jeder* wird profitieren, so dass sich von „geteiltem Nutzen" (*tong li*) sprechen lassen soll. Schon das bewusste Sich-Einfügen in diesen Rahmen bringt eine Bedürfnisbefriedigung, insofern es vom endlosen Kampf um die knappen Ressourcen befreit. So herrscht noch in den Asymmetrien, ohne die für Xunzi keine Ordnung produktiv und überlebensfähig wäre, ein Moment der Gleichheit.[25]

Nach der generellen Rechtfertigung der traditionellen Sitten mit ihrer Sozialität stiftenden Funktion wendet sich Xunzi dem vorrangigen konfuzianischen Riten-Paradigma zu, den Trauer- und Begräbnisriten. Er gibt eine sehr einfühlende Deutung des Rituals als angemessener Formgebung für den trostlosen Gefühlszustand nach einem eigentlich unfassbaren Ereignis, dem Tod eines Angehörigen. Ganz allgemein sind die rituellen Umgangsformen Hilfen, die einen unmissverständlichen und zugleich entlastenden Ausdruck der Gefühle ermöglichen. Sie ermöglichen dem Betroffenen, in einer für die Mitmenschen verständlichen und erträglichen Form, zu „äußern", was er empfindet, und so eine seelische Erleichterung zu verspüren. Dem dienen z.B. Trauerkleider und alle anderen Gebräuche bei Todesfällen (Kap. 19.14–15).

Xunzi behandelt die Trauerrituale zunächst mit großer Liebe zum Detail. Jeder Handgriff, jede einzuhaltende Frist, die Ausgestaltung des Sarges, die Einkleidung des Toten, die Grabbeigaben usf. werden geschildert. Dann jedoch folgt der Versuch, diese Rituale rational zu begründen. Dabei verbat sich für Xunzi die Berufung auf Überirdisches von vornherein. Also musste er die traditionellen Rituale – die die Mohisten als pompös kritisierten – durch innerweltliche Argumente rechtfertigen.

Was er dazu vorbringt, entbehrt nicht der Konsequenz. Die Geburt eines Menschen wird überall feierlich begangen – warum nicht auch sein Tod? Man nimmt den Beginn des Lebens ernst – warum nicht auch das Ende? Der Lebende wurde geehrt, und man brachte das durch bestimmte Formen der Höflichkeit zum Ausdruck – wäre er der Achtung plötzlich nicht mehr wert, sobald er tot ist? Durch die festliegenden Rituale sei es dem Menschen auch möglich, seiner

---

[25] Vgl. hierzu Roetz (1992), S. 114–116 und 188 f.

spontanen Trauer, seinen Erinnerungen und seiner Dankbarkeit dem Verstorbenen gegenüber angemessenen Ausdruck zu verleihen. Man begehe etwa ein rituelles Totenmahl so, „als ob" der Verstorbene anwesend wäre; man bringe dabei noch einmal seine Verehrung für ihn zum Ausdruck und diene ihm sozusagen noch ein letztes Mal. Man tut dies, „als ob" der Tote anwesend wäre, oder als ob er sich zu einem Umzug vorbereite (Kap. 19.10 ff.). So sprach auch schon Konfuzius (s. o. S. 44), ohne die Existenz der Geister auch explizit zu bestreiten. Für Xunzi gibt es aber die Totengeister tatsächlich nicht.

Dass der Mensch beim Tod seiner Angehörigen Trauer empfindet, ist in Xunzis Augen natürlich und richtig. Wohl mit einem Seitenblick auf die daoistische Gleichgültigkeit gegenüber dem Tod weist er daraufhin, dass sogar die höheren Tiere beim Tod ihres Partners einige Zeit verstört seien. Der Mensch, als das intelligenteste Lebewesen, könne seine Gefühle für die verstorbenen Eltern erst recht nicht abrupt beenden. Das sei auch der Sinn der dreijährigen (d.h. 25 Monate dauernden) Trauerzeit für die Eltern (Kap. 19.18 ff.).

Die Riten ermöglichen den Hinterbliebenen diese trostreichen zeremoniellen Schritte, zugleich aber auch den Ausdruck dafür, dass man über die wahre Situation Bescheid weiß (Kap. 19.16): der Tote hat aufgehört zu existieren. Es gehört aber Weisheit dazu, dieses Wesen der Riten ganz zu verstehen. Deshalb schreibt Xunzi von den Trauer- und Begräbnisriten:

Wenn es keine Weisen gäbe, könnte niemand das begreifen. (Nur) der weise Mensch versteht das klar, die Gebildeten und Edlen halten sich daran, die zuständigen Beamten bewahren sie, und das Volk übernimmt sie, weil sie der Brauch sind.
Für den Edlen gehören sie zum Menschsein, für das Volk sind dabei Geister im Spiel. (Kap. 19.22)

Neben den Riten für den Trauerfall kennt jede Gesellschaft noch viele andere traditionelle Sitten für die verschiedensten Anlässe, von hohen Festlichkeiten (Hochzeit, Geburt) bis zu alltäglichen Handlungen (Grüßen, den Vortritt lassen, Briefe schreiben etc.). In China waren die entsprechenden Sitten besonders streng und detailliert, während sie in unserer Zeit besonders leger und einfach geworden sind – aber eine Gesellschaft ganz ohne allgemein akzeptierte Rituale gibt es nicht. Hierher gehört auch die Musik, denen *Xunzi* ein eigene Schrift widmet (Kap. 20). Gerade in der Musik gibt es für alles, was den Menschen bewegt, Ausdrucksformen, die Xunzi ausführlich darstellt. Er verurteilt Mo Dis negative Haltung zur Musik aufs schärfste, warnt aber auch vor einem neueren, ausschweifenden und aufreizenden Stil in der Musik.

Über den „Himmel" – die Natur[26]

Der Ausdruck *Himmel* (tian 天) wurde im frühen China in einer zwar nie ganz präzisierten, aber jedenfalls meta-physischen Bedeutung gebraucht. In archaischer Zeit war der Himmel eine persönlich vorgestellte Gottheit. Auch im frühen Konfuzianismus findet sich diese Bedeutung noch, z.B. wenn Konfuzius ausruft, dass der Himmel ihn verwerfen möge, wenn er Unrechtes getan habe (*Lunyu* 6.26). Der Himmel fungiert hier, freilich in höchst unbestimmter Weise, als ein Etwas, das über dem Menschen steht, weit mächtiger ist als er und durch Zeichen auch moralische Bewertungen der Menschen abgibt. Für die Ethik greift Konfuzius allerdings nicht auf den Himmel zurück. Manchmal ließe sich „Himmel" am ehesten durch „Schicksal" wiedergeben, ohne dass damit freilich viel an Einsicht gewonnen wäre.

Bereits im *Laozi* ist der Himmel depersonalisiert und entspricht in etwa dem abendländischen Begriff Natur. *Himmel* bezeichnet ein mächtiges, universales, Prinzip, dem alles Geschehen unterliegt, das sich aber nicht speziell um den Menschen kümmert. Doch wird dies alles im *Laozi* nicht besonders deutlich ausgesprochen. Xunzi dagegen, für den die Entmythologisierung und Säkularisierung des Himmels längst abgeschlossen ist, widmet diesen Fragen einen ausführlichen Text mit der Überschrift *Über den Himmel* (*Tian lun* 天論) bzw. *Über die Natur*. Darin spricht er klar aus, dass der Himmel nicht durch den Menschen beeinflussbar ist und dass dieser nur auf seine eigene Aktivität vertrauen solle. Der Mensch steht allein in der Welt, keine Opfer und kein Flehen helfen ihm – sein Schicksal hängt nur von ihm selbst ab. Politisch gesehen heißt das, dass Regierende wie Regierte sich nicht auf die Hilfe des Himmels verlassen und den Kopf nicht in den Sand des Metaphysischen stecken sollen, sondern sich besser ohne zu zögern ihren irdischen Aufgaben zuwenden. Schon Zichan hatte im 6. Jahrhundert die Weichen in diese Richtung gestellt, als er es ablehnte, beim Erscheinen eines Meteors ein

---

[26] Vgl. zu diesem Thema die Analyse in Roetz (1984), S. 284 ff.

Ofer darzubringen – der „Weg des Himmels" (*tian dao*), so Zichan, ist etwas „in weiter Ferne Liegendes und nichts, worüber der Mensch etwas wissen kann".[27] Hiermit beginnt sich die Menschenwelt als Bereich sui generis zu etablieren; ein Prozess, den Xunzi zum Abschluss bringt und den der Daoismus kritisch beschreibt und mit Misstrauen verfolgt. „Dao" meint bei Xunzi im normativen Sinne stets den „Weg" des Menschen und nicht den des Himmels.[28]

Der „Himmel" ist für Xunzi der Inbegriff aller Naturereignisse schlechthin, wobei aber nur die das Leben des Menschen konkret beeinflussenden Faktoren wie das Wetter, insbesondere auch das Unwetter, Dürreperioden oder Überschwemmungen, von direktem Interesse sind. Es handelt sich um gewaltige Mächte, und der Mensch kann leicht in Resignation verfallen, wenn er bedenkt, in welchem Maße seine Welt von ihnen abhängt. Xunzi aber lehrt, die richtige Einstellung zum Himmel sei, sich nicht um ihn zu kümmern und sich stattdessen auf die eigenen Kräfte zu verlassen. Die Schrift *Tian lun* beginnt denn auch wie folgt:

> Der Lauf des Himmels liegt fest und wird weder wegen eines (guten Herrscher wie) Yao eingehalten noch wegen eines (schlechten Herrschers wie) Jie aufgegeben. (Kap. 17.1)

Die Argumentation des Kapitels verfolgt parallel zwei Ziele. Erstens soll der Mensch, insbesondere der Angehörige der Oberschicht, zu selbstverantwortlicher Tätigkeit ermuntert werden, und zweitens soll klargestellt werden, dass bloße Spekulation über den Himmel bzw. die Natur zu nichts führt. Der Himmel bzw. die Natur sind für Xunzi im Kern letzten Endes unerkennbar, doch leitet er daraus nicht einen erkenntnistheoretischen Pessimismus ab, sondern eine Weisheitslehre: Was geht uns der Himmel eigentlich an! Zunächst also die praktische, politische Seite:

> Wenn man die Basis (die Landwirtschaft) stark macht ist und bei den Ausgaben mäßig ist, kann der Himmel einen nicht in Armut stürzen. Ist für Nahrungsmittel gesorgt und wird alles zur richtigen Zeit erledigt, dann kann der Himmel kein Leid bringen. Wenn man den rechten Weg (*dao*) konsequent einhält, kann der Himmel kein Unglück bringen. Überschwemmung und Dürre können dann keine Hungersnot auslösen, Frost und Hitze kein Leid bringen und abnorme Naturereignisse kein Unheil. Wird

---

[27] *Zuozhuan*, 18. Jahr des Herzogs Zhao, Legge S. 671, Roetz (1984), S. 199f. Zu Zichan im Allgemeinen s. Roetz (1984), S. 194–202
[28] Vgl. Roetz (1992), S. 312.

§14 Xunzi

dagegen die Basis vernachlässigt und wird bei den Ausgaben vergeudet, dann kann auch der Himmel keinen Wohlstand herbeischaffen. (Kap. 17.1)

Es hat keinen Sinn, so sagt Xunzi, sich über Himmel zu beklagen, denn „dessen Weg ist, wie er ist". Wer die richtige Erkenntnis erreicht hat, ist deshalb jemand, „der sich über den Unterschied von Himmel und Mensch im Klaren ist". (17.1) Der Himmel und der Mensch haben ganz unterschiedliche Zuständigkeiten:

Was sich ohne Eingriff vollendet und ohne Streben zum Ziel gelangt, nennt man den Bereich des Himmels.

Da die Dinge so liegen, sollte ein intelligenter Mensch sich darüber keine Gedanken machen, auch ein starker sollte dem nicht nachhelfen wollen und ein tiefgründiger darüber keine genaueren Untersuchungen anstellen. Wer das befolgt, darf einer genannt werden, der nicht in den Bereich des Himmels eingreift.

Der Himmel hat seine Jahreszeiten, die Erde ihre Schätze, und der Mensch seine (politische) Ordnung. (Kap. 17.2)

Der Mensch wird also auf seine eigenen, irdischen Probleme zurückverwiesen, umso mehr als an der Erkennbarkeit des Himmels ohnehin zu zweifeln ist, wie Xunzi nach einem kleinen poetischen Exkurs in die großen Zusammenhänge der Natur erläutert:

Die Gestirne kreisen, Sonne und Mond erstrahlen im Turnus, Jahreszeiten lösen einander ab, Yin und Yang bewirken die großen Wandlungen, Regen und Wind spenden Fruchtbarkeit. Jedes Ding erhält, was es zum Entstehen und zu seiner Vollendung bedarf.

Man sieht nichts am Werk, sondern nur die Resultate – wundersam könnte man das nennen!

Wodurch es seine Resultate erzielt, ist zwar bekannt, aber seine Gestaltlosigkeit begreift niemand – dies heißt „Himmel".

Nur dem Weisen verlangt nicht danach, den Himmel zu erkennen. (Kap. 17.3)

Wichtiger als sich einer Erforschung der Natur zuzuwenden ist für Xunzi der Erwerb sozialen und politischen Wissens:

Erkennen ist eine angeborene Fähigkeit des Menschen und ermöglicht ihm die Einsicht in die Regeln der Dinge. Wer freilich nach den Regeln der Dinge forscht, ohne sich dabei ein strenge Grenze zu ziehen, der wird sein Leben lang nicht damit fertig werden. Er wird vom Hundertsten ins Tausendste kommen, und doch reicht es nie, um alle Regeln (der Dinge) zu erfassen, so dass er gleichsam ein Tor bleibt. Aber wer beim Lernen alt wird, schon Kinder großgezogen hat, aber immer noch mit einem Toren auf gleicher Stufe geblieben ist und das nicht (einmal) als Fehler erkennt, den nennt man einen Verrückten.

Beim Lernen muss man also lernen, einen Halt zu machen. Aber wo liegt der Haltepunkt? Ich antworte: Dort, wo es genug des Lernens ist! Und wo ist es genug des Lernens? Ich sage: Die Weise erschöpfen die menschlichen Beziehungen und die Könige die Institutionen. Diese beiden genügen für alles. (Kap. 21.15)

Weitere Überlegungen des Kapitels 17 richten sich gegen Aberglauben, Vorahnungen und die religiöse Deutung kultischer Handlungen. Der Mensch hängt nicht von einem glück- oder unglückverheißenden Himmel ab, und es ist unsinnig, nach irgendwelchen Vorzeichen Ausschau zu halten. Ordnung und Chaos hängen, sagt Xunzi, nur von der Regierung ab. Die äußeren (natürlichen) Gegebenheiten seien für gute wie für schlechte Regierungen dieselben gewesen. Xunzi zitiert das *Shijing*, das *Buch der Lieder*:

Der Himmel schuf den Hohen Berg, aber der Große König kultivierte ihn. (Kap. 17.6.)

Abgesehen von besonders abergläubischen Individuen haben sich die Menschen in der Praxis immer auf die eigenen Kräfte verlassen und den Himmel höchstens deshalb angerufen, weil es nichts schaden kann. Trotzdem macht sich ein Denker, der dies deutlich ausspricht, also ein Aufklärer, damit selten beliebt. Xunzi aber scheut hier nicht zurück. Zunächst stellt er generell fest:

Der Himmel hebt die Kälte nicht auf, weil die Menschen den Winter nicht mögen. Die Erde gibt ihre Weite nicht auf, weil die Menschen große Entfernungen nicht mögen. Ein Edler gibt seinen Lebenswandel nicht auf, bloß weil kleine Geister ihr Geschrei erheben. (Kap. 17.7)

Die Analogie ist zu verführerisch, als dass Xunzi sie nicht noch ein Stück weit ausspinnen würde. Aber er kommt bald wieder auf sein eigentliches Thema zurück, nämlich die Beziehungslosigkeit von Himmel, d.h. Naturgeschehen, und Mensch. Daraus folgt, dass es Unsinn ist, aus Naturphänomenen, seltenen wie alltäglichen, Rückschlüsse für das Leben des Menschen abzuleiten.

Wenn Sterne herabstürzen oder Bäume Laute von sich geben, fürchten sich im ganzen Land die Leute und fragen sich, was das bedeuten mag.
  Ich sage: Es bedeutet gar nichts! Es sind einfach Geschehnisse am Himmel oder auf Erden, Veränderungen von Yin und Yang, die sehr selten vorkommen. Man mag sich darüber wundern, es wäre aber falsch, sich deswegen zu fürchten. Finsternisse von Sonne oder Mond, Sturm und Regen zur Unzeit, unbekannte seltsame Sterne – es gibt keine Generation, die so etwas nicht hin und wieder erlebt.
  Wenn die Obrigkeit aufgeklärt ist und gerecht regiert, dann kann das alles sogar zugleich eintreten, ohne dass es Schaden anrichtet. Wenn die Obrigkeit borniert und ihre Politik riskant ist, dann nützt es auch nichts, wenn keines (der erwähnten Phänomene) eintritt. (Kap. 17.9)

Dies beschreibt das Verhalten einer verantwortungsbewussten Oberschicht nicht übel, für die ja zu allen Zeiten das Motto „Nur keine Panik" galt. Aber allzu genau hörten und hören es die Gebildeten doch nicht gerne, wenn ein Aufklärer die Dinge zu Ende denkt. Jede Gesellschaft hat bei aller diesseitigen Orientierung auch ihre Rituale, ob es nun Erntedankfeiern sind, obwohl man sich in der Praxis lieber auf Kunstdünger und Insektizide verlässt, oder ob es die alten chinesischen Regenzeremonien sind. Deshalb passte Xunzis provokant aufklärerische Bewertung der Opferriten vielleicht selbst für manche Konfuzianer nicht restlos in die Welt ihrer Lehre, auch wenn diese nicht betont religiös war. Auch Xunzi hielt die überlieferten Rituale als Bestandteil der Tradition schließlich für unverzichtbar. Und außerdem konnte man bei diesen Riten, wie gesagt, nie wissen, ob nicht doch etwas dahintersteckte – man *wollte* es vor allem auch nicht wissen. Das folgende muss also recht frivol geklungen haben:[29]

Wenn nach einer Regenzeremonie Regen fällt, was bedeutet das?
Ich antworte: Es bedeutet gar nichts! Es ist genauso, wie wenn ohne Regenzeremonie Regen fällt. Wenn bei einer Finsternis die Sonne bzw. der Mond „gefressen" und (durch ein Ritual) „gerettet" werden, wenn während einer Dürre eine Regenzeremonie abgehalten wird, oder wenn man eine schwierige Angelegenheit erst entscheidet, nachdem man das Orakel befragt hat, dann doch nicht deshalb, weil man davon wirklich eine Hilfe erwartet, sondern weil man sich kultiviert verhalten möchte. Denn für den Edlen ist das alles eine Frage der Kultur (*wen* 文), nur für das Volk sind dabei Götter (*shen* 神) im Spiel.
Glücklich, wer das alles zur Kultur rechnet, unglücklich, wer an Götter glaubt. (Kap. 17.11; vgl. 19.22, o. S. 280)

Xunzi bringt hier das entwickelte konfuzianische Verständnis von Religion als *Kultur* auf den Punkt. Zugleich zeigt sich, dass er nicht unbedingt ein Volksaufklärer sein will. Er unterscheidet zwischen der gebildeten Oberschicht und der Masse der Ungebildeten. Es kommt ihm vor allem darauf an, die Oberschicht von falschen Vorurteilen und damit von falschem Verhalten abzubringen. Im gleichen Kontext steht seine Schrift zur Physiognomik (Kap. 5). Nach verbreiteter Ansicht konnte man aus dem äußeren Aussehen eines Menschen nicht bloß dessen Wesensart erkennen, sondern auch sein künftiges Schicksal. Xunzi lehnt diesen Aberglauben entschieden ab, führt Gegenbeispiele an und setzt der Wahrsagerei wieder

---

[29] Vgl. zum folgenden Schleichert (2015).

seine Aufforderung zur Tat entgegen. Das Geschick hänge vom eigenen Handeln ab und nicht von der Physiognomie.

Xunzi will so klar wie möglich zeigen, dass der Mensch sein Leben stets selbst in die Hand nehmen muss und dass er dies auch kann. Naturmystik, Sehnsucht nach dem Transzendenten, Wahrsagerei, daoistisches Nicht-Tun und Kulturmüdigkeit lösen keine Probleme und sind abzulehnen. In einem kühnen Hymnus auf den Menschen proklamiert er feierlich, den zum Naturprozess herabgesunkenen Himmel Himmel sein zu lassen und sich ganz den irdischen Aufgaben zuzuwenden:[30]

Den Himmel (die Natur) zu bestaunen und seine Gedanken auf ihn zu richten – wie käme das dem gleich, ihn wie ein Ding zu domestizieren und über ihn zu verfügen!
Dem Himmel (der Natur) Gefolgschaft zu leisten und ihn zu besingen – wie käme das dem gleich, seine Bestimmung für sich einzurichten und zu nutzen!
Einen günstigen Zeitpunkt herbeizugucken und auf ihn zu warten – wie käme das dem gleich, auf jeden Augenblick zu reagieren und ihn für sich wirken zu lassen!
Den Dingen nachzulaufen und sie sich mehren zu lassen – wie käme das dem gleich, sein Können zu entfesseln und sie zu verändern!
Seine Gedanken auf die Dinge zu richten und sie Dinge sein zu lassen – wie käme das dem gleich, ihnen eine Ordnung zu verleihen und ihrer nicht verlustig zu gehen!
Bei dem sein zu wollen, durch das die Dinge entstehen (der Natur) – wie käme das dem gleich, im Besitz dessen zu sein, wodurch die Dinge zur Vollendung kommen!
Wer deshalb den Menschen beiseite lässt und seine Gedanken auf den Himmel richtet, der verfehlt die wahren Verhältnisse der Dinge. (Kap. 17.13)

In der frühen Zhou-Zeit war der „Himmel" als oberste Gottheit der Herrscher über die Menschenwelt und die Natur. Am Ende der Epoche ist er selbst zum Gegenstand menschlicher Praxis geworden; das ursprüngliche Verhältnis ist auf den Kopf gestellt.[31] Bei Xunzi führt dies allerdings nicht zu einer Naturforschung, die damals von fruchtloser metaphysischer Spekulation noch kaum zu unterscheiden war und ihm aus diesem Grund suspekt wäre. Dass zum menschenwürdigen Leben vielleicht auch die schöpferische Freude an Neuem oder ein zweckfreies Forschen und Nachdenken gehören könnten, ist für ihn kein Thema.

---

[30] Vgl. die Analyse dieses Lehrgedichts in Roetz (1984), S. 316–346.
[31] Der Prozess ist beschrieben in Roetz (2015).

§14 Xunzi

Richtige Bezeichnungen

Unter dieser Überschrift (*Zheng ming* 正名, Kap. 22) finden sich sprachlogische Überlegungen, in denen Xunzi vielleicht das für den Konfuzianer seiner Zeit unerlässliche theoretische Minimalwissen über die Sprache sah. Was er hier vorträgt, ist relativ zur Logik der Mohisten (die allerdings nicht gut datierbar ist) kaum originell, doch ist es weitgehend klar formuliert. Es geht um einen moralisch-politischen Aufruf, sich beim Sprechen klar und verantwortungsbewusst auszudrücken, doch wird er durch theoretische Überlegungen gestützt. Der Hintergrund von Xunzis Beschäftigung mit dem Thema ist ist, dass, wie mehrfach in der Geschichte der Philosophie, die soziale Krise auch als eine Krise der Sprache empfunden wird.

Da neuerdings in den Umbrüchen der Zeit viele Begriffe unklar geworden und durch Sophisten (s. u.) überhaupt die Funktion der Sprache als menschenverbindendes Mittel fragwürdig geworden waren, verlangt Xunzi als erstes klare Begriffe. Neben einer Anzahl von Definitionen, die uns bereits bekannt sind, widmet sich das Kapitel 22 drei allgemeinen Fragen:

> Es gilt zu prüfen: (1) Wozu dienen Bezeichnungen? (2) Worauf beruht die Festlegung von Gleichheit und Verschiedenheit? (3) Was ist das Grundprinzip des Bezeichnens? (Kap. 22.3)

Xunzis Antworten sprechen für sich selbst:

> (1) Wenn zwei Menschen, die verschiedener Meinung sind, disputieren und dabei für die verschiedenen Dinge die (Zuordnung zwischen) Bezeichnung und Realität unklar ist, dann kann man vornehm und gering oder gleich und ungleich nicht mehr unterscheiden. Dadurch gibt es Verständigungsprobleme, weil der Eine nicht versteht, was der Andere meint, und Hindernisse im praktischen Leben. Darum haben die Wissenden ein System unterscheidender Bezeichnungen zur Benennung der Wirklichkeit geschaffen, so dass die Obrigkeit über vornehm und gering und die Untertanen über Gleichheit und Verschiedenheit Bescheid wissen. (Kap. 22.4)

Man sieht deutlich, dass Xunzi die Funktion der Sprache sogleich unter politischem Aspekt betrachtet. Er bleibt hierbei aber nicht stehen.

> (2) Was ist die Grundlage für das Feststellen von Gleichheit und Verschiedenheit? Ich sage: Es sind die Sinnesorgane. Ganz allgemein (verursachen) Dinge gleicher Art und gleicher Eigenschaft auch gleiche Sinneseindrücke. [...]
> Worauf gestützt identifiziert und unterscheidet man etwas? Ich sage: Gestützt auf die Sinnesorgane. Allgemein ist es so, dass bei [Wesen,] die zur gleichen Gattung gehören und von gleicher Gefühlsnatur sind, auch die

Vorstellung der Dinge durch die Sinnesorgane gleich ist. [...] Dies ist es, weshalb sie die vereinbarten Namen miteinander teilen können und darunter das gleiche erwarten können. [...] Das Herz hat die Fähigkeit, Wissen zu erwerben. Wenn es Wissen erwirbt, kann es über das Ohr Klänge und über das Auge Formen erkennen. Aber die Erwerbung von Wissen setzt voraus, dass die Sinnesorgane erst das ihnen Gemäße registrieren müssen. [...] Dies ist es, worauf gestützt man identifiziert und unterscheidet. (Kap. 22.5)

(3) Über das Festlegen der Bezeichnungen: Gleiches erhält gleiche, Ungleiches ungleiche (Bezeichnungen). Genügt zur Verständigung eine einfache, dann wählt man eine einfache (Bezeichnung); wenn nicht, wird eine zusammengesetzte gewählt. [...] Was wir als verschieden erkennen, das erhält auch unterschiedliche Bezeichnungen. Auf diese Weise kann keine Konfusion entstehen. Analog gibt man gleichen Realitäten auch gleiche Bezeichnungen.

Obwohl es eine Unmenge von Dingen gibt, möchte man sie manchmal zusammenfassen. Man nennt sie dann „Dinge". „Ding" ist die allgemeinste Bezeichnung (*da gong ming* 大共名). [...]

Es gibt keine von vornherein richtigen (passenden) Bezeichnungen, sondern diese werden durch Konvention festgelegt. (Wenn eine Bezeichnung) durch Konvention fixiert ist und sich im Gebrauch gefestigt hat, dann heißt sie richtig. Was von der Konvention abweicht, heißt falsch (nicht passend). Die Bezeichnungen werden nicht durch die Dinge bestimmt, sondern durch Konvention. [...] Unter den Bezeichnungen gibt es aber solche, die von sich aus gut sind. Wenn sie schnörkellos und einfach sind und nicht gegen den Strich gehen, dann spricht man von guten Bezeichnungen (*shan ming* 善名). (Kap. 22.6)

Der hier in Ausschnitten zitierte klar argumentierende Text Xunzis[32] erscheint uns deshalb als so wichtig, weil er erstens mit Sicherheit ohne jeden Einfluss durch die westliche (aristotelische) Logik entstanden ist und zweitens die rationale Reflexion eines Chinesen über die chinesische Sprache darstellt, der sich noch nicht veranlasst sehen konnte, ein europäisches China-Klischee zu bedienen. Von einer spezifisch „östlichen" Logik ist hier nichts zu spüren; es gibt sie ebenso wenig, wie es eine spezifisch westliche gibt.[33]

---

[32] Für Weitergehendes zu dieser Thematik s. Roetz (2006b).
[33] Um dieses Thema hat sich vor allem Gregor Paul mit zahlreichen Studien verdient gemacht; s. z.B. Paul (1993a) und (1998) und Lenk und Paul (2014). Wichtig auch Harbsmeier (1998).

VII. Dialektiker und Logiker

Mit der Bezeichnung „Schule der Namen" (*Mingjia* 名家) bzw. „Terminologen", wird eine Gruppe von an sprachlogischen Fragen interessierten Denkern zusammengefasst, von denen nur wenig Material erhalten ist. Manche von ihnen werden auch *bianzhe* 辯者, „Diskutierer" oder „Disputierer", genannt. Die erste, rückwirkend verliehene (s. §19) Bezeichnung spielt auf die Beschäftigung mit dem Problem der Worte („Namen") an, die zweite, zeitgenössische, auf die rhetorischen Fähigkeiten dieser Philosophen. Ähnlich wie die griechischen Sophisten wurden sie in ihrer Zeit meist negativ beurteilt.[1] Von einigen kennt man gerade noch den Namen, von einigen gibt es kurze Berichte bei anderen Autoren. Die ungünstige Textlage erlaubt es nicht, eine verlässliche Charakterisierung zu geben. Neben kaum auswertbaren Bruchstücken existieren nur wenige längere, offenbar fehlerhaft überlieferte Dokumente; berühmt unter ihnen ist vor allem das *Gongsun Longzi* 公孫龍子. Von erheblicher Bedeutung ist der „Kanon" der späteren Mohisten, die wir hier zusammen mit den Terminologen behandeln.

§15 Von Deng Xi zu Hui Shi und den „Disputierern"

Deng Xi 鄧析

Vom griechischen Sophisten Protagoras (ca. 481–411 v.) wird berichtet, er habe es verstanden, „die schwächere Seite zur stärkeren zu machen" und behauptet, es gäbe in jeder Sache zwei Standpunkte, die einander gegenüberständen. Protagoras soll so weit gegangen sein, dass er meinte, man könne über jede Sache mit gleichem Recht nach beiden Seiten disputieren – auch darüber, ob sich über jede Sache nach beiden Seiten disputieren lasse.[2] Auch habe er stattliche Honorare für den Unterricht in der Disputierkunst in Rechtssachen verlangt.

Das Schema des Sophisten als Rechtsverdreher, der die Leute mit rhetorischen Tricks übervorteilt, passt nicht schlecht auf die

---

[1] Vgl. zur *Mingjia* im Allgemeinen Solomon (2013).
[2] Vgl. Capelle (1953), S. 324.

wenigen Berichte, die über einen gewissen Deng Xi erhalten sind. Dieser Deng Xi hat danach im 6. Jahrhundert in Zheng gelebt, einem der progressivsten Staaten der damaligen Zeit, und den dort amtierenden Kanzler Zichan derart herausgefordert, dass dieser ihn schließlich hinrichten ließ. Das (allerdings fast drei Jahrhunderte später verfasste) *Lüshi chunqiu* enthält folgenden Bericht:

Als der Wei einmal Hochwasser führte, ertrank darin ein reicher Mann aus Zheng, und jemand fand die Leiche. Die reiche Familie bat ihn, den Leichnam zu verkaufen, aber der Finder verlangte sehr viel Geld. Sie sagten das dem Deng Xi, und dieser beruhigte sie: „Jemandem anderen kann er die Leiche ohnehin nicht verkaufen!"

Der Finder der Leiche wurde unruhig und sprach ebenfalls mit Deng Xi, worauf dieser antwortete: „Beruhige dich, sie können die Leiche ja doch nirgendwo anders kaufen!".

Als Zichan in Zheng regierte, machte es sich Deng Xi zur Aufgabe, ihm Schwierigkeiten zu bereiten. Er schloss nämlich mit Leuten Verträge, welche Prozesse führten. Ein großer Prozess kostete bei ihm ein Gewand, ein kleiner Jacke und Hose. Die Leute zahlten und erlernten bei ihm das Prozessieren; ihre Zahl war unübersehbar. Falsches wurde zu Wahrem und Wahres zu Falschem, so dass es keine Maßstäbe mehr für wahr und falsch gab. Was man sich erlauben durfte und was nicht, änderte sich von Tag zu Tag. Wen Deng Xi gewinnen lassen wollte, ließ er gewinnen, wen er verlieren lassen wollte, ließ er verlieren. Der Staat geriet in Unordnung und das Volk in Streit.

Zichan war darüber so beunruhigt, dass er Deng Xi hinrichten ließ.[3]

Diese Geschichte lässt erkennen, dass das Interesse am Argumentieren durch die Kodifizierung des Rechts mit angeregt wurde. Letztere war im Staat Zheng 536 v.d.Z. durch Zichan erfolgt. „Keine Maßstäbe mehr für wahr und falsch" – dies bezeichnet allerdings nicht nur die Situation in Zheng, sondern das Problem der Epoche überhaupt, an dem sich das philosophische Denken entzündete, und Deng Xi wäre somit der erste Märtyrer der chinesischen Philosophie. Dass für seine Hinrichtung Zichan verantwortlich war, selbst ein früher Aufklärer, ist im Übrigen unwahrscheinlich.[4]

Unter dem Titel *Deng Xizi* ist auch eine schmale Schrift überliefert, doch spricht alles dafür, dass sie nicht vom historischen Deng Xi stammt, sondern erheblich später verfasst wurde. Sie ist sprunghaft und unsystematisch aufgebaut. Sie enthält vorwiegend politische Bemerkungen in teils daoistischer, teils legalistischer Manier.

---

[3] *Lüshi chunqiu*, Kap. 18.4; vgl. Wilhelm, *Frühling und Herbst*, S. 301.
[4] Es widerspricht der Darstellung im *Zuozhuan*, vgl. Roetz (2016b), S. 151.

Yin Wen 尹文

Das Schlusskapitel des *Zhuangzi* mit dem Titel *Die Welt* (*Tianxia* 天下, Kap. 33) enthält eine bemerkenswerte, philosophiehistorisch wichtige Selbstdarstellung der Zeit der Streitenden Reiche. Dort ist die Rede von einem gewissen Yin Wen 尹文, der eine bescheidene, friedfertige Lebensweise vertreten, auf Beleidigungen nicht reagiert habe und die Welt von Waffen und Krieg habe erlösen wollen. Über Yin Wen, der Ende des 4. Jahrhunderts v.d.Z. gelebt haben könnte, ist kaum mehr bekannt. Ob er der Verfasser des kleinen überlieferten Werkes *Yinwenzi* 尹文子 ist, ist sehr unsicher; auch dürfte der Text erst später zusammengestellt worden sein.[5] Es handelt sich um eine recht unsystematisch aufgebaute schmale Schrift teils daoistischen, teils gemäßigt legalistischen Inhalts ohne erkennbar durchgängige Thematik. Doch spielen Spekulationen über die Sprache eine bedeutende Rolle. So heißt es:

Man sagt: Raffinierte Rhetorik könnte auch Geister und Götter verwirren.
Darauf wird entgegnet: Geister und Götter sind intelligent und korrekt. Wer könnte sie verwirren?
Antwort: Selbst wenn es so sein sollte, dass Geister und Götter tatsächlich nicht verwirrt werden, so verfehlt doch eine besonders raffinierte Rhetorik nicht ihre Wirkung. Selbst wenn sie die Geister und Götter nicht verwirren kann, so ist doch klar, dass sie Menschen verwirren kann (*Yinwenzi*, S. 589)[6]

Die verschiedenen Möglichkeiten, mit der Sprache zu überzeugen oder zu überreden, sie zu gebrauchen und offenbar auch zu missbrauchen, müssen damals viele Denker beschäftigt haben: schließlich leben sie in der Zeit der herumreisenden Rhetoren, die der Legalist Han Fei zu den großen Schädlingen des Staates zählt. Die zitierte Stelle gibt anschließend psychologische Erklärungen für die Macht der Rhetorik – hier wird geschickt der Eitelkeit der Zuhörer geschmeichelt – aber häufiger waren wohl Ansätze zu einer mehr grundsätzlichen Diskussion. Die allgemeinste Formel dafür dürfte die Forderung nach „korrekten Bezeichnungen" bzw. der „Richtigstellung der Namen" (*zheng ming* 正名) gewesen sein – Xunzi verfasste unter diesem Titel eine eigene Schrift (s. o. S. 287f). Auch das

---

[5] Übersetzungen: Masson-Oursel, Daor, Möller. Eine wichtige Würdigungen des *Yinwenzi* ist R. Suter zu verdanken (2007, 2008; mit Angaben zur Textgeschichte).
[6] Seitenangaben beziehen sich auf Masson-Oursel (1914).

Yinwenzi beschäftigt sich in mehreren Passagen mit dieser Thematik. Erinnert sei hier zunächst sei an den Hintergrund dieser Lehre. In den konfuzianischen *Analecta* heißt es:

> Zilu sprach: „Wenn der Fürst von Wei Euch erwartete, um Euch die Regierungsgeschäfte zu übergeben, was würdet Ihr dann als erstes tun?"
> Der Meister antwortete: „Was nötig ist, ist die Richtigstellung der Bezeichnungen."
> Zilu sprach: „Ist das nicht abwegig? Was soll so eine Richtigstellung?"
> Der Meister sprach: „Wie ungebildet Du doch bist! Der Edle hält sich zurück, wenn er etwas nicht versteht. Wenn die Bezeichnungen nicht korrekt sind, dann entspricht die Sprache nicht mehr (den Tatsachen), dann sind die Handlungen erfolglos, Sitten und Musik verkommen, Strafen und Bußen stimmen nicht, und das Volk weiß nicht mehr aus noch ein. Deshalb muss der Edle die Bezeichnungen so wählen, dass er (eindeutig) sprechen kann und dass das, was er sagt, in Handlungen umgesetzt werden kann. Der Edle nimmt beim Sprechen nichts unwichtig." (*Lunyu* 13.3)

Dieses Gespräch, dessen Historizität allerdings häufig angezweifelt worden ist, könnte um 484 v.d.Z. stattgefunden haben. In Wei regierte damals infolge von Intrigen nicht der legitime Herrscher, sondern dessen Sohn, der sich gewaltsam gegen den im Ausland befindlichen Vater behaupten konnte. Es ist klar, dass Konfuzius einen solchen Verstoß gegen die Kindespflichten und das traditionelle Prinzip der Erbfolge missbilligte. Die Lehre von der Richtigstellung der Namen bzw. Bezeichnungen hat hier einen klaren politischen Bezug.[7]

In der Folge wurde das *zheng-ming*-Prinzip zwar verallgemeinert, so dass man durchaus von ersten Ansätzen zu einer Theorie der Wortbedeutung (Semantik) sprechen kann, aber der gesellschaftliche Ausgangspunkt der Überlegungen wurde nie vergessen. So ergab sich eine Art sozio-politischer Semantik, die im *Yinwenzi* zusätzlich auch legalistische Züge – die Legalisten interessierte das Problem der „Bezeichnungen" im Rahmen ihrer Herrschaftslehre (s. u. S. 345 Anm. 9) – erhielt. Hier heißt es z.B.:

> Meister Tian, der im *Buch der Dokumente* las, sagte: „Zu Yaos Zeiten herrschte großer Frieden." Songzi sagte: „War es wegen der Herrschaft eines weisen Mannes, dass dies so war?"
> Peng Meng, der dabeistand, mischte sich ein und entgegnete: „Es geschah durch die Herrschaft weiser Gesetze, nicht durch die eines weisen Mannes!" Meister Song sagte: „Worin besteht schon der Unterschied zwischen einem weisen Mann und weisen Gesetzen?"

---

[7] Vgl. hierzu und zu *Lunyu* 13.3 Gassmann (1988).

Peng Meng sagte: „Ihr bringt die Bezeichnungen gewaltig durcheinander! Ein weiser Mann beruht nur auf sich selbst, weise Gesetze beruhen auf (vernünftigen) Prinzipien. [...] Daher ist die Herrschaft eines weisen Mannes (auch bloß) eine Alleinregierung, die Herrschaft weiser Gesetze aber lässt nichts unregiert." (S. 592)[8]

Neben dem gesellschaftlichen Aspekt erhält die Semantik im *Yinwenzi* auch eine Verbindung zur Dao-Lehre. Alle Dinge können benannt werden – aber gibt es nicht doch etwas, das nicht benannt werden kann? Der Daoismus antwortet, dies eben sei das Dao (und gibt damit dem Namenlosen in einer in Kauf genommenen Paradoxie einen Namen). Aber wie auch sonst bei Anspielungen auf das, was man nicht benennen kann oder worüber man nicht sprechen kann, bleiben die Ausführungen reichlich dunkel. Das *Yinwenzi* beginnt wie folgt (wobei offenbleiben muss, ob der Text korrekt überliefert und nicht durcheinandergeraten ist):

Das große Dao ist gestaltlos. Die bezeichneten Gegenstände haben Namen. Das Benennen aber ist (zugleich) ein Normieren der Gestalt. Wenn die Gestalt dem Namen entsprechend normiert sein soll, dürfen die Namen nicht fehlerhaft sein. Konfuzius sagte aus diesem Grunde, das Vordringlichste sei die Normierung der Namen. Wenn die Namen nicht normiert sind, ist die Sprache nicht adäquat.

Das große Dao lässt sich nicht benennen. Aber alles, was existiert, muss einen Namen haben. Bei seiner Entstehung aus dem, was keinen Namen hat, erhält jede Gestalt ihre runde oder eckige (Form) von selbst.[9] Wenn die Namen aufgrund (dieser) runden oder eckigen (Form) entstehen, dann trifft jeder Name das, was er bezeichnet.

Wo das große Dao regiert,[10] verschwinden die Terminologen und die legalistische, konfuzianische und mohistische Schule von selbst. (S. 567)[11]

Die sprunghaften Übergänge zwischen Semantik und Dao-Lehre lassen sich nicht schlüssig erklären. Dagegen erscheint die Vorstellung, dass ein Name den durch ihn benannten Gegenstand „normiert" wird, einigermaßen verständlich. Durch das Benennen, so scheint der Text zu meinen, wird überhaupt erst definiert, was als

---

[8] Tian Pien 田駢, Peng Meng 彭蒙 und Song Xing 宋鈃 waren bekannte Philosophen des ausgehenden 4. Jh.. Tian Pian und Peng Meng werden mit relativistischen Positionen in Verbindung gebracht, während Song Xing wie Yin Wen als Pazifist bekannt war (Roetz 1992, S. 292, u. 2020a).
[9] D.h. vermutlich: auf natürliche Weise, ohne Zutun des benennenden Menschen.
[10] Oder vielleicht: „Wo gemäß dem großen Dao regiert wird."
[11] Diese Auflistung der Schulen wäre für die Zeit der Streitenden Reiche anachronistisch (s. u. §19). Sie kann nur späteren Datums sein.

abgegrenzter Gegenstand gelten soll. Das Benennen erscheint in dieser Sicht als Wechselbeziehung zwischen Namen und Objekten. Darauf dürften die folgenden Sätze hinauslaufen:

Was Gestalt hat, muss einen Namen haben. Was einen Namen hat, muss aber nicht eine Gestalt haben. Wenn eine Gestalt ohne Namen ist, so muss sie (deshalb) noch nicht ihre eckige, runde, weiße, schwarze (etc.) Realität verloren haben. Wenn man sie (aber) benennt, muss man (sie genau) untersuchen; durch die Namen (sollen) ihre Unterscheidungsmerkmale überprüfbar werden.

Aus diesem Grund werden mittels der Namen Gestalten überprüft, mittels der Gestalten Namen festgelegt, mittels der Namen Sachen fixiert, und mittels der Sachen Namen überprüft.

Wenn wir die Gründe dafür analysieren, so gibt es keinerlei Unklarheiten bezüglich der prinzipiellen Beziehungen zwischen Gestalt, Namen, Tatsachen und Gegenständen.

Es gibt drei Arten von Namen und vier Sorten von Gesetzen.

(Die drei Arten von Namen) sind: 1. Namen, die ein Ding bezeichnen, z.B. eckig, rund, weiß, schwarz. 2. Namen, die tadeln oder loben, z.B. gut, schlecht, hoch, niedrig. 3. Namen, die eine vergleichende Benennung vornehmen, z.B. tüchtig, stupid, lieben, hassen.

(Die vier Sorten von Gesetzen) sind: 1. Unveränderliche Gesetze, z.B. über (das Verhältnis von) Fürst und Untergebenen, Obrigkeit und Untertanen. 2. Gesetze, die Sitten und Gebräuche vereinheitlichen, z.B. was zulässig und was ordinär ist, was gleich und was verschieden. 3. Gesetze, die die Volksmassen regieren, z.B. über Lob und Belohnung, Tadel und Strafe. 4. Gesetze zu Standardisierungen, z.B. zu Kalender, Längenmaßen, Gewichten, Hohlmaßen. (S. 568)

In der ersten der beiden Aufzählungen fällt auf, dass Namen im engeren Sinne, d.h. Namen von Personen oder Dingen fehlen; vielmehr werden Eigenschaften aufgeführt, die Personen oder Dingen zukommen können.

Nach einem legalistischen Zwischenstück folgt wieder ein zusammenhängendes Stück Semantik. Hier heißt es u.a.:

Gute Namen bezeichnen Gutes,[12] schlechte Namen bezeichnen Schlechtes. Deshalb hat Gutes einen guten Namen und Schlechtes einen schlechten Namen. Weise, tüchtig, menschlich und klug bezeichnen einen guten (Menschen), störrisch, unaufrichtig, brutal und dumm einen schlechten. (S. 570)

Dies entspricht nicht völlig den logischen Anforderungen, die wir heute an eine solche Formulierung stellen würden. Möglich wäre aber auch die Übersetzung

---

[12] Oder eher: gute Menschen.

Der Name „gut" bezeichnet Gutes, der Name „schlecht" Schlechtes. Deshalb hat Gutes den Namen „gut" und Schlechtes den Namen „schlecht".

So gedeutet hätte man es mit einer frühen Variante moderner semantischer Wahrheitsdefinitionen zu tun. Der Text führt dann den Begriff „Allgemeinbezeichnung" (*wu zhi tong cheng* 物之通稱) ein, d.h. eine Bezeichnung, die auf mehrere Dinge (der Text behauptet sogar: auf unbegrenzt viele Dinge) angewendet werden kann:

> Wenn man „gutes Rind" sagt, so muss dieser Ausdruck analysiert werden.
> „Gut" ist eine Allgemeinbezeichnung für Dinge, „Rind" legt eine bestimmte Körpergestalt des Dinges fest. Nimmt man eine Allgemeinbezeichnung zu einer bestimmten Körpergestalt hinzu, so gibt es dafür keine Grenzen. Etwa sagt man „gutes Pferd", d.h. man fügt „gut" „Pferd" hinzu. „Gut" ist also allgemein und unterliegt keiner Einschränkung. Z.B. sagt man auch „guter Mensch", d.h. man fügt „gut" „Mensch" hinzu.
> Also ist „gut" nicht dasselbe wie „Mensch" und umgekehrt, und die Namen „gutes Rind", „gutes Pferd" und „guter Mensch" sind distinkt. (S. 570)

Es schließt sich eine Ausführung an, die als Zentralbegriff den Ausdruck *fen* 分 (teilen, unterscheiden, Anteil) benutzt. Er dürfte, wie der Kontext nahelegt, hier in einer spezifischen Bedeutung gebraucht sein, die den „eigenen subjektiven Anteil" meint und den wir frei durch „Wertung" wiedergeben:

> Deshalb heißt es: Namen und Wertungen (*fen*) darf man nicht konfundieren.
> Die fünf Farben, fünf Töne, fünf Gerüche und fünf Geschmacksarten – diese vier Qualitäten existieren selbständig auf der Welt und warten nicht darauf, vom Menschen in Gebrauch genommen zu werden. Der Mensch muss von ihnen Gebrauch machen, wobei jeder zeitlebens seine Vorlieben und Abneigungen hat, aber Namen und Wertungen (*fen*) nicht auseinanderhalten kann. Namen sollen jenen (Farben, Tönen etc.) zugeordnet sein, Wertungen sollten dagegen mir (d.h. dem einzelnen Subjekt) zugeordnet sein. Wenn ich Weiß liebe und Schwarz verabscheue […], dann sind Weiß und Schwarz Namen […], das Lieben bzw. Verabscheuen aber sind meine (persönlichen) Bewertungen. Wenn Namen und Wertungen festliegen, gibt es keine Verwirrung. (S. 571)

Derartige offenbar nicht unbeschädigt überlieferten Textfragmente wie die Yin Wens reichen sicher nicht, um die sprachtheoretischen Konzeptionen des Autors zu rekonstruieren; sie zeigen aber eindeutig, dass in klassischer Zeit sprachtheoretische Überlegungen angestellt wurden, dass dies mit den Mitteln der klassischen chinesischen Schriftsprache ohne weiteres möglich war und dass es zu keinen aus „westlicher" Sicht besonders geheimnisvollen Resultaten führte.

Hui Shi 惠施 *und die Disputierer*

Hui Shi (ca. 370–310) muss eine zu seiner Zeit recht bekannte Persönlichkeit gewesen sein, denn er wird von mehreren Autoren der späten Zhou-Zeit erwähnt.[13] Danach war er im Staat Wei 魏 als Kanzler tätig, versuchte sich mit der Kodifikation eines Strafrechtes (das angeblich unanwendbar war)[14] und scheint sehr friedliebend eingestellt gewesen zu sein. Laut *Zhuangzi* Kap. 33 soll er fünf Wagenladungen Bücher besessen haben. Er muss ein scharfsinniger, eloquenter Denker gewesen sein, der mit (scheinbar oder wirklich) bizarren Behauptungen Eindruck machte. In den erhaltenen Berichten wird er als intelligenter, spitzfindiger Geist dargestellt, der nutzlose und (zumindest scheinbar) falsche Thesen aufstellte. Die Bedeutung der Thesen scheint seinen Zeitgenossen aber nicht verständlich gewesen zu sein; zumindest findet man nirgends eine verständnisvolle Darstellung derselben, geschweige denn den Versuch einer Widerlegung. Nur die Mohisten haben eine Auseinandersetzung mit einigen z.T. intuitiv unannehmbaren „sophistischen" Thesen unternommen.

Im *Zhuangzi* finden sich mehrere Anekdoten, in denen Hui Shi auftritt. Sie mögen zwar frei erfunden sein, lassen aber doch erkennen, in welchem Ruf Hui Shi stand. Er tritt als Verächter des Nutzlosen auf, was von Meister Zhuang zurückgewiesen wird (*Zhuangzi* Kap. 1 und 26), er gilt als Mensch, der sein Talent vergeudet (ebd. 17), und er tritt in dem erwähnten geistvollen Dialog über die Freude der Fische auf (ebd. 17.13), wobei er sich dem Meister Zhuang durchaus ebenbürtig erweist. Xunzi erwähnt Hui Shi zusammen mit Deng Xi, obwohl beide immerhin 150 Jahre auseinanderliegen:

„Berge und Abgründe liegen auf einer Ebene", „Himmel und Erde sind gleich hoch", „(Die Staaten) Qi und Qin grenzen aneinander",[15] „Was bei

---

[13] Erwähnungen finden sich im *Zhuangzi, Xunzi, Lüshi chunqiu, Hanfeizi* und im han-zeitlichen *Huainanzi*. Vgl. zu Hui Shi auch Moritz (1973).
[14] Vgl. *Lüshi chunqiu*, Kap. 18.5 *Yinci*, Wilhelm S. 306. In den Staaten Zheng und Jin gab es ein schriftlich kodifiziertes Strafrecht bereits ab dem 6. Jahrhundert.
[15] Tatsächlich lagen Qi 齊 als der östlichste und Qin 秦 als der westlichste Staat der chinesischen Welt weit auseinander. Will Hui Shi hier vielleicht antizipieren, dass das immer stärker nach Osten drängende Qin einmal an Qi angrenzen wird, nachdem es alle dazwischen liegenden Staaten geschluckt hat?

§15 Von Deng Xi zu den Disputierern 297

den Ohren eintritt, geht beim Mund heraus", „Haken[16] haben Bärte", „Im Ei sind Flaumfedern", – das sind Thesen, die schwierig zu vertreten sind. Aber Deng Xi und Hui Shi konnten das. Trotzdem schätzt der Edle derlei nicht, denn es entspricht weder der Sittlichkeit noch der Gerechtigkeit. (*Xunzi* 3.1)

Sie nahmen die frühen Könige nicht zum Vorbild, verneinten Sittlichkeit und Gerechtigkeit und liebten es, seltsame Argumente und merkwürdige Ausdrücke aufzustellen. Sie waren sehr subtil, aber ohne (wirkliche) Klugheit. Ihre Disputierkunst war nutzlos, mit großem Aufwand brachten sie doch nichts zuwege. Man kann (aus ihren Thesen) keine Orientierungen gewinnen. Und doch hatten ihre Thesen Gründe und ihre Reden waren systematisch; das genügte, um die dumme Mehrheit hinters Licht zu führen. So waren sie, Hui Shi und Deng Xi. (*Xunzi* 6.6)

Im *Xunzi* (21.5) heißt es ferner, Hui Shi habe sich derart in der Sprache verstrickt, dass er die Realitäten nicht mehr kannte. Im *Hanfeizi* wird berichtet, wie Hui Shi in einer sophistischen Argumentation die Unzurechnungsfähigkeit eines Gewohnheitsverbrechers nachzuweisen versuchte. Es ist eine Antizipation der Diskussion über Willensfreiheit, unwiderstehlichen Zwang und strafrechtliche Zurechnungsfähigkeit:

Tian Si hatte den Fürsten von Zou betrogen, und der Fürst von Zou wollte Leute aussenden, ihn zu töten. Tian Si bekam Angst und sagte es dem Meister Hui. Meister Hui ging zum Fürsten und sagte: „Wenn Euch jemand anblickte und kniffe dabei ein Auge zu, was geschähe dann?" Der Fürst sagte: „Ich ließe ihn bestimmt töten!" Meister Hui sagte: „Ein Blinder kneift beide Augen zu, aber den würdet ihr doch nicht töten?" Der Fürst sagte: „Der Blinde kann doch gar nicht anders."

Meister Hui sagte: „Tian Si betrog im Osten den Herrscher von Qi, und im Süden den König von Jing. Er ist beim Betrügen der Leute wie ein Blinder; wie könnte ihm ein Fürst etwas nachtragen?"

Der Fürst ließ jenen daraufhin nicht töten. (*Hanfeizi* Kap. 22, S. 236)

Die Geschichte soll wohl zeigen, wie raffiniert Hui Shi andere zu überreden verstand. Sie lässt aber hinter der bizarren Oberfläche die Beschäftigung mit einem wichtigen Problem der Ethik erkennen.

Im *Zhuangzi* werden zehn kurze, nicht zusammenhängende Sätze als Aussprüche Hui Shis zitiert. Es ist üblich, jedem dieser kryptischen Sätze eine Erläuterung anzufügen; wir werden das aber nur an einigen Stellen tun. Der Leser sollte bedenken, dass von allen solchen Deutungen faktisch nichts durch den Quellentext bestätigt werden kann, freilich auch nicht widerlegt. Die Lehrsätze Hui Shis,

---

[16] Oder: alte Frauen.

wenn sie denn überhaupt korrekt überliefert sind, waren wohl formelhafte Merksprüche, in denen in provokanter Formulierung das Ergebnis einer längeren Überlegung festgehalten wird, die aber nicht überliefert ist. Das *Zhuangzi* (Kap. 33) schreibt:

> Hui Shi war sehr vielseitig. [...] Seine Lehren waren eigenartig, und was er sagte, wich von den üblichen Vorstellungen über die Dinge ab. Er behauptete:
> (1) Das erreichbar Größte hat kein Außerhalb; es heißt das große Eine. Das erreichbar Kleinste hat kein Innerhalb, es heißt das kleine Eine.
> (2) Was ohne Dicke ist, kann nicht aufeinandergeschichtet werden. Seine Größe beträgt tausend Meilen.

Man könnte bei der ersten These an den Kosmos, die Welt als Ganzes, denken. Analog wäre die Einheit des Kleinsten die Konzeption eines (ausdehnungslosen?) Punktes. In der paradox klingenden zweiten These wird möglicherweise der Begriff der (in der dritten Dimension) ausdehnungslosen Ebene thematisiert. Ähnlich wie die Mohisten sich vermutlich eine Strecke aus (ausdehnungslosen) Punkten zusammengesetzt dachten, könnte im vorliegenden Fall ein dreidimensionaler Körper gedanklich aus zweidimensionalen Ebenen „aufgeschichtet" werden.

> (3) Der Himmel ist so niedrig wie die Erde. Berge liegen mit Seen auf gleicher Ebene.

Vielleicht wird hier die Relativität des Begriffes „niedrig" ausgedrückt. Es ist aber auch vorgeschlagen worden, (3) als Weiterführung von (2) aufzufassen.[17] Man erhält dann

> (2+3) Was ohne Dicke ist, kann nicht aufeinandergeschichtet werden (Und doch) kann es tausend Meilen groß (hoch) sein. (In dieser Hinsicht) wären der Himmel so niedrig wie die Erde und Berge so flach wie Seen.
> (4) Die Sonne, die gerade im höchsten Punkt steht, (ist dabei) zu sinken. Ein Ding, das gerade entstanden ist, (ist dabei) zu vergehen.

Dieser Spruch ist ohne weiteres zu verstehen. Man sollte ihn nur nicht als astronomische oder biologische These lesen, sondern eher als Erklärung der Begriffe *Untergehen* (der Sonne) bzw. *Vergehen* (der Dinge): Ab welchem Zeitpunkt sinkt die Sonne, ab wann beginnt ein Ding zu vergehen?

> (5) Im Großen übereinzustimmen, aber in kleinen Identitäten verschieden zu sein, heißt „kleine Übereinstimmung oder Verschiedenheit". Alle Dinge

---

[17] Chang (1982), S. 228. Vgl. zum folgenden ebd., 224ff.

§15 Von Deng Xi zu den Disputierern

stimmen sämtlich (in gewisser Hinsicht) überein und unterscheiden sich (gleichzeitig in anderer Hinsicht). Dies heißt „große Übereinstimmung oder Verschiedenheit".
(6) Der Süden ist unbegrenzt, hat aber eine Grenze.
(7) Wenn man heute nach Yue geht, kommt man gestern dort an.[18]
(8) Ineinander verschlungene Ringe lassen sich trennen.
(9) Ich kenne den Mittelpunkt der Welt. Er liegt nördlich von Yan und südlich von Yue.[19]
(10) (Man soll) alle Wesen ohne Ausnahme lieben. Himmel und Erde bilden einen Körper.[20]

Das *Zhuangzi* fährt fort:

Hui Shi verschaffte sich mit diesen (Thesen) großes Ansehen auf der Welt und machte den Disputierern manches klar. Die Disputierer freuten sich mit ihm daran.

Es folgen Sprüche der „Disputierer":

– Im Ei sind Federn.
– Das Huhn hat drei Beine.

Dieses Thema werden wir im *Gongsun Longzi* wiederfinden. Im *Lüshi chunqiu* heißt es, Gongsun Long habe dem Schaf drei Ohren angedichtet,[21] was nicht nur schwer zu beweisen, sondern falsch sei. Das Zusammenzählen der Elemente einer Menge zu eben dieser Menge scheint damals heftig umstritten gewesen zu sein.

– (Die Stadt) Ying (im Staat Chu) hat die ganze Welt in sich.
– Hunde kann man für Schafe halten (oder: Ein Hund kann ein Schaf sein).

Möglicherweise ein Spiel mit der Arbitrarität der Worte?

– Pferde haben Eier.
– Frösche haben Schwänze.
– Feuer ist nicht heiß.[22]

Das *Wort* „Feuer" ist nicht heiß?

– Berge sprechen.

---

[18] *Zhuangzi* Kap. 2 bezieht diesen Satz auf den Glauben derer, die meinen, über richtig und falsch lasse sich schon entscheiden, bevor sich das „Herz" (als Sitz des Denkens) eine eigene Meinung gebildet habe.
[19] Yan 燕 war der nördlichste, Yue 越 der südlichste Staat des damaligen China.
[20] Statt „Körper" ließe sich auch sagen: ein zusammenhängendes Ganzes.
[21] *Lüshi chunqiu* 18.5 (vgl. Wilhelm, *Frühling und Herbst*, S. 305).
[22] Im mohistischen Kanon (B47) wird das Gegenteil behauptet.

– Das Rad berührt den Boden nicht.

Hier könnte das Problem der Berührung des Kreises durch eine Gerade gemeint sein. Ein chinesischer Kommentar vermutet etwas anderes, nämlich dass eine Bewegung des Rades nicht möglich sei, wenn es in den Boden drücke.

– Das Auge sieht nicht.

Diese These findet sich auch bei Gongsun Long (*Gongsunlongzi* Kap. *Jian bai lun*). Hier heißt es:

Weiß wird vermittels des Auges gesehen, und das Auge sieht mittels des Lichts (w.: Feuer). Aber das Licht sieht nichts. Licht und Auge sehen beide nicht, sondern der Geist sieht.

Der Satz kann allerdings auch meinen, dass das *Wort* „Auge" nicht sieht. Entsprechend wäre er dann wie „Feuer ist nicht heiß" zu lesen.

Das *Zhuangzi* fährt mit weiteren Sprüchen der „Disputierer" fort:

– Das Bezeichnen (*zhi* 指) erreicht nichts, und doch reißt das Erreichen nicht ab.

Der Satz ist mangels Kontext unverständlich. Das Bezeichnen (*zhi*)[23] ist gleichfalls ein zentrales Thema bei Gongsun Long (s. u. S. 307–309).

– Schildkröten sind länger als Schlangen.

Mögliche Deutung: Schildkröten sind zwar kürzer als Schlangen, leben aber viel länger.

– Das Winkelmaß ist nicht rechteckig. Mit dem Zirkel kann man keine Kreise zeichnen.
– Die Bohrung (in einem Werkzeug) umgibt den Griff nicht.
– Der Schatten eines fliegenden Vogels bewegt sich niemals.

Mögliche Deutung des letzten Satzes: Nur der Vogel bewegt sich. Der Schatten ist Abwesenheit von Licht, existiert also nicht. Wie sollte sich nicht-Existierendes bewegen? Im mohistischen Kanon ist zu lesen:

(B17/36) Der Schatten bewegt sich nicht. Erklärt durch: neuerliches Hervorbringen.

---

[23] *Zhi* 指 kann auch einfach „Finger" bedeuten. Vgl. Chang (1982), S. 238.

(EB17/16) Sobald das Licht irgendwohin gelangt, verschwindet dort der Schatten. [...]

Es folgt ein weiterer Spruch:

– Der schnell fliegende Pfeil hat Zeitpunkte ohne Bewegung und ohne Ruhe.

Da sich der Pfeil in jedem Augenblick nur an einem bestimmten Ort befindet, kann er sich scheinbar nicht bewegen. Nach der Aussage von Aristoteles (*Physik* 29a27) hat auch Zenon (um 460 v.d.Z.) zu beweisen versucht, dass ein fliegender Pfeil ruht.

– Ein Hund (*gou* 狗) ist kein Hund (*quan* 犬).[24]
– Ein braunes Pferd und ein schwarzes Rind gibt drei.
– Ein weißer Hund ist schwarz.

Ein Kommentar sagt: Wenn ein Hund blinde Augen hat, nennt man ihn einen blinden Hund. Wenn er große Augen hat, nennt man ihn nicht einen großen Hund. Manchmal kann man also so vorgehen, und manchmal nicht. Im Prinzip könnte man auch einen weißen Hund mit schwarzen Augen einen schwarzen Hund nennen.

– Ein verwaistes Füllen hatte niemals eine Mutter.

Wenn eine solche These ernsthaft behauptet wurde, so dürfte sie wohl nur einen Sinn gehabt haben: Sie provoziert den Hörer, der diese These natürlich nicht akzeptieren kann, die Gründe für seine Ablehnung der These anzugeben.

– Ein Stock von einem Fuß Länge: Nimm ihm täglich die Hälfte, und in zehntausend Generationen kommst du damit nicht zu einem Ende.

Es ist ein ähnlicher Gedanke wie in Zenons Problem von Achilles und der Schildkröte. Aristoteles berichtet von Zenon: „Er gipfelt darin, dass das langsamste Wesen (d.i. die Schildkröte) in seinem Lauf niemals von dem schnellsten (Achilles) eingeholt wird. Denn der Verfolger muss immer erst zu dem Punkt gelangen, von dem das fliehende Wesen schon aufgebrochen ist, so dass der langsamere immer einen gewissen Vorsprung haben muss". (*Physik* 29a26) In beiden Fällen wird vorausgesetzt, dass man eine Strecke unbegrenzt oft in zwei gleiche Teile teilen kann. Ein ähnliches Problem behandelt der mohistische Kanon (B60, s. u. S. 325).

Das *Zhuangzi* resümiert:

---

[24] Vgl. hierzu u. S. 315.

Mit derartigen Sprüchen boten die Disputierer Hui Shi Zeit seines Lebens unaufhörlich Paroli. Zu ihnen gehörten auch Huan Tuan[25] und Gongsun Long. Sie betörten die Herzen der Menschen und veränderten deren Ansichten. Sie konnten die Leute mundtot machen, konnten sie aber letztlich doch nicht überzeugen. Das sind die Grenzen der Disputierer.

Hui Shi setzte täglich sein ganzes Wissen ein, um an den Diskussionen anderer Leute teilzunehmen, und zusammen mit den Disputierer stellte er merkwürdige (Thesen) auf. Das war sein Wesen. So, wie er redete, hielt er sich wohl für das größte Genie. Er sagte: „Wer auf der Welt nimmt es mit mir auf!" So spielte er sich mächtig auf und besaß doch keine (wahre) Kunst.

Im Süden lebte ein merkwürdiger Mensch namens Huang Liao, der die Frage stellte, weshalb der Himmel nicht herunterstürze, die Erde nicht einfalle und was die Ursachen von Wind, Regen, Blitz und Donner seien. Hui Shi ließ sich nicht beeindrucken und antwortete ohne Umschweife. Er kam vom Hundertsten ins Tausendste und redete ohne Unterbrechung. So viele Worte er auch machte, er fand kein Ende. Und als sei das noch zu wenig, fügte er noch irgendwelche Abstrusitäten hinzu. Was den Ansichten der Leute zuwiderlief, machte er zur Wahrheit. Durch seine Triumphe über andere Menschen wollte er berühmt werden. Deshalb kam er mit der Mehrzahl der Leute auch nie zurecht. Schwach an Tugend, aber stark nach außen, war sein Weg undurchsichtig. Wenn man Hui Shis Fähigkeiten aus der Sicht des Weges von Himmel und Erde betrachtet, wirken sie wie das Herumschwirren einer Fliege oder Mücke. Welchen Nutzen brachte er schon für andere Wesen? (Kap. 33)

Wie man sieht, hatte bereits das alte China Probleme mit dem Verständnis der befremdlichen Sprüche der „Disputierer". Sie sind gerade in ihrer Rätselhaftigkeit ein Indiz für die Unsicherheit, die mit den Verwerfungen der Zeit der Streitenden Reiche Einzug gehalten hatte, und ein komprimierter Ausdruck der Auflösung aller Gewissheiten.

---

[25] 桓團, ansonsten unbekannt und möglicherweise wie Gongsun Long aus dem Staat Zhao.

§16 Gongsun Long

Unter dem Namen *Gongsun Longzi* 公孫龍子 ist eine kleine Schrift überliefert – im Übrigen wie das *Yinwenzi* durch den daoistischen Kanon –, die aus mehreren kurzen Abhandlungen sprachlogischen Inhalts besteht. Der Verfasser Gongsun Long könnte etwa von 310 bis 250 v.d.Z. gelebt haben, es ist aber nichts Sicheres über ihn bekannt. Auch ist oft vermutet worden, ein Teil des Textes stamme nicht aus klassischer Zeit, sondern sei erst späteren Datums.[1]

Manche der in diesem Text behandelten Themen werden in der klassischen Epoche auch von anderen Autoren (Zhuangzi, Xunzi) erwähnt, vor allem die Frage des weißen Pferdes und die Diskussion über „hart und weiß". Hätte man nur diese Erwähnungen, so erhielte man ein ziemlich verzerrtes Bild. Die genannten Themen werden nämlich stereotyp als Beispiele nutzloser und anrüchiger Spitzfindigkeiten und Haarspaltereien zitiert, nirgends findet sich eine inhaltliche Erläuterung geschweige denn eine Auseinandersetzung mit ihnen. Der Text des *Gongsun Longzi* ist zwar schwer zu entschlüsseln, lässt aber klar erkennen, dass die sittliche Entrüstung der Zeitgenossen, die sich bereitwillig durch die Absurdität mancher Sätze provozieren ließen, am Kern der Sache vorbeiging. Das Herleiten von paradoxen Sätzen spielt in logischen Theorien nämlich eine wichtige methodische Rolle. Wenn es gelingt, einen nicht akzeptablen Satz mit (wirklich oder scheinbar) akzeptablen Methoden herzuleiten, dann stimmt etwas an den Voraussetzungen nicht, gemäß denen er hergeleitet wurde.

Die Gongsun Long zugeschriebenen Textstücke sind teilweise nicht wirklich befriedigend zu erklären, zeigen aber deutlich, dass man sich im antiken China auch mit Fragen befasste, die im Westen zur Logik gerechnet werden.

Das weiße Pferd (*Baima lun* 白馬論)

Im Dialog *Über das weiße Pferd* verteidigt der Sophist den Satz *Bai ma fei ma* 白馬非馬, was Wort für Wort wiedergegeben heißt: *Weiß(es) Pferd ist nicht Pferd.*

---

[1] Zur Diskussion um Gongsun Long und das *Gongsun Longzi* vgl. Kandel (1974) mit Übersetzungen aller Kapitel, und Indraccolo (2010), mit Teilübers.). S. auch die Beiträge in Cheng (2007), die Analyse in Suter (2008) sowie Suter, Behr und Indraccolo (2020).

Der Satz ist im Chinesischen mehrdeutig. Er kann bedeuten: *Ein weißes Pferd ist kein Pferd* bzw. *Weiße Pferde sind keine Pferde*, aber auch: *Weißes Pferd ist nicht (dasselbe wie) Pferd*. In der ersten Lesart (die zunächst die normale ist) ist der Satz logisch-falsch, kontradiktorisch; in der zweiten Lesart ist der Satz logisch-wahr, selbstverständlich. Offenbar verteidigt der Sophist die zweite Lesart, während sein Gegner, dies nicht durchschauend, die erste attackiert. So kommt es zu einem seltsamen Dialog. Beide Seiten tragen Argumente vor, welche auf der jeweils eigenen Interpretation des Satzes beruhen, so dass die Mehrdeutigkeit der These nicht klar zutage tritt. In der deutschen Übersetzung geht dieser Effekt verloren. Wir versuchen im Folgenden mit der Wiedergabe „(ein) weißes Pferd ist nicht (ein) Pferd" ein wenig von ihm zu retten.

Der Dialog zerfällt in mehrere Teile, die alle dasselbe Ziel haben, nämlich die These (des Sophisten), *(ein) weißes Pferd ist nicht (ein) Pferd*, zu beweisen und Gegenargumente zu entkräften:

(Einleitung:) Kann man sagen, dass (ein) weißes Pferd nicht (ein) Pferd ist? – (Antwort:) Ja! […]
(Einwand:) Wenn ich ein weißes Pferd habe, kann man nicht sagen, dass ich kein Pferd habe. Wie sollte etwas, von dem man nicht sagen kann, es sei kein Pferd, nicht ein Pferd sein? Wenn man zugesteht, dass wer ein weißes Pferd hat, ein Pferd hat – wie kann (es) dann wegen der weißen Farbe nicht ein Pferd sein?
(Antwort:) Wenn du (a) ein Pferd haben willst, akzeptierst du auch ein braunes oder ein schwarzes. Aber wenn du (b) ein weißes Pferd willst, akzeptierst du ein braunes oder schwarzes nicht.
Angenommen nun, (ein) weißes Pferd ist (ein) Pferd. Dann würdest du (in Fall a wie in Fall b) ein- und dasselbe haben wollen, d.h. es bestünde kein Unterschied zwischen einem weißen (Pferd) und einem Pferd. Wenn aber kein Unterschied besteht, wieso akzeptierst du einmal (nämlich im Fall a) auch ein braunes oder schwarzes Pferd, das andere Mal (Fall b) aber nicht? Etwas akzeptieren bzw. es nicht akzeptieren schließen einander klarerweise aus!
Also stimmen braune und schwarze Pferde darin überein, dass sie dienen Wunsch nach einem Pferd erfüllen, nicht aber nach einem weißen Pferd. Womit gezeigt ist: (ein) weißes Pferd ist nicht (ein) Pferd.

Der Sophist zeigt also, dass aus dem unbestrittenen Satz „ein braunes oder schwarzes Pferd haben ist nicht ein weißes Pferd haben" der Satz „(ein) weißes Pferd ist nicht (ein) Pferd" folgt. Denn würde man den Satz „(ein) weißes Pferd ist (ein) Pferd" zulassen, dann würde sich wegen der daraus folgenden Gleichsetzung der Fälle a und b ergeben, dass jemand, der ein weißes Pferd wünscht, auch ein braunes oder schwarzes akzeptieren muss, was absurd ist.

§16 Gongsun Long

Der Grund für diese Beweisführung liegt (im Deutschen) in der Vieldeutigkeit der Kopula „ist" bzw. „sind". Diese Kopula fungiert z.B. in den zwei Sätzen (1) *Schimmel sind weiße Pferde* und (2) *Weiße Pferde sind Pferde* ganz verschieden. Satz 1 kann man umkehren: weiße Pferde sind Schimmel. (Wir wollen annehmen, dies sei die Definition von „Schimmel", d.h. dass Schimmel genau dasselbe seien wie weiße Pferde). Satz 2 wird falsch, wenn man ihn umkehrt, denn es gibt auch Pferde, welche nicht weiß sind. Das klassische Chinesisch kann bei (nicht negierten) Sätzen wie den obigen die Worte ohne Kopula aneinanderfügen, aber dieses syntaktische Konstruktionsprinzip führt auf dieselbe Mehrdeutigkeit. Der Sophist legt seiner Argumentation konsequent die Interpretation von „ist" als „ist genau dasselbe wie" zugrunde. Seine These wäre also zu interpretieren als Negation des Satzes

(1') Weißes Pferd ist genau dasselbe wie Pferd.

So, wie der Sophist seine These aber formuliert, nämlich in der gewöhnlichen Alltagssprache, liegt es nahe, sie zu lesen als Negation des Satzes

(2') Was ein weißes Pferd ist, ist stets auch ein Pferd.

Zweifellos kann man die ganze Überlegung als mutwillige Spielerei abtun, wie es bereits in klassischer Zeit geschehen ist. Aber man kann darin auch eine Darstellung der Mehrdeutigkeit bzw. der unterschiedlichen Funktionen sehen, die die simple Aussageform *X (ist/ sind) Y* bzw. deren Negation hat. Die unerwartete bzw. nicht akzeptable Konklusion, an deren Herleitung nichts auszusetzen scheint, weist daraufhin, dass mit der Deutung der bei der Beweisführung benutzten Prämissen irgendetwas nicht in Ordnung ist. Ein solches Verfahren ist wie gesagt ein Standardverfahren der Logik.

Der Text fährt fort:

(Einwand:) Wenn du aufgrund der Farbe eines Pferdes behauptest, dass es nicht ein Pferd sei, dann kann es auf der ganzen Welt kein Pferd geben. Denn es gibt auf der Welt keine farblosen Pferde.
(Antwort:) Selbstverständlich haben Pferde eine Farbe, und daher gibt es auch weiße Pferde. Hätten Pferde keine Farbe, dann wären es einfach Pferde, und wie sollte man da ein weißes finden? Deshalb ist Weiß nicht (dasselbe wie) Pferd.
Weißes Pferd ist Pferd zusammen mit Weiß bzw. Weiß zusammen mit Pferd. Deshalb sage ich: Weißes Pferd ist nicht Pferd.

Man sieht deutlich, dass der Sophist in seiner These die Negation der Identität meint, wenn er „ist nicht" (chinesisch: *fei*) sagt. Die Menge der Dinge, die sowohl Pferde als auch weiß sind, ist nicht identisch mit der Menge der Dinge, die nur Pferde sind. Die Begriffe „Pferd" und „weiß" wären durch andere Begriffe ersetzbar, ohne dass sich an der Argumentation etwas ändern würde, fungieren also wie logische Variablen. Das war dem Verfasser des Traktats und dem späteren Herausgeber des *Gongsun Longzi* auch sicherlich bekannt. Das Vorwort des Textes umschreibt nämlich die These mit Hilfe anderer Begriffe, wobei es auf eine Episode oder Parabel anspielt, in der Konfuzius ausdrücklich zwischen *Mensch aus Chu* (*churen* 楚人) und *Mensch* (*ren* 人) unterschieden haben soll. Sie findet sich auch im *Lüshi chunqiu*, das die konventionelle Binnenmoral, den konfuzianischen universalen Humanismus und den daoistischen universalen Naturalismus wie folgt anschaulich voneinander abhebt:

Ein Mensch aus Jing (= Chu) verlor seinen Bogen. Statt aber nach ihm zu suchen, sagte er: „Ein Mensch aus Jing hat ihn verloren, ein Mensch aus Jing wird ihn finden. Was soll ich ihn da suchen!"

Als Konfuzius davon hörte, sprach er: „Wenn er *Jing* weglässt, mag es angehen!"

Als Lao Dan davon hörte, sprach er: „Wenn er auch noch *Mensch* weglässt, mag es angehen!"

So war Lao Dan der Unparteiischste.[2]

Das Vorwort des *Gongsunlongzi* folgert:

Wenn man akzeptiert, dass Konfuzius zwischen einem Menschen aus Chu und einem Menschen unterscheidet, nicht aber akzeptiert, dass Gongsun Long zwischen einem weißen Pferd und einem Pferd unterscheidet, so ist das widersinnig!

Es folgen noch ein weiterer Einwand und seine Zurückweisung:

(Einwand:) […] Wenn man Pferd mit Weiß zusammensetzt, gibt man dem den zusammengesetzten Namen „weißes Pferd". Es wäre unzulässig, ein zusammengesetztes Ding durch einen nicht zusammengesetzten Namen zu bezeichnen. Deshalb behaupte ich, dass deine These, (ein) weißes Pferd ist nicht (ein) Pferd, unhaltbar ist.

(Antwort:) Wenn man zugesteht, dass „Ein weißes Pferd haben" bedeutet: „Ein Pferd haben", dann heißt das (auch), dass „Ein weißes Pferd haben" soviel bedeutet wie: „Ein braunes Pferd haben." Hältst du das für annehmbar?

– Nein!

---

[2] *Lüshi chunqiu* 1.4 (vgl. Wilhelm, *Frühling und Herbst*, S. 9).

(Fortsetzung der Antwort:) Wenn „Pferd haben" von „braunes Pferd haben" unterschieden wird, dann ist auch „Pferd" von „braunes Pferd" zu unterscheiden; d.h. braunes Pferd ist nicht Pferd. [...] Analoges muss dann auch für ein weißes Pferd gelten.

Über das Bezeichnen von Dingen (Zhi wu lun 指物論)

Dies ist ein kurzer, überaus schwieriger Text, der verschiedentlich, und mit höchst unterschiedlichem Ergebnis, übersetzt worden ist, ohne dass sein Sinn ganz zutage getreten wäre. Wir beschränken uns deshalb auf die Anfangssätze, an denen man immerhin eine Vorstellung von der Eigenart des Textes bekommen kann.

Der zentrale Terminus des Textes ist *zhi* 指, was als Verb die Bedeutung „zeigen", „auf etwas hinweisen, hinzeigen, hindeuten", „etwas bezeichnen" hat und als Substantiv abgeleitet von „Finger" das „Hinweisen", „Hindeuten", „Bezeichnen" oder auch „das, worauf hingewiesen wird", „das, was bezeichnet wird", also kurz: „die Bedeutung" meint.[3] Auch wenn man den Text nicht voll entschlüsseln kann, ist klar, dass er Probleme der heute sogenannten Semantik behandelt, die ja gerade die Theorie des Bedeutens und der Bedeutung ist.

In den gängigen Übersetzungen[4] lautet der Anfang des Textes ungefähr wie folgt:

Kein Ding ist nicht bezeichnet, jedoch das Bezeichnen ist nicht bezeichnet.
Wenn es auf der Welt keine Bezeichnungen gibt, kann man ein Ding nicht ein Ding nennen.

Das ist schwer zu entschlüsseln, zumal der Text im Fortgang eher noch unklarer wird. Möglicherweise kann der Text aber auch noch etwas anders verstanden werden. Er enthält noch einen zweiten wesentlichen Terminus, der bislang von den Übersetzern kaum ernst genommen wurde, nämlich das auffallend oft vorkommende Wort „Welt" (*tianxia* 天下). Erst Graham[5] hat dies bemerkt und damit eine neue Interpretation nahegelegt, selbst aber noch nicht konsequent ausgeführt. Wir nehmen hier Grahams Anregung auf und

---

[3] „Bedeutung" kann hier genau im Sinne Freges aufgefasst werden, d.h. die Bedeutung eines Namens ist der durch ihn bezeichnete Gegenstand. Von solchen Gegenständen oder Dingen (*wu* 物) ist im Text ständig die Rede. Vgl. Frege (1975), S. 27.
[4] Pao-Koh, Perleberg, van Norden. S. a. o. S. 303 Anm. 1.
[5] Graham (1978), S. 457 ff.

deuten den Text als Untersuchung über die Eigenart des Begriffes „Welt", verstanden als „Kosmos" oder „Universum", d.h. als die Gesamtheit aller Dinge. Selbstverständlich ist auch dies nur ein Versuch und mit Unsicherheiten verbunden.

Das klassische Chinesisch kannte noch keine Anführungszeichen, so dass es nicht auf bequeme Weise markieren konnte, ob mit einem Wort bzw. Schriftzeichen das durch dieses Wort Bezeichnete (z.B. der durch das Wort „Hund" bezeichnete kläffende Vierbeiner) gemeint sei, oder das Wort selbst (also jenes *Wort*, das mit H beginnt, mit d endet, vier Buchstaben hat etc., aber nicht vier Beine). Diese Unterscheidung von Ebenen der „Supposition" (in der Sprache der europäischen Scholastik) ist fundamental, wenn es um das Bezeichnen (*zhi*) geht. Ein Tisch z.B. bezeichnet gar nichts, während das *Wort* „Tisch" einen Gegenstand aus Holz bezeichnet. Man darf vermuten, dass jemand, der eine theoretische Abhandlung über das Bezeichnen verfasste, dies erkannt hatte, zumal auch die Abhandlung über das weiße Pferd auf diesem Unterschied beruht. Wenn man nun den auffallend oft vorkommenden Ausdruck *tianxia* nicht als chinesische Bezeichnung für die Welt auffasst, sondern als das *Wort* „Welt", dann ergibt sich die folgende Übersetzung der ersten Sätze[6] der Abhandlung *Über das Bezeichnen von Dingen:*

Wenn (eine Bezeichnung) alle Dinge ohne Ausnahme bezeichnet, dann ist (diese) Bezeichnung keine (normale) Bezeichnung. „Welt" bezeichnet kein Ding, kann nicht ein Ding genannt werden und ist keine (normale) Bezeichnung.

Von einer Bezeichnung (oder einem Namen) wird im Normalfall erwartet, dass sie auf bestimmte Gegenstände zutrifft und auf andere nicht. Ausdrücke wie „alles, was es gibt" oder „alles überhaupt" etc. entsprechen dieser Erwartung nicht; sie sind a-normal.[7]

Wir wollen es bei diesem Hinweis belassen und nicht weiter Rätsel raten. Es muss nochmals betont werden, dass eine endgültige „Lösung" eigentlich nicht möglich ist, da zumindest bislang zu

---

[6] In der 2. Auflage dieses Buches findet sich eine vollständige Übersetzung; sie erscheint uns aber doch als zu problematisch, um hier wiederholt zu werden.

[7] Es kommt hinzu, dass die Formel *A ist nicht A* nicht in jedem Fall eine Kontradiktion bedeuten muss, sondern u.U., dass A nicht den Standardbedingungen für ein „richtiges" A entspricht. In der Abhandlung über das Bezeichnen steht: Das *Bezeichnen ist kein Bezeichnen* – vermutlich deshalb nicht, weil der Terminus „Welt" (Universum, Alles) eben *alles* bezeichnet.

wenig vergleichbares (und mit Sicherheit nicht korruptes) Textmaterial vorliegt.

Durchdringung des Wandels (*Tongbian lun* 通變論)

Im diesem kurzen Text geht es um das Verhältnis von Teilen und Ganzem und um Kriterien für Gleichheit und Verschiedenheit. Zwei Dinge können sich in einer bestimmten Eigenschaft unterscheiden, gleichzeitig aber bezüglich anderer Eigenschaften gleich sein. Umgekehrt können zwei Dinge, die eine bestimmte Eigenschaft gemeinsam haben, immer noch hinsichtlich anderer Eigenschaften verschieden sein. Schließlich können zwei Dinge, die sich von einem dritten unterscheiden, untereinander sowohl gleich als auch verschieden sein.

Es ist reizvoll, wie diese abstrakten Sätze durch konkrete Beispiele ersetzt und zugleich auch verdeutlicht werden. (Dass das Rind keine Zähne habe, muss man im Folgenden als wahr unterstellen; gemeint sind vermutlich speziell ausgebildete Zähne, die nur Schaf besitzt.[8] Analog ist als wahr zu akzeptieren, dass Rinder und Schafe keine Schweife haben; gemeint ist der haarige Schweif des Pferdes.)

Auch wenn sich Schaf und Rind darin unterscheiden, dass das Schaf Zähne hat und das Rind nicht, darf man doch nicht behaupten: Rind ist nicht Schaf, Schaf ist nicht Rind.

Dies deshalb, weil sie zwar (diese Eigenschaft) nicht gemeinsam haben, aber möglicherweise doch zur gleichen Art gehören.

Schafe haben Hörner, Rinder haben Hörner. Deswegen darf man aber noch nicht behaupten: Rind ist Schaf, Schaf ist Rind.

Dies deshalb, weil sie zwar (diese Eigenschaft) gemeinsam haben, aber (vielleicht doch) zu verschiedenen Arten gehören.

Schafe und Rinder haben Hörner, Pferde haben keine Hörner. Pferde haben Schweife, Schafe und Rinder haben keine Schweife. Daher heißt es: Schafe und Rinder sind keine Pferde. Was nicht dasselbe ist wie ein Pferd, ist kein Pferd.

(Insofern sie) keine Pferde sind, sind Schafe und Rinder nicht zwei(erlei). Aber auch wenn Rinder und Schafe zwei(erlei) sind, ist es möglich, dass sowohl Schafe als auch Rinder nicht dasselbe wie Pferde sind.

---

[8] Auch die chinesischen Kommentare helfen an dieser Stelle nicht weiter.

Über Hart und Weiß und Stein (Jian bai lun 堅白論*)*

Neben der These, dass (ein) weißes Pferd nicht (ein) Pferd sei, wird in verschiedenen zeitgenössischen Texten auf Erörterungen über „hart und weiß" angespielt bzw. auf die „Trennung von hart und weiß". Ob der im *Gongsun Longzi* enthaltenen Abschnitt *Über Hart und Weiß* der Bezugspunkt aller dieser Hinweise war oder nur einer von vielen Beiträgen zu einer großen Kontroverse, lässt sich nicht entscheiden. Es geht um das gleichzeitige Vorhandensein mehrerer Eigenschaften in ein- und demselben Objekt. Als Konkretisierung dient ein Stein, der hart und weiß ist. Es sind zwei Eigenschaften, die durch verschiedene Sinnesorgane – Hand bzw. Auge – unabhängig voneinander wahrzunehmen sind. Zur Diskussion steht nun, inwiefern diese Eigenschaften an den Stein „fixiert" sind oder ob sie unabhängig von irgendwelchen Dingen existieren und von ihnen „getrennt" werden können.

Der Text beginnt mit etwas irritierenden Fragen nach einer Zählung und setzt mit einem merkwürdigen Dialog fort. Wir wollen den Fragesteller den „Sophisten" nennen:

(Sophist): Harter weißer Stein, zählt das als drei?
(Antwort:) Nein!
(Sophist): Als zwei?
(Antwort:) Ja! Wenn man nur Weiß wahrnimmt, aber ohne Härte, so nimmt man zwei(erlei) auf. Ebenso wenn man Hart wahrnimmt, aber ohne das Weiß.

(Sophist:) Wenn man wahrgenommen hat, was (am Stein) weiß ist, kann man doch nicht mehr sagen, (er) sei nicht weiß. Dasselbe gilt für die Härte. Aber ist nicht der Stein demgegenüber ein Drittes?
(Antwort:) Dass man beim Sehen nicht die Härte wahrnimmt, sondern das Weiß, bedeutet, dass die Härte (jetzt) nicht da ist. Dass man beim Betasten nicht Weiß wahrnimmt, sondern die Härte, bedeutet, dass das Weiß (jetzt) nicht da ist.

(Sophist:) Gibt es auf der Welt kein Weiß, so kann man den Stein nicht sehen. Gibt es auf der Welt keine Härte, so kann man nicht von einem Stein sprechen. Hart, Weiß und Stein schließen einander aber nicht aus; verbirgt sich das Dritte (vielleicht jeweils)?
(Antwort:) Es ist von selber verborgen, nicht aber durch irgendetwas verborgen (worden)!

(Sophist:) Wenn er weiß und hart ist, so müssen (diese beiden Eigenschaften) einander ausfüllen, damit man einen Stein wahrnehmen kann. Wie sollten sie sich da selbst verbergen?
(Antwort): (Angenommen, irgendein) Ding ist weiß, aber sein Weiß ist nicht (an das Ding) fixiert; und das Ding ist hart, aber seine Härte ist nicht (an es) fixiert. Wenn das alles nicht festliegt, inwiefern ist (ein solches Ding dann noch) ein Stein? […]

(Sophist:) Der Stein (zählt) eins, Hart und Weiß (zählen) zwei, und zwar im Stein. Und es gibt dabei etwas, das erkannt wird, und etwas, das nicht erkannt wird; etwas, das gesehen wird, und etwas, das nicht gesehen wird. […] Das, was gesehen wird, und das, was nicht gesehen wird, ist voreinander verborgen. Was (voreinander) verborgen ist, kann man nicht als „untrennbar" bezeichnen.
(Antwort:) Das Auge kann die Härte nicht (wahrnehmen), die Hand kann das Weiße nicht (wahrnehmen). Deswegen kann man aber nicht sagen, dass die Härte nicht vorhanden ist oder dass das Weiß nicht vorhanden ist. […] Härte und Weiß wohnen (beide) im Stein – wie sollten sie voneinander getrennt werden (können)?[9]

Restlos klar wird sicherlich nicht, welche Positionen hier jeweils verfochten werden. Man dürfte aber wohl nicht allzu weit danebenliegen, wenn man folgendes annimmt:

Der Sophist meint, die einzelnen Eigenschaften durchaus vom Stein abtrennen zu können: man braucht nur die Augen zu schließen, und schon sind alle Farben verschwunden, „verborgen", während z.B. die Härte noch feststellbar ist, wenn man den Stein mit geschlossenen Augen in der Hand hält. Also sind die Eigenschaften voneinander trennbar. Der Gegner meint dagegen, man könne nicht von einem Stein sprechen, wenn seine Eigenschaften (hart, weiß) tatsächlich abtrennbar seien. Oder umgekehrt: wenn z.B. die Härte fehle, sei es eben kein Stein mehr. Und nur weil man die Härte nicht sehen könne, dürfe man sie noch lange nicht für nichtexistent erklären.

Es folgt dann noch eine kurze Bemerkung, welche recht deutlich zeigt, dass der Sophist Eigenschaften von ihrem Träger „abtrennen" wollte:

(Sophist:) Hart ist nicht erst zusammen mit dem Stein hart, sondern alle möglichen Dinge sind es. Wenn es jedoch keine Dinge gäbe, die hart sind, dann bliebe doch die Härte. Es ist dann eine nicht im Stein oder sonstigen Dingen existierende Härte. Auf der Welt gibt es dann keine Härte, sondern die Härte ist verborgen.
Sicherlich, wenn das Weiß nicht selbst weiß sein könnte, wie könnte es Steine und sonstige Dinge weiß (machen)? Weiß erfordert nur weiß, nicht aber weiße Dinge, um weiß zu sein. Mit Braun oder Schwarz verhält es sich genauso.

---

[9] Im Text steht genau genommen immer nur „hart" (*jian*) und „weiß" (*bai*) und nicht auch „Härte" bzw. „(das) Weiß", doch lässt sich das in der Übersetzung kaum konsequent berücksichtigen. Es ist nicht ausgeschlossen, dass der Text mit diesen nicht auf der Wortebene differenzierten Ebenen spielt.

Wie diese Existenz von Eigenschaften, die keinem einzigen Ding zukommen, genauer zu verstehen sei, lässt sich aus dem vorhandenen Text nicht klären.[10]

Unbeschadet der vielen inhaltlichen Unklarheiten, die die Interpretation der einzelnen Kapitel erschweren und zum Teil vor kaum überwindbare Schwierigkeiten stellen, bleibt ein auffallendes formales Merkmal des *Gongsun Longzi* festzuhalten: Die nahezu konsequent durchgehaltene Struktur von Rede und Gegenrede zweier Kontrahenten. Sie findet sich zwar gelegentlich auch in anderen Texten wie etwa dem *Zhuangzi*. Es gibt aber kein zweites philosophisches Werk der chinesischen Antike, das den Disput, das Wahrzeichen der Zeit der Streitenden Reiche, direkter und deutlicher zum Ausdruck brächte als dieses.

---

[10] Die hier vorgetragenen Argumente scheinen, soweit sie verständlich sind, im Gegensatz zu Lehrsätzen der mohistischen Logik zu stehen. Graham (1967) hält daher das Kapitel *Über Hart und Weiß* des *Gongsun Longzi* für eine spätere Fälschung, d.h. eine nicht geglückte Rekonstruktion dessen, was unter der Diskussion „über hart und weiß" in klassischer Zeit verstanden wurde, und zwar eine Rekonstruktion, die sich des Materials des mohistischen Kanons bediente. Fälschungsargumente sind allerdings wohlfeil, solange sie nicht auf wirklich harte Evidenzen verweisen können.

§17 Die späteren Mohisten

Das *Zhuangzi* berichtet in Kapitel 33, dass die Schüler des Philosophen Mo Di (§6) nach dessen Tod drei verschiedene Schulen gebildet haben, die sich alle mit sprachtheoretischen und logischen Fragen befassten. Ihr Gedankengut oder wenigstens ein Teil davon ist in den Kapiteln 40–45 des *Mozi* überliefert. Sie sollen von „Späteren Mohisten" verfasst worden sein, die etwa um 300 oder in der ersten Hälfte des 3. Jh. v.d.Z. lebten. Der Autor dieser Texte ist also nicht Mo Di selber. Sicher haben aber dessen Interesse an Begründung, Argumentation und Kriteriologie, das wir in §6 dargestellt haben, die Motivation und Initialzündung geliefert.

Kap. 40 und 41 tragen den Titel *Kanons* (*jing* 經), Kap. 42 und 43 liefern *Erklärungen zu den Kanons*. Diese vier Kapitel dürfen als Meisterwerk antiker Wissenschaft angesehen werden. Leider erfuhr der Text ein unglückliches Schicksal, weshalb er zunächst den Eindruck eines Scherbenhaufens macht.[1] Durch die Untersuchungen moderner chinesischer Gelehrter und die darauf aufbauende Arbeit von A. C. Graham lässt sich für den chaotischen Zustand des Textes aber eine Erklärung geben, die zugleich eine einleuchtende Neuanordnung ermöglicht. Danach ist der ursprüngliche Text durch Fehler bei der Reproduktion des Buches bereits in der Antike systematisch (d.h. nicht regellos) durcheinandergeraten. Es hängt dies mit dem Aufbau der alten Bücher aus Bambusleisten zusammen. Da die Störung System hat, lässt sie sich eliminieren. Man erhält damit einen Text, der eine Abfolge von inhaltlich einigermaßen zusammenhängenden Sätzen darstellt und dessen Anordnung mit jener der *Erklärungen* übereinstimmt.[2] *Kanons* und *Erklärungen* sind selten vollständig in westliche Sprachen übersetzt worden, so von Forke (1922), Graham (1979) und Johnston (2010).

Der rekonstruierte Text besteht aus einer Reihe von Definitionen (A1 bis A87), gefolgt von einer etwa gleich langen Reihe von Lehrsätzen[3] (A88 bis B82). Sowohl zu den Definitionen als auch zu

---

[1] In der alten Übersetzung von Forke (1922) wirkt der Text deshalb reichlich verworren und unverständlich.
[2] Die *Erklärungen* wären also seinerzeit nicht durcheinandergeraten.
[3] Graham legt großen Wert darauf, dass zuerst ausschließlich Definitionen kommen, danach ausschließlich Lehrsätze. Das ist eine plausible Hypothese, die auch das Verständnis erleichtert. Im Text werden die Sätze allerdings nicht explizit als Definitionen bzw. Lehrsätze bezeichnet.

den Lehrsätzen gibt es Erläuterungen. Alle Sätze sind extrem knapp formuliert. Es ist denkbar, dass sie ursprünglich samt ihren Erklärungen auswendig gelernt werden sollten. Der Text ist ein typischer Fachtext; die Bedeutung der darin festgelegten Termini wird konsequent beibehalten, es gibt Standardbeispiele für bestimmte Probleme, die Darstellung enthält keinerlei Anekdoten, ist völlig unpersönlich, und es fehlt auch der im Buch *Mozi* sonst so wichtige Hinweis auf Himmel oder Geister. Graham meint außerdem, dass auch die Grammatik der *Kanons* streng einheitlich sei, was aber nicht leicht zu entscheiden ist. In den *Kanons* werden verschiedene Themenkreise behandelt: Ethik, Logik, Sprache, Disputationslehre, Erkenntnislehre, Raum und Zeit, Geometrie, Optik. Unsere Auswahl beschränkt sich auf einigermaßen verstehbare Sätze; die Sätze zur Optik sollen dabei außer Betracht bleiben.

Sprachlogisches in den Kanons[4]

Bian 辯, das Disputieren, das Streitgespräch, ist fast naturgemäß eines der häufigen Themen in der Philosophie der Zeit der „Streitenden Reiche". Es ist eine Epoche, in der das sprachliche Argumentieren als eigenes Thema entdeckt wird. Man beginnt mit ihm zu experimentieren, und man beginnt es auch schon zu problematisieren. Zhuang Zhou z.B. drückt mit seiner Frage, woher denn Garantien für die Richtigkeit der in einem Streitgespräch obsiegenden Ansicht genommen werden könnten,[5] eine sicher weitverbreitete skeptische Position aus, um nicht zu sagen eine irrationale. Demgegenüber formulierten die Mohisten eine klare, rationale These:

(B35/67) Zu sagen, in einer Disputation (*bian*) gewinne niemand, ist nicht zutreffend.
Erklärt durch: Disputation.

(EB35/26) Wenn das, worum es (den Disputanten geht), nicht dasselbe ist, so ist es Verschiedenes. Wenn es um dasselbe geht, dann könnte der eine es z.B. *gou* 狗 (Hund) nennen, der andere aber *quan* 犬 (Hund).[6] Wenn es

---

[4] Wir zitieren im Folgenden aus Kanons und Erklärungen nach der Ausgabe von Graham (1979). Es bedeuten dabei „A" bzw. „B" Kanon I bzw. II, „E" die zugehörige Erklärung. Die Zählung der Sätze in den Kanons entspricht der Ausgabe von Graham. Die zweite Zahl in den Angaben gibt die entsprechende Satz-Nr. in der alten Übersetzung von Forke an.
[5] *Zhuangzi* Kap. 2, o. S. 159.
[6] Auch im Deutschen gibt es solche Möglichkeiten, etwa *Köter* und *Hund*.

um Verschiedenes geht, mag es der eine „Rind" nennen, und der andere „Pferd". In beiden Fällen gibt es keinen Gewinner, und es handelt sich nicht um eine Disputation.
Eine Disputation ist so, dass der Eine sagt „So ist es!", während der Andere sagt „So ist es nicht!". Der, (dessen Behauptung) zutrifft, gewinnt (die Disputation).

Hier ist zunächst zu erläutern, dass es für das Wort „Hund" im klassischen Chinesisch zwei verschiedene Worte (*gou, quan*) gibt, die mehr oder weniger gleichbedeutend sind. Sie bilden das Standard-Beispiel der Mohisten für synonyme Termini. Allerdings waren die beiden Ausdrücke höchstwahrscheinlich nicht *völlig* gleichbedeutend, der eine könnte z.B. eher für kleine, der andere eher für große Hunde benutzt worden sein.

Im modernen Sinne lässt sich B35 als deutliches Bekenntnis zur gewöhnlichen, d.h. zweiwertigen Logik lesen: ein Satz ist entweder wahr oder aber er ist falsch. Wenn in einer Disputation scheinbar unauflösbare Streitfragen auftreten, so ist dies für die Mohisten nicht auf ein Versagen der Logik zurückzuführen, sondern viel harmloser zu erklären. Die Kontrahenten reden (vielleicht ohne es zu bemerken) nicht über dieselbe Sache, oder sie streiten bloß um Worte. Um dies zu belegen sei noch auf zwei einschlägige Definitionen verwiesen:

(A73/48) Gegenteiliges (*fan* 仮) bedeutet: Es ist nicht möglich, dass beide (Begriffe zugleich) nicht anwendbar sind.

(EA73/65) Rind und nicht-Rind sind die beiden (Begriffe); was nicht (ein Rind ist), ist ein nicht(-Rind).

Interessant ist, dass hier mit 仮 ein eigenes Schriftzeichen für den Zweck der logischen Notation eingeführt wird. Diese Technik wurde von den Mohisten mehrfach benutzt; sie hatten sich also bereits ein eigenes graphische System für wesentliche logische Begriffe geschaffen. Die Technik ist später aber wieder in Vergessenheit geraten. Auch der Begriff *Disputation* selbst wird definiert, wobei der soeben definierte Begriff *Gegenteiliges* verwendet wird:

(A74/50+51) Disputation (*bian* 辯) ist Streiten über Gegenteiliges. In der Disputation gewinnen heißt: das Zutreffende (behaupten).

(EA74/65) Wenn einer etwas „Rind" nennt und ein anderer „nicht-Rind", so ist das ein Streit über Gegenteiliges. Nicht beides davon ist zutreffend. Deshalb muss eines davon nicht zutreffend sein. Es ist nicht wie im Beispiel mit „Hund".

In B35 wurde angenommen, dass die Kontrahenten gar nicht über dasselbe Ding bzw. Problem sprechen, und in diesem Fall ist es natürlich möglich, dass einer über Pferde redet, der andere über Rinder, so dass keine Entscheidung möglich ist. Aber wenn es um ein- und denselben Tatbestand geht, muss (mindestens) einer der Kontrahenten im Unrecht sein. Die Mohisten formulieren hiermit das Prinzip vom ausgeschlossenen Dritten (*tertium non datur*).[7]

Unter dem Stichwort „Name" (*ming* 名) ist zu lesen:

(A78/59) Ein Name (*ming*) ist universal (*da* 達), oder er ist ein Klassenname (*lei* 類), oder er ist ein Eigenname (*si* 私).

(EA78/69) „Ding" ist ein universaler Name; jedes Objekt ist notwendigerweise durch ihn benennbar.
Wenn man etwas Pferd nennt, so ist das ein Klassenname. Wenn etwas einem solchen Ding gleicht, muss es auch den entsprechenden Namen („Pferd") tragen.
Nennt man jemanden (Herrn) Zang, so ist das ein Eigenname. Dieser Name darf sich nicht weiter erstrecken als nur auf dieses eine Objekt. [...]

Bezüglich der Klassennamen erkennen die Mohisten nun ein interessantes Problem:

(B6/10) (Dinge) unterschiedlicher Klassen[8] (*lei*) sind nicht miteinander vergleichbar.
Erklärt durch: Maß.

Die Erklärung dazu ist überraschend. Sie besteht aus einer Liste von sinnlos wirkenden Sätzen:

(EB6/6) Ein Baum oder eine Nacht – was ist länger? Das Wissen oder der Reis – wovon ist mehr (vorhanden)? Rang, Verwandte, Wohlverhalten, Preis – welches von diesen vieren ist am teuersten? [...]

Die Wörter „lang", „mehr" etc. sind alle systematisch mehrdeutig. Sie lassen sich nämlich auf Begriffe der verschiedensten Art anwenden. Dass sie dabei jeweils verschiedene Bedeutung haben, fällt normalerweise aber nicht auf. Die einzelnen Sätze „Ein Baum ist lang", „Eine Nacht ist lang" sind harmlos; dagegen wirkt die Kombination „Ein Baum ist länger als eine Nacht" unsinnig. Woran liegt dies? In der mohistischen Sprachtheorie gibt B6 darauf die generelle Antwort: In einem solchen Satz werden Dinge unterschiedlicher Klas-

---

[7] Vgl. herzu und zur mohistischen Logik allgemein Paul (1993) und (1998).
[8] Hier wäre die Übersetzung „Kategorie" für *lei* noch deutlicher, vielleicht aber überdeutlich.

sen über ein nur scheinbar gemeinsames *tertium* miteinander verglichen. Es wird ein Kategorienfehler begangen. Es wird übersehen, dass das „Maß", mit dem man räumliche und zeitliche Ausdehnungen misst, nicht das gleiche ist.

Die Analyse unsinniger Sätze ermöglicht wichtige Einsichten in den Aufbau und die Funktionsweise von Sprachen. Es ist dabei bemerkenswert, dass sich die antiken chinesischen Beispielsätze mühelos sinngetreu ins Deutsche übertragen lassen, obwohl sie doch sinnlos sind. Eine umfassende Untersuchung der Entstehungsmöglichkeiten sinnloser Sätze ist erst im 20. Jahrhundert unternommen worden. Insbesondere hat R. Carnap gezeigt,[9] dass unsinnige Sätze entstehen, wenn man den Fehler der „Sphärenvermengung" begeht. Carnap ordnet jeden Gegenstand in eine Gegenstandssphäre ein. Grob gesprochen gehören zwei Gegenstände bzw. Begriffe in dieselbe Sphäre, wenn in beliebigen Aussagen der eine durch den anderen ersetzt werden kann, ohne dass dabei Unsinn entsteht. Beispiele von Begriffen aus jeweils verschiedenen Sphären sind: ein Stein, die Lebhaftigkeit, die Bundesverfassung, der Expressionismus, die Zahl dreizehn, der heutige Tag.

Ein Eigenschaftswort kann auf Objekte aus ganz verschiedenen Sphären angewendet werden. Ein Mensch, ein Brief, ein Blick oder ein ganzes Volk können „dankbar" genannt werden. Aber es handelt sich dann um zueinander sphärenfremde Begriffe von „dankbar". Wenn man die Sphärenfremdheit nicht berücksichtigt, erhält man leicht unsinnige Sätze, z.B. „Was ist dankbarer: Hans oder sein Blick?" Der mohistische Satz „Was ist länger: ein Baum oder eine Nacht?" ist ein anderes Beispiel für einen sinnlosen Satz, der durch (bewusste) Sphärenvermengung entsteht.

Obwohl Carnap erheblichen Scharfsinn darauf verwandte, genauer anzugeben, wann eine Vermengung von Begriffssphären vorliege und wann nicht, erzielte er kein befriedigendes allgemeines Resultat. Dies liegt in gewisser Weise ganz auf der Linie der mohistischen „Antilogik": durch offenbar unsinnige Sätze werden Grenzen für das naiv-formale Operieren mit Begriffen verdeutlicht.

Ein anderer Lehrsatz dürfte sich mit metaphorischen Namen befassen:

(B8/14) Ein „entlehnter" (Name) ist notwendigerweise falsch.
Erklärt durch: Es ist nicht so (wie der Name zu sagen scheint).

---

[9] Carnap (1928), S. 29–31.

(EB8/8) Ein entlehnter (Name) ist notwendigerweise nicht richtig, denn sonst wäre es kein entlehnter. Wenn man für einen Hund den entlehnten (Namen) „Husch" (*huo*)[10] benutzt, ist das, wie wenn man ihn zum Clan Husch rechnet.

Geborgte Namen dürften also metaphorische, übertragene Bezeichnungen sein, so wie man einen erfahrenen Menschen eventuell als „alten Fuchs" bezeichnet. Solche Bezeichnungen wären wörtlich genommen falsch.

Pferde und Rinder dienten als Standardbeispiel für Klassen oder Mengen von Objekten, die voneinander verschieden sind, aber auch zu einer neuen Klasse bzw. Menge zusammengefasst werden können, z.B. zu Vierfüßlern oder Arbeitstieren:

(B12/22) Das Eingrenzen von Objekten (erzeugt) eine Einheit.
Erklärt durch „alle sind eines, (zugleich aber) ist jedes etwas Spezielles".

(EB12/12) Dass alle Objekte zu einer speziellen Einheit gehören, gilt z.B. dafür, dass Rinder und Pferde vier Beine haben. Dass jedes etwas Spezielles ist, gilt für das Rind und für das Pferd.
Wenn man Rind und Pferd gesondert zählt, dann sind es zwei (Klassen). Wenn man sie miteinander zählt (z.B. als Vierfüßler oder Arbeitstiere), dann sind sie eine. Es ist wie beim Zählen der Finger: es sind fünf Finger, aber diese fünf (bilden) eine (Menge).

Man darf also sagen, dass den Mohisten der Unterschied zwischen einer Menge und ihren Elementen ebenso bewusst war wie die Prinzipien der Bildung von Mengen. „Pferd" und „Rind" fungieren in diesen Überlegungen geradezu wie die Variablen der modernen Logik.

Wenn man Klassen voneinander unterscheiden möchte, muss man ein unterscheidendes Merkmal angeben, d.h. eines, das den Elementen der einen Klasse zukommt und jenen der anderen Klasse nicht zukommt:

(B66/51) Durch ein willkürliches Herausgreifen (einer Eigenschaft) lässt sich der Unterschied nicht erkennen.
Erklärt durch: Besitzen (dieser Eigenschaft).

(EB66/59) Wenn man das Rind nur dadurch vom Pferd unterscheidet, dass das Rind Zähne hat und das Pferd einen Schwanz, so kann man nicht erklären, wieso das Rind nicht ein Pferd ist. Denn beide besitzen Zähne und einen Schwanz; es ist nicht so, dass das eine sie besitzt und das andere nicht.

---

[10] *Huo* ist das Geräusch eines schnell vorbeifliegenden Vogels.

§17 Die späteren Mohisten

Wenn man sagt, Rind und Pferd gehören nicht zur selben Art, so benutzt man (die Tatsache) dass das Rind Hörner hat, während das Pferd keine Hörner hat [...].

Schließlich war den Mohisten auch die Möglichkeit der Konstruktion von sprachlichen Antinomien bekannt, und – wenn die Deutung des folgenden Satzes korrekt ist – das im 20. Jahrhundert in der Philosophie zeitweilig erörterte Problem der Unterscheidung sinnvoller Sätze von sinnlosen:

(B41/79) Man muss den Sinn verstehen, bevor man (auf eine Frage) antwortet. Erklärt durch: Man weiß (sonst) nicht, was damit gemeint ist.

(EB41/33) Jemand fragt: Kennst du das Maulo? Antwortest du: Was bedeutet „Maulo"?, und jener sagt: Maulo ist das-und-das, dann weißt du es.
Wenn du nicht zurückfragst: Was bedeutet „Maulo?", sondern geradewegs sagst, dass du nichts darüber weißt, so machst du einen Fehler. [...]

Der Text enthält ein ansonsten unbekanntes Schriftzeichen, das an jenes für Maultier erinnert, weshalb wir es mit „Maulo" wiedergeben. Es könnte sich um einen der vielen Schreibfehler handeln, aber die Vermutung liegt nahe, dass hier ganz bewusst ein neues, d.h. sinnloses Schriftzeichen erfunden wurde. Damit enthielte der Lehrsatz die Warnung, sich nicht in Kontroversen zu begeben, solange der Sinn der darin vorkommenden Ausdrücke nicht geklärt ist.[11]

Den Höhepunkt an logischer Raffinesse bilden die folgenden Stellen:

(B77/72) Lernen ist nützlich.
Erklärt durch: Gegenposition.

(EB77/69) Wenn man in der Meinung, jemand wisse nicht, dass Lernen nutzlos ist, ihm dies sagt, so heißt dies, man bringt ihn dazu, dass er weiß, dass Lernen nutzlos ist. Das heißt, man belehrt ihn.
Anzunehmen, dass Lernen nutzlos ist, und dies dann zu lehren, ist widersprüchlich.

Zwar ist das noch keine vollständige Antinomie, denn sie löst sich auf, sobald der Gegner des Lernens nicht behauptet, seine eigene Lehre sei nützlich. Aber es ließen sich mittels der Ausdrücke „lehren" oder, einfacher, „sagen" tatsächlich Sätze konstruieren, die absurd bzw. selbstwidersprüchlich werden, sobald man sie ausspricht, und das scheint das zitierte Theorem zu intendieren. Dies zeigen auch weitere Lehrsätze:

---

[11] Dieser Lehrsatz ist allerdings in den *Kanons* der einzige seiner Art.

(B79) Verwerfung (*fei* 誹) (Kritik) zu verwerfen ist widersinnig.
Die Erklärung liegt in dem, was man nicht verwirft.

(EB79) Seine eigene Kritik nicht zu verwerfen, heißt Kritik nicht zu verwerfen. Gleich ob Verwerfen verworfen werden kann oder ob es nicht verworfen werden kann – (in jedem Fall) wird Verwerfen nicht verworfen.

(B71/60) Wenn man alle Rede für widersprüchlich erklärt, so ist das widersprüchlich (*bei* 詩).[12]
Erklärt durch: eben diese Äußerung.

(EB71/64) Widersprüchlichkeit ist nicht zulässig. Wenn die Behauptung jenes Menschen (alles sei widersprüchlich) zulässig ist, dann gibt es etwas Zulässiges, d.h. etwas, das nicht widersprüchlich ist.
Wenn jener Mensch etwas nicht-Zulässiges geäußert hat, dann muss es auf einer mangelhaften Beurteilung beruhen, wenn man (seine Äußerung) für zutreffend hält.

Dies ist ein Pendant zu einem Typus von Antinomien, der in Europa seit der Antike studiert wird. Eine Antinomie ist ein Satz, aus dessen Wahrheit seine Falschheit und aus dessen Falschheit seine Wahrheit folgt. Dem griechischen Denker Eubulides aus Milet (4. Jh. v.), der zur Schule der Megariker gehörte, wird die Erfindung des sogenannten Lügner-Paradoxons zugeschrieben. Es wird meist in der Form

Ein Kreter sagt: „Alle Kreter lügen."

zitiert, doch gibt es noch mehrere andere Fassungen dieses seltsamen Satzes.[13]

Über Wissen und Erkennen (*zhi* 知)

Eine ganze Reihe von Definitionen und Theoremen befasst sich mit dem Begriff Wissen bzw. Erkennen. Leider sind einige dieser Sätze nicht mehr eindeutig zu entschlüsseln, zumal sie isoliert, ohne Kontext stehen. Im Folgenden führen wir nur Sätze an, deren Deutung nicht allzu unsicher. In den Definitionen werden mehrere Begriffe von Wissen bzw. Erkennen (möglicherweise auch als „Intellekt" zu verstehen) unterschieden, z. T. auch graphisch; es ist aber schwierig, ihnen jeweils verschiedene deutsche Begriffe wie Wissen/wissen, Erkenntnis/erkennen, Klugheit, Intelligenz oder auch

---

[12] Eine ausführliche Untersuchung dieses Begriffs findet sich in Behr (2018). Vgl. hierzu auch Roetz (1993), S. 93–95.
[13] Vgl. Rüstow (1910).

Weisheit zuzuordnen. Es ist auch nicht recht ersichtlich, inwieweit diese Unterscheidungen in weiterer Folge in den mohistischen Lehrsätzen systematisch genutzt wird:

(A3/5) Wissen/wissen ist eine Fähigkeit.

(EA3/3) Wissen/wissen/erkennen ist dasjenige, mittels dessen etwas gewusst wird, und zwar notwendigerweise. Wie z.B. bei der Sehkraft.

(A5/9) Wissen/wissen/erkennen ist Kontakt mit etwas nehmen.

(EA5/5) Wissen/wissen/erkennen heißt, mit seinem Wissen an einem Ding vorbeizustreifen und es beschreiben können. Wie z.B. beim Sehen.

(A6/11) Wissen/Klugheit/Erkenntnis (恕) heißt Klarheit/Erhellung.

(EA6/6) Wissen/Klugheit/Erkenntnis (恕) heißt, mittels seines Wissens (知) über Dinge sprechen, wobei das Wissen deutlich wird. Wie z.B. bei der Sehkraft.

Über die Quellen des Wissens heißt es:

(A80/63-64) Beim Wissen (ist zu unterscheiden:) Hör(wissen), Erklärung(swissen), persönliches (Wissen). [...]

(EA80) Wissen, das man durch Weitergabe empfangen hat, ist Hörwissen. Wissen, bei dem der Standort nicht als Hindernis wirkt, ist Erklärungswissen. Wissen, das auf eigener Beobachtung beruht, ist persönliches Wissen. [...]

Offenbar werden hier (1) Wissen aus zweiter oder dritter Hand, das nur von anderen übernommen wird, (2) unabhängig von einem bestimmten Standort in Raum und Zeit intellektuell, z.B. durch Nachdenken erworbenes Wissen und schließlich (3) auf direkter persönlicher Erfahrung beruhendes Wissen voneinander unterschieden. Das letztere wird in den Zhou-Texten häufig betont und gegenüber der reinen Orientierung am nur Übernommenen, also der Überlieferung aufgewertet.[14] Man könnte also sagen, es geht um das Verhältnis von Tradition, Argument und Erfahrung. Nicht zur Debatte stand für die Mohisten allem Anschein nach jede Art eines apriorischen, angeborenen oder geoffenbarten Wissens, es wird auch nicht zwischen einem niederen und einem „höheren" Wissen unterschieden. Es scheint ferner, dass die Mohisten den Grundsatz akzeptierten, alles Wissen sei sprachlich mitteilbar. Dieses Prinzip findet sich zwar nicht explizit, ist aber die implizite Voraussetzung dafür, dass

---

[14] Vgl. zu diesem Punkt und den traditionskritischen Implikationen von A80 Roetz (2005), S. 152, und Roetz (2018c), S. 30 u. 44.

Wissen durch sprachliche Kommunikation erworben oder weitergegeben werden kann.

(B9/16) Wodurch ein Ding so-und-so ist, wodurch man davon weiß, und wodurch man erreicht, dass (andere) Menschen es wissen, (diese drei) sind nicht unbedingt gleich.
Erklärt durch: Krankheit.

(EB9/9) Jemand wird verletzt, deshalb befindet er sich so-und-so; man sieht das, deshalb weiß man davon; man berichtet es, dadurch erreicht man, dass (andere) davon wissen.

Die Mohisten unterscheiden hier drei Ebenen: Die der Dinge bzw. des Seins, Die der Erkenntnis bzw. des Denkens und schließlich die der Sprache. Die Stelle widerlegt eindrücklich die Behauptung, dass in der chinesischen Kultur, basierend auf der Struktur der Chinesischen Sprache, nicht zwischen Worten und Dingen unterschieden werde (sondern Worte selbst als Dinge angesehen werden), also eine „ontologische Indifferenz" herrsche.[15]

Das Funktionieren sprachlicher Kommunikation setzt voraus, dass man die fundamentalen Wörter bzw. Begriffe zuerst in persönlichem Kontakt mit der Wirklichkeit erlernt hat. Später genügen diese Wörter dann, um neue Informationen zu übermitteln, ohne dass dabei die direkte Wahrnehmung der Dinge erforderlich wäre:

(B70/58) Wenn man hört, etwas, das man nicht kennt, sei so wie etwas, das man kennt, so kennt man beides.
Erklärt durch: Mitteilung.

(EB70/63) Draußen sei irgendetwas, das man kennt, und drinnen im Zimmer etwas, das man nicht kennt. Jemand sagt nun: Die Farbe des Dinges im Zimmer gleicht der Farbe jenes (Dinges draußen). Somit gleicht das nicht-Bekannte etwas Bekanntem. [...] Wenn man weiß, dass die Farbe des (nicht-Bekannten) der Farbe Weiß gleicht, dann weiß man, dass erstere weiß ist.
Man benennt also unter Verwendung dessen, was man bereits richtig und klar (kennt), das, was man noch nicht kennt. Es ist nicht so, dass man aufgrund dessen, was man noch nicht kennt, an dem zweifelt, was man schon klar (erkannt hat). [...] Während das Ding draußen durch direkten Kontakt erkannt wurde, wird das Ding im Zimmer durch eine Erklärung erkannt.

Der Gebrauch von „draußen" und „drinnen" ist ungewohnt – man würde eher für das *näherliegende* Ding annehmen, dass es bereits bekannt ist –, doch ist dies für das Verständnis der Stelle belanglos.

[15] Vgl. hierzu u. S. 364 und Roetz (2006), S. 29.

§ 17 Die späteren Mohisten

Einige Male werden auch das Nicht-Wissen, der Zweifel oder die Ungewissheit thematisiert, etwa in folgendem Lehrsatz mit seiner anschaulichen Erklärung:

(B32/61 ff.) Wenn man in einer Sache keine Erklärung besitzt, wird man ängstlich. [...]

(EB32/23) Wenn der Sohn bei der Armee ist, kann man nicht (wissen), ob er tot ist oder lebt. Und auch wenn man von einer Schlacht hört, kann man weiterhin nicht wissen, ob er noch lebt. Vorhin hatte man keine Angst, jetzt aber hat man Angst.

Ein interessantes Thema der Erkenntnislehre wurde mittels des Begriffspaares *hart/weiß* formuliert. Der Leser wird sich an die etwas kryptische Abhandlung über den harten weißen Stein im *Gongsun Longzi* erinnern. Im mohistischen Kanon ist der Gebrauch von *hart/weiß* dagegen besser zu begreifen, nämlich als Paradigma einander nicht ausschließender, voneinander aber unabhängiger Eigenschaften. Letztere werden wie folgt definiert:

(A66/34) Hart und Weiß schließen einander nicht aus.

Von diesem Paradigma wird z. B. Gebrauch gemacht, wenn es heißt:

(EB4/6) [...] Länge und Breite (eines Körpers) sind wie hart/weiß.

Es handelt sich also um unabhängige, einander nicht ausschließende Eigenschaften. Solche Eigenschaften werden einzeln festgestellt, woraus folgt:

(B37/?) In Bezug auf eine Sache gibt es (möglicherweise) etwas, was man weiß, und etwas, was man nicht weiß.
Erklärt durch: Vorhandensein.

(EB37/28) Ein Stein (z.B.) ist eine solche Sache. Härte und weiße Farbe sind zweierlei (Eigenschaften) dieses einen Steines. Also ist es möglich, dass man davon etwas weiß und etwas (anderes) nicht weiß.

Ursache, Raum, Zeit und Infinites

Die Kanons beginnen mit folgender Definition:

(A1/1) Ursache ist (definiert als) etwas, auf welches erst, wenn es vorhanden ist, etwas anderes erfolgt.

(EA1/1) Eine „kleine Ursache" ist eine, bei deren Vorhandensein der (betreffende Effekt) nicht notwendig erfolgt, bei deren Abwesenheit er aber notwendigerweise nicht erfolgt. [...]

Eine „große Ursache" ist eine, bei deren Vorhandensein (der Effekt) notwendigerweise erfolgt und bei deren Abwesenheit er notwendigerweise nicht erfolgt.

Die Erklärung beschreibt also die „kleine Ursache" (*xiao gu* 小故) als notwendige Bedingung, während eine „große Ursache" (*da gu* 大故) eine notwendige und zugleich hinreichende Bedingung ist.

Die Kanons enthalten zwar keine Ansätze zur systematischen Ausarbeitung einer Geometrie, lassen aber deutlich erkennen, dass die Mohisten sich mit Problemen der zeitlichen und räumlichen Ausdehnung bzw. Ausdehnungslosigkeit befassten, sowie mit der damit zusammenhängenden Frage der Teilbarkeit von Strecken. Auch der allgemeine Begriff einer Menge mit unbegrenzt vielen Elementen ist offenbar diskutiert worden. Zunächst wird definiert:

(A40/81) Dauer (*jiu* 久) ist die Integration verschiedener Zeiten.

(A41/82) Raum (*yu* 宇) ist die Integration verschiedener Orte.

Räumliche und zeitliche Ausdehnung wurden nicht als gewöhnliche Eigenschaften angesehen, die Dingen gelegentlich zukommen und gelegentlich nicht zukommen:

(B14/24) Raum und Dauer sind nicht wie hart/weiß.

(B15/32) Was keine Dauer hat, verhält sich zu Raum wie hart/weiß.

(EB15/14) Wenn hart und weiß zueinandertreten, müssen sie sich gegenseitig ausfüllen.

Hart/weiß bedeutet soviel wie separierbare, voneinander unabhängige Eigenschaften oder Merkmale. Normalerweise hat jeder Gegenstand und jedes Ereignis eine bestimmte räumliche und zeitliche Erstreckung. *Separierbar* sind diese beiden Merkmale nur im Grenzfall eines Ereignisses von unendlich kurzer Dauer. Dieses Ereignis hat dann immer noch eine räumliche Ausdehnung, aber keine zeitliche mehr.

Die Kanons befassen sich vor allem mit *räumlich* unausgedehnten Gebilden, was anhand des Anfangspunktes (des allerersten Punktes) einer Strecke geschah:

(A61/24) Der Anfangspunkt (einer Strecke) ist ohne Ausdehnung und das Allervorderste.

Der Übergang von dieser Konzeption des Punktes zu der der Strecke dürfte in der folgenden Definition des *nächsten (Punktes)* versucht worden sein:

§17 Die späteren Mohisten

(A69/40) Der nächste (Punkt auf einer Strecke) ist einer, der ohne Zwischenraum (auf den vorhergehenden folgt), ohne doch mit ihm zusammenzufallen.

(EA69/62) (Nur) wenn die (jeweiligen) Anfangspunkte ohne Ausdehnung sind, ist das möglich.

Von hier aus gelangt man auch zum Problem der (eventuell unbegrenzten) Teilbarkeit von Strecken, die aus solchen unausgedehnten Punkten bestehen:

(B60/39) Wenn man (eine Strecke) immer genau in der Mitte durchhacken soll, so bewegt man sich damit nicht vom Fleck.
Erklärt durch: Endpunkt.[16]

(EB60/52) Wenn man beim Zerhacken (über die Mitte) hinausgeht, dann nimmt man (bereits) die vordere (Hälfte). Da es bereits die vordere Hälfte ist, hat man den Mittel(punkt) nicht als Halbierungspunkt genommen, sondern als Anfangspunkt (einer der beiden Hälften). (Nur wenn) man vordere und hintere (Hälfte) nimmt, wäre (dieser) Anfangspunkt genau die Mitte. Wenn das Zerhacken genau halbieren soll und ein Nicht-Halbieren nicht zugelassen wird, dann ist ein Zerhacken nicht möglich.

Die Erklärung der Begriffe *endlich* (begrenzt) und *unendlich*, die ebenfalls anhand von Strecken erfolgt, ist gut verständlich:

(A42/84) Begrenzt heißt, dass irgendwo für einen nächsten Schritt kein Platz mehr vorhanden ist.

(EA42/39) Wenn irgendwo kein Platz für einen (nächsten) Schritt vorhanden ist, dann ist es begrenzt. Wenn es niemals keinen Raum für einen (nächsten) Schritt gibt, ist es unbegrenzt.

Zur logischen Charakterisierung von All-Aussagen, insbesondere auch wenn es sich um unbegrenzte Mengen handelt, finden sich noch zwei weitere Definitionen:

(A65/32) (Etwas vollständig) ausfüllen (*ying* 盈) heißt, nirgends nicht vorhanden sein.

(EA65/58) Etwas, das (überhaupt) nichts ausfüllt, hat keine Ausdehnung.

(A43/86) Ausschöpfen (*jin* 盡)[17] heißt, dass nichts nicht so ist.

Ausschöpfen (exhaustieren) bedeutet hier das vollständige, restlose Behandeln oder Untersuchen aller Elemente einer Menge, so lange, bis die Menge erschöpft ist. Ist dies aber bei unendlichen Mengen

---

[16] *Duan* 端 = Pol, Anfangs- oder Endpunkt einer Strecke.
[17] Als Adverb bedeutet *jin* „vollständig", „allesamt".

möglich, bzw. wie ist dies bei unendlichen Mengen zu verstehen? Als Paradigma für diese Frage dient die alte mohistische Forderung, man solle alle Menschen lieben (*jian ai*, o. S. 96–98). Handelt es sich dabei um eine sinnvolle Forderung, wenn man gar nicht weiß, wie viele Menschen es gibt? Man weiß nicht einmal, ob ihre Anzahl wenigstens *endlich* ist.[18] Das Problem wird im Folgenden nicht als ethisches diskutiert, sondern als logisches. Es geht um die Deutung des Satzes „Alle A sind B" („Alle Menschen sind zu lieben"), wenn nicht klar ist, ob es sich um eine begrenzte oder um unbegrenzte Menge von Individuen handelt, welche die Eigenschaft A besitzen. Der Kanon sagt:

(B73/64) Unbegrenztheit widerspricht nicht der Allgemeinheit.
Erklärt durch: ausfüllen oder nicht.

(EB73/66) (Einwand) Wenn der Süden eine Grenze hat, kann er ausgeschöpft werden; ist er unbegrenzt, so kann er nicht ausgeschöpft werden. Wenn man nicht weiß, ob er begrenzt ist oder nicht, so kann man nicht wissen, ob er ausgeschöpft werden kann oder nicht. Wenn man nicht wissen kann, ob die Menschen (den Süden?) ausfüllen oder nicht, kann man nicht wissen, ob man die (Zahl der) Menschen ausschöpfen kann oder nicht. Unter diesen Umständen ist es absurd, darauf zu bestehen, dass man die Menschen vollständig lieben könne!
(Antwort:)
(a) Wenn die Menschen das Unbegrenzte nicht ausfüllen, dann sind sie begrenzt; dass man aber etwas Begrenztes ausschöpfen kann, ist unschwer (einzusehen).
(b) Wenn (sie) das Unbegrenzte aber ausfüllen, dann ist das Unbegrenzte ausgeschöpft. Dass das Unbegrenzte (dann) ausgeschöpft werden kann, ist unschwer (einzusehen).

Der kritische Antwortsatz (b) ist so knapp, dass er nicht sicher gedeutet werden kann; jedenfalls aber lautete die mohistische These:

(B74/66) Auch wenn man von etwas die Anzahl nicht weiß, so weiß man doch, wie es vollständig auszuschöpfen ist.
Erklärt durch: fragen.

(EB74/67) Wenn man ihre Anzahl nicht weiß, wie kann man wissen, ob man mit seiner Liebe alle Menschen erfasst hat? Vielleicht hat man beim Nachfragen welche übergangen?
(Antwort) [...] Wenn man durch das Nachfragen alle Menschen erfasst hat, so hat man alle, nach denen man gefragt hat, mit seiner Liebe erfasst.

---

[18] Aufgrund des damaligen Wissensstandes konnte man es tatsächlich nicht wissen. Dies wird im Text durch die Frage ausgedrückt, ob die Erde nach Süden hin begrenzt sei oder nicht, was ebenfalls offen war.

Hier wird *fragen* (*wen* 問) als neuer Terminus eingeführt. Es lässt sich vermutlich als Durchführen eines Tests verstehen. Der Mohist behauptet, alle Menschen zu lieben; man greift nun einen beliebigen Menschen heraus und fragt, ob der Mohist ihn liebe. Bejaht der Mohist in jedem solchen Einzelfall, so liebt er die Menge der ihm genannten Menschen erschöpfend, und man kann dann nicht bestreiten, dass er alle Menschen liebt.

Mittels der Methode des „Ausschöpfens" lässt sich schließlich auch eine interessante Definition der Gleichheit von Strecken formulieren:

(A53/8) Gleichlang sind (Strecken), wenn sie gerade (nebeneinander)liegend einander ausschöpfen.

Zur Ethik

Die Ethik ist in den Kanons im Wesentlichen durch Definitionen vertreten, während eine inhaltliche ethische Diskussion nicht stattfindet – sie ist bereits in den Kernkapiteln des Buches *Mozi* erfolgt, zu denen die *Kanons* eine Art Metatext darstellen.

(A7/13) Menschlichkeit (*ren* 仁) ist individuelle[19] Liebe.

(A8/15) Gerechtigkeit (*yi* 義) heißt nützen.

(A9/17) Sittlichkeit (*li* 禮) ist Respekt.

(A10/19) Verhalten (*xing* 行) ist das, was man tut.

(A12/23) Für andere das Beste geben (*zhong* 忠)[20] heißt, wenn man etwas für nützlich hält, es energisch zu seiner Pflicht machen.

(A13/25) Kindespflicht (*xiao* 孝) heißt, den Eltern nützlich ein.

(A14/27) Glaubwürdigkeit (*xin* 信) heißt, dass die Worte mit den Gedanken übereinstimmen.

(A19/37) Die (Amts)Pflichten (erfüllen) (*ren* 任) heißt, dass ein Beamter (auch) unter eigenem Nachteil zum Nutzen jener agiert, denen er dient.

(A26/52) Nutzen (*li* 利) ist etwas, über dessen Erlangung man froh ist.

(A27/54) Schaden (*hai* 害) ist etwas, dessen Eintreten man verabscheut.

---

[19] Vermutlich ist gemeint: nicht die Menschheit als Ganzes lieben, sondern die einzelnen, konkreten Menschen. Die Kap. 14–16 des *Mozi* verbinden mit *ren*, Menschlichkeit, allerdings gerade die *allgemeine* Liebe bzw. Mitsorge *jian ai*.

[20] Zhong kann auch Loyalität oder Ehrlichkeit bedeuten.

(A36/73) Belohnung (*shang* 賞) ist Vergeltung der Obrigkeit für Verdienste eines Untertanen.

(A37/75) Verbrechen (*zui* 罪) ist die Verletzung eines Verbotes.

Die Erklärung hierzu lautet:

(EA37) „Was nicht in den Verboten steht, ist nicht strafbar, auch wenn es schädlich ist."

Dies ist eine bemerkenswerte Formulierung des Grundsatzes *nulla poena sine lege*.[21]

(A38/77) Strafe (*fa* 罰) ist Vergeltung des Verbrechens eines Untertanen durch die Obrigkeit.

Die Definition des oben wiederholt auftretenden Terminus' „Nutzen", der für die mohistische Ethik so charakteristisch ist und auch zur Definition der Gerechtigkeit dient – gegen den heftigen Protest des Konfuzianers Mengzi –, ist reichlich vage. Freude und Abscheu als bloß individuell-subjektive Kriterien wollten die Mohisten in der Ethik zweifellos nicht gelten lassen. Auch ein hemmungsloses Profitstreben war nicht die Art von „Nutzen", an die sie dachten. Es handelt sich vielmehr um eine Art wohlerwogenen, richtig eingeschätzten Nutzen. Man erwägt vor einer Handlung die Vor- und Nachteile und entscheidet sich für jene Handlungsweise, die auf lange Sicht den größeren Nutzen bzw. den geringeren Schaden bringt. Eines der mohistischen Fragmente besagt:

Wenn man sich einen Finger abhackt, um den Arm zu retten, so deshalb, weil man von den Vorteilen den größten und von den Nachteilen den kleinsten wählt. Das kleinste Übel wählen, ist nicht ein Übel wählen, sondern einen Vorteil. Das, was man wählen kann, liegt (freilich oft) in der Hand anderer Menschen. Wenn man einen Räuber trifft, so ist (sogar) der Verlust eines Armes, wenn man damit das Leben gerettet wird, ein Vorteil. Das Zusammentreffen mit dem Räuber ist ein Nachteil. Aber das Abhacken des Fingers und des Armes bedeuten die Wahl des kleineren Übels. (Kap. 44 *Da qu*, Graham EC 8)

Falsche Analogien

Das Kapitel 45 (*Xiao qu* 小取, *Kleinere Auswahl*) enthält in der Hauptsache einen zusammenhängenden Text, der einer detaillierten Analyse von Sätzen mit gleicher Struktur, aber unterschied-

[21] Vgl. hierzu Roetz (2016a), S. 98.

lichem Inhalt gewidmet ist. Er besteht aus einem allgemeinen, methodologischen Teil (I) und ausführlichem Beispielmaterial (II).

(I.) […] Eine (Satz-)Parallele (*mou* 侔) besteht, wenn sich eine Gegenüberstellung von Sätzen vollständig durchführen lässt. […] Satzparallelen haben Grenzen, bis zu denen sie korrekt sind. […]

Deshalb gibt es beim Vergleichen, Ziehen von Parallelen, Begründen und Ziehen von Analogien[22] von Sätzen die verschiedensten Vorgangsweisen. Es wird gefährlich, wenn man dabei die Blickrichtung ändert. Wenn man zu weit geht, ergeben sich Fehler. Wenn man (die Überlegungen) einfach dahintreiben lässt, trennt man sich von der Ausgangsbasis. Man muss daher unbedingt vorsichtig sein und kann nicht (irgendein Verfahren) uneingeschränkt anwenden. Wo die Rede vielerlei Vorgangsweisen, zahlreiche Kategorien und die unterschiedlichsten Gründe kennt, darf man sie nicht bloß einseitig betrachten.

Zur besseren Lesbarkeit des folgenden Textteiles werden wir in der Übersetzung S1 und S2 als Variablen für Sätze benutzen. S1 und S2 bedeuten dabei stets die nicht negierten Sätze. Das *Mozi* unterscheidet:

Es gibt die folgenden Fälle:
(a) Wenn (S1) wahr ist, dann trifft auch (S2) zu.
(b) Wenn (S1) wahr ist, dann trifft (S2) nicht zu.
(c) Wenn (S1) nicht wahr ist, dann trifft (S2) zu.
(d) Ein Satz (S1) ist allgemein, ein anderer Satz (S2) ist nicht allgemein.
(e) Ein Satz (S1) ist wahr, ein anderer Satz (S2) ist falsch.

Es folgen nun Beispiele für die erwähnten Fälle:

(II.)(a) Ein weißes Pferd ist ein Pferd. Ein weißes Pferd reiten ist ein Pferd reiten.

Ein schwarzes Pferd ist ein Pferd. Ein schwarzes Pferd reiten ist ein Pferd reiten.

Eine Sklavin ist ein Mensch. Eine Sklavin lieben ist einen Menschen lieben.

Ein Sklave ist ein Mensch. Einen Sklaven lieben ist einen Menschen lieben.

Das sind (Fälle in denen der erste Satz) wahr ist und (der zweite ebenfalls) zutrifft.

(b) Die Eltern einer Sklavin sind Menschen. Dient sie ihren Eltern, so heißt dies nicht, dass sie (den) Menschen dient.

---

[22] Der allgemeine Teil führt neben dem Aufstellen von Satzparallelen noch drei weitere Verfahren auf, die hier versuchsweise durch „Vergleichen", „Begründen" und „Ziehen von Analogien" übersetzt werden. Diese drei Verfahren werden aber im Beispielteil nicht erläutert, so dass ihre spezielle Bedeutung nicht zu eruieren ist.

Ihr Bruder ist ein schöner Mensch. Liebt sie ihren Bruder, so heißt dies nicht, dass sie schöne Menschen liebt.
Ein Wagen ist (aus) Holz. Auf einem Wagen fahren ist nicht auf Holz fahren.
Ein Boot ist (aus) Holz. In ein Boot steigen ist nicht in ein Holz steigen.
Ein Räuber ist ein Mensch. Viele Räuber heißt nicht viele Menschen. Dass es keine Räuber gibt, heißt nicht, dass es keine Menschen gibt.
Wie erklärt sich das?
Viele Räuber hassen heißt nicht viele Menschen hassen. Wünschen, dass es keine Räuber gebe, heißt nicht wünschen, dass es keine Menschen gebe. Darüber sind sich alle Leute einig. Wenn dem so ist, dann gilt:
Obwohl ein Räuber ein Mensch ist, ist Räuber-lieben nicht Menschen-lieben; und Räuber-nicht-lieben ist nicht Menschen-nicht-lieben. Räuber-töten ist nicht Menschen-töten. Das ist nicht schwer. [...]
Das sind (Fälle, in denen der erste Satz) wahr ist und (der zweite) nicht zutrifft.[23]

(c) Ein Buch lesen ist nicht ein Buch. (Aber) das Lesen von Büchern lieben ist Bücher lieben.
Ein Hahnenkampf ist kein Hahn. (Aber) Hahnenkämpfe lieben ist Hähne lieben. [...]
Das sind (Fälle, in denen der erste Satz) nicht wahr ist, (während der zweite) zutrifft.[24]

(d) „Menschen lieben" verlangt, sämtliche Menschen zu lieben. Erst dann ist es „Menschen lieben". „Menschen nicht lieben" verlangt nicht, sämtliche Menschen nicht zu lieben. Man liebt nicht alle, deshalb nennt man es „Menschen nicht lieben".
„Pferde reiten" verlangt nicht, sämtliche Pferde zu reiten, damit man es „Pferde reiten" nennt. Man reitet auf einigen Pferden, deshalb nennt man es „Pferde reiten". „Pferde nicht reiten" verlangt, sämtliche Pferde nicht zu reiten. Erst dann ist es „Pferde nicht reiten".
Das sind (Fälle, in denen ein Satz) allgemein ist, der andere nicht.

(e) In einem Land wohnen ist das Land bewohnen. Ein Haus in einem Land besitzen ist nicht das Land besitzen.
Die Früchte der Kastanie sind Kastanien.[25] Die Früchte des Dattelbaumes sind nicht Dattelbäume.
Sich nach der Krankheit eines Menschen erkundigen heißt sich nach dem Menschen erkundigen. Die Krankheit eines Menschen verabscheuen heißt nicht den Menschen verabscheuen.

---

[23] Man beachte, dass der erste und der zweite Satz (S1 und S2) die nicht-negierten Sätze sind; z.B. S1 = Ein Boot ist aus Holz, S2 = In ein Boot steigen heißt in ein Holz steigen.
[24] Vgl. die vorige Anmerkung.
[25] Der Text spricht eigentlich vom Pfirsich, doch lässt sich der Witz des Beispiels bei entsprechender Übersetzung nicht wiedergeben: Im Deutschen haben Baum und Frucht nicht denselben Namen.

Der Geist eines Menschen ist nicht ein Mensch. Der Geist des älteren Bruders ist der ältere Bruder.
Dem Geist eines Menschen opfern ist nicht einem Menschen opfern. Dem Geist des älteren Bruders opfern ist dem älteren Bruder opfern.
Wenn ein Pferd blinde Augen hat, ist es ein blindes Pferd. Wenn ein Pferd große Augen hat, ist es nicht ein großes Pferd.
Wenn die Haare eines Rindes gelb sind, sagt man, das Rind ist gelb. Wenn die Haare eines Rindes zahlreich sind, sagt man nicht, das Rind ist zahlreich.

(f) Ein Pferd ist ein Pferd. Zwei Pferde sind Pferde. Dass das Pferd vier Beine hat, bedeutet, dass ein Pferd vier Beine hat, aber nicht, dass zwei Pferde vier Beine haben.

(g) Dass einige Pferde weiß sind, heißt, dass von zwei Pferden einige weiß sind. Es heißt nicht, dass von einem Pferd einige weiß sind.

Dies (d.h. die Fälle e, f, g) sind (Fälle, in denen) ein (Satz) wahr und einer falsch ist. (*Mozi* 45, *Xiao qu*, Graham S. 482 ff.)

Vor einer näheren Betrachtung dieses seltsamen Textes müssen einige inhaltliche Bedenken behoben werden. Alle Beispielsätze des Textes sind als wahre Sätze gemeint, auch jene, deren Wahrheit nicht unmittelbar zu erkennen ist. Auch die unter (b) angeführten Sätze sind ernstgemeint. „Räuberische Menschen töten ist nicht Menschen töten" (wie es wörtlich heißt) kann daher nur bedeuten: Man tötet solche Menschen nicht, weil sie Menschen sind, sondern weil sie rauben. Man würde auch ein räuberisches Tier töten. Analog ist der Sinn des Satzes über den schönen Bruder: Die Schwester liebt ihn nicht wegen seiner Schönheit, sondern weil er ihr Bruder ist. Sie würde ihn auch lieben, wenn er hässlich wäre. Auch die Sätze über das Opfern sind als wahre Sätze aufzufassen, doch sei ihre Interpretation dahingestellt.

Was lässt sich nun aus diesen Beispielsätzen an allgemeinen Einsichten gewinnen? Es scheint, dass mit der Fülle dieser Beispiele geradezu die Unmöglichkeit der Aufstellung eines logischen Regelsystems dargelegt werden soll. Auch die einleitenden allgemeinen Sätze (I.) scheinen in dieselbe Richtung zu weisen.

Logik ist die Theorie des Schließens; Schließen ist der Übergang von einem oder mehreren Sätzen (Prämissen) zu einem anderen Satz (der Konklusion). Die Korrektheit des Schließens wird dabei durch die Einhaltung bestimmter Regeln garantiert. Dem Ideal nach sind das Regeln, die sich nur auf die Form (Struktur) der Prämissen und der Konklusion beziehen, nicht aber auf die speziellen

Bedeutungen der speziellen Wörter, die in den Prämissen und der Konklusion stehen.

Zum Beispiel ist „Aus (P und Q) folgt Q" eine solche Regel. Sie gilt für beliebige Sätze P, Q, unabhängig davon, welchen Inhalt diese beiden Sätze haben. Man kann für P, Q irgendwelche speziellen Sätze einsetzen, die Schlussregel erweist sich stets als brauchbar, denn sie beruht auf der Bedeutung des Wortes „und". Die chinesischen Beispielsätze enthalten allerdings derartige „logische Konstanten" (und, oder, nicht, alle, einige) explizit nur an wenigen Stellen.

Der chinesische Text beginnt nun mit einer Serie von Beispielen (a). Jedes Beispiel besteht aus zwei Sätzen, wobei der zweite aus dem ersten folgt. Man vermutet daher, hier sei ein allgemeines Schlussschema gefunden worden; denn die verschiedenen Einsetzungen in dieses Schema ergeben alle einen gültigen Schluss. Ob es um weiße oder schwarze Pferde geht, um Sklavinnen oder Sklaven, um das Reiten, Lieben usw., scheint für die Gültigkeit des Schlusses ohne Belang zu sein.

Die nächsten Beispielgruppen (b bis g) widerlegen diese Vermutung. (B) z. B. enthält Satzpaare mit derselben Struktur wie die vorherigen Beispiele, aber der zweite Satz folgt nicht mehr aus dem ersten. (Da der mohistische Text nur wahre Sätze enthält, muss dann der zweite Satz negiert werden.) Die Parallele ist im chinesischen Original vollkommen, geht aber in der Übersetzung durch Zwänge des Deutschen teilweise verloren.

Die beiden Beispiele (d) gehören in eine etwas andere Kategorie. Sie sind leicht verständlich. Was sie nachweisen, ist die Mehrdeutigkeit von unspezifizierten Ausdrücken wie „Bälle werfen", „Fische essen", etc. Unspezifiziert ist darin die Quantität: wirft man alle Bälle oder nur einige? Das klassische Chinesisch benutzt fast immer unspezifizierte Ausdrücke, obwohl man die Quantität auch hätte ausdrücken können. Die Quantität eines Satzes ergibt sich normalerweise ohnehin aus seinem Inhalt, den Bedeutungen der speziellen Wörter des Satzes oder aus dem Kontext; sie muss daher nicht explizit gemacht werden. Die grammatische Form von „Menschen lieben" ist aber genau dieselbe wie die von „Pferde reiten"; der mohistische Text zeigt uns, dass man keine allgemeine Regel angeben kann, die es erlaubt, Schlüsse nur aufgrund der grammatischen Form zu ziehen. Aus Sätzen derselben Oberflächenstruktur ergeben sich unterschiedliche Konsequenzen.

Auch (f) warnt vor einem Fehlschluss. Dieser liegt im Chinesischen wegen des Fehlens einer grammatischen Unterscheidung von Singular (Pferd) und Plural (Pferde) noch näher als im Deutschen: Zwei Pferde sind Pferde, Pferde haben vier Beine, also haben zwei Pferde vier Beine. Der Trugschluss liegt deswegen nahe, weil man parallele Sätze konstruieren kann, in denen dieser Übergang korrekt ist: Zwei Pferde sind Pferde, Pferde haben lange Beine, also haben zwei Pferde lange Beine. Wieder gelingt es nicht, ausschließlich anhand der sprachlichen Struktur von Sätzen (d.h. ohne Rückgriff auf den speziellen Inhalt) zu einem brauchbaren Schlussschema zu kommen.

(G) ließe sich – positiv aufgefasst – als Regel für den Gebrauch des Subjektpronomens „einige" (*huo* 或)[26] lesen. Diese Regel lautet: Einige A = mindestens ein A aus einer Menge von mindestens zwei A. Gemäß dieser Festlegung kann man aus einer Menge, die nur ein Element enthält, nicht „einige" Elemente auswählen. Enthält die Menge zwei Elemente, dann kann man „einige" auswählen, weil auch ein einzelnes Element bereits als „einige" bezeichnet werden darf. In der mohistischen Theorie folgt aus dem Satz „Einige A sind B", dass es wenigstens zwei A gibt, von denen wenigstens eines die Eigenschaft B hat. Diese Regel weicht von der heute in der formalen Logik üblichen ab, sie steht dem normalen Sprachgebrauch aber näher.

Diese Interpretation von (g) ist durch den Text gerechtfertigt, dürfte jedoch die eigentliche Intention der Mohisten nicht wiedergeben. Im Grunde läuft auch dieses Textstück darauf hinaus, ein non-sequitur aufzuzeigen, denn auch hier ist wieder der letzte Satz negiert; er folgt nicht aus den vorhergehenden. Der Analogieschluss misslingt: man kann in dem Beispielsatz „Von zwei Pferden sind einige weiß" das Wort „zwei" nicht durch das Wort „eins" ersetzen.

Dem Leser stellt sich bei der Lektüre der Beispielsätze sicher die Frage, ob die darin exemplifizierten Schwierigkeiten nicht rasch zu beheben wären. Würde es nicht genügen, die einzelnen Beispiele in einer präziseren Sprache auszudrücken, so dass grammatische Parallelen, die eine Analogie der „logischen Form" bloß vortäuschen, verschwinden? So verschwindet ja ein Teil der im Chinesischen

---

[26] *Huo* bedeutet auch *jemand, irgendetwas* bzw. *irgendwer*. Auch in dieser Bedeutung passt das Beispiel: man sagt nicht „Nimm dir irgendein Pferd", wenn nur ein einziges Pferd da ist. Wohl aber kann man es sagen, sobald mindestens zwei Pferde da sind.

vollkommenen Analogien schon bei der Übersetzung ins Deutsche, dessen Grammatik etwas „genauere" Formulierungen erzwingt. Ein anderer Teil der Analogien ließe sich als völlig zufällig ansehen, entstanden durch das spezielle Vokabular. Das gilt vor allem für die Sätze über die Kastanie (bzw. den Pfirsich) und die Dattel in (e). Dass die Früchte der Kastanie „Kastanie" heißen, jene des Dattelbaums aber nicht „Dattelbaum", macht man im Abendland nicht zum Gegenstand der Logik. Warum aber? Weil es dafür keine allgemeinen Regeln gibt! Wir wählen uns als Objekt der Logik gerade solche Teile der Sprache, die einfache Regelmäßigkeiten liefern.

Das Beispiel der Rinder mit gelben oder vielen bzw. zahlreichen Haaren ist auch im Deutschen nicht leicht aufzulösen. Man könnte sagen, dass „gelb" ein Adjektiv, „viele" aber ein Numerale sei, weshalb sich die Substitution verbiete. Aber diese beiden Wortarten sind morphologisch nicht zu unterscheiden: „gelbe Rinder" flektiert genau wie „viele Rinder". Der Unterschied, den der Logiker macht, beruht also auf inhaltlichen Überlegungen, nicht auf grammatischen. Und gerade darauf laufen die mohistischen Beispiele hinaus: Man kann Schlussregeln nicht einfach bloß aufgrund der sprachlichen Form aufstellen, sondern muss inhaltliche Überlegungen anstellen.

Das Argument, die Mohisten hätten sich präziser ausdrücken sollen, trifft den Kern des Problems nicht. Zwei Sätze S1, S1' mögen dieselbe Oberflächenstruktur haben, aber auf S1 ist eine gewisse Schlussregel anwendbar, aufgrund deren man einen Satz S2 erschließen kann, während dieselbe Regel von S1' zu einem nicht akzeptablen Satz S2' führen würde. Sobald man dies durch inhaltliche Überlegungen erkannt hat, kann man versuchen, die Sätze so umzuformulieren (zu „präzisieren"), dass die Parallelität verschwindet. Man erhält etwa T1 bzw. T1', die mit S1 bzw. S1' gleichbedeutend, aber grammatisch verschieden aufgebaut sind. Während also S1 und S1' parallele Sätze sind, sind es die Sätze T1 und T1' nicht. Auch das klassische Chinesisch hätte die Mittel dazu besessen. Worauf es ankommt, ist, dass normalerweise keine Notwendigkeit zu einem solchen Vorgehen besteht. In jeder Sprache kommen „Oberflächenanalogien" vor, die bei naiver Anwendung einfacher Schlussregeln zu unannehmbaren Ergebnissen führen. Wenn der Logiker das bemerkt, schiebt er es auf die „Ungenauigkeit" der Formulierungen. Aber abgesehen von der theoretischen Logik kann alle Welt mit solchen „ungenauen" Formulierungen ohne weiteres umgehen, d.h. zulässige von unzulässigen Schlussfolgerungen unterscheiden.

Die faszinierenden logischen Erörterungen der Mohisten, von denen wir hier Beispiele vorgestellt haben, stellen einen Höhepunkt der philosophischen Reflexion der Zeit der Streitenden Reiche dar. Bedauerlicherweise fanden sie keine Fortsetzung, wie überhaupt die mohistische Tradition abriss. Erst der Buddhismus regte in China eine umfassende neue Beschäftigung mit Logik an.

VIII. Das Ende der Zeit der Hundert Philosophien

§18 Erst Bücher, dann Menschen: Der Terrorismus der Qin

Die chinesische „Achsenzeit" (Jaspers) ist eine Epoche des politischen Polyzentrismus und der intellektuellen Konkurrenz, in der viele Philosophien, die „Hundert Schulen" (§19), miteinander wetteifern und Scharen von Wandergelehrten umherziehen, um ihre Lehren zu verbreiten. In einer aus den Fugen geratenen Welt greift das kritische Räsonieren und „Disputieren" (*bian* 辯) um sich, löst die alten Gewissheiten auf und entwickelt eine Fülle neuer Ideen. Das soziale Pendant ist die Formierung einer Bildungsschicht, die nicht mehr in traditionale und patriarchalische Abhängigkeiten eingebunden ist.

Sind aber die die breite Pluralität der Meinungen und die tatsächliche Freiheit des Denkens, von denen wir in diesem Buch einen Eindruck zu vermitteln versucht haben, auch Ausdruck einer pluralistischen und gleichsam „liberalen" Gesinnung? Unter dem Strich ist diese Frage eher mit Nein zu beantworten. Die Philosophen beanspruchen die neue Freiheit des Urteils für sich selbst und bringen sie, wenn nötig, mit Nachdruck auch gegenüber den Mächtigen zur Geltung, verweigern sie aber einander.[1] Sie bekennen sich nicht zu der Streitkultur, die sich de facto entwickelt hatte und die im Buch *Mozi* mit der Formulierung des Primats des besten Arguments sogar schon theoretisch grundgelegt worden war.[2]

Die ablehnende Haltung wird deutlich, wenn man einen Blick auf die zeitgenössischen Urteile wirft. Auch wenn die absolute Intoleranz im Namen einer religiösen Dogmatik fehlt, sind sie fast durchweg negativ. Während Konfuzius immerhin davon spricht, er habe „noch stets einen Lehrer gefunden", wenn er mit einigen anderen zusammen war (*Lunyu* 7.21), sieht Menzius die Welt erfüllt von „Irrlehren" (*xieshuo* 邪說). Nur notgedrungen sei er bereit, in den „Disput" (*bian*) einzusteigen (*Menzius* 3B9). Xunzi greift den

---

[1] Vgl. zu diesem Thema Schaab-Hanke (2005) und Roetz (2005c).
[2] Vgl. o. S. 108f.

Vorwurf der Irrlehre auf und wendet ihn gegen zwölf namentlich genannte Gelehrte, darunter Menzius selbst, mit der Forderung, deren Lehren zu verbieten (*Xunzi* Kap. 6). Die großen Wanderphilosophen der Zeit der Streitenden Reiche, unter ihnen Mo Di und Zhuang Zhou, nennt er „Chaoten" (*luanjia* 亂家, *Xunzi* Kap. 21.5). Und er stellt kategorisch fest:

> Auf der Welt gibt es keine zwei Wege, und unter einem genialen Herrscher gibt es keine abweichenden Überzeugungen. Heute aber verfolgt jeder Fürst eine andere Politik, und die Hundert Schulen vertreten unterschiedliche Lehren. Dies bedeutet mit Notwendigkeit, dass einer Recht und einer Unrecht hat, einer Ordnung schafft und einer Chaos. (Kap. 21.1)

Dies verneint die Legitimität des freien Streits der Ideen und führt in ein Meinungsmonopol. Auch Mo Di meint, wie wir sahen, durchaus im Gegensatz zum Primat des besten Arguments, die Meinungen vereinheitlichen zu müssen (o. S. 93f), und das *Lüshi chunqiu* hält nach einer Auflistung der unterschiedlichen Ansichten von Geistesgrößen der Zhou-Zeit fest:

> Wollte man das Land regieren, indem man auf die Meinungen der Vielen hört, dann geriete das Land noch heute in Gefahr. […] Wenn Einheit herrscht, dann herrscht Ordnung, wenn Verschiedenheit herrscht, dann herrscht Chaos. Wenn Einheit herrscht, dann herrscht Friede, wenn Verschiedenheit herrscht, dann herrscht Gefahr. (17.7)

Ähnlich ablehnend stehen die daoistischen Texte der Vielfalt gegenüber, die in die Gesellschaft Einzug gehalten hat. Sie sehen sie als Ausdruck einer tiefen Spaltung der Welt, nachdem deren ursprüngliche Einheit durch den Einbruch der menschlichen Zivilisation „zerteilt" worden ist (*Daodejing* 28, s. o. S. 142). Das Kapitel 33 des *Zhuangzi* mit dem Titel *Die Welt* (*Tianxia*), ein frühes philosophiehistorisches Dokument, beurteilt aus daoistischer Perspektive die intellektuelle Szene der Zeit Streitenden Reiche wie folgt:

> Es sind viele, die sich in der (heutigen) Welt mit Methoden und Künsten beschäftigen. Und alle sind sie der Ansicht, dass dem, was sie tun, nichts hinzugefügt werden könne. […]
> Die Welt ist in großem Chaos, und die Tüchtigen und Heiligen erhellen sie nicht mehr. Das Dao und die Tugend sind nicht mehr eins. Oft erhascht die Welt (der Gelehrten) einen einzigen Blick darauf und bildet sich etwas darauf ein – vergleichbar mit Ohr, Auge, Nase und Mund, die alle etwas erkennen aber (ihr Wissen) doch nicht zu tauschen vermögen. Ebenso haben die Hundert Schulen mit ihren vielen verschiedenen Fertigkeiten alle ihre Stärken und zu Zeiten ihre Nützlichkeit. Gleichwohl fehlt ihnen das Umfassende und Allgemeine. Es handelt sich um Winkelgelehrte, die nur

§18 Der Terrorismus der Qin

eine Ecke sehen. Sie urteilen über die Schönheit von Himmel und Erde, analysieren die Regeln der Dinge und prüfen die Vollkommenheit der Alten, doch nur selten vermögen sie die Schönheit von Himmel und Erde (wirklich) vollständig zu begreifen und das Aussehen der wundersamen Klarheit[3] zu benennen.

So ist der Weg innerer Heiligkeit und äußeren Königtums in Verdunklung geraten und wird nicht mehr erhellt, ist verschlossen und entwickelt sich nicht mehr. Die Leute der Welt tun alle, wie ihnen begehrt, und *betrachten sich selbst als Modell (yi zi wei fang* 以自為方). Ach! Die Hundert Schulen schreiten voran und kehren nicht um, und nichts wird sie wieder vereinen. Gelehrte einer späten Zeit, sehen sie zum Unglück die Reinheit von Himmel und Erde und die große Einheit der Alten nicht mehr.

Die Kunst des Dao wird von der Welt zerspalten.

Diese Klage des *Zhuangzi* ist insofern besonders aussagekräftig, als sie zum einem bestätigt, wie sehr sich das Denken in der Erfahrung der politischen und sozialen Krisen Chinas radikalisiert und unabhängig gemacht hat. Wo keine der früheren Überzeugungen noch Bestand hat, wird in der „Welt" der Intellektuellen *Selbstbestimmung* zu einer Signatur der Epoche – „sich selbst als Modell betrachten" bzw. „sich selbst zur Norm machen" (*yi zi wei fang*) liegt nahe am griechischen Begriff *autonomia*. Zum andern zeigt sich aber, dass das *Zhuangzi*, und hiermit steht es nicht allein, sich zu dieser Entwicklung nicht bekennt, auch wenn man, gleichfalls im Kapitel *Die Welt*, einige Ansätze hierzu erkennen kann.[4] Der Verlust eines einheitlichen Weltbildes und die auf ihn folgende Pluralisierung der Meinungen beunruhigen.

Es ist, als hielte die Philosophie die Vielfalt der Stimmen, mit denen sie spricht, noch nicht aus. Sie gilt als Ausdruck der Agonie des Zeitalters statt als möglicher Weg zu deren Überwindung, analog zum politischen Polyzentrismus, der sich nicht hatte stabilisieren lassen und in den allgemeinen Krieg führte. So gerät die gerade durch den freien Streit der Ideen geistig so außerordentlich fruchtbare Epoche der „Hundert Schulen" oder „Hundert Philosophien"[5] unter den Bann der Vorstellung wiederzugewinnender Einheit, auf dass die Zerrissenheit der Welt wieder geheilt werde. Zwar gibt es auch die Idee der Produktivität der Differenz, doch setzt sie sich gegen dieses Bedürfnis nicht durch.[6] Damit untergräbt die antike

---

[3] Oder: der Wundersamen und Erleuchteten.
[4] Hierzu kann man z. B. die positive Bewertung Mo Dis zählen; s. o. S. 109.
[5] Vgl. zum Begriff *bai jia* §19.
[6] Vgl. hierzu Roetz (2016), S. 156–163.

chinesische Philosophie allerdings die Grundlage, auf der sie steht und ohne die sie sich gar nicht hätte entwickeln können. Die Einheit, nach der sie ruft, bereitet ihr bald selbst den Garaus. Der Vollstrecker ihres Urteils sind die Legalisten.

Es versteht sich von selbst, dass auch die legalistische Literatur das Umsichgreifen „abweichender Überzeugungen und privater Lehren" (*Hanfeizi* 45) mit Missbilligung registriert. Das legalistische Programm hat kein anderes Ziel als die Beseitigung jeglicher Pluralität auf der politischen und der gesellschaftlichen Ebene. Dieser Gedanke steht auch hinter der Bücherverbrennung des Jahres 213 v.d.Z., der welthistorisch vermutlich frühesten,[7] mit der der „Erste Erhabene Kaiser von Qin" auf Vorschlag seines Kanzlers Li Si 李斯 die geistige Freiheit als destablisierend zu eliminieren versucht. Qin beendet 221 v.d.Z. nach einer nur als terroristisch zu bezeichnenden Kriegführung[8] mit dem Sieg über den letzten verbliebenen Konkurrenten die Zeit der Streitenden Reiche und errichtet im Zeichen des Legalismus, den Gedanken einer Rückkehr zum alten Lehnssystem verwerfend, eine zentralistische Administration. Der neue, sich als traditionslos verstehende Staat macht sich sofort daran, alle Spuren des Vergangenen zu beseitigen. Dazu gehören alle Annalen der untergegangenen Reiche, aber mit an erster Stelle auch die Ideen der zhou-zeitlichen Philosophie. Li Si, ursprünglich ein Schüler des Konfuzianers Xunzi, begründet die zu ergreifenden Maßnahmen in einer historischen Rede auf einem Bankett in der Hauptstadt Xianyang wie folgt:

„Früher, als die Welt im Chaos versank, vermochte sie niemand zu einen. So traten die Fürsten einer neben dem anderen auf, man redete vom Alten, um dem Neuen zu schaden, mit fabrizierten leeren Worten wurde die Wirklichkeit durcheinandergebracht und die Leute schätzten, was sie privat studierten, um zu verwerfen, was die Obrigkeit festgesetzt hat.

Nun hat der Erhabene Kaiser die Welt wieder geeint, schwarz und weiß voneinander geschieden und eine alleinige Autorität errichtet. (Aber weiter) private Studien betreibend, verwirft man die Unterweisung durch das Gesetz. Hört man, dass ein Befehl ergangen ist, dann diskutiert ihn ein jeder

---

[7] Auch das christliche Abendland besitzt allerdings eine lange Tradition des Verbrennens von Büchern und Menschen.
[8] In der Schlacht von Changping 262 v.d.Z. zwischen Qin und Zhao sollen die Truppen von Qin über 400.000 Gegner getötet bzw. als Gefangene hingerichtet haben. Nur 240 Kindersoldaten, so heißt es, ließ man überleben. Sie wurden nach Zhao zurückgeschickt, um dort die Schreckensnachricht zu verbreiten.

§18 Der Terrorismus der Qin

auf Basis seiner Lehrmeinungen. Drinnen (bei Hofe) hegt man im Herzen andere Ansichten, und draußen (in der Öffentlichkeit) debattiert man in den Gassen. Man hält es für rühmenswert, den Herrscher zu überflügeln, und bildet sich etwas ein auf Dissens (w.: Alternativen wählen, *yiqu* 異取). So verleitet man die Untergebenen zu lästerlicher Rede. Wenn dem nicht Einhalt geboten wird, dann wird oben die Machtposition des Herrschers verfallen, und unten werden sich Cliquen bilden. Es ist angebracht, dem ein Ende zu setzen.

Deshalb ersuche ich darum, dass im Geschichtsamt alles außer den Aufzeichnungen von Qin vernichtet wird. Wer es wagt, das *Buch der Lieder* (*Shijing*), das *Buch der Dokumente* (*Shujing*)[9] oder die Worte der Hundert Schulen zu horten, hat sie in den örtlichen Ämtern zur Verbrennung abzuliefern; ausgenommen sind Schriften, die im Gelehrtenamt verwaltet werden. Wer es wagt, mit anderen über das *Buch der Lieder* und das *Buch der Dokumente* zu sprechen, dessen Leiche wird auf dem Markt zur Schau gestellt. Wer die Gegenwart im Namen des Alten in Frage stellt, wird mitsamt seiner Sippe hingerichtet. Ein Beamter, der einen ihm bekannt werdenden Verstoß nicht meldet, wird wie der Täter bestraft. Wer binnen dreißig Tagen nach dem Befehl seine Bücher nicht zum Verbrennen abgeliefert hat wird als Zwangsarbeiter gebrandmarkt. Von der Verbrennung ausgenommen sind medizinische, prognostische und landwirtschaftliche Schriften. Sollte es noch jemanden geben, der etwas studieren möchte, dann soll er sich einen Polizisten zum Lehrer nehmen."

Der Kaiser verfügte: „Genehmigt." (*Shiji* 6)[10]

Li Sis Rede liefert einen eindrucksvollen Beleg, eine welch lebendige Diskussionskultur sich in China in den Umbrüchen der ausgehenden Zhou-Zeit entwickelt hatte. Sie bezeugt die Existenz einer räsonierenden Öffentlichkeit bis hinein in die unteren Bevölkerungsschichten, befördert von der philosophischen Debatte der „Hundert Schulen", ob diese nun selbst zu dieser Kultur standen oder nicht. Die Kampfansage gilt einer offenen Gesellschaft und ihrem Hauptträger, der kritischen Intellektuellenschaft, die sich dem Dissens (*yiqu*) verschrieben hat. Der Legalist Li Si will sie durch die Auslöschung des historischen Gedächtnisses mit Gewalt wieder in die absolute Hörigkeit zurückführen.

Ein Akt ähnlicher physischer und zugleich symbolischer Vernichtung wie die Bücherverbrennung ist die Hinrichtung von mehr als 460 des Widerstands und des Gesetzesverstoßes bezichtigten Gelehrten, die im darauffolgenden Jahr zur Abschreckung in der Hauptstadt lebendig begraben werden – so berichtet zumindest das *Shiji*. Doch ist die legalistische Revolution so radikal, dass sie sich

---

[9] Konfuzianische Klassiker, s. o. S. 18.
[10] Die Wiedergabe des Schlusssatzes der Rede Li Sis folgt *Shiji* 87.

am Ende selbst verschlingt. Ihre großen Vertreter sind keines natürlichen Todes gestorben. Und das Qin-Regime, zu dem sich Mao Zedong im Übrigen ausdrücklich bekannt hat,[11] ging schon nach wenigen Jahren unter. Sein Radikalismus aber bestärkte im Gegenzug die geistige Restauration. Die Ära der Hundert Schulen, die Blütezeit der chinesischen Philosophie, war danach nur noch Erinnerung.

[11] Vgl. Roetz (2016), S. 94–95.

IX. Anhang

§19 Sima Tans Unterscheidung der „Sechs Schulen"

Das *Zhuangzi* und das *Xunzi* sprechen von *bai jia* 百家 – „hundert Schulen", die in der ausgehenden Zhou-Zeit miteinander in Wettstreit lagen. Die Dynastie Qin trat an, ihnen ein Ende zu setzen, um das Denken wieder gleichzuschalten.

Den Begriff *jia* im Sinne von „Schulen" (oder: „Familien") zu verstehen geht zurück auf den han-zeitlichen Historiker Sima Tan (司馬談, ca. 165 – ca. 110 v.). Wir haben ihn oben auch frei mit „Philosophien" wiedergegeben. Er dürfte ursprünglich aber vor allem einzelne „Gelehrte" oder „Spezialisten" meinen, die damals in großer Zahl auftreten, ohne sich bereits bestimmten Schulrichtungen verpflichtet zu fühlen. Im Gegenteil: Es gibt kaum eine andere Periode der chinesischen Geistesgeschichte, in der das Denken des einzelnen Individuums sich in solch freier und ungebundener Weise, ohne sich in schon bestehende Muster einzufügen, entwickelt hat. Gleichwohl zeichnen sich in den antiken Debatten bestimmte charakteristische Grundpositionen, Argumentationen oder Haltungen ab, von denen, u.a. aus sachlichen Gründen, eine besondere Anziehungskraft ausging und die Anhängerschaften ausbilden. Sie erlauben die Unterscheidung markanter Denkrichtungen, und sie sind zum Teil auch entsprechend traditionsbildend geworden. So sind die mit dem Begriff *ru* 儒 bezeichneten Philosophen[1] bei allen internen Divergenzen – Han Fei spricht für das dritte Jahrhundert v.d.Z. von nicht weniger acht zerstrittenen Gruppierungen (*Hanfeizi* 50) – typischerweise Ethiker, die sich auf Konfuzius beziehen. Sie sind überzeugt, dass es für die Probleme der Zeit primär moralische und nicht organisatorische Lösungen geben muss, denen jeder Mensch qua seiner Natur oder Bildung zustimmen kann, und dass sich grundlegende Einsichten hierzu in der Lehre ihres „Meisters" finden – weshalb *ru* in den westlichen Sprachen später nicht zu Unrecht mit dem Begriff „Konfuzianer" wiedergegeben wurde. Dies unbeschadet der Tatsache, dass Konfuzius selbst diesen

---

[1] Im weiteren Sinne bezeichnet *ru* auch „Scholaren" schlechthin (so wurden etwa auch später die gebildeten christlichen Missionare als „westliche *ru*" bezeichnet), im engeren allerdings die Scholaren par excellence, die Konfuzianer.

Begriff abgelehnt haben würde. Schließlich wollte er sich nur als Tradierer älteren Wissens und nicht als Initiator von etwas Neuem oder einer „Schule" sehen.[2]

Sima Tan hat im Rückblick aus dem späten zweiten Jahrhundert v.d.Z. eine Unterscheidung von sechs großen Gruppierungen – *jia* – unternommen, die in der intellektuellen Welt der späten Zhou-Zeit besonders auffallen; wir haben auch in diesen Buch von ihnen gesprochen. Da die Unterscheidung aber nicht unumstritten ist, soll hier noch einmal näher auf sie eingegangen werden. Sie findet sich im letzten Kapitel des von Sima Tans Sohn Sima Qian 司馬遷 (ca. 145–86 v.) aufbauend auf Arbeiten des Vaters verfassten Geschichtswerks *Shiji* 史記 (*Aufzeichnungen des Historiographen*), das wir mehrfach zitiert haben:[3] Es heißt hier wie folgt:

Besorgt darüber, dass die Gelehrten ihre Bedeutung nicht mehr verstehen und die Lehrer einander widersprechen, hat der Herr Großschreiber (Sima Tan) die Leitsätze der Sechs Schulen (*liu jia* 六家) besprochen.

Im *Großen Kommentar* zum *Buch der Wandlungen* heißt es: „Die Welt hat ein einheitliches Interesse, aber in mannigfaltigen Gedanken; sie hat eine gemeinsame Tendenz, aber verschiedenen Wegen."[4] Die Yinyang(-Lehre), die *Ru* (Konfuzianer), die Mohisten, die Terminologen, die Legalisten und die Daoisten widmen sich alle (der Frage) der Ordnung. Es ist nur so, dass die verschiedenen Positionen, von denen aus sie argumentieren, mal mehr und mal weniger reflektiert sind.

Für die *Yinyang*-Kunst (*yinyang zhi shu* 陰陽之術) dürfte gelten, dass sie Omen hochschätzt und viele Tabus aufstellt, so dass die Menschen befangen und furchtsam werden. Aber wie sie eine Ordnung für die große Einfügung in den Jahreslauf festlegt, kann nicht außer Acht gelassen werden.

Die *Konfuzianer* (*ruzhe* 儒者) verfügen über breite Bildung, aber kommen selten zum Punkt, sie mühen sich ab und bringen doch wenig zustande. Deshalb kann man ihrem Anliegen nur schwer zur Gänze folgen. Aber wie sie das angemessene Verhalten zwischen Fürst und Untertan, Vater und Sohn ordnen, ist aber wohl unabänderlich.

Die *Mohisten* (*mozhe* 墨者) sind sparsam, aber (ihre Forderungen) sind nur schwer einzuhalten. Deshalb kann man ihrem Anliegen nicht in allem folgen. Aber die Stärkung der (ökonomischen) Grundlage und die Sparsamkeit bei den Ausgaben (die sie fordern) können nicht verworfen werden.

Die *Legalisten* (*fajia* 法家) sind streng und kennen wenig Gnade. Aber an ihrer Bestimmung der Rollen von Fürst und Untergebenen, Obrigkeit und Untertanen ist nicht zu rütteln.

---

[2] *Lunyu* 7.1, vgl. o. S. 24.
[3] Eine neuere Auswahlübersetzung besorgten Kneussel und Saechtig (2016). S. a. die Auswahlübersetzung von Watson (1961).
[4] Bezogen auf *Yijing, Xici xia*; s. zum Vergleich Wilhelm, *I Ging*, S. 311 f.

Die *Terminologen* (*mingjia* 名家) machen die Menschen penibel, aber lassen sie leicht das Wahre verfehlen. Aber wie sie das Verhältnis von Namen und Realität bestimmen, ist unbedingt zu beachten.

Die *Daoisten* (*daojia* 道家) bringen den Menschen dazu, seinen Geist zu konzentrieren, in Bewegung eins zu werden mit dem Formlosen und in Ruhe sein Genüge an den Dingen zu finden. Ihre Kunst folgt der (Idee der) allgemeinen Einfügung (in den Naturverlauf) der Yinyang-Lehre, wählt das Gute der Konfuzianer und Mohisten und ergreift das Wesentliche der Terminologen und der Legalisten. Sie bewegen sich mit der Zeit (den Jahreszeiten), reagieren auf die Wandlungen der Dinge, und in ihren Gepflogenheiten und Maßnahmen treffen sie ausnahmslos das Angemessene. Ihre Grundsätze sind bündig und leicht zu beherrschen, und ihre Erfolge sind bei geringen Bemühungen zahlreich. (*Shiji* 130)

Liu Xin 劉歆 hat ein Jahrhundert später die Liste um die politischen Strategen (*zonghengjia* 縱橫家), die das politische Handeln in den Dienst einer entritualisierten, rein strategischen Rationalität stellen, die Agrarphilosophen (*nongjia* 農家), die ein plebejisches Leben befürworten (o. S. 67f), und, wenig glücklich, die Synkretisten (*zajia* 雜家),[5] ergänzt.

Sima Tans Unterscheidung der sechs Richtungen, denen weitere Erläuterungen folgen,[6] wurde gängig, oft zusammen mit der Erweiterung zu „neun Strömungen" durch Liu Xin. Sie liegt bis heute auch vielen Darstellungen der klassischen chinesischen Philosophie zugrunde. Auch in diesem Buch sind wir ihr zum Teil gefolgt. Sie gilt allerdings vielen modernen Sinologen als eine anachronistische Rückprojektion. Hu Shi 胡適 (1891–1962), nach dem Zusammenbruch des Kaiserreiches einer der Protagonisten der traditionskritischen „Bewegung für eine neue Kultur", eröffnete die Diskussion in seinem *Abriss der Geschichte der chinesischen Philosophie* von 1919 mit einem Kapitel über den „sogenannten Legalismus" – der Begriff *fajia* 法家, so Hu Shi, habe vor Sima Tan nicht existiert.[7]

In der Tat sind weder die Heraushebung von genau sechs (oder neun) Richtungen der antiken Philosophie noch deren Benennungen, mit Ausnahme der Konfuzianer und der Mohisten, zeitgenössisch. Ein „Daoist" oder ein „Legalist" etwa wusste also nicht, dass er ein „Daoist" bzw. ein „Legalist" war[8] (auch wenn er den Namen

---

[5] Auch das *Lüshi chunqiu* wurde dieser Richtung zugerechnet.
[6] Entweder von Sima Tan selbst oder von seinem Sohn Sima Qian.
[7] Vgl. zur Diskussion Smith (2003) und Harbsmeier (2013).
[8] Wenn es eine zeitgenössische Bezeichnung für „Legalismus" gab, dann die „Lehre von Form und Name" (*xingming zhi xue* 刑名之學), wobei *ming* für eine Amtsbezeichnung oder für einen Auftrag und *xing* für die zu

durchaus hätte aneignen können). Zudem suggeriert die Rede von sechs *jia*, was hier nur im Sinne von „Schulen" (oder enger „Familien") verstanden werden kann, homogene Gebilde nach Art von Lagern, die es tatsächlich nicht gegeben hat. Und überdies ist die intellektuelle Welt der Streitenden Reiche, wie nicht zuletzt archäologische Funde der letzten Jahrzehnte zeigen, viel bunter und vielfältiger, als es bei Sima Tan erscheint. So legt seine Unterscheidung geschlossenere Affiliationen nahe, als sie in Wirklichkeit vorlagen, und sie schematisiert mehr, als dem weiten Ideenspektrum der Zhou-Philosophie angemessen sein mag.

Nun gilt dies allerdings für jeden Versuch, eine strukturierte Übersicht in Datenmaterial zu bringen statt bloß dessen Mannigfaltigkeit nachzuerzählen. Überdies darf man Sima Tan vielleicht unterstellen, dass er sich der mit seiner Unterscheidung verbundenen Probleme bewusst war. Man muss die „Schulen" nicht als organisierte Einheiten (im strengen Sinne gilt dies nur für die Mohisten), geformt durch persönliche Anhängerschaften und namentlich Lehrer-Schüler-Beziehungen, sehen, um dem Begriff doch einen guten Sinn zu geben. Man kann sie als um Leitideen zentrierte Denksysteme oder Denkfelder verstehen und Grundtypen von praktischen und theoretischen Reaktionen auf die Krise Chinas, die sich bei vielen Überlappungen und inneren Spannungen nahezu paradigmatisch voneinander unterscheiden: Der Ruf nach Moral führt in den Konfuzianismus, oder, wenn er sich mit dem Kalkül der Nützlichkeit verbindet, den Mohismus, der Ruf nach rettenden Institutionen in den Legalismus, der Ruf nach Rückbesinnung auf die Natur in den Daoismus oder, kosmologisch schematisiert und eingeengt, in die „Kunst von Yin und Yang". Die Konzentration auf die Sprache als Spiegel der gesellschaftlichen Erschütterungen schließlich führt in das Denken der „Terminologen". So hat es Sima Tan nicht formuliert, doch öffnet seine Unterscheidung der sechs Schulen ein Raster, das sich so füllen lässt und damit der logischen Struktur der Denkalternativen und Problemstellungen einer existentiellen sozialen Krisenepoche genau entspricht.

Wenn man ihn nicht buchhalterisch liest – und entsprechend bemäkelt –, hat Sima Qian aus der Retrospektive der Han-Zeit also

---

überwachende entsprechende *performance* steht (vgl. Roetz 2016a, S. 77). Die *Lehre von xing und ming* beschäftigt sich also mit dem Management von Apparaten, wie sie den Legalisten vorschwebten.

den gelungenen Versuch unternommen, sinnvolle große Zäsuren in die philosophische Landschaft der Antike zu bringen. Man entdeckt in ihr, durchaus entlang seiner Differenzierungen, bestimmte wiederkehrende große Denkparadigmen – ethische, naturalistische, organisationstechnische, kosmologische –, die eine eigentümliche Überzeugungskraft besaßen. Sie lassen sich bei bestimmten Personen und in bestimmten Texten verorten und bringen diese in eine Nähe zueinander, gleich ob sie durch genealogische (Lehrer-Schüler) Beziehungen oder sachliche Übereinstimmungen miteinander verbunden sind, und lassen sich schließlich unter Bezeichnungen wie die vorgeschlagenen bringen. Sie markieren ein Spektrum von Positionen und Haltungen, wie es typischerweise in einer Zivilisationskrise wie der im alten China sich abspielenden erwartbar ist.

Noch etwas anderes verdient aber an Sima Tans Darstellung der „Sechs Schulen" hervorgehoben zu werden. Es dürfte ihm nicht allein darum gegangen sein, die philosophische Szenerie der ausgehenden Zhou-Zeit übersichtlicher zu machen. Mit seinen Unterscheidungen verbindet sich offenbar auch ein Plädoyer für die Anerkennung von Pluralität. Auch wenn er sich selbst deutlich auf die Seite des Daoismus stellt, weiß er doch die Leistungen auch der anderen fünf Richtungen zu würdigen, und zwar in Opposition zu den diesmal vom Konfuzianismus ausgehenden monopolistischen Tendenzen seiner eigenen Gegenwart.[9] Statt die verschiedenen Philosophien schon in ihrer bloßen Verschiedenheit unter die Ursachen des Chaos zu rechnen, bescheinigt Sima Tan ihnen allen, dass sie sich „der Frage der Ordnung widmeten", also sich der Nöte ihrer Zeit annahmen, jeweils mit Schwächen, aber auch mit unverzichtbaren eigenen Einsichten. Die betreffenden Passagen sind eines der wenigen Textzeugnisse der altchinesischen Literatur, wo die Grenze zwischen richtig und falsch nicht zwischen den Lehrmeinungen verläuft, sondern quer durch sie hindurch. Dies ist ein Ton, der, wie wir sahen, vielen Zhou-Philosophen selbst fremd war. Es entbehrt nicht der tragischen Ironie, dass es erst einem Historiker des der Vielfalt keineswegs wohlgesonnenen neuen Einheitsstaates[10] gelungen ist, jeder der miteinander konkurrierenden philosophischen Richtungen der Zeit der Streitenden Reiche im Rückblick ausdrücklich ihr Recht zukommen zu lassen.

---

[9] Zur „pluralistischen" Gesinnung seines Sohnes s. Schaab-Hanke (2005).
[10] Die Han-Dynastie übernahm im Wesentlichen das System der Qin.

§20 Die chinesische Sprache und die chinesische Philosophie. Zum linguistischen Relativismus und zu den Schwierigkeiten des Verstehens der antiken Texte

Alle in diesem Buch behandelten Texte aus dem antiken China sind in einem Stil geschrieben, der sich vom heutigen gesprochenen wie geschriebenen Chinesisch stark unterscheidet. Dieser klassische Literaturstil folgt eigenen Strukturprinzipien. Das Verstehen und Übersetzen klassischer Texte bringt gewisse Schwierigkeiten mit sich, die in dieser Form in der modernen Sprache nicht bestehen. Es waren aber gerade die antiken Texte, die aus China zuerst in Europa bekannt wurden, und sie waren das Material, das dem in Europa erwachenden Interesse an Sprachen im allgemeinen, der chinesischen Sprache im Besonderen, zugrunde lag und das große Staunen über die ganz andere Sprache und Schrift auslöste.

Die spezifische Schwierigkeit der antiken chinesischen Texte besteht zunächst in der oft nicht leicht zu durchschauenden Syntax der Sätze und dann in der großen Polysemie der Worte, die in der Regel von einem einzigen Schriftzeichen wiedergegeben werden.[1] Welche der Wortbedeutungen jeweils vorliegt, entscheidet der Kontext, der aber oft nicht ausreicht, um sicher zu entscheiden. Hier ergeben sich große Spielräume für Interpretationen. Die moderne Sprache entschärft das Problem durch die Benutzung von Komposita.[2]

Weiterhin gibt es eine besondere „Ökonomie" des antiken Schrift-Chinesisch gegenüber der gesprochenen Sprache. Es lässt manches für das Verständnis hilfreiche Wort weg, ohne ungrammatisch zu werden, und leider kann es dabei ziemlich weit gehen. Ausgelassen wird z.B. manchmal der Lokativmarker *yu* 於, wenn man annehmen konnte, der Leser werde den Sinn eines Satzes erfassen. Gravierender noch ist, dass die Schrift morphologische Elemente, die die gesprochene Sprache besaß, nicht ausdrückt, son-

---

[1] Vgl. zu diesem Thema auch o. S. 15 und 20f.
[2] Um ein Beispiel zu geben: Für „Gerechtigkeit", „Pflicht" und „Bedeutung" kann im antiken Chinesisch gleichermaßen das Zeichen *yi* 義 stehen, während das moderne Chinesisch die Bedeutungen mit *zhengyi* 正義, *yiwu* 義務 und *yiyi* 意義, also Binomen, auseinanderhalten kann. Dies bringt einen Gewinn an Präzision, allerdings u. U. auch einen Verlust an erwünschter Bedeutungsbreite.

dern sich auf Wortwurzeln beschränkt.³ So wird die die Analyse eines geschriebenen Satzes und oft schon eines zusammengesetzten Terminus öfter zum Problem. Z.B. ist nicht immer eindeutig zu entscheiden, ob ein bestimmtes Wort als Verb oder anders zu interpretieren ist. So könnte, rein theoretisch, das berühmte *wuwei*, das oben mit *Nicht-Handeln/Tun* oder *Nicht handeln/tun* übersetzt wurde, auch *das Handeln (wei) zum Verschwinden bringen* bedeuten,⁴ wobei dann das Wort *wu* als Verb und nicht als Adverb fungieren würde.

Manche Autoren meinen, dass im Falle mehrerer möglicher Interpretationen eines Satzes alle diese Bedeutungen gleichzeitig gelten, und wollen darin ein Charakteristikum des Chinesischen sehen.⁵ Das ist u. E. ziemlich unplausibel; in Einzelfällen allerdings spielt ein Text vielleicht sogar bewusst mit der Mehrdeutigkeit.

Wie wurde dann aber die Mehrdeutigkeit aufgelöst? Man muss hier differenzieren, denn die Texte wurden zu unterschiedlichen Zwecken verfasst. Manche Texte benutzen – zumindest gelegentlich – einen knappen Protokollstil, z. B. das *Lunyu*, der sich an vielen Stellen nicht direkt erschließt – man braucht hierzu eine spezifische Lesetradition, z.B. innerhalb einer „Schule" (von denen es aber wiederum mehrere geben kann); manchmal findet sich wie bei der Wortsemantik so bei der Syntax auch ein klärender Kontext.

Nehmen wir ein Beispiel. Die berühmte Formel *Der Vater (fu* 父*) sei Vater* (*Lunyu* 12.11, s. o. S. 31) besteht im Original nur aus zwei Zeichen: *fu fu* 父父. Rein theoretisch könnte *fu fu* statt einer Subjekt-Prädikat-Konstruktion aber auch eine Prädikat-Objekt-Konstruktion darstellen: *behandle den Vater so, wie es sich gegenüber einem Vater gehört*, bzw. *sei vatergemäß zum Vater*. Die Zweideutigkeit wird hier nur durch den glücklicherweise vorhandenen Kontext aufgelöst. Denn die anschließende Verneinung des Satzes zeigt, dass eine Subjekt-Prädikat-Konstruktion vorliegt: *Wenn der Vater nicht Vater ist (sich nicht wie ein Vater verhält)* (*fu bu fu* 父不父),⁶ was aufgrund der adverbialen Stellung der Negation *bu* eindeutig ist (die Verneinung der Prädikat-Objekt-Konstruktion wäre *bu fu fu*). In anderen Texten

---

³ Vgl. Gassmann u. Behr (2005), Bd. 3, S. 430, und den dort S. 429–445 gegebenen ausgezeichneten Überblick über die rekonstruierte Morphologie des Antikchinesischen. Vgl. auch u. S. 357f.
⁴ So Gassmann (2000/2001).
⁵ Vgl. hierzu Lang (1981), S. 33, und Roetz (2006a), S. 21.
⁶ Das zweite *fu* ist ein Denominalverb. Die altchinesische gesprochene Sprache drückte dies durch die Suffigierung des Nomens aus.

findet sich das im Schriftbild analoge *lao lao* 老老, was in der Regel *die Alten behandeln, wie es sich Alten gegenüber gehört*, also *altersgemäß zu den Alten sein* bedeutet, aber zweideutig ist.[7] Durch ein Attribut disambiguiert, wird *lao lao* in *Menzius* 1A7 gebraucht, wo es heißt, *die eigenen Alten behandeln, wie es sich Alten gegenüber gehört* (*lao wu lao* 老吾老). In vielen Fällen wird also durchaus vereindeutigt, was zunächst mehrdeutig ist.

In nicht wenigen antiken Texten finden sich ohnehin kaum Mehrdeutigkeiten, wie z.B. im *Mozi*. Hier ist ein elaborierter, mit vielen Wiederholungen arbeitender Stil zu finden, der allem Anschein nach dicht an der gesprochenen Sprache war und den erkennbar jeder verstehen sollte. Wir haben Proben davon in §6 gegeben.[8] Andere Texte wiederum sollten offenbar esoterisch sein, wie über weite Strecken das *Laozi*. Hier muss man sich wohl auch die zugehörige gesprochene Sprache als nicht alltäglich vorstellen, und eine besondere Klarheit war gar nicht beabsichtigt (wie bei allen esoterischen Texten quer durch die Kulturen). Das Dao soll schließlich gar nicht aussprechbar sein (*Laozi* 1).

Man kann also sicher sein, dass in China differenzierter gesprochen wurde, als es die Schriftform zeigt. Diese Diskrepanz konnte in späterer Zeit noch wachsen, insofern trotz Sprachwandels die gehobene Schrift aus kulturellen Gründen weiter antikisierend verfuhr. Immer blieb aber die aktuell gesprochene Sprache das letzte Medium der Verständigung.

Sprache und Denken, ein altes Thema

Im Verlaufe unserer Darstellung wurden gelegentlich sprachliche Probleme gestreift, meist um auf Unsicherheiten der Übersetzung hinzuweisen. Nun ist die chinesische Sprache ziemlich anders aufgebaut als etwa das Deutsche oder Englische, und ebenso verschieden ist die chinesische Schrift von der lateinischen. Es ergibt sich die Frage, ob beides die chinesische Philosophie beeinflusst habe. Zahlreiche Autoren haben sich mit ihr befasst.[9]

---

[7] Z. B. *Guanzi* 54, II, S. 227; oben übersetzt mit mit „respektvolle Behandlung der alten Menschen" (o. S. 201). *Lao* hat die Grundbedeutung *alt*.
[8] Mo Dis Stil entsprach dabei offenbar nicht dem Publikumsgeschmack. Han Fei (Kap. 32) verteidigt hingegen Mo Di; ihm sei der Inhalt eben wichtiger gewesen als eine gefällige Darstellungsweise. Vgl. Roetz (1992), S. 385.
[9] Für eine Übersicht s. Roetz (2006).

§20 Die chinesische Sprache und die chinesische Philosophie

Die Frage ist ein Spezialfall in einer allgemeineren Diskussion über die Beziehungen zwischen Denken und Sprechen, und einer damit verwandten über die Möglichkeiten einer „Verführung des Denkens durch die Sprache". Die erste Frage wird seit etwa zwei Jahrhunderten untersucht,[10] die zweite seit mindestens hundert Jahren.[11] Die Ergebnisse, speziell für den Bereich des philosophischen Denkens, sind wenig beeindruckend.[12] Von diesem großen Problemkomplex soll hier am Ende des Buches nur die eingangs gestellte Frage erörtert werden: Hat die antike chinesische Sprache und gegebenenfalls auch die Schrift die Philosophie beeinflusst?

Dass dem tatsächlich so sei, ist öfter behauptet worden.[13] Es gab (und gibt noch immer) sehr allgemeine, abwertende Behauptungen über die Unfähigkeit des Chinesischen, bestimmte Gedanken zu „stimulieren", Behauptungen, die in wenig genauer Weise mit der Syntax und der, wie man fälschlich annahm, fehlenden Morphologie dieser Sprache begründet wurden. Wir wollen uns hier auf wenige Hinweise beschränken.

Bei Wilhelm v. Humboldt haben diese Vorstellungen noch eine relativ moderate Form. Er schreibt 1836:

> Jede Sprache besitzt die Geschmeidigkeit, alles in sich aufnehmen und allem wieder Ausdruck aus sich verleihen zu können. Sie kann dem Menschen niemals, und unter keiner Bedingung, zur absoluten Schranke werden. Der Unterschied ist nur, ob der Ausgangspunkt der Krafterhöhung und Ideenerweiterung in ihr selbst liegt, oder ihr fremd ist, mit anderen Worten, ob sie dazu begeistert, oder sich nur gleichsam passiv und mitwirkend hingiebt?[14]

Das Chinesische würde den Geist auch nicht zu Dichtung, Philosophie und wissenschaftlicher Forschung hinlenken, meint Humboldt.[15] Verantwortlich sei das Fehlen „wahrer Flexion". Zu einer präzisen oder gar überprüfbaren These ist dies nicht konkretisierbar. Fehlende Flexion = fehlende Reflexion, dies ist jedenfalls der einfache Analogieschluss, dem Humboldt aufsitzt. Vielleicht dachte er,

---

[10] Für eine systematische Darstellung vgl. Seebaß (1981).
[11] Die Diskussion begann etwa mit F. Mauthners (1849–1923) *Beiträgen zu einer Kritik der Sprache* (1901 f.).
[12] S. Kainz (1972); Schleichert (1995).
[13] Z. B. von W. Bauer (2006), S. 30–32. Vgl. hierzu Roetz (2016a).
[14] Humboldt (1836), S. 304 f.
[15] Ebd. S. 319. Der Leser mag sich erinnern, dass bereits zu Konfuzius' Zeit die Liedersammlung *Shijing* existierte und geschätzt wurde.

wenn man ihm entgegenzukommen will, an die Existenz großer philosophischer Werke, sagen wir Kants *Kritik der reinen Vernunft* oder Hegels *Phänomenologie des Geistes*, von denen er annehmen konnte, dass ihnen im chinesischen Bereich nichts Vergleichbares korrespondiert. Es gibt allerdings auch Sprachen mit einer noch komplizierteren Morphologie als das Deutsche sie aufweist, ohne dass dort ein Kant aufgetreten wäre. Kant liebte schrecklich lange, verschlungene Sätze; man wird die Ursache davon aber kaum in einer „Krafterhöhung" durch die deutsche Sprache sehen können – andere deutschsprachige Autoren schreiben in ebendieser Sprache lieber in kürzeren, leichter zu verstehenden Sätzen.

Humboldts Sicht ist von anderen Autoren verschärft worden.[16] Zu diesen Verschärfungen gehört etwa der Vorwurf der „ontologischen Indifferenz", der besagt, dass im Chinesischen zwischen der Welt und der Sprache über die Welt nicht unterschieden werden könne. J. Lohmann meinte deshalb das Chinesische in die Nähe der Sprache des Affen und des Neandertalers rücken zu müssen.[17] In ähnliche Richtung ging bereits Hegels noch nicht an der Sprache, aber an der Schrift festgemachte Behauptung, China sei nicht aus einer reflexionslosen „Substantialität" herausgekommen.[18] Eine weitere Ansicht besagt, dass die Funktion des Chinesischen weniger in der Mitteilung von Gedanken als in der Einflussnahme auf andere liege. Die Sprache bezeichne nicht so sehr Tatsachen, sondern diene zur Hervorrufung ein bestimmten Verhaltens, werde also regulativ statt konstativ verwendet.[19] Man kann sich leicht vorstellen, dass mit einer solch unterkomplexen Sprache nie eine Naturwissenschaft entwickelt werden könnte. Und statt um Wahrheit würde es nur um Effizienz gehen.[20]

Solche Urteile, die sich sehr verallgemeinernd auf vermeintliche Eigentümlichkeiten der chinesischen Sprache und Schrift berufen, gibt es auch in positiven Varianten, sowohl in einer nationalistischen chinesischen „Kulturlinguistik", die auf die Unvergleichlichkeit der chinesischen Zivilisation hinauswill, als auch in westlichen Überhöhungen einer angeblich ganzheitlichen „chinesischen Weisheit".

---

[16] Eine ausführliche Darstellung gibt Lang (1981); vgl. auch Roetz (2006).
[17] Lohmann (1965), S. 173f. Vgl. hierzu Roetz (2016a), S. 13 u. 16f.
[18] Vgl. Roetz (2002), S. 21 u. 26, (2018c), S. 18–20, (2020), S. 61–62.
[19] Granet (1963), S. 22f. Vgl. Roetz (1993), S. 69, und (2016a), 21 u. 23f.
[20] Vgl. u. S. 359 und Roetz (1993).

§20 Die chinesische Sprache und die chinesische Philosophie 353

Wäre also die Aussagen der Texte notwendig andere gewesen, wenn z.B. Mo Di Griechisch geschrieben hätte? Wäre die Auswahl der Themen eine andere gewesen? Gibt es in der antiken chinesischen Philosophie Sätze, die dem der chinesischen Sprache Unkundigen grundsätzlich nicht zugänglich sind, weil in anderen Sprachen nicht ausdrückbar? Gibt es umgekehrt z.B. in der antiken griechischen oder der neuzeitlichen deutschen Philosophie Bereiche, die dem chinesischen Sprecher aufgrund seiner anderen Muttersprache unzugänglich sind? Die Antwort lautet, alles in allem: Nein.

Damit widersprechen wir einem ziemlich verbreiteten China-Klischee. Wir können seine lange Geschichte hier nicht darstellen – sie ist auch nur für Spezialisten von Interesse – und beschränken uns auf Kernargumente dieses „Sprachrelativismus".[21] Es geht dabei nicht darum, alles Chinesische undifferenziert zu vereinnahmen. Man kann und soll die chinesische Philosophie genauso kritisch betrachten wie die westliche. Dasselbe gilt selbstverständlich für die Bereiche von Gesellschaft, Staat, Kunst, Medizin usf.. Es geht hier nicht einmal um die beliebte Frage, ob es ein „typisch chinesisches" Denken oder Verhalten gebe. Es geht nur um die kritische Analyse des Versuchs, aus der chinesischen Sprache Rückschlüsse auf das „chinesische Denken" oder Philosophieren zu ziehen.

Es geht also um Behauptungen, die ein spezifisch chinesisches Denken bzw. Philosophieren aus bestimmten spezifischen Eigenschaften der chinesischen Sprache nachweisen wollen. Sehen wir also zu: Welche strukturellen Besonderheiten weist die antike Sprache auf, und welche Folgerungen lassen sich daraus eventuell für das Verständnis der antiken Philosophie ziehen?

Die Zeichenschrift

Die Versuche, das „chinesische Denken" linguistisch zu deuten, beziehen sich häufig auf die chinesische Schrift, die als „ideographische" Schrift verstanden wird. Damit ist gemeint, dass die Schriftzeichen nicht für Wörter (artikulierte Lautfolgen) stehen, sondern *direkt* für Bedeutungen (Gegenstände, bzw. – psychologisch gesprochen – Ideen). Außerdem wird oft die „Bildhaftigkeit" der Zeichen betont, so als seien sie unmittelbare Abbildungen von äußeren Gegenständen, also Piktogramme. Entsprechend soll dem zugehöri-

---

[21] Zur Geschichte s. Roetz (2006), zur Kritik des Sprachrelativismus s. auch Suter (2015).

gen Denken dann die Abstraktheit fehlen, die alphabetische Systeme ausdrücken. Beides zusammen, Ideographie und Piktographie, soll eine grundsätzliche Andersartigkeit und in der Regel eine Unterlegenheit der chinesischen Kultur gegenüber „alphabetischen Kulturen" begründen. Der Linguist Christian Stetter hat die chinesischen „Ideogramme" sogar als den „welthistorischen Opponenten" des Alphabets bezeichnet.[22]

Zwar ist die Frage nach der Natur der Schriftzeichen insofern bedeutungslos, als jedes Sprachsystem (Wortsprache, Taubstummensprache, in Buchstabenschrift, Morsezeichen oder Bytes notierte Sprache etc.) sich *letztlich* auf etwas außerhalb der Sprache bezieht (abgesehen von dem Sonderfall, dass über Zeichensysteme selbst gesprochen wird – in diesem Fall sind sie selbst der Gegenstand). Psychologisch soll es aber einen gravierenden Unterschied machen, auf welche Art die Beziehung hergestellt wird. Das Bildhafte, so heißt es, fesselt das Denken ans Konkrete und Sinnliche. Der direkte Realitätsbezug wiederum macht es ihm sozusagen zu bequem – es kommt nicht erst über die Vermittlung durch das Wort und damit über einen produktiven, die Einbildungskraft fördernden Umweg zu den Gegenständen.[23] Entsprechend soll eine rein phonetische Schrift den Unterschied zwischen dem Medium Sprache und der mit ihm bezeichneten Welt sinnfällig erkennbar machen und so aus der „ontologischen Indifferenz" befreien. Wie bereits angesprochen, ist es dabei nicht ausgeschlossen, dass diese in der Regel negativ gemeinten Urteile romantisierend ins Affirmative verkehrt werden.

Tatsächlich ist in der chinesischen Schrift die Bildhaftigkeit der Zeichen gegenüber der phonetischen Information sehr beschränkt, und in keinem Fall ist die Bedeutung eines Zeichens, selbst wenn es sich um ein Bild handelte, direkt erkennbar.[24] Sie muss vielmehr vermittelt werden, und das funktioniert, wie überall, nur über die *gesprochene* Sprache. Menschen kommunizieren nun einmal primär auf phonetische Weise und lernen dies auch früher als das Schreiben, und ihr Denken ist eng verbunden mit (oft nicht hörbarem)

---

[22] Stetter (1997), S. 51.
[23] Vgl. zu diesen Thesen Roetz (2006), S. 17f.
[24] Man kann die „Bildhaftigkeit" mancher Zeichen analog zur in allen Sprachen vorhandenen „Klanghaftigkeit" lautmalerischer Wörter wie „sausen", „zischen", „zwitschern", usw. sehen. Die eine stößt ebenso schnell an Grenzen wie die andere.

§20 Die chinesische Sprache und die chinesische Philosophie   355

Sprechen und nicht in gleicher Weise mit (evtl. nicht sichtbarem) Schreiben. Eine echte Bildersprache wäre eine, die man nicht erlernen muss, so wie man (manchmal) bloß gezeichnete Gebrauchsanweisungen technischer Geräte ohne Worte versteht. Bildersprachen sind unabhängig von Muttersprachen und ein sehr effizientes Kommunikationsmittel zwischen verschiedenen Sprachgruppen, aber sie haben enge Grenzen und müssen in aller Regel eben doch erlernt werden (wie z.B. das internationale Symbol für radioaktive Strahlung). Auch die chinesischen Zeichen müssen, selbst wenn sie bildhafte Bestandteile enthalten, sämtlich einzeln erlernt werden, und dies setzt das Medium der gesprochenen Sprache schon voraus. Einen direkten Gegenstandsbezug der Schrift gibt es nicht. Zwar ist es möglich, ein Zeichen oder einen Satz zu verstehen, ohne auch die chinesische Aussprache zu kennen. Dies gilt allerdings nur für nicht genügend gebildete Nicht-Chinesen, und es ist typischerweise deren Trugschluss, daraus auf die Überspringbarkeit der gesprochenen Sprache zu schließen. Genau dies geschieht in der Ideographie-These, die sich nicht zufällig gerade unter sprachunkundigen westlichen Theoretikern der chinesischen Schrift besonderer Beliebtheit erfreut. Sie übersehen aber, dass sie die Zeichen sehr wohl über gesprochene Worte mit Bedeutungen verbinden – nur eben mit Worten ihrer *eigenen* Sprache. Hierin liegt eine tiefe Ironie: man meint, die Chinesen seien der Anschaulichkeit ihrer Schriftzeichen verfallen, und ist es doch in Wirklichkeit selbst.

Schriftzeichen stehen also für Wörter, die ihrerseits für Gegenstände stehen, und sie stehen nicht direkt für Dinge. Diese Sicht findet sich auch im vormodernen China selbst.[25] Lassen sich nun aus der Art der chinesischen Schrift Folgerungen ziehen, die unser Verständnis der antiken chinesischen Philosophie verändern könnten? Nach dem Gesagten kann die Antwort nur lauten: Nein. Dies schließt nicht aus, dass es in China unterschiedliche Theorien zur Natur der Schriftzeichen gegeben hat, und auch nicht, dass chinesische Texte mit Schriftzeichen „spielen" und sich von ihnen inspirieren lassen können, in anderer Weise als es bei Buchstaben der

---

[25] So schreibt Ge Hong 葛洪 (4. Jh. n.): „Was aus dem Mund kommt, sind die Worte (*yan* 言). Was zu Papier gebracht wird, ist das Notierte (*shu* 書). Das Notierte steht für die Worte, die Worte notieren die Gegenstände (*shi* 事)". (*Baopuzi* 43) Vgl. Roetz (2002), S. 28. Folgt man der Ideographiethese, dann hat Ge Hong seine eigene Schrift missverstanden, was er aber nicht dürfte, stände er tatsächlich so wie behauptet unter ihrem Einfluss.

Fall ist. Manche Schriftzeichen haben überdies einen poetischen und kalligraphischen Wert; letzteres gilt allerdings noch nicht für die hier besprochene Zeit.

Morphologie/Flexion

Flexion (Beugung) bedeutet, dass sich die Gestalt von Wörtern ändert, um grammatische Strukturen bzw. Informationen auszudrücken: *gehen, ging, gegangen, der Mann, die Männer, den Männern* etc. Im Wesentlichen handelt es sich um die Deklination der Substantive und Adjektive und um die Konjugation der Verben. Flexionssysteme sind obligat; die Wörter müssen eine der möglichen Formen annehmen. Die Flexion kann bei verschiedenen Sprachen sehr unterschiedlich sein. Das Deutsche hat bekanntlich vier Fälle, das Lateinische sechs (oder sieben), und es gibt Sprachen mit mehr als einem Dutzend Fällen. Das deutsche System unterscheidet Einzahl und Mehrzahl, andere Systeme haben zusätzlich einen Dual (Zweizahl). Ähnliches gilt von der Konjugation der Verben. Hier gibt es z.B. die Unterscheidung von Indikativ, Konjunktiv, Imperativ etc. Es gibt Sprachen mit sehr komplizierter Flexion wie das klassische Griechisch und solche, die nur ein ziemlich rudimentäres Flexionssystem besitzen, wie z.B. das moderne Englisch. Flexionssysteme haben im Laufe der Zeit die Tendenz, sich stark zu vereinfachen. So gesehen hätten nicht flektierende Sprachen eine längere Entwicklung hinter sich als voll flektierende. Aber sei dem wie auch immer. Die Unterscheidung ist als scharfe ohnehin nicht sinnvoll.[26]

Das schriftlich überlieferte antike Chinesisch zeigt ebenso wie das moderne Chinesisch keine Flexion. Die Schriftzeichen ändern sich nicht; sie sind in einem Satz nicht morphologisch verknüpft, sondern stehen „isoliert", unverändert (aber in umso strengerer Syntax) nebeneinander. Damit sind auch die uns vertrauten Wortarten (Substantiv, Adjektiv, Verb etc.) nicht anhand ihrer Form unterscheidbar, sondern nur anhand der Funktion der Worte im Satz. Das mag fremd klingen, es gibt aber auch in indoeuropäischen

---

[26] Die Grenzen, die Humboldt, aufbauend auf die Sprachtypologie A. Schlegels, zwischen den verschiedenen Sprachtypen zog, mit den idoeuropäischen Sprachen am „flektierenden" und der chinesischen Sprache am „isolierenden" Pol, sind in der neueren Linguistik aufgeweicht worden. Damit mag das Thema Flexion nicht vom Tisch sein, es verkompliziert sich aber so, dass die alten Urteile schon deshalb nicht mehr stichhaltig sind.

Sprachen gelegentlich ähnliche Verhältnisse. Das englische Wort „salt" etwa kann *Salz, salzig* oder *salzen (salze, salzt)* bedeuten, je nach seiner Stellung im Satz, ohne dass dies zu Verständigungsproblemen führte.

Allerdings ist die Kennzeichnung des antiken Chinesisch als „isolierend", nicht morphologisch, eigentlich obsolet, nachdem in neuerer Zeit die Existenz einer komplizierten Morphologie bis in die Epoche der klassischen Philosophie hinein nachgewiesen ist – was allerdings in der China-Diskussion noch nicht genügend angekommen zu sein scheint.[27] Allgemein gesprochen ist damit die anschließend an Humboldt immer wieder vertretene Ansicht, im Chinesischen als „isolierender" Sprache seien die Möglichkeiten für einen verfeinerten, präzisen Ausdruck fühlbar begrenzter als in flektierenden Sprachen,[28] gegenstandslos; zumindest müsste sie von ihren Vertretern auf Basis des neuen Wissensstandes grundlegend umgearbeitet werden. Gesprochen werden kann nur von einer isolierenden *Schrift*, denn diese repräsentiert, wie erwähnt, tatsächlich nur Wortwurzeln und nicht das aus Wurzeln und Affixen zusammengesetzte Wort der gesprochenen Sprache. Allein schon aus empirischen Gründen lässt sich das Thema deshalb nicht mehr so einfach behandeln, wie Humboldt es mit großem Einfluss auf das spätere Chinabild meinte behandeln zu können. Diskutabel wäre allenfalls das „Fehlen" *bestimmter* Flexionsformen und seine möglichen Auswirkungen auf das Denken, aber nicht das Fehlen von Morphologie schlechthin. Und in diesen Fällen verfügt das Chinesische über andere Mittel, um sich auszudrücken.

Ein Beispiel für das „Fehlen" ist das Tempus. Man hat argumentiert, dass wenn eine Sprache keine Flexionsformen für Vergangenheit, Gegenwart und Zukunft besitze, die Sprecher dieser Sprache auch keinen klaren Begriff dieser Zeiten hätten. So schreibt der Sinologe Wolfgang Bauer:

Das Fehlen aller Tempora wie auch aller anderen Verbformen mildert die Vorstellung einer klaren, durch die Zusammenschnürung des Jetzt bewirkten Trennung von Vergangenheit und Zukunft.[29]

---

[27] Vgl. o. S. 348f und Behr 2017. – Stellt man „Flexion" (Grammatik, Satzbildung) und „Derivation" (Wortbildung) gegenüber, gehört die chinesische Morphologie zur letzteren, wobei allerdings die Affigierung von Wortstämmen auch grammatische Informationen enthalten kann.
[28] Gipper (1969), S. 253; vgl. hierzu Lang (1981), S. 16 f.
[29] Bauer (2006), S. 31. Vgl. zu diesem Thema Roetz (2018c), S. 22f.

Eine solche Behauptung folgt dem Schema: Wenn eine Flexionsform fehlt, wird von den Sprechern auch der zugehörige reale Unterschied nicht oder – und damit wird die Behauptung unverbindlich und unüberprüfbar! – jedenfalls seltener gemacht. Die Deutschen, die keine Dual kennen, sollten danach eigentlich seltener zwischen eins und zwei unterscheiden als z.B. die alten Griechen, die einen Dual besaßen. Andererseits müssten sie, weil in ihrer Sprache jedes Substantiv ein Geschlecht hat, eine stärker sexualisierte Weltsicht haben als Sprecher anderer Sprachen, die diesen Ballast, der dem Ausländer das Erlernen des Deutschen so verdrießlich macht, nicht kennen. Und was das Tempus betrifft, so würden die Chinesen nicht oder weniger häufig auf die Uhr oder den Kalender schauen als wir. Es gibt aber im klassischen wie im modernen Chinesisch Ausdrücke zur Bezeichnung zeitlicher Verhältnisse zuhauf,[30] man *muss* sie nur nicht verwenden, wenn es nicht als notwendig erscheint.

Das Chinesische hat auch keine eigene Flexionsform für den Imperativ. Sollte man daraus folgern, in China gebe es keine Befehle?[31] Und schließlich müssen indoeuropäische Verben immer ein Angabe zur Person enthalten: *gebe – gibst – gibt* usw. Auch diese Formen existieren im Chinesischen nicht. Personalpronomina wiederum gibt es, aber man *muss* sie nicht immer verwenden. Man muss auch nicht wie im Deutschen ein sinnleeres „Es" benutzen und sagen *es gibt*. Sollte man nun folgern, dass auch außerhalb der Sprache die Unterscheidung der Personen zweitrangig war? Oder dass in China allein schon deshalb das Individuum keine Rolle spielte?[32]

Auch ein Konjunktiv wird im Chinesischen nicht morphologisch angezeigt. Bedeutet das, dass auch keine kontrafaktischen Sätze gebildet und keine hypothetischen Überlegungen (*was wäre, wenn…*) angestellt werden können? So ist argumentiert worden. Die Folgen für philosophisches Denken – wenn von ihm dann überhaupt noch gesprochen werden kann – wären fatal, denn es könnten keine Alternativen durchgespielt (wie etwa in der Überlegung *Wenn alle Menschen lügen würden, dann…*, mit der Kant das Lügenverbot als Konsequenz des kategorischen Imperativs begründet), es könnten keine Utopien entwickelt und es könnte überhaupt nicht

---

[30] Vgl. Lang (1981), S. 5–54, und Roetz (2018c).
[31] Oder umgekehrt, dass jeder chinesische Satz unausgesprochen einen „latenten" Imperativ ausdrückt, wie Granet (1963), S. 22, meint.
[32] Eine auch von Lang (1981), S. 51, ironisch gestellte Frage.

§20 Die chinesische Sprache und die chinesische Philosophie 359

auf Abstand zum Bestehenden gegangen werden. Das Denken klebte vielmehr an der Welt, wie sie einmal ist, und sie würde ihm niemals zum Problem. Nun ist es in der Tat so, dass es in der chinesischen Sprache keine konjunktivischen Verbformen (wie *lögen, lügen würden, gelogen hätten*) gibt. Wahr ist aber zugleich, dass es keine Schwierigkeit macht, das irreale Konditional trotzdem eindeutig zu formulieren, wenn es sich nicht ohnehin aus dem Kontext ergibt.[33] Man denke etwa an Mo Dis Ausführungen zur universalen Liebe: Denn sagt Mo Di nicht: Leider folgt niemand meiner Idee. Aber wenn das geschähe, hätte das nicht die wunderbarsten Konsequenzen?

So erscheint uns die Annahme, das Fehlen grammatischer Formen führe zum Fehlen von Denkformen und Denkinhalten, da diese dann nicht generiert werden könnten, als allzu kurzschlüssig. Die Situation wäre anders zu bewerten, wenn es Mitteilungen gäbe, die sich nur in Sprachen formulieren ließen, die nach Art der indoeuropäischen flektieren, nicht aber in anders oder nicht flektierenden Sprachen. Dafür gibt es aber kein Indiz.

Syntax

Weitere folgenreiche Thesen über das Chinesische beziehen sich auf den mit der „fehlenden" Flexion zusammenhängenden Aufbau der Sätze oder zusammengesetzter Ausdrücke, also die Syntax. So ist behauptet worden – wieder am Eindruck des *geschriebenen* Chinesisch orientiert –, chinesische Sätze bestünden aus einer bloßen Aneinanderreihung von Worten ohne ein regierendes, den Satz durchstrukturierendes Subjekt. Damit aber spiegele die Sprache nur die ewige Immanenz eines immer gleichen, still fließenden Prozesses, ohne sich zu einer Position über ihm erheben zu können – eine Variante des Befundes der „ontologischen Indifferenz".[34] Zugleich werde die Aufmerksamkeit vom Satz als einer integrierten Sinneinheit weggelenkt hin zu den lose nebeneinander stehenden einzelnen Wörtern bzw. Zeichen. Damit aber entfalle eine Vorstellung von

---

[33] Vgl. hierzu Harbsmeier (1981), S. 272–287, und Behr (2006) mit einer Fülle von Belegen.
[34] Vgl. zu diesen u.a. von F. Jullien vertretenen Theorien Roetz (2018c), S. 25. Zu Julliens einflussreicher Deutung China allgemein vgl. ebd. S. 24–26 und Roetz (2011), S. 61–67.

Wahrheit (genauer: Aussagenwahrheit), denn deren Träger ist der Satz.[35]

Eine weiteres Argument bezieht sich auf die chinesischen Nomen. Nomen lassen sich in Zähl- und Massennomen unterteilen, die sich syntaktisch verschieden verhalten: Zählnomen werden direkt mit einem Numerale verbunden (z.B. „*ein* Mensch"), Massennomen über eine zwischengeschaltete Zähleinheit (z.B. „ein *Tropfen* Wasser"). Der amerikanische Sinologe Chad Hansen nun meint, dass die chinesischen Nomen sämtlich Massennomen sind, da sie alle mit Zähleinheitsworten gezählt werden.[36] Zwar gibt es letztere erst in der modernen und nicht in der klassischen Syntax; man könnte aber argumentieren, dass ihre späte Einführung nur eine schon immer gegebene Struktur deutlich gemacht hat. Hansen jedenfalls ist der Ansicht, dass für den auf Massennomen gedrillten Sprecher des Chinesischen ein Mensch, um bei den obigen Beispielen zu bleiben, den gleichen Seinsstatus besitzt wie ein Tropfen Wasser – er ist nicht ein Individuum einer Art, sondern nur Teil einer Masse. Der chinesischen Sprache fehlte damit ein eingebautes Prinzip der Individuierung. Entsprechend soll China, bis in die Volksrepublik hinein, Ethiken hervorgebracht haben, in denen der Einzelne gegenüber dem Kollektiv nichts zählt.

Hansens „mass-noun-hypothesis" blieb nicht ohne kritische Reaktionen, fand aber auch positive Resonanz. So hat z.B. Hans-Georg Möller sie zur Stützung seiner eigenen (u. E. unhaltbaren) These benutzt, dass in der chinesischen Philosophie die Menschen als „amorphe Masse" gelten, in die der Herrscher durch die Zuweisung von Rollen Unterscheidungen bringt.[37] Allerdings ist Hansens Behauptung schon empirisch falsch: So hat er das Distributivpronomen *ge* (各, jedes) übersehen, das nichts anderes anzeigt als die Existenz von Zählnomen, denn nur zu diesen kann es als Apposition gestellt werden. Noch bedeutsamer ist, dass im Antikchinesischen Massen- und Zählnomen sogar morphologisch durch Affixe unterschieden wurden.[38]

Dem Chinesischen ist ferner nachgesagt worden, nicht zur Bildung von Abstrakta fähig zu sein, da, so eines der Argumente, z.B.

---

[35] So Chad Hansen (1983), S. 64, und in vielen anderen Arbeiten. Vgl. hierzu Roetz (1993) und (2006), S. 20f.
[36] Hansen (1983), Kap. 2.
[37] Möller (1998), S. 174.
[38] S. Gassmann und Behr (2005), Bd. 3, S. 431 u. 437f.

Artikel fehlen, die es wie im Deutschen ermöglichten, vom Adjektiv „wahr" zum Substantiv „das Wahre" überzugehen. Abstrakta können aber im Chinesischen mittels der Stellung und der Hervorhebung durch Partikel sehr wohl gebildet werden[39] – einmal ganz davon abgesehen, dass sie zumindest nicht unbefragt als Ausweis „höheren" Philosophierens angesehen werden können.

Belassen wir es bei diesen Beispielen.[40] Keine der hier vorgestellten sprachrelativistischen Thesen erscheint uns als überzeugend – sie stehen alle auf unsicherem Grund und leisten nicht, was sie versprechen. Und auch dies sollte noch bedacht werden: Es gab im alten China zahlreiche philosophische Strömungen. Schon die wenigen, von denen wir genauere Kenntnis haben, wie die in diesem Buch behandelten, sind voneinander sehr verschieden. Sie sehen die Welt auf konträre Weise, und sie haben zum Teil entgegengesetzte Vorstellungen vom richtigen Leben. Aber sie verwenden alle dieselbe Sprache und dieselbe Schrift, und hierin haben sie auch ihre Kontroversen ausgetragen. Wie hätte aber eine Restriktion durch die von ihnen geteilten Ausdrucksmedien und durch das Sprechen einer Sprache, die die Welt nur bestätigt, derart konkurrierende Gedankensysteme und Ethiken hervorbringen sollen? Wie hätte es überdies Philosophen geben könne, die ihre Welt, wie etwa die Daoisten und Legalisten, radikal in Frage stellen konnten?

So führt es zu nichts, die alten chinesischen Texte als Produkte einer eigentümlichen Sprache anzusehen, die dann außerhalb dieser wenig bedeuten. Man muss sich von der „Fremdheit" dieser Sprache nicht so beeindrucken lassen, dass man darüber die in ihr dargelegten, gar nicht so fremden Gedanken übersieht. Gewiss muss nicht alles an der antiken chinesischen Philosophie, ebenso wenig wie an anderen Philosophien, akzeptiert werden. Es spricht aber alles dafür und wirft keinerlei sprachliches Problem auf, sie auf Augenhöhe, als Teil der allgemein menschlichen Verständigung über die Welt, ernst nehmen, gleich in welcher Mundart man selbst beheimatet sein mag.

---

[39] Z. B. wird durch Hinzufügung des Pronomens der nominalen Modifikation zhe 者 aus yi 一, „eins", das abstraktere yizhe 一者, „das Eine".
[40] Zur gesamten Bandbreite der „Defizienzpostulate" (Lang 1981, S. 10) s. Roetz (2006).

§21 Personen oder Institutionen?

Die zwei Gesichter des Staates

Im *Lüshi chunqiu*, der großen Kompilation zeitgenössischer Ideen, die um 240 v.d.Z. in Qin unter dem Mäzenat des reichen Kaufmannes Lü Buwei zusammengestellt wurde, findet sich die folgende, sicherlich von dem Konfuzianer Xunzi beeinflusste Rekonstruktion der Entstehung von Staat und Gesellschaft:[1]

Die Natur des Menschen ist so beschaffen, dass seine Klauen und Zähne nicht zur Selbstverteidigung reichen, seine Haut ihn nicht genügend vor Kälte und Hitze schützt, seine Sehnen und Knochen nicht stark genug sind, um vorteilhafte Situationen zu nutzen und Schaden zu vermeiden, und sein Mut nicht reicht, um sich der Wildheit entgegenzustellen und der Aggressivität Einhalt zu gebieten.

Wenn er dennoch über die Dingwelt verfügt, wilde Tiere zähmt und verschlagenes Gewürm unter Kontrolle bringt, und wenn Kälte und Hitze, Dürre und Nässe ihm nicht zu schaden vermögen, kommt dies nicht alleine daher, dass er entsprechende Vorkehrungen trifft und sich (mit anderen) zu einer Gesellschaft zusammenfindet? Dass es aber möglich ist, sich zu einer Gesellschaft zusammenzufinden, liegt daran, dass man auf diese Weise miteinander Vorteile genießen kann. Und dass Nutzen aus der Gesellschaft sprießt, liegt daran, dass man gemeinsam davon profitiert, dass der Weg des Fürsten eingeführt worden ist. Sobald der Weg des Fürsten eingeführt ist, sprießt Nutzen aus der Gesellschaft, und die Menschen können perfekte Vorkehrungen treffen.

Im hohen Altertum aber gab es keine Herrscher. Die Menschen lebten und wohnten in Horden, sie kannten ihre Mutter, aber nicht ihren Vater. Es gab weder die Unterschiede in der Verwandtschaft, d.h. zwischen älteren und jüngeren Brüdern, Ehemann und Ehefrau und zwischen den Geschlechtern, noch das Prinzip der Trennung von Obrigkeit und Untertanen oder von Alt und Jung. Man kannte keine Etikette des Taktes und der Höflichkeit, wusste nicht um die Annehmlichkeiten von Kleidern, Schuhen, Gürteln, Wohnhäusern, Haustierhaltung und Vorratswirtschaft, noch kannte man Werkzeuge, Mechanismen, Schiffe, Wagen, innere und äußere Stadtmauern und natürliche Bollwerke. Dies waren die Übel der Herrschaftslosigkeit. Deshalb muss unbedingt klargemacht werden, was das Prinzip (*yi*, oder: die Pflicht) von Fürst und Untertan ist.

Seit den ältesten Zeiten sind viele Staaten untergegangen. Dass dennoch der Weg des Fürsten nicht abgeschafft worden ist, liegt daran, dass er für die Welt von Vorteil ist. Beseitigen soll man (nur) die falschen Fürsten und an ihre Stelle solche einsetzen, die den Weg des Fürsten einhalten.

---

[1] *Lüshi chunqiu* Kap. 20.1, in einer leicht modifizierten Übersetzung übernommen aus Roetz (1992), S. 112f. Vgl. Wilhelm, *Frühling und Herbst*, S. 346–348.

§21 Personen oder Institutionen?

Wer über den Staat nachdenkt, wird unweigerlich zwischen zwei Urteilen hin- und hergeworfen. Einerseits ist die Entwicklung des Menschen vom Halbtier zum Kulturwesen, die im obigen Text so anschaulich dargestellt wird, nur in einer funktionierenden Zusammenarbeit, also in irgendeiner Form von Organisation wie dem Staat, möglich gewesen. Andererseits haben Staaten durch alle Zeiten unendlich viel Leid und Unmenschlichkeit verursacht. Dass Herrscher schnell zu Tyrannen werden können, dass sie gegen das Volk und zum eigenen Vorteil regieren, kennt ein Europäer aus der eigenen Geschichte genauso gut, wie ein Chinese aus der seinen. *Grausamer als ein Tiger ist eine tyrannische Regierung,* heißt es im *Liji*.[2]

Die alte chinesische Philosophie ist voll von Klagen darüber, und demgemäß endet auch der obige Text mit dem Hinweis, dass es auch zu *schlechten* Regierungen komme, und mit dem Wunsch, diese loszuwerden. Im 18. Jahrhundert stellt John Locke (1632–1704) dieselbe Frage:

> Der Zweck der Regierung ist das Wohl der Menschheit. Was aber ist besser für die Menschen: dass das Volk immer dem schrankenlosen Willen der Tyrannei ausgesetzt ist, oder dass die Herrscher manchmal Gefahr laufen, auf Widerstand zu stoßen, wenn sie maßlos werden in dem Gebrauch ihrer Macht und sie zum Verderben, nicht aber zur Erhaltung des Eigentums ihres Volkes gebrauchen?[3]

Das Nachdenken über den Staat führt auf beides zugleich, Respekt und Misstrauen. Beides ist berechtigt. Beides ist wohl eine Konstante der Menschheitsgeschichte. Für den Europäer genügt es, an Thomas Hobbes (1588–1679) zu erinnern, dessen politische Philosophie 2000 Jahre später wie selbstverständlich an die antiken chinesischen Denker angeschlossen werden kann.

Hobbes schildert (wie Mo Di) eine Gesellschaft ohne staatliche Autorität als gnadenlosen Kampf aller gegen alle[4] und sieht die einzig mögliche Überwindung eines solchen a-sozialen Zustandes in der Errichtung einer staatlichen Herrschaft, in der alle Macht und alle Gewalt konzentriert ist.[5] Dies aber sei dadurch geschehen, dass sich die Menschen eines Tages freiwillig in einem Vertrag einer solchen Autorität unterworfen hätten.

---

[2] Vgl. das Eingangszitat im Vorwort dieses Buches (S. 5).
[3] Locke (1681) §229.
[4] *De Cive* 1.12
[5] Ausführlich im *Leviathan.*

Historisch gesehen ist die Geschichte eines solchen Gesellschaftsvertrags noch weniger glaubhaft als die alten Geschichten von Yao und Shun etc. Aber beides war ja nicht als historischer Bericht gemeint. Im antiken China wie im neuzeitlichen Europa diente die ganze Konstruktion vor allem zur rationalen Rechtfertigung der faktisch immer schon vorhandenen staatlichen Macht: diese schützt die Untertanen vor einander, vor äußeren Aggressionen, und vor der Unbill der Natur.[6] Darin liegt ihr immenser Wert, und deshalb ist sie vernünftig. Daraus ergibt sich die Existenzberechtigung staatlicher Macht.

Da aber hier wie dort bekannt war (und nach wie vor bekannt ist), wie viele schlechte staatliche Macht es gibt, wendet sich der Text aus dem *Lüshi chunqiu* nach der vorgeschichtlichen Erzählung sogleich der Frage zu, wie der ständige Konflikt zwischen den segensreichen Möglichkeiten des Staates und seiner häufig brutalen Wirklichkeit zu bewältigen sei. Die antike Antwort lautete einfach, schlechte Fürsten seien durch bessere zu ersetzen, wobei aber sofort betont wird, dass der Staat an sich nicht in Frage gestellt werden sollte, denn *der Weg des Fürsten (jun dao* 君道) *bringt Nutzen*.

Wir überspringen in unserem Text nun eine längere Aufzählung von Völkern, die angeblich ohne Fürsten, d.h. anarchisch lebten. Von ihnen bzw. ihren Ländern heißt es abschließend:

Das sind die anarchischen Gebiete. Ihre Völker leben wie Tiere, die Jungen kommandieren die Alten, und die Alten fürchten sich vor ihnen im kräftigen Alter. Als tüchtig gelten die, die ihre Körperkraft einsetzen, und geehrt werden die Gewalttätigen und Stolzen. Tag und Nacht tut man einander Gewalt an. Keine Atempause gibt es mehr, und so reiben sie ihre ganze Art auf.

Die Weisen haben dieses Übel in ganzer Tiefe durchschaut. Deshalb haben sie über die Welt lange nachgedacht und fanden, es sei nichts besser, als einen Himmelssohn einzusetzen. Auch für die einzelnen Staaten machten sie sich lange Gedanken und fanden, es sei nichts besser, als Fürsten einzusetzen. Die Einsetzung der Fürsten geschah aber nicht, um den Fürsten zu schmeicheln. Auch die Einsetzung des Himmelssohnes geschah nicht, um dem Himmelssohn zu schmeicheln, und ebenso wenig geschah die Einsetzung von Beamten und Vorgesetzten, um diesen zu schmeicheln.

Als aber dann die Tugend verfiel und die Welt im Chaos versank, da bediente sich der Himmelssohn des Reiches zu seinem persönlichen Vorteil, die Landesfürsten bedienten sich der Länder zum persönlichen Vorteil, und Beamten und Vorgesetzte bedienten sich ihrer Ämter zum persön-

---

[6] Vgl. für China Roetz (2008).

lichen Vorteil. Dies ist der Grund, warum Staaten aufblühen und untergehen und es immer wieder zu Chaos und Katastrophen kommt.

So wie der Schreiber unseres Textes muss sich wohl jeder denkende Mensch hin- und hergerissen fühlen zwischen Respekt und Misstrauen dem Staat gegenüber. Wie wird die politische Philosophie mit diesen Tatsachen fertig?

Der Sturz schlechter Herrscher

Die alten Chinesen nannten ihren obersten Herrscher „Himmelssohn" und umgaben ihn mit der Aura eines Mandats des Himmels. Zugleich betrachteten ihn die Konfuzianer nur als einen austauschbaren Funktionsträger und bekundeten mit Stolz, sie würden „sich ihm gegebenenfalls nicht untergeben und ebenso wenig einem der Fürsten dienen".[7] In einem Atemzug versprachen sie den Herrschenden Loyalität und drohten ihnen mit dem Verlust von Macht und Leben, wenn sie zu schlecht regierten. Wer aber soll entscheiden, ob eine Regierung so schlecht ist, dass sie abzutreten hat, und wie soll der Sturz der Regierung bewerkstelligt werden? Auf die erste Frage hat es, in Osten wie im Westen, dieselbe Antwort gegeben: das Volk.

So sagt John Locke ganz ähnlich wie schon Menzius:

Wer soll Richter sein, ob der Fürst oder die Legislative entgegen dem in sie gesetzten Vertrauen handeln? Vielleicht könnten übel gesinnte und aufrührerische Menschen derartiges im Volke verbreiten, wenn der Fürst nur von seiner gebührenden Prärogative Gebrauch macht.
Darauf antworte ich: das Volk soll Richter sein. Wer anders nämlich sollte der Richter sein, ob sein Sachwalter oder Abgeordneter richtig handelt und gemäß dem Vertrauen, das man in ihn gesetzt hat, als derjenige, der ihn abordnete und deswegen auch die Macht behalten muss, ihn seiner Funktion zu entheben, wenn er das Vertrauen gebrochen sieht![8]

Und wie soll der Sturz des schlechten Herrschers bewerkstelligt werden? In der Realität stürzten Herrscher so gut wie immer einfach deshalb, weil sie den politischen und militärischen Kampf um die Macht verloren hatten. Der Sieger übernahm die Macht. In der Ideologie wurde daraus ein Sieg des Guten über den Bösen, woraus man zugleich die moralische Rechtfertigung für neue Attacken der Guten gegen das Reich oder die „Achse des Bösen" bezog. *Der Gute*

---

[7] *Liji*, Kap. *Ru xing (Das Handeln eines Konfuzianers)*. Vgl. Roetz (1992), S. 145.
[8] Locke (1974) §240.

tritt an die Stelle des Bösen, konnte demgemäß der Sieger von sich selbst behaupten. Diese ideologische Figur findet sich auch in der konfuzianischen Geschichtsphilosophie,[9] die sich allerdings vor einer blinden Erfolgsgläubigkeit hütet. Namentlich wenn es um die eigene Gegenwart ging, war man skeptisch. So gut wie keine militärische, d.h. gewaltsame Unternehmung seiner Zeit wurde von Menzius als Kampf des Guten gegen das Reich des Bösen sanktioniert. Es ging und geht gewöhnlich um banalere, handfeste Interessen.

Die Leute von Qi hatten den Staat Yan angegriffen. Jemand fragte Menzius: „Habt ihr Qi wirklich empfohlen, Yan anzugreifen?"
Menzius antwortete: „Nein. Man hat mich gefragt, ob Yan angegriffen werden solle, und ich habe geantwortet, dass das geschehen solle. Daraufhin ist Yan angegriffen worden. Hätte man mich allerdings gefragt, wer diesen Angriff durchführen solle, so hätte ich geantwortet, dass nur ein Beamter des Himmels (*tian li* 天吏) das tun dürfe. Nehmen wir den Fall eines Mörders. Fragt man, ob er hingerichtet werden solle, so ist zu antworten, dass man das solle. Fragt man aber, wer ihn hinrichten solle, so ist zu antworten: die zuständigen Behörden. Aber dass bloß ein Yan ein anderes Yan angreift, wie sollte das mein Rat gewesen sein!" (*Menzius* 2B8)[10]

So geht es auf der Welt zu: Herrschende werden gewaltsam gestürzt, an ihre Stelle treten andere, bis auch sie gestürzt werden. Dabei wird viel Bürgerblut vergossen. Von einem Fortschritt zum Besseren kann dabei nicht unbedingt gesprochen werden. Was also bleibt für ein von einem Tyrannen geknechtetes Volk zu tun übrig? Die Konfuzianer konnten darauf nur allgemein antworten, dass der Himmel dem Bösen das Mandat entziehen werde und dass er sich dabei nach dem Urteil des Volkes richten werde.[11] Ähnlich erklärt Locke:

---

[9] *Zuozhuan* Xianggong 29 (Legge S. 547 und 551): „Dass der Gute an die Stelle des Bösen tritt, ist das Mandat des Himmels."
[10] Der Staat Yan 燕 besaß damals wegen eines internen Machtkampfes keinen guten Ruf. Menzius legitimiert den Angriff auf Yan wegen der Lage des Volkes, widerruft aber seine Zustimmung, als die Besatzer sich genauso benehmen wie zuvor die Herrschenden von Yan (*Menzius* 1A10 und 1A11). Von einem „Himmelsbeamten" spricht Menzius nur noch einmal (2A5), und zwar wieder bei der Schilderung eines idealen Herrschers. Wilhelm übersetzt den Ausdruck mit „Knecht Gottes".
[11] Es gab zwar theoretisch auch andere Wege, um einen schlechten Herrscher loszuwerden: Austausch durch ein anderes Mitglied der Herrscherfamilie (*Menzius* 5B9, o. S. 64) oder Entmachtung (Verbannung) durch einen tugendhaften Untergebenen (zumindest wird ein solcher Fall in *Menzius* 7A31 legitimiert), und bei Xunzi ist der Beamtenapparat geradezu zur

§21 Personen oder Institutionen? 367

Weist der Fürst, oder wer immer sonst die Regierung bildet, diese Art der Entscheidung (durch das Volk) von sich, dann bleibt nur übrig, den Himmel anzurufen. Gewalt nämlich unter Menschen ohne einen anerkannten Oberherren auf Erden oder Gewalt, die es nicht erlaubt, einen Richter auf Erden anzurufen, bedeutet nichts anderes als den Kriegszustand, in dem nichts bleibt als den Himmel anzurufen.[12]

Vorbeugende Mittel?

Von einer politischen Philosophie erwartet man, dass sie Wege sucht (und seien sie utopisch), wie die periodischen Rückfälle in eine tyrannische Missregierung und die Gewaltakte, diese wieder loszuwerden, reduziert oder überhaupt verhindert werden können. Der Weg der frühen Konfuzianer ist der Versuch der moralischen Besserung und Festigung der Herrscher selbst. Unter den Bedingungen der monarchischen Herrschaft ist er eigentlich auch der einzige mögliche. Durch ihr Auftreten an den Fürstenhöfen und – später – die Schriften der großen Meister wollten die Konfuzianer die Herrscher ermahnen und daran erinnern, wofür sie eigentlich da sind, nämlich für das Volk und nicht für sich selbst. Die herrschende Gruppe sollte also direkt beeinflusst werden, sie sollte kritisiert, zensiert und moralisch aufgerüttelt werden. Da in einer monarchischen Alleinregierung Wohl und Wehe des Volkes massiv von der Person des Herrschers abhängen, muss man versuchen, auf diesen entsprechend einzuwirken.

Es ist deshalb mehr als nur eine rührselige Geschichte, wenn Menzius etwa einen König, der mit einem Opfertier Mitleid empfand, auch zum Mitgefühl mit dem Volk bewegen wollte.[13] Und es bedeutete nicht bloß eine naive Idealisierung der Geschichte, wenn Menzius dauernd das erwähnte moralisch-politische Axiom im Munde führte.[14] Es war immer als Warnung an die Herrschenden gerichtet.

In der europäischen politischen Philosophie findet sich die Idee einer moralischen Ermahnung und Zurechtweisung der Herrschenden eher selten. Vermutlich hat man sich davon nie viel verspro-

---

Kontrolle des Herrschers aufgerufen (s. o. S. 270–273). Aber eine Institutionalisierung des Herrschaftswechsels gab es nicht, so dass die ultima ratio die Gewalt blieb.
[12] Locke (1974) §242.
[13] *Menzius* 1A7, s. o. S. 75.
[14] Vgl. o. S. 76ff.

chen. Die Herrscher lernen schnell, auch die schärfste Kritik zu ignorieren und notfalls die Kritiker zu eliminieren.

In früheren Zeiten wurden aber manchmal junge Prinzen von ausgesuchten Lehrern erzogen, um sie auf ihre Aufgaben vorzubereiten. Die Erfahrung lehrte indes, dass auch eine solche Prinzenerziehung politisch nur selten das (vom Volk) gewünschte Resultat zeitigt.[15] Es gab auch eine eigene Literaturgattung zur moralischen Erziehung der Herrscher, die *Fürstenspiegel*.[16] Sonderlich wirksam waren diese Schriften nicht. Am ehesten hatten vielleicht die europäischen Aufklärer des 17. und 18. Jahrhunderts mit ihrer unermüdlichen publizistischen Tätigkeit eine gewisse positive Wirkung auf die (nach wie vor monarchisch regierenden) Herrscher. Im besten Fall war das Resultat eine Regierungsweise des „aufgeklärten Absolutismus",[17] was in einer gewissen Parallele zu (genauso seltenen) idealen chinesischen Kaisern stand. Von einem solchen, dem Kaiser Kangxi[18] (1661–1722), sprach auch der Aufklärer Voltaire voll Bewunderung. Aber auf einen aufgeklärten Herrscher konnte jederzeit ein viel weniger idealer folgen.

In der europäischen Philosophiegeschichte gibt es noch ein anderes berühmt-berüchtigtes Beispiel für den Gedanken der Erziehung des Herrschers: Im Idealstaat Platos bildet sie einen der Grundpfeiler des Herrschaftssystems. Der platonische Idealstaat ist aber eine Diktatur einer sich selbst reproduzierende Oberschicht. Ihre Mitglieder werden sorgfältig erzogen, damit sie später gerade so herrschen, wie es im Interesse dieser Schicht liegt. Die herrschende Clique selbst formt hier ihren eigenen Nachwuchs. Eine solche Erziehung bietet den Regierten natürlich gerade keinen Schutz vor Willkür.[19] Wenn sie nichts anderes als Ermahnungen und Kritik zu befürchten haben, dann müssten die Regierenden

---

[15] Rousseau z.B. äußerte sich diesbezüglich sehr skeptisch, s. Rousseau (1762), 3. Buch Kap. 6.
[16] Vgl. Mühleisen u.a. (1997).
[17] Als Beispiele werden meist genannt: Friedrich II. von Preußen, Joseph II. von Österreich, Katharina die Große von Russland.
[18] Kangxi 康熙 ist eigentlich kein Herrschername, sondern eine Regierungsdevise. Da die Kaiser der Qing-Dynastie (wie schon der vorangehenden Ming-Dynastie) ihre Devise nicht änderten, können sie nach ihr benannt werden.
[19] Plato, *Der Staat*; die vehementeste Kritik der platonischen Erziehung stammt von K. Popper (1957).

schon überdurchschnittlich anständig sein, um allen Versuchungen der Macht zu widerstehen. Überdurchschnittlich anständige Menschen sind aber selten.

Spinoza (1632–1678), einer der ersten großen Vorkämpfer für eine tatsächliche, praktisch wirksame Sicherung der Bürger vor staatlicher Willkür, beginnt seinen *Tractatus Politicus* mit einer spöttischen Bemerkung über die politischen Theoretiker. Er sagt von ihnen:

Sie nehmen die Menschen nicht, wie sie sind, sondern wie sie sie haben möchten, und so ist es gekommen, dass sie statt einer Ethik meistens eine Satire geschrieben und niemals eine brauchbare Staatslehre entworfen haben; immer nur eine, die als Chimäre gelten muss oder die man nur in Utopien oder im goldenen Zeitalter der Dichter, wo sie am wenigsten nötig wäre, in die Wirklichkeit hätte umsetzen können.[20]

Das goldene Märchenzeitalter der alten Chinesen war die Zeit der idealen Urherrscher Yao und Shun. Schon der Legalist Han Fei hatte dies durchschaut (o. S. 225). Natürlich mag ein moralisch integrer Herrscher, der nie an den eigenen Vorteil oder den seiner Partei denkt, sondern immer nur an das Volk, etwas Großartiges sein. Aber ein sicherer Schutz der Regierten lässt sich darauf nicht aufbauen. Wer die Macht hat, ist immer gefährlich wie ein Tiger.

Der sichere Staat. Herrschaft durch Institutionen

Da man nicht mit außergewöhnlichen Eigenschaften einzelner *Personen* rechnen kann, sollte man versuchen, Sicherheit durch die Struktur des politischen *Systems* zu erreichen. Eine ähnliche Idee hatten schon die chinesischen Legalisten verfolgt; aber ihnen ging es um die Sicherheit des Staates, nicht um die Sicherheit vor dem Staat. Den Übergang von der einen Sicherheit zur anderen bildet Spinozas Überlegung:

Ein Staat, dessen Wohlergehen von der Redlichkeit irgendeines Menschen abhängt, [...] wird keineswegs stabil sein. [...] Die Geschäfte des Staates müssen vielmehr, damit er Bestand haben kann, so geordnet sein, dass diejenigen, die sie verwalten, seien sie dabei von der Vernunft oder von einem Affekt geleitet, gar nicht dahin gebracht werden können, sich unredlich zu geben oder schlecht zu handeln. Für die Sicherheit des Staates ist es ohne Belang, welche Gesinnung Menschen veranlasst, die öffentlichen Angelegenheiten richtig zu verwalten, wenn sie sie nur richtig verwalten. Freiheit

[20] Spinoza, *Tractatus politicus* I.1.

und Festigkeit des Geistes sind private Tugenden. Die Tugend des Staates heißt Sicherheit.[21]

Sicherheit der Bürger vor der Macht des Staates ist nicht durch Hoffnung auf gute Herrscher zu erreichen, eher schon durch eine sorgfältig durchdachte Konstitution. Der Unterschied zwischen antik konfuzianischem und neuzeitlich westlichem politischen Philosophieren wird schlagartig deutlich, wenn wir die oben zitierte Stelle aus dem *Lüshi chunqiu* mit ihrer Parallele bei Spinoza vergleichen. Der antike chinesische Text sagt:

Seit den ältesten Zeiten sind viele Staaten untergegangen. Dass dennoch der Weg des Fürsten nicht abgeschafft worden ist, liegt daran, dass er für die Welt von Vorteil ist. Beseitigen soll man (nur) die falschen Fürsten und an ihre Stelle solche einsetzen, die den Weg des Fürsten gehen.

Spinoza dagegen schreibt:

Durch Zwietracht und Aufruhr, die in einem Gemeinwesen häufig zum Ausbruch kommen, wird also niemals bewirkt, dass die Bürger das Gemeinwesen auflösen (wie es bei anderen Arten von Assoziation der Fall ist), sondern nur, dass sie seine Form in eine andere umwandeln.[22]

Die „Form" des Staates ist seine Verfassung. In der einen Sicht sollen also Personen ausgetauscht werden, in der anderen Institutionen. Zwar wird die Frage nach besseren Institutionen im Konfuzianismus nicht völlig beiseiteschoben; die anvisierten Korrekturen – am deutlichsten bei Xunzi – gehen aber in Richtung der Infragestellung der Erblichkeit der Herrschaft und der Stärkung der Macht eines meritokratisch besetzten Beamtenapparates; sie überschreiten nicht den Rahmen der Monarchie.[23] Niemals gehen sie im Übrigen so weit, dass sie den Vorrang der Moralität vor der Institution in Frage stellten.

Die Idee eines Staates, der durch raffinierte Konstruktionen der Verfassung so eingerichtet ist, dass alle an der Macht Beteiligten garantiert in eine gewünschte Richtung agieren, „sie mögen wollen oder nicht", ist alt. Die Legalisten träumten davon, und auf ihre Weise auch die Konfuzianer, wenn sie meinten, mit der Moralität der Regierenden werde Politik so leicht, wie man etwas sich „auf der Handfläche drehen" lassen könnte (*Menzius* 2A6), oder wenn

---

[21] *Tractatus politicus* I.6.
[22] *Tractatus politicus* VI.2.
[23] Vgl. hierzu Roetz (2019) und o. S. 268.

sie vom Fallenlassen der Amtsrobe (o. S. 193) oder vom würdevollen Auf-dem-Thron-Sitzen und Nach-Süden-Blicken (o. S. 38) sprachen. Die Praxis ihrer eigenen Epoche entlarvten diese Sprüche allerdings als Illusion.

In neuerer Zeit hat vor allem Karl Popper (1902–1994) die Notwendigkeit einer institutionalisierten Kontrolle der Regierenden betont. Eine solche Kontrolle ist nötig, weil man annehmen muss, dass die Regierenden nicht immer gut oder weise sind. In Poppers Worten:

> Ich halte es in der Politik für ein kluges Prinzip, wenn wir uns, so gut wir können, für das Ärgste vorbereiten, obschon wir natürlich zur gleichen Zeit versuchen sollten, das Beste zu erreichen. Es scheint mir Wahnsinn, alle unsere politischen Bemühungen auf die schwache Hoffnung zu gründen, dass die Auswahl hervorragender oder auch nur kompetenter Herrscher von Erfolg begleitet sein wird.[24]

Demnach muss durch die Verfassung ein System von Kontrollen und Begrenzungen der Macht etabliert werden, so dass kein Einzelner und keine Gruppe bedingungslos oder zeitlich unbegrenzt Macht erhalten. Es klingt ähnlich wie der legalistische Traum vom Staat, der sich von selbst regiert und nicht von besonderen Fähigkeiten der Herrschenden abhängt. Nur das Ziel ist ein anderes:

> Die Regierung muss so eingerichtet werden, dass alle, Regierende wie Regierte, mögen sie wollen oder nicht, dasjenige tun, was das Gemeinwohl fordert, d.h. dass alle, aus freien Stücken oder durch Gewalt und Notwendigkeit gezwungen, nach der Vorschrift der Vernunft leben. Das ist der Fall, wenn die Regierungsangelegenheiten so geordnet sind, dass nichts, was das Gemeinwohl berührt, der Treue irgendeines Menschen rückhaltlos anvertraut wird. [...] Torheit wäre es wahrlich, von anderen zu verlangen, was niemand von sich selbst erreichen kann, nämlich für andere wachsamer zu sein als für sich selbst, nicht habgierig zu sein, nicht neidisch, nicht ehrgeizig etc., zumal wenn er täglich den Versuchungen zu diesen Leidenschaften ausgesetzt ist.[25]

Daraus ergibt sich, dass nur eine republikanische, demokratische Verfassung in Frage kommt. Ein *kluger* Politiker wird sich zwar auch ohne Zwang immer wieder versichern, ob er wirklich so handelt, wie die Regierten es wünschen. Aber unter einer guten Verfassung wird *jeder* Politiker gezwungen, sich immer wieder dem Urteil

---

[24] Popper (1957), Bd. I, S. 172.
[25] *Tractatus politicus* VI.3.

der Regierten zu unterwerfen. Das ist der große Vorzug demokratischer Staaten. Popper schreibt:

> Wir können zwei Arten von Regierungen unterscheiden. Zur ersten gehören Regierungen, deren wir uns ohne Blutvergießen, zum Beispiel auf dem Wege über allgemeine Wahlen entledigen können. [...] Zu der zweiten Art gehören solche Regierungen, die die Beherrschten nur durch eine gewaltsame Revolution loswerden können – und das heißt in den meisten Fällen, überhaupt nicht.[26]

Auch Menzius sah eigentlich im Volk den obersten Souverän. Aber er konnte keine Regeln dafür geben, wie dieser Souverän seine Wünsche undramatisch durchsetzen konnte, so dass letztlich nur die Fürsprache der aufgeklärten Elite blieb. Doch diese neigte dazu, sich zu verselbständigen. Indes ist das Volk in der politischen Realität kein Souverän, solange es im Belieben der Herrschenden steht, es anzuhören oder auch nicht. Dies gilt auch für Demokratien. Die schönste Deklamation, das Volk sei der Souverän, besagt zunächst nicht viel. Es kommt alles auf die konkreten Details der Verfassung (und deren Einhaltung!) an. Erst an ihnen zeigt sich, wie stark oder wie wenig die Herrschenden tatsächlich dem Urteil des Volkes unterworfen sind. Diese Details können sehr verschieden – besser oder schlechter! – geregelt sein.

Der Wille des Volkes

Unterstellt man aber, die Details seien einigermaßen befriedigend festgelegt, so kann man sicherlich behaupten, dass die Demokratie die Lösung des Problems darstellt, das Menzius nicht explizit lösen konnte oder nicht zu lösen wagte: Wie soll der Wille des Volkes sich verwirklichen, ohne dass dazu Rebellionen riskiert werden müssen?

Der Wille des Volkes kann im Grunde nur auf eine einzige Art festgestellt werden, nämlich indem das Volk befragt wird. Gerade darauf laufen ja alle „populistischen" Äußerungen Menzius' hinaus. Von der vielzitierten Übergabe der Regierungsgewalt aus den Händen von Yao an seinen Nachfolger Shun etwa sagt Menzius:

> Yao stellte Shun dem Himmel vor, und der Himmel akzeptierte ihn. Er setzte Shun dem Volk aus, und das Volk akzeptierte ihn. (*Menzius* 5A5)[27]

---

[26] Popper (1957), Bd. I, S. 174–175.
[27] Vgl. o. S. 79.

§21 Personen oder Institutionen? 373

Damit wird eine Art Volksentscheid über die nächste Regierung beschrieben, nur dass Menzius unter den gegebenen historischen Umständen die Zustimmung oder Ablehnung durch das Volk nicht institutionell verankern konnte.[28] Sie hätte in den großen Flächenstaaten des alten China auch gar nicht organisiert werden können. Schon deshalb lag es nahe, dass die konfuzianische Elite sich als Anwalt des Volkes verstand.

Das Urteil des Volkes fand deshalb hauptsächlich in Geschichten statt. Würde man die historische Situation aber einen Augenblick ausklammern und die populistischen Ideen Menzius' im Rahmen einer Verfassung verbindlich machen, d.h. die Beteiligung des Volkes nicht bloß dem guten Willen der Herrschenden anheimstellen, so käme man zu einer demokratischen Verfassung, wie etwa Rousseau sie 1762 im *Gesellschaftsvertrag* beschrieben hat. Dass das Volk Souverän ist, bedeutet dabei, dass es als Ganzes über seine Verfassung, seine Regierung und seine Gesetze direkt, durch Abstimmungen, entscheidet. Diese Verfassung kennt keine Volksvertreter und somit auch keine Machtkonzentration in den Händen solcher Vertreter. Ein Volk, das selbst entscheiden kann, braucht keine Vertreter. Allerdings gibt es kein Naturgesetz, nach welchem die Mehrheit des Volkes oder sogar das gesamte Volk, wenn es einhellig einer Meinung ist, automatisch „Recht hat". Auch dem Radikaldemokraten Rousseau war das bekannt.[29]

Konfrontation der Ideale

Die Konfuzianer ließen nicht ab vom Traumbild vom weisen Herrscher. Aber wie viele vorbildliche Herrscher gab es etwa zu Lebzeiten von Xunzi, fragt Hsiao Kung-chuan, ein moderner chinesischer Historiker.[30] Er zählt die Herrschergestalten der Epoche auf und stellt fest, dass nicht ein einziger als Beispiel für Xunzis Ideal des guten Herrschers dienen konnte. Allerdings kennt gerade Xunzi auch eine unideale, aber realistische und insofern von ihm nicht schlechthin verworfene Alternative: den (von Menzius als Gewalt-

---

[28] Oder auch zwischen Kandidaten: Statt Shun hätte auch Yaos Sohn Yao nachfolgen können. Die Entscheidung fällt für Shun, weil „die, die einen Rechtsstreit zu führen hatten, nicht zu Yaos Sohn gingen, sondern zu Shun." (*Menzius* 5A5) Interessant ist die Rolle der Herrschers als Richter.
[29] *Vom Gesellschaftsvertrag*, 2. Buch 3. Kap. „Ob der Gemeinwille irren kann".
[30] Hsiao (1979), S. 205.

herrscher verdammten) „Hegemonen" (*ba* 霸), der zwar nicht durch Tugend herrscht, aber doch auch kein Tyrann ist und sich „Vertrauen" (*xin* 信) erarbeitet.[31]

Wenn man Ideal und Wirklichkeit kritisch miteinander vergleicht, sollte man das allerdings auch für das moderne Ideal, die Demokratie tun. Es gibt vielerlei demokratische Verfassungen und vielerlei politische Praktiken dazu. Es ist ein immenser Unterschied, ob ein Volk einmal alle vier oder fünf Jahre zwischen einigen Parteien wählen darf, oder ob es regelmäßig in den wesentlichen Einzelfragen selbst entscheiden kann. Allen repräsentativen Demokratien sind gewisse Gefahren von Anfang an einprogrammiert, denn im gleichen Maße, in dem eine Verfassung dem Gesamtvolk Entscheidungen entzieht und sie in den Machtbereich Einzelner oder kleiner Gruppen legt, wächst die Möglichkeit, an den Wünschen des Volkes vorbeizuregieren. Es ist ein peinliches Schauspiel, wenn demokratische Politiker das Ansinnen entrüstet zurückweisen, man solle über wichtige Fragen das Volk direkt entscheiden lassen. Das Wort „Plebiszit" gilt manchen demokratischen Politikern geradezu als staatsgefährdend. Die Angst der Demokraten vor dem Volk ist groß. Auch die Konfuzianer, so sehr sie die Interessen des Volkes vertraten, dachten in der Regel vom Volk nicht besonders hoch, gemäß dem Wort des Meisters

Man kann das Volk dazu bringen, zu folgen, aber nicht dazu, die Dinge auch zu begreifen. (*Lunyu* 8.9)

Auch Menzius äußert sich skeptisch.[32] Allerdings mischen sich bei ihm Misstrauen und Vertrauen. Seine Anthropologie zumindest arbeitet der Demokratie eigentlich entgegen, hat er doch, wie wir sahen, allen Menschen und somit auch dem „Volk" einen angeborenen Sinn für das moralisch Richtige und damit ein verlässliches Entscheidungsvermögen zugeschrieben. Nur zieht er hieraus noch keine anti-monarchischen Konsequenzen. Für den aufgeklärten „Neu-Konfuzianismus" des 20. Jahrhunderts hingegen wurde Menzius zum wichtigsten Anknüpfungspunkt, um die alte Lehre auf Basis der Anerkennung der demokratischen Moderne neu zu rekonstruieren.[33]

---

[31] S. o. S. 260. Zu den vertragstheoretischen Zügen dieses Modells s. Roetz (2008) und (2016).
[32] S. o. S. 64.
[33] Vgl. zum Neu-Konfuzianismus Lee (2001).

§21 Personen oder Institutionen?

Personen in Institutionen

Gesetze allein bewirken gar nichts, es sind immer konkrete Menschen, die sie befolgen, interpretieren oder verletzen. Es gibt keine Verfassung, die man nicht umgehen kann. Das Wechselverhältnis zwischen Gesetzen und realen Menschen, die solche Gesetze befolgen bzw. ausführen (sollten), beschreibt Xunzi klar:

> Es gibt nur Menschen, die regieren, es gibt keine Gesetze, die (von selber) regieren. [...] Ein Gesetz kann also nicht von alleine gelten, es kann sich nicht von selber durchsetzen. Nur wenn es dafür die entsprechenden Menschen gibt, bleibt es bestehen. Wenn diese Menschen verschwinden, geht es zugrunde. (*Xunzi* 12.1)

Gilt analoges nicht auch für demokratische Verfassungen? Lebt eine Verfassung nicht auch nur so lange, wie es die „entsprechenden" Menschen gibt? Eine Verfassung ist keine übernatürliche Macht, die die Menschen zwingt, sich an sie zu halten, „mögen sie wollen oder auch nicht wollen".

Die westliche politische Philosophie hat sich insgesamt sehr wenig mit der persönlichen Moralität der Politiker beschäftigt, sondern fast ausschließlich mit der Struktur der Institutionen. Wenn das Volk ihnen misstraut, werden sie abgewählt. Man ändert nicht die Institution, man wechselt Personen aus. Dabei wird von den neuen Politikern gerne auch der alte Spruch rezitiert, dass nun Gute an die Stelle der nicht Guten getreten sind.

Das ist der Sinn der großen Wachablösungen, durch die in Demokratien manchmal politische Krisen bewältigt werden. Einige Zeit danach werden sich aber unweigerlich wieder Korruption, Lobbyismus und Machtmissbrauch breitmachen, manchmal auch Schlimmeres. Eine demokratische Verfassung macht die Ablösung schlechter Regierungen ohne Blutvergießen möglich, aber schöner wäre es, wenn es gar nicht erst zur Entgleisung der Macht käme. Auch sorgfältig gemachte Regeln und Institutionen können dies nicht verlässlich verhindern. Die Versuchungen der Macht waren immer groß.

So scheint es, dass die Konfuzianer fast alles von der Anständigkeit der Politiker erhofften und auf Institutionen und Konstitutionen sehr wenig vertrauten, während der moderne Westen alles von (demokratischen) Institutionen erwartet und die Frage nach den moralischen Qualifikationen der Politiker nicht stellt. Ist dies das letzte Wort?

Die konfuzianischen Literaten (Rujia)

Hätte der Konfuzianismus nur die eine Idee verbreitet, dass es in der Politik moralisch zugehen solle, so hätte er schon damit einen wertvoller Beitrag zur menschlichen Zivilisation geleistet. Es gibt aber noch einen anderen Umstand, der Beachtung verdient, nämlich die jahrhundertelange Existenz des Konfuzianismus selbst.

Wenn wir im Folgenden die *Rujia*[34] als eine moralisch und politisch interessante Gruppe darstellen, so sehen wir davon ab, dass sie in Wirklichkeit nicht so ideal waren und sicherlich oft einfach nach Staatsposten gierten. Das alles muss uns hier nicht beschäftigen. Wir wollen von den Konfuzianern lernen, was an ihnen lernenswert ist. Im Übrigen hat bereits Xunzi darauf hingewiesen, dass es sowohl „große" als auch „gewöhnliche" oder „vulgäre" Konfuzianer gibt.[35]

Der Konfuzianismus hat nicht bloß an die Herrschenden moralische Ansprüche gestellt, sondern auch an alle anderen Personen, die im Staat mitwirken, und zwar umso höhere Ansprüche, je höhere Ämter sie bekleiden. Es ist oft von den *Ministern* oder *Beamten* die Rede, aber das hier benutzte Schriftzeichen *chen* 臣 bedeutet zugleich ganz allgemein *Untertan*. Der oben ausgiebig zitierte Text aus dem *Lüshi chunqiu* endet wie folgt:

Deshalb müssen loyale Untergebene und unkorrumpierte Gelehrte nach innen die Fehler ihrer Fürsten kritisieren, nach außen aber bereit sein, für die Pflicht eines Untergebenen zu sterben.

Man erinnere sich, was unmittelbar vor diesem Satz steht, nämlich die Schilderung der Degeneration des Staatswesens infolge der partikularen Interessen der Herrschenden. Die loyalen Untergebenen werden also geradezu als Gegenmittel, als Korrektiv gegen eine schlechte, machtgierige Regierung hingestellt, aber nicht als rechtlich institutionalisierte Machtkontrolle, was sie innerhalb der monarchischen Alleinherrschaft auch gar nicht sein konnten, sondern als moralische Personen, die im Staat ihre Aufgaben erfüllen.

Von ihnen wird gerade nicht blinder Gehorsam verlangt, sondern kritische, verantwortungsvolle Loyalität. Xunzi hat das in seiner Schrift *Das Dao des Beamten* geschildert. Der ideale Staatsbeamte verweigert im Extremfall seine Mitarbeit, sobald er sich an unmo-

---

[34] Zum chinesischen Namen des Konfuzianismus s. o. S. 22f.
[35] Vgl. Xunzi Kap. 8, *Über die Leistungen der Konfuzianer*, s. o. S. 276.

§21 Personen oder Institutionen?

ralischen Handlungen der Herrschenden mitschuldig machen würde. Dabei hat er notfalls persönlich den Schaden zu tragen, aber er hemmt auf diese Weise den Prozess der Degeneration der Macht. *Folge dem Dao, und folge nicht dem Fürsten*,[36] so Xunzi in *Das Dao des Beamten*, und schon Konfuzius sagt:

> Ein großer Beamter dient dem Fürsten gemäß dem Dao. Ist das nicht möglich, quittiert er seinen Dienst. (*Lunyu* 11.22)

> Es ist eine Schande, in einem Land unabhängig davon, ob in ihm das Dao herrscht oder nicht, ein Beamtengehalt zu beziehen. (*Lunyu* 14.1)

Würden alle Mitarbeiter des Staates derart agieren, dann wäre ohne Zweifel viel gewonnen. Schlechte Machthaber würden nicht so leicht Mitarbeiter finden. Dem Ideal nach waren die Konfuzianer, wenn sie im Staat Ämter übernahmen, derartige Persönlichkeiten.

Der Konfuzianismus war niemals eine organisierte Ideologie, sondern eine Ethik, eine Lehre der Moral, mit philosophischem Kern. Es gab keine Schuloberhäupter, niemand besaß ein Monopol auf die „rechte Lehre", es gab keine zeremonielle Aufnahme und keinen Ausschluss aus dem Konfuzianismus. Man musste, um Konfuzianer zu werden, keine Gelübde ablegen, niemanden um Erlaubnis bitten und brauchte nicht einer bestimmten Schicht zu entstammen. Dadurch war die Wahrscheinlichkeit staatlicher Eingriffe nicht groß. Der Konfuzianer bildete sich sein eigenes Urteil, angeleitet durch die konfuzianische Literatur und Tradition. Aber die Klassiker und die Tradition waren nicht von aller vernünftigen Kritik ausgenommen.

Damit gab es eine Gruppe von Menschen, die darauf vorbereitet war, das Agieren von Herrscher und Staat unabhängig, kritisch, nach moralischen Maßstäben, zugleich aber möglichst loyal zu beurteilen. Wenn sie im Staat eine Chance bekamen, so wollten sie vorbildliche Mitarbeiter sein. Dabei ist beides wichtig: erstens, dass es tatsächlich solche Chancen gab, denn sonst wäre die ganze konfuzianische Lehre gar zu illusionär gewesen, und zweitens, dass es niemals eine Garantie für eine Staatsstellung gab. Als Weg zu Reichtum oder Macht war das konfuzianische Studium nicht unbedingt erfolgversprechend. Man unternahm es auf eigenes Risiko und idealerweise selbstredend aus Überzeugung.

---

[36] *Xunzi* 13.2, vgl. Roetz (1992), S. 135, und o. S. 272.

Für ihre Tätigkeit im Staat hatten die Konfuzianer sich selbst strenge Normen gesetzt. Politik war für sie grundsätzlich ein Beruf, an den man sich nicht um jeden Preis klammern durfte. Ihre Maximen verlangten keine Rebellion, aber doch den beharrlichen Widerspruch und notfalls das Ausscheiden aus dem Staatsdienst, auch unter Gefährdung der eigenen Existenz. Das ist viel, denn alle Diktaturen beruhen darauf, dass sich viele Menschen an Untaten beteiligen, die sie eigentlich nicht billigen. Diese Menschen haben Angst um ihre Existenz oder Karriere. Außerdem denken sie, dass es ohnehin nichts nützt, sich dem Unrecht zu widersetzen. Dass man es aber trotz alledem versuchen müsse, das lernte ein Konfuzianer anhand des klassischen Schrifttums von Anfang an:

Wenn ein Edler eine Stellung übernimmt, dann aus Pflichtgefühl. Dass dem Dao kein Erfolg winkt, das weiß er schon längst. (*Lunyu* 18.7)

Für Menschen, die sich diesem Ideal anzunähern versuchen, eben für genuine Konfuzianer, bestünde immer Bedarf.

§22 Die weitere Entwicklung der Philosophie in China: Ein Ausblick

Die Welt der „Hundert Schulen" fand mit der Dynastie Qin ein jähes Ende. Texte wurden vernichtet, freies Denken wurde verfolgt, Traditionen rissen ab. Doch gelang es den Qin nicht, so wie geplant alle Spuren der intellektuellen Vielfalt der Zeit der Streitenden Reiche auszulöschen. Die „achsenzeitliche" Philosophie wirkte unter veränderten Bedingungen weiter. Unter dem Druck der Probleme hatten die Philosophen die verschiedenen Möglichkeiten, die Stellung des Menschen in der Welt zu bestimmen, in solch systematischer Weise durchdacht oder doch angedacht, dass ihre Ideen auch für die spätere Zeit eine Anregung blieben und immer wieder auf sie Bezug genommen wurde. Sie bilden bis heute eine Bestand aufgeklärten Denkens, auf den noch unter den Bedingungen der Moderne zurückgegriffen worden ist.[1]

Der Konfuzianismus spielte und spielt dabei aus mehreren Gründen eine besondere Rolle, auch wenn er ursprünglich nur eine von vielen Strömungen war, die wir in diesem Buch dargestellt haben. Als einzige der großen „Schulen" des alten China hatte er ein positives Verhältnis zur chinesischen Kultur, der die Gegner gleichgültig bis ikonoklastisch gegenüberstanden, und wenn diese Kultur als eine der wenigen der Antike überlebte, dann nicht zufällig in seinem Zeichen. Zugleich verband er eine Unbeugsamkeit in den Grundsätzen mit praktischer Flexibilität. Während die Konkurrenten oft Extrempositionen bezogen, bemühte er sich um Vermittlungen, die ein moralisch integres, unkorrumpiertes Leben bei gleichzeitiger Erfüllung aller Pflichten gegenüber Familie, Öffentlichkeit und Staat möglich machen sollten. Mit seinem Sinn für Tradition, Rituale und den common sense und mit seinem reflektierten Verhältnis zur Macht, der er in Maßen Anerkennung zollte, auf die er aber zugleich moderierend einwirkte und Grenzen setzte, verfügte der Konfuzianismus ferner über das ausgeglichenste Programm einer stabilen sozialen Integration. Allerdings ließ er sich, wenn man den Akzent von der Integrität zur Integration nur leicht verschob, auch im Interesse der Aufrechterhaltung hierarchischer Strukturen instrumentalisieren – was gleichfalls zu seinem „Erfolg" beitrug, und dies bis heute.

---

[1] Zu einer Deutung des „achsenzeitlichen" Denkens als Antizipation modernen Bewusstseins s. Roetz (2020).

Es wäre allerding falsch, zu meinen, der Konfuzianismus hätte für über zwei Jahrtausende die chinesische Kultur bestimmt. Zum einen steht seine Geschichte im Zeichen zahlreicher Synthesen mit anderem Denken, sogar mit dem durch den Terror der Qin diskreditierten Legalismus. In der Han-Zeit, die auf die kurze Qin-Zeit folgte, wandte er sich verstärkt auch kosmologischen Spekulationen zu, die durch die „Kunst von Ying und Yang" inspiriert waren. Nur wenige Denker, wie Wang Chong 王充 (27–100), der allerdings schlecht einer „Schule" zuzuordnen ist, widersetzten sich dieser Tendenz. Man kann in dieser „Öffnung" des Konfuzianismus den Ausgleich dafür sehen, dass er unter den Han zu einer offiziellen Staatsideologie aufstieg, die die Konkurrenten an Rand zu drücken versuchte, und namentlich das Fundament der Ausbildung der Beamten bildete.

Zu andern vermochte der Konfuzianismus seine monopolistischen Ambitionen niemals nachhaltig durchzusetzen. Abgesehen von seinem erfolgreichen Zugriff auf die staatlichen Institutionen war er weit davon entfernt, den Bedarf Chinas an normativer Orientierung zu decken. Vor allem die daoistische Alternative blieb wichtig, wenngleich sich der ursprüngliche, zum Teil scharfe Gegensatz zwischen Konfuzianismus und Daoismus auch verlieren konnte. So schrieb Wang Bi 王弼 (226–249) berühmte Kommentare sowohl zum *Yijing* als auch zum *Daodejing*.

In den Jahrhunderten der Uneinigkeit und Instabilität, die auf die Han-Zeit folgten, erwuchs dem konfuzianischen Denken eine weitere Konkurrenz durch den Buddhismus, den Mönche aus Indien nach China brachten und der für mehr als ein halbes Jahrtausend das Geistesleben des Landes sehr stark bestimmte, aber auch danach, nicht nur als populäre Religion, weiterwirkte. Die Verbreitung des Buddhismus wurde durch mehrere Faktoren begünstigt. Politische Unsicherheit lenkte das Denken der Menschen vom Staat weg zur individuellen Existenz; der Buddhismus war längst eine hochentwickelte Lehre mit einer beeindruckenden Literatur; er war eher tolerant, was eine fruchtbare Koexistenz mit anderen Philosophien ermöglichte, und er wies Gemeinsamkeiten mit dem Daoismus auf. Nach einer längeren Phase der Rezeption, in der eine intensive Übersetzungsarbeit aus dem Sanskrit geleistet wurde, setzte eine originäre Weiterentwicklung des Buddhismus in China ein.

Erst ab der späten Tang-Zeit und insbesondere der Song-Zeit erstarkte der Konfuzianismus wieder, nun auch mit erheblichen

Einwirkungen auf Japan und Korea, wo es zu eigenständigen Entwicklungen kam. Neben moralischen traten dabei wieder auch kosmologische Fragen in den Vordergrund. Zhu Xi 朱熹 (1130–1200) wurde dann zum wichtigsten Lehrmeister der erneuerten Orthodoxie. Allerdings machte der „Neokonfuzianismus", wie er im Westen genannt wird, zahlreiche Anleihen bei den philosophischen Konkurrenten. So wurde dem berühmtesten Konfuzianer der Ming-Zeit, Wang Yangming 王陽明 (1472–1529), vorgeworfen, in seiner Kritik an Zhu Xi in Wirklichkeit zen-buddhistische Positionen zu vertreten.

Wir können hier die zahlreichen kreativen Entwicklungen, die sich in der Philosophie in China im Verlauf der mehr als zwei Jahrtausende nach dem Ende der Antike zugetragen haben, auch nicht annähernd würdigen.[2] Doch sei noch ein Blick auf die neuere Situation geworfen. Er zeigt, dass wir es bei der klassischen chinesischen Philosophie nicht mit einem archivarischen, sondern mit einem höchst aktuellen Gegenstand zu tun haben, der keineswegs nur noch von historischem Interesse ist. Sie ist sogar ein Politikum ersten Ranges, weit mehr als es die anderen antiken Philosophien sind.

Im 19. Jahrhundert brach nach den verlorenen Opiumkriegen sowohl das chinesische Staatsgefüge als auch das Selbstbewusstsein der chinesischen Philosophen mit dem Einbruch das Westens und infolge von Misswirtschaft im Inneren zusammen. 1905 wurde das alte System der Beamtenprüfungen, das den konfuzianischen Klassikern eine Sonderstellung eingeräumt hatte, unter dem Druck von Modernisierungsbestrebungen abgeschafft. Soweit in dieser Phase überhaupt noch Zeit zur Besinnung blieb, versuchte die chinesische Intelligenz, in Auseinandersetzung mit westlichem Gedankengut unterschiedlichster Herkunft den eigenen Standort neu zu bestimmen und mit der Vergangenheit abzurechnen. In einer radikalen Linie, die in der Kulturrevolution gipfelte, führte dies zur totalen Ablehnung namentlich der konfuzianischen Tradition, die für das historische Desaster Chinas an erster Stelle verantwortlich gemacht wurde. Parallel dazu wurden die alten Gegner des Konfuzianismus neu entdeckt, voran der Legalismus, meinte man in ihm doch die frühen Spuren modernen Denkens zu entdecken.[3] Noch der späte

---

[2] Überblicke bieten etwa Forke (1934, 1938), Fung (1949, 1952–1953), C. Chang (1957, 1962), Chan (1963), Cheng (1997) und Bauer (2006).
[3] Vgl. o. S. 246.

Mao Zedong hat sich als Wiedergänger der alten Legalisten gesehen.[4]

Eine wirkliche Renaissance erlebt die chinesische Philosophie und insbesondere der Konfuzianismus aber erst wieder seit wenigen Jahrzehnten.[5] Im Kontext der Bemühungen der Volksrepublik China, die Legitimation ihres System nicht mehr nur marxistisch, sondern mit dem Argument der Besonderheit der chinesischen Kultur zu bewerkstelligen, ist hierbei häufig die Suche nach einer spezifisch chinesischen „Identität" im Spiel, die sich von der „westlichen" signifikant unterscheiden soll. Indes ist es aufgeklärten Konfuzianern des 20. Jh. nach dem geistig befreienden Ende der Liaison mit dem Staat gelungen, ein nicht eingelöstes Potential wiederzuentdecken und die alte Lehre auf Basis der Anerkennung von Demokratie, Bürgerrechten und freier Öffentlichkeit und damit der politischen Moderne zu rekonstruieren. Wie wenig abwegig ein solches Projekt ist, zeigt die demokratische Entwicklung Taiwans. Dem neuen konfuzianischen Establishment der Volksrepublik aber gilt es als Ausverkauf der chinesischen Kultur an den Westen.

So wird die chinesische Philosophie als Front im anti-westlichen Kulturkampf aufgebaut, um eine autoritäre Herrschaft zu rechtfertigen. Doch dies heißt nichts anderes, als hinter das zurückzufallen, was man zu bewahren vorgibt. Chinesisches und westliches Philosophieren sind einander – eben als Philosophieren – viel zu verwandt, als dass die Zukunft nicht produktiven, neuen Synthesen gehörte.

---

[4] Vgl. hierzu Roetz (2016a) und o. S. 342. – Chang Tsung-tung (1979) identifiziert konfuzianische, mohistische, daoistische und schließlich legalistische Phasen in der Politik Mao Zedongs.
[5] Zur chinesischen Gegenwartsphilosophie s. Heubel (2016).

Lebensdaten

Die angegebenen Daten liefern für die ältere Zeit in den meisten Fällen nur grobe Orientierungen.

Guan Zhong 管仲	700–645
Zichan 子產	580–520
Deng Xi 鄧析	550–501
Kong Qiu 孔丘 (Konfuzius 孔子)	551–479
Yan Hui 顏回 / Yan Yuan 顏淵	520–490
Zeng Shen 曾參	505–450
Zisi 子思	480–400
Mo Di 墨翟 (Mozi 墨子)	480–390
Yang Zhu 楊朱	440–360
Laozi 老子	4. Jh.?
Shang Yang 商鞅	390–338
Shen Buhai 申不害	390–337
Xu Xing 許行	370–290
Meng Ke 孟軻 (Menzius, Mengzi 孟子)	370–280
Hui Shi 惠施	370–300
Shen Dao 慎到	350–275
Yin Wen 尹文	350–300
Peng Meng 彭蒙	um 320
Tian Pian 田駢	um 320
Song Xing 宋鈃	um 320
Zhuang Zhou 莊周 (Zhuangzi 莊子)	350–280
Qu Yuan 屈原	340–278
Gongsun Long 公孫龍	320–260
Zou Yan 鄒衍	305–240
Xun Kuang 荀況 (Xunzi 荀子)	310–230
Lü Buwei 呂不韋	290–235
Han Fei 韓非	280–233
Li Si 李斯	280–208

Sima Tan 司馬談	165–110
Sima Qian 司馬遷	145–86
Wang Chong 王充	27–91 n.
Zhao Qi 趙岐	120–201
Wang Bi 王弼	226–249
Guo Xiang 郭象	250–312
Ge Hong 葛洪	280–340
Huineng 慧能	638–713
Zhu Xi 朱熹	1130–1200
Wang Yangming 王陽明	1472–1529
Yan Yuan 顏元	1635–1704
Lu Xun 魯迅	1881–1936
Hu Shi 胡適	1891–1962

Zeittafel zur chinesischen Geschichte

Ende 3. Jt. v.d.Z.	Yao, Shun (legendäre prädynastische Herrscher)
21.–16. Jh. v.d.Z.	Dynastie Xia
16.–Mitte 11. Jh. v.d.Z.	Dynastie Shang. Bronze und Schrift
Mitte 11. Jh.–771 v.d.Z.	Westliche Zhou-Dynastie
771–256 v.d.Z.	Östliche Zhou-Dynastie
722–481 v.d.Z.	Frühling- und Herbstperiode
5. Jh.–221 v.d.Z.	Zeit der Streitenden Reiche, Blütezeit der klassischen Philosophie
221–206 v.d.Z.	Dynastie Qin, Reichseinigung unter Kaiser Qin Shi Huangdi
213 v.d.Z.	Bücherverbrennung
206 v.–9 n., 25–220	Westliche und Östliche Han-Dynastie, dazwischen Interregnum des Wang Mang. China ist ein großes, geeintes Reich. Der Konfuzianismus wird Staatsideologie. Redigierung der „Klassiker" und der Texte aus der Zeit der Streitenden Reiche. Kosmologische Spekulationen der „Neutextschule". Volkstümlicher Daoismus.
220–280	Zeit der Drei Reiche. Zerfall des einheitlichen Reiches
265–316, 317–420	Westliche und Östliche Jin-Dynastie. Allmähliche Ausbreitung des aus Indien kommenden Buddhismus
420–589	Südliche und Nördliche Dynastien. Zerfall Chinas
581–618	Dynastie Sui. Erneute Reichseinigung
618–907	Dynastie Tang. Glanzzeit des Buddhismus, konfuzianische Gegenbewegung
907–960	Periode der Fünf Dynastien. Zerfall des Reiches

960–1127	Nördliche Song-Dynastie. Reichseinigung. Der Neokonfuzianismus wird beherrschend.
1127–1279	Südliche Song-Dynastie. Verlust des Nordens an die Jurchen.
1279–1368	Dynastie Yuan. Mongolenherrschaft
1368–1644	Dynastie Ming
1644–1911	Dynastie Qing. Mandschurische Fremdherrschaft
1840	Erster Opiumkrieg, in der Folge gewaltsames Eindringen westlicher Kolonialmächte und Japans in China
1850–1864	Taiping-Aufstand
1912	Abschaffung der Monarchie und Gründung der Republik China
1927–1937	Bürgerkrieg zwischen Guomindang und Kommunisten
1937–1945	Verteidigungskrieg gegen Japan
1945–1949	Erneut Bürgerkrieg, Sieg der Kommunisten
1949	Gründung der Volksrepublik China
1966–1976	Kulturrevolution
1976	Tod Mao Zedongs
1989	Niederschlagung der Studentenproteste für Demokratie auf dem Tiananmen-Platz in Peking
Seit 1990	Rasante kapitalistische Entwicklung Chinas, Renaissance des Konfuzianismus

Literaturverzeichnis

Übersetzungen von Quellentexten sind durch vorangestelltes „(QT)" und Bibliographien durch vorangestelltes „(B)" gekennzeichnet.
Es ist nicht nur zitierte, sondern auch weiterführende Literatur aufgenommen. Sie muss nicht unbedingt die Sicht der Verfasser wiedergeben.

A Costa, Ignacio, und Intorcetta, Prospero:
- *Sapientia Sinica.* Kien Chim, Provinciae Kiim Si 1662 [enthält das *Daxue*, eine kurze Vita des Konfuzius und die ersten fünf Teile des *Lunyu*]

Ames, Roger T.:
- (QT) *The Art of Rulership. A Study in Ancient Chinese Political Thought.* Honolulu: University of Hawaii Press 1983 [Kernstück: Übersetzung von Buch 9 des *Huainanzi*, „Die Kunst des Regierens"]
- *Confucian Role Ethics. A Vocabulary.* Hong Kong: Chinese University Press, 2011 [eine extrem rollenmoralische, aber einflussreiche Darstellung des Konfuzianismus]
- s. a. Hall und Ames

Bai Tongdong:
- *China. The Political Philosophy of the Middle Kingdom.* London: Zed Books 2012

Bauer, Wolfgang:
- *China und die Hoffnung auf Glück.* München: Hanser 1971
- *Geschichte der chinesischen Philosophie.* München: Beck, 2. Aufl. 2006 (Rez. H. Roetz, *Philosophisches Jahrbuch* 115/1, 2008, S. 184–185)

Behr, Wolfgang:
- Morphological Notes on the Old Chinese Counterfactual. In: *Bochumer Jahrbuch zur Ostasienforschung* 30, 2006, S. 55–88
- Hat Chinesisch wirklich keine Grammatik? Universität Zürich, Linguistik Zentrum Zürich, https://www.linguistik.uzh.ch/de/easyling/faq/behr-chinesisch.html, 2017
- "Self-Refutation" (bèi) in Early Chinese Argumentative Prose: Sidelights on the Linguistic Prehistory of Incipient Philosophy. In: R. C. Steineck / R. Weber / R. H. Gassmann / E. L. Lange (Hg.): *Concepts of Philosophy in Asia and the Islamic world,* Leiden: Brill/Rodopi 2018, S. 141–187
- s. a. Gassmann und Behr

Bellah, Robert N.:
- *Religion in Human Evolution. From the Paleolithic to the Axial Age.* Cambridge, Mass. und London: The Belknap Press of Harvard University Press 2011 (Kapitel 8 „China in the Late First Millennium BCE")

Billeter, Jean François:
- *Das Wirken in den Dingen. Vier Vorlesungen über das Zhuangzi.* Berlin: Matthes & Seitz 2015

Bo Mou:
- (Hg.): *The Routledge History of Chinese Philosophy.* London: Routledge 2008

Bodde, Derk:
- On Translating Chinese Philosophical Terms. In: *Far Eastern Quarterly* 14, 1954/55, S. 231–244

Brooks, Taeko und Bruce:
- (QT) *The Original Analects. Sayings of Confucius and His Successors.* New York: Columbia University Press 1998 [beansprucht die „echten" *Analecta* zu rekonstruieren]

Brunozzi, Philippe:
- *Himmel–Erde–Mensch. Das Verhältnis des Menschen zur Wirklichkeit in der antiken chinesischen Philosophie.* Freiburg i. Br.: Alber

Capelle, Wilhelm:
- *Die Vorsokratiker.* Stuttgart: Kröner, 4. Aufl. 1953

Carnap, Rudolf:
- *Der logische Aufbau der Welt.* Hamburg: Meiner 1928

Chan Wing-Tsit:
- (QT) *A Source Book in Chinese Philosophy.* Princeton: Princeton University Press 1963 [umfassende Anthologie, viele Nachdrucke]
- (B) *An Outline and an Annotated Bibliography of Chinese Philosophy.* New Haven: Yale University Press 1961, Revised Ed. 1969
- (QT) *Neo-Confucian Terms Explained (The Pei-hsi tzu-i) by Ch'en Ch'un, 1159–1223.* New York: Columbia University Press 1986
- *Chu Hsi. Life and Thought.* Hong Kong: Chinese University Press 1987

Chan Wing-Tsit und Fu, Charles Wei-Hsun:
- (B) *Guide to Chinese Philosophy.* Boston: Hall 1978

Chang, Carsun:
- *Geschichte der neukonfuzianischen Philosophie.* Frankfurt am Main: Klostermann 2016 [Basierend auf einer Vorlesung von 1930 an der Universität Jena]
- *The Development of Neo-Confucian Thought.* New York: Bookman, Bd. 1 1957, Bd. 2 1962

Chang Tsung-Tung:
- *Metaphysik, Erkenntnis und Praktische Philosophie im Chuang Tzu.* Frankfurt am Main: Klostermann 1982
- „Chinesische Moralphilosophien – gestern und heute". In: 60. *Schopenhauer-Jahrbuch,* 1979, S. 83–105

Ch'en Ku-Ying:
- (QT) *Lao Tzu. Text, Notes, and Comments.* Translated and Adapted by R. Young and R. Ames. San Francisco: Chinese Materials Center 1977

Cheng, Anne:
- *Histoire de la pensée chinoise.* Paris: Editions du Seuil 1997

Cheng Chung-Ying:
- Inquiries into Classical Chinese Logic. In: *Philosophy East and West* 15, 1965, S. 195–216
- Logic and Language in Chinese Philosophy. In: *Journal of Chinese Philosophy* 14, 1987, S. 285–307
- (Hg.): *Journal of Chinese Philosophy* 34/4, 2007, Thematic Issue Gongsun Long and Contemporary Philosophy

Cheng Chung-Ying und Swain, Richard H.:
- Logic and Ontology in the Chih Wu Lun of Kung-sun Lung. *Philosophy East and West* 20, 1970, S. 137–154

Chmielewski, Janusz:
- Notes on Early Chinese Logic. In: *Rocznik Orientalistyczny* 26, 1962, S. 7–21 u. 91–105, 27, 1963, S. 103–121, u. 28, 1965, S. 87–111

Ch'ü T'ung-Tsu:
- *Law and Society in Traditional China.* Paris: Mouton 1961 [chin. 1947, von Max Weber inspirierte Analyse des chinesischen Rechtssystems]

Collani, Claudia von, Holz, Harald und Wegmann, Konrad:
- *Uroffenbarung und Daoismus. Jesuitische Missionshermeneutik des Daoismus.* Berlin, Bochum, London, Paris: European University Press,

2008 [zur ersten Übersetzung des *Laozi* ins Lateinische durch Jean-François Noël]

Cook, Scott:
- (QT) *The Bamboo Texts of Guodian. A Study and Complete Translation*, 2 Bände, Cornell 2013

Couplet, Philippe, u.a.:
- *Confucius Sinarum Philosophus, sive scientia Sinensis latine exposita*. Paris: Horthemels 1687 [Übersetzungen des *Lunyu*, des *Daxue* und des *Zhongyong* durch jesuitische Missionare, sorgfältig, aber weitschweifig, spiegeln die damals in China herrschende Konfuzius-Auffassung. Für einige Beispiele s. Grimm, *Meister Kung*, S. 40–42]

Couvreur, Séraphin:
- (QT) *Les Quatre Livres avec un Commentaire abrégé en Chinois, une double traduction en francais et en latin*. Ho Kien fou: Imprimerie de la Mission Catholique 1895 [*Daxue, Zhongyong, Lunyu, Mengzi*]
- (QT) *Cheu King, Texte chinois avec une double traduction en français et en latin*. Ebd. 1896, 2. Aufl. Sien Hien 1926 [*Shijing*]
- (QT) *Chou King, Texte chinois avec une double traduction en français et en latin*. Ebd. 1897, 2. Aufl. Sien Hien 1927 [*Shujing*]
- (QT) *Li Ki ou Mémoires sur les Bienséances et les Cérémonies, Texte chinois avec une double traduction en français et en latin*. Ebd. 1899, 4 Bde., 2. Aufl. ebd. 1913 [*Liji*, Buch der Riten]
- (QT) *Tch'ouen ts'iou et Tso tchouan, Texte chinois avec traduction française*. Ebd. 1914, 3 Bde. [*Chunqiu*, Frühling-und-Herbst-Annalen]
- (QT) *I-Li, Cérémonial texte chinois et traduction*. Hsien Hsien: Imprimerie de la mission catholique 1916 [*Yili*]

Creel, Herrlee G.:
- (QT) *Shen Pu-Hai, A Chinese Political Philosopher of the Fourth Century B.C.* Chicago: University of Chicago Press 1974

Cua, Antonio S.:
- *Ethical Argumentation. A Study in Hsün Tzu's Moral Epistemology*. Honolulu: University of Hawaii Press 1985
- (Hg.), *Encyclopedia of Chinese Philosophy*. London: Routledge, 2002 (Paperback 2012)

Daor, Dan:
- (QT) *The Yin Wenzi and the renaissance of philosophy in Wei-Jin China*. Dissertation University of London 1974

De Bary, Wm. Theodore, Wing-tsit Chan, und Watson, Burton (Hg.):
- (QT) *Sources of Chinese Tradition*. Columbia: Columbia University Press 1960 [breiter angelegt als W. Chan's *Sourcebook*, enthält auch kulturelle, politische und soziale Themen. Die Textstücke sind teilweise etwas kurz.]

Debon, Günter:
- (QT) *Lao-tse, Tao-Te-King*. Stuttgart: Reclam 1961, durchgesehene und verbesserte Ausg. 1979

Debon, Günter, und Speiser, Werner:
- (QT) *Chinesische Geisteswelt von Konfuzius bis Mao Tse-Tung*. Baden-Baden: Holle 1957, Neudruck Hanau: Dausien 1987 [umfassende Anthologie; leider sehr knappe Textstücke]

Defoort, Carine:
- *The Pheasant Cap Master: A Rhetorical Reading*. Albany: State University of New York Press, 1997 [Über das *Heguanzi*]

Defoort, Carine, und Standaert, Nicolas (Hg.):
- *The Mozi as an Evolving Text. Different Voices in Early Chinese Thought*. Leiden: Brill 2013

Denecke, Wiebke:
- *The Dynamics of Master Literature: Early Chinese Thought from Confucius to Han Feizi*. Cambridge, Mass.: Harvard University Asia Center 2011

Dobson, W. A. C. H.:
- (QT) *Mencius. A new translation arranged an annotated for the general reader*. London: Oxford University Press 1963

Döring, Ole:
- *Cheng* 誠 als das stimmige Ganze der Integrität. Ein Interpretationsvorschlag zur Ethik. In: W. Behr / L. Di Giacinto / O. Döring / Ch. Moll-Murata (Hg.), *Auf Augenhöhe. Festschrift zum 65. Geburtstag von Heiner Roetz*. Bochumer Jahrbuch zur Ostasienforschung 38, 2015, S. 39-62 [eine Interpretation des *Zhongyong* mit Übersetzungen]

- (Hg.) Reihe *Chinesische Perspektiven: Philosophie*. Stuttgart: ibidem-Verlag

Dubs, Homer H.:
- Hsüntze, *The Moulder of Ancient Confucianism*. London: Probsthain 1927

– (QT) *The Works of Hsüntze*. London: Probsthain 1928 [Übersetzung ausgewählter Kapitel]

Duyvendak, J. J. L.:
– (QT) *The Book of Lord Shang. A Classic of the Chinese School of Law*. London: Probsthain 1928
– (QT) *Tao Te Ching*. London: Murray 1954

Eggert, Marion:
– *Die Rede vom Traum. Traumauffassungen der Literatenschicht im späten kaiserlichen China*. Stuttgart: Steiner 1993
– Humanity in Animal Relationships: Some Glimpses from Korean Literary Tradition. In: In: W. Behr / L. Di Giacinto / O. Döring / Ch. Moll-Murata (Hg.), *Auf Augenhöhe. Festschrift zum 65. Geburtstag von Heiner Roetz. Bochumer Jahrbuch zur Ostasienforschung* 38, 2015, S. 449–460

Elstein, Daniel:
– *Friend or father? Competing visions of master-student relations in early China*. Doctoral Dissertation University of Michigan 2006

Erkes, Eduard:
– (QT) *Ho-Shang-Kungs Commentary on Lao-Tse*. Ascona: Artibus Asiae 1950, 2. Aufl. 1958

Feger, Hans, Xie Dikun und Wang Ge (Hg.):
– *Yearbook for Eastern and Western Philosophy*. Berlin/Boston: De Gruyter

Fingarette, Herbert:
– *Confucius – the Secular as Sacred*. New York: Harper 1972 [Einflussreiche kontextualistische Interpretation des *Lunyu*]

Forke, Alfred:
– (QT) The Chinese Sophists. In: *Journal of the North China Branch of the Royal Asiatic Society* 34, 1901–1902, S. 1–100 [Übersetzung des *Deng Xizi*, der Paradoxien aus *Zhuangzi* 33, *Liezi* und *Xunzi* sowie des *Gongsun Longzi*]
– (QT) *Lun-Heng. Selected Essays of the Philosopher Wang Ch'ung*. 2 Bde. Leipzig: Harrassowitz 1907–1911, Nachdruck New York: Paragon 1962
– (QT) Me Ti, des Sozialethikers und seiner Schüler philosophische Werke. In: *Mitteilungen des Seminars für Orientalische Sprachen zu Berlin*, Beiband zu Jg. 23/25, Berlin: Kommissionsverlag der Verei-

nigung wissenschaftlicher Verleger 1922 [Gesamtübersetzung, enthält auch den mohistischen Kanon, diesbezüglich aber überholt]
- *Geschichte der alten chinesischen Philosophie.* Hamburg: Friedrichsen 1927
- *Geschichte der mittelalterlichen chinesischen Philosophie.* Ebd. 1934
- *Geschichte der neueren chinesischen Philosophie.* Ebd. 1938 (Nachdruck aller drei Bände Hamburg: De Gruyter 1964)

Franke, Herbert, und Trauzettel, Rolf:
- *Das chinesische Kaiserreich.* Frankfurt am Main: Fischer 1968

Franke, Otto:
- Über die chinesische Lehre von den Bezeichnungen (zheng ming). In: *T'oung Pao,* Serie II, 7, 1906, S. 315–350

Frege, Gottlob:
- Über Sinn und Bedeutung. In: G. Patzig (Hg.): *G. Frege: Funktion, Begriff, Bedeutung.* Göttingen: Vandenhoek 1975

Fu Zhengyuan:
- *China's Legalists: The Earliest Totalitarians and their Art of Ruling.* Armonk, London: Sharpe 1996

Fung Yu-Lan:
- (QT) *Chuang Tzu. A New Selected Translation with an Exposition of the Philosophy of Kuo Hsiang.* Shanghai: Commercial Press 1933, Reprint New York: Paragon 1964 [*Zhuangzi* Kap. 1–7]
- *A Short History of Chinese Philosophy.* New York: Macmillan 1948
- *A History of Chinese Philosophy.* Princeton: Princeton University Press, 2 Bde., 1952–1953, Paperback 1983. Aus dem Chinesischen übersetzt von Derk Bodde

Gan Shaoping:
- *Die chinesische Philosophie. Die wichtigsten Philosophen, Werke, Schulen und Begriffe.* Darmstadt: Primus, 1997 (Rez. H. Roetz, Neue Zürcher Zeitung 14.10.97, S. B 18)

Gassmann, Robert:
- *Cheng-ming: zu den Quellen eines Philosophems im antiken China; ein Beitrag zur Konfuzius-Forschung.* Bern: P. Lang 1988
- Vom „Handeln" im Dao De Jing: Eine syntakto-semantische Analyse des Ausdrucks „wu wei". In: *Oriens Extremus* 42, 2000/2001, S. 19–40

Gassmann, Robert, und Behr, Wolfgang:
– *Antikchinesisch – ein Lehrbuch in drei Teilen.* Teil 3 *Grammatik des Antikchinesischen.* Bern: P. Lang, 2. Aufl. 2005 [Kap. 10.5 „Morphologie des Antikchinesischen"]

Geiger, Heinrich:
– *Den Duft hören: Natur, Naturbegriff und Umweltverhalten in China.* Berlin: Matthes & Seitz 2019

Geldsetzer, Lutz, und Hong Han-Ding:
– *Grundlagen der chinesischen Philosophie.* Stuttgart: Reclam 1998 (Rezension H. Roetz *Neue Zürcher Zeitung* 6.10.98, S. B 2)

Gentz, Joachim
– *Das Gongyang zhuan: Auslegung und Kanonisierung der Frühlings- und Herbstannalen (Chunqiu).* Wiesbaden: Harrassowitz 2001

Gerstner, Ansgar:
– *Eine Synopse und kommentierte Übersetzung des Buches Laozi sowie eine Auswertung seiner gesellschaftskritischen Grundhaltung auf der Grundlage der Textausgabe Wang-Bis, der beiden Mawangdui-Seidentexte und unter Berücksichtigung der drei Guodian-Bambustexte.* Diss. Trier 2001

Giles, Herbert A.:
– *Chuang Tzu, Mystic, Moralist, and Social Reformer.* London: B. Quaritsch 1889, 2. verb. Aufl. Shanghai: Kelly 1926, Reprint New York: AMS Press 1974

Gipper, Helmut:
– Die Frage nach der Eignung einzelner Sprachen für logisches Denken in der Diskussion über das Chinesische. In: Gipper, *Bausteine zur Sprachinhaltsforschung*, Düsseldorf: Schwann 1963

Goldin, Paul Rakita:
– (B) *Ancient Chinese Civilization: Bibliography of Materials in Western Languages*, updated regularly (PDF-Datei, Internet)
– (Hg.): *Dao Companion to the Philosophy of Han Fei*, Dordrecht: Springer 2013

Graham, Angus C.:
– Kung Sun Lung's Essay on Meaning and Things. In: *Journal of Oriental Studies* 2, 1955, S. 282–301
– The Composition of the Gongsuen Long Tzyy. In: *Asia Major* n. s. 2, 1957, S. 147–183
– (QT) *The Book of Lieh-tzu.* London: Murray 1960

- Two Dialogues in the Kung-Sun Lung Tzu: „White Horse" and „Left and Right". In: *Asia Major* 11, 1964/65, S. 128–152
- The Background of the Mencian Theory of Human Nature. In: *Tsing Hua Journal of Chinese Studies* n. s. 6, 1967, S. 215–274
- The „Hard and White" Disputations of the Chinese Sophists. In: *Bulletin of the School of Oriental and African Studies* 30, 1967, S. 358–368
- Chuang-Tzu's Essay on Seeing Things as Equal. In: *History of Religions* 9, 1969/70, S. 137–159
- (QT) *Later Mohist Logic, Ethics and Science*. Hong Kong: Chinese University Press 1978
- (QT) *Chuang-tzu. The Seven Inner Chapters and Other Writings from the Book of Chuang-tzu*. London: Allen 1980
- *Chuang-tzu; Textual Notes to A Partial Translation*. Ebd. 1980 [philologische Anmerkungen zu Grahams *Zhuangzi*-Übersetzung von 1980]
- The Disputation of Kung-sun Lung – An Argument about Whole and Part. In: *Philosophy East and West* 36, 1986, S. 89–106
- *Yin-Yang and the Nature of Correlative Thinking*. Singapore: National University of Singapore, Institute of East Asian Philosophies 1986a
- *Disputers of the Tao*. La Salle, Illinois: Open Court 1989 (Rez. H. Roetz, *Bulletin of the School of Oriental and African Studies* LIV/2, 1991, S. 410-414

Granet, Marcel:
- *La Pensée Chinoise*. Paris: Renaissance du livre 1934 (deutsch *Das chinesische Denken*. München: Piper 1963)

Grimm, Tilemann:
- *Meister Kung. Zur Geschichte der Wirkungen des Konfuzius*. Opladen: Westdeutscher Verlag 1976

Groot, J. J. M. de:
- *Religion in China. Universism: A Key to the Study of Taoism and Confucianism*. New York: Putnam's Sons 1912
- *Universismus – Die Grundlage der Religion und Ethik, des Staatswesens und der Wissenschaften Chinas*. Berlin: Reimer 1918

Habermas, Jürgen:
- *Auch eine Geschichte der Philosophie*. Frankfurt am Main: Suhrkamp 2019

Hall, David, und Ames, Roger:
- *Thinking Through Confucius*. Albany: SUNY Press 1987

Haloun, Gustav:
- (QT) Das Ti-tsi-Tsi. Frühkonfuzianische Fragmente II. In: *Asia Major* 9, 1933, S. 467–502 [Übersetzung von *Guanzi* Kap. 59]
- (QT) Legalist Fragments, Part I: Kuan-tsi 55 and Related Texts. In: *Asia Major*, n.s. 2, 1951, S. 85–120

Hansen, Chad:
- *Language and Logic in Ancient China*. Ann Arbor: University of Michigan Press 1983

Harbsmeier, Christoph:
- *Aspects of Classical Chinese Syntax*. London: Curzon 1981
- *Science and Civilisation in China*, Vol. 7.1: *Language and Logic*. Cambridge: Cambridge University Press 1998
- The Birth of Confucianism from Competition with Organized Mohism. In: *Journal of Chinese Studies* 56, 2013, S. 1–19

Henricks, Robert G.:
- (QT) *Lao Tzu: Te Tao-Ching. A New Translation Based on the Recently Discovered Ma-Wang-Tui Texts*. New York: Ballentine 1992
- (QT) *Lao Tzu's Tao Te Ching. A Translation of the Startling new Documents found at Guodian*. New York: Columbia University Press 2000

Hertzer, Dominique:
- (QT) *Das Mawangdui-Yijing: Text und Deutung*. München: Diederichs [Übersetzung des 1973 in Mawangdui gefundenen *Yijing*]

Heubel, Fabian:
- *Chinesische Gegenwartsphilosophie zur Einführung*. Hamburg: Junius 2016
- *Gewundene Wege nach China. Heidegger – Daoismus – Adorno*. Frankfurt am Main: Klostermann 2020

Hobbes, Thomas:
- *Vom Bürger*. Hamburg: Meiner 1959 (Erstveröffentlichung *De Cive*, 1646)
- *Leviathan, oder Stoff, Form und Gewalt eines kirchlichen und bürgerlichen Staates*. Frankfurt am Main: Suhrkamp 1966 (Erstveröffentlichung 1651)

Hoffmann, Peter
- *Die Welt als Wendung. Zu einer Literarischen Lektüre des Wahren Buchs vom südlichen Blütenland (Zhuangzi)*. Wiesbaden: Harrassowitz 2001 (Rez. H. Roetz, *Bochumer Jahrbuch zur Ostasienforschung* 29, 2005, 290–294)

Holenstein, Elmar
- *China ist nicht ganz anders*. Zürich: Amman 2009

Hsiao Kung-Chuan:
- *A History of Chinese Political Thought*. Princeton: Princeton University Press 1979 (chin. 1945)

Hsu Cho-yun:
- *Ancient China in Transition. An Analysis of Social Mobility, 722-222 B.C.*. Stanford: Stanford UP 1965 [nach wie vor lesenswerte Darstellung der Umbrüche der Zeit der Streitenden Reiche]

Hu Shih:
- *Abriss der Geschichte der chinesischen Philosophie* (chin.). Shanghai: Shangwu 1919
- *The Development of the Logical Method in Ancient China*. Shanghai: Oriental Book Co. 1922, Reprint New York: Paragon 1963 [Dissertaion Columbia University 1917 bei John Dewey]

Huang Chun-chieh:
- *Konfuzianismus: Kontinuität und Entwicklung. Studien zur chinesischen Geistesgeschichte*. Hg. und übersetzt von Stephan Schmidt, Bielefeld: transcript 2009 (Rez. H. Roetz, *Bochumer Jahrbuch zur Ostasienforschung* 33, 2009, S. 286–289)

Hughes, E. R.:
- (QT) *The Great Learning and the Mean-In-Action*. New York: Dutton 1943, Reprint New York: AMS 1979

Humboldt, Wilhelm v.:
- *Über die Verschiedenheit des menschlichen Sprachbaus und ihren Einfluss auf die geistige Entwicklung des Menschengeschlechts*. Berlin: Dümmler 1836

Hutton, Eric:
- (QT) *Xunzi. The Complete Text*. Princeton: Princeton UP 2014

Indraccolo, Lisa:
- *Gongsun Long and the Gongsun Longzi: Authorship and textual variation in a multilayered text*. Dissertation Venedig 2010

Ivanhoe, Philip, J.,
- (QT) *The Daodejing of Laozi*, Indianapolis: Hackett 2002

Ivanhoe, Philip J., und Van Norden, Brian W.:
- (QT) *Readings in Classical Chinese Philosophy*. Indianapolis: Hackett 2003

Jäger, Henrik:
- (QT) *Menzius. Dem Menschen gerecht*. Zürich: Ammann 2010 [Teilübersetzung]
- (QT) *Zhuangzi. Mit den passenden Schuhen vergisst man die Füße*. Zürich: Ammann 2009 [Teilübersetzung]

Jaspers, Karl:
- *Vom Ursprung und Ziel der Geschichte*. München: Piper 1949 [Darstellung der Achsenzeit-These]
- *Die großen Philosophen*. Erster Band. München: Piper 1959 [Kapitel über Konfuzius und Laozi]

Johnston, Ian
- (QT) The *Mozi: A Complete Translation*. New York: Columbia University Press 2010

Kainz, Friedrich:
- *Über die Sprachverführung des Denkens*. Berlin: Duncker & Humblot 1972

Kaltenmark, Max:
- *Lao-tzu und der Taoismus*. Frankfurt am Main: Suhrkamp 1981 [schildert, wie aus dem philosophischen Daoismus eine Religion wurde]

Kandel, Jochen E.:
- *Die Lehren des Kung-sun Lung und deren Aufnahme in der Tradition. Ein Beitrag zur Interpretationsgeschichte des abstrakten Denkens in China*. Dissertation Universität Würzburg 1974

Karlgren, Bernhard:
- (QT) *The Book of Odes*. Stockholm: Museum of Far Eastern Antiquities 1950 [Übersetzung des *Shijing*]
- (QT) The Book of Documents. In: *Bulletin of the Museum of Far Eastern Antiquities*, No. 22, 1950 [Übersetzung des *Shujing*]
- *Legends and Cults in Ancient China*. In: *Bulletin of the Museum of Far Eastern Antiquities*, No. 18, 1964, S. 199–365 [umfassende Zusam-

menstellung und Bewertung der Legenden über die Gestalten der Frühzeit Chinas]

Kao Kung-Yi, und Obenchain, Diane:
- Kung-sun Lung's Chih Wu Lun and Semantics of Reference and Predication. In: *Journal of Chinese Philosophy* 2, 1975, S. 285–324

Keindorf, Rita:
- *Die mystische Reise im Chuci. Qu Yuans (ca. 340-278 v.Chr.) Yuanyou vor dem Hintergrund der zeitgenössischen Philosophie und Dichtung.* Aachen: Shaker 1999

Klöpsch, Volker:
- (QT) *Sunzi. Die Kunst des Krieges.* Frankfurt am Main, Leipzig: Insel 2009

Kohn, Livia, und LaFargue, Michael (Hg.):
- *Lao-tzu and the Tao-te-ching.* Albany: SUNY Press 1998

Kneussel, Gregor, und Saechtig, Alexander
- (QT), *Aus den Aufzeichnungen des Chronisten. Shiji xuan*, 3 Bände. Beijing: Verlag für fremdsprachige Literatur [Auswahlübersetzung des *Shiji*]

Knoblock, John:
- (QT) *Xunzi: A Translation and Study of the Complete Works.* 3 Bände. Stanford: Stanford University Press 1988–1994

Knoblock, John, und Riegel, Jeffrey:
- (QT) *The Annals of Lu Buwei: Lu Shi Chun Qiu.* Stanford: Stanford University Press 2001 [Gesamtübersetzung des *Lüshi Chunqiu*]
- (QT) *Mozi: A Study and Translation of the Ethical and Political Writings.* Berkeley: University of California Press 2013 [Teilübersetzung]

Köster, Hermann:
- (QT) *Hsün-Tzu.* Kaldenkirchen: Steyler Verlag 1967 [Gesamtübersetzung des *Xunzi*]

Kouh, Pao-Koh Ignace:
- (QT) *Deux sophistes chinois – Houei Che et Kong-Souen Long.* Paris: Imprimerie Nationale 1953

Kramers, Rolf:
- (QT) *K'ung Tzu Chia Yü, The School of Sayings of Confucius.* Leiden: Brill 1950 [Übersetzung Buch 1–10 des *Kongzi jiayu*]

Kroker, Eduard:
- *Der Gedanke der Macht im Shang-kün-shu.* Wien-Mödling: St. Gabriel-Verlag 1951 [über Shang Yang und das *Shangjunshu*]

Kubin, Wolfgang:
- *Klassiker des chinesischen Denkens.* 10 Bände. Freiburg i. B.: Herder 2020

Kuhn, Franz:
- *Chinesische Staatsweisheit.* Darmstadt: Reichl 1923, 3. Aufl. Zürich: Die Waage 1954 [Auszüge aus chin. Kompilationen über Herrscher und Regierung. Inhaltlich interessant, aber mangelhafter Nachweis der einzelnen Texte]

Lang, Heribert:
- *Die chinesische Sprache und das sprachliche Relativitätsprinzip.* Dissertation Universität Frankfurt am Main 1981

Lau, D. C.:
- (QT) *Mencius.* Harmondsworth: Penguin 1970
- (QT) *Confucius. The Analects.* Harmondsworth: Penguin 1979
- (QT) *Lao-tzu. Tao Te Ching.* Hong Kong: Chinese University Press 1982 [chinesisch/englisch, auf Basis der 1973 gefundenen Mawangdui-Texte]

Le Blanc, Charles:
- *Huai-Nan Tzu. Philosophical Synthesis in Early Han Thought. The Idea of Resonance (Kan-Ying). With a Translation of Chapter 6.* Hong Kong: Hong Kong University Press 1985

Lee, Janghee:
- *Xunzi and Early Chinese Naturalism.* Albany: SUNY Press 2005

Lee Ming-huei:
- *Der Konfuzianismus im modernen China,* Leipzig: Leipziger Universitätsverlag 2001
- *Konfuzianischer Humanismus. Transkulturelle Kontexte.* Bielefeld: transcript 2013

Legge, James:
- (QT) *The Chinese Classics.* Hong Kong/London: Trabner 1861–1872 (Bd. 1 *Lunyu, Daxue, Zhongyong,* Bd. 2 *Menzius,* Bd. 3 *Shujing,* Bd. 4 *Shijing,* Bd. 5 *Frühling- u. Herbstannalen*), mehrfach nachgedruckt

- (QT) *The Hsiao King or Classic of Filial Piety*. In: *The Sacred Books of the East*, Bd. 3, S. 449–488; Oxford: Clarendon 1879 [*Xiaojing*]
- (QT) *The Yi-king*. Oxford: Clarendon 1882, Bd. 16
- (QT) *The Li Chi*. Oxford: Clarendon 1885, Bd. 27–28 [*Liji*]
- (QT) *The Texts of Taoism*. Oxford: Clarendon Press 1891, Bd. 39–40 [von allen Übersetzunge Legges gibt es viele Nachdrucke]

Lenk, Hans, und Paul, Gregor (Hg.):
- *Epistemological Issues in Classical Chinese Philosophy*. Albany: SUNY Press 1993
- *Transkulturelle Logik. Universalität in der Vielfalt*. Bochum: projekt verlag 2014

Levi, Jean:
- (QT) *Le livre du prince Shang*. Paris: Flammarion 1980 [Gesamtübersetzung des *Shangjunshu*]
- (QT) *Han-Fei-tse ou Le Dao du Prince*. Paris: Éditions du Seuil 1999 [Gesamtübersetzung des *Hanfeizi*]

Li Wenchao:
- *Die christliche China-Mission im 17. Jahrhundert*. Stuttgart: Steiner 2000

Liao Wen-k'uei:
- (QT) *The Complete Works of Han Fei Tzu*. London: Probsthain, Vol. 1 1939, Vol. 2 1959

Lin, Paul J.:
- (QT) *A Translation of Lao Tzu's Tao Te ching and Wang Pi's Commentary*. Ann Arbor: Center for Chinese Studies 1977

Liu JeeLoo (Hg.):
- (B) *Chinese Philosophy*. PhilPapers, https://philpapers.org/browse/chinese-philosophy

Liu Xiaogan (Hg.):
- *Dao Companion to Daoist Philosophy*. Dordrecht: Springer 2015

Locke, John:
- *Über die Regierung*. Stuttgart: Reclam 1974 (Erstveröffentlichung *The Second Treatise on Government* 1681)

Loewe, Michael:
- (B) *Early Chinese Texts. A Bibliographical Guide*, Berkeley: The Society for the Study of Early China and The Institute of East Asian Studies, University of California 1993

Lohmann, Johannes:
– *Philosophie und Sprachwissenschaft*. Berlin: Duncker & Humblot

Lu Hsün:
– *Morgenblüten abends gepflückt*. Peking: Verlag für fremdsprachige Literatur 1978

Machiavelli, Niccolò:
– *Il Principe*, Italienisch/Deutsch. Stuttgart: Reclam 2003 (Erstveröffentlichung 1531 mit päpstlichem Druckprivileg, seit 1559 auf dem Index)

Mair, Victor H.:
– (QT) *Tao Te Ching, The Classic Book of Integrity and the Way*. New York: Bantam 1990 [Übersetzung Mawangdui-Texte]
– (QT) *Wandering on the Way. Early Taoist Tales and Parables of Chuang Tzu*. New York: Bantam, 1994. Deutsch *Zhuangzi. Das klassische Buch daoistischer Weisheit*, Frankfurt am Main: Krüger 1998 (Teilabdruck Stuttgart: Reclam 2003)

Makra, Mary Leila:
– (QT) *The Hsiao Ching*. New York: St. John's University Press 1961 [*Xiaojing, Buch der Kindespflichten*]

Maspero, Henri:
– Notes sur la logique de Mo-tseu et de son école. In: *T'oung Pao* 25, 1928, S. 1–64
– *Mélanges posthumes sur les religions et l'histoire de la chine*. Paris: Civilisations du Sud 1950. Neuauflage *Le Taoisme et les religions chinoises*. Paris: Gallimard 1971. Engl. *Taoism and Chinese Religion*. Amherst: University of Massachusetts Press 1981 [über den populären, religiösen Daoismus]

Masson-Oursel, P.:
– (QT) Yin Wen-Tseu. In: *T'oung Pao* 15, 1914, S. 557–622 [französische Übersetzung des *Yinwenzi*]

Mauthner, Fritz:
– *Beiträge zu einer Kritik der Sprache*. 3 Bände. Stuttgart: Cotta 1901–1902 (Nachdruck Ullstein 1982)

Mei Yi-Pao:
– (QT) *The Ethical and Political Works of Motse*. London: Probsthain 1929, Reprint Westpoint, Connecticut: Hyperion 1973 [Übersetzung von Kap. 1–39 und 46–50 des *Mozi*]

- *Motse, The Neglected Rival of Confucius*. London: Probsthain 1934, Reprint Westpoint, Connecticut: Hyperion 1973
- (QT) Hsün Tzu on Terminology. In: *Philosophy East and West* 1, 1952, S. 51–66 [*Xunzi* Kap. 22]
- (QT) The Kung-Sun Lung Tzu, With a Translation into English. In: *Harvard Journal of Asiatic Studies* 16, 1953, S. 404–437

Meinert, Carmen (Hg.):
- *Traces of Humanism in China. Tradition and Modernity*, Bielefeld: Transcript 2010

Metzger, Thomas:
- Some Ancient Roots of Modern Chinese Thought: This-Worldliness, Epistemological Optimism, Doctrinality, and the Emergence of Reflexivity in the Eastern Zhou. In: *Early China* 11–12 1987, S. 61–117

Mögling, Wilmar:
- (QT) *Die Kunst der Staatsführung. Die Schriften des Meisters Han Fei*. Leipzig: Kiepenheuer 1994

Möller, Hans-Georg:
- (QT) *Die Bedeutung der Sprache in der frühen chinesischen Philosophie*. Aachen: Shaker 1994 [mit Übersetzung des *Yinwenzi*]
- (QT) *Lao-tse: Tao Te King. Nach den Seidentexten von Mawangdui*. Frankfurt am Main: Fischer Taschenbuch Verlag 1995
- Die Präsenz des Menschen in der antiken chinesischen Philosophie. In: W. Schweidler (Hg.): *Menschenrechte und Gemeinsinn – westlicher und östlicher Weg?* Sankt Augustin: Academia 1997, S. 163–176

Morgan, Evan S.:
- (QT) *Tao, The Great Luminant. Essays from The Huai Nan Tzu*. London: Kegan 1935 [Übers. von 8 der 21 Kapitel des *Huainanzi*]

Moritz, Ralf:
- *Hui Shi und die Entwicklung des philosophischen Denkens im alten China*. Berlin (Ost): Akademie-Verlag 1973
- *Die Philosophie im alten China*. Berlin: Deutscher Verlag der Wissenschaften 1990
- (QT) *Konfuzius. Gespräche (Lunyu)*. Leipzig: Philipp Reclam junior 1982, Stuttgart: Reclam 2003
- (QT) *Das Große Lernen (Daxue)*. Stuttgart: Reclam 2003

Moritz, Ralf, und Lee Ming-huei (Hg.):
- *Der Konfuzianismus. Ursprünge – Entwickungen – Perspektiven.*
Leipzig: Leipziger Universitätsverlag 1998

Mühleisen, Hans-Otto, Theo Stammen und Michael Philipp (Hg.):
- *Fürstenspiegel der frühen Neuzeit* (Bibliothek des deutschen Staatsdenkens Bd. 6). Frankfurt am Main: Insel 1997

Munro, Donald:
- *The Concept of Man in Early China.* Stanford: Stanford University Press 1969

Needham, Joseph:
- *Science and Civilisation in China.* Cambridge: Cambridge University Press 1954 ff.

Nivison, David S.:
- *The Ways of Confucianism: Investigations in Chinese Philosophy.* Edited by B. W. Van Norden. Chicago: Open Court 1996

Noël, Francisco:
- (QT) *Sinensis Imperii Libri Classici Sex.* Pragae: J. J. Kamenicky 1711 [enthält die *Vier Bücher*, das *Xiaojing* und die von Zhu Xi veranlasste Kompilation *Xiaoxue* = „Parvulorum Schola"]

Nyanaponika:
- *Geistestraining durch Achtsamkeit.* Konstanz: Christiani 1975

Ommerborn, Wolfgang:
- (QT) *Jinsilu – Aufzeichnungen des Nachdenkens über Naheliegendes: Texte der Neo-Konfuzianer des 11. Jahrhunderts.* Frankfurt am Main: Insel 2008 [neokonfuzianische Anthologie]
- *Zwischen Sakralem und Säkularem: Bedeutung und Entwicklung religiöser Begriffe und Praktiken in China bis zur Han-Zeit.* Bochum und Freiburg: projekt verlag 2012

Opitz, Peter J.:
- (Hg:) *Chinesisches Altertum und konfuzianische Klassik. Politisches Denken in China von der Chou-Zeit bis zum Han-Reich.* München: List 1968
- *Der Weg des Himmels. Zum Geist und zur Gestalt des politischen Denkens im alten China.* München: Fink 1999

Paul, Gregor:
- *Die Aktualität der klassischen chinesischen Philosophie.* München: iudicium 1987

– *Philosophie in Japan. Von den Anfängen bis zur Heian-Zeit. Eine kritische Untersuchung.* München: iudicium 1993
– Equivalent Axioms of Aristotelian, or Traditional European, and Later Mohist Logic. In: H. Lenk / G. Paul (Hg.): *Epistemological Issues in Classical Chinese Philosophy.* Albany: SUNY Press 1993a, S. 119–136
– Einheit der Logik und Einheit des Menschenbildes. Reflexionen über das Tertium non datur. In: A. Baruzzi / A. Takeichi (Hg.): *Ethos des Interkulturellen.* Würzburg: Ergon 1998, S. 15–29
– *Konfuzius.* Freiburg: Herder 2001
– *Konfuzius und Konfuzianismus.* Darmstadt: Wissenschaftliche Buchgesellschaft 2010
– (Hg.): *Staat und Gesellschaft in der Geschichte Chinas.* Baden-Baden: Nomos 2016

Peerenboom, Randall:
– *Law and Morality in Ancient China: The Silk Manuscripts of Huang-Lao.* Albany: SUNY Press 1993 [Mawangdui-Texte]

Perleberg, Max:
– (QT) *The Works of Kung-Sun Lung-Tzu.* Hong Kong: Selbstverlag 1952, Reprint Westpoint, Connecticut: Hyperion 1973

Pines, Yuri:
– (QT) *The Book of Lord Shang. Apologetics of State Power in Early China.* New York: Columbia University Press 2017

Plank, Ingrid, und Hung-Chen, Cäcilie:
– *Die vierundzwanzig Geschichten kindlicher Pietät.* Bochum: Brockmeyer 1997 (Nachwort H. Roetz)

Plato:
– *Der Staat.* Übers. von R. Rufener. München: dtv 1991
– *Der Staatsmann (Politikos).* Übers. von F. Schleiermacher. Darmstadt: Wissenschaftliche Buchgesellschaft 1970

Popper, Karl:
– *Die offene Gesellschaft und ihre Feinde.* Teil 1: *Der Zauber Platons.* Bern: Francke 1957

Rappe, Guido:
– *Die Natur des Menschen als moralisches Potenzial: Konzepte des menschlichen Selbstverständnisses im alten China und in Griechenland.* Bochum: projekt verlag 2010

Reding, Jean-Paul:
- *Comparative Essays in Early Greek and Chinese Rational Thinking*. Aldershot: Ashgate 2004

Reiter, Florian:
- *Laozi. Eine Einführung*. Wiesbaden: Panorama 2005

Rickett, Allyn:
- (QT) *Guanzi. Political, Economic, and Philosophical Essays from Early China*. Princeton: Princeton UP, Vol. 1 1985, Vol. 2 1998

Rieman, Fred:
- On Linguistic Skepticism in Wittgenstein and Kung-sun Lung. In: *Philosophy East and West* 27, 1977, S. 183–193
- Kung-sun Lung, Designated Things, and Logic. In: *Philosophy East and West* 30, 1980, S. 305–319
- Kung-Sun Lung, White Horses, and Logic. In: *Philosophy East and West* 31, 1981, S. 417–448

Roetz, Heiner:
- *Mensch und Natur im alten China. Zum Subjekt-Objekt-Gegensatz in der klassischen chinesischen Philosophie. Zugleich eine Kritik des Klischees vom chinesischen Universismus*. Frankfurt am Main, Bern: P. Lang 1984
- *Die chinesische Ethik der Achsenzeit. Eine Rekonstruktion unter dem Aspekt des Durchbruchs zu postkonventionellem Denken*. Frankfurt am Main: Suhrkamp 1992
- Validity in Chou Thought. On Chad Hansen and the Pragmatic Turn in Sinology. In: H. Lenk / G. Paul (Hg.): *Epistemological Issues in Classical Chinese Philosophy*. Albany: SUNY Press 1993, S. 69–112
- Moralischer Fortschritt in Griechenland und China. Ein Vergleich der achsenzeitlichen Entwicklungen. In: O. Fahr /W. Ommerborn / K. Wegmann (Hg.): *Politisches Denken Chinas in alter und neuer Zeit*. Münster: LIT 2000, S. 123-151
- Konfuzianismus. In: B. Staiger u.a. (Hg.): *Das große China-Lexikon*. Darmstadt: WBG 2003, S. 385–390
- Tradition, Moderne, Traditionskritik. China in der Diskussion. In: T. Lalbig / S. Wiedenhofer (Hg.): *Kulturelle und religiöse Traditionen. Beiträge zu einer interdisziplinären Traditionstheorie und Traditionsanalyse*. Münster: LIT 2005, S. 124–167
- Gibt es eine chinesische Philosophie? In: *Information Philosophie*, 30. Jg., Heft 2, Mai 2002, S. 20–39

– Die Pluralismus-Frage und der zhouzeitliche philosophische Diskurs. In: M. Eglauer / Ch. Treter (Hg.), *Einheit und Vielheit in China. Beiträge zum Pluralismus in der chinesischen Geistes- und Sozialgeschichte.* Wiesbaden: Harrassowitz, 2005b, S. 1–15
– Die chinesische Sprache und das chinesische Denken. Positionen einer Debatte. In: *Bochumer Jahrbuch zur Ostasienforschung* 30, 2006, S. 9–37
– *Konfuzius.* München: Beck, 3. Aufl. 2006a
– Worte als Namen. Anmerkungen zu Xunzi und Dong Zhongshu. In: M. Friedrich (Hg.): *Han-Zeit. Festschrift für Hans Stumpfeld aus Anlass seines 65. Geburtstages,* Wiesbaden: Harrassowitz 2006b, S. 202–216
– Xunzi's Vision of Society: Harmony by Justice. In: J. Tao / A. B. L. Cheung / M. Painter / Li Chanyang (Hg.): *Governance for Harmony – Linking Visions.* New York: Routledge 2008
– Sind Frauen Menschen? Eine Anmerkung zu Lunyu 8.20. In: M. Gänßbauer (Hg.): *Den Jadestein erlangen. Festschrift für Harro von Senger.* Frankfurt am Main: Lembeck 2009, S. 61–70
– Die Chinawissenschaften und die chinesischen Dissidenten. Wer betreibt die „Komplizenschaft mit der Macht"? In: *Bochumer Jahrbuch zur Ostasienforschung* 35, 2011, S. 47–80.
– Überlegungen zur Goldenen Regel. Das Beispiel China. In: J. O. Beckers / F. Preußger / Th. Rusche (Hg.): *Dialog – Reflexion – Verantwortung. Dietrich Böhler zur Emeritierung.* Würzburg: Königshausen & Neumann 2013, S. 221–240
– Die Aufklärung, Albert Schweitzer und Karl Jaspers. Zur vorübergehenden Entdeckung Chinas in den Zerreißkrisen der europäischen Zivilisation. In: *Deutsche China Gesellschaft, Mitteilungsblatt* 56, 2013a, S. 88–98
– Chinese „Unity of Man and Nature": Reality or Myth? In: C. Meinert (Hg.): *Nature, Environment and Culture in East Asia. The Challenge of Climate Change,* Leiden: Brill 2013b, S. 23–39
– The Influence of Foreign Knowledge on Eighteenth Century European Secularism. In: M. Eggert / L. Hölscher (Hg.): *Religion and Secularity. Transformations and Transfers of Religious Discourses in Europe and Asia,* Leiden: Brill 2013c, S. 9–34
– Zum Wandel des Welt- und Selbstverständnisses im achsenzeitlichen China. Günter Dux' historisch-genetische Theorie der Kultur im Lichte klassischer chinesischer Textzeugnisse. In: G. Dux

/ J. Rüsen (Hg.): *Strukturen des Denkens. Studien zur Geschichte des Geistes*. Wiesbaden: Springer VS 2014, S. 103–123

– Die Internalisierung des Himmelsmandats. Zum Verhältnis von Konfuzianismus und Religion. In: W. Schweidler (Hg.): *Transcending Boundaries. Practical Philosophy from Intercultural Perspectives*. Sankt Augustin: Academia 2015, S. 145–158

– Klassischer Konfuzianismus: Lunyu, Mengzi und Xunzi. In: G. Paul (Hg.): *Staat und Gesellschaft in der Geschichte Chinas*. Baden-Baden: Nomos 2016, S. 25–50

– Der antike Legismus – eine Quelle des modernen chinesischen Totalitarismus? In: H. von Senger / M. Senn (Hg.): *Maoismus oder Sinomarxismus?* Stuttgart: Steiner 2016a, S. 75–99

– Closed or Open? On Chinese Axial Age Society. In: *Bochumer Jahrbuch zur Ostasienforschung* 39, 2016b, S. 137–169

– Karl Jaspers' Theorem der „Achsenzeit" und die klassische chinesische Ethik. In: *Mitteilungsblatt der Deutschen China Gesellschaft* 59, 2016c, S. 27–37

– Das Konzept einer harmonischen Gesellschaft. In: G. Paul (Hg.): *Staat und Gesellschaft in der Geschichte Chinas*. Baden-Baden: Nomos 2016d, S. 123–134

– Ein Problem der Politik und nicht der Kultur: Menschenrechte in China. In: K. Seelmann (Hg.): *Menschenrechte. Begründung, Universalisierbarkeit, Genese*. Berlin: De Gruyter 2017, S. 102-125

– Nur ein Rollenträger oder auch ein Mensch? Überlegungen zur Doppelstruktur der konfuzianischen Ethik. In: H.-C. Günther (Hg.): *Menschenbilder Ost und West*. Nordhausen: Bautz 2018, S. 263–334

– Schweigen oder reden? Zu *bu yu* und *bu jiang*. In: R. Breuer / H. Roetz (Hg.), *Worüber man nicht spricht. Tabus, Schweigen und Redeverbote in China*. Wiesbaden: Harrassowitz 2018a, S. 11–18

– Zwischen Vergangenheit und Zukunft. Der Aufstieg der Gegenwart im China der Zeit der Streitenden Reiche. In: *Bochumer Jahrbuch zur Ostasienforschung* 41, 2018c, S. 17–67

– On Political Dissent in Warring States China. In: K. Kellermann / A. Plassmann / Ch. Schwermann (Hg.): *Criticising the Ruler in Pre-Modern Societies – Possibilities, Chances, and Methods*. Göttingen: V&R unipress, Bonn University Press 2019, S. 221–232

– Zu den Antizipationen modernen Denkens in der chinesischen Philosophie der Achsenzeit. In: A. Schmid / S. Rebenich / H.

Cancik (Hg.): *Archäologie der Moderne. Antike und Antike-Rezeption als Paradigma und Impuls*. Basel und Berlin: Schwabe 2020, S. 69–96

– Gekautes Wachs. Zum Problem der Ehre in der klassischen chinesischen Philosophie. In: M. Höfner (Hg.): *Ehre – Interdisziplinäre Zugänge zu einem prekären Phänomen*. Tübingen: Mohr Siebeck 2020a

Rosemont, Henry:
– State and Society in the Hsün Tzu. In: *Monumenta Serica* 29, 1970/71, S. 38–78

Rousseau, Jean-Jacques:
– *Vom Gesellschaftsvertrag*. Stuttgart: Reclam 1977 [Erstveröffentlichung 1762]

Rubin, Vitaly A.:
– *Individual and State in Ancient China*, New York: Columbia University Press 1976

Rule, Paul:
– *K'ung-tzu or Confucius? The Jesuit Interpretation of Confucianism*. London: Allen & Unwin 1986 [zur Kontroverse über die Konfuzius-Interpretation der Jesuiten im 17./18. Jahrhundert, den sog. „Ritenstreit"]

Rump, Ariane:
– (QT) *Commentary on the Lao Tzu by Wang Pi*. Honolulu: University of Hawaii Press 1979

Rüstow, Alexander:
– *Der Lügner*. Dissertation Universität Leipzig 1910

Ryden, Edmund (Hg.):
– *Key Concepts in Chinese Philosophy*. New York: Yale University Press 2002

Sabattini, Lisa, und Schwermann, Christian (Hg.):
– *Between Command and Market: Economic Thought and Practice in Early China*. Leiden: Brill 2021

Schaab-Hanke, Dorothee:
– Die vielen Stimmen aus der Vergangenheit: Sima Qians Eintreten für Meinungsvielfalt. In: M. Eglauer / Ch. Treter (Hg.): *Einheit und Vielheit in China. Beiträge zum Pluralismus in der chinesischen Geistes- und Sozialgeschichte*. Wiesbaden: Harrassowitz 2005, S. 39–55

Scharfstein, Ben-Ami:
– *Amoral Politics. The persistent Truth of Machiavellism*. Albany: SUNY Press 1995 [vergleicht Machiavelli, die Legalisten und Kautilya]

Scharfstein, Ben-Ami, und Daor, Dan:
– *Philosophy East / Philosophy West. A Critical Companion of Indian, Chinese, Islamic, and European Philosophy*. Oxford: Blackwell 1978

Schilling, Dennis:
– (QT) *Yijing. Das Buch der Wandlungen*. Frankfurt am Main: Suhrkamp 2009

Schleichert, Hubert:
– (Hg.): *Logischer Empirismus – der Wiener Kreis*. München: Fink 1975
– Kritische Betrachtungen zu Fritz Mauthners Sprachkritik (und nicht nur seiner). In: E. Leinfellner / H. Schleichert (Hg.): *Fritz Mauthner. Das Werk eines kritischen Denkers*. Wien: Böhlau 1995, S. 43–56
– *Wie man mit Fundamentalisten diskutiert, ohne den Verstand zu verlieren. Anleitung zum subversiven Denken*. München: Beck 2008
– Regenopfer mit und ohne Regen. In: W. Behr / L. Di Giacinto / O. Döring / Ch. Moll-Murata (Hg.): *Auf Augenhöhe. Festschrift zum 65. Geburtstag von Heiner Roetz*. Bochumer Jahrbuch zur Ostasienforschung 38, 2015, S. 161–176

Schmidt-Glintzer, Helwig:
– (QT) *Mo Ti, Solidarität und allgemeine Menschenliebe*. Düsseldorf: Diederichs 1975 [*Mozi*, Teilübersetzung]
– (QT) *Mo Ti, Gegen den Krieg*. Düsseldorf: Diederichs 1975 [*Mozi*, Teilübersetzung]

Schulz, Uwe:
– *Selbsterziehung des Menschen als Weiterentwicklung seiner Fremderziehung: Untersuchungen in den Lehren des Konfuzius und des Sokrates*. Stuttgart: ibidem, 2012

Schwartz, Benjamin:
– *The World of Thought in Ancient China*. Cambridge, Mass., und London: Belknap 1985

Schwarz, Ernst:
– (QT) *Laudse: Daudedsching*. München: dtv 1980

– (QT) *Konfuzius: Gespräche des Meisters Kung (Lun-Yü). Mit der Biographie des Meister Kung aus den „Historischen Aufzeichnungen".* München: dtv 1985

Schweitzer, Albert:
– *Die Weltanschauung der Ehrfurcht vor dem Leben. Kulturphilosophie III.* Erster und zweiter Teil München: Beck 1999. Dritter und vierter Teil, München: Beck 2000 [diverse Passagen zur chinesischen Philosophie]
– *Geschichte des chinesischen Denkens. Werke aus dem Nachlaß.* München: Beck 2002 (Nachwort H. Roetz)

Schwermann, Christian:
– Doch keine Unterscheidung zwischen „Kopfarbeitern" und „Handarbeitern" in den *Gesprächen*? Die Adaption von *Lun yu* 8.9 im *Tong Dian* des Du You. In: W. Behr / L. Di Giacinto / O. Döring / Ch. Moll-Murata (Hg.): *Auf Augenhöhe. Festschrift zum 65. Geburtstag von Heiner Roetz. Bochumer Jahrbuch zur Ostasienforschung* 38, 2015, S. 39–62
– Von der Sparsamkeit zur Nachhaltigkeit. Zukunftsdenken in der antiken chinesischen Wirtschaftstheorie. In: *Bochumer Jahrbuch zur Ostasienforschung* 41, 2018, S. 69–98

Seebaß, Gottfried:
– *Das Problem von Sprache und Denken.* Frankfurt am Main: Suhrkamp 1981

Shimada Kenji:
– *Die neo-konfuzianische Philosophie. Die Schulrichtungen Chu Hsis und. Wang Yang-mings.* Übersetzt von Monika Übelhör. Hamburg: Gesellschaft für Natur- und Völkerkunde Ostasiens 1979

Shun Kwong-loi:
– *Mencius and Early Chinese Thought.* Stanford: Stanford UP 1997

Simon, Rainald:
– (QT) *Daodejing. Das Buch vom Weg und seiner Wirkung.* Stuttgart: Reclam 2009
– (QT) *Yijing. Buch der Wandlungen.* Stuttgart: Reclam 2014

Slingerland, Edward:
– (QT) *Confucius. Analects.* Indianapolis: Hackett 2014
– *Effortless Action. Wu-wei as Conceptual Metaphor and Spiritual Ideal in Early China.* Oxford: Oxford University Press 2003

Smith, Kidder:
- Sima Tan and the Invention of Daoism, ‚Legalism', et cetera. In: *Journal of Asian Studies* 62.1, 2003, S. 129–156

Solomon, Bernard S.:
- *On the School of Names in Ancient China* (Monumenta Serica Monograph Series; 64). Sankt Augustin: Steyler Verlag 2013

Spinoza, Baruch:
- *Politischer Traktat (Tractatus politicus)*. Übers. W. Bartuschat. Hamburg: Meiner 1994 (Erstveröffentlichung postum 1677)

Steinfeld, Erich:
- *Die sozialen Lehren der altchinesischen Philosophen Mo-Tzu, Meng-Tzu und Hsün-Tzu*. Berlin: Akademieverlag 1971

Strauss, Victor von:
- (QT) *Lao-Tse, Tao-Te-King*. Leipzig: Friedrich Fleischer 1870, Nachdruck Zürich: Manesse 1959 [eine für damalige Verhältnisse gute Übersetzung, aber mit oft unhaltbarem Kommentar]
- (QT) *Shi-king. Das kanonische Liederbuch der Chinesen*. Heidelberg: C. Winter 1880 [*Shijing, Buch der Lieder*]

Stricker, Günter:
- *Das politische Denken der Monarchomachen*. Dissertation Heidelberg 1967

Suter, Rafael:
- Die Sprache als Waage: Richtiges Benennen und die Kunst des Abwägens im Yīnwénzǐ. In: *Asiatische Studien/Etudes Asiatiques* 61.3, Bern 2007, S. 931–937.
- Das ungenannte „Subjekt". Die Ambiguität einer Konstruktion des Altchinesischen: Nachdenken über Sprechen und Handeln im Gongsunlongzi und Yinwenzi. In: *Polylog* 19, 2008, S. 37–60.
- Sprachrelativismus und chinesische Philosophie. Vereinnahmung durch Verfremdung? In: W. Behr / L. Di Giacinto / O. Döring / Ch. Moll-Murata (Hg.): *Auf Augenhöhe. Festschrift zum 65. Geburtstag von Heiner Roetz. Bochumer Jahrbuch zur Ostasienforschung* 38, 2015, S. 177–195

Suter, Rafael, Behr, Wolfgang, und Indraccolo, Lisa (Hg.:)
- *The Gongsun Longzi and Other Neglected Texts. Aligning Philosophical and Philological Perspectives*. Berlin, München, Boston: De Gruyter 2020

T'ang Chün-I:
- The T'ien Ming (Heavenly Ordinance) in Pre-Ch'in China. In: *Philosophy East and West* 11, 1961, S. 195–218, u. 12, 1962, S. 29–49

Tao Tong-schung:
- *Der chinesische Legalismus (Fa Chia) unter besonderer Berücksichtigung seiner rechtspositivistischen Elemente.* Diss. Mainz 1969

Thesing, Josef, und Awe, Thomas (Hg.):
- *Dao in China und im Westen.* Bonn: Bouvier 1999

Thiel, P. Josef:
- (QT) Die Staatsauffassung des Han Fei-tzu, dargestellt in einigen bedeutsamen Kapiteln. In: *Sinologica* 6, 1961, S. 171–192 und 225–270 [Übersetzung v. Kap. 43, 46, 49 und 50 des *Hanfeizi*]

Thompson, Paul M.:
- (QT) *The Shen Tzu Fragments.* Oxford: Oxford UP 1979

Thoraval, Joël:
- Chinesische Philosophie? Von der Philosophie in China zu „China" in der Philosophie. In: *Lettre International* 41, 1998, S. 61–67 (Existe-t-il une philosophie chinoise? In: *Esprit* 201, mai 1994, S. 5–38)

Tilman, Hoyt:
- *Utilitarian Confucianism: Ch'en Liang's Challenge to Chu Hsi.* Cambridge, Mass.: Harvard University Council on East Asian Studies 1982

Topitsch, Ernst:
- *Vom Ursprung und Ende der Metaphysik. Eine Studie zur Weltanschauungskritik.* Wien: Springer 1958

Trauzettel, Rolf:
- Individuum und Heteronomie. Historische Aspekte des Verhältnisses von Individuum und Gesellschaft in China. In: *Saeculum* 28, 1977, S. 340-365 (Rez. H. Roetz, *Mitteilungsblatt der Deutschen China Gesellschaft* 2009, S. 76-78) [Versucht nachzuweisen, dass es im alten China im Sinne Hegels keine Subjektivität gab.]

Tu Weiming:
- (QT) *Centrality and Commonality: An Essay on Confucian Religiousness.* Albany: SUNY Press 1989 [Übersetzung und religiöse Interpre-

tation des *Zhongyong*, ein Grundtext des sich als religiös verstehenden Konfuzianismus der Gegenwart]

Unger, Ulrich:
- *Grundbegriffe der altchinesischen Philosophie. Ein Wörterbuch für die klassische Periode*. Darmstadt: Wissenschaftliche Buchgesellschaft 2000 (Rez. H. Roetz, *Asiatische Studien* LV/1, 2001, S. 231–236)

Van Ess, Hans:
- *Der Konfuzianismus*. München: Beck 2003

Van Norden, Bryan:
- (Hg.): *Confucius and the Analects: New Essays*. New York: Oxford University Press 2001
- (QT) *Mengzi: With Selections from Traditional Commentaries*. Indianapolis: Hackett Publishing 2008
- *Introduction to Classical Chinese Philosophy*. Indianapolis: Hackett Publishing 2011
- (QT) On the White Horse. In: P. J. Ivanhoe / B. Van Norden (Hg.): *Readings in Classical Chinese Philosophy* (2nd ed.). Indianapolis: Hackett Publishing 2013, S. 363–368

Vierheller, Ernstjoachim:
- Die Dorfgemeinschaft und das Dao: Eine semantische Reflexion im späten Zhuangzi. In: M. Friedrich (Hg.): *Han-Zeit. Festschrift für Hans Stumpfeldt aus Anlaß seines 65. Geburtstags*. Wiesbaden: Harrassowitz 2006, S. 231–249

Vogelsang, Kai:
(QT) *Shangjun shu. Schriften des Fürsten von Shang*. Stuttgart: Kröner 2017

Wagner, Rudolf:
- *A Chinese Reading of the Daodejing: Wang Bi's Commentary on the Laozi with Critical Text and Translation*. Albany: SUNY Press 2003

Waley, Arthur:
- (QT) *The Way and Its Power*. London: Allen & Unwin 1934 (Paperback Ausgabe ebd. 1977) [Mitunter eigenwillige, aber interessante Übersetzung des *Laozi*. Betont die zeitgenössischen Bezüge des Textes.]
- (QT) *The Analects of Confucius*. London: Allen & Unwin 1938 (auch Paperback)

- *Three Ways of Thought in Ancient China*. London: Allen & Unwin 1939 [Zhuangzi, Menzius und Han Fei. Wenig gelungene deutsche Übersetzung *Lebensweisheit im alten China*, Frankfurt am Main: Suhrkamp 1979]

Walf, Knut:
- (B) *Westliche Taoismus-Bibliographie (WTB)*. Essen: Die Blaue Eule, 6. Aufl. 2010

Watson, Burton:
- (QT) *Records of The Grand Historian of China*. New York: Columbia University Press 1961, 2 Bde. [Teilübersetzung des *Shiji*]
- (QT) *Basic Writings of Mo Tzu, Hsün tzu, and Han Fei Tzu*. New York: Columbia University Press 1967 (auch in getrennten Bänden)
- (QT) *The Complete Works of Chuang Tzu*. New York: Columbia University Press 1968

Weber, Max:
- *Konfuzianismus und Taoismus*, in: Weber, *Gesammelte Aufsätze zur Religionssoziologie I*. Tübingen: Mohr 1920

Weber-Schäfer, Peter:
- *Der Edle und der Weise. Oikumenische und imperiale Repräsentation der Menschheit im Chung-yung*. München: Beck 1963 [Mit Übersetzung des *Zhongyong*]
- *Oikumene und Imperium, Studien zur Ziviltheologie des chinesischen Kaiserreiches*. München: List 1968

Wilhelm, Richard:
- (QT) *Kung Fu Tse Gespräche (Lun Yü)*. Jena: Diederichs 1910, mehrere Nachdrucke Düsseldorf: Diederichs
- (QT) *Laotse Tao te king*. Jena: Diederichs 1911, revidierte Neuauflagen, u.a. München: dtv/Beck 2005, Nachwort H. Roetz [problematisch die Übersetzungen „Sinn" für *dao* und „Leben" für *de*]
- (QT) *Liä Dsi, Das wahre Buch vom quellenden Urgrund*. Jena: Diederichs 1911, Nachdrucke Düsseldorf: Diederichs [Liezi]
- (QT) *Dschuang Dsi, das wahre Buch vom südlichen Blütenland*. Jena: Diederichs 1912, Nachdruck 1977 [Zhuangzi, mit einigen Auslassungen, teilweise meisterhaft, teilweise höchst anfechtbar übersetzt]
- (QT) *Mong dsi (Mong ko)*. Jena: Diederichs 1916, Nachdr. Düsseldorf: Diederichs [*Mengzi*, irreführend die Übersetzung „Gott" für

tian, Himmel. Schon der Jesuitenmissionar Langobardi hat eine solche Übersetzung als falsch erkannt, s. seinen *Tractatus de nominibus sinensibus*, 1523–33, franz. *Traité sur quelques points de la religion des Chinois*, Paris: Louis Guerin 1701.]
- (QT) *I Ging, Das Buch der Wandlungen*, 2 Bde. Jena: Diederichs 1924, Nachdruck Düsseldorf: Diederichs 1978 [*Yijing*]
- *Kung-Tse. Leben und Werk*. Stuttgart: Frommann 1925
- *Lao-Tse und der Taoismus*. Stuttgart: Frommann 1925, 2. Aufl. 1948
- *K'ungtse und der Konfuzianismus*. Berlin: Göschen 1928
- (QT) *Frühling und Herbst des Lü Bu We*. Jena: Diederichs 1928, Nachdruck Düsseldorf: Diederichs 1971 [*Lüshi chunqiu*]
- (QT) *Li Gi, das Buch der Sitte des älteren und jüngeren Dai*. Jena: Diederichs 1930, gekürzte Nachdrucke Düsseldorf: Diederichs 1958 und 1981 [*Liji*]
- (QT) *Kungfutse, Schulgespräche (Gia Yü)*. Düsseldorf: Diederichs 1961, Nachdruck ebd. 1981 [*Kongzi jiayu*]

Wohlfart, Günter:
- *Zhuangzi*. Freiburg: Herder 2002

Wolff, Christian:
- *Oratio de Sinarum Philosophia Practica in Solemni Panegyri Recitata*. Frankfurt am Main 1726, Deutsch: *Rede von der Sittenlehre der Sineser*. Halle: Rengerische Buchhandlung 1740. Neuübersetzung von M. Albrecht, *Rede über die praktische Philosophie der Chinesen*. Hamburg: Meiner 1985 [Akademische Rede von Wolff 1721 in Halle, von Wolff selbst mit einem Kommentar versehen. Sie wurde zum Anlass einer Kampagne von pietistischer Seite, aufgrund deren Wolff 1723 unter Androhung des Stranges Preußen verlassen musste. Wolff vertritt in der *Oratio* als typischer Aufklärer die Ansicht, dass in China eine vorbildliche Sittenlehre ohne religiöse Fundierung praktiziert wurde.]

Yao Xinzhong (Hg.):
- *Encyclopedia of Confucianism*. London: Routledge Curzon 2003

Yu Kam Por:
- (QT) The Chinese Traditions of Filial Piety and the Confucian Philosophical Reconstructions. In: W. Behr / L. Di Giacinto / O. Döring / Ch. Moll-Murata (Hg.): *Auf Augenhöhe. Festschrift zum 65. Geburtstag von Heiner Roetz. Bochumer Jahrbuch zur Ostasienforschung* 38, 2015, S. 145–160 [mit einer Übersetzung des *Xiaojing*]

Zalta, Edward N.:
- (Hg.): *The Stanford Encyclopedia of Philosophy*, Winter 2018 Edition. https://plato.stanford.edu/ [zahlreiche Einträge zu China]

Zempliner, Artur:
- Die chinesische Philosophie und J. Ch. Wolff. In: *Deutsche Zeitschrift für Philosophie* 10, 1962, S. 758–778

Zhang Qianfan:
- *Human Dignity in Chinese Philosophy. Confucianism, Mohism and Daoism.* Basingstoke: Palgrave Macmillan 2016

Zinn, Karl Georg:
- Die politische Ökonomie im alten China – terra incognita der Theoriegeschichte der Wirtschaftswissenschaft. In: *Alma Mater Aquensis. RWTH. Berichte aus dem Leben der Rheinisch-Westfälischen Technischen Hochschule Aachen* 32, 1995/1996, S. 316–326

Zufferey, Nicolas:
- *To the Origins of Confucianism.* Bern: P. Lang 2003

Register

In das Register sind Namen, Sachbegriffe und literarische Figuren aus den chinesischen Texten aufgenommen.

Achsenzeit 16, 337, 346
Ackerbau 34, 67f, 81, 207-209, 282, 341
Ackerbauschule s. Agrarphilosophen
Agnostizismus 14, 43f
Agrarphilosophen (nongjia) 67f, 345
Allgemeinbezeichnung 179, 294, 295
Altes und Neues 24, 30, 100, 222-224, 340f
Analecta s. Lunyu
Analogie 284, 328-334
Anarchie, anarchisch 93, 147, 190, 364
Angst 101, 148, 157, 209, 213, 224, 226, 323
Anlagen, Veranlagung 10, 70-76, 129, 150f, 252-58, o.a. Menschliche Natur, Anthropologie
Anthropologie 10, 11, 52, 71, 187, 191, 227, 246, 252, 267, 374, s.a. Anlagen, Menschliche Natur
Arbeitsteilung 67f, 278
Argument, argumentieren 47, 60, 100, 107-109, 286, 290, 297, 314, 321, 333f, s. a. Primat des besten Arguments
Aristoteles 60, 288, 301

Atem, Atemtechnik 48, 138, 167f, 173
Aufklärung 16, 25, 79, 284, 285, 290
Aufklärung, europäische 16, 23, 368, 384, 419
Ausschöpfen (jin) 326f
Autonomie 16, 21, 34f, 255, 272, 339

Bauer, W. 351 Fußn., 357 Fußn., 381 Fußn
Baum 73, 117, 135, 136, 150, 153, 162, 164, 174, 232, 235, 284, 316, 317, 330
Baumstumpf bewachen 223
Beamte 22, 41, 49, 62, 64, 92-95, 133, 207, 212, 213, 219, 232f, 370, 375, 376, 378
Bedingung, notwenige u. hinreichende 324
Begrenzt/unbegrenzt 294, 298, 301, 324, 325, 326
Behr, W. 320 Fußn., 348 Fußn., 357 Fußn., 358 Fußn., 360 Fußn.
Belohnung und Strafe 94, 102, 104, 107, 111, 187, 190-193, 209-214, 220, 221, 223, 233, 236, 243, 268, 294, 328, s. a. Strafe, Strafrecht

Bettler 72
Bevölkerungswachstum 125, 204, 222f
Bezeichnungen/bezeichnen/benennen 31, 142f, 186, 190, 287f, 291-295, 300, 307, 318, s. a. Namen, Richtigstellung der Bezeichnungen
Bogen, Bogenschießen 22, 228, 306
Brecht, B. 89
Brooks, T. u. B. 24
Brunnen 74, 156, 244
Brunnenfrosch 160
Bücherverbrennung 241, 340f
Buddha, Buddhismus 16, 58, 173, 335, 380, 383

Capelle, E. 289, 385
Carnap, R. 317
Causa sui 141
Chang, Carsun 381 Fußn.
Chang Tsung-tung 145, 147, 151, 156, 172, 174, 178, 298
Chaos (kosmologisch) 140, 177
Chaos (politisch) 9, 42, 43, 68, 93, 103, 107, 133, 153, 210, 212, 216, 220, 229f, 250, 253, 255, 265, 269, 277, 278, 338, 340, 364
Chunqiu 12, 19, 28

Dadai Liji 52
Dao 22, 38, 42f, 44, 51, 57, 58, 60, 83f, 93, 117-119, 122f, 127, 130-144, 150-152, 155, 158, 160, 165, 167, 170, 172, 175, 177-183, 190, 196, 233-235, 260, 265-267, 271f, 293, 339, 350, 377f, 435
Daodejing s. Laozi
Daoismus, Daoisten 11, 34, 101, 109, 110, §8, §9, 189f, 205, 216, 232-234, 236, 250, 257, 261, 270, 280, 282, 286, 290, 291, 293, 303, 306, 338, 344f, 346, 347, 361, 380
Daor, D. 291
Daxue 17, 53-56, 59
De Groot, J. J. M. 126
Definitionen 36, 69, 250, 252-254, 287, 293, 313-314, 320-327
Demokratie 42, 371-375, 382
Deng Xi 289f, 296f
Denken und Lernen 25, 28-32, s. a. Lernen
Dialektik 119, 125, 128
Disputation, Debatte, diskutieren (bian) 9, 89, 134, 159, 218, 249, 269, 287, 289, 312, 314f, 337, 340, s. a. Disputierer
Disputierer (bianzhe) 289, 295, 299-302
Dissens (yiqu) 341
Döring, O. 58 Fußn.
Dunkel 19, 123, 165, 171, 234
Durchschnittsmensch, Mittelmäßigkeit 188, 217, 230f, 233, 245, 257, 259, 369

Duyvendak, J. J. L. 202, 203, 204

Edler (junzi) 28, 32-37, 44, 55, 57. 59f, 69, 75, 86f, 93f, 100, 104f, 108, 132, 150, 170, 258f, 262, 269, 271, 274, 280, 284f, 292, 296, 378
Eggert, M. 146, 161
Egoismus, egoistisch 234, 89, 110, 112, 113, 187, 233, 253
Ehre, 33 110, 111, 112, 214, 246, 272, s.a. Ruf
Eine, das 141, 174, 234, 360, 386, 436
Einheit 126, 142, 153, 167, 176, 260, 294, 318, 338, 339f
Einsiedler 117, 134, 158, 167
Elite 34, 42, 134, 273, 372f
Erarbeitet/künstlich (wei) 252-256
Erkenntnis 10, 54, 71, 142, 159f, 180, 181, 234, 250, 282f, 292, 314, 320-323, 334
Erziehung 9, 12, 39, 71, 169, 237, 246, 253-259, 267, 267
Ethik 10, 21, 24, 32-38, 45, 55, 92, 250, 260, 297, 306, 327f, 343, 359, 377
Eubulides 320

Fähigkeit 35, 37, 71-73, 94f, 192, 258, 259, 283, 288, 321 371

Familie 10, 39, 49, 51, 64, 69, 84, 96, 97, 98, 133, 204, 211, 219, 278, 361, s. a. Kindespietät
Fatalismus 84, 105f, 107
Fei Yi 207 Fußn.
Fische 105, 127, 161, 162, 262, 296,
Fischer 93, 95, 151, 152
Flexion s. Morphologie
Forke, A. 85 Fußn., 89 Fußn., 313 Fußn., 314 Fußn., 381 Fußn., 389 Fußn., 394 Fußn
Fortschritt 33, 129, 149, 156f
Franke, O. 31 Fußn.
Frau 5, 13, 19, 21, 48, 51-52, 55, 60f, 72, 100, 129, 136, 144, 162, 190, 191, 217, 222, 224, 227, 238, 361
Frege, G. 307 Fußn.
Freiheit 150, 169, 247, 259, 272, 297, 337, 340, 371
Frieden 25, 54, 59, 83, 114, 124, 132, 170f, 264, 292, 338
Fu Xi 115
Fünf Elemente/Phasen (wu xing) 19, 77
Fünf Rollenbeziehungen (wu lun) 21
Fürst (jun) 21, 31f, 34, 42 49, 63, 64, 74, 80-83, 86, 89, 92, 96, 99, 101, 103, 116, 130, 154, 188, 190, 195f, 199f, 219, 221, 233f, 237, 255, 259, 264-267, 271-275, 344, 361f, 364-

367, 370, 376f, s.a. Herrscher
Fürstenspiegel 82, 368
Füße, 83, 162, 169, 216, 244, 245
Gao Yao 70
Gassmann, R. 292 Fußn., 348 Fußn., 349 Fußn.
Ge Hong 355 Fußn.
Gefühl 18, 39, 54, 57, 69-74, 115, 154, 169, 212, 233, 251-253, 279, 287f, s. a. Mitgefühl
Gegenseitigkeit, Wechselseitigkeit 35, 56, 96f, 213, s. a. Goldene Regel
Gegenteiliges (fan) 315f
Geheimnis 57, 58, 122, 137f, 140, 170, 236
Gehorsam 48, 49, 209, 226, 265, 271f, 274-276, 376
Geister 14, 43, 44, 58, 104-106, 126f, 139, 168, 178, 242, 280, 284, 291, 314, s.a. Götter
Gelassenheit 113, 168, 172, 173
Gerechtigkeit, Gerechtigkeitssinn (yi) 22, 31, 34, 62, 71-74, 81, 93, 99, 100, 103, 106, 107, 150-154, 160, 163 Fußn., 165, 167, 174, 175, 211, 21f, 217, 253-256, 258, 260, 263, 272, 275-278, 296f, 327, 328, 348
Geschichte 12, 24, 30, 115, 203f, 222-224, 257
Gesetz 70, 111, 128, 141, 155, 163, 187-188, 192-206, 211-222, 233, 230-233, 236, 243, 246, 254-256, 259, 269, 276f, 292, 294, 340, 375, s. a. Naturgesetze, Recht, Nulla poena sine lege
Gewalt 28, 79, 81, 129-132, 139, 185, 211, 247, 249, 251, 253, 260, 264f, 364, 367, 371, 374, s. a. Gewaltmonopol
Gewaltmonopol 225, 231, 255
Gewohnheiten 100, 156, 206, 223, s. a. Konvention, Üblichkeiten
Gewissen 32, 92
Gipper, H. 356 Fußn.
Gleichheit/Verschiedenheit 51, 68, 71, 109, 154, 187, 241, 246, 279, 287, 289, 298, 309, 327, 338, 347
Glück, Glück und Unglück 45, 78, 84, 103, 111, 115, 168, 169, 170, 171, 271, 282, 284f
Goldene Regel (shu), 25, 35f, 52, 55, 57
Gong, der aufrechte (Zhi Gong) 49, 221
Gongsun Long, Gongsun Longzi 285, 299, 300, 301, §16, 323
Götter 14, 43-45, 58, 104f, 134, 140, 178, 242, 285, 291, s.a. Geister
Graham, A. C. 19 Fußn., 70 Fußn., 96 Fußn., 110 Fußn., 160 Fußn., 307f, 313, 314, 328, 331

Granet, M. 352 Fußn., 357 Fußn., 391
Guanzi, Guan Zhong 186, §11, 212f, 349 Fußn.
Guo Xiang 159, 179
Guodian 120, 250

Haar 13, 111, 152, 160, 163, 177, 223, 331, 334
Habermas, J. 20
Han Fei, Hanfeizi 82, 120, 127, 188, §13, 249, 263, 291, 343, 350, 369
Han-Zeit 15, 18, 27, 53, 120, 343, 346, 380
Handel 67, 207, 208
Handeln 10, 21, 33, 36, 73, 84, 105, 120f, 130, 134, 139, 175, 251, 274, s. a. Nicht-Tun
Handwerk 67f, 104, 107, 153, 164-167, 176, 208, 224
Hanfeizi s. Han Fei
Hansen, Ch. 360f
Harbsmeier, Ch. 288 Fußn., 345 Fußn., 359 Fußn.
Harmonie 11, 34, 56f, 153f
Hart und weiß 303, 310-312, 324
Hedonismus 110, 114
Hegel, G. W. F. 16, 351, 352, 432
Hegemon, Hegemonat 189, 206, 241, 260, 374
Heidegger, M. 16 Fußn., 162 Fußn.
Herkunft 29, 34, 98, 200, 270
Herrscher, Herrschaft 12f, 17f, 22, 25, 27, 38-42, 58, 63-67, 71, 76-83, 94f, 101, 119, 124-130, 134, 139f, 148, 185-204, 210-214, 218-220, 223f, 227-238, 241f, 255, 260-278, 292, 338, §21, s. a. Fürst
Herz (xin) 13, 72-74, 79, 83, 111, 121, 169, 176, 252, 259f, 272, 288, 298
Heshang Gong 120
Heubel, F. 16 Fußn., 161 Fußn., 162 Fußn.
Himmel 14, 45, 56, 57, 58, 59, 76-79, 83-86, 101-108, 126, 136, 137, 140-144, 155, 159, 160, 163, 167, 169, 170-174, 176-179, 182, 250, 252, 267, 275, 277, 281-286, 296, 298, 299, 301, 314, 339, 366, 367, 372
Himmelssohn 49, 54, 63, 93, 101, 103, 153, 225, 243, 266, 364, 365
Hobbes, Th. 93, 94, 363
Hoffmann, P. 162 Fußn.
Homer 14
Hsiao Kung-chuan 373
Hu Shi 345
Huainanzi 109, 296
Huan Gong (Herzog von Qi) 189
Huan Tuan 301
Huangdi, Gelber Kaiser 149, 235
Hui Shi 161, 289, 295-302
Hui Wang (König vom Liang) 65, 202
Huineng 176

Humanität s. Menschlichkeit
Humboldt, W. v. 351f, 356
Hund 47, 83, 124, 179, 180,
 241, 299, 300, 301, 308,
 314, 315, 318
Hundert Schulen 89, 196,
 337-339, 341f, 378
Hundun 177

Indifferenz, ontologische
 322, 352, 354, 364
Indraccolo, Lisa 303 Fußn.
Institutionen, 10, 21, 111,
 213, 269, 346, §21, 376
Integrität 27, 58, 60, 154,
 273, 378
Intellektuelle 10, 29, 104,
 130, 165, 207, 209, 240-
 242, 337, 341

Jade 151, 172, 240, 244f
Jäger, H. 60 Fußn., 169
 Fußn.
Jaspers, K. 16, 23, 337
Jian ai s. Liebe, allgemeine
Jie (letzter Xia-Herrscher)
 13, 81, 112, 229, 263f, 282
Jixia-Akademie 64 Fußn.,
 81 Fußn., 249
Johnston, I. 313 Fußn.
Jullien, F. 360 Fußn.
Junktoren 120-122

Kainz, F. 351 Fußn.
Kandel, J. 303 Fußn.
Kangxi 368
Kant, I. 16, 38, 352, 358
Keindorf, R. 42
Kind 10, 21, 22, 51, 68, 74,
 96, 111, 118, 140, 144,
 175, 176, 216, 217f, 257,
 272, s. a. Kindespflicht
Kindespflicht (xiao) 22, 27,
 45, 48-50, 69f, 133, 159,
 254, 292, 327
Klassen (log.) 316-318
Klugheit 22 133, 192, 205,
 226, 241, 301, 321, s. a.
 Wissen
Konfuzianismus, Konfuzi-
 aner 7, 10, 17, 18-23, §2-
 §5, 89, 92f, 95, 98-104,
 108, 109, 112, 115, 132,
 157, 163, 169, 185, 126,
 186f, 201, 204f, 219, 246,
 §14, 343-347, 365-367,
 370, 373-378, 381f, 383
Konfuzius 5, 7, 10-19, 21,
 §3, 53, 57-60, 62, 66, 76,
 77, 82-84, 86f, 117-119,
 128, 146, 148, 151-155,
 162, 165-167, 174, 186,
 189, 221, 228, 280f, 292,
 293, 306, 337, 343, 351,
 377, 384, 387
Kongzi jiayu 5, 38, 44, 45,
 50, 52, 84
Konservatismus 11, 17, 18,
 22, 24, 25, 29, 30, 32, 80,
 100, 109, 206
Kontrafaktische Sätze 358,
 359
Kontraktualismus s. Vertrag
Konvention, Üblichkeiten
 21, 100, 114, 288, 306
Kosmologie 19, 20, 52, 56f,
 142, 172, 346, 347, 380,
 381, 436, s. a. Chaos, Qi,
 Yin und Yang
Krieg 10, 41, 63-67, 82, 83,

98-99, 108, 124, 130-132, 185-187, 209, 221, 239, 291, 339, 367, s. a. Militär, Pazifismus
Krieg, gerechter 65
Kriterien s. Maßstäbe
Kritik 11, 22, 24, 25, 44, 45, 52, 64, 101, 104, 119, 158, 160, 168, 205, 228, 271f, 320, 337, 367f, 376f, s. a. Kulturkritik, Moralkritik, Traditionskritik
Krüppel 132, 162, 163, 201
Kuhberg 73
Kultur 105, 149, 156f, 164f, 187, 246, 250-257, 261, 276-279, 285f, 363, 378, s. a. Kulturkritik
Kulturkritik 149, 156f, 164f, 169, 187, 250, 345
Kunst (wei), Künstlichkeit 165, 178, 251-256, 258, s.a. Regierungskunst
Kunst des Dao (dao shu) 339, 345

Landwirtschaft s. Ackerbau
Lang, H. 15 Fußn., 349 Fußn., 352 Fußn., 357 Fußn., 358 Fußn., 361 Fußn.
Lanze und Schild 225
Laozi, Daodejing 36 Fußn., 117, §8, 145-147, 149, 165, 169, 170, 177, 178, 215, 228, 230, 231, 233, 236, 281, 338, 350, 380
Leben 10, 35, 44, 67, 72, 90-92, 103, 104, 110, 113-116, 118, 135-139, 147f, 154, 163, 17-172, 198, 261, 360, s.a. Leben und Tod, Lebensverlängerung, Weiterleben
Leben und Tod 36, 44, 72, 96, 103, 111f, 115, 136, 171f, 279
Lebensverlängerung 86, 113f, 167, 169f
Lee Ming-huei 37, 376
Leere 127, 140, 167, 168, 169, 173, 177, 178, 234
Legalismus, Legalisten 40, 95, 98, 165, 168, Kap. V, 249-253, 261, 263, 267-269, 290f, 292, 293, 294, 340f, 344, 345, 346, 361, 369, 370, 371, 380, 381, 381
Legge, J. 18, 23, 24, 45, 48, 53, 56, 57, 60, 76, 77, 86, 154, 186, 197, 282, 366
Lernen 18, 25, 28-30, 71, 253, 254, 283, 319, s. a. Denken und Lernen
Li Si 215, 249, 340-341
Liebe 21, 36, 89, 96f, 102, 108, 210, 212, 213, 220, 226, 227, 231, 233, 294, 295, 299, 320, 326-327, 329f, 357, s.a. Liebe, allgemeine
Liebe, allgemeine/Mitsorge (jian ai) 68, 89, 96-98, 102, 108, 212f, 320, 326, 357
Liezi 110
Liji 5, 19, 28, 48, 53, 363, 365
Locke, J. 363-367

Logik 15, 158, 287, 288, 303-306, §17
Lohmann, J. 352
Loyalität 278-280, 338, 388. 22, 39, 42, 43, 155, 176, 233, 244, 253, 263, 271f, 327, 365, 376
Lü Buwei 19, 31, 362, s.a. Lüshi chunqiu
Lu Xun 51
Lügner-Paradoxon 320
Lunyu 15, §2, §3, 56, 57, 58, 83, 84, 86, 87, 93, 99, 100, 105, 107, 117, 128, 186, 189, 221, 268, 281, 292, 337, 344, 349, 374, 377, 378
Lüshi chunqiu 19, 190, 214, 221, 290, 296, 299, 306, 338, 345, 362, 364, 370, 376

Machiavelli, N. 82, 188, 220
Macht 11, 63, 70, 77f, 132, 148, 196f, 209, 210, 219f, 235, 262f, 264, 274, 278, §21, s. a. Machtposition
Machtposition 187f, 220, 227-230, 255, 262, 264, 275, 277, 341
Malthus, Th. R. 218
Mandat des Himmels 76-79, 82, 87, 366
Mängelwesen 256, 362
Mao Zedong 342, 382
Masson-Oursel, P. 291 Fußn.
Maßstäbe, Normen, Standards 10, 24, 100, 101f, 107, 108, 158, 235, 242, 270, 277, 290, 294, 309, 328
Mauthner, F. 351 Fußn.
Maxime 35, 47, 218, 235, 269, 272
Meditation 118, 138, 145, 158, 165, 169, 173-177, 189
Meer 70, 122, 160, 167, 177, 185, 261
Mehrheit 29, 104, 106f, 148, 216, 155, 197, 373
Menge 143, 318, 324-327, 333
Mengzi s. Menzius
Mensch 37, 45, 52, 69-74, 89, 114, 126, 141, 151, 171, 172, 192, 246f, 252-257, 278, 283f, 306, 343, s.a. menschliche Natur,
Menschliche Natur (xing) 22, 59, 64, 70-76, 92, 149, 156, 164, 169, 218, 229, 251-258, 343, 362
Menschliche Regierung (ren zheng) 62, 66, 82
Menschlichkeit, Humanität (ren) 21, 22, 25, 33, 36f, 44, 61, 62, 71, 73-75, 80-82, 97, 100, 108, 119, 132f, 139, 150-152, 163, 165, 167, 169, 174, 175, 201, 204, 209, 212, 218, 219, 223, 233, 258, 260, 270, 274, 276, 327
Menzius, Mengzi 10, 12-14, 17, 18, 21, 22, 23, 28, 36, 43, 53, §5, 89, 92, 97, 101, 109, 110, 155, 163, 169, 185, 189, 190, 202, 215,

250, 251, 254, 256, 257, 259, 260, 261, 266, 267, 274-276, 337, 350, 365, 366, 367, 370, 372-374
Metaphysik 11, 37, 120, 124, 139, 141, 158, 173, 178, 251, 281, 436
Methode, methodisch 45, 55, 95, 104-108, 185, 192, 197, 203-205, 213f, 222-224, 228, 231-233, 236, 269, 277, 303, 328, 338, s.a. Regierungsmethode
Milan 240, 241
Militär 41, 66, 77, 82, 89f, 98, 124, 130-132, 135, 185-187, 202, 207-209, 274, 265, s. a. Krieg
Mitgefühl, Mitleid 71, 74, 112, 154, 215, 216, 367
Mitte (zhong) 53, 56, 57
Möglichkeit 73, 222, 224, 250, 251, 259, 260
Mo Di, Mozi, Mohismus 11, 14, 17, 31, 40, 44, 45, 62, 68, §6, 121, 130, 157, 163, 185, 187, 190, 191, 212, 218, 249, 261, 279, 287, 289, 296, 298, §17, 338, 344, 345, 346, 350, 352, 358, 363
Moderne 52, 107, 156, 182, 246, 374, 379, 382
Mohisten, spätere 313, §17
Möller, H.-G. 118 Fußn., 120 Fußn., 291 Fußn., 360
Monarchomachen 265
Moral, Grundlage der 10, 32, 70f, 92, 97f, 254-258, 278

Moralisch-politisches Axiom 76-83, 264, 266, 367
Moralkritik 132-134, 164
Moritz, R. 24 Fußn., 53 Fußn.
Morphologie §20
Mühleisen, H.-O. 368 Fußn.
Musik 26, 36, 91f, 111, 113, 150-153, 174, 197, 215, 261, 280f, 292
Mutter 65, 122, 140, 144, 217, 225f, 227, 301, 362

Nachruhm s. Ruhm
Name, Bezeichnung 119, 122, 141f, 144, 177, 238, 285, 291-295, 306, 308, 316-318, 345, s.a. Richtigstellung der Bezeichnungen
Name, guter 34, 111, 113, 164, 167
Natur 20, 78, 101, 111, 115, 118-120, 126, 129, 135-137, 140, 145, 149, 150, 155-158, 167-169, 171f. 177, 180, 182f, 197, 250, 251, 257, 277, 281-286, 306, 345, 346, 347, 364, s. a. Menschliche Natur, Ursprünglichkeit
Naturgesetze 143f, 182
Naturkatastrophe 84, 85, 102, 168, 282
Nicht-Tun, Nicht-Handeln (wuwei) 38, 121, 125, 127, 128, 130-135, 167, 181, 186, 235, 236, 286, 349
Nichts 143, 178, 386, 436, s. a. Nicht-Tun

Noël, F. 16
Normen s. Maßstäbe
Normenkonflikt 46, 49, 70, 84, 220f
Nulla poena sine lege 328
Nutzen, Profit 11, 62f, 90-95, 97, 107, 151, 162, 207f, 230, 245, 261, 265, 274, 275, 279, 302, 319, 327f, 362, 364
Nutzen der Nutzlosigkeit 162f

Opfer 15, 21, 22, 36, 37, 44, 48, 58, 63, 104f, 113, 132, 147, 150, 164, 201, 220, 238, 250, 252, 281, 285, 330f, 367
Orakel 19, 34, 82, 242, 285

Partikularismus 98, 193, 376
Pazifismus 41, 63, 98f, 291, 293
Peng Meng 214, 292f
Perle 113, 172, 240
Pfeil 228, 300
Pferd 29, 47, 65, 83, 91, 99, 132, 155, 179, 197, 241, 272, 295, 299, 301-310, 315-318, 319, 329-333, s.a. Weißes Pferd
Pferdehufe 150-152
Pflanze 150, 198, 222, 223, s.a. Baum
Pflicht 10, 22, 24f, 38, 42, 43, 48, 63f, 186, 219, 246, 271, 279, 327, 348, 362, 376, s.a. Kindespflicht
Physiognomik 285
Pietät s. Kindespflicht

Pines, Y. 203 Fußn.
Platon 197, 368
Plattform-Sutra 176
Plebiszit 79, 374
Polarstern 38
Politik 39, 64, 79, 96, 101, 107, 123, 128, 134, 146-148, 197f, 204, 207, 217, 226, 231, 241f, 243f, 249, 250, 267f, 270, 275, §21, 381, s.a. Moralisch-politisches Axiom
Popper, K. 368 Fußn., 371, 372
Profit s. Nutzen
Protagoras 289
Primat des besten Arguments 108, 337, 338
Prüfen (cha) 29, 100, 108, 237, 272, 287, 343
Punkt und Strecke 301, 324f, 327

Qi (energetischer Stoff) 19, 73, 179, s. Yin und Yang
Qin (Staat, Dynastie) 9, 185, 196, 202f, 209, 215, 220, 245, 247, 249, 270, 275, 296, §18, 343, 347, 362, 379, 380
Qing (Eigentümlichkeit, Wesen) 70, 73
Qing-Dynastie 93, 368, 384
Qu Yuan 42 Fußn.
Qualifikation statt Herkunft 97f, s. a. Herkunft

Rappe, G. 16 Fußn.
Rationalität 25, 30, 163, 169, 225, 237, 246, 250,

251, 253, 259, 276, 279, 314, 345, 364
Räuber 62, 83, 146, 164, 165, 212, 228, 328, 330f
Rebellion, Umsturz 12, 13, 51, 80, 153, 218, 255, 265-, 267, 271, 372, 378, s.a. Tyrannenmord
Recht 22, 43, 47, 49, 64, 92, 98, 186f, 193f, 209-212, 213, 214, 221f, 226, 231, 269, 272, 289f, 296, s.a. Gesetz, Strafgesetz
Rechtschaffenheit 22, 169, 272
Reformen 114, 164, 189, 202, 205f
Regen 73, 283, 284, 285, 302
Regierungskunst 127, 187f, 228, 233-236, 270
Reinheit 42, 63, 154, 339
Relativismus 145, 158-162, 293, s.a. Sprachrelativismus
Religion 14f, 16, 44, 79, 89, 101, 104f, 120, 136, 138, 140, 145, 159, 173, 251, 284f, 337, 419, s.a. Geister, Götter, Himmel
Rhetorik 240f, 245f, 289, 291
Richtigstellung der Bezeichnungen (zheng ming) 21, 31, 250, 291f
Rickett, A. 190 Fußn.
Rind 73, 75, 147, 215, 295, 301, 309, 315, 316, 318, 319, 331, 334
Riten, Ritual (li) 14, 15, 18, 21, 28, 30, 37, 53, 70, 76, 99-101, 150f, 153f, 163, 209, 241, 252, 276-280, 285, 345, 379, s.a. Sittlichkeit
Rollen, Rollenmoral 21, 56, 153, 190, 278, 359, 381
Rousseau, J.-J. 380 Fußn., 368, 373
Rückkehr 36, 64, 67, 118, 124, 144, 157, 167, 171, 205, 239, 340
Rückzug 10, 67f, 117, 125, 148f, 158, 167, 204
Ruf 35, 49, 74, 102, 111f, 114f, 234, 245, s.a. Ehre, Ruhm
Ruhm 35, 110, 111, 112, 115, 116, 200, 264, 271, s.a. Ehre, Nachruhm
Rüstow, A. 320 Fußn.

Sabattini, L. 189 Fußn.
Säkular, Säkularisierung 14, 136, 252, 281
Satzparallelen 329f
Schaab-Hanke, D. 337 Fußn., 347 Fußn.
Schaf 59, 73, 75, 221
Scham 38f, 71, 74, 156, 275
Scharfstein, B. 188 Fußn.
Schatten 154, 271, 300
Schicksal 14, 45, 78-87, 105f, 116, 188, 281, 285
Schildkröte 147, 301
Schmetterling 161
Schrift 9, 11, 12, 124, 348-355, 358, 360
Schulz, U. 16 Fußn., 27 Fußn.

Schwäche, Lob der 135f
Schweitzer, A. 23, 97
Schwermann, Ch. 41 Fußn., 96 Fußn., 189 Fußn.
Sechs Schulen (liu jia) 7, §19
Seebaß, G. 351 Fußn.
Selbst 21, 32, 34, 35, 36, 54, 58, 59 Fußn., 72, 74, 85, 96, 106, 141, 154, 166, 174, 259, 292, 339
Selbst, von selbst 127f, 182, 197, 259, 293
Selbstachtung 72
Sebstbestimmung 339
Selbstkultivierung 54, 58, 237, 258
Selbstwiderspruch 320
Sexualität 61, 11, 138, 144, 357
Shang (Dynastie) 11f, 13f, 30, 46, 78, 80, 84, 140, 263
Shang Yang 186, 187, 194, §12, 233, 237, 245
Shangdi 14, 77, 78
Shen Buhai 186, 187
Shen Dao 186, 187, 227f
Shen Nong 67, 148
Shiji 26, 145, 202, 249, 250, 341, 344, 345
Shijing (Buch der Lieder) 18, 78, 102, 284, 341, 351
Shujing (Buch der Dokumente) 18, 76, 77, 78, 79, 82, 197, 341
Shun (Urherrscher) 12, 13, 38, 50, 57, 62, 69, 70, 76, 79, 112, 128, 148, 156, 192, 214, 217, 224, 225, 229, 236, 253, 256, 258, 276, 364, 369, 372, 373

Sima Niu (Konfuzius-Schüler) 45 Fußn.
Sima Qian 26, 202, 344, 345, 346, 347
Sima Tan 20, §19
Sinne 71f, 106, 165, 174, 177, 253, 287f, 310
Sittlichkeit (li) 21f, 24, 31, 33, 36f, 39, 41, 42, 53, 61, 71, 72, 74, 114, 119, 131-133, 190, 253-258, 263, 268, 275-282, 296f, 327
Sokrates 16, 26, 27 Fußn.
Song Xing 293 Fußn.
Sphärenvermengung 317
Spiegel 176f
Spinoza 138, 369f
Spontaneität 17, 55, 74, 111, 139, 149, 182, 237, 251, 252, 257
Sprache 180, 183, 251, 287f, 289, 291, 292f, 345
Sprache, chin. 15, 20, 146, 195, 295, §20
Sprache und Denken 15, §20
Sprachrelativismus §20
Staat 14, 19, 34, 38-47, 49, 53-55, 63, 68, 92-95, 110f, 114, 122, 124f, 128f, 133, 139, 146-149, §10, §11, 204f, 208-210, 216-219, 221f, 225-227, 229, 231, 242f, 251, 255, 262, 264f, 269, 274, 275, 277, §21
Stetter, Ch. 353
Stiefmutter 12, 69, 256
Stille 127-129, 167, 176
Strafe 38, 78, 93, 94, 101f, 104, 107, 115, 162, 187,

190f 193f, 199, 202, 209-212, 214, 216-220, 223, 226, 232f, 236, 243f, 255, 268, 328, s. a. Belohnung und Strafe, Strafrecht, Todesstrafe
Strafrecht 186, 194, 209-212, 290, 296, s. a. Strafe
Strecke s. Punkt
Streitkultur 109, 337
Stricker, G. 265 Fußn.
Süden 38, 46, 217, 297, 298, 301, 326, 371
Sunzi, Sunzi bingfa 187
Suter, R. 15 Fußn., 291 Fußn., 303 Fußn., 353 Fußn.

Tai Bo 27, 46
Tang (Gründer der Shang-Dynastie) 13, 81, 206, 214, 263, 265, 266
Tang-Dynastie 52, 381
Terminologen (mingjia) §15, §16, 344f, 346
Tertium non datur 316
Thoraval, J. 436 Fußn.
Tian Pian 292, 293 Fußn.
Tiere 65, 69, 75, 80, 92, 93, 116, 146, 150, 157, 161, 166, 190, 198, 256, 276, 280, 362, 364
Tiger 5, 137, 217, 229, 363, 369
Tilman, H. 92 Fußn.
Tod 35, 43, 44, 48, 50, 72, 83, 102, 103, 105, 111-114, 116, 124, 136, 168, 170-172, 198, 227, 279f, s. a. Leben und Tod, Weiterleben nach dem Tod
Todesstrafe 66, 196, 202, 211, 218, 221, 268, 275, 290, 341
Töpfer 150, 224, 256-258
Topitsch, E. 56 Fußn., 103
Tradition 10, 15, 21, 24f, 32, 35f, 37, 64, 71, 100, 195, 205, 209, 222, 224, 225, 254, 259, 273, 276-279, 285, 321, 340, 344, 381
Traditionalismus 31, 99f, 204, 207, 224f
Traditionskritik 11, 99f, 204-207, 222-225, 246, 321, 345, 377
Trauer 37, 48, 57, 70, 99, 110, 114, 151, 154, 171, 279f
Traum 125, 142, 161, 168, 171, 270, 371
Tianxia s. Welt
Tu Weiming 56
Tüchtigkeit (xian) Tüchtige 95, 119, 121, 190, 193, 205, 235, 253, 268, 338
Tugend (de) 31, 36, 38f, 48, 54, 71, 75f, 107, 119, 132f, 139, 150f, 158, 163-166, 168, 175f, 187, 190, 211, 213, 217, 260, 338, 364, 370, 374
Tyrannenmord 81, 265, 266, s.a. Rebellion

Überflussgesellschaft 223, 261
Übersetzung 15, 20, 23,

146, 192, 304, 332-334, 350
Üblichkeiten s. Konvention
Unabhängigkeit (du), unabhängig 34, 274, 339
Universalismus 96, 98, 306, s. a. Liebe, allgemeine
Universismus 126, 136
Unsinnige Sätze 317
Unsterblichkeit 116, 138, 140, 170, 239
Ursache 141, 180, 291, 302, 323f
Ursprünglichkeit, Urzustand 93, 109, 125, 142, 148f, 156, 157, 163f, 176, 190, 251, 253f

Vater 12, 21, 28, 31, 32, 46, 47, 48-50, 65, 69, 70, 89, 93, 96, 97, 216, 221, 227, 239, 254, 272, 292, 344, 349, 362
Verantwortungsethik 37, 42
Verlässlichkeit 168, 253
Versprechen 218
Vertrag 10, 190f, 260, 363f, 373, 374
Vertrauen (xin) 24, 41, 176, 235, 237, 260, 271, 365, 374
Verweigerung 34, 77, 147f, 376
Vier Bücher (si shu) 7, 17, 23, 53
Vierheller, E. 179 Fußn.
Vogel 29, 228, 300
Vogelsang, K. 203, 213
Volk 15, 22, 25, 27, 34-42, 62-67, 69, 74-76, 78-82, 86, 90f, 94, 102-104, 212f, 214-130, 137, 139f, 150, 153, 185, 188, 190f, 193-200, 205-207, 210f, 213, 219-221, 225f, 232, 253, 260-268, 280, 285, 358, 363, 365-367, 372-374
Voltaire 368
Vorbild 64, 71, 128, 185f, 195, 228, 373
Wagner, R. 120 Fußn.
Wahrhaftigkeit (cheng) 56-58, 154
Wahrheit, das Wahre 108, 149, 155, 294, 302, 320, 331, 345, 359
Walf, K. 120 Fußn.
Waley, A. 141 Fußn., 213 Fußn.
Wang Bi 120 Fußn., 121 Fußn., 380
Wang Chong 5, 46, 85, 380
Wang Yangming 381
Watson, B. 145 Fußn., 154 Fußn., 344 Fußn.
Weber, M. 126
Weiser 57, 58, 107, 212, 127, 130, 134, 135, 139f, 147f, 151, 158, 168, 210, 213, 232, 280, 292
Weißes Pferd 303-307, 319, 329
Weiterleben nach dem Tod 45, 102, 112, 172
Welt (tianxia) 54, 291, 303f, 338
Weltentstehung 141, 144, 178, 180
Wen Wang (Zhou-König) 13, 19, 46, 81

Widerspruch 225, 259, 378, s. a. Selbstwiderspruch
Wilhelm, R. 19, 21, 23, 24, 28, 31, 34, 45, 53, 56, 58, 60, 110, 118, 119, 145, 174, 214, 221, 290, 296, 299, 306, 344, 351, 362, 366, 385, 393, 409
Wille 101-104, 110, 121, 130, 167, 372f
Wissen (zhi) 22, 32, 36, 59, 71, 74, 86, 108, 121, 129, 130, 133, 134, 150, 151, 165, 168, 170, 174, 176, 181, 183, 196, 206, 234, 270, 283, 287, 288, 316, 320-323, s. a. Erkenntnis
Wolff, Christian 16, 419
Wu Wang (Zhou-König) 13, 263, 265, 266
Würde 71
Wuwei s. Nicht-Tun
Wuling Wang (König von Zhao) 207 Fußn.

Xia-Dynastie 11, 13, 14, 30, 77, 80, 206, 258, 383
Xiao s. Kindespflicht
Xiaojing 48f, 52
Xu Xing 68
Xuan Wang (König von Qi) 64, 74f, 81
Xunzi 7, 17, 22, 29, 43, 61, 70, 81, 105, 137, 157, 191, 215, 237, §14, 296, 297, 303, 337, 340, 343, 362, 366, 370, 373, 375-377, 436

Yan Hui/Yan Yuan

(Konfuzius-Schüler) 37, 57, 83, 155, 174
Yan Yuan (Qing-Philosoph) 93 Fußn.
Yang Zhu 89, §7, 165, 218
Yao (Urherrscher) 12, 13, 76, 79, 112, 146, 148, 156, 170, 192, 214, 217, 223, 224f, 229, 236, 256, 258, 276, 282, 364, 369, 372f
Yijing (Buch der Wandlungen) 19, 344, 380
Yili 19
Yin und Yang 19, 141, 153, 179, 283, 284, 340, 346
Yin Wen, Yinwenzi 214, 291-295, 303
Yu (Gründer der Dynastie Xia) 13, 39, 79, 114, 214, 230, 265f 13, 38, 77, 111, 223, 243, 258, 259, 389
Yuan Xian (Konfuzius-Schüler) 42
Yucong 250

Zarathustra 16
Zeng Shen/Zengzi (Konfuzius-Schüler) 49, 50, 53, 82, 165, 217
Zenon 300, 301
Zhao Qi 60
Zheng shi (geb. Zheng) 52
Zhonggong (Konfuzius-Schüler) 38
Zhongyong 17, 53, 56-59
Zhòu (letzter Shang-Herrscher) 13, 80, 81, 112, 229, 263, 265, 266
Zhou-Dynastie, Zhou-Zeit §1, 24, 30, 46, 78, 80, 136,

186, 341, 343, 344, 347, 383
Zhou Gong 14
Zhu Xi 17, 28, 31, 33, 35, 38, 49, 53, 60, 381
Zhuangzi, Zhuang Zhou 62, 109, 110, 117, 125, 144, §9, 189, 249, 251, 291, 296, 297, 298, 299, 300, 301, 303, 312, 313, 314, 338, 339, 343
Zichan (Kanzler von Zheng) 114, 227f, 281f, 290
Zigong (Konfuzius-Schüler) 35, 41, 152
Zikade 167, 183

Zilu (Konfuzius-Schüler) 5, 36, 42, 117, 152, 155, 292
Zinn, K. G. 218 Fußn.
Zisi (Enkel des Konfuzius) 53, 60
Zixia (Konfuzius-Schüler) 45 Fußn.
Ziyou (Konfuzius-Schüler) 47
Zizhang (Konfuzius-Schüler) 31
Zou Yan 20
Zuozhuan 18, 86, 186, 282, 290, 366
Zurechnungsfähigkeit 297
Zwecke (gu) 37, 168

Nachwort
Zum Tod Hubert Schleicherts

Wie bereits im Vorwort vermerkt, erreichte mich kurz vor der Abgabe des Manuskripts beim Verlag die Nachricht vom Tod Hubert Schleicherts. Sie kam überraschend. Wenngleich er schon seit längerem krank war, hatte ich mich darauf gefreut, ihm endlich mitteilen zu können, dass die Datei des nun in die vierte Auflage gehenden Buchs, an dem ihm so viel lag, zum Druck abgeliefert sei. Doch leider kam es anders.

Schon an der Neubearbeitung der *Klassischen chinesischen Philosophie* hatte sich Hubert Schleichert nicht mehr beteiligen können. Doch war es immer, als säße er dabei und diskutierte mit, und unter den zahlreichen Änderungen und Ergänzungen, die im Vergleich zur vorangehenden Auflage vorgenommen wurden, ist keine, der er nach meiner Überzeugung nicht zugestimmt hätte. Und auch umgekehrt gilt, dass der Ko-Autor die nach wie vor aus diesem Buch sprechenden Ansichten und Urteile Hubert Schleicherts teilt. Trotz einiger unterschiedlicher Einschätzungen und vielleicht auch unterschiedlicher innerer „Nähe" zu den Texten (Hubert Schleicherts erste philosophische Heimat blieb selbstverständlich immer Wien) bestand ein grundsätzlicher Konsens.

Hubert Schleichert (1935–2020) war mit seinem Interesse an China eine Ausnahmeerscheinung in der deutschsprachigen Philosophie. Denn hier herrscht, im Unterschied zur chinabegeisterten europäischen Aufklärung, seit den Tagen des deutschen Idealismus und zumal Hegels ein tiefsitzender, nur schwer ausrottbarer und nahezu kollektiver Dünkel gegenüber allem, was nicht in der abendländischen Tradition steht. Sich ernsthaft und nicht nur beiläufig noch etwas anderem außerhalb dieser Tradition zuzuwenden, ist einer akademischen Karriere an deutschen philosophischen Seminaren selten förderlich, und man ist gut beraten, nur dann über den Tellerrand zu schauen, wenn man bereits fest etabliert ist. Hubert Schleichert, seit 1973 auf einer Professur an der Universität Konstanz, konnte es sich glücklicherweise leisten. Das Ergebnis war die erste Auflage dieses Buches, die 1980 bei Klostermann erschien. Sie ging auf eine Vorlesung zurück. Zwar ist die *Klassische chinesische Philosophie* nur eines neben vielen anderen Werken, die wir Hubert Schleichert verdanken, und vielleicht auch nicht sein erfolgreichstes,[1] doch eines, von dem ich weiß, dass es ihm besonders viel bedeutete.

Es lag auf den ersten Blick für Hubert Schleichert eigentlich gar nicht nahe, den Schritt nach China zu tun, wenn man seinen philosophischen Hintergrund bedenkt. Er war überzeugter logischer Empirist, und wenn dies etwas mit sich bringt, dann einen Widerwillen gegen unklare Begriffe, unkontrollierbare Sätze und, wie er es selbst nannte, einen „falschen Zauber" verbreitende „tiefklingende Phrasen".[2] Sie alle stehen unter dem Verdacht der Sinnlosigkeit. Schaut man nun in die chinesischen Texte, so wird man bei der Suche nach Kandidaten für diesen Verdacht schnell fündig. So erschien Hubert Schleichert denn auch etwa das allgegenwärtige Wort „Dao" als „Begriffsmonstrum, das seinesgleichen sucht" – die schroffe Formulierung blieb auch in dieser Auflage stehen.[3] Ihm konnte nicht entgehen, dass in den chinesischen Texten, nicht anders als in zahlreichen europäischen und zumal vormodernen, weit mehr behauptet wird, als verifizierbar wäre und damit die Bedingung für Sinn erfüllte – die Philosophie, noch jung, unbekümmert und ungebändigt, begnügte sich eben weder bei den Griechen noch bei den Chinesen mit der bescheidenen Rolle, die sie unter Bedingungen moderner Skepsis und Sinnkritik allein noch meint spielen zu können.

Nun müsste all dies eine bloß dogmengeschichtliche Darstellung – und hierunter fallen die weitaus meisten vorliegenden Arbeiten zur chinesischen Philosophie – nicht weiter bewegen. Zum Problem wird es erst dann, wenn man die Texte über die Beschreibung der Doxa hinaus auch für uns selbst ernst nehmen will. Eben dies, und hierin traf er sich mit seinem Ko-Autor, wollte Hubert Schleichert. Und es wurde ihm auch möglich, weil er bei den chinesischen Philosophen doch mehr entdeckte als nur bedeutungslose Wörter und Scheinsätze, und zwar vor allem dort, wo sie politisch und praxisnah werden. Immer wieder finden sich so in diesem Buch

---

[1] Das erfolgreichste dürfte *Wie man mit Fundamentalisten diskutiert, ohne den Verstand zu verlieren. Anleitung zum subversiven Denken* (Schleichert 2008) gewesen sein.
[2] Schleichert (1975), Einleitung S. 7.
[3] S. o. S. 183. Dass dieses „Monstrum" „allerdings der Zuversicht der meisten vormodernen Philosophien, sich der Welt in einem Gedanken zu bemächtigen, durchaus entspricht", ist ein sozusagen versöhnlicher Zusatz des Ko-Autors.

Hinweise auf ihre bleibenden Einsichten und ihre Aktualität. In hoher Begrifflichkeit hingegen sah Hubert Schleichert noch keinen Ausweis für tiefes Denken.

Damit gelang es dem logischen Empiristen, gerade das am alten China zu würdigen, was oft Anlass gewesen ist, ihm das Philosophische abzusprechen,[4] nämlich das praktische, aber gleichwohl reflektierende Interesse, in der aus den Fugen geratenen, problematisch gewordenen Welt noch gangbare Wege zu finden. Der „Höhepunkt" des chinesischen Philosophierens ist für ihn mit dem säkularen Rationalisten Xunzi erreicht und damit mit einem Denker, der nicht „den Kopf in den Sand des Metaphysischen" steckt.[5]

Hubert Schleichert suchte die Philosophie also gerade nicht in metaphysischen Raffinessen wie im Räsonieren über das Eine, das Nichts, den Kosmos oder die Entstehung der Welt, die gemeinhin als Ausweis „eigentlichen" Philosophierens gelten, die er aber für leer hielt.[6] Dass hiermit den antiken Texten in gewisser Weise auch Unrecht getan wird – bevor der Weg der unbefangenen, weitausgreifenden Spekulation sich als tückisch erweisen konnte, musste er ja erst einmal konsequent beschritten werden –, hätte er gerne zugegeben, sind die antiken spekulativen Ideen doch oft genug Platzhalter für Probleme, die sich noch heute stellen.

Dass Hubert Schleicherts Interesse an China solche Früchte trug, wäre kaum denkbar gewesen ohne seine Kenntnis der chinesischen Sprache. An der Universität Konstanz gab es keine Sinologie. Doch wurde in der Studentenschaft, politisiert durch das kulturrevolutionäre China, Anfang der 1970er Jahre der Wunsch laut, die Universität möge ein Lektorat für modernes Chinesisch einrichten. Zur ersten Unterrichtsstunde, so wird berichtet, erschien allerdings kein einziger Student, so dass händeringend unter den Bediensteten nach Teilnehmern gesucht wurde, damit der Saal nicht leer bleibe. So kam Hubert Schleichert zur chinesischen Sprache und schließlich zur chinesischen Philosophie. Später erwarb er an der nahegelegenen Universität Zürich noch Kenntnisse im klassischen Chi-

---

[4] S. z. B. Thoraval (1998). Vgl. hierzu meinen Beitrag „Gibt es eine chinesische Philosophie?" (Roetz 2002), S. 34 und 27. Dem Beitrag liegt der Abschiedsvortrag zugrunde, den ich zur Emeritierung von Hubert Schleichert in Konstanz halten durfte. Dass er sich zu diesem Anlass gerade einen solchen Vortrag wünschte, zeigt, wie sehr ihm am Thema China gelegen war.
[5] Vgl. o. S. 281.
[6] Vgl. z.B. oben S. 178.

nesisch, dem Medium der in diesem Buch behandelten Texte. Damit war er nicht allein auf Übersetzungen angewiesen, sondern konnte seine Beschäftigung mit den chinesischen Philosophen und sein fachphilosophisches Gespür für Fragestellungen mit einem Gefühl für die Möglichkeiten und Feinheiten der Sprache verbinden.

Dies ist eine ideale – und eigentlich die einzig sinnvolle – Kombination für die Auseinandersetzung mit der philosophischen Gedankenwelt Chinas, und sie führte zur Urfassung dieses Buchs. Es ist bedauerlich, dass sie sich nicht häufiger findet. So bleibt Huberts Schleicherts Werk ein seltener Glücksfall der deutschsprachigen Philosophie.

8.10.2020   H.R.